以案说法

揭开《保险法》的面纱

（上册）

王前飞◎著

中国金融出版社

责任编辑：王雪珂
责任校对：刘　明
责任印制：陈晓川

图书在版编目（CIP）数据

以案说法：揭开《保险法》的面纱/王前飞著. —北京：中国金融出版社，2023.3
ISBN 978 - 7 - 5220 - 1756 - 3

Ⅰ.①以… Ⅱ.①王… Ⅲ.①保险法—案例—中国 Ⅳ.①D922.284.5

中国版本图书馆 CIP 数据核字（2022）第 171306 号

以案说法——揭开《保险法》的面纱
YI AN SHUOFA：JIEKAI《BAOXIANFA》DE MIANSHA

出版 **中国金融出版社**
发行
社址　北京市丰台区益泽路 2 号
市场开发部　（010）66024766，63805472，63439533（传真）
网 上 书 店　www.cfph.cn
　　　　　　（010）66024766，63372837（传真）
读者服务部　（010）66070833，62568380
邮编　100071
经销　新华书店
印刷　保利达印务有限公司
尺寸　169 毫米 ×239 毫米
印张　52
字数　763 千
版次　2023 年 3 月第 1 版
印次　2023 年 3 月第 1 次印刷
定价　128.00 元（上下册）
ISBN 978 - 7 - 5220 - 1756 - 3
如出现印装错误本社负责调换　联系电话（010）63263947

前　　言

　　提升保险行业从业人员的法治思维是推动保险行业高质量发展的重要抓手。

　　习近平总书记指出："现阶段，我国经济发展的基本特征就是由高速增长阶段转向高质量发展阶段。"目前，我国的人口红利时期基本结束了，多年来保险行业快速增长、粗放式发展的势头已现颓势，依靠短期激励、人海战术的经营模式后劲不足，保险行业的发展方式要从规模速度型转向质量效率型。保险行业不是实体行业，怎么提升行业质量，抓手在哪里？我们认为，推动一个行业高质量发展，必须坚持以法治为引领，发挥法治固根本、稳预期、利长远的重要作用，而推动一个行业高质量发展的核心主体和力量源泉是这个行业的从业人员，所以提升保险行业从业人员的法治思维是推动保险行业高质量发展的重要抓手。

　　提升保险行业从业人员法治思维的重要途径是学习《保险法》。追溯保险工作实践中某些从业人员存在的保险专业知识欠缺、合规观念淡薄、营销品质低下等痛点，分析行业从业人员对所执行的工作知其然不知其所以然的问题，其背后的原因在于保险行业从业人员对《保险法》的了解和认识不够深入，不能切实做到尊法学法守法用法，其根源在于缺乏遇事找法、解决问题靠法的思维。《保险法》是保险行业的基本法，是保险行业各种规则、制度、管理办法的渊源，是为了规范保险活动，保护保险活动当事人的合法权益，加强对保险业的监督管理，维护社会经济秩序和社会公共利益，促进保险事业的健康发展而制定。所以，提升保险行业从业人

1

员法治思维就是要提升保险行业从业人员的法治意识和法治素养，提升的方法路径就是学习《保险法》。

学习《保险法》，应该如何入手呢？《保险法》全文185条，2万多字，涉及保险监管机构、保险公司、保险业内勤、代理人、经纪人、客户等多个主体的法律权利义务，涵盖了大量的保险专业术语、词汇。法条是对真实工作、生活、社会实践的高度抽象，机械的记忆、单纯的学习法条是没办法活学活用的，基于这些思考，催生了此书。本书是为保险法条匹配案例，为保险理论联系实践的《保险法》学习工具书。在体例上，使用逻辑鲜明的三段论形式，即法条原文、援引该法条的真实案例、结合实践对法条和案例的分析说明。在内容上，为保险法185条条文匹配了131个涉及民事、刑事、行政诉讼及行政处罚各个领域的真实案例。本书力图还原真实的诉讼过程，展现法官不是孤立的运用保险法，而是综合运用民商法、经济法、诉讼法等相关法律和司法解释的规定处理案件；力图分析说明相关的法律条款，如何被当事人用于支撑自己的主张，如何细化为保险监督管理部门下发的办法、规定，如何分解、内化成保险公司运营管理的规则制度；力图展示在保险生态中以保险为纽带，串联起的监管机构、保险公司、从业内勤、代理人、客户……这众多角色之间相互依存、相互对立、相互促进的关系。

法律是无形的工具，对法律的运用是对无形之具的运用。"具"的古字形为双手捧起鼎的样子，其本义指供设酒食，引申为筹办、准备、物品、工具等，又引申为可以作用于其他事物的事物。在民事诉讼活动中，双方当事人的矛盾是诉讼中的主要矛盾，此矛盾无法自我消解，也不能通过双方协商达成一致，就需要借助外部的力量来居中裁判。法官居中，这是法官的立场。法官根据双方的诉求、辩论、证据作出裁判，但世界上没有绝对的公平，没有绝对的不偏不倚。"法无外乎人情"是说法律富含人性，基本符合社会的伦理道德、人的思想感情，但这句谚语后面还有一句，"人情必有亲疏远近"。一个裁判的产生，必然有法官的主观能动性在里面，这与法官的经验、认知、道德观、价值观密切相关，因为人不是机器。现代审判活动力求将法官的个人因素影响降到最低，希望能有精确的公式推导出完美的结论，这是现代审判活动不断努力和追求的方向。我国现代裁判活动主要是对逻辑中的演绎法进行应用，有理有据地作出裁判。这里的"理"，即是相关法律、法规、规范、标准、原理等的规定，是裁判的大前提；这里的"据"，是相关的证据和事实，这是裁判的小前提。裁判结果，就是根据大前提、小前提得出的结论。实践中，具体的案例非常复杂、独特，法官要对双方提供的法条、证据进行综合评价、筛选、分析。在这个过程中，法官不可避免地要利用自己的世界观、价值理性、积累的知识、生活的常识，再结合具体案情，进行裁判和说理。也就是说，运用法律这个工具的过程中无法单纯地只使用这一个工具，必然要使用其他的工具进行配合。所以说，法律是无形的工具，对法律的运用是对无形之具的运用，而运用法律的背后是一个混沌系统。要想在每一个案件中都展现出法律本来的面目，就需要运用法律的人不断提升自己的认知，从纷繁复杂的事件中提炼出共性，使逻辑的链条完整且丝丝入扣。

推动保险生态体系的运作是对无形之器的操作。"器"的古字型意为用犬看守很多器物，后引申为盛装东西之物、由经脉血管相连接的众多身体组织、有用之物等。在保险生态体系中，监管机构、保险公司、从业内勤、代理人、客户等各个角色是各自独立的，各有其不同的职责、方向和目的，他们各行其是，自我循环；他们之间存在着矛盾对立关系，比如监管机构和保险公司之间的监管被监管关系、保险公司和客户之间各负合同权利义务关系、保险公司和员工之间的管理和被管理的劳动关系和代理关系，等等；他们之间还存在着互相促进的关系，比如监管机构综合分析消费者反映的保险公司存在的问题，出台相关规定来引导推动保险公司变革转型。比如保险公司为了满足全面升级的保险消费需求，着力打造专属化、定制化、灵活化的产品，积极解决社会问题、生活难题，必将受到市场的追捧。这一切的相互作用、流畅圆转、协调推动，都是在《保险法》

的框架之下运行的。《保险法》一条简单的几十字的条文，就可以细化为监管部门下发的某个详细的管理办法；监管部门的一个个管理办法、管理规定，又可以更加细致地被分解、内化成保险公司运营管理的规则、制度、操作手册。这个复杂、庞大的保险生态体系"犹橐龠，虚而不屈，动而愈出"运作不息，每一个"机关"的启动，都有一个触发点，找到了这个触发点，这个无形之器就被触动了，找不到这个触发点，用力再大，也无济于事。这个触发点，就是《保险法》的相关规定。

以上种种的思考促就此书，意多言少，志在为推动保险行业的高质量发展贡献一份绵薄之力。作者水平有限，难免存在谬误之处，请各位读者不吝指教。

王前飞

2022 年 10 月 1 日

《中华人民共和国保险法》，1995 年 6 月 30 日第八届全国人民代表大会常务委员会第十四次会议通过；根据 2002 年 10 月 28 日第九届全国人民代表大会常务委员会第三十次会议《关于修改〈中华人民共和国保险法〉的决定》第一次修正；2009 年 2 月 28 日第十一届全国人民代表大会常务委员会第七次会议修订；根据 2014 年 8 月 31 日第十二届全国人民代表大会常务委员会第十次会议《关于修改〈中华人民共和国保险法〉等五部法律的决定》第二次修正；根据 2015 年 4 月 24 日第十二届全国人民代表大会常务委员会第十四次会议《关于修改〈中华人民共和国计量法〉等五部法律的决定》第三次修正。

索　引

续表

续表

序号	案例号		页码
97	【案例79】（2020）鲁1302民初3403号；（2021）鲁1302执异291号	第九十七条	464
98		第九十八条	470
99		第九十九条	471
100		第一百条	472
101		第一百零一条	473
102		第一百零二条	474
103		第一百零三条	475
104		第一百零四条	476
105	【案例80】（2019）粤1302民初8751号	第一百零五条	477
106	【案例81】（2020）辽02民初127号；（2021）辽民终245号	第一百零六条	482
107		第一百零七条	491
108		第一百零八条	491
109		第一百零九条	492
110		第一百一十条	493
111	【案例82】（2019）皖0802民初2004号 【案例83】（2017）沪01民终6897号	第一百一十一条	493
112	【案例84】（2021）鲁08民终2278号	第一百一十二条	504
113	【案例85】（2015）屯民一初字第01389号	第一百一十三条	507
114	【案例86】（2019）粤08民终2184号	第一百一十四条	511
115	【案例87】（2019）云29民终1336号	第一百一十五条	516
116	【案例88】（2021）辽0212民初2965号 【案例89】（2019）冀0433民初1659号 【案例90】（2019）苏0305刑初220号 【案例91】（2020）苏0104刑初241号	第一百一十六条	522
		第五章　保险代理人和保险经纪人	532
117	【案例92】（2021）湘0981民初1015号	第一百一十七条	532
118	【案例93】（2021）冀民终263号	第一百一十八条	536
119	【案例94】（2018）黔01民终5823号	第一百一十九条	552

续表

目　　录

第一章　总　则

第一条　为了规范保险活动，保护保险活动当事人的合法权益，加强对保险业的监督管理，维护社会经济秩序和社会公共利益，促进保险事业的健康发展，制定本法。

【案例1】（2021）渝05民终10442号

2018年12月14日，A财保永川支公司（主承保方、甲方）与B财保渝西支公司（从共保方、乙方）签订《共保协议》，其中载明：投保人为鹏×公司；被保险人为鹏×公司建工项目所有管理人员及施工人员；承保方案为A财险团体建筑工程施工人员意外伤害保险（B款），保险责任为死亡伤残，保额600 000元，附加团体建筑施工人员意外伤害医疗保险条款A财险（备－健康）〔2015〕附3号，保险责任为意外医疗，保额为30 000元；工程名称为×顿庄园B组团2－3#、5－13#、17#、19－23#、25－26#及边坡等；共保比例为甲方占比66%（死亡伤残40万元＋意外医疗2万元），乙方占比34%（死亡伤残20万元＋意外医疗1万元）；共保各方按保单所附条款及相应共保比例承担保险责任并享有相应的权益；甲、乙双方为前述工程项目建筑施工人员意外伤害保险项目的共同保险人；甲方为首席承保人和签单人，代表共同保险人负责处理与被保险人之间根据本共保协议和保险合同规定的日常业务事项，并将处理情况及时通知其他共保人，其他共保人必须按要求执行有关事宜；所有赔案由甲方负责组织协调赔偿处理；甲方在接到被保险人的损失通知后，应立即安排损失检验及定损工作，并通知其他共保人；本协议将300 000元以上的赔款视为巨额赔款，由甲方与被保险人协商一致后，聘请专业理算公司为该赔案的理算人，负责赔案的全部理算工作；共保各方应同意理算人的理算结果，并按共保比例分摊赔款；发生保险损失，甲方或共保体就理赔有关事宜与被保险人达成协议后，应在 10 个工作日内将全部赔款支付被保险人；同时，甲方将全套理赔卷宗及被保险人签章的赔款收据复印件抄送各共保方，各共保公司接到上述材料后，应在 10 个工作日内将相应份额赔款支付给甲方；本协议所涉及各共保方之间应付的款项（包括保险费、摊回赔款、预付赔款），必须按时划付，否则将按人民银行规定的当期贷款基准利率收取每日滞纳金。

2018 年 12 月 25 日，鹏×公司在 A 财保永川支公司投保了团体建筑工程施工人员意外伤害保险（B 款），该保险的保险单中载明：工程名称为×顿庄园 B 组团 2 - 3#、5 - 13#、17#、19 - 23#、25 - 26# 及边坡工程；高峰施工人数为 60 人；主险为团体建筑工程施工人员意外伤害保险（B 款），其中意外身故保额每人 600 000 元，意外残疾保额每人 600 000 元；附加险为附加团体建筑施工人员意外伤害医疗保险，保额为每人 30 000 元，每次事故免赔额为 100 元，剩余合理费用按 80% 比例进行赔付；保险期间自 2018 年 12 月 26 日至 2021 年 3 月 22 日。保险单特别约定中载明：本保险合同评残无须提供县级以上安全生产监督管理机构的意外事故证明，但理赔必须提供人力资源和社会保障局出具的认定工伤决定书、劳动能力鉴定委员会出具的伤残鉴定结论书、住院病历；本保单为共保保单，其中 A 财保永川支公司为首席，份额 66%，B 财保渝西支公司为从共保方，份额 34%。该保险的保险条款 6.1.1 条载明：因该意外伤害直接导致被保险人自意外伤害发生之日起 180 日内身故的，保险人按保险金额给付身故保险金，对该被保险人的保险责任终止。第 6.1.2 条载明：自该事故发生之日起 180 日内（含 180 日）因该事故造成《劳动能力鉴定职工工伤与职业病致残等级》（如有国家颁布的最新版本，以最新版本为准）所列伤残的，保险人根据该伤残评定的伤残等级所对应的给付比例乘以本合同约定的保险金额给付意外伤残保险金；若自意外伤害事故发生之日起第 180 日治疗仍未结束的，则按第 180 日的身体情况进行伤残鉴定，并据此按前述计算方式给付意外伤残保险金。伤残等级所对应的保险金

给付比例表中载明：一级伤残给付比例为 100%，二级伤残给付比例为 80%，三级伤残给付比例为 60%······

同时查明，2018 年 3 月，鹏×公司与重庆×晖房地产开发公司（以下简称×晖公司）签订《施工总承包合同》，约定×晖公司将×顿庄园 B 组团 2－3#、5－13#、17#、19－23#、25－26#及边坡工程发包给鹏×公司承建。

2019 年 8 月 10 日，陈某 1 因从高处摔下导致受伤，被送至重庆×中心医院治疗，被诊断为：······。该日产生出诊费 100 元、一次性用具费 25.90 元、救护车费 480 元、抢救费 40 元。

2019 年 11 月 11 日，云×县人力资源和社会保障局出具《认定工伤决定书》，其中"调查核实"载明：重庆柏×建设工程有限公司（以下简称柏×公司）承包了×顿庄园 B 组团的劳务，陈某 1 是该工程工地的工人。2019 年 8 月 10 日 7 时 50 分许，陈某 1 在该工程工地搭设模板支架时不慎从架体上跌落摔伤。并认定陈某 1 于 2019 年 8 月 10 日受到的伤害为工伤。

2020 年 1 月 2 日，A 财保永川支公司的员工对陈某 1 之妻江某进行询问，并形成询问笔录，江某告知陈某 1 处于生活完全不能自理，意识不清。A 财保永川支公司的员工还拍摄了陈某 1 在病床上的照片。

2020 年 2 月 14 日，A 财保永川支公司出具《伤残认定会商表》，其中载明：根据陈某 1 颅脑损伤治疗 180 天，还处于昏迷状态，眼睛睁着但无任何意识，四肢萎缩，生活不能自理，参照《劳动能力鉴定职工工伤与职业病致残等级》，颅脑损伤导致极度智力缺损，日常生活完全不能自理，处于完全护理依赖状态符合一级伤残标准；伤残赔偿金额及计算方式为一级伤残赔偿金额 600 000 元，该案件经与客户多次协商，最终赔偿 360 000 元。

2020 年 3 月 22 日，陈某 1 在重庆×中心医院经抢救无效死亡。该院出具的死亡诊断证明书中"诊疗经过"载明：······宣布临床死亡。

陈某 1 死亡后，陈某 1 之母童某、江某、陈某 1 之女陈某 2、陈某 1 之子陈某 3（甲方）与鹏×公司（乙方）签订《工亡事故善后协议书》，约定由鹏×公司赔偿陈某 1 工伤医疗期内应享受的各项待遇，包括一次性工亡补助金、丧葬费、家属处理事故的交通费用、住宿费用、误工费用；甲方将保险理赔款转让给乙方、乙方支付相对应的补偿款等总额合计 360 000 元。其后，童某、江某、陈某 2、陈某 3 向鹏 × 公司出具收条 1 张，载明收到鹏 × 公司赔付陈某 1 工伤保险款 360 000 元。

陈某 1 死亡后，童某、江某、陈某 2、陈某 3 及鹏 × 公司向 A 财保永川支公司提交《意健险索赔申请书》，以陈某 1 在工作时不慎坠落受伤治疗死亡为由申请理赔。A 财保永川支公司审核后出具《人伤审核意见》，其中载明：病情概况为死亡；核定伤残赔偿金为 360 000 元、医药费为 436.72 元。

2020 年 9 月 22 日，A 财保永川支公司向鹏 × 公司分两次共计转账 360 436.72 元。

2020 年 11 月 3 日，A 财保永川支公司出具《共保摊赔函》，其中载明要求 B 财保渝西支公司支付陈某 1 的摊赔费 122 548.48 元。

2020 年 12 月 26 日，B 财保渝西支公司向 A 财保永川支公司出具《理赔决定通知书》，载明于 2020 年 12 月 20 日收到 A 财保永川支公司提交的保险金给付申请及相关证明文件，并确认不予给付保险金；理由是陈某 1 超过 180 日后身故，也无评残的相关资料，不能按照伤残费用赔付。

审理中，A 财保永川支公司称事发后曾与 B 财保渝西支公司的员工联系过，但没有相关证据。

一审法院认为，《中华人民共和国保险法》第三十一条规定："投保人对下列人员具有保险利益：……（四）与投保人有劳动关系的劳动者。除前款规定外，被保险人同意投保人为其订立合同的，视为投保人对被保险人具有保险利益。"本案中，鹏 × 公司与陈某 1 之间虽然没有劳动关系，但根据前述法律规定，只要陈某 1 同意鹏 × 公司为其投保，即可视为鹏 × 公司对陈某 1 具有保险利益。根据常理，陈某 1 无论为谁提供劳务，其主观上都是有要求他人为其投保人身意外伤害保险来保障自身及家属权益的意愿，而 B 财保渝西支公司并未举示证据证明陈某 1 不同意鹏 × 公司为其投保，故鹏 × 公司对陈某 1 具有保险利益，可以为其投保。

鹏 × 公司投保的团体建筑工程施工人员意外伤害保险（B 款）中载明"工程名称为 × 顿庄园 B 组团 2－3#、5－13#、17#、19－23#、25－26# 及边坡工程，高峰施工人数为 60 人"，因保险单中并未载明施工人的具体姓名，而根据云×县人力资源和社会保障局出具《认定工伤决定书》，其中载明陈某 1 是为鹏×公司在案涉工程做工时受伤，属于工伤，故陈某 1 系本案的被保险人，陈某 1 的受伤属于保险事故，A 财保永川支公司和 B 财保渝西支公司应按照保险单、保险条款、共保协议的约定共同对陈某 1 进行赔偿。

虽然童某、江某、陈某 2、陈某 3 及鹏×公司是在陈某 1 死亡后才向 A 财保永川支公司提交《意健险索赔申请书》，但根据 A 财保永川支公司的员工向江某做询问笔录及拍摄陈某 1 在病床上的照片的事实，可以确定本案的保险理赔在陈某 1 发生事故后的 180 日内就已经开始，提交《意健险索赔申请书》仅是为了确定最终的理赔结果。A 财保永川支公司进行赔偿时，主险的赔偿项目为伤残赔偿金；根据死亡诊断证明书，陈某 1 在入院后，处于长期昏迷状态，故在事故发生后 180 日内，无法进行伤残等级鉴定；且即使鉴定，也只能鉴定为一级伤残，现 A 财保永川支公司赔偿的金额对应的伤残等级为三级，故 A 财保永川支公司虽然在履约中有未聘请专业理算公司为该赔案的理算人、要求进行伤残等级鉴定等瑕疵履约行为，但该瑕疵履约行为并不会导致赔偿金额的增加，不会损害 B 财保渝西支公司的合法利益。退一步讲，即使按照 B 财保渝西支公司的辩称意见，A 财保永川支公司的赔偿项目为死亡赔偿金，A 财保永川支公司的赔付行为也并未损害 B 财保渝西支公司的合法权益；首先，保险条款虽然有"因该意外伤害直接导致被保险人自意外伤害发生之日起 180 日内身故的，保险人按保险金额给付身故保险金"的约定，但约定"180 日"的原因是在保险事故的鉴定中，时间越长就越难判断死亡与意外伤害之间的因果关系；其次，本案中陈某 1 在保险期间内意外受伤，之后一直在接受治疗，最终因治疗无效而死亡，也即陈某 1 死亡的直接原因就是意外受伤，故根据近因原则，即使陈某 1 死亡的时间超过了 180 日的期限，保险公司也仍应赔付死亡赔偿金。

综上所述，A 财保永川支公司要求由 B 财保渝西支公司支付分摊赔款 122 548.48 元｛[伤残保险金 360 000 元 + 医疗保险金 436.72 元（医疗费

645.90 元－绝对免赔 100 元）×80％]×34％} 的诉讼请求符合双方约定和法律规定，故一审法院予以支持，对于 B 财保渝西支公司辩称不承担责任的意见不予采纳。关于 A 财保永川支公司主张的滞纳金，其实质为违约金，对此双方在合同中有明确约定，即"本协议所涉及各共保方之间应付的款项（包括保险费、摊回赔款、预付赔款），必须按时划付，否则将按人民银行规定的当期贷款基准利率收取每日滞纳金"，现 B 财保渝西支公司未按时划付，应当按约支付违约金；但 B 财保渝西支公司于 2020 年 12 月 20 日才收到 A 财保永川支公司提交的保险金给付申请及相关证明文件，即此时才知道应支付的保险金金额，其后在合理期间内即于 2020 年 12 月 26 日出具《理赔决定通知书》，故违约金的起算日期定为 2020 年 12 月 26 日更为合理；故一审法院对于 A 财保永川支公司主张的违约金中的 2 424.59 元（以 122 548.48 元为基数，按照年利率 3.85％，自 2020 年 12 月 26 日起计算至 2021 年 6 月 30 日）的部分予以支持，对于超出部分不予支持，对于 B 财保渝西支公司辩称不支付违约金的意见不予采纳。

依照《中华人民共和国民法典》第五百零九条第一款、第五百七十七条、第五百八十四条，《中华人民共和国保险法》第三十一条第一款第四项、第二款和《最高人民法院关于适用〈中华人民共和国民事诉讼法〉的解释》第九十条规定，判决如下：一、由 B 财产保险公司渝西中心支公司于本判决生效后五日内支付 A 财产保险公司永川中心支公司分摊赔款 122 548.48 元及违约金中 2 424.59 元，合计 124 973.07 元；二、驳回 A 财产保险公司永川中心支公司的其他诉讼请求。案件受理费 2 914 元，减半收取计 1 457 元，由 B 财产保险公司渝西中心支公司负担。

B 财保渝西支公司不服，提起上诉。

二审期间，B 财保渝西支公司为支持其上诉请求举示了电子回单一份，拟证实已经在 2021 年 2 月 26 日支付给 A 财保永川支公司本案所涉的保险回款 148.48 元，B 财保渝西支公司希望在本案中予以扣除。

A 财保永川支公司质证称，对真实性请法院予以核实，因电子回单中附言及备注的赔款号与一审中 A 财保永川支公司提交的上诉人的理赔决定书中保险号码不同，且该证据并非民诉法中的新证据，A财保永川支公司不予认可。

经审查，B财保渝西支公司举示的电子回单具有客观性，但该电子回单中附言及备注的赔款号与一审中A财保永川支公司提交的上诉人的理赔决定书中保险号码不同，因与待证事实缺乏关联性，本院对该证据不予采信。

本院对一审法院查明的事实予以确认。

本院认为，本案争议焦点系：1. 本案受害人陈某1是否系共保赔偿范围；2. 本案受害人陈某1超过了180日身故是否应当赔偿；3. A财保永川支公司延迟履行了通知义务、没有聘请理算人进行理算的行为是否应当免除B财保渝西支公司的共同赔偿责任；4. B财保渝西支公司2021年2月26日支付的148.48元是否系本案应当扣除的医药费。本院依据已查明的案件事实与相关法律法规对争议焦点评析如下：

争议焦点之一，本案受害人陈某1是否系共保赔偿范围。《中华人民共和国保险法》第三十一条规定："投保人对下列人员具有保险利益：……（四）与投保人有劳动关系的劳动者。除前款规定外，被保险人同意投保人为其订立合同的，视为投保人对被保险人具有保险利益。"本案中，鹏×公司作为案涉工程总承包公司投保了团体建筑工程施工人员意外伤害保险（B款），陈某1作为柏×公司员工为鹏×公司在案涉工程做工时受伤，属于工伤，故陈某1系本案的被保险人，陈某1的受伤属于保险事故，陈某1同意鹏×公司为其投保，即可视为鹏×公司对陈某1具有保险利益。A财保永川支公司和B财保渝西支公司应按照保险单、保险条款、共保协议的约定共同对陈某1进行赔偿。B财保渝西支公司上诉称本案受害人陈某1不是共保赔偿范围的上诉理由，与本案查明事实不符，本院不予采信。

争议焦点之二，本案受害人陈某1超过了180日身故是否应当赔偿。本案中，陈某1受伤时间为2019年8月10日。根据死亡诊断证明书，陈某1在入院后，处于长期昏迷状态，故在事故发生后180日内，无法进行伤残等级鉴定；且即使鉴定，也只能鉴定为一级伤残，现A财保永川支公司赔偿的金额对应的伤残等级为三级，故A财保永川支公司虽然在履约中有未聘请专业理算公司为该赔案的理算人、要求进行伤残等级鉴定等瑕疵履约行为，但该瑕疵履约行为并不会导致赔偿金额的增加，不会损害 B 财保渝西支公司的合法利益。B 财保渝西支公司上诉称本案受害人陈某 1 超过了 180 日身故不应当赔偿的上诉理由，本院不予采信。

争议焦点之三，B 财保渝西支公司提出 A 财保永川支公司延迟履行了通知义务、没有聘请理算人进行理算，则应免除 B 财保渝西支公司的共同赔偿责任是否成立。

首先，B 财保渝西支公司提出 A 财保永川支公司延迟履行了通知义务、没有聘请理算人进行理算，则应免除 B 财保渝西支公司的共同赔偿责任，属于先履行抗辩。《中华人民共和国民法典》第五百零九条规定，当事人应当按照约定全面履行自己的义务，第五百二十五条至第五百二十八条分别规定了当事人在合同履行中可以行使的同时履行抗辩权、先履行抗辩权和不安抗辩权。本案中，B 财保渝西支公司以 A 财保永川支公司延迟履行了通知义务、没有聘请理算人进行理算为由主张免除自身的共同赔偿责任，按照 A 财保永川支公司与 B 财保渝西支公司订立的《共保协议》约定，A 财保永川支公司作为甲方在接到被保险人的损失通知后，应立即安排损失检验及定损工作，并通知其他共保人；本协议将 300 000 元以上的赔款视为巨额赔款，由甲方与被保险人协商一致后，聘请专业理算公司为该赔案的理算人，负责赔案的全部理算工作；共保各方应同意理算人的理算结果，并按共保比例分摊赔款。可见，B 财保渝西支公司提出的抗辩显然不属行使同时履行抗辩权或者不安抗辩权的情形，而是属于行使先履行抗辩权的情形。为此，需要重点考察先履行抗辩权是否成立。

其次，A 财保永川支公司延迟履行了通知义务、没有聘请理算人进行理算，但采取替代措施达到了合同约定的及时通知和聘请理算人进行理算之目的。本案中，A 财保永川支公司与 B 财保渝西支公司签订了共保协议，其中约定发生保险事故后，首席保险人应当及时通知其他共保人，30 万元以上巨额赔款，应由首席保险人与被保险人协商一致后，聘请专业理算公司为该赔案的理算人，负责赔案的全部理算工作。对于及时通知和聘请理算人进行理算的目的，该合同并未写明。原保监会《关于大型商业保险和统括保单业务有关问题的通知》（保监发〔2022〕16号）明确："共同保险是指两个或两个以上的保险公司及其分支机构（不包括同一保险公司的不同分支机构）使用同一保险合同，对同一保险标的、同一保险责任、同一保险期限和同一保险金额进行的保险""共保可以采用成立共保集团或者签订共保协议的方式"。可见，共保协议的目的就是共享利益、共担风险和责任。同时，《保险法》第一条规定："为了规范保险活动，保护保险活动当事人的合法权益，加强对保险业的监督管理，维护社会经济秩序和社会公共利益，促进保险事业的健康发展，制定本法。"而促进保险事业的健康发展应当尽可能确保保险金赔付给保险责任范围内的事故，既不应当超范围赔付，也不应当超标准赔付，共同保险合同也概莫能外。可见，本案共保协议约定通知和聘请理算人理算之目的在于防止首席保险人专断甚至舞弊，确保保险金赔付给保险责任范围内的事故，既不超范围赔付、也不超标准赔付，以防止共保人利益受损，在此基础上方能实现共保协议的根本目的，即共享利益、共担风险和责任。

本案中，A财保永川支公司存在未履行及时通知义务和未履行聘请理算人进行理算的义务，但2020年2月14日A财保永川支公司出具《伤残认定会商表》，其中载明：根据陈某1颅脑损伤治疗180天，还处于昏迷状态，眼睛睁着但无任何意识，四肢萎缩，生活不能自理，参照《劳动能力鉴定职工工伤与职业病致残等级》，颅脑损伤导致极度智力缺损，日常生活完全不能自理，处于完全护理依赖状态，符合一级伤残标准；伤残赔偿金额及计算方式为一级伤残赔偿金额600 000元，该案件经与客户多次协商，最终赔偿360 000元，其结果并未损害B财保渝西支公司的利益。虽然A财保永川支公司未履行通知和理算义务，但采取了其他措施替代了通知和理算，这一替代措施并未扩大共保人应当分担的赔偿责任。因此，A财保永川支公司虽未履行合同约定的通知和理算义务，但其采取的替代措施仍然达成了通知和理算的目的。

综合以上两方面，根据诚实信用原则，一方未履行在先合同义务，相对方提出先履行抗辩的，如果履行先合同义务一方虽然未履行合同约定的在先义务，但采取替代措施不影响相对方合同目的实现的，该先履行抗辩不成立。关于诚实信用原则在合同约定解除中的理解和适用，最高人民法院《全国法院民商事审判工作会议纪要》第 47 条"约定解除条件"进行了具体规定，"合同约定的解除条件成就时，守约方以此为由请求解除合同的，人民法院应当审查违约方的违约程度是否显著轻微，是否影响守约方合同目的实现，根据诚实信用原则，确定合同应否解除。违约方的违约程度显著轻微，不影响守约方合同目的实现，守约方请求解除合同的，人民法院不予支持；反之，则依法予以支持。"也就是说，即使具备合同约定解除条件，按照诚实信用原则，未履行先合同义务一方的违约程度显著轻微，不影响守约方合同目的实现，守约方请求解除合同的，人民法院不予支持。按照上述对诚实信用原则理解适用的精神和原则，即使符合先履行抗辩成立的条件，但未履行先合同义务一方采取替代措施不影响守约方合同目的实现的，按照诚实信用原则，仍不应支持该先履行抗辩。

最后，协议应当信守与承担违约后果做好共保合作并无矛盾。共保协议作为双方当事人的意思表示应当信守，当事人也应当对权利义务的违反后果作出明确具体的约定，特别是免除共保责任的免责条款的约定，关系到共保合同目的能否实现。如果共保人认为延迟履行了通知义务、没有聘请理算人进行理算的违约构成根本违约，应当不承担赔偿责任，可以协商作为合同条款直接加以约定。本案对 A 财保永川支公司延迟履行了通知义务、没有聘请理算人进行理算的违约行为违背商业诚信原则，理应受到谴责，但本案的违约行为没有造成 B 财保渝西支公司扩大案涉共保损失，且共保协议中并无首保人延迟履行通知义务、没有聘请理算人进行理算的违约行为可以免除共保人赔付责任的明确约定。案涉共保协议对一般违约行为的后果未作特别约定的情况下，违约方应承担与其违约行为及后果相适应的违约责任，而非直接免除守约方的主要义务，且本案争议后当事人之间就未扩大守约方损失的情况下，未达成如何承担违约责任的新协议。一审法院酌定于 2020 年 12 月 26 日出具《理赔决定通知书》作为违约金的起算日期，应当视为对当事人利益的平衡及对 A 财保永川支公司延迟履行通知义务的否定性评价。

综上所述，B 财保渝西支公司上诉称 A 财保永川支公司延迟履行了通知义务、没有聘请理算人进行理算的行为应当免除 B 财保渝西支公司的共同赔偿责任的上诉理由，与本案查明事实不符，本院不予采信。

争议焦点之四，B 财保渝西支公司 2021 年 2 月 26 日支付的 148.48 元是否系本案应当扣除的医药费。《中华人民共和国民事诉讼法》第六十七条规定，当事人对自己提出的主张，有责任提供证据。《最高人民法院关于适用〈中华人民共和国民事诉讼法〉的解释》第九十条规定，当事人对自己提出的诉讼请求所依据的事实或者反驳对方诉讼请求所依据的事实，应当提供证据加以证明，但法律另有规定的除外。在作出判决前，当事人未能提供证据或者证据不足以证明其事实主张的，由负有举证证明责任的当事人承担不利的后果。本案中，B 财保渝西支公司举示的证据无法证实 2021 年 2 月 26 日支付的 148.48 元系本案应扣除的医药费，应当承担举证不能的法律后果。B 财保渝西支公司上诉称 2021 年 2 月 26 日支付的 148.48 元系本案应当扣除的医药费的上诉理由，本院不予采信。

综上所述，B 财保渝西支公司的上诉请求不能成立，应予驳回；一审判决认定事实清楚，适用法律正确，应予维持。依照《中华人民共和国民事诉讼法》第一百七十七条第一款第一项规定，判决如下：

驳回上诉，维持原判。

【说明】这是一起法院援引《保险法》第一条规定，指出促进保险事业的健康发展应当尽可能确保保险金赔付给保险责任范围内的事故，既不应当超范围赔付，也不应当超标准赔付，共同保险合同也概莫能外的案件。

2018 年 12 月 14 日，A 保险公司与 B 保险公司签订《共保协议》，承保某团体建筑工程施工人员意外伤害保险，保险责任为死亡伤残，保额 600 000 元，共保比例为 A 公司占比 66%（死亡伤残 40 万元＋意外医疗 2 万元），B 公司占比 34%（死亡伤残 20 万元＋意外医疗 1 万元）；并约定 A 公司在接到被保险人的损失通知后，应立即安排损失检验及定损工作，并通知其他共保人；协议将 300 000 元以上的赔款视为巨额赔款，由甲方与被保险人协商一致后，聘请专业理算公司为该赔案的理算人，负责赔案的全部理算工作；共保各方应同意理算人的理算结果，并按共保比例分摊赔款等。

2019 年 8 月 10 日，被保险人某员工施工时从高处摔伤后死亡，认定为工伤。2020 年 9 月 22 日，A 公司与客户协商后赔付 360 436.72 元。2020 年 11 月 3 日，A 公司要求 B 公司支付摊赔费 122 548.48 元，B 公司拒赔。A 公司起诉后一审法院判决 B 公司分摊赔款 122 548.48 元及违约金 2 424.59 元，合计 124 973.07 元；B 公司不服，提起上诉，提出：1. 伤者不属于本案共保项下的被保险人。2. A 公司在事故发生之后没有履行通知义务，保险事故发生的经过及保险损失的认定均未告知 B 公司，而对损失的认定也是 A 公司单方的认定，完全剥夺了 B 公司在合同中所享有的所有的权利。3. 本案应该按照伤残鉴定进行赔付，按照专业赔偿公司进行理算，而 A 公司对伤者的损失并未聘请专业的理算师进行理算，也没有对伤者进行伤残鉴定。

二审法院审理指出：1.《保险法》第三十一条规定："投保人对下列人员具有保险利益：……（四）与投保人有劳动关系的劳动者。除前款规定外，被保险人同意投保人为其订立合同的，视为投保人对被保险人具有保险利益。"本案中，陈某 1 同意鹏×公司为其投保，即可视为鹏×公司对陈某 1 具有保险利益。陈某 1 属于共保赔偿范围的被保险人。2. 陈某 1 入院后长期昏迷，在事故发生后 180 日内无法进行伤残等级鉴定；且即使鉴定，也只能鉴定为一级伤残，现 A 公司赔偿的金额对应的伤残等级为三级，故 A 公司虽然在履约中有未聘请专业理算公司为该赔案的理算人、要求进行伤残等级鉴定等瑕疵履约行为，但该瑕疵履约行为并不会导致赔偿金额的增加，不会损害 B 公司的合法利益。3. B 公司提出 A 公司延迟履行了通知义务、没有聘请理算人进行理算，则应免除 B 公司的共同赔偿责任，属于先履行抗辩。共保协议的目的就是共享利益、共担风险和责任。同时，《保险法》第一条规定："为了规范保险活动，保护保险活动当事人的合法权益，加强对保险业的监督管理，维护社会经济秩序和社会公共利益，促进保险事业的健康发展，制定本法。"而促进保险事业的健康发展应当尽可能确保保险金赔付给保险责任范围内的事故，既不应当超范围赔付，也不应当超标准赔付，共同保险合同也概莫能外。可见，本案共保协议约定通知和聘请理算人理算之目的在于防止首席保险人专断甚至舞弊，确保保险金赔付给保险责任范围内的事故，既不超范围赔付、也不超标准赔付，以防止共保人利益受损，在此基础上方能实现共保协议的根本目的，即共享利益、共担风险和责任。本案中，A 公司存在未履行及时通知义务和未履行聘请理算人进行理算的义务，但该案件经与客户多次协商，最终赔偿 360 000 元，其结果并未损害 B 公司的利益。虽然 A 公司未履行通知和理算义务，但采取了其他措施替代了通知和理算，这一替代措施并未扩大共保人应当分担的赔偿责任。根据诚实信用原则，一方未履行在先合同义务，相对方提出先履行抗辩的，如果履行先合同义务一方虽然未履行合同约定的在先义务，但采取替代措施不影响相对方合同目的实现的，该先履行抗辩不成立。按照上述对诚实信用原则理解适用的精神和原则，即使符合先履行抗辩成立的条件，但未履行先合同义务一方采取替代措施不影响守约方合同目的实现的，按照诚实信用原则，仍不应支持该先履行抗辩。并且本案共保协议中并无首保人延迟履行通知义务、没有聘请理算人进行理算的违约行为可以免除共保人赔付责任的明确约定。最终二审法院判决驳回上诉，维持原判。

本条开宗明义地规定了保险法的立法目的，即制定保险法是"为了规范保险活动，保护保险活动当事人的合法权益，加强对保险业的监督管理，维护社会经济秩序和社会公共利益，促进保险事业的健康发展"。保险是随着商品生产和市场经济发展而出现的具有预防和补偿风险损害机制的重要经济活动，它作为风险管理的重要手段，对社会的稳定和经济的健康发展，对企业的持续经营和扩大再生产，对保障个人及其家庭的财产安全、生活安定、人身健康，都有着极其重要的意义。

保险法的立法目的有这样几个层次：

规范保险活动。保险是个人或组织转移自身所面临风险的一种方法。保险活动是指为了与保险相关的目的完成的具有一定社会职能的动作的总和。保险活动涵盖的范围非常广泛，既包括保险公司的经营管理活动，也包括保险公司与投保人订立履行保险合同的活动，还包括保险监督管理机构对保险机构履行监管职能的活动。这一切的活动，都需要规范，都需要在法律的框架内开展。

保护保险活动当事人的合法权益。保险活动当事人非常多，有保险人、投保人、被保险人、受益人、保险代理人、保险经纪人等，本条明确指出《保险法》保护的是这些当事人的合法权益。合法权益是指符合法律规定的权利和利益。所以《保险法》不是只约束保险公司的，也不是只保护被保险人、受益人，《保险法》保护的是保险活动的各方当事人的符合法律规定的权利和利益。

加强对保险业的监督管理。我国保险市场尚未处于成熟发达阶段，保险业内部管理薄弱，外部监管力度不够的情况依然存在，所以对保险业的监督管理依然要加强。可以说我国的保险业的特色就是强监管，通过对本法的学习也能了解到我国监管机构对保险业的监管是贯穿始终、涵盖各个方面的，银保监会制定了大量的管理规定和管理办法，来规范保险机构的保险活动。

维护社会经济秩序和社会公共利益。在我国，社会经济活动扩展迅速，人民的收入和全社会的财富增长很快，生产经营的领域越来越广泛，相应地伴随而来的风险越来越多，同时人民群众对自身安全健康的要求也越来越高，客观上需要利用保险这种比较科学的补偿机制，防灾补损、安定生活、恢复生产、稳定社会，这使保险在维护市场经济和社会管理方面的地位和作用日益重要。另一方面，实践中的纠纷和争议往往非常复杂，而法律的规定不可能面面俱到，某些纠纷的处理，就需要从维护社会经济秩序和社会公共利益的角度考虑，进行衡量裁判。

促进保险事业的健康发展。促进保险事业的健康发展是立法目的也是立法结果，促进保险事业的健康发展不是空中建楼阁，而是以规范保险活动、保护保险活动当事人的合法权益、加强对保险业的监督管理、维护社会经济秩序和社会公共利益这几个方面为抓手和着力点，把这几个方面的工作推进了，保险事业自然得到健康的发展。这几个立法目的是互为倚仗、互相促进的关系，为了保障我国保险业的健康发展，依法规范保险活动，加强对保险经营机构的监督管理，有利于保护保险活动当事人的合法权益，也利于维护社会经济秩序和社会公共利益，使我国的保险活动在法治轨道上健康发展。

第二条 本法所称保险，是指投保人根据合同约定，向保险人支付保险费，保险人对于合同约定的可能发生的事故因其发生所造成的财产损失承担赔偿保险金责任，或者当被保险人死亡、伤残、疾病或者达到合同约定的年龄、期限等条件时承担给付保险金责任的商业保险行为。

【说明】 保险是专门的经济术语，其本来含义即是指商业保险。商业保险是投保人与保险人在自愿的基础上，以保险契约方式建立保险关系，集合多个主体的风险，合理计收保险费，建立保险基金，以对特定的灾害事故造成的财产损失或人身伤亡，提供资金补偿或保障的一种经济形式。从世界各国保险业发展历史和保险立法的实践来看，一般提到保险，其共同的概念是指商业保险，保险法所调整和规范的对象也是商业保险。我国保险法从中国的实际情况出发，并吸收和借鉴国外保险立法的成功经验，与国际惯例接轨，在本条中明确规定了保险法的调整对象是商业保险活动。

商业保险与社会保障性质的社会保险相比较有以下三个特点：一是具有自愿性，商业保险法律关系的确立，是投保人与保险人根据意思自治原则，在平等互利、协商一致的基础上通过自愿订立保险合同来实现的，而社会保险则是通过法律强制实施的；二是具有营利性，商业保险是一种商业行为，经营商业保险业务的公司无论采取何种组织形式都是以营利为目的，而社会保险则是以保障社会成员的基本生活需要为目的；三是从业务范围及赔偿保险金和支付保障金的原则来看，商业保险既包括财产保险又包括人身保险，投入相应多的保险费，在保险价值范围内就可以取得相应多的保险金赔付，体现的是多投多保、少投少保的原则，而社会保险则仅限于人身保险，并不以投入保险费的多少来加以差别保障，体现的是社会基本保障原则。

按照本条规定，本法所称保险，是指投保人根据合同约定，向保险人支付保险费，保险人对于合同约定的可能发生的事故因其发生所造成的财产损失承担赔偿保险金责任，或者当被保险人死亡、伤残、疾病或者达到合同约定的年龄、期限等条件时承担给付保险金责任的商业保险行为。这也就是说，根据保险合同的基本原则和约定，对于投保人来讲，其应当履行向保险人支付保险费的义务，并依此由其自己或其他被保险人享有获得财产保险赔偿或者人身保险给付保险金的权利；对于保险人来讲，其对于保险责任范围内的保险事故，属于财产保险的，负责进行损失的补偿，承担赔偿保险金责任，属于人身保险的，按照保险标的的不同，对被保险人死亡、伤残、疾病等保险事故发生，或者对被保险人达到合同约定的年龄、期限时，承担给付保险金责任。

第三条 在中华人民共和国境内从事保险活动，适用本法。

【说明】 本条是对保险法适用范围的规定。每一部法律都有自己的适用范围，保险法作为规范保险活动的重要法律，与其他法律一样有其确定的适用范围。法律的适用范围也就是指法律的效力范围，即法律在哪些地方、对哪些行为产生法律效力。法律的适用范围是由国家主权及其立法体制决定的，准确掌握法律的适用范围，对正确适用法律具有重要意义。

按照本条规定，保险法适用的地域范围是在中华人民共和国境内，也就是说这部法律从空间上是在全国范围内产生效力。因为保险法是由全国人大常委会制定的一部全国性法律，所以它应当在国家行使主权的领域内施行，这是由国家主权原则决定的。中华人民共和国境内即我国行使国家主权的空间，包括陆地领土、领海、内水和领空四个部分，凡在上述主权管辖范围所及的全部领域发生的保险活动，都要适用保险法。香港和澳门虽然是我国领土，但由于历史的原因，根据宪法和香港特别行政区基本法、澳门特别行政区基本法的规定，这些地区的保险活动可适用本地区的特别法规定，因此保险法不适用于这些地区的保险活动。

虽然保险法没有明确其所适用的主体范围和客体范围，即哪些保险活动主体和哪类保险行为受本法调整，但是按照本条规定，在中华人民共和国境内从事保险活动，适用本法。这就是说无论是中国自然人、法人还是外国自然人、法人以及无国籍人，只要在中华人民共和国境内从事保险活动，包括处于保险人地位或处于投保人、被保险人、受益人地位的所有保险当事人，都必须遵守和执行本法；无论外国保险组织在中国境内设有机构或没有设立机构，只要从中国境内吸收投保，并依所订立的保险合同在中国境内履行保险责任，都受本法的约束。同时由于本法第二条已明确规定保险法仅调整商业保险活动，因此，在中国境内从事的所有商业保险活动，包括保险人的业务经营、保险代理人、保险经纪人和保险公估人等的业务活动及其他与保险有关的行为，都适用本法。

第四条　从事保险活动必须遵守法律、行政法规，尊重社会公德，不得损害社会公共利益。

【案例2】（2016）闽08民终221号；（2017）闽民申524号

2014年6月3日，林某的母亲就林某所有的车辆F×××××号小轿车以林某名义通过电话营销方式向某财险公司投保交通事故责任强制保险和机动车损失保险。因某财险公司业务员廖某1没有从业资格，廖某1以廖某2（有从业资格）名义出具了机动车保险/机动车交通事故责任强制保险投保单和电话营销专用机动车辆保险单，并先行垫付保险费用。保单出具后，廖某1在投保单上"业务员签字"处签名"廖某2"，并在《机动车保险/机动车交通事故责任强制保险投保单》及《机动车辆保险投保理赔提示书（电销专用）》"投保人签名/签章"处签名"林某"。签署后，廖某1将保单交付给林某母亲，并向林某母亲收取交通事故责任强制保险保险费760元和商业险保险费4 311.42元。《某财险公司电话营销专用机动车辆保险单（正本）》中载明：新车购置价226 440元，保险期间为自2014年6月7日0时至2015年6

月 6 日 24 时，其中机动车损失保险的保险金额为 226 440 元；"重要提示"第一款："本保险合同由保险条款、投保单、保险单、批单和特别约定组成"。保险条款第六条免责条款第五款明确："驾驶人饮酒、吸食或注射毒品、被药物麻醉后使用被保险机动车"，保险人不负责赔偿。2014 年 9 月 7 日 2 时 21 分许，廖某 3 酒后驾驶被保险车辆碰撞道路护栏，造成驾驶员廖某 3 当场死亡，车辆损坏的交通事故。2014 年 10 月 13 日，某交警大队作出《道路交通事故认定书》，认定廖某 3 饮酒后驾驶机动车，该行为与事故发生有直接因果关系，驾驶机件不符合技术标准的机动车，该行为与发生事故有直接因果关系，是造成事故的根本原因，廖某 3 负事故全部责任。事故发生后，林某要求某财险公司对事故车辆损失予以定损并支付保险赔偿金，某财险公司以不符合保险合同约定为由予以拒绝。林某遂提起诉讼，请求法院判令：某财险公司向林某支付车辆损失保险赔偿金 219 204 元和车辆损失鉴定费 5 000 元，合计 224 204 元。2015 年 3 月 21 日，林某委托某司法鉴定中心就本案事故损坏小车的损失作出鉴定，经鉴定，某司法鉴定中心作出《司法鉴定意见书》，认为"被鉴定的××牌小型轿车损失价值为 219 204 元"。林某为此支付车辆损失评估费 5 000 元。另因某财险公司主张投保单上"林某"签名为林某本人所签名，林某申请对投保单上的"林某"的签名进行鉴定。原审法院委托×力司法鉴定中心进行笔迹鉴定，经鉴定投保单上的"林某"签名字迹非林某本人所写，林某垫付鉴定费用 5 000 元。

原审法院认为，林某母亲代林某于 2014 年 6 月 3 日向某财险公司购买的交强险和机动车损失保险，系当事人的真实意思表示，其内容合法，具有法律约束力。《最高人民法院关于适用〈中华人民共和国保险法〉若干问题的解释（二）》第十条规定：保险人将法律、行政法规中的禁止性规定情形作为保险合同免责条款的免责事由，保险人对该条款作出提示后，投保人、被保险人或者受益人以保险人未履行明确说明义务为由主张该条款不生效的，人民法院不予支持。虽然投保单上的签名不是其本人所签，但投保人已经缴纳保险费用，根据保险法相关规定，视为投保人追认了无权代理行为，保险合同因此已经生效。第十一条第一款规定：保险合同订立时，保险人在投保单或者保险单等其他保险凭证上，对保险合同中免除保险人责任的条款，以足以引起投保人注意的文字、字体、符号或者其他明显标志作出提示的，人民法院应当认定其履行了保险法第十七条第二款规定的提示义务。

根据上述法律规定，法律、行政法规中的禁止性规定情形作为保险合同免责条款的免责事由，免责条款的有效性，取决于保险人是否尽提示义务。根据原告提供的《某财险公司电话营销专用机动车辆保险单（正本）》中"重要提示"："本保险合同由保险条款、投保单、保险单、批单和特别约定组成。"根据上述条款可以认定，保险条款即为保险合同的组成部分。保险条款第六条有关责任免除内容部分，字体明显加粗加黑，有别于其他条款内容，足以引起投保人注意。免责条款第五款明确，"驾驶人饮酒、吸食或注射毒品、被药物麻醉后使用被保险机动车"，保险人不负责赔偿。林某作为具有完全民事行为能力人，应当对影响其自身利益之事项给予合理的注意，也应当知晓其在法律文件上签字的相应后果，如果其在收到保险单时未见到保险条款，应当也能够及时与某财险公司业务人员联系，或者在接受保险公司电话回访时提出并要求某财险公司采取补救措施，因此可以推定某财险公司已向其提供了保险条款。保险合同交付给林某，即可认定保险条款已一并交付林某，且已尽提示义务。林某因诉讼需要，将保险合同分解拆开，仅提供《某财险公司电话营销专用机动车辆保险单（正本）》一页，从而主张未收到某财险公司提供的保险条款，进而主张某财险公司未尽免责条款提示义务的辩论意见，不予采纳。本案中驾驶员廖某3酒后驾驶机动车是造成交通事故的直接原因，其酒驾行为违反了法律禁止性规定，某财险公司只需对保险免责条款尽提示义务，保险条款即生效。因某财险公司已履行提示义务，故保险合同上约定的责任免除条款，具有法律效力。综上，林某诉请要求某财险公司赔偿林某车辆损失保险赔偿金219 204元和车辆损失鉴定费5 034元，不予以支持。因某财险公司主张投保单上"林某"签名为林某本人所签名，经鉴定，该笔迹非林某本人所写，林某因本案诉讼举证需要，垫付笔迹鉴定费5 000元，该费用应由某财险公司负担。综上，根据《中华人民共和国保险法》第十七条、第六十六条，《最高人民法院关于适用〈中华人民共和国保险法〉若干问题的解释（二）》第三条、第十条的规定，判决：驳回林某的诉讼请求。

一审案件受理费 4 664 元，因适用简易程序减半收取为 2 332 元，由林某负担。笔迹鉴定费 5 000 元，由某财险公司负担。

一审宣判后，原审原告林某不服，向法院提起上诉称：原审法院以"推定"为由认定被上诉人已向上诉人提供了保险条款，且已尽提示义务系认定事实错误。1. 提供格式保险条款，并履行提示义务系保险法赋予被上诉人的法定义务。法律规定，上诉人不仅要通过字体、符号等特别标识对免除保险人责任的条款作出标识，还应主动向投保人出示该条款，并提醒投保人注意。2. 被上诉人是否履行提示义务属证据问题，其应提供证据来证明已履行了提示义务。即举证责任在被上诉人。根据证据规则，若本案被上诉人不能证明其尽提示义务，则应承担举证不能的不利后果。3. 本案中，原审法院在无任何证据可证明，也无任何说理的情况下，便判决认定"林某因诉讼需要，将保险合同分解拆开，仅提供《某财险公司电话营销专用机动车辆保险单（正本)》一页，从而主张未收到被告提供的保险条款，进而主张被告未尽免责条款提示义务"，毫无根据，纯属主观臆断。4. 原审法院将本应是被上诉人的法定义务转嫁给上诉人，却免除被上诉人的法定义务。众所周知，保险业务具有专业性，保险条款中多有一些艰涩难懂的专业术语，而普通投保人缺乏保险专业知识，在被上诉人根本未主动提供格式保险条款下，不可能知道"保险条款即为保险合同的组成部分"。被上诉人某财险公司在一审期间，并未提供证据证明其有"电话回访"，原审法院判决却以上诉人"在接受保险公司电话回访时提出并未要求某财险公司采取补救措施"，推定某财险公司已向其提供了保险条款，毫无理由。综上，请求二审法院依法撤销原审判决，改判支持上诉人原审诉讼请求。

被上诉人某财险公司辩称：一、尽管本案肇事车辆的投保单不是上诉人本人签名，但上诉人和其母亲（上诉人母亲将车辆赠与上诉人，并出资为车购买保险）在委托廖某 1（廖某 1 和上诉人及其母亲为亲属关系）代为购买保险后，取得了廖某 1 交付的保险单、保险条款及保险费发票。廖某 1 作为受托人，其代为签字的行为和收到的保险合同材料应视为委托人的行为。根据《最高人民法院关于适用〈中华人民共和国保险法〉若干问题的解释（二）》第三条第一款："投保人或者投保人的代理人订立保险合同时没有亲自签字或者盖章，而由保险人或者保险人的代理人代为签字或者盖章的，对投保人不生效。但投保人已经交纳保险费的，视为其对代签字或者盖章行为的追认。"之规定，在上诉人及其母亲接收了相关保险条款及保险材料并向廖某1支付了代垫的保险费后，可以认定上诉人已经对保险合同和告知行为进行了追认。在此情形下，被上诉人对受托人有关保险条款的送达、提示和作出的明确说明，与向上诉人本人的送达、提示、说明具有同等法律效力。《中华人民共和国民法通则》第六十六条亦规定，本人知道他人以本人名义实施民事行为而不作否认表示的，视为同意。二、从上诉人一审提供的保险单原件可看出有明显的装订后拆解留下的痕迹。这说明上诉人为诉讼投机需要，私下将和保险单装订一起的保险条款去除，这不仅违背民事诉讼应遵循的诚实信用基本原则，也不利于法庭查明事实，纯属诉讼投机行为。三、被上诉人在保险单"重要提示"中已明确告知保险合同包括保险条款，被保险人应当详细阅读保险条款中的责任免除条款。且在保险条款中以字体加粗加黑印刷的方式对责任免除条款进行了醒目标示，应当视为被上诉人已经对上诉人履行了相应的提示义务。四、本案肇事司机酒后驾驶。严禁酒后驾驶属法律强制性规定，也是众所周知的常识，更是每一个驾驶员应遵守的最基本准则，任何人都有主动知道和严格遵守该禁止性规定的义务。保险公司不能为违法行为提供经济保障，否则将有违保险的宗旨，也与我国的法律及社会公共利益相抵触。五、引导社会价值取向是司法的一个重要功能。若对法律条文机械适用，就会与社会民众对司法裁判产生的指引效果相违背。请求二审法院驳回上诉人的上诉，维持原判。

经审理查明，对于原审判决查明的事实，双方当事人均无异议，本院予以确认。

二审诉讼过程中，双方均未提交新证据。

本案双方当事人的争议焦点为：讼争保险合同的免责条款是否生效？被上诉人是否应当对讼争的保险事故承担理赔责任？对此，本院作如下分析与认定：

经本院审判委员会讨论认为，最高人民法院《关于适用〈中华人民共和国保险法〉若干问题的解释（二）》第三条规定："投保人或者投保人的代理人订立保险合同时没有亲自签字或者盖章，而由保险人或者保险人的代理人代为签字或者盖章的，对投保人不生效。但投保人已经交纳保险费的，视为其对代签字或者盖章行为的追认。"本案所涉投保单投保人签名虽不是上诉人林某本人所签，但林某已按投保单缴纳保险费用，视为对代签字行为进行了追认，保险合同合法有效。最高人民法院《关于适用〈中华人民共和国保险法〉若干问题的解释（二）》第十条规定："保险人将法律、行政法规中的禁止性规定情形作为保险合同免责条款的免责事由，保险人对该条款作出提示后，投保人、被保险人或者受益人以保险人未履行明确说明义务为由主张该条款不生效的，人民法院不予支持。"按上述规定，对于本案讼争酒驾引发的保险事故，保险公司只要履行提示义务即可免除理赔责任。上诉人林某据于主张权利向原审法院提供的《电话营销专用机动车辆保险单（正本）》重要提示中明确载明："1. 本保险合同由保险条款、投保单、保险单、批单和特别约定组成。2. 收到本保险单、承保险种对应的保险条款后，请立即核对，如有不符或疏漏，请在48小时内通知保险人并办理变更或补充手续；超过48小时未通知的，视为投保人无异议。3. 请详细阅读承保险种对应的保险条款，特别是责任免除、投保人被保险人义务、赔偿处理和附则。"由此可见，保险条款作为保险合同的组成部分，上诉人林某主张其未收到保险条款，但其在收到保险单后，从未提出异议或要求被上诉人某财险公司补充提供，应视为被上诉人某财险公司已向上诉人林某送达保险条款。保险条款有关责任免除内容部分，字体明显加粗加黑，足以引起投保人注意，可以认定被上诉人某财险公司已尽提示义务。故讼争保险合同约定的责任免除条款，依法生效。本案驾驶员廖某3酒后驾驶投保车辆发生事故，属于本案保险合同的免赔范围，被上诉人某财险公司对讼争保险事故不承担理赔责任。上诉人林某的上诉无事实和法律依据，本院不予支持。

综上所述，原审判决认定事实清楚，适用法律正确。依照《中华人民共和国民事诉讼法》第一百七十条第一款第（一）项的规定，判决如下：驳回上诉，维持原判。

二审案件受理费4 664元，由上诉人林某负担；一审案件受理费、鉴定费按一审判决计收。

本判决为终审判决。

林某申请再审称，原生效判决存在认定事实和适用法律错误，请求依据《中华人民共和国民事诉讼法》第二百条第二项、第六项的规定再审。事实和理由：一、原生效判决认定："林某收到保险单后，对没收到保险条款未提出异议且未要求龙岩财保补充提交保险条款，应视为某财保已向林某送达保险条款，讼争保险合同约定的责任免除条款，依法生效。"该认定是运用"推定"的方式认定案件事实，不符合《中华人民共和国民事诉讼法》第七条规定"人民法院审理民事案件，必须以事实为根据，以法律为准绳"的规定。本案不能认为某财保已向林某附交保险条款。二、《中华人民共和国保险法》第十七条第二款明确规定："保险合同中免责条款应当在投保单、保险单或者其他保险凭证上作出足以引起投保人注意的提示，未作提示的，该免责条款不产生效力。"本案某财保未向林某提交保险条款，未尽提示义务，违反《中华人民共和国保险法》第十七条规定，某财保不应免责。另外，林某即使知道禁止性规定的免责条款内容，也不能导致某财保免责。故原生效判决认定事实不清，适用法律错误，依法应予再审。

某财保提交意见称：一、林某委托代理人代为购买车辆保险，取得了代理人交付的保险单、保险条款及保险费发票，委托他人代理投保行为成立，代理人代为签字的行为和收到的保险合同材料应视为投保人的行为。某财保对代理人有关保险条款的送达、提示和作出的明确说明，与向林某本人的送达、提示、说明，具有同等法律效力。根据《最高人民法院关于适用若干问题的解释（二）》第三条第一款规定："投保人或者投保人的代理人订立保险合同时没有亲自签字或者盖章，而由保险人或者保险人的代理人代为签字或者盖章的，对投保人不生效。但投保人已经交纳保险费的，视为其对代签字或者盖章行为的追认"，在林某接收了相关保险条款及保险材料并向代理人支付了代垫的保险费后，可以认定林某已经对保险合同和告知行为进行了追认。二、《中华人民共和国合同法》第六条规定："当事人行使权利、履行义务应当遵循诚实信用原则。"林某一审提供的保险单原件有明显的装订后拆解留下的痕迹，说明林某为诉讼需要，私下将和保险单装订在一起的保险条款去除，这是明显不诚信的表现。三、从林某一审提供的保险单原件中可看出某财保已经作出了重要提示。某财保在保险单"重要提示"中已明确告知保险合同包括保险条款，投保人应详细阅读保险条款中的责任免除条款，《中国人民保险机动车辆损失保险条款》第六条规定，"下列情况下，不论任何原因造成被保险机动车损失，保险人均不负责赔偿：……（四）驾驶人饮酒、吸食或注射毒品、被药物麻醉后使用被保险机动车"，该条款字体明显加粗加黑，有别于其他条款内容，足以引起投保人注意，应视为某财保已经向林某履行了相应的提示义务。《最高人民法院关于适用〈中华人民共和国保险法〉若干问题的解释（二）》第十条规定："保险人将法律、行政法规中的禁止性规定情形作为保险合同免责条款的免责事由，保险人对该条款作出提示后，投保人、被保险人或者受益人以保险人未履行明确说明义务为由主张该条款不生效的，人民法院不予支持。"根据该司法解释规定，酒后驾驶、无证驾驶等违反法律禁止性规定情形，保险公司只需对条款履行提示义务，同样具有保险责任免除的法律效力。四、保险公司不能为违法行为提供经济保障。《中华人民共和国保险法》第四条规定："从事保险活动必须遵守法律、行政法规，尊重社会公德，不得损害社会公共利益。"严禁酒后驾驶属法律强制性规定，也是众所周知的常识，更是每一个驾驶员应遵守的最基本准则，任何人都有主动遵守该禁止性规定的义务。因此，某财保不能为违法行为提供经济保障，否则将有违保险的宗旨，也与我国的法律及社会公共利益相抵触。五、引导社会价值取向是司法的一个重要功能。假使酒驾这种恶劣违法行为，肇事者无须对车毁人亡的后果承担任何经济赔偿责任，势必对社会公众造成不良导向，不利于预防和减少酒后驾车等违法行为，也与法律的社会指引价值相悖。综上所述，请求驳回林某的再审申请。

本院经审查认为：

一、关于本案是否应认定某财保已向林某提交了保险条款问题。2014年6月3日，林某的母亲就林某所有的车辆F××××号小轿车以林某名义，通过电话营销方式向某财保投保交通事故责任强制保险和机动车损失保险。林某已依合同约定缴交保费，保险合同依法成立生效。某财保在保险单中"重要提示"部分第三款提示"投保人应详细阅读承保险种对应的保险条款，特别是责任免除、投保人被保险人义务、赔偿处理和附则"，林某拿到保单后，如果按其诉讼中主张的某财保未附保险条款，则林某应依上述"重要提示"向某财保提出索要保险条款，否则林某对购得的保险基本内容都不了解，是不符合情理的。林某在2014年6月7日交纳了保单项下的保险费。在收到保险单后，至2014年9月7日，廖某3酒后驾驶被保险车辆出险时，林某均未要求某财保补充提交保险条款。因此，原判决认定"某财保已向林某送达保险条款，讼争保险合同约定的责任免除条款，依法生效"，并无不当。

二、关于林某是否可就酒驾出险向某财保请求理赔问题。《最高人民法院关于适用〈中华人民共和国保险法〉若干问题的解释（二）》第十条："保险人将法律、行政法规中的禁止性规定情形作为保险合同免责条款的免责事由，保险人对该条款作出提示后，投保人、被保险人或者受益人以保险人未履行明确说明义务为由主张该条款不生效的，人民法院不予支持。"本案中，林某已经收到保险单，且并无证据证明某财保未提交保险条款。某财保在保险条款中对责任免除第六条规定"下列情况下，不论任何原因造成被保险机动车损失，保险人均不负责赔偿：……5. 驾驶人饮酒、吸食或注射毒品、被药物麻醉后使用被保险机动车"。该条款属于禁止性规定情形作为保险合同免责条款的免责事由的情形。保险人某财保对该条款作出提示后，林某主张某财保未履行相应的提示义务，应承担理赔责任，没有事实和法律依据。

综上所述，依照《中华人民共和国民事诉讼法》第二百零四条第一款，《最高人民法院关于适用〈中华人民共和国诉讼法〉的解释》第三百九十五条第二款规定，裁定如下：

驳回林某的再审申请。

【说明】这是一起保险公司在再审中援引《保险法》第四条，指出保险公司不能为违法行为提供经济保障，否则将有违保险的宗旨，也与我国的法律及社会公共利益相抵触的案件。

2014年6月3日，林某为其小轿车投保交强险和车损险，投保单上投保人签名为代理人代签，保险期间为自2014年6月7日0时至2015年6月6日24时，其中机动车损失保险的保险金额为226 440元；"重要提示"第一款："本保险合同由保险条款、投保单、保险单、批单和特别约定组成。"保险条款第六条免责条款第五款明确，"驾驶人饮酒、吸食或注射毒品、被药物麻醉后使用被保险机动车"，保险人不负责赔偿。2014年9月7日，廖某3酒后驾驶该车发生事故车毁人亡，其负事故全部责任。林某要求保险公司理赔，保险公司拒赔，成讼。

一审法院认为，虽然投保单上的签名不是其本人所签，但投保人已经缴纳保险费用，视为投保人追认了无权代理行为，保险合同因此已经生效；保险合同中"重要提示"写明，"本保险合同由保险条款、投保单、保险单、批单和特别约定组成"，保险条款即为保险合同的组成部分；保险条款第六条有关责任免除内容部分，字体明显加粗加黑，有别于其他条款内容，足以引起投保人注意。免责条款第五款明确，"驾驶人饮酒、吸食或注射毒品、被药物麻醉后使用被保险机动车"，保险人不负责赔偿。判决驳回林某的诉讼请求。二审维持了一审判决，再审法院驳回了林某的再审申请。

关于本条，从事保险活动必须遵守法律、行政法规。这是对保险活动应当具有合法性的要求。法律、行政法规是国家立法机关依照法定程序制定并以国家强制力保证实施的人们共同遵守的行为规范，保险活动作为一种重要的经济民事活动必须遵守法律、行政法规，这体现了经济活动和民事活动的守法原则。保险行为不仅关系到社会和个人资本的运用，而且直接关系到对公共利益的保障，因此保险当事人的投保行为或承担保险责任的行为，都必须是依法进行的合法行为。由于保险活动涉及的范围很广，所以保险活动所必须遵守的法律、行政法规，除保险法及与保险法配套的行政法规以外，还包括我国关于民事、合同、公司、仲裁等许多方面的法律、行政法规。

从事保险活动必须尊重社会公德。所谓社会公德是指在社会公共生活中调节人们之间的关系，维护社会公共生活秩序的行为规范，尊重社会公德，不仅是道德要求，而且也是法律规范。保险活动是市场经济条件下的一种商事行为，同其他市场行为一样，应当尊重公认的社会公德。我国保险业虽然取得了长足的发展，但必须看到保险市场仍存在一些突出问题，违规现象比较普遍，道德法制观念淡薄，例如存在惜赔、乱赔甚至非法给回扣、假理赔等问题，服务质量也不高，产品销售中还存在误导欺骗行为等现象，这些问题的发生一定程度上与社会公德意识较差有着直接的关系，对这种破坏社会公德的行为除了要加强教育外，也需要辅之以必要的行政和法律手段，因此本条强调从事保险活动必须尊重社会公德，这是具有十分重要现实意义的。

从事保险活动不得损害社会公共利益。遵循不得损害社会公共利益的规定要求在订立保险合同时，双方当事人应当遵守国家的法律，尊重社会公德，承担社会责任，不得作出违背社会公共利益的约定，而且保险合同的标的本身也必须是合法的，即合同标的不能是非法所得或非法占有，也不能是国家禁止参与民事流转的物品或行为，否则所订立的保险合同不仅是无效的，当事人还要承担由此产生的法律后果。

第五条 保险活动当事人行使权利、履行义务应当遵循诚实信用原则。

【案例3】（2019）渝02民终422号；（2019）渝民申3203号

案外人某物流公司受罗某委托，于2017年11月27日为罗某所有的赣07/603＊＊号变形拖拉机向某财保公司投保了交强险和商业三者险。某财保公司出具的《机动车交通事故责任强制保险运输型拖拉机定额保险单》和《机动车综合商业保险保险单》，均载明被保险人罗某、保险车辆号牌号码赣07603＊＊、厂牌型号轻骑ZB108T运输型拖拉机、发动机号码Q141031233Z、保险期间自2017年11月28日0时起至2018年11月27日24时止。另外，商业险保单还载明车架号LA73B1E×××E0059455，商业三者险责任限额5

万元，没有不计免赔。机动车综合商业保险条款第二十三条约定被保险机动车一方负主要事故责任的，事故责任比例为70%；第二十四条约定发生保险事故时被保险机动车行驶证、号牌被注销的，或未按规定检验或检验不合格的，保险人赔偿责任免除；第二十七条约定被保险机动车一方负主要事故责任的，保险人在保险合同约定计算赔款的基础上，实行15%的事故责任免赔率。罗某认可收到交强险保单（条款在保单背面）和商业险保单，但否认收到商业险条款，且否认投保单中投保人声明栏和投保人声明书上投保人"罗某"签名为本人所签，某财保公司在一审法院指定期限内未申请笔迹鉴定。此外，某财保公司提交的投保单验车验证情况栏为：□已验车□已验证查验人员签名年月日时分。2018年8月13日14时40分许，罗某驾驶行车制动不合格的套牌为赣07/60343号变形拖拉机将没有监护人带领的学龄前儿童方某撞倒碾压，造成方某经抢救无效于当日15时死亡的道路交通事故。2018年9月12日，某交通巡逻警察支队作出道路交通事故认定书，认定罗某承担本次事故主要责任，方某承担次要责任。罗某持有G型机动车驾驶证，事故车辆套牌为赣07/60343号，事故认定书还载明方某户籍地：×市×区×镇×村×，车辆品牌型号：ZB180T，发动机号码：Q141031233Z，机身（底盘）号码：LA73BJE42××59455。

2018年9月29日，一审法院作出（2018）渝0101民特312号民事裁定书，裁定申请人方某2、殷某、罗某经某人民调解委员会调解达成的2018年渝万高民调字第62号《人民调解协议》有效。该人民调解协议主要载明："一、罗某赔偿方某2、殷某小孩方某在交通事故中死亡损害赔偿费用272 492元（其中品除罗某已垫付的丧葬费42 492元），现由罗某实际一次性赔付方某2、殷某损害赔偿费用230 000元整，大写贰拾叁万元整（包括死亡赔偿金、精神抚慰金、误工费、住宿费、交通费、丧葬费等所有费用在内）。保险公司赔付的交强险、商业三者险由罗某享有，其费用由罗某承担。方某2、殷某积极配合，但与方某2、殷某无关。二、履行方式、时限2018年9月29日前付12万元整，余下11万元在2018年12月30日前付清。……"

协议签订后，罗某向方某2、殷某支付了首期赔偿款12万元，余下11万元尚未赔偿。2018 年 9 月 20 日，某财保公司作出《不予理赔通知书》，以罗某为赣 07/60343 号变形拖拉机投保时提供假牌假证，未履行提供真实有效证件如实告知义务为由，通知罗某保险合同为无效合同并对赣 07/60343 号变形拖拉机于 2018 年 8 月 13 日发生的交通事故不予理赔。同日，某财保公司还作出《保险合同解除通知书》以同样理由通知将与罗某解除交强险及商业险保险合同，并收回交强险和商业险保险单。一审法院认为，某财保公司与罗某是在自愿、平等基础上签订的机动车交通事故责任强制保险和机动车商业保险合同，合法有效。告知义务是保险法最大诚信原则的体现，对保险人而言就是要履行说明义务，对投保人而言就是要履行如实告知义务。某财保公司无证据证明其已履行说明义务，特别是保险人责任免除条款。《最高人民法院关于适用〈中华人民共和国保险法〉若干问题的解释（二）》第九条规定，保险人提供的格式合同文本中的责任免除条款、免赔额、免赔率、比例赔付或者给付等免除或者减轻保险人责任的条款，可以认定为保险法第十七条第二款规定的"免除保险人责任的条款"。发生保险事故时被保险机动车行驶证、号牌被注销的，或未按规定检验或检验不合格的，保险人不负责赔偿的条款即属此例。举轻以明重，作为没有合法行驶证或号牌的套牌车，也应属不负责赔偿的情形。但是审理过程中，某财保公司并无证据证明投保单上投保人"罗某"的签字系罗某的代理人所签，其主张系罗某本人所签，在罗某否认后也未在一审法院指定期限内申请鉴定，故某财保公司不能证明其已经依法履行了明确说明义务，所以保险合同中的责任免除条款对罗某不具有效力。投保人的告知义务限于保险人询问的范围和内容，以及投保人明知的与保险标的或者被保险人有关的情况，某财保公司未提供证据证明投保人明知投保车辆系套牌车或者要求投保人对是否属套牌车进行告知。某财保公司提交的投保单中验车验证情况为空白，该事实表明某财保公司在订立保险合同时未尽到审慎注意义务，其应当承担放弃检验车辆和行驶证权利的法律后果。套牌车的主要目的是逃避交纳保险费等各种规费，以赚取较大的经济利益。本案中的事故车辆虽属套牌车但进行了投保，未侵害被套用车牌车辆的车主的相关权益，也未增加保险公司的保险风险，对因该套牌车遭受侵害的不特定第三人而言，能得到保险公司的及时理赔也是有利无害，因此也不会损害社会公共利益。当然，由于使用套牌车违反了行政管理法规及部门规章，应受到公安机关和交通管理部门的严厉打击。但是，该管理性强制规定并不影响本案平等主体之间所签订保险合同的效力，某财保公司主张保险合同无效的理由不成立，其应当承担保险责任。罗某与第三人签订的人民调解协议虽经本院裁定有效，但实质上属于事故双方自愿达成的协议，某财保公司有权要求按保险合同约定及法律规定进行赔偿。方某生前户籍所在地为农村，罗某未提交证据证明其户口性质，故死亡赔偿金按照×市2017年度农村常住居民人均可支配收入12 638元计算20年为252 760元（12 638元/年×20年）。×市2017年度在岗职工年平均工资为73 272元，故丧葬费为36 636元（73 272元/年÷12月×6月）。死亡赔偿金和丧葬费共计289 396元，某财保公司应先在交强险责任死亡赔偿限额内赔偿110 000元，余下的179 396元根据商业保险合同予以赔偿。

如前所述，某财保公司无证据证明对商业保险合同的比例赔付及免赔率条款履行了明确说明义务，对罗某不发生效力。一审法院根据本次交通事故双方当事人的过错程度，确定罗某承担80%的赔偿责任较为适宜，该143 516.80元（179 396元×80%）赔偿款由某财保公司在商业险内赔偿50 000元，不足部分由罗某予以赔偿。罗某要求某财保公司支付的保险金数额，在未纳入应赔偿的精神损害抚慰金、交通费等损失情况下，仅根据死亡赔偿金和丧葬费两项计算已依据充足，罗某已经实际赔偿第三人方某2、殷某162 492元（42 492元＋120 000元），超过其诉请的保险金数额，故一审法院对罗某的诉讼请求予以支持。

综上所述，根据《中华人民共和国合同法》第八条、第四十四条、第五十二条、《中华人民共和国保险法》第十条、第十三条、第十六条、第六十五条、《最高人民法院关于适用〈中华人民共和国保险法〉若干问题的解释（二）》第五条、第九条、第十三条、《中华人民共和国民事诉讼法》第六十四条的规定，一审法院判决：某财保公司于判决生效之日起十日内给付罗某交强险保险金11万元及商业三者险保险金5万元，合计16万元。如果未按判决指定的期间履行给付金钱义务，应当依照《中华人民共和国民事诉讼法》第二百五十三条规定，加倍支付迟延履行期间的债务利息。案件受理费3 500元，减半收取1 750元，由某财保公司负担。

本院二审期间，罗某向本院提交了两份中国邮政储蓄银行的入账汇款业务凭单，用以证明其已经于2018年9月29日和2018年12月28日向方某2分别支付了12万元和11万元。某财保公司对两份中国邮政储蓄银行的入账汇款业务凭单的真实性无异议，本院对罗某向本院提交了两份中国邮政储蓄银行的入账汇款业务凭单的真实性予以确认。本院二审认定事实如下：1. 2018年9月29日，罗某收到了某财保公司于2018年9月20日作出的《保险合同解除通知书》。该通知书载明，因罗某未履行如实告知投保车辆系套牌车的义务，某财保公司通知解除案涉的交强险和商业险保险合同。

罗某在二审中陈述，案涉车辆系其2014年12月从万州区一汽车交易市场购买，车辆牌照号码等均由销售商代办。

本院认为，本案的争议焦点为：案涉的罗某与某财保公司之间的交强险和商业三者险保险合同是否已经解除？针对该争议焦点本院评述如下：《机动车交通事故责任强制保险条例》第十一条规定：投保人投保时，应当向保险公司如实告知重要事项。重要事项包括机动车的种类、厂牌型号、识别代码、牌照号码、使用性质和机动车所有人或者管理人的姓名（名称）、性别、年龄、住所、身份证或者驾驶证号码（组织机构代码）、续保前该机动车发生事故的情况以及保监会规定的其他事项。该条例第十四条规定：保险公司不得解除机动车交通事故责任强制保险合同；但是，投保人对重要事项未履行如实告知义务的除外。《中华人民共和国保险法》第五条规定：保险活动当事人行使权利、履行义务应当遵循诚实信用原则。《中华人民共和国保险法》第十六条规定：订立保险合同，保险人就保险标的或者被保险人的有关情况提出询问的，投保人应当如实告知。投保人故意或者因重大过失未履行前款规定的如实告知义务，足以影响保险人决定是否同意承保或者提高保险费率的，保险人有权解除合同。前款规定的合同解除权，自保险人知道有解除事由之日起，超过三十日不行使而消灭。《中华人民共和国合同法》第九十六条规定，依法解除合同的，应当通知对方。合同自通知到达对方时解除。本案中，案外人某物流公司受罗某委托，于2017年11月27日为罗某所有的赣07/60343号变形拖拉机向某财保公司投保了交强险和商业三者险。依据某公安局交通巡逻警察支队于2018年9月12日作出的第500101120180000144号《道路交通事故认定书》，能够确认罗某驾驶的案涉车辆系套牌车。罗某虽称案涉车辆的牌照号码等手续系销售商代办，但该结果应由罗某承担。罗某在投保案涉交强险和商业三者险时未就该车系套牌车的事实如实告知某财保公司，罗某亦无证据表明自其投保之日至某公安局交通巡逻警察支队于2018年9月12日作出《道路交通事故认定书》之日止，某财保公司已知晓投保车辆为套牌车，某财保公司于2018年9月20日作出《保险合同解除通知书》行使解除权，符合前述法律规定。罗某于2018年9月29日收到前述解除通知，故本案当事人之间成立的交强险和商业保险合同于该日解除。因此，罗某诉请某财保公司给付保险金，缺乏事实和法律依据，本院不予支持。

综上所述，某财保公司的上诉请求成立，予以支持。一审判决认定事实有误，导致判决错误，应予纠正。依照《中华人民共和国保险法》第十六条、《中华人民共和国合同法》第九十六条、《机动车交通事故责任强制保险条例》第十一条、第十四条、《中华人民共和国民事诉讼法》第一百七十条第一款第二项规定，判决如下：

一、撤销某区人民法院（2018）渝0101民初15179号民事判决；

二、驳回罗某的诉讼请求。

罗某申请再审称：1. 2014年12月15日，罗某在二手车市场上购买了涉案车辆，每年均进行了投保。根据《中华人民共和国保险法》第十六条的规定，只有在投保人故意或者因重大过失未履行如实告知义务、足以影响保险人决定是否同意承保或者提高保险费率的，保险人才有权解除合同。在本案交通事故发生之前，罗某根本不知道涉案车辆为套牌车，某财保公司也没有举示证据证明罗某在投保时知道或者知道涉案车辆系套牌车的事实，罗某不存在未履行如实告知义务的情形，某财保公司无权解除双方签订的保险合同。2. 罗某在投保时，某财保公司投保单的验车验证情况栏均为空白，某财保公司没有履行对涉案车辆和证照进行检验的义务，自身存在过错，应承担理赔责任。3. 本案涉案车辆虽为套牌车，但罗某作为车主，没有逃避任何缴费义务，未侵犯被套牌车辆车主的权益，也未增加某财保公司的保险风险，如某财保公司不承担理赔义务，在发生交通事故时不利于保障伤者的利益。故罗某依据《中华人民共和国民事诉讼法》第二百条规定申请再审。

本院经审查认为，《中华人民共和国保险法》第五条规定："保险活动当事人行使权利、履行义务应当遵循诚实信用原则"。第十六条规定，投保人故意或者因重大过失未履行如实告知义务，足以影响保险人决定是否同意承保或者提高保险费率的，保险人有权解除合同。本案中，2017 年 11 月 27 日，罗某为其所有的赣 07/60343 号变形拖拉机在某财保公司投保了交强险和商业三者险。2018 年 8 月 13 日，罗某驾驶涉案车辆发生交通事故，道路交通事故认定书明确认定涉案车辆系套牌车。罗某虽称涉案车辆的证照手续系销售商代办，但罗某作为车主，应当对其所有车辆的相应证照真实性和合法性负责。某财保公司虽放弃了检验车辆和证照的权利，但这并不影响罗某依法负有的如实告知义务。罗某在投保时未向某财保公司履行如实告知案涉车辆系套牌车的义务，而该事实足以影响某财保公司作出是否承保的决定，某财保公司依法取得了保险合同的解除权。在某财保公司向罗某发出了《保险合同解除通知书》的情况下，罗某无权要求某财保公司进行理赔。一审、二审判决并无不当。

依照《中华人民共和国民事诉讼法》第二百零四条第一款、《最高人民法院关于适用〈中华人民共和国民事诉讼法〉的解释》第三百九十五条第二款之规定，裁定如下：

驳回罗某的再审申请。

【说明】这是一起法院援引《保险法》第五条规定，指出投保人在投保交强险和商业三者险时未就该车系套牌车的事实如实告知保险公司取得合同解除权不予理赔的案件。

罗某以其套牌变形拖拉机向某财保公司投保交强险和商业三者险。罗某认可收到交强险保单（条款在保单背面）和商业险保单，但否认收到商业险条款，且否认投保单中投保人声明栏和投保人声明书上投保人"罗某"签名为本人所签。

2018 年 8 月 13 日，罗某驾驶行车制动不合格的套牌变形拖拉机将没有监护人带领的学龄前儿童方某撞倒碾压，造成方某死亡的道路交通事故。交通事故认定书认定罗某承担本次事故主要责任，方某承担次要责任，事故车辆套牌。2018 年 9 月 20 日，某财保公司作出《不予理赔通知书》，以罗某为赣 07/60343 号变形拖拉机投保时提供假牌假证，未履行提供真实有效证件如实告知义务为由，通知罗某保险合同为无效合同并对赣 07/60343 号变形拖拉机于 2018 年 8 月 13 日发生的交通事故不予理赔。同日，某财保公司还作出《保险合同解除通知书》，以同样理由通知将与罗某解除交强险及商业险保险合同，并收回交强险和商业险保险单。

一审法院认为，保险合同中"免除保险人责任的条款"因某财保公司并无证据证明投保单上投保人"罗某"的签字系罗某本人所签，故某财保公司不能证明其已经依法履行了明确说明义务，所以保险合同中的责任免除条款对罗某不具有效力。某财保公司未提供证据证明投保人明知投保车辆系套牌车或者要求投保人对是否属套牌车进行告知。某财保公司提交的投保单中验车验证情况为空白，该事实表明某财保公司在订立保险合同时未尽到审慎注意义务，其应当承担放弃检验车辆和行驶证权利的法律后果。某财保公司应当承担保险责任。判决某财保公司给付罗某交强险保险金 11 万元及商业三者险保险金 5 万元，合计 16 万元。保险公司不服，提出上诉。

二审法院认为本案的争议焦点为：案涉的罗某与某财保公司之间的交强险和商业三者险保险合同是否已经解除？根据《机动车交通事故责任强制保险条例》第十一条、第十四条，《中华人民共和国保险法》第五条、第十六条，《中华人民共和国合同法》第九十六条的相关规定，罗某驾驶的案涉车辆系套牌车，其在投保案涉交强险和商业三者险时未就该车系套牌车的事实如实告知某财保公司，罗某亦无证据表明自其投保之日至某公安局交通巡逻警察支队于 2018 年 9 月 12 日作出《道路交通事故认定书》之日止，某财保公司已知晓投保车辆为套牌车，故某财保公司于 2018 年 9 月 20 日作出《保险合同解除通知书》行使解除权，符合前述法律规定。罗某于 2018 年 9 月 29 日收到前述解除通知，故本案当事人之间成立的交强险和商业保险合同于该日解除。因此，法院判决撤销一审民事判决；驳回罗某的诉讼请求。

罗某申请再审称，再审法院审理后裁定驳回罗某的再审申请。

诚实信用原则是保险活动所应遵循的一项最重要的基本原则，保险法律规范中许多内容都必须贯彻和体现这一原则，为了强调其在保险活动中的重要作用，保险法中专门列出一条来明确规定。诚实信用原则最早起源于罗马法，原来是指契约的履行应当诚实守信，经过法国民法和德国民法的发展，到了瑞士民法，已经将诚实信用原则的适用由债权债务关系扩及整个民事活动。所谓诚实信用原则是指民事主体从事民事活动，行使民事权利和履行民事义务时，都应本着真诚善意的态度，讲真话、办实事，开诚布公，信守承诺，讲究信誉、恪守信用、意思表示真实、行为合法，做到不欺不诈，不损人利己，不得以坑蒙拐骗等方法从事经营活动、损害国家和消费者利益。在现代市场经济条件下，诚实信用原则已成为一切民事活动和一切市场参与者所应遵循的基本原则，成为市场经济活动的道德标准和法律规范。

按照本条规定，保险活动当事人行使权利、履行义务应当遵循诚实信用原则，这是法律对保险活动当事人的基本要求。具体来讲，在保险活动中，投保人应当依法对其投保的标的，按保险人的询问进行如实告知，并在发生约定的保险事故时也如实履行告知义务；而保险人则应当在承保时，将保险合同的条款、条件明确地告知投保人，不得欺骗也不得隐瞒，在发生约定的保险事故时，应当及时查明和确定保险事故的性质、原因和保险标的的损失程度，并及时赔付保险金，不得拖延或逃避承担保险责任。必须指出，目前保险业的社会信誉状况确实不容乐观，造假现象、误导甚至欺诈问题严重，所有这些都是与诚实信用原则格格不入的，也是法律秩序所不允许的。因此，本条的规定将法律上的要求和道德上的要求融合在一起，成为一条法定的行为准则，保险活动当事人应当认真遵循。

第六条 保险业务由依照本法设立的保险公司以及法律、行政法规规定的其他保险组织经营，其他单位和个人不得经营保险业务。

【案例4】（2021）鲁 11 民终 1332 号

2020 年 3 月 12 日 13 时 50 分，张某驾驶鲁 U×××××/鲁 B×××××号牌重型半挂货车，沿 G1511 由东向西行驶至 3 公里时，因操作不当与宋某驾驶的鲁 F××××小型普通客车发生追尾碰撞，致宋某驾驶的鲁 F××××小型普通客车与伦某驾驶的鲁 L××××号牌小型普通客车追尾碰撞，又致伦某驾驶的鲁 L××××号牌小型普通客车与宋某 2 驾驶的鲁 Q×××××/鲁 Q××××号牌重型半挂货车发生刮擦事故。事故致鲁 F×××××号牌车辆乘车人李×花一人受伤，四车及路政设施不同程度受损。该事故经日照市公安局高速公路交通警察支队东港大队认定，张某承担事故全部责任，宋某、伦某、宋某 2、李×花无责任。

事故发生后，经李某申请，一审法院委托日照信×价格评估有限公司对鲁 F×××××号牌车辆损失价值进行鉴定。日照信×评估有限公司出具价格评估结论：鲁 F××××车辆损失价值为 129 000 元。

一审另查明，宋某驾驶的鲁 F×××××号牌车辆实际所有人系李某。张某驾驶的鲁 U×××××号牌车辆登记所有人系×德公司，该车辆在华×财险公司投保交强险一份，在中×运输公司购买第三者责任统筹，统筹金额 100 万元。

李某起诉主张了如下损失：1. 车辆损失 129 000 元；2. 路产损失 4 400 元；3. 施救费 680 元；4. 评估费 6 000 元。李某向法庭提供证据：道路交通事故认定书、鲁 F×××××号牌车辆行驶证复印件、路产损坏赔偿专用票据、路产损坏告知书、路产赔偿清单、施救费发票、机动车信息查询结果单、日照信×价格评估有限公司报告书。

一审法院认为，张某驾驶鲁U×××××/鲁B×××××号牌车辆与宋某驾驶的鲁F×××××号牌车辆发生交通事故，致李某所有的鲁F×××××号牌车辆受损，造成道路交通事故属实，一审法院予以确认。该事故经交警部门认定，张某承担事故全部责任，对该事故认定书的效力应予采信。故对因该次事故给李某造成的损失，应由张某按照100%的比例承担赔偿责任。因张某、×德公司均未到庭参加诉讼，一审法院无法查明二者之间的关系，故应由张某、×德公司共同承担赔偿责任。宋某驾驶的鲁F×××××号牌车辆在事故中与伦某驾驶的鲁L×××××号牌车辆发生碰撞，故应扣除鲁L×××××号牌车辆无责限额财产损失限额部分。

《中华人民共和国道路交通安全法》第七十六条规定：机动车发生交通事故造成人身伤亡、财产损失的，由华×财险公司在机动车第三者责任强制保险责任限额内予以赔偿。华×财险公司提交付款回单，证实鲁U×××××号牌车辆财产损失限额2 000元已赔付给本次事故另一受损车辆鲁L×××××，财产损失限额已经使用完毕。故对超出交强险限额的损失，应由中×运输公司在第三者责任统筹限额范围内对张某、×德公司应当承担的赔偿责任按照事故责任比例进行赔偿。

对于李某主张的损失，一审法院依据有关法律规定，分析确认如下：1. 关于车辆损失129 000元，中×运输公司对评估价格有异议，认为李某车辆损失已达到全损，要求按照车辆实际市价补偿并回收车辆残值。李某提供的评估报告书载明鲁F×××××号牌车辆损失价值为129 000元，且该评估是基于车辆4S店出具的拆检清单，核对受损项目，并依据机动车配件定损系统4S店价对车辆损失进行了评估。评估公司并未写明该车不具备维修价值及车辆维修后使用过程中存在隐患。中×运输公司并未提供证据证实该车辆已不具备维修价值，达到全损状态，故对李某的车辆损失金额，一审法院予以支持。2. 关于路产损失4 400元，李某提供收费单据、路产清单、路产损坏告知书等予以证实其实际支出的路产损失费用，一审法院予以确认。3. 施救费680元，李某提供施救费发票予以证实，一审法院予以确认。4. 评估费6 000元，李某提供评估费发票予以证实，一审法院予以确认。以上予以确认的损失合计 140 080 元。对以上损失，扣除无责限额财产损失 100 元，剩余损失共计 139 980 元，由中×运输公司在第三者责任统筹限额内按照 100% 的比例赔偿。据此，依照《中华人民共和国侵权责任法》第六条第一款、第十五条第一款（六）项、第十九条、第四十八条，《中华人民共和国道路交通安全法》第七十六条，《机动车交通事故责任强制保险条例》第四十三条，《中华人民共和国民事诉讼法》第一百四十四条之规定，判决：一、中×运输公司在机动车第三者责任统筹责任限额内赔偿李某各项损失 139 980 元，于判决生效后七日内付清；二、驳回李某本案的其他诉讼请求。如果未按判决指定的期间履行给付金钱义务，应当按照《中华人民共和国民事诉讼法》第二百五十三条之规定，加倍支付迟延履行期间的债务利息。案件受理费 1 554 元，由李某负担 4 元，由张某、×德公司负担 1 550 元。

中×运输公司不服，提起上诉，请求：撤销一审判决，重新审理或改判。事实与理由：1. 被上诉人李某车辆损失确定金额较高，远远高于市场维修价格，且未提供相应维修票据证明其实际花费，针对其车损评估上诉人申请依法委托有资质第三方进行复评评估处理。2. 车辆鉴定评估费 6 000 元非车损金额以内，应依法由侵权人张某承担，上诉人不应承担。3. 诉讼费不应由上诉人承担。综上，一审判决认定事实不清，适用法律错误，请求二审法院依法纠正。

二审中，当事人未提交证据。本院对一审查明的事实予以确认。

本院认为，《中华人民共和国保险法》第六条规定"保险业务由依照本法设立的保险公司以及法律、行政法规规定的其他保险组织经营，其他单位和个人不得经营保险业务"。《最高人民法院关于审理道路交通事故损害赔偿案件适用法律若干问题的解释》第十六条规定，"同时投保机动车第三者责任强制保险和第三者责任商业保险的机动车发生交通事故造成损害，当事人同时起诉侵权人和保险公司的，人民法院应当按照下列规则确定赔偿责任：（一）先由承保交强险的保险公司在责任限额范围内予以赔偿；（二）不足部分，由承保商业三者险的保险公司根据保险合同予以赔偿；（三）仍有不足的，依照道路交通安全法和侵权责任法的相关规定由侵权人予以赔偿"。从上述规定可以看出，对于交强险责任限额外的赔偿责任，首先由承保商业三者险的保险公司承担，其次由侵权人承担，而承保商业三者险保险业务需符合保险法及相关行政法规的规定。本案涉案车辆在华×财险公司投保交强险的同时，又在中×运输公司参加交通安全统筹。从中×运输公司经营范围来看，该公司未取得从事保险业务的经营资格，故涉案车辆在该公司参加的交通安全统筹，并非《中华人民共和国保险法》及相关行政法规规定的第三者责任商业保险，一审对涉案车辆参加的交通安全统筹适用《中华人民共和国保险法》《最高人民法院关于审理道路交通事故损害赔偿案件适用法律若干问题的解释》等相关规定予以处理系适用法律错误，本院予以纠正。涉案鉴定意见由一审法院委托作出，系专业机构根据专业技术知识对鉴定对象作出的结论性意见，在上诉人未提供充分有效的证据推翻上述鉴定意见的情形下，一审法院对上述鉴定意见的合法性、合理性予以采信亦无不当。本案，因中×运输公司并非承担第三者责任商业保险的保险人，对于被上诉人李某的涉案损失应由×德公司承担，张某作为驾驶员，对于事故的发生承担全部责任，存在重大过失，其应承担连带赔偿责任。至于×德公司与中×运输公司间的合同关系，×德公司可另行主张。

综上，一审判决认定事实清楚，但适用法律错误，本院予以纠正。依照《中华人民共和国民事诉讼法》第一百七十条第一款（二）项规定，判决如下：

一、撤销某区法院（2020）鲁1102民初8434号民事判决；

二、×德物流有限公司赔偿李某各项损失139 980元，于本判决生效后十五日内付清，张某对此承担连带赔偿责任；

三、驳回李某本案的其他诉讼请求。

【说明】这是一起法院援引《保险法》第六条规定，指出案涉运输公司未取得从事保险业务的经营资格，故涉案车辆在该公司参加的交通安全统筹并非第三者责任商业保险，判决侵权人承担赔偿责任的案件。

张某驾驶、×德公司所有的货车在华×财险公司投保交强险一份，在中

×运输公司购买第三者责任统筹，统筹金额100万元。2020年3月12日，张某驾驶该车辆发生致一人受伤，四车及路政设施受损的事故，张某承担事故全部责任。其中李某车辆损失129 000元。李某起诉主张赔偿车辆损失129 000元；路产损失4 400元；施救费680元；评估费6 000元。

一审法院判决中×运输公司在机动车第三者责任统筹责任限额内赔偿李某各项损失139 980元。中×运输公司不服，提起上诉。

二审法院指出，根据《保险法》第六条、《最高人民法院关于审理道路交通事故损害赔偿案件适用法律若干问题的解释》第十六条规定，中×运输公司未取得从事保险业务的经营资格，故涉案车辆在该公司参加的交通安全统筹，并非《保险法》及相关行政法规规定的第三者责任商业保险，一审法院适用法律错误，李某的涉案损失应由×德物流公司承担，张某作为驾驶员，对于事故的发生承担全部责任，存在重大过失，其应承担连带赔偿责任。×德物流有限公司与中×运输公司间的合同关系，×德物流有限公司可另行主张。判决撤销一审判决，×德物流有限公司赔偿李某各项损失139 980元。

商业保险是现代市场经济高度发展的大工业社会中的一种经济活动，经营商业保险业务的目的固然在于营利，不过从全社会的角度看，商业保险业务经营主体的社会职能是对降低风险进行组织、管理、计算、研究、赔付和监督的一种服务。由于保险业务直接经营着货币资本，所以它又是一种金融服务。同时，保险业务涉及众多的投保人、被保险人和受益人的利益，如果商业保险业务经营主体经营不当，不能赔付应承担的保险金，不仅会使投保人、被保险人和受益人因保险事故的发生出现的损害得不到补偿，而且会引发社会矛盾和不安定。因此，法律为保障社会公共利益，需要对商业保险业务经营主体的成立、管理、投资和终止经营等各个方面予以规范，以保障这种社会财富再分配的顺利进行。长期的保险活动实践也要求商业保险业务经营主体应当实行专业经营原则，也就是说商业保险业务只能由符合法律规定条件的特定商业组织进行经营。

经营商业保险业务，就是以商业的原则筹集和运用保险资金，收取保险费，承保风险，建立保险基金，并运用保险资金履行赔付责任，对于作为后备的保险资金，加以合理运用，使保险资金能够保值增值，以增强偿付能力。因此，经营商业保险业务，专业化程度较高，需要有雄厚的资本、精通保险专业知识的经营人才、严密的企业组织形式和严格的管理制度。如果不具备这些条件，就很难担负起分散风险、补偿损失的责任。按照《保险法》第六十七条的规定，设立保险公司应当经国务院保险监督管理机构批准。国务院保险监督管理机构审查保险公司的设立申请时，应当考虑保险业的发展和公平竞争的需要。第六十八条规定，设立保险公司应当具备下列条件：（一）主要股东具有持续盈利能力，信誉良好，最近三年内无重大违法违规记录，净资产不低于人民币二亿元；（二）有符合本法和《中华人民共和国公司法》规定的章程；（三）有符合本法规定的注册资本；（四）有具备任职专业知识和业务工作经验的董事、监事和高级管理人员；（五）有健全的组织机构和管理制度；（六）有符合要求的营业场所和与经营业务有关的其他设施；（七）法律、行政法规和国务院保险监督管理机构规定的其他条件。

也就是说，保险业务除了由依照《保险法》设立的保险公司以及法律、行政法规规定的其他保险组织经营之外，禁止其他单位和个人经营保险业务。这一规定有利于保护投保人、被保险人和受益人的合法权益，维护保险市场的正常秩序，切实发挥保险的保障作用。

第七条 在中华人民共和国境内的法人和其他组织需要办理境内保险的，应当向中华人民共和国境内的保险公司投保。

【案例5】（2014）苏商外终字第0028号

2010年，国×保险公司作为保险人与顺×股份公司签订第1501-OP40110号货物运输险长期预约保险单，并以顺×股份公司、顺×苏州公司、昆山顺×电子科技有限公司、顺×科技（香港）股份有限公司为被保险人，保险期限自2010年1月4日至2011年1月4日，预约保险单中双方约定国×保险公司自动承保顺×股份公司等被保险人认可装载或寄送之货物，并以其具有保险利益者均应纳入本保险合约内向国×保险公司办理货物运输保险。同时约定，进出口及内陆运输货物之保险金额计算基础为发票金额加30%。

2010年3月4日，王某1驾驶车辆号为苏E××××的重型普通货车，载着涉案货物沿吴江市松北公路由北向南行驶至15公里处，与由南向北由王某2驾驶的苏D××××号重型厢式货车相撞，造成苏D××××号重型厢式货车侧翻，王某1、王某2及苏D××××号重型厢式货车乘坐人钱某受伤，之后两车着火。经查，苏E××××的重型普通货车行驶证载明的车辆所有人为苏州瑞×国际货运代理有限公司，苏D××××号重型厢式货车行驶证载明的车辆所有人为常州唯×公司。交警部门作出事故处理后，认定王某1驾驶机动车在道路上行驶，没有实行右侧通行是造成事故的主要原因，王某2驾驶机动车在道路上行驶，疏忽大意，遇情况采取措施不当是造成事故的次要原因，钱某无过错行为。2010年3月8日，上海安×保险公估有限公司（以下简称安×公估公司）应国×保险公司要求对涉案货物损害情况进行检验并出具检验报告称，检验货物为322箱共计5 754件锂电电池组，收货人为达×（上海）电脑有限公司，货物承运人为苏州瑞×公司，其为内陆运输承运人，322箱货物均烧毁并受到水湿，经对受损货物分拣后发现，其中涉及K24（DAK120545–01HG00LH）的1 212件、K84（DAK120545–01H201LH）的438件，K24（DAK120577–W020H00LH）的144件的货物经肉眼检查，货物外观状况正常，1 256件K84（DAK120545–01H201LH）电池组已烧坏，其余的2 704件已烧毁，残余灰烬。托运人坚持认为电池模块为非防水设计，PCBA电子部件已受水湿影响，将导致货物可靠性急剧降低，甚至会烧毁电池模块，且杂质水进入后，电池很可能已失效，故5 754件货物已丧失价值，应作为废品处理，检验人鉴于受损货物为锂电电池组，由24种不同电子元件构成，极易因水湿受损，故对于托运人对于5 754件货物的处理主张合理。根据货物发票显示，货物总价值为237 068.64美元。同年3月13日，顺×苏州公司出具电池鉴定报告，结论为5 754件锂电电池组均不符合出货要求，无法交付客户使用，故对水湿电池模块，需报废处理，无法继续使用。同年5月11日，顺×苏州公司出具废弃证明，表明5 754件受损货物已于5月10日在×经济开发区×路8号销毁。同年6月14日，国×保险公司以受损货物发票总额加 30% 为保险金额，向顺×苏州公司支付了涉案受损货物的保险赔款 308 189.23 美元。次日，顺×股份公司向国×保险公司出具权益转让书，明确国×保险公司已向其指定的收款人顺×苏州公司支付了保险赔款，故同意国×保险公司取得代位求偿权，就受损货物之部分或全部金额向需负货损赔偿责任之承运人或其他人进行索赔。

2012 年 6 月 6 日，国×保险公司以苏州瑞×公司、常州唯×公司、王某 1、王某 2、钱某为被告向一审法院提起（2012）苏中商外初第 0041 号保险代位求偿权纠纷一案，诉讼中，国×保险公司先后撤回了对常州唯×公司、王某 1、王某 2、钱某的起诉，并与苏州瑞×公司达成调解，由苏州瑞×公司支付国×保险公司人民币 80 万元，一审法院依法予以确认，并出具（2012）苏中商外初字第 0041 号民事调解书。在该案中，国×保险公司提供了顺×苏州公司开具的涉案受损 5 754 件锂电电池组的发票，发票显示开票对象为顺×科技（开曼群岛）有限公司。本案诉讼中，国×保险公司提供了一份顺×股份公司开具给苹果公司的发票，用以证明该批货物系受苹果公司委托发往境外，但该发票记载的货物为锂电电池组 234 件，与涉案受损货物数量不一致，且发票日期为 2010 年 3 月 12 日，是在涉案事故发生后开具的。此外，前案诉讼中，国×保险公司出具了一份被保险人为顺×股份公司和顺×苏州公司的保险凭证，凭证显示合同号为 1501 - OP40110，签署日期是 2010 年 1 月 3 日，保险标的为由被保险人所有或托运的，任何种类和描述下的合法货物或商品，包括但不限于电池组、机器设备及其零组件和其他产品，有效日期为 2010 年 1 月 4 日至 4 月 4 日。苏州瑞×公司作为涉案货物的实际承运人在前案中陈述货物的最终送达地点是达×（上海）电脑有限公司。本案庭审中，国×保险公司确认货物的运送地点是从苏州到上海，但主张是国际货运中的一部分，从苏州内陆到上海进入海关指定的区域，交给顺×股份公司指定的第三方，并主张根据其提供的海关进口货物报关单显示，用于生产涉案电池组主板的保险丝熔断器的收货单位是顺×苏州公司，用途是加工返销，贸易方式是进料加工，起运国是日本，故涉案受损电池组的所有权人是顺×股份公司，顺×苏州公司只是负责加工。

一审法院认为：

国×保险公司系中国台湾法人，应参照涉外民商事案件确定法律适用。根据《中华人民共和国涉外民事关系法律适用法》第四十一条的规定，当事人可以协议选择适用的法律，因诉讼中当事人双方均同意适用中国大陆法律，故本案纠纷适用中华人民共和国法律。

根据已查明事实，本案受损货物实际托运人为顺×苏州公司，货物发票的开具人亦为顺×苏州公司，无证据表明顺×股份公司系该货物所有权人，诉讼中双方当事人亦确认涉案货物系从苏州运至上海，为内陆运输，国×保险公司既无证据表明涉案运输属国际联运的一部分，亦无证据表明涉案货物为处于海关保税状态之代加工货物，故涉案保险事项属境内保险，应遵守我国相关法律法规的规定。根据《中华人民共和国保险法》（2009年修订）第七条规定，在中华人民共和国境内的法人和其他组织需要办理境内保险的，应当向中华人民共和国境内的保险公司投保。本案国×保险公司作为境外法人，依法不能直接在中国大陆从事保险业务，国×保险公司依照其与顺×股份公司签订的保险合同，就涉案货损进行保险理赔，违反了我国保险法的相关禁止性规定，故对其以保险理赔后取得代位求偿权为由提起本案之诉，要求常州唯×公司和钱某连带赔偿涉案货物损失的诉请一审法院不予支持。综上，根据《中华人民共和国民法通则》第六条，《中华人民共和国保险法》（2009年修订）第七条，《中华人民共和国民事诉讼法》第六十四条第一款、第一百四十四条之规定，判决如下：驳回国×保险公司的诉讼请求。案件受理费11 290元，由国×保险公司负担。

国×保险公司提起上诉称：1. 一审判决适用法律错误。保险合同效力问题不属于保险代位求偿案件的审理范围，法院应仅就被保险人与货损责任人之间的法律关系进行审理。2. 一审判决认定事实错误。涉案货物贸易及运输具有明显的涉外因素：投保人及被保险人均是顺×股份公司，涉案货物运输是在大陆境内代加工后，才运出境的跨境贸易运输。综上，国×保险公司请求：撤销一审判决；改判常州唯×公司、钱某连带赔偿631 479元及利息或撤销原判，发回重审；一审、二审诉讼费用由常州唯×公司、钱某承担。

常州唯×公司二审答辩称：国×保险公司的上诉请求没有事实和法律依据，应予驳回。主要理由是：1. 国×保险公司承保中国大陆的境内货物运输，违反了保险法的禁止性规定，其代位求偿权不受法律保护。2. 国×保险公司没有取得代位求偿权。涉案货物归顺×苏州公司所有，赔偿请求权亦属于顺×苏州公司，顺×股份公司无权主张赔偿。国×保险公司主张其从顺×股份公司处取得代位求偿权没有事实和法律依据。3. 国×保险公司根据保险赔偿金计算常州唯×公司、钱某应予赔偿没有法律依据。国×保险公司依据保险合同的约定确定保险赔偿金，远远高于货物实际损失。由于货物损失是因道路交通事故造成的，民事责任应依侵权责任法、道路交通安全法确定。4. 一审判决采信检验报告是错误的。安×公估公司是国×保险公司单方面确定的鉴定机构，也未通知常州唯×公司参加鉴定。部分货物经肉眼检查状态正常，不应予以赔偿。5. 肇事车辆已经转让给钱某，应由钱某承担赔偿责任。

钱某未到庭亦未答辩，但其在庭后参加本院组织的质证中发表意见称，其之前在常州唯×公司开车，之后常州唯×公司将货车卖给了钱某。

本案二审争议焦点为：一、国×保险公司承保涉案货物运输险，是否违反保险法；二、国×保险公司是否有权行使代位求偿权；三、如果国×保险公司有权行使代位求偿权，应如何确定赔偿责任。

国×保险公司在二审中提交电子邮件作为证据，用以证明涉案货物是顺×股份公司与美国苹果公司的订单，约定的货物运输方式是 DDU，指定目的地是美国城市。

常州唯×公司质证认为，该证据是英文邮件，国×保险公司没有提交中文译本；该邮件与本案没有关联性，不能证明涉案货物为顺×股份公司所有。

常州唯×公司二审提交了收款收据和付款凭证，共计 14 张，用以证明常州唯×公司将涉案货车转让给了钱某，钱某按约定支付了转让款。

国×保险公司质证认为，对证据真实性不予认可，上述凭据不符合财务记账的要求。

本院认证意见：因国×保险公司没有提交电子邮件的中文译本，且没有经过公证认证，电子邮件的真实性无法确认，本院不予采信。因常州唯×公司提交的收款收据和付款凭证均有原件，本院确认其真实性，对其证明力将在裁判理由中予以阐述。

一审法院查明的事实均有充分证据支持，本院予以确认。

本院二审另查明：

钱某于 2008 年 4 月 16 日出具的《收条》载明：今收到常州唯×公司 2003 年 6 月购进的解放 CA5063XXYK28 车辆一辆，车号 DE - 0594，钥匙一把及一切证件，价格 29 500 元……。由于本人经济困难，先付现金 3 000 元，其余 26 500 元，在每月底结算运费中扣除 30% 欠款。

钱某从 2008 年 4 月 17 日至 2009 年 5 月 3 日向常州唯×公司分 14 次共支付车款 26 500 元。

发生涉案事故的 2010 年 3 月 4 日晚，驾驶苏 DE - 0594 货车的王某 2 在回答公安机关询问时陈述称："钱某是车主，我是他的驾驶员。"钱某亦于 2010 年 3 月 10 日出具委托书称：我是苏 DE - 0594 车主，委托王某 2 处理 2010 年 3 月 4 日发生的交通事故驳货之事。

本院认为：

一、本案应适用中国大陆法律

国×保险公司为在中国台湾注册的法人，本案应参照涉外案件确定准据法。国×保险公司主张，常州唯×公司、钱某应对交通事故造成损失承担赔偿责任，因此，本案的法律关系为侵权责任。《中华人民共和国涉外民事关系法律适用法》第四十四条规定，侵权责任，适用侵权行为地法律，但当事人有共同经常居所地的，适用共同经常居所地法律。侵权行为发生后，当事人协议选择适用法律的，按照其协议。在本案中，一方面，本案的交通事故发生在中国大陆，侵权行为地在中国大陆；另一方面，在一审时，常州唯×公司、国×保险公司均同意适用中国大陆法律，因此，本案应适用中国大陆法律。

二、国×保险公司承保涉案货物运输险并不违反保险法的强制性规定

常州唯×公司主张，国×保险公司承保中国大陆的境内货物运输，违反

了保险法的禁止性规定，其代位求偿权不受法律保护。对此，本院认为，《中华人民共和国保险法》（2009 年修订）第七条规定，在中华人民共和国境内的法人和其他组织需要办理境内保险的，应当向中华人民共和国境内的保险公司投保。上述规定是指，如果投保时符合下列情形的，法律要求投保人向在中国大陆境内合法经营的保险公司投保：一是境内的法人和其他组织作为投保人，支付保险费；二是办理保险标的和风险在中国境内的保险。在本案中，顺×股份公司与国×保险公司签订了保险合同，并支付了保险费，系涉案保险合同的投保人。顺×股份公司是在中国台湾注册的法人，由其在台湾支付保险费，因此，顺×股份公司作为投保人在台湾与国×保险公司签订保险合同并不违反《中华人民共和国保险法》（2009 年修订）第七条的规定。常州唯×公司的上述主张没有法律依据，本院不予支持。一审判决认定国×保险公司承保涉案货物运输险违反法律的禁止性规定，系适用法律错误，应予纠正。

三、国×保险公司有权行使代位求偿权

常州唯×公司主张，涉案货物归顺×苏州公司所有，赔偿请求权亦属于顺×苏州公司，顺×股份公司无权主张赔偿，国×保险公司从顺×股份公司处取得代位求偿权没有事实和法律依据。对此，本院认为：《中华人民共和国保险法》（2009 年修订）第六十条第一款规定，因第三者对保险标的的损害而造成保险事故的，保险人自向被保险人赔偿保险金之日起，在赔偿金额范围内代位行使被保险人对第三者请求赔偿的权利。由上述法律规定可知，保险人代位求偿权系源于法律的直接规定，属于保险人的法定权利，并非基于合同而产生的约定权利，不需经被保险人同意转让。

本案中，国×保险公司主张涉案货物归顺×股份公司所有，从顺×股份公司处受让了赔偿请求权。虽然，国×保险公司的上述主张与现有证据不符，涉案受损货物的所有权人应为顺×苏州公司，顺×股份公司无权向国×保险公司转让赔偿请求权，但这并不影响国×保险公司行使代位求偿权。首先，顺×苏州公司为涉案货物运输险的被保险人。一方面，顺×苏州公司是保险合同明确约定的被保险人；另一方面，顺×苏州公司是涉案受损货物的所有权人，其财产受保险合同保障。在（2012）苏中商外初字第0041号案中，国×保险公司提供了顺×苏州公司开具的涉案受损货物发票，其发票号与《检验报告》中载明的货物发票号相符，应认定涉案受损货物的所有权人为顺×苏州公司。其次，国×保险公司向顺×苏州公司赔偿了保险金。国×保险公司提交的《汇出汇款卖汇水单》证明其已向顺×苏州公司赔偿了保险金。

综上，国×保险公司在向被保险人顺×苏州公司赔偿保险金后，即可依据《中华人民共和国保险法》（2009年修订）第六十条第一款的规定代位行使顺×苏州公司向造成保险标的损害负有赔偿责任的第三者请求赔偿的权利，并不需要顺×苏州公司同意。常州唯×公司的主张没有法律依据，本院不予支持。

四、钱某应承担赔偿责任

常州唯×公司主张，涉案货车虽然登记为其所有，但实际已经转让给钱某，应由钱某承担赔偿责任。而国×保险公司则主张，现有证据不足以证明常州唯×公司与钱某之间存在车辆买卖关系，而钱某与常州唯×公司之间存在挂靠关系，常州唯×公司亦是本次运输的受益方，对此应承担赔偿责任。本院认为，《中华人民共和国侵权责任法》第五十条规定，当事人之间已经以买卖等方式转让并交付机动车但未办理所有权转移登记，发生交通事故后属于该机动车一方责任的，由保险公司在机动车强制保险责任限额范围内予以赔偿。不足部分，由受让人承担赔偿责任。在本案中，涉案货车虽然登记为常州唯×公司所有，但现有证据足以证明常州唯×公司已将涉案货车以买卖方式转让给钱某，并已实际交付，钱某应对涉案货物的损失承担赔偿责任，常州唯×公司不应承担赔偿责任。

第一，现有证据足以证明常州唯×公司已将涉案货车以买卖的方式转让给钱某。常州唯×公司提交的收条载明，钱某在2008年4月16日即收到了涉案货车，价款为29 500元，预付款为3 000元，其余价款从运费结算中进行抵扣。常州唯×公司还提交了部分收款收据和付款凭证，用以证明钱某还另行支付了23 500元。涉案货车的驾驶员王某2在接受公安机关询问时亦称，涉案货车的车主是钱某。虽然国×保险公司对上述证据的真实性提出异议，但并没有提交相反的证据予以推翻。上述证据能够相互印证，形成完整的证据链，足以证明唯×公司已经将涉案货车转让给钱某，并由钱某实际占有使用。钱某应对其所有车辆造成的损害承担赔偿责任。

第二，国×保险公司亦没有提交证据证明常州唯×公司与钱某之间存在挂靠关系。常州唯×公司的工商登记资料显示，其是生产企业，并非专门的运输企业，与钱某之间存在挂靠关系的可能性亦较小。在国×保险公司没有提交证据予以证明的情况下，本院对其主张不予支持。

第三，国×保险公司主张，由于涉案车辆行驶证登记的所有人为常州唯×公司，不应以常州唯×公司与钱某之间的约定对抗善意第三人。本院认为，车辆为普通动产，不依登记发生所有权变动的效力。车辆行驶证上的所有人登记，是为行政管理的需要，并不发生物权登记的效力。国×保险公司的上述主张没有法律依据，本院不予支持。

五、钱某应赔偿国×保险公司 71 120.59 美元

国×保险公司主张，其以受损货物发票总额加30%为保险金额向顺×苏州公司赔偿了保险金 308 189.23 美元，钱某对损失负有次要责任，应赔偿人民币 631 479 元及利息 113 666 元。对此本院认为，国×保险公司代位行使顺×苏州公司对钱某的请求赔偿的权利，其请求权的范围受到顺×苏州公司的请求权的限制，不能超出顺×苏州公司所受到实际损失的数额。对国×保险公司按保险合同约定赔付超出实际损失的部分，钱某不承担赔偿责任。

根据《检验报告》的记载，涉案货物已经全部损失，价值为 237 068.64 美元。虽然常州唯×公司主张，涉案货物不应当认定为全部损失，但根据《检验报告》的记载，安×公估公司对涉案货物的损失情况做了充分的调查和检验，对货物进行现场检查、检验时，均有涉案货车的保险公司的代表在场。《检验报告》作出涉案货物全部损失的结论有充分的依据，本院予以采信。常州唯×公司亦没有提交足以推翻《检验报告》结论的证据，对其主张，本院不予支持。

国×保险公司主张钱某应对涉案货物损失承担30%的赔偿责任。对此本

院认为，《道路交通事故认定书》认定王某2对事故负次要责任，因此，国×保险公司的上述主张与钱某应承担的责任相符合，本院予以支持。并且，根据国×保险公司与苏州瑞×公司达成（2012）苏中商外初字第0041号民事调解书，苏州瑞×公司向国×保险公司支付人民币80万元。苏州瑞×公司与钱某赔偿金额之和并没有超出国×保险公司已经赔偿给顺×苏州公司的保险金数额。综上，本院认定钱某应当赔偿国×保险公司71 120.59美元，即涉案货物的实际价值237 068.64美元的30%。国×保险公司主张钱某应赔偿人民币，但涉案货物的发票均以美元计价，且也未提交汇率依据，故对该主张本院不予支持。顺×苏州公司在涉案事故中并未遭受利息损失，因此对国×保险公司主张的利息损失，本院不予支持。

综上所述，一审判决认定事实清楚，但适用法律错误，应予纠正。国×保险公司的上诉请求部分成立，本院予以支持。依照《中华人民共和国保险法》第七条、第六十条第一款，《中华人民共和国侵权责任法》第六条第一款、第十二条、第十九条、第五十条，《中华人民共和国民事诉讼法》第一百七十条第一款第（二）项之规定，判决如下：

一、撤销某中级人民法院（2013）苏中商外初字第0055号民事判决；

二、钱某应在本判决生效之日起三十日内向国×保险股份有限公司赔偿71 120.59美元；

三、驳回国×保险股份有限公司的其他诉讼请求。

【说明】这是一起法院认为顺×股份公司是在中国台湾注册的法人，其作为投保人在台湾与台湾的国×保险公司签订保险合同并在台湾支付保险费并不违反《保险法》第七条规定的案件。

2010年，顺×股份公司向国×保险公司投保货物运输险长期预约保险单，约定进、出口及内陆运输货物之保险金额计算基础为发票金额加30%。

2010年3月4日，王某1驾驶所有人为苏州瑞×公司的货车载着涉案货物与王某2所驾驶的所有人为钱某的货车相撞，车损货损。王某1负事故主要责任，王某2负次要责任。根据货物发票显示，货物总价值为237 068.64

美元。同年 6 月 14 日，国×保险公司支付了涉案受损货物的保险赔款 308 189.23美元。次日，顺×股份公司向国×保险公司出具权益转让书，同意国×保险公司取得代位求偿权。

2012 年 6 月 6 日，国×保险公司起诉代位求偿并与苏州瑞×公司达成调解，由苏州瑞×公司支付国×保险公司人民币 80 万元。一审法院认为根据《保险法》第七条规定，在中华人民共和国境内的法人和其他组织需要办理境内保险的，应当向中华人民共和国境内的保险公司投保。本案国×保险公司作为境外法人，依法不能直接在中国大陆从事保险业务，国×保险公司依照其与顺×股份公司签订的保险合同，就涉案货损进行保险理赔，违反了我国保险法的相关禁止性规定，故对代位求偿权为由提起本案之诉不予支持。判决驳回国×保险公司的诉讼请求。

国×保险公司不服，提起上诉。二审法院认为，在本案中，顺×股份公司是在台湾注册的法人，由其在台湾支付保险费，因此，顺×股份公司作为投保人在台湾与国×保险公司签订保险合同并不违反《保险法》第七条的规定。根据《保险法》规定，因第三者对保险标的的损害而造成保险事故的，保险人自向被保险人赔偿保险金之日起，在赔偿金额范围内代位行使被保险人对第三者请求赔偿的权利。保险人代位求偿权系源于法律的直接规定，属于保险人的法定权利，并非基于合同而产生的约定权利，不需经被保险人同意转让。认定钱某应当赔偿国×保险公司 71 120.59 美元，即涉案货物的实际价值 237 068.64 美元的 30%。

本条是对中国境内的法人和其他组织办理境内保险的基本要求的规定。

保险业是服务贸易的一个重要领域，为了维护本国保险市场的稳定，扶持和保护本国的保险企业，许多国家的保险法律都从发展民族保险业和维护本国保险市场利益的需要出发，对本国的保险市场加以管制，采取措施控制保险费的外流以及保险利润的流失，即使一些发达国家也采取限制外国保险公司进入市场等措施，保护本国保险公司的经营地位。我国参照国际上通行的做法，在保险法中规定我国境内的法人和其他组织需要办理境内保险的，应当向我国境内的保险公司投保，这对于加强我国保险市场的管理、维护我国保险市场的正常秩序和国家的根本利益都具有非常重要的意义。

本条规定中的"境内的法人"，既包括依照我国法律设立的具有法人资格的公司、企事业单位、机关和社会团体，也包括经我国政府批准在我国境内设立分支机构的外国法人；本条规定中的"其他组织"，是指依法成立的不具备法人资格的各类组织，包括合伙企业、个人独资企业、未取得法人资格的联营企业等；本条规定中的"境内的保险公司"，是指我国的保险公司以及经批准设立在我国境内的中外合资保险公司和外国保险公司分公司。如果上述境内的法人和其他组织在我国境内从事生产经营或其他活动，需要办理境内保险时，按照本条规定就应当向我国境内的保险公司投保。保险法为我国境内的法人和其他组织办理境内保险规定的这项基本规则，从实际操作角度来看，不仅是必要的，也是可行的，它便于保险人比较及时地对保险事故进行勘验，有利于被保险人及时获得补偿。

第八条 保险业和银行业、证券业、信托业实行分业经营、分业管理，保险公司与银行、证券、信托业务机构分别设立。国家另有规定的除外。

【案例6】（2018）桂 02 民终 3176 号

2016 年 7 月 5 日，×银行柳州分行与曾某签订的《个人贷款合同》（无担保条款）中约定，曾某向×银行柳州分行申请×保个人小额信用贷款39 000 元用于日常消费，贷款期限是 2016 年 7 月 5 日至 2019 年 7 月 5 日，还款方式为"等额还款"。2016 年 6 月 25 日，曾某与×保险公司签订《个人信用贷款保证保险合同》，约定被保险人为×银行柳州分行，投保人为曾某，保险金额为 43 127.12 元，保险费为 24 089.4 元，保险费按每月缴纳，保险期限自个人贷款合同项下贷款发放之日起，至清偿全部贷款本息之日止。赔偿等待期为 80 天。投保人未依贷款合同约定还款时，保险人对保险事故发生时投保人在所投保的贷款合同项下未偿还的全部贷款本金和相应的利息（含符合法律法规规定的罚息、复利）按照本保险合同的约定承担赔偿责任，并在赔偿金额范围内代位行使被保险人对投保人请求赔偿的权利。上述合同签订后，×银行柳州分行按约定向曾某履行了发放贷款义务，但曾某不按合同约定的时间和数额向×银行柳州分行偿还贷款本息，导致×保险公司于2016年12月3日向×银行柳州分行支付了保险赔款38 873.72元，取得×银行柳州分行出具的《代偿债务与权益转让确认书》后，依法向曾某追偿，曾某至今未予偿还。根据保险合同的特别约定，保险人赔偿后，投保人需向保险人归还全部赔偿款项和未付保费，从保险人赔偿当日开始超过30天，投保人仍未向保险人归还全部赔偿款项、则视为投保人违约，投保人需以尚欠全部款项为基数，从保险人赔偿当日开始计算，按每日千分之一向保险人缴纳违约金。保险人有权追回赔偿款项、违约金、理赔及催收产生的其他费用。曾某未按约定偿还×银行的借款和利息，未按约定向×保险公司交纳保费，损害了×保险公司的合法权益。且上述债务发生在曾某与杨某夫妻关系存续期间，杨某应对上述债务承担共同清偿责任。×保险公司故诉至一审法院，提出以上诉讼请求。一审法院对×保险公司诉称的案件基本事实予以认定。

一审法院另查明，×保险公司称其提供的《委托代理合同》中约定的律师代理费尚未实际支付，合同约定的支付时间是案件判决生效后10个工作日内。

一审法院认为：×保险公司与曾某签订的个人信用贷款保证保险合同是当事人的真实意思表示，合法有效。个人信用贷款保证保险合同约定，保险人赔偿后，投保人需向保险人归还全部赔偿款项。本案中，因曾某未按照其与案外人×银行柳州分行签订的《个人贷款合同（无担保条款）》履行偿还贷款本息的义务，×保险公司基于保险合同向案外人×银行柳州分行偿还了借款本息共计38 873.72元，依据上述合同约定和法律规定，×保险公司有权向曾某追偿，故该院对×保险公司要求曾某偿还38 873.72元的诉请予以支持。

关于保险费的问题。根据个人信用贷款保证保险合同的约定，曾某应向×保险公司按月缴纳保险费，曾某未能及时支付保险费的行为已构成违约，故×保险公司要求曾某支付拖欠保险费 2 007.45 元的诉请，合法有据，该院予以支持。

关于违约金的问题。×保险公司与曾某签订的个人信用贷款保证保险合同约定，保险人赔偿后，投保人需向保险人归还全部赔偿款项和未付保费，从保险人赔偿当日开始超过 30 天，投保人仍未向保险人归还全部赔偿款项、则视为投保人违约，投保人需以尚欠全部款项为基数，从保险人赔偿当日开始计算，按每日千分之一向保险人缴纳违约金。故×保险公司要求曾某支付违约金 8 585.05 元（该违约金暂计至 2017 年 6 月 30 日止，之后的违约金以 40 881.17 元为基数，按照每日千分之一的标准另计至实际清偿之日止）有合同和法律依据，该院予以支持。

关于律师代理费的问题。×保险公司与曾某签订的个人信用贷款保证保险合同对律师代理费并未作出明确约定，且×保险公司并未举证证实实际产生律师费，故对该项诉请一审法院不予支持。

关于杨某的责任问题。根据一审庭审查明的事实，×保险公司所举证据并未证实本案债务系因曾某、杨某夫妻共同生活开支所需而产生，应承担举证不能法律后果，故×保险公司要求杨某对曾某的上述债务承担共同清偿责任的诉请无事实和法律依据，该院不予支持。

一审法院依照《中华人民共和国合同法》第六十条第一款、第一百零七条，《最高人民法院关于民事诉讼证据的若干规定》第二条、《中华人民共和国民事诉讼法》第一百四十四条规定，该院判决如下：一、曾某向×保险公司支付理赔款 38 873.72 元、保险费 2 007.45 元，合计 40 881.17 元；二、曾某向×保险公司支付违约金 8 585.05 元（该违约金暂计至 2017 年 6 月 30 日止，之后的违约金以 40 881.17 元为基数，按照每日千分之一的标准另计至实际清偿之日止）；三、驳回×保险公司的其他诉讼请求。一审案件受理费 1 098 元（曾某已预交），由×保险公司负担 52 元，由曾某负担 1 046 元。

上诉人曾某的上诉请求：1. 请求撤销一审判决并予以改判或发回重审；2. 一、二审诉讼费由×保险公司承担。

事实和理由：

一、曾某由于被×保险公司工作人员的劝说和出于对保险公司的信任，2016 年 6 月 24 日与×保险公司签订了《×保险公司个人信用贷款保证保险合同》。由于曾某的知识有限，有很多专有名词都看不懂，对其中很多条款一知半解。《×保险股份有限公司个人信用贷款保证保险单》总则第四条规定"凡经金融监督部门批准开办个人贷款业务的银行可作为本保险的被保险人"。根据此条规则，就名正言顺地将依法享有被保险人权利的投保人曾某换成了中国×银行股份有限公司柳州分行（以下简称×银行柳州分行）。违反了相关法律以及《中华人民共和国宪法》总纲第五条。

此外，在《中国×银行个人贷款合同（无担保条款）》第六条第四款中规定："借款人需根据贷款人要求，到指定单位办妥与贷款担保有关的保险，并将我行作为保险的被保险人。"而合同封面明明写着"无担保条款"，贷款种类为"×保险公司个人小额信用贷款"，怎么内容里又规定到"指定单位办妥与贷款担保有关的保险，并将我行作为保险的被保人"呢？《中华人民共和国保险法》第八条明确规定："保险业和银行业、证券业、信托业实行分业经营、分业管理，保险公司与银行证券信托业务机构分别设立。国家另有规定的除外。"本案的保险和银行连业务法律文书都连一起了，违反分业经营、分业管理的规定。具有极大的欺骗性，属违法犯罪行为，应依法予以追究。

二、×保险公司诉请杨某共同承担债务责任。一审法院对此不予支持。曾某认为，一审判决是正确的。

据此，曾某认为一审法院对案件的定性有误且适用法律不当，请求二审依法改判，支持曾某的请求。

被上诉人×保险公司辩称：保险公司合法开展个人信用贷款保证保险业务，与曾某签订的保险合同是双方自愿达成，依法有效，请求驳回上诉。

上诉人曾某以及被上诉人×保险公司对一审法院查明的事实均无异议。

本案二审期间，上诉人曾某围绕上诉请求提交如下证据：曾某自行制作的本案各自利益一览表复印件一份，该一览表是结合×保险公司一审中提交的还款计划书进行制作的，拟证明从该表中反映出，借款人应还款即本金＋银行利息＋保费合计款项 67 216.52 元，本案借款仅为 39 000 元，故可看出本案是高利贷。

被上诉人×保险公司提交如下新的证据：

1. 《关于×保险股份有限公司个人信用贷款保证保险（多年期）条款和费率的批复》（保监许可〔2014〕947号）及附件打印件各一份，拟证明保险公司开展业务和收取费率得到了中国保监会的批准，是合法有效的。

2. 中国×银行股份有限公司与×保险股份有限公司签订的《个人保证保险贷款合作协议》复印件一份，拟证明×银行与保险公司在根据商业银行法以及保险法等相关法律法规和监管要求的基础上开展个人保证保险贷款合作，该业务依法有效。

3. 《个人贷款保证保险资金使用说明书》复印件一份（经与原件核对一致），拟证明曾某承诺申请投保该份保险的贷款是用于个人消费，不用于任何投机行为。

原审被告杨某对一审法院查明的事实均无异议，亦无新的证据向本院提交。

经本院组织各方进行质证，曾某对×保险公司二审期间提交的证据认为：对证据1~3均不予认可，认为证据1~3均违反相关法律和宪法，《个人贷款合同》载明是无担保条款的贷款合同，从合同条款第6条可以看出，本次借款违反了银行和保险公司必须分业展开业务的法律规定，并且法律规定的被保险人应是投保人，但本案被保险人为银行，故案涉保险违反法律规定。

被上诉人×保险公司对曾某二审期间提交的证据不予认可，认为该证据中的利息计算依据不清楚，不同意其证明目的。

原审被告杨某对曾某以及×保险公司提交的证据，均表示不清楚，认为由二审法院予以认定。

经质证，本院对曾某提交的证据材料认证如下：该一览表为曾某自行制作，未有其他相关证据足以证实其证明目的，故本院对该材料不予采纳。对×保险公司提交的证据，本院认为，证据1~3来源真实、合法，且与本案具有关联性，故本院均予以采纳。

据此，一审法院查明的事实属实，本院予以确认。二审另查明：

1.《个人信用贷款保证保险单》载明每月保险费为 669.15 元；特别约定第（1）项载明保险人赔偿后，投保人需向保险人归还全部赔偿款和未付保费，从保险人赔偿当日开始超过 30 天，投保人仍未向保险人归还全部赔偿款项，则视为投保人违约，投保人需以尚欠全部款项为基数，从保险人赔偿当日开始计算，按每日千分之一向保险人缴纳违约金。

2. 2016 年 12 月 3 日，×保险公司通过转账方式分别向×银行柳州分行转账支付代偿贷款 3 652.68 元以及 35 221.04 元，合计 38 873.72 元。电子回单用途部分载明，第三方代偿—借款人名称（曾某）。

3. 对于因曾某违约未交纳保费以及×保险公司垫付代偿款给×保险公司造成的实际损失，×保险公司在二审询问中自认其实际损失主要为代偿款及保费的资金占用利息损失、律师费以及向曾某催缴欠款所产生的通信费等，但×保险公司未能就其主张的通信费等提供相应的证据证实，且其亦表示对律师费未提出上诉。

4. 2014 年 11 月 14 日，中国保险监督管理委员会作出《关于×保险股份有限公司个人信用贷款保证保险（多年期）条款和费率的批复》（保监许可〔2014〕947 号），同意×保险股份有限公司使用个人信用贷款保证保险（多年期）条款、费率。而本案《个人信用贷款保证保险单》特别约定第（1）项中记载的违约金并未在上述批复之中。

本院认为，由于本案仅有曾某提出上诉，曾某对一审法院关于律师代理费以及杨某的责任问题均无异议，×保险公司虽然对关于律师代理费以及杨某的责任问题提出异议，但明确表示对此未提出上诉，故二审仅围绕曾某上诉请求进行审理。根据曾某的上诉请求和事实理由，结合×保险公司的答辩意见以及杨某的陈述，本案的争议焦点应归纳为：1. 本案的保险关系是否违反法律规定，是否有效；2. ×保险公司在本案中主张曾某偿还代垫款 38 873.72元并支付保险费 2 007.45 元是否合理有据；3. ×保险公司在本案中主张的违约责任及计算标准是否合理有据。

针对第一项争议焦点，曾某主张案涉保险合同因违反《中华人民共和国保险法》第八条、第十二条、第十九条、第一百一十六条、第一百七十五条、

第一百七十九条，《中华人民共和国合同法》第五十二条，《中华人民共和国民法总则》第一百五十三条、第一百五十四条以及《中华人民共和国刑法》第十四条、第二百二十六条、第三百零七条，《中华人民共和国宪法》第五条的规定而无效。对此，本院认为：

首先，《中华人民共和国合同法》第五十二条规定："有下列情形之一的，合同无效：（一）一方以欺诈、胁迫的手段订立合同，损害国家利益；（二）恶意串通，损害国家、集体或者第三人利益；（三）以合法形式掩盖非法目的；（四）损害社会公共利益；（五）违反法律、行政法规的强制性规定。"对于合同是否无效，应按上述法律规定的几种情形进行严格审查。

其次，当事人对自己提出的诉讼请求所依据的事实或者反驳对方诉讼请求所依据的事实，应当提供证据加以证明。本案中，曾某主张案涉保险合同无效，应对案涉保险合同违反何种无效情形负举证责任。

再次，《中华人民共和国保险法》第九十五条第一款第二项规定"保险公司的业务范围：……（二）财产保险业务，包括财产损失保险、责任保险、信用保险、保证保险等保险业务"。即，保证保险属于保险公司在法律允许范围内开展的保险业务，不属于银行的金融业务。参照《信用保证保险业务监管暂行办法》第二条规定"本办法所称信用保证保险，是指以信用风险为保险标的的保险，分为信用保险（出口信用保险除外）和保证保险。……保证保险的投保人为义务人、被保险人为权利人"。本案中，曾某为取得×银行柳州分行的贷款，与×保险公司签订的《个人信用贷款保证保险合同》，将债务人届期不履行债务的风险转移给保险人，其保障的是债务人不履行债务时，债权人所遭受的经济损失。因此，参照上述规定可知，×银行柳州分行作为债权人，即为被保险人。曾某主张案涉保险合同违反分业经营原则，并认为保险人应为曾某，系对法律规定以及保证保险业务理解有误，本院对此不予支持。曾某亦无充足的证据证实案涉保险合同违反了其所主张的法律规定。作为主张提出方，曾某未能举证证实存在其他导致合同无效的情形，应由其承担举证不能的不利后果，故本院对曾某的该项主张不予支持。

最后，由于案涉保险合同系曾某与×保险公司双方真实意思表示一致的合意，内容未违反法律、行政法规的强制性规定，亦无其他导致合同无效的情形，应认定为合法有效。一审法院对此认定正确，本院予以维持。

针对第二项争议焦点，×银行柳州分行向曾某发放 39 000 元贷款后，因曾某未能按借款合同的约定履行还款付息义务，×保险公司按《个人信用贷款保证保险合同》的约定于 2016 年 12 月 3 日代曾某向×银行柳州分行垫付代偿款 38 873.72 元，有×银行柳州分行《支付贷款借据》、代偿贷款电子回单以及《代偿债务与权益转让确认书》予以证实。如上所述，《个人信用贷款保证保险合同》合法有效，×保险公司向曾某主张代偿款 38 873.72 元，有事实和合同依据。又因案涉保险合同的保费收取经中国保险监督管理委员会批复同意使用，×保险公司对保费的收取未违反法律规定，×保险公司按合同约定的每月保险费数额 669.15 元，主张 2016 年 9 月、10 月、11 月合计保险费 2 007.45 元，而曾某未能证实其已向×保险公司交纳了相应的保费，故×保险公司的主张，有合同和法律依据，应予以支持。一审法院对×保险公司诉请的代偿款 38 873.72 元和保费 2 007.45 元，即合计 40 881.17 元均予以支持的观点正确，本院对此予以维持。

针对第三项争议焦点，×保险公司主张对尚欠的代偿款及保费，以每日千分之一的利率标准计算违约金，从保险理赔之日起计至曾某实际清偿之日止。对此，本院认为，《最高人民法院关于适用若干问题的解释（二）》第二十九条规定"当事人主张约定的违约金过高请求予以适当减少的，人民法院应当以实际损失为基础，兼顾合同的履行情况、当事人的过错程度以及预期利益等综合因素，根据公平原则和诚实信用原则予以衡量，并作出裁决"。本案中，虽然案涉保险单约定曾某违约的，×保险公司从其赔偿当日按每日千分之一的标准计算违约金，但对于曾某的违约行为给×保险公司造成的实际损失，除了资金占用的利息损失外，×保险公司未能提供充足的证据证实其主张的其他催收产生的费用损失，故应由其承担举证不能的不利后果，本院对其主张的其他因催收产生的费用损失不予支持。

曾某自制本案各项费用的一览表，认为各项费用过高。本院认为，诚如上文所述，对于代偿款 38 873.72 元和保费 2 007.45 元，有合同和法律依据，应予支持。对于违约金，从本案的证据以及×保险公司的陈述看，×保险公司的实际损失主要为资金占用的利息损失，按每日千分之一的标准计算违约金确实过高，故本院综合合同的履行情况、当事人的过错程度等因素，根据公平原则进行调整，本案的违约金调整为按月利率 2% 的标准为宜，故违约金应以尚欠款项 40 881.17 元为基数，从保险合同赔偿之日开始计算至实际清偿之日止。

综上所述，上诉人曾某的上诉请求部分成立，本院对合理的部分予以支持。二审根据新查明的事实，对一审判决予以改判。依照《中华人民共和国保险法》第九十五条第一款第二项、《最高人民法院关于适用若干问题的解释（二）》第二十九条以及《中华人民共和国民事诉讼法》第一百七十条第一款第（二）项、第一百七十五条规定，判决如下：

一、维持某区人民法院（2017）桂 0202 民初 2786 号民事判决第一项；

二、撤销某区人民法院（2017）桂 0202 民初 2786 号民事判决第二项、第三项；

三、上诉人曾某向被上诉人×保险股份有限公司柳州分公司支付违约金，违约金以 40 881.17 元为基数，按月利率 2% 的标准计算，从 2016 年 12 月 3 日起计至曾某实际清偿之日止；

四、驳回上诉人曾某的其他上诉请求；

五、驳回被上诉人×保险股份有限公司柳州分公司的其他诉讼请求。

【说明】这是一起当事人认为保险和银行业务法律文书连在一起违反分业经营、分业管理的规定，法院释法指出保证保险属于保险公司在法律允许范围内开展的保险业务，不属于银行的金融业务的案件。

2016 年 7 月 5 日，×银行与曾某签订《个人贷款合同》（无担保条款）中约定，曾某向×银行申请×保个人小额信用贷款 39 000 元用于日常消费，贷款期限自 2016 年 7 月 5 日至 2019 年 7 月 5 日，还款方式为"等额还款"。2016 年 6 月 25 日，曾某与×保险公司签订《个人信用贷款保证保险合同》，约定被保险人为×银行，投保人为曾某，保险金额为 43 127.12 元，保险费为 24 089.4 元，保险费按月缴纳。上述合同签订后，×银行按约定向曾某发放贷款，但曾某未按合同约定的时间和数额偿还贷款本息，×保险公司于 2016 年 12 月 3 日向×银行支付了保险赔款 38 873.72 元，并取得×银行出具的《代偿债务与权益转让确认书》后，依法向曾某追偿，曾某至今未予偿还。遂诉讼。

一审法院判决：一、曾某向×保险公司支付理赔款 38 873.72 元、保险费 2 007.45 元，合计 40 881.17 元；二、曾某向×保险公司支付违约金 8 585.05 元（该违约金暂计至 2017 年 6 月 30 日止，之后的违约金以 40 881.17 元为基数，按照每日千分之一的标准另计至实际清偿之日止）；三、驳回×保险公司的其他诉讼请求。

曾某不服判决，提起上诉，并提出本案的保险和银行业务法律文书都连在一起了，违反分业经营、分业管理的规定。二审法院认为，根据《保险法》第九十五条第一款第二项规定，保证保险属于保险公司在法律允许范围内开展的保险业务，不属于银行的金融业务。曾某主张案涉保险合同违反分业经营原则，并认为保险人应为曾某，系对法律规定以及保证保险业务理解有误，法院对此不予支持。最终判决：（一）维持一审判决第一项；撤销一审判决第二项、第三项；（二）上诉人曾某向被上诉人×保险股份有限公司柳州分公司支付违约金，违约金以 40 881.17 元为基数，按月利率 2% 的标准计算，从 2016 年 12 月 3 日起计至曾某实际清偿之日止；（三）驳回上诉人曾某的其他上诉请求；（四）驳回被上诉人某保险公司的其他诉讼请求。

对于金融发展水平不高、金融监管能力不足的国家，金融机构实行分业经营，即保险公司、银行、证券、信托等业务机构分别设立经营，相关的监管体制是分业监管体制，即对不同类型的金融机构分别设立不同的专门机构进行监管。与金融机构分业经营对应的是混业经营，混业经营指保险公司、银行、证券、信托业务等机构的业务互相渗透、交叉，而不仅仅局限于自身分营业务的范围，相关的监管体制是综合监管体制，即将金融业作为一个整体进行全面监管。

第九条 国务院保险监督管理机构依法对保险业实施监督管理。

国务院保险监督管理机构根据履行职责的需要设立派出机构。派出机构按照国务院保险监督管理机构的授权履行监督管理职责。

【案例7】（2018）苏行终 2071 号

2013 年 8 月 14 日，唐某 1 与×保险公司签订人身保险合同，被保险人为唐某 2，投保主险为"×天使幼儿两全保险（分红型）"，代理人为谢某。谢某当时为×保险公司工作人员，后于 2015 年 8 月 26 日离职并终止了与×保险公司签订的《保险代理合同书》。

2016 年 10 月 24 日，唐某 1 向原中国保险监督管理委员会江苏监管局（以下简称原江苏保监局）提交了《投诉书》，要求对×保险公司相关责任人、经办人进行处罚，并责成×保险公司解除合同，退还保费。《投诉书》中称：1. 保险业务员误导销售；2. 本人未在投保单上签字；3. 本人未抄写 38 字风险提示语；4. 本人未在投保提示书、产品说明书和保单回执上签字；5. 投保单上其他信息为业务员填写，职业、收入以及被保险人国籍与实际情况严重不符。

2016 年 11 月 9 日，原江苏保监局告知唐某 1，其反映的有关保险监督管理法律、行政法规和中国银保监会规定的事项予以受理，其他涉及解除合同及退还保费的投诉事项属于投保人与保险公司之间的民事纠纷，已经依法转交相关保险公司处理，原江苏保监局不予受理。

2016 年 11 月 26 日，唐某 1 再次向原江苏保监局投诉，请求对×保险公司进行立案调查并要求×保险公司书面答复在保险销售、服务过程中是否存在误导销售行为。2016 年 12 月 22 日，原江苏保监局延长了案件办理期限并告知唐某 1。2017 年 1 月 22 日，唐某 1 到原江苏保监局补充投诉，反映其购买的案涉保险合同在购买当时已经停止销售。2017 年 2 月 6 日，原江苏保监局作出投诉告知书，告知唐某 1 其补充投诉事项已经予以受理，并与 2016 年 11 月 9 日受理的投诉事项合并处理，处理期限自收到新的投诉材料之日起重新计算。2017 年 3 月 20 日，原江苏保监局延长了案件办理期限并告知唐某1。

对于受理事项，原江苏保监局于2017年初对×保险公司进行了现场检查及情况核实，并且调阅了唐某1保单的投保资料和电话回访录音。2017年1月22日，原江苏保监局检查人员与唐某1进行了谈话，出具了投保单、电话回访录音等材料并制作了笔录，唐某1表示电话回访是其本人接听，在电话回访中对投保提示书、电子投保确认书、保单回执本人签名等情况进行了肯定回答。2017年3月6日，原江苏保监局向中国保险行业协会发出了《关于商请提供×天使少儿两全保险（分红型）产品相关信息的函》。中国保险行业协会于2017年3月11日作出了《复函》、×保险公司于2017年2月23日提交了《关于停售×天使少儿两全保险（分红型）等三个产品的报告》，均证实2013年8月唐某1购买案涉保险时该产品尚未停止销售。2017年4月17日，根据现场检查及核实情况，原江苏保监局作出《苏保监消复〔2016〕1081号投诉处理决定告知书》（以下简称《告知书》），告知书载明：

1. 针对唐某1所反映的保险业务员销售误导，包括"该保险仅须缴费三年，后期无须再缴纳费用，并且在缴纳满三年后，如需使用现金可随时从保险账户提取""重疾险以及意外医疗可以覆盖境外医疗费用"的情况，经核实该保单2013年8月19日的电话回访记录，被叫电话号码与唐某1在投保单上及投诉时所留号码一致。受话人在回访中明确表示知晓该保险缴费年限是20年，缴费频率是年缴、保障期限、保险责任、责任免除、犹豫期等内容，并表示看过保险条款、产品说明书和投保提示书。因上述保单销售人员谢某目前无法联系，根据现有证据，唐某1所反映的保险业务员销售误导的问题无法认定。

2. 针对唐某1所反映的"作为投保人，本人没有在投保单上签字，也从未授权他人在保单上签名，保单签名系业务员伪造"的情况，经查，该保单采取电子投保的方式，由投保人在电子投保申请确认书上签名。在电话回访过程中，受话人对投保单、电子投保申请确认书等文书中涉及投保人、被保险人监护人签名的问题均予以肯定回答。因无法联系谢某，根据现有证据，唐某1反映的投保单非本人签名的情况无法认定。

3. 针对唐某1反映的"没有抄写38字风险提示语，也从未授权他人代为签署风险提示语，风险提示语系业务员伪造"的情况，经查，该保单采取电子投保的方式，由投保人在电子投保申请确认书上抄写风险提示语句及签名。在电话回访过程中，受话人对在电子投保申请确认书上亲自抄录风险提示语句并签名的问题均予以肯定回答。因无法联系谢某，根据现有证据，唐某1所反映的未抄录风险提示语句的情况无法认定。

4. 针对唐某1所反映的"从未收到投保提示书、产品说明书"和"直到2015年3月业务员才将合同文本提供给本人"，以及"本人从未在投保提示书、产品说明书和保单回执上签字"的情况，经查，在电话回访过程中，受话人确认投保人在投保提示书亲笔签名、收到保单并签收了保单回执、看过保险条款和产品说明书。经调阅该公司留存的保单回执影像件，该公司提供的保单回执影像件中有"投保人（签名）：唐某1"字样，签收日期为2013年8月16日。因无法联系谢某，根据现有证据，唐某1所反映的上述情况无法认定。根据《关于推进投保提示工作的通知》（保监发〔2009〕68号），投保提示书原件作为重要承保资料由×保险公司归档管理。该保单的产品说明书无须投保人签字，根据《人身保险新型产品信息披露管理办法》（2009年3号令），应由保险销售人员在销售保险时向投保人出示。

5. 针对唐某1反映的"投保单上其他信息均为业务员填写""职业、收入以及被保险人国籍三项与实际情况严重不符"的情况，经查，该保单采取电子投保的方式，由投保人在电子投保申请确认书上签名。在电话回访过程中，受话人对投保单、电子投保申请确认书等文书中涉及投保人签名的问题均予以肯定回答。因无法联系谢某，根据现有证据，唐某1所反映的"投保单上其他信息均为业务员填写""职业、收入……与实际情况严重不符"无法认定。经查，该公司未按照投保人提供的被保险人护照确认被保险人国籍，唐某1反映的保单记载的被保险人国籍与实际情况不符的问题属实，原江苏保监局于2017年5月12日对该保险公司相关人员进行了监管谈话。

6. 针对唐某 1 反映的"自 2013 年以来，投保人从未收到过×保险公司对于该分红保险的红利通知书"的情况，经查，该保单的投保书中勾选了"选择电子函件"方式，表明投保人同意以手机短信、官网查询或电子邮件等方式，查收名下所有保单的投连万能年报、分红通知、批单等函件。原江苏保监局调阅了该公司向投保人所留手机号码发送通知短信的系统截屏及短信通知内容，表明该公司分别于 2014 年 7 月 29 日、2015 年 7 月 25 日和 2016 年 7 月 23 日发送过红利通知短信。

7. 针对唐某 1 反映的购买保险时该保险产品已停止销售的情况，经原江苏保监局向中国保险行业协会、中国平安人寿保险股份有限公司查询，2013 年 8 月，唐某 1 购买"×天使少儿两全保险（分红型）"时，该产品实际并未停止销售。《行政复议答复通知书》（保监复议〔2017〕154 - 1 号）。

唐某 1 不服，向中国银保监会提出行政复议申请。请求：1. 撤销原江苏保监局作出的《告知书》及处理结果，并重新调查×保险公司的违规行为。2. 对原江苏保监局及相关人员没有尽责履行监管职责及违法行为进行查处。

中国银保监会于 2017 年 6 月 21 日收到唐某 1 提交的行政复议申请，2017 年 6 月 26 日向原江苏保监局发送了《行政复议答复通知书》。2017 年 7 月 3 日，原江苏保监局提交了《行政复议答复书》并附相关证据依据。2017 年 8 月 5 日，中国银保监会作出了保监复议〔2017〕154 - 2 号《行政复议决定书》（以下简称《行政复议决定书》），维持了原江苏保监局的保险消费投诉处理行为及其作出的《告知书》并于 8 月 9 日寄送给唐某 1。

唐某 1 仍不服，向南京市中级人民法院提起本案诉讼。

审理中，唐某 1 申请对原江苏保监局提交的《×人寿保险股份有限公司外籍人士问卷》中"唐某 1"的签名字样进行鉴定，以证明该签名不是唐某 1 本人所写。南京市中级人民法院经审查认为，关于唐某 1 反映的保单记载的被保险人国籍与实际情况不符的问题，原江苏保监局在案涉保险消费投诉处理中已经予以认定，并对有关保险公司采取了监管措施，故唐某 1 在本案中申请对该调查问卷的签名笔迹进行鉴定并无实际意义，故该申请，原审法院不予准许。

原审法院认为：

一、关于原江苏保监局的保险行政监管行为的合法性问题。

《中华人民共和国保险法》第九条规定：国务院保险监督管理机构依法对保险业实施监督管理。国务院保险监督管理机构根据履行职责的需要设立派出机构。派出机构按照国务院保险监督管理机构的授权履行监督管理职责。《中国保险监督管理委员会派出机构监管职责规定》第四条第（四）项规定：派出机构履行监管辖区内保险公司分支机构、保险中介机构以及保险从业人员的保险经营活动，查处保险违法、违规行为，维护保险市场秩序的监管职责。原江苏保监局作为国务院保险监督管理机构在江苏省设立的派出机构，具有按照国务院保险监督管理机构的授权履行对辖区内保险公司分支机构及保险从业人员从事保险经营活动进行监管的职责。

《保险消费投诉处理管理办法》第二十条规定：保险消费投诉处理工作管理部门收到完整投诉材料后，应当及时进行审查，并根据下列情况分别作出处理：（一）依照本办法规定，属于本单位负责处理的保险消费投诉，予以受理；（二）属于本办法规定的保险消费投诉，但是不属于本单位负责处理的，不予受理，并可以转相关单位处理；（三）不属于本办法规定的保险消费投诉，但是应当由本单位其他部门负责处理的，转相关部门依照有关规定处理；（四）不属于本办法规定的保险消费投诉，且不属于本单位其他部门负责处理的，不予受理；（五）有本办法第二十一条第一款规定情形之一的，不予受理。第二十二条规定：保险消费投诉处理工作管理部门应当自收到完整投诉材料之日起 10 个工作日内，告知投诉人是否受理，不予受理的，应当说明理由。第二十七条第一款规定：中国保监会及其派出机构对受理的保险消费投诉应当及时组织调查核实，自受理投诉之日起 60 日内作出处理决定；情况复杂的，经本单位负责人批准，可以延长处理期限，但延长期限不得超过 30 日，并告知投诉人延长期限的理由。法律、行政法规、规章另有规定的，依照其规定。第二十八条规定：处理决定作出之日起 5 个工作日内，中国保监会及其派出机构应当告知投诉人。本案中，原江苏保监局分别于 2016 年 10

月 27 日、2017 年 1 月 22 日收到唐某 1 的投诉，于 2016 年 11 月 26 日收到关于 2016 年 10 月 27 日的投诉的补充投诉，并分别于 2016 年 11 月 9 日、2017 年 2 月 6 日告知唐某 1 对其提出的涉嫌违反有关保险监管的法律、行政法规和中国银保监会规定的投诉事项，决定受理，处理期限自 2017 年 2 月 6 日起重新计算；由于案情复杂，原江苏保监局分别于 2016 年 12 月 22 日、2017 年 3 月 20 日延长了投诉案件办理期限。2017 年初，原江苏保监局对 × 保险公司进行了现场检查并向相关人员调查、调取材料。2017 年 4 月 17 日，原江苏保监局作出《告知书》。综上，原江苏保监局对唐某 1 投诉的受理、组织调查核实、作出处理决定的程序符合上述规定。

二、关于对原江苏保监局就唐某 1 投诉事项所作处理答复的审查。

1. 对于唐某 1 所反映的保险业务员销售误导的情况，原江苏保监局核实了该保单的电话回访记录，被叫电话号码与唐某 1 在投保单上及投诉时所留号码一致。受话人在回访中明确表示知晓该保险缴费年限是 20 年，缴费频率是年缴、保障期限、保险责任、责任免除、犹豫期等内容，并表示看过保险条款、产品说明书和投保提示书。而上述保单销售人员谢某目前无法联系，原江苏保监局据此答复根据现有证据，唐某 1 所反映的保险业务员销售误导的问题无法认定，并无不当。

2. 对于唐某 1 反映的"作为投保人，本人没有在投保单上签字，也从未授权他人在保单上签名，保单签名系业务员伪造"的情况，经原江苏保监局查实，该保单采取电子投保的方式，由投保人在电子投保申请确认书上签名。在电话回访过程中，受话人对投保单、电子投保申请确认书等文书中涉及投保人、被保险人监护人签名的问题均予以肯定回答。因无法联系谢某，原江苏保监局认为根据现有证据，唐某 1 反映的投保单非本人签名的情况无法认定，并无不当。

3. 对于唐某 1 反映的"没有抄写 38 字风险提示语，也从未授权他人代为签署风险提示语，风险提示语系业务员伪造"的情况，经原江苏保监局查实，该保单采取电子投保的方式，由投保人在电子投保申请确认书上抄写风险提示语句及签名。在电话回访过程中，受话人对在电子投保申请确认书上亲自抄录风险提示语句并签名的问题均予以肯定回答。因无法联系谢某，原江苏保监局认为根据现有证据，唐某1反映的未抄录风险提示语句的情况无法认定，亦无不当。

4. 对于唐某1反映的"从未收到投保提示书、产品说明书"和"直到2015年3月业务员才将合同文本提供给本人"，以及"本人从未在投保提示书、产品说明书和保单回执上签字"的情况，在电话回访过程中，受话人确认投保人在投保提示书亲笔签名、收到保单并签收了保单回执、看过保险条款和产品说明书。原江苏保监局调阅了×保险公司留存的保单回执影像件，该公司提供的保单回执影像件中有"投保人（签名）：唐某1"字样，签收日期为2013年8月16日。根据《关于推进投保提示工作的通知》（保监发〔2009〕68号），投保提示书原件作为重要承保资料由保险公司归档管理。该保单的产品说明书无须投保人签字，根据《人身保险新型产品信息披露管理办法》（2009年3号令），应由保险销售人员在销售保险时向投保人出示，故原江苏保监局此项答复符合事实及法律规定。

5. 对于唐某1反映的"投保单上其他信息均为业务员填写""职业、收入以及被保险人国籍三项与实际情况严重不符"的情况，经原江苏保监局查实，该保单采取电子投保的方式，由投保人在电子投保申请确认书上签名。在电话回访过程中，受话人对投保单、电子投保申请确认书等文书中涉及投保人签名的问题均予以肯定回答。因无法联系谢某，原江苏保监局认为根据现有证据，唐某1所反映的"投保单上其他信息均为业务员填写""职业、收入……与实际情况严重不符"无法认定，并无不当。关于×保险公司未按照投保人提供的被保险人护照确认被保险人国籍，唐某1所反映的保单记载的被保险人国籍与实际情况不符的问题属实，原江苏保监局于2017年5月12日对该公司相关人员进行了监管谈话，作出了相应的处理，×保险公司也向原江苏保监局提交了整改报告。原江苏保监局已履行了其保险行政监管的职责。

6. 对于唐某1反映的"自2013年以来，投保人从未收到过×保险公司对于该分红保险的红利通知书"的情况，原江苏保监局经查发现，该保单的投保书中勾选了"选择电子函件"方式，表明投保人同意以手机短信、官网查询或电子邮件等方式，查收名下所有保单的投连万能年报、分红通知、批单等函件。原江苏保监局调阅了该公司向投保人所留尾号为"8168"手机号码发送通知短信的系统截屏及短信通知内容，表明×保险公司分别于2014年7月29日、2015年7月25日和2016年7月23日向上述手机号码发送过红利通知短信。唐某1反映的此项问题不属实。

7. 针对唐某1反映的购买保险时该保险产品已停止销售的情况，经原江苏保监局向中国保险行业协会、×保险公司查询，2013年8月唐某1购买"×天使少儿两全保险（分红型）"时，该产品实际并未停止销售。唐某1反映的此项问题不属实。

关于唐某1提出的《告知书》违反《保险消费投诉处理办法》对处理时限要求的主张，原江苏保监局依法办理了延长处理期限并作出了《投诉事项延期处理告知书》并寄送给唐某1，符合法律规定，唐某1的该项诉讼请求，缺乏依据。

综上所述，唐某1投诉问题或不属实，或依据不足，原江苏保监局所作答复证据确凿，适用法规规章正确，符合法定程序。

三、关于中国银保监会作出的《行政复议决定书》的合法性问题。

《中华人民共和国行政复议法》第十五条第一款第（二）项规定：对政府工作部门依法设立的派出机构依照法律、法规或者规章规定，以自己的名义作出的具体行政行为不服的，向设立该派出机构的部门或者该部门的本级地方人民政府申请行政复议。本案中，唐某1对中国银保监会设立的派出机构原江苏保监局作出的行政行为不服申请复议，中国银保监会负有进行行政复议的职权。

《中华人民共和国行政复议法》第十七条规定："行政复议机关收到行政复议申请后，应当在五日内进行审查，对不符合本法规定的行政复议申请，决定不予受理，并书面告知申请人；对符合本法规定，但是不属于本机关受理的行政复议申请，应当告知申请人向有关行政复议机关提出。"第三十一条第一款规定："行政复议机关应当自受理申请之日起六十日内作出行政复议决定；但是法律规定的行政复议期限少于六十日的除外。情况复杂，不能在规定期限内作出行政复议决定的，经行政复议机关的负责人批准，可以适当延长，并告知申请人和被申请人；但是延长期限最多不超过三十日。"中国银保监会于 2017 年 6 月 21 日收到唐某 1 的复议申请书，于 2017 年 6 月 26 日向原江苏保监局发出《行政复议答复通知书》。2017 年 7 月 3 日，原江苏保监局向中国银保监会提交《行政复议答辩书》及作出原行政行为的依据及证据。经审查，中国银保监会认定原江苏保监局作出的保险消费投诉处理行为及《告知书》并无不当，故于 2017 年 8 月 5 日作出《行政复议决定书》并于 8 月 9 日向唐某 1 邮寄送达。中国银保监会作出的《行政复议决定书》认定事实证据充分，适用法律正确，程序符合法律的规定。

综上所述，原江苏保监局、中国银保监会作出的案涉行政行为认定事实清楚，适用法律法规、规章正确，程序合法。依照《中华人民共和国行政诉讼法》第六十九条的规定，原审法院判决驳回唐某 1 的诉讼请求。

唐某 1 不服，提起上诉，一、一审判决未对保单相关签名及提示语签名进行鉴定，即判定保险公司未违规销售、原江苏保监局及中国银保监会答复符合法律规定，事实依据不足，适用法律错误。二、一审判决认定原江苏保监局延长办案期限的决定并向唐某 1 进行了告知，程序合法。一审判决对这一事实的认定错误。三、原江苏保监局提供的电话录音仅为其通知×人寿江苏分公司唐某 1 要求做笔迹鉴定，不能证明其已经通知唐某 1 就笔迹鉴定事项进行协商。实际情况是，原江苏保监局从未通知唐某 1 有关笔迹鉴定相关事项。四、唐某 1 在诉讼中提到的"投保单上的职业、收入等事项与实际情况严重不符"的情况，在案件审理过程中未作任何调查，在判决书中均未提及。五、唐某 1 在中国保险行业协会网站查询，该保险在本人购买时已经停止销售，本人已将相关查询结果提交给保监局。六、唐某 1 在投保的时候，提供了被保险人的护照，保险公司应当根据被保险人的实际情况，提供相应的保险服务。保险公司现以中国国籍提供了保单，据向保险公司了解，实际上这份保单根本无法给被保险人提供国外保险服务。对投保人而言，这属于一份无效的保单。七、保险公司没有及时全面地按照人身保险、新型产品信息披露办法，提供红利通知书。请求本院：1. 判决撤销原审判决，并依法改判；2. 判决撤销《行政复议决定书》。

被上诉人江苏银保监局二审答辩称，原审判决认定事实清楚，适用法律正确，程序合法，请求本院驳回上诉，维持原判。

被上诉人中国银保监会二审答辩称，原审判决认定事实清楚，适用法律正确，程序合法，请求本院驳回上诉，维持原判。

本院经审理查明的事实与原审判决认定的事实一致，本院予以确认。

本院另查明，江苏银保监局于 2018 年 12 月成立，不再保留原江苏保监局，原江苏保监局的职能已由江苏银保监局承继。

本院认为：

《保险消费投诉处理管理办法》第二十八条规定，处理决定作出之日起 5 个工作日内，中国保监会及其派出机构应当告知投诉人。告知内容应当包括：（一）被投诉人是否违反或者涉嫌违反有关保险监管的法律、行政法规和中国保监会规定；（二）处理意见；（三）投诉人如果对处理决定有异议的，可以按照本办法第二十九条的规定申请核查。本案中，唐某 1 向原江苏保监局提交的《投诉书》中列明了 5 项投诉事项，原江苏保监局在《告知书》中逐项进行了回复。关于第 1 项投诉事项，即唐某 1 认为保险业务员误导销售的问题。根据电话回访记录，回访人员告知了保费金额、缴费年限及频率，询问是否知晓保险责任及责任免除、是否看过产品说明书及投保提示书、是否知晓犹豫期及提前退保有损失等问题，该被回访电话与唐某 1 投诉时所留电话号码一致，被回访人唐某 1 均表示知晓。因无法联系原销售人员谢某，原江苏保监局根据现有证据，回复唐某 1 所反映的保险业务员误导销售的问题无法认定并无不当。关于第 2 项投诉事项，即唐某 1 认为投保人未在投保单上签字的问题。根据电话回访记录，回访人员询问投保书上是否为本人签名，该被回访电话与唐某 1 投诉时所留电话号码一致，被回访人给予了肯定回答。因无法联系原销售人员谢某，原江苏保监局根据现有证据，回复唐某 1 所反映的未在投保单上签字的问题无法认定并无不当。关于第 3、第 4、第 5 项投诉事项，即唐某1认为相关签名不是其所签或相关内容不是其所写的问题。原江苏保监局核查了保险涉及的相关书面材料和回访录音，因相关材料中均有"唐某1"签名字样，且在回访录音中被回访人也自认投保书签名系本人所签，对于保险相关事宜均表示知晓，故原江苏保监局在无法联系原销售人员谢某的情况下，根据现有证据，回复唐某1上述问题均无法认定亦无不当。关于笔迹鉴定的问题。一方面，相关法律未规定笔迹鉴定系法定必经程序，唐某1亦未提供应由原江苏保监局对相关笔迹进行鉴定的法律依据，故是否进行笔迹鉴定系原江苏保监局的行政自由裁量权。另一方面，唐某1自2013年购买涉案保险后，保险公司按照其所留的电话进行了回访，其亦承认该电话号码确系其所有，在回访中，被回访人唐某1明确表示投保书签名系本人所签，对于保险相关事宜也知晓。关于唐某1主张的购买保险时该保险产品已停止销售的情况，被上诉人江苏银保监局提供的证据，可以证明2013年8月唐某1购买"×天使少儿两全保险（分红型）"时，该产品实际并未停止销售。

《保险消费投诉处理管理办法》第二十二条规定，保险消费投诉处理工作管理部门应当自收到完整投诉材料之日起10个工作日内，告知投诉人是否受理，不予受理的，应当说明理由。第二十七条规定，中国保监会及其派出机构对受理的保险消费投诉应当及时组织调查核实，自受理投诉之日起60日内作出处理决定；情况复杂的，经本单位负责人批准，可以延长处理期限，但延长期限不得超过30日，并告知投诉人延长期限的理由。法律、行政法规、规章另有规定的，依照其规定。本案中，原江苏保监局于2016年10月27日收到投诉人唐某1提出的诉讼，于2016年11月9日告知唐某1予以受理，于2016年12月22日、2017年3月20日作出延长办理期限的决定并告知唐某1；于2017年4月17日作出告知书行政程序合法。

综上，原江苏保监局作出的《告知书》认定事实清楚，适用法律法规、规章正确，程序合法。

根据《中华人民共和国行政复议法》第二十八条第一款第一项的规定，具体行政行为认定事实清楚，证据确凿，适用依据正确，程序合法，内容适当的，决定维持。第三十一条第一款规定，行政复议机关应当自受理申请之日起六十日内作出行政复议决定；但是法律规定的行政复议期限少于六十日的除外。本案中，唐某1不服告知向中国银保监会申请行政复议，中国银保监会于2017年6月21日受理该申请后，经审查，于2017年8月5日作出《行政复议决定书》，维持《告知书》符合上述法律规定。

综上所述，上诉人唐某1的诉讼请求缺乏事实和法律依据，原审判决驳回其诉讼请求并无不当。上诉人唐某1的上诉主张不能成立，本院依法不予支持。原审判决认定事实清楚，适用法律正确，程序合法，依法应予维持。依照《中华人民共和国行政诉讼法》第八十九条第一款第（一）项之规定，判决如下：

驳回上诉，维持原判。

【说明】这是一起法院援引《保险法》第九条规定指出江苏省保监局作为国务院保险监督管理机构在江苏省设立的派出机构，具有按照国务院保险监督管理机构的授权履行，对辖区内保险公司分支机构及保险从业人员从事保险经营活动进行监管职责的案件。

2013年8月14日，唐某1投保"×天使幼儿两全保险（分红型）"，代理人为谢某，2015年8月26日离职。

2016年10月24日，唐某1向原江苏保监局投诉，2016年11月9日，原江苏保监局告知唐某1，有关保险监管事项予以受理，民事纠纷不予受理。

2016年11月26日，唐某1再次向原江苏保监局投诉，2016年12月22日，原江苏保监局延长了案件办理期限并告知唐某1。

2017年1月22日，唐某1到原江苏保监局补充投诉，2017年2月6日，原江苏保监局告知唐某1其补充投诉事项已经予以受理，并与2016年11月9日受理的投诉事项合并处理，处理期限重新计算。2017年3月20日，原江苏保监局延长了案件办理期限并告知唐某1。

2017年初，原江苏保监局对×保险公司进行了现场检查并向相关人员调查、调取材料。2017年4月17日，原江苏保监局作出《告知书》。

唐某 1 不服，向中国银保监会提出行政复议申请。中国银保监会于 2017 年 6 月 21 日收到唐某 1 提交的行政复议申请，2017 年 6 月 26 日向原江苏保监局发送了《行政复议答复通知书》。2017 年 7 月 3 日，原江苏保监局提交了《行政复议答复书》并附相关证据依据。2017 年 8 月 5 日，中国银保监会作出了保监复议 154 - 2 号《行政复议决定书》（以下简称《行政复议决定书》），维持了原江苏保监局的保险消费投诉处理行为及其作出的告知书并于 8 月 9 日寄送唐某 1。

唐某 1 仍不服，向南京市中级人民法院起诉。法院经审理，认为原江苏保监局、中国银保监会作出的案涉行政行为认定事实清楚，适用法律法规、规章正确，程序合法。判决驳回唐某 1 的诉讼请求。

唐某 1 不服一审判决，提起上诉，二审法院审理后判决驳回上诉，维持原判。

本案作为一起行政诉讼，有两个关键点：第一，在唐某初次向监管机构投诉之时，监管机构就明确告知唐某，其反映的有关保险监督管理法律、行政法规和中国银保监会规定的事项予以受理，其他涉及解除合同及退还保费的投诉事项属于投保人与保险公司之间的民事纠纷，转交相关保险公司处理，监管机构不予受理。也就是监管机构对保险公司的监管，是通过行政管理的动作，促进推动保险公司降低风险、规范运营，而不是代替保险公司去进行经营管理。这是大的前提。第二，对于受理事项，监管机构进行了现场检查及情况核实，并且调阅了唐某 1 保单的投保资料和电话回访录音。唐某 1 表示电话回访是其本人接听，在电话回访中对投保提示书、电子投保确认书、保单回执本人签名等情况进行了肯定回答……由此可见，唐某 1 主张的销售误导便没有了依据，在监管层面，监管机构只能就保险公司未按监管要求开展的，如唐某 1 所反映的保单记载的被保险人国籍与实际情况不符的问题对保险公司相关人员进行监管谈话，作出相应处理。这是小的前提。最终，客户希望的通过监管机构的行政手段来获取民事权益的主张也就得不到支持。

保险业是国民经济的重要组成部分，是重要的金融服务行业，在国民经济和社会生活中发挥着巨大作用。只有依法促进保险业的健康发展，才能增强整个社会抵御风险的能力，减少社会财富的损失，保证人民生活安定，保障社会再生产持续稳定地进行。因此，国家必须对保险业实施严格的监督管理，以规范保险活动当事人的合法权益，保护合法经营，制止违法经营，维护公平竞争的保险市场秩序。目前，市场经济发达国家一般对保险业都采取实体性监管原则，即通过法律授予政府中的专门机构对保险业进行实体性监督和管理的权利，政府主管部门不仅依法律规定的条件对保险公司的设立进行审批，而且对成立后的保险公司的市场行为和偿付能力进行监管。

我国对保险业一直实行严格的行政监督管理，早在1985年国务院发布的《保险企业管理暂行条例》中就明确规定，国家保险管理机关是中国人民银行。1995年制定的保险法中进一步规定，国务院金融监督管理部门依照本法负责对保险业实施监督管理。在立法当时，保险法中所称的"金融监督管理部门"实际上就是指当时履行保险监管职责的中国人民银行。中国人民银行是集银行监管和保险监管于一身的专业金融监督管理机构。随着我国金融市场的细分和银行、证券、保险分业经营的完成，国家确立了分业监管的金融监管体制。1998年，国务院成立了中国保险监督管理委员会，作为独立的专业监管机构，履行对商业保险市场的监管职责，中国人民银行不再行使保险监管职能。2018年，国务院成立了直属事业单位中国银行保险监督管理委员会，其主要职责是依照法律法规统一监督管理银行业和保险业，维护银行业和保险业合法、稳健运行，防范和化解金融风险，保护金融消费者合法权益，维护金融稳定。

按照本条规定，国务院保险监督管理机构依照本法负责对保险业实施监督管理。具体来讲，中国银保监会根据国务院授权，依法对保险业实施监督管理，其主要职责包括：审批和管理保险机构的设立、变更和终止；制定、修改或备案保险条款和保险费率；监督、检查保险业务经营活动；查处和取缔擅自设立的保险机构及非法经营或变相经营保险业务的行为。保险监督管理机构应当认真履行法定职责，根据我国国民经济发展状况及趋势，拟定保险业中长期发展规划，制定与保险业相关的产业政策及对外开放政策；建立健全与保险业相关的法律、法规，依法对保险机构的经营活动进行监督管理和必要的业务指导，引导保险业向法制化、规范化、科学化发展；在抓紧市场行为监管的同时，加大偿付能力监管的力度，并逐步转向以偿付能力为核心的监管方式上来；整顿和规范保险市场秩序，查处保险违法违规行为，促进我国保险事业的健康发展。

第二章 保险合同

第一节 一般规定

第十条 保险合同是投保人与保险人约定保险权利义务关系的协议。

投保人是指与保险人订立保险合同，并按照合同约定负有支付保险费义务的人。

保险人是指与投保人订立保险合同，并按照合同约定承担赔偿或者给付保险金责任的保险公司。

【案例8】（2021）辽民终971号

2018年3月，刘某受案外人于某雇佣在辽丹渔26766渔船上从事二副工作。2018年8月16日，于某在某财险公司为刘某投保了团体人身意外伤害保险，保单号为G0011183180000000059。每人人身意外身故/残疾保险为200 000元，附加意外伤害医疗保险40 000元。保险期间为2018年8月16日0时至2019年2月16日0时。2018年12月5日，刘某在船上工作时被钢丝绳绞伤，12月6日，被送到A市中心医院救治，12月11日出院。2019年3月22日，某财险公司委托A市中心医院法医司法鉴定所，按照《人身保险伤残评定标准》，刘某伤残等级为十级。2019年3月30日，某财险公司与刘某签订赔款确认书，该确认书中载明某财险公司按照保额200 000元的10%（构成十级伤残给付比例）给付刘某残疾赔偿金20 000元。同时载明医疗费18 686.07元赔款给付案外人于某。在被保险人声明并确认一栏当中，案外人于某和刘某都提供了汇款银行及账号，并声明已经详细阅读了本案涉及的保险单、保险条款、《索赔须知》等各种相关文件，对其中内容完全了解，包括在订立保险合同时就已经向本人/投保人明确说明的保险合同中关于保险人责任免除条款，在此确认并同意保险人依据保险合同和相关法律规定作出的上述核定。收到上述理算金额后，不再就本次事故向某财险公司提出任何请求。刘某和案外人于某均签字画押。刘某收到保险理赔款 20 000 元。2019 年 7 月 31 日，在刘某诉案外人于某海上人身损害责任纠纷一案中，经 B 市中心医院司法鉴定所评定，按照 2017 年《人体损伤致残程度分级》标准，评定为八级伤残。

原审法院认为，本案为海上保险合同纠纷。案外人于某作为刘某的雇主，在某财险公司为其投保了团体人身意外伤害保险。在保险期间内，刘某受伤住院治疗终结，后经司法鉴定并达成赔偿协议领取保险赔偿金。本案保险合同依法成立合法有效，并已履行完毕。

关于保险理赔伤残等级评定所应依据的标准问题，刘某的委托诉讼代理人认为，应当按照 2017 年《人体损伤致残程度分级》标准评定的八级伤残等级作为理赔依据。某财险公司的委托诉讼代理人认为，对刘某的伤残，应当按照保险合同约定的《人身保险伤残评定标准》评定的十级伤残等级作为理赔依据。原审法院认为，对于刘某的伤残鉴定所应依据的标准，应当按照保险合同约定的《人身保险伤残评定标准》。因为该标准是由中国保险监督委员会，通过保监发〔2014〕6 号发布并经国家标准化委员会备案的国家金融行业标准，属现行有效的行业标准。案外人于某为刘某在某财险公司投保团体人身意外伤害保险时，该标准在保单所附的保险条款当中有明确规定，且按照此标准确定了被保险人出险予以赔偿的保赔额及保险费用的缴纳数额，故，该标准对投保人及保险人均有约束力。投保人于某对此应予知晓并告知被保险人刘某，至于其是否将该约定予以告知，应属于其与刘某之间的问题，与某财险公司无关。更何况，刘某在治疗终结后，某财险公司的工作人员与其一道对其伤残进行了鉴定，其当时也予以同意，并无异议。随后还按照此鉴定结果领取了相应的赔偿款项。2017 年《人体损伤致残程度分级》的标准是刘某与案外人于某在海上人身损害责任纠纷一案中所应依据的标准，与本案

保险合同纠纷没有关系。故，原审法院对刘某的委托诉讼代理人关于本案应
当按照 2017 年《人体损伤致残程度分级》作为评定标准的主张不予支持。关
于是否存在显失公平及适用格式化条款不利解释原则问题，刘某的委托诉讼
代理人认为，刘某收取的 20 000 元的保险理赔款显失公平，赔偿确认书属于
格式合同，发生争议时，应当作出不利于制作方某财险公司的解释。某财险
公司的委托诉讼代理人认为，刘某在签订该份赔偿确认书的时候意识清醒，
对相关鉴定结果和赔偿标准没有异议，亦未拒绝，属真实意思表示，没有显
失公平情形。该赔偿确认书不同于保险合同条款，不应适用格式化条款不利
解释原则。原审法院认为，该份保险赔偿确认书系刘某在治疗终结后经某财
险公司委托选择鉴定机构，对其伤残进行鉴定。在确定伤残等级后，刘某与
某财险公司达成赔偿协议填写了赔偿确认书，在被保险人声明并确认一栏中，
刘某提供了汇款银行及账号，并声明已经详细阅读了本案涉及的保险单、保
险条款、《索赔须知》等各种相关文件，对其中内容完全了解，包括在订立保
险合同时就已经向本人或者投保人明确说明保险合同中关于保险人责任免除
条款，在此确认并同意保险人依据保险合同和相关法律规定作出的上述核定。
收到上述理算金额后，不再就本次事故向某财险公司提出任何请求。刘某签
字画押并确认收到保险理赔款 20 000 元。由此可知，刘某对其伤残鉴定所依
据的标准、鉴定部门、鉴定结果以及赔偿金的给付都明确知道，且做了相应
的声明，提供了本人的银行账户，领取了相应款项。并没有因该赔偿确认书
的相关条款发生争议，况且，该赔偿确认书并非保险合同，双方对该确认书
的内容均予以认可并实际履行完毕。故，对刘某的委托诉讼代理人的关于显
失公平及应当适用格式化条款不利解释原则的主张，原审法院不予支持。综
上，刘某受伤后已经按照保险合同约定的《人身保险伤残评定标准》进行了
伤残等级鉴定，并与某财险公司达成赔偿协议，签订了赔偿确认书，声明对
相关保险合同条款及免责事由均清楚明了，没有异议，最后领取了保险赔偿
金，其后也没有对该份赔偿确认书是否涉及胁迫或显失公平等行使撤销权。
刘某在本案中关于该赔偿依据标准错误、赔偿结果显失公平及应当适用格式
化条款不利解释原则等主张，没有事实和法律依据，原审法院不予支持。依

照《中华人民共和国民法总则》第一百一十九条、第一百五十一条的规定，判决：驳回刘某的诉讼请求。案件受理费 800 元，减半收取 400 元（刘某已预交），由刘某负担。

刘某不服原审判决，上诉称：一、原判认定事实不清，证据不足。1. 案外人于某为刘某在某财险公司投保了团体意外险，保险合同的相对方是案外人于某与某财险公司，对于保险合同内容及条款刘某并不知情，并且截至刘某起诉时，也未曾看到保险合同。刘某并没有委托某财险公司委托 A 市中心医院法医司法鉴定所进行伤残鉴定，而是某财险公司让刘某到其指定的司法鉴定所进行评残，具体是依据什么标准进行评残，刘某并不知情，某财险公司也未提供证据证明履行了告知义务。某财险公司单方委托司法鉴定部门进行鉴定后出具的鉴定书是以人身保险伤残评定标准为依据的，该标准是金融行业标准，并非法律标准，所以对于依据该标准评定伤残不合法，应按照法律规定的 2017 年《人体损伤致残程度分级》标准进行伤残评定及理赔。2. 虽然刘某在赔偿确认书上签字，但该确认书是格式条款，虽然刘某领取了 20 000 元赔偿金，但某财险公司是按照格式性条款当中给付标准进行理赔的，这一标准损害了刘某的合法权益，依据《中华人民共和国合同法》的相关规定，应当作出不利于某财险公司的解释。二、原审判决显失公平。本案保险合同的相对方是投保人于某和某财险公司，刘某作为被保险人，并不知晓保险合同的内容及条款，且保险合同系格式性条款，某财险公司作为格式合同的制作方在对保险合同条款进行解释时，应作出不利于某财险公司的解释。按照法律规定的 2017 年《人体损伤致残程度分级》标准评残八级，而按照《人身保险伤残评定标准》评残十级，相差两个级别。由此可看出，原审法院依据某财险公司提供的金融行业评定标准判决某财险公司不承担给付责任，显失公平。综上，原审判决某财险公司不承担给付责任，无事实与法律依据，故请求二审法院作出公正的判决。

某财险公司二审答辩称：一审判决事实清楚，适用法律正确，应当维持原判。本案主要的争议焦点即刘某已与某财险公司达成了和解协议，因此，刘某不应就同一事实再向某财险公司主张任何权利。同时，某财险公司已在和解后第一时间给付了刘某全部的赔偿款。该和解协议系双方真实意思表示，在和解协议签订前，刘某配合我司进行了伤残等级鉴定，其不能说明对该伤残鉴定不知情。且，在双方的和解协议中某财险公司声明确认一栏当中案外人于某、刘某均提供了汇款银行及账号，并声明已详细阅读了本案涉及的保险单和保险条款等问题。因此，就该问题刘某不应再向我司主张任何权利，其在上诉状中所陈述的对本案和解的情形均不知情，是不成立的。本案另一争议焦点是伤残等级适用人身保险伤残评定标准是否合理的问题。案外人于某作为投保人在我司投保的是团体意外险，其所对应的评残标准就是人身保险伤残评定标准。因此，一审判决对于该问题论述充分，事实清楚，法律适用正确，应当维持原判。

原审法院查明的事实，有相关证据予以佐证，本院对原审查明的事实予以确认。

本院认为，刘某作为案涉保险合同的被保险人要求保险人某财险公司支付理赔款产生的争议，故本案为海上保险合同纠纷。根据双方的诉辩观点，原判认定某财险公司无须再向刘某支付理赔款是否妥当为本案二审争议的焦点。

《中华人民共和国保险法》第十条规定：保险合同是投保人与保险人约定保险权利义务关系的协议。投保人是指与保险人订立保险合同，并按照合同约定负有支付保险费义务的人。保险人是指与投保人订立保险合同，并按照合同约定承担赔偿或者给付保险金责任的保险公司。根据该条规定，保险人有按照合同约定承担赔偿或者给付保险金的义务和责任。本案中，案外人于某作为刘某的雇主为转移其雇佣刘某出海作业的风险与某财险公司签订案涉保险合同，为包括刘某在内的船员投保了团体意外伤害险。该保险合同系于某和某财险公司的真实意思表示，并未违反法律、行政法规的强制性规定，亦未违反公序良俗，合法有效。某财险公司作为案涉保险合同的保险人，有义务按照保险合同的约定履行合同义务。刘某作为于某雇佣的船员，亦作为于某与某财险公司签订保险合同投保的被保险人，在从事雇佣活动中负伤，发生了案涉保险合同中约定的保险事故，于某、刘某有权要求某财险公司按照保险合同的约定进行理赔。因案涉保险合同第五条第二款伤残保险责任明确约定："在保险期间内，被保险人遭受意外伤害事故，并自该事故发生之日起180日内因该事故造成《人身保险伤残评定标准及代码》（标准编号为JR/T0083－2013，以下简称《伤残评定标准》）所列伤残项目，保险人按该标准规定的评定原则对伤残项目进行评定，并按评定结果所对应该标准规定的比例乘以保险金额给付伤残保险金。"而于某、刘某并未按照保险合同第二十二条第二款伤残保险金申请第5项约定向某财险公司提供伤残程度的资料或身体伤残程度评定书，故某财险公司按照《人身保险伤残评定标准及代码》（标准编号为JR/T0083－2013）标准为刘某鉴定伤残程度，并根据鉴定意见向刘某进行赔付符合案涉保险合同的约定，原审认定刘某无权再要求某财险公司支付理赔款并无不妥。至于刘某上诉所提，其并不知晓案涉保险合同内容，赔款确认书的相关内容为格式条款，原判认定某财险公司可以按照《人身保险伤残评定标准及代码》（标准编号为JR/T0083－2013）标准理赔显失公平的理由。因案涉保险合同系刘某的雇主于某作为投保人与保险人某财险公司签订，合同内容为于某与某财险公司的意思表示，刘某并未表示不接受于某为其向某财险公司投保，故刘某作为于某向某财险公司投保的被保险人，应当受于某与某财险公司签订保险合同的约束。而于某与某财险公司在保险合同中明确约定按照《人身保险伤残评定标准及代码》（标准编号为JR/T0083－2013）标准认定被保险人的伤残程度，故刘某无权以其不知晓保险合同内容为由要求不受保险合同约束。另外，于某为刘某投保的目的，系转移刘某因工负伤的赔偿风险，于某只能以刘某获取的保险赔偿款抵扣自身应当承担雇主责任的赔偿款项，并不能免除其作为雇主的全部责任。所以刘某并非获取某财险公司的理赔款后不能向雇主主张权利，实现自身权益，故原判依据案涉保险合同确定刘某、某财险公司的权利义务不存在显失公平情况。

综上所述，刘某的上诉理由不能成立，本院不予支持。依照《中华人民共和国民事诉讼法》第一百七十条第一款第（一）项之规定，判决如下：

驳回上诉，维持原判。

【说明】这是一起法院援引《保险法》第十条规定指出保险人有按照合同约定承担赔偿或者给付保险金的义务和责任的案件。

2018 年 8 月 16 日，于某在某财险公司为其雇员刘某投保了团体人身意外伤害保险，每人人身意外身故/残疾保险为 200 000 元，附加意外伤害医疗保险 40 000 元。保险期间为 2018 年 8 月 16 日 0 时至 2019 年 2 月 16 日 0 时。2018 年 12 月 5 日，刘某在船上工作时被钢丝绳绞伤。2019 年 3 月 22 日，按照合同约定的《人身保险伤残评定标准》，刘某伤残等级为十级。2019 年 3 月 30 日，某财险公司按照保额 200 000 元的 10%（构成十级伤残给付比例）给付刘某残疾赔偿金 20 000 元。2019 年 7 月 31 日，在刘某诉案外人于某海上人身损害责任纠纷一案中，按照 2017 年《人体损伤致残程度分级》标准，评定为八级伤残。

刘某起诉要求保险公司按照 2017 年《人体损伤致残程度分级》标准评定的八级伤残等级作为理赔依据。法院认为，对于刘某的伤残鉴定所应依据的标准，应当按照保险合同约定的《人身保险伤残评定标准》。因为该标准是由中国保险监督委员会，通过保监发〔2014〕6 号发布并经国家标准化委员会备案的国家金融行业标准，属现行有效的行业标准。判决驳回刘某的诉讼请求。

刘某不服上诉。二审法院援引《保险法》第十条规定指出，保险人有按照合同约定承担赔偿或者给付保险金的义务和责任。刘某接受于某与某财险公司订立的以其未被保险人的合同，而且于某与某财险公司在保险合同中明确约定按照《人身保险伤残评定标准及代码》（标准编号为 JR/T0083 – 2013）标准认定被保险人的伤残程度，故保险公司按合同约定理赔并无不当。判决驳回上诉，维持原判。

同时法院指出，2017 年《人体损伤致残程度分级》的标准是刘某与案外人于某在海上人身损害责任纠纷一案中所应依据的标准，与本案保险合同纠纷没有关系。

本案中，刘某与保险公司之间是保险合同纠纷，刘某与于某之间是人身损害责任纠纷。在刘某与保险公司之间的保险合同纠纷中，只能依据合同的约定进行主张，虽然合同是于某与保险公司签订的，但是因为合同的存在是刘某主张权利的基础，如果合同不存在，则保险公司没有理赔的依据。既然刘某认可合同，那么刘某伤残鉴定所应依据的标准，就只能是依据保险合同约定的《人身保险伤残评定标准》。所以一审、二审法院都是以这个基础为裁判依据的。而刘某与于某之间的人身损害责任纠纷，则不受保险合同约定的限制，刘某可以主张按照2017年《人体损伤致残程度分级》标准评定伤残。

关于保险合同和保险合同主体的定义，合同是平等主体的自然人、法人、其他组织之间设立、变更、终止民事权利义务关系的协议。保险合同属于合同的一种，是投保人与保险人约定保险权利义务关系的协议，是保险活动最基本的法律表现形式。根据保险合同的约定，投保人应当向保险人支付保险费，保险人则应当对合同约定的可能发生的事故因其发生所造成的财产损失承担赔偿保险金责任，或者当被保险人死亡、伤残、疾病或者达到合同约定的年龄、期限时承担给付保险金责任，这一约定就构成了投保人与保险人之间基本的保险权利义务关系。

保险合同既然是合同的一种，因此具备合同的一般属性，如当事人的法律地位平等，应当遵循公平互利、协商一致、自愿订立的原则，合同的内容应当合法，当事人应当自觉履行合同，等等。但是保险合同除具有合同的一般属性之外，也还具有其自身的法律特征：第一，保险合同是双务合同，这种合同的双方当事人相互享有权利，又相互负有义务；第二，保险合同是射幸合同，这种合同的效果在订立时是不确定的，保险人赔偿义务的实际履行带有偶然性；第三，保险合同是附合合同，这种合同在订立时，由保险人提出合同的内容，投保人只能作出同意或者不同意的选择，因此也称为格式合同或标准合同；第四，保险合同是最大诚信合同，诚信是一般合同的基本要求，而保险合同所要求的不是一般的相对的诚实守信，而是最大限度的诚实守信；第五，保险合同是要式合同，投保人与保险人订立保险合同，不能采取任意的方式，而必须采用法律规定的方式，记载法律规定的事项；第六，财产和责任保险合同是补偿性合同，即只要是保险金额范围内的损失，损失多少，补偿多少，保险金的给付和保险费的交付之间没有严格的对比或等价关系；而人身保险合同是给付性合同，即根据投保人的实际需要和支付保险费的能力确定一个保险金额，当危险事故发生时，由保险人按照事先约定的保险金额承担给付保险金责任。

所谓投保人，又称要保人，是指与保险人订立保险合同，并按照保险合同负有支付保险费义务的人。投保人是任何保险合同不可或缺的当事人之一，它既可以是自然人，也可以是法人。投保人应当具备以下三个条件：第一，投保人必须具有相应的权利能力和行为能力，否则所订立的保险合同不发生法律效力；第二，投保人对保险标的必须具有保险利益，即对保险标的具有法律上承认的利益，否则投保人不能与保险人订立保险合同，若保险人在不知情的情况下与不具有保险利益的投保人签订了保险合同，则该保险合同无效；第三，投保人应承担支付保险费的义务，不论投保人为自己利益还是为他人利益订立保险合同，均应承担支付保险费的义务。

所谓保险人，又称承保人，是指与投保人订立保险合同，并承担赔偿或者给付保险金责任的保险公司。如同投保人一样，保险人也是保险合同的一方当事人，它具有以下三个法律特征：第一，保险人是保险基金的组织、管理和使用人，它通过收取保险费而建立保险基金来经营保险业务，在保险事故发生时依据保险合同履行赔偿或者给付保险金责任；第二，保险人是履行赔偿损失或者给付保险金义务的人，保险人的这种义务不是因侵权或者违约行为而产生，而是依据法律规定或者保险合同所确定的义务；第三，保险人应当是依法成立并允许经营保险业务的保险公司，由于保险事业涉及社会公众利益，因此设立保险公司经营保险业务必须符合法定条件，得到国家保险监督管理机构的批准，取得经营保险业务许可证，并向工商行政管理部门办理登记，领取营业执照。

第十一条 订立保险合同，应当协商一致，遵循公平原则确定各方的权利和义务。

除法律、行政法规规定必须保险的外，保险合同自愿订立。

【案例9】（2022）辽13民终144号

原告李某系由某1的妻子，原告李某与由某1生育长女由某2和次女由某3，原告程某为由某1的母亲，由某1的父亲已去世，程某生育长子由某4、次子由某1。自2020年开始，被告刘某雇佣由某1驾驶半挂牵引车从事货物运输，被告刘某所有的辽N×××××号半挂牵引车挂靠在被告×县天×运输有限公司名下。2021年8月22日早上6点左右，在×市金×混凝土有限责任公司厂区内，被告马某驾驶辽N×××××号半挂牵引车进行卸车，使用液压将车厢支起，车厢向左侧翻卸渣石，渣石卸到一半，在清理车厢剩余渣石时，车辆液压泵炸开，液压缸底座飞起砸在由某1头部，致由某1死亡。事故发生时，辽N×××××号半挂牵引车在卸车作业，车辆处于着火状态。事故发生后，×市×区派出所出警并对事故进行调查。经×市×区公安司法鉴定中心鉴定意见为：死者由某1因重度颅脑损伤死亡。被告刘某支付拖欠由某1工资1万元，垫付丧葬费2万元。辽N×××××号半挂牵引车已经过年检，辽N×××××号半挂牵引车以×县天×运输有限公司为被保险人，在A财产保险股份有限公司抚顺市分公司投保交强险，保险时间为2021年2月21日至2022年2月20日。在被告B财产保险股份有限公司阜新中心支公司投保第三者责任险，保险时间为2021年2月25日至2022年2月24日，第三者责任险限额为100万元，此次意外事故发生在保险期内。

上述事实有原、被告的陈述，原告提供的户口簿复印件5枚、建平县张家营子镇张家营子村村民委员会证明1份、程某身份证复印件1份、死亡证明2份、由某1驾驶证复印件1枚、从业资格证1份、机动车交通事故责任强制保险单1份、神行车保机动车保险单，被告刘某提供的车辆挂靠协议1份、行驶证1份、驾乘人员意外险电子保单2份、神行车保机动车保险单1份、收据2枚，本院调取×市×区分局治安卷宗及视频资料在卷佐证，并经庭审质证、认证，能够证明本院查明事实，本院予以采信。被告刘某提供的微信截图欲证明被告尽到了安全告知义务，因此次意外事件属于偶发事件，由某1意外死亡不能归责于由某1是否戴安全帽，对于此次意外事件的发生，死者由某 1 并无过错,被告刘某提供的该证据与本案无关联性,本案不予采纳。

被告×县天×运输有限公司经传票传唤,无正当理由未到庭参加诉讼,视为其放弃陈述、抗辩和质证权利。

原审法院认为:由某 1 系在工作中因意外死亡,被告刘某应负赔偿责任。被告刘某所有的车辆挂靠在被告×县天×运输有限公司名下,辽 N×××××号半挂牵引车以×县天×运输有限公司为被保险人,在 A 财产保险股份有限公司抚顺市分公司投保交强险。在被告 B 财产保险公司阜新中心支公司投保第三者责任险,保险日期为 2021 年 2 月 25 日至 2022 年 2 月 24 日,第三者金额为 100 万元。因本案不属交通事故,A 财产保险股份有限公司抚顺市分公司在交强险限额内不应承担赔偿责任。辽 N×××××号半挂牵引车在进行卸车作业,为在使用被保险机动车过程中,致使车下人员由某 1 死亡,符合第三者责任险赔偿范围。被告 B 财产保险公司阜新中心支公司应在商业第三者责任险限额内承担赔偿责任,应赔偿因由某 1 死亡的死亡赔偿金 65 4760 元、丧葬费41 111.50 元、被扶养人生活费 299 744 元,以上合计 995 615.50 元。因由某 1在工作中意外死亡,致使原告遭受重大心理及精神损害,雇主被告刘某应赔偿原告精神抚慰金 4 万元,被告刘某已垫付的 2 万元应从中扣减。被告×县天×运输有限公司在此次意外事故中没有过错,不承担赔偿责任。被告马某在此次意外事故中没有过错,不承担赔偿责任。因事故车辆发生意外事故时,车辆正在卸车作业,被告 B 财产保险公司阜新中心支公司辩解发生事故时车辆处于停运状态,不应赔偿损失的辩解理由,本院不予采纳。根据《中华人民共和国民法典》第一千一百六十六条、第一千一百七十九条、第一千一百八十一条、第一千一百八十三条,《最高人民法院关于审理人身损害赔偿案件适用法律若干问题的解释》第十七条,《中华人民共和国民事诉讼法》第一百三十四条、第一百四十四条的规定,判决如下:

一、被告 B 财产保险公司阜新中心支公司在第三者责任险金额内赔偿原告李某、由某 2、由某 3、程某因由某 1 死亡的死亡赔偿金 654 760 元、丧葬费 41 111.50 元、被扶养人生活费 299 744 元,以上合计 995 615.50 元。

二、被告刘某赔偿原告李某、由某 2、由某 3、程某因由某 1 死亡的精神损害抚慰金 4 万元（应扣除已垫付 2 万元）；以上款项于本判决发生法律效力后十日内执行完毕。三、驳回原告李某、由某 2、由某 3、程某的其他诉讼请求。如未按本判决指定的期限履行给付金钱的义务，应当按照《中华人民共和国民事诉讼法》第二百五十三条的规定，加倍支付延迟履行期间的债务利息。案件受理费 14 847 元，由被告 B 财产保险公司阜新中心支公司负担 13 756元，被告刘某负担 550 元，原告负担 541 元，保全费 4 020 元由原告李某、由某 2、由某 3、程某负担。

一审宣判后，原审被告 B 财产保险公司阜新中心支公司不服，向本院提起上诉。上诉人 B 财产保险公司阜新中心支公司的主要上诉理由：一、第三者责任险的赔偿应以交通事故为前提，非交通事故不在赔偿范畴之内。二、所谓"在使用被保险机动车"是指车辆在运作过程中的使用，不应包括静止状态的使用。三、交强险和商业险都是第三者责任险，赔偿对象范围和赔偿具体情形都是一致的，一审判决交强险因不是交通事故而免赔，而商业三者险却全赔，适用法律标准不一。四、由某 1 的直接死亡原因一为液压泵炸开，原因二为其未做任何防护，应按因果关系划分责任大小，从而计算赔偿数额。请求二审法院依法改判或发回重审。被上诉人李某、由某 2、由某 3、程某答辩称服从原审法院判决。被上诉人刘某答辩称服从原审法院判决；被上诉人马某答辩称服从原审法院判决；被上诉人×县天×运输有限公司未答辩。

本院经审理查明的事实与一审认定的事实相一致。

本院所确认的上述事实，有双方当事人的陈述、户口簿复印件 5 枚、某村村民委员会证明 1 份、程某身份证复印件 1 份、死亡证明 2 份、由某 1 驾驶证复印件 1 枚、从业资格证 1 份、机动车交通事故责任强制保险单 1 份、神行车保机动车保险单，被上诉人刘某提供的车辆挂靠协议 1 份、行驶证 1 份、驾乘人员意外险电子保单 2 份、神行车保机动车保险单 1 份、收据 2 枚，原审法院调取×市×区分局治安卷宗及视频资料等证据材料载卷佐证，并经一、二审庭审质证及本院审查，可以采信。

本院认为，各方当事人对事故发生的时间、地点、过程、损害后果均无异议。《中华人民共和国民法典》第五条民事主体从事民事活动，应当遵循自愿原则，按照自己的意思设立、变更、终止民事法律关系。《中华人民共和国保险法》第十一条订立保险合同，应当协商一致，遵循公平原则确定各方的权利和义务。除法律、行政法规规定必须保险的外，保险合同自愿订立。商业第三者责任险是投保人、承保人根据以上法条自愿原则所订立。保险公司承担的是合同约定的赔偿责任。赔付标准是双方在缔结保险合同时所约定的标准。本案中，投保人、承保人签订的 B 财产保险股份有限公司机动车商业保险示范条款（2020 年版）第二十条"……被保险人或其允许的驾驶人在使用被保险机动车过程中发生意外事故，致使第三人遭受人身伤亡或者财产直接损毁，依法应当对第三者承担的损害赔偿责任……"。第二十一条"保险人依据被保险机动车一方在事故中所负的事故责任比例，承担相应的赔偿责任"。释义中对使用被保险机动车过程解释为："指被保险机动车作为一种工具被使用的整个过程，包括行驶、停放及作业……"原审法院依据本案事实以及投保人、承保人之间的合同约定，判决上诉人承担相应的赔偿责任并无不当。综上，上诉人 B 财产保险公司阜新中心支公司的上诉请求均不能成立，本院依法不予支持。原审判决认定事实清楚，适用法律正确，依法应予维持。依照《中华人民共和国民事诉讼法》第一百七十七条第一款第（一）项之规定，判决如下：

驳回上诉，维持原判。

【说明】这是一起法院援引《保险法》第十一条指出案涉商业第三者责任险是投保人、承保人根据自愿原则所订立，保险公司承担的是合同约定的赔偿责任，赔付标准是双方在缔结保险合同时所约定的标准，保险公司需承担相应赔偿责任的案件。

自 2020 年开始，被告刘某雇佣由某 1 驾驶挂靠在天×运输公司名下、刘某所有的半挂牵引车从事货物运输。该牵引车以天×运输有限公司为被保险人，在 A 保险公司投保交强险，保险日期为 2021 年 2 月 21 日至 2022 年 2 月 20 日。在 B 财产保险公司投保第三者责任险，保险日期为 2021 年 2 月 25 日至 2022 年 2 月 24 日，第三者责任险限额为 100 万元。2021 年 8 月 22 日，马某驾驶该车进行卸车时车辆液压泵炸开，液压缸底座砸中由某 1 头部致其死亡。B 保险公司拒赔成讼。

一审法院认为案涉车辆作业时致车下人员由某 1 死亡，符合第三者责任险赔偿范围。判决 B 财产保险公司赔偿 995 615.50 元。

B 财产保险公司不服判决，提起上诉。认为第三者责任险的赔偿应以交通事故为前提，非交通事故不在赔偿范畴之内；所谓"在使用被保险机动车"是指车辆在运作过程中的使用，不应包括静止状态的使用；一审判决交强险因不是交通事故而免赔，而商业三者险却全赔，适用法律标准不一；由某 1 的死亡应按因果关系划分责任大小，从而计算赔偿数额。

二审法院认为，根据《民法典》第五条、《保险法》第十一条，保险合同系双方当事人自愿订立。保险公司承担的是合同约定的赔偿责任。赔付标准是双方在缔结保险合同时所约定的标准。判决驳回上诉，维持原判。

为充分保障保险活动当事人的合法权益，对投保人和保险人订立保险合同还应当遵循以下基本原则。

公平原则。公平原则是市场经济活动中等价交换原则在法律中的体现，是市场经济法律的基本原则之一。所谓公平就是等价和平等；在公平的基础上确定各方的权利和义务。保险合同双方当事人在法律地位上一律平等，在订立保险合同时应当公平，不得采取不正当的竞争手段，牟取不正当的利益，保险合同当事人权利义务要对等，在保险合同中应当公平合理地确定双方的权利义务。

协商一致原则。遵循协商一致原则要求订立保险合同时应当通过协商的方式，双方当事人在自愿的基础上就订立保险合同充分表达自己的愿望和要求，并且都应当尊重对方的利益，任何一方不得把自己的意志强加给对方，双方经过友好协商最终就合同的内容达成一致的意见，共同决定相互之间的权利义务关系，从而签订保险合同。

自愿订立原则。遵循自愿订立原则要求保险合同应当由双方当事人在法律许可的范围内和自愿的基础上自主订立，也就是由双方当事人以自己的意志来决定是否参加保险关系。除法律、行政法规规定必须保险的以外，任何单位和个人不得强制他人订立保险合同，更不得强迫他人订立保险合同。

订立保险合同应当遵循自愿的原则，根据自愿原则参加的保险也就被称为自愿保险，但是除自愿参加的保险以外还有一类保险是强制实施的，也就是强制保险。所谓强制保险又称法定保险，是指由法律规定必须参加的保险，强制保险通常是对少数危险范围较广，影响人民利益较大的保险标的实施。强制保险必须在法律、行政法规规定的范围内方得实施，也就是说，只有法律、行政法规规定，才可以实施强制保险，法律、行政法规未作规定的，都应是自愿保险的范畴，由投保人自行决定是否参加，保险公司和其他单位不得强制他人订立保险合同。

第十二条 人身保险的投保人在保险合同订立时，对被保险人应当具有保险利益。

财产保险的被保险人在保险事故发生时，对保险标的应当具有保险利益。

人身保险是以人的寿命和身体为保险标的的保险。

财产保险是以财产及其有关利益为保险标的的保险。

被保险人是指其财产或者人身受保险合同保障，享有保险金请求权的人。投保人可以为被保险人。

保险利益是指投保人或者被保险人对保险标的具有的法律上承认的利益。

【案例10】（2019）云31民终632号

2018年2月1日晚11时左右，貌某1无证驾驶岩某所有的车牌为云×××××的轻型货车帮岩某拉货由姐东方向驶往姐告方向，在瑞丽市与对向驶来的貌某2乘坐的由一名缅甸人无证驾驶的一辆无号牌摩托车相撞，致貌某2受伤，后双方协商私下解决，岩某于2018年2月1日23时送貌某2到×市人民医院救治，岩某向貌某2支付各项费用人民币7 000元。2018年2月4日貌某2行下段截肢术，于2018年2月19日出院。貌某2在住院期间产生医疗费 21 182.03 元，在 2018 年 2 月 24 日、27 日产生门诊费 54.80 元，共计 21 236.83 元。另查明，事故发生当天，貌某 2 及摩托车驾驶员均喝过酒。云××××号车辆的车主为彭某，彭某于事故发生前半年左右将该车变卖给岩某，现该车的实际车主为岩某，该车在×保险公司投保了交通事故责任强制保险，保险期限自 2017 年 11 月 1 日至 2018 年 10 月 31 日止。经貌某 2 委托，×州人民医院司法鉴定中心于 2018 年 6 月 5 日作出（2018）临鉴字第 204 号司法鉴定意见书，鉴定结论为貌某 2 伤残等级为六级伤残。

貌某 2 系缅甸联邦共和国国民，家住缅甸，务农，事故发生时无固定工作，系打零工。貌某 2 自愿放弃对摩托车驾驶员及云××××号货车驾驶员的诉讼权利。因貌某 2 未向法庭提供摩托车驾驶员的身份信息，对摩托车驾驶员的身份信息无法核实。

此事故给貌某 2 造成的损失有：1. 残疾赔偿金：98 620 元；2. 医疗费用：21 236.83 元；3. 住院期间伙食费：1 900 元；4. 鉴定费：1 000 元；5. 误工费：10 500 元；6. 住院期间的营养费：570 元。以上共计 133 826.83 元。

一审法院认为，本案貌某 2 系缅甸联邦共和国国民，本案系涉外侵权法律关系，根据《中华人民共和国涉外民事关系法律适用法》第四十四条"侵权责任，适用侵权行为地法律，但当事人有共同经常居所地的，适用共同经常居所地法律"之规定，本案法律事实发生在中华人民共和国境内，应适用中华人民共和国法律。本案中，虽肇事车辆双方事故发生后未积极报警处理，但在案证据间能形成锁链，证实了事故发生的客观性，予以确认。因×市交警大队案发后并未到现场进行勘验，其所出具《事故证明》不具备客观性，且《事故证明》上经办人未签名确认，不予采信。根据查明的事实，摩托车驾驶员系酒后无牌无证驾驶摩托车，云××××号货车驾驶员系无证驾驶车辆，双方对事故的发生均存在过错。貌某 2 酒后明知摩托车驾驶员酒后无证驾驶无牌摩托车仍乘车，对于事故的发生仍存在一定的过错，岩某作为云××××号货车的所有人，明知货车驾驶员貌某 1 无驾驶资格证，却将车辆交由貌某 1 帮忙驾驶拉货，岩某应对云××××号货车驾驶员貌某 1 造成的损害承担赔偿责任。彭某系云××××号货车的登记所有人，现该车实际所有人为岩某，彭某在车辆转让过程中不存在过错行为，对此事故不应承担责任，貌某2对彭某的诉请，不予支持。根据《中华人民共和国侵权责任法》第二十六条的规定，被侵权人对于损害的发生也有过错的，可以减轻侵权人的责任。结合案件的基本情况，一审法院确认此次事故貌某2承担20%的责任，摩托车驾驶员承担40%的责任，岩某承担40%的责任。此事故造成貌某2的损失为133 826.83元，超出部分不予支持。貌某2主张的误工费、营养费、住院伙食补助费符合法律规定且未超过相应的标准，予以支持。貌某2计算医疗费用有误，予以更正。因云×××××号车辆在×保险公司购买有交强险，此事故造成貌某2伤残，根据《最高人民法院关于审理道路交通事故损害赔偿案件适用法律若干问题的解释》第十六条的规定，×保险公司应先在交强险的责任限额范围内予以赔偿。不足部分，依照道路交通安全法和侵权责任法的相关规定由侵权人予以赔偿。×保险公司应依据交强险支付给貌某2残疾赔偿金98 620元，医疗费10 000元，共计108 620元；不足的部分应由岩某赔偿10 082.7元（25 206.83元×40%），扣除之前岩某垫付的7 000元，还应支付3 082.7元。貌某2自愿放弃对摩托车驾驶员及云×××××号货车驾驶员的诉讼权利，是其对自己权利的自行处分，未侵害他人的合法权益，予以支持。本案中云×××××号车辆的驾驶员存在无证驾驶的情形，根据《最高人民法院关于审理道路交通事故损害赔偿案件适用法律若干问题的解释》第十八条的规定，保险公司可在赔偿范围内向侵权人主张追偿的权利。据此，根据《中华人民共和国涉外民事关系法律适用法》第四十四条、《中华人民共和国侵权责任法》第十六条、第二十六条、第四十八条，《最高人民法院关于审理道路交通事故损害赔偿案件适用法律若干问题的解释》第四条，《最高人民法院关于审理人身损害赔偿案件适用法律若干问题的解释》第十七条第一款、第二款、第十九条、第二十条、第二十三条、第二十四条、第二十五条、第三十五条，《中华人民共和国民事诉讼法》第六十四条第一款之规定，判决：一、×保险公司在交强险责任范围内赔偿貌某2损失共计108 620元，于判决生效后十五日内付清。二、岩某赔偿貌某2损失共计3 082.7元，于判决生效后十五日内付清。三、驳回貌某2

的其他诉讼请求。案件受理费 1 181 元，岩某承担 931 元，貌某 2 承担 250 元。

×保险公司不服判决，提起上诉，请求：撤销×市人民法院（2018）云〔3102〕民初 1049 号民事判决第一项，改判×保险公司在交强险责任范围内不承担赔偿责任。事实和理由：（一）本案中出险时被保险人对保险标的不具有保险利益，其相关损失应由被保险人承担。1. 根据《中华人民共和国保险法》第十二条"财产保险的被保险人在保险事故发生时，对保险标的应当具有保险利益"的规定，被保险人须证明事故发生时具有保险利益。2.《中华人民共和国保险法》第四十八条规定："保险事故发生时，被保险人对保险标的不具有保险利益的，不得向保险人请求赔偿保险金。"第四十九条第一款规定："保险标的转让的，被保险人或者受让人应当及时通知保险人。"3. 根据《中华人民共和国道路交通安全法》第九条、《机动车登记规定》第十三条、第十八条的规定，车辆所有权实行登记制，车辆转移需登记。因此，对×保险公司承保的云×××××号车辆，岩某在出险时并未具有法律意义上的保险利益。（二）本案中被保险人未履行相关义务。根据《机动车交通事故责任强制保险条款》第十六条的规定，被保险机动车发生交通事故，被保险人应当及时采取合理、必要的施救和保护措施，并在事故发生后及时通知保险人。被保险人未履行该义务也未及时通知交通事故处理职能部门对事故进行处理。本案中被保险人无法提供自己名字的行驶证和买卖协议，无相关证据证明在案发时岩某对云×××××号车辆具有保险利益关系，根据相关法律规定，保险人不应承担赔偿责任。综上，一审法院认定事实不清，适用法律错误，恳请二审法院支持上诉人×保险公司的上诉请求。

二审中，上诉人×保险公司，被上诉人貌某 2、彭某、岩某均没有提交新证据。

对一审确认的事实，上诉人×保险公司，被上诉人貌某 2、岩某均无异议。

二审查明事实与一审判决认定事实一致，本院予以确认。

本院认为，本案系机动车交通事故责任纠纷。根据《中华人民共和国民事诉讼法》第一百六十八条之规定，第二审人民法院应当对上诉请求的有关事实和适用法律进行审查。围绕上诉人×保险公司提起的上诉请求，本案二审的争议焦点为：上诉人×保险公司对案涉车辆在保险期间发生的本次保险事故应否承担保险责任。

《中华人民共和国保险法》第十二条规定："人身保险的投保人在保险合同订立时，对被保险人应当具有保险利益。财产保险的被保险人在保险事故发生时，对保险标的应当具有保险利益。人身保险是以人的寿命和身体为保险标的的保险。财产保险是以财产及其有关利益为保险标的的保险。被保险人是指其财产或者人身受保险合同保障，享有保险金请求权的人。投保人可以为被保险人。保险利益是指投保人或者被保险人对保险标的具有的法律上承认的利益。"本案中，被上诉人岩某系云××××××号车辆的实际车主，《机动车交通事故责任强制保险单》中载明的被保险人为被上诉人岩某，说明上诉人×保险公司在被上诉人岩某投保时认可被上诉人岩某对车辆具有保险利益。另外，根据《中华人民共和国保险法》第六十五条第四款"责任保险是指以被保险人对第三者依法应负的赔偿责任为保险标的的保险"和《机动车交通事故责任强制保险条例》第二十一条"被保险机动车发生道路交通事故造成本车人员、被保险人以外的受害人人身伤亡、财产损失的，由保险公司依法在机动车交通事故责任强制保险责任限额范围内予以赔偿。道路交通事故的损失是由受害人故意造成的，保险公司不予赔偿"的规定，机动车交通事故责任强制保险的强制性赋予交通事故受害人向保险公司请求保险金的权利，其目的在于投保车辆发生事故后，受害人能够通过保险理赔及时获得权利救济。故上诉人×保险公司主张被上诉人岩某对保险标的不具有保险利益，其在机动车交通事故强制责任保险责任范围内不承担赔偿责任无事实和法律依据，本院对其主张不予支持。

综上所述，上诉人×保险公司的上诉请求不能成立，应予驳回；一审判决认定事实清楚，适用法律正确，应予维持。依照《中华人民共和国民事诉讼法》第一百七十条第一款第一项规定，判决如下：

驳回上诉，维持原判。

【说明】 这是一起保险公司认为出险时被保险人对保险标的不具有保险利益，法院援引《保险法》第十二条，未予支持其主张的案件。

云××××××号车辆的车主为彭某，彭某于 2017 年 8 月将该车变卖给岩某，该车的实际车主为岩某，岩某为该车在×保险公司投保交通事故责任强制保险，保险期限自 2017 年 11 月 1 日至 2018 年 10 月 31 日止。

2018 年 2 月 1 日，貌某 1 无证驾驶云××××××与貌某 2 乘坐的一名缅甸人无证驾驶的一辆无号牌摩托车相撞，致貌某 2 受伤截肢，鉴定为六级伤残，医疗花费共计 21 236.83 元。此事故给貌某 2 造成的损失共计 133 826.83元。

一审法院判决保险公司在交强险责任范围内赔偿貌某 2 损失共计 108 620 元。保险公司不服判决，提起上诉，认为本案中出险时被保险人对保险标的不具有保险利益。二审法院援引《保险法》第十二条、第六十五条，《机动车交通事故责任强制保险条例》第二十一条规定，指出岩某系案涉车辆的实际车主，保单中载明的被保险人为岩某，说明保险公司在被上诉人岩某投保时认可被上诉人岩某对车辆具有保险利益，且出险时岩某对保险标的也具有保险利益。最终判决驳回上诉，维持原判。

保险合同的客体是指保险法律关系的客体，即保险合同当事人权利义务所指向的对象。由于保险合同保障的对象不是保险标的本身，而是被保险人对其财产或者生命、健康所享有的利益，即保险利益，所以保险利益是保险合同当事人的权利义务所指向的对象，是保险合同的客体。

作为保险合同的客体，保险利益是保险合同成立的必要条件之一，人身保险的投保人在保险合同订立时，对被保险人应当具有保险利益。财产保险的被保险人在保险事故发生时，对保险标的应当具有保险利益。

法律之所以规定保险合同的订立要以保险利益为前提，其意义在于：遏制赌博行为的发生。保险合同是一种机会性合同，其所规定的风险事故不是必然发生的，而保险金的支付却以这种事故的发生为条件，如果允许没有保险利益的人用他人的财产或生命进行投保，这种保险必然带有赌博的性质。防止道德危险的发生。所谓道德危险，是指投保人在与保险人订立保险合同以后，为图谋保险金而违反道德，故意促使保险事故的发生、损坏保险标的或在保险事故发生时人为扩大损失程度的行为。投保人对于保险标的若不具有保险利益而与保险人订立了保险合同，很容易发生道德危险。限制保险人的赔偿责任。财产和责任保险合同具有补偿性，在保险事故发生以后，保险人根据保险合同的约定对保险标的的损失负责赔偿，而保险人的赔偿责任正是以保险利益为依据确定的，当保险金额超过保险利益时，超过部分无效。

所谓保险利益又称可保利益，是指投保人或者被保险人对保险标的具有的法律上承认的利益，也就是投保人或者被保险人在保险标的上因具有各种利益关系而享有的法律上承认的经济利益。构成保险利益应当具备以下三个条件：第一，保险利益必须是合法的，是法律上承认并且可以主张的利益。投保人不得以非法所得的利益作为保险合同的标的，即不法行为所产生的利益，不得作为保险利益。第二，保险利益必须是确定的，是可以实现的利益。确定的保险利益包括投保人对保险标的的现有利益和由现有利益产生的预期利益。仅由投保人主观上认定存在，而在客观实际中并不存在的利益，不得作为保险利益。第三，保险利益必须是经济上的利益。由于保险以补偿损失为目的，如果损失不是经济上的利益，不能用货币形式来计算，则损失无法补偿，所以无法用货币形式来计算其价值，发生损失后无法用金钱给予补偿的利益，不能作为保险利益。

所谓保险标的，是指作为保险对象的财产及其有关利益或者人的寿命和身体。作为保险对象的财产，可以是有形的，也可以是无形的。作为保险对象的人，是指自然人，可以是一个人，也可以是一个特定团体中的所有的人。投保人与保险标的之间应当具有法律上承认的利益关系，具体来讲，这种利益关系体现在两个方面：一是保险事故发生，投保人因保险标的遭受损失或伤害而受到损害；二是保险事故未发生，投保人因保险标的的安全而受益。

第十三条　投保人提出保险要求，经保险人同意承保，保险合同成立。

保险人应当及时向投保人签发保险单或者其他保险凭证。

保险单或者其他保险凭证应当载明当事人双方约定的合同内容。当事人也可以约定采用其他书面形式载明合同内容。

依法成立的保险合同，自成立时生效。投保人和保险人可以对合同的效力约定附条件或者附期限。

第十四条 保险合同成立后，投保人按照约定交付保险费，保险人按照约定的时间开始承担保险责任。

【案例11】（2021）津02民终5780号

2020年7月27日17时57分许，董某驾驶津L××××号轻型普通货车在津岐公路37公里300米由东南向西北倒车过程中，遇李某驾驶电动自行车沿津岐公路由南向北驶来，董某未及时发现情况，其所驾车辆货厢右侧栏板与李某所驾车辆右侧把套及右侧制动手柄接触，造成李某及所驾车辆倒地，造成李某受伤经抢救无效死亡及双方车辆不同程度损坏的交通事故。经交管部门认定，董某承担事故全部责任。案发后，董某主动报警投案。另查明，董某为津L××××号轻型普通货车在D财险处投保交强险，董某于2020年7月27日13时41分43秒交纳保费，D财险于2020年7月27日13时41分44秒进行投保确认，交强险保单记载保险期间自2020年7月28日0时起至2021年7月27日24时止。

一审法院认为，当事人对自己的主张有责任提供证据。被保险车辆在D财险处投保交强险，是投保人与保险人的真实意思表示，且内容不违反法律、法规的强制性规定，应为有效。本案的争议焦点为：董某与李某发生交通事故时，双方之间达成的交强险保险合同是否生效。根据《最高人民法院关于适用若干问题的解释（二）》第四条"保险人接受了投保人提交的投保单并收取了保险费，尚未作出是否承保的意思表示，发生保险事故，被保险人或者受益人请求保险人按照保险合同承担赔偿或者给付保险金责任，符合承保条件的，人民法院应予支持"之规定，董某在事故发生前向D财险交纳了保费，D财险进行投保确认且向董某交付保单，视为D财险已经作出承保的意思表示，应当认定交强险合同自交费起已经生效，D财险虽主张保单记载保险期间自 2020 年 7 月 28 日 0 时开始，属于限制董某自交纳保费至 2020 年 7 月 28 日 0 时保险权利的格式条款，但就该条款 D 财险并未对董某以引起注意的方式特别提示和说明，不应认定有效，对该抗辩不予采信，涉诉交通事故发生在保险期间内。现董某就自己应该承担的赔偿已经向损失方进行赔付，其主张 D 财险在交强险限额内赔付 120 000 元，合法有据，应予支持。D 财险提出的其他抗辩事由并非法定拒赔事由，一审法院不予采信。综上所述，依照《保险法》第二十三条，《最高人民法院关于适用若干问题的解释（二）》（法释〔2013〕14 号）第四条，《最高人民法院关于适用〈中华人民共和国民法典〉时间效力的若干规定》第一条第二款，《中华人民共和国民事诉讼法》第六十四条之规定，判决："被告 D 财险于本判决生效后十日内在交强险限额内赔偿原告董某 120 000 元。如果未按本判决指定的期间履行给付金钱义务，应当按照《中华人民共和国民事诉讼法》第二百五十三条规定，加倍支付迟延履行期间的债务利息。"

【说明】这是一个典型的零时起保规则引发的纠纷。本案中投保人缴纳保费后还需再经过十二个小时保险公司才开始承担保险责任，在此期间保险标的出险。实践中，也会存在这种特殊的情况，对于类似情况的处理，可借鉴本案。根据《保险法》第十三条"投保人和保险人可以对合同的效力约定附条件或者附期限"。第十四条"保险合同成立后，投保人按照约定交付保费，保险人按照约定的时间开始承担保险责任"。事故发生在保险期间之外，保险公司拟不应当承担保险责任。但法院认为 D 财险虽主张保单记载保险期间自 2020 年 7 月 28 日 0 时开始，但就该条款 D 财险并未对董某以引起注意的方式特别提示和说明，并非一个有效的约定，不符合《保险法》第十三条、第十四条规定的情况。

在本案中，法院依据《保险法解释二》第四条，认为保险公司收取了投保人的保费，进行了投保确认并向投保人交付了保单，保险公司已经作出承保的意思表示，故认定交强险合同自交费起已经生效，保险标的系在保险期间内出险，保险公司应承担保险责任。《保险法解释二》第四条的全文为："保险人接受了投保人提交的投保单并收取了保险费，尚未作出是否承保的意思表示，发生保险事故，被保险人或者受益人请求保险人按照保险合同承担赔偿或者给付保险金责任，符合承保条件的，人民法院应予支持；不符合承保条件的，保险人不承担保险责任，但应当退还已经收取的保险费。保险人主张不符合承保条件的，应承担举证责任。"《保险法解释二》第四条中对是否承担保险责任有一个前提条件是保险公司收取了保费并且没有确定是否承保，在这种情况下关键的确认因素，即是否符合承保条件。符合承保条件的，保险公司承担责任，不符合承保条件的，由保险公司承担举证责任。本案中，法院认为保险公司交付保单的行为就是确认承保的意思表示，那么就无须再去判断是否符合承保条件了，因为保险公司确认承保就意味着保险标的符合承保条件。所以法院最终判决保险公司承担责任。

在保险实践中，投保人会将平时的交易习惯带入投保行为，认为我把钱交到了保险公司，这个产品，这份保障立刻就是我的了，而保险公司为了方便计算保险期限往往会规定零时起保，那么概率导致必然会有事故发生在交费之后起保之前。对于这种情况，保险法中规定了一般的保险期限，保险法解释的规定，一方面可以保障投保人的保险权益，另一方面可以防范投保人逆选择的风险。对于保险的承保，需要细致地了解下面几个时间节点的意义，以避免日后产生纠纷。

1. 合同成立。指的是保险合同的当事人对合同的条款达成一致。保险条款是格式条款，由保险公司一方制定，向不特定的客户提供。投保人接受保险条款的内容并向保险公司提出具体的保险要求，就是投保，具体的保险要求指的是具体的保险标的、保额、保险期间。投保人提出的保险要求经保险人核保后同意承保，保险合同成立。

2. 合同生效。依法成立的保险合同，自成立时生效。合同生效，当事人应当按照合同约定全面履行自己的义务。合同义务对于投保人来说就是缴纳保费，对保险公司来说就是承担保险责任。

3. 承保。即保险公司承担保险责任。保险公司承担保险责任的前提是保险合同成立后，投保人按照约定交付保险费。保险人按照约定的时间开始承担保险责任。保险公司承担保险责任的时间不会早于投保人足额缴纳保险费之前。这符合权利义务对等的原则，你交钱，我担责。

【案例 12】（2020）苏民申 9484 号

2018 年 3 月 13 日 15 时 47 分许，甲汽车公司所有的苏 A×××××号混凝土搅拌车发生交通事故。该公司为案涉车辆向保险公司投保，《机动车商业保险单（正本）》（以下简称《保险单》）载明，"收费确认时间：2018 年 3 月 13 日 17 时 50 分；被保险人：××通信技术有限公司；保险期间：2018 年 3 月 13 日 19 时起至 2019 年 3 月 13 日 24 时止"。甲汽车公司现请求保险公司赔偿其车辆损失、施救费等。本院认为，甲汽车公司的上述主张不能成立。理由如下：

《保险法》第十三条第一款规定，投保人提出保险要求，经保险人同意承保，保险合同成立。保险人应当及时向投保人签发保险单或者其他保险凭证。首先，甲汽车公司 2018 年 3 月 9 日通过乙公司向保险公司支付保费 20 729.72元，为苏 A×××××号混凝土搅拌车投保，但保险公司的审核意见为"自动核保不通过，转人工核保"，且《保险单》载明，"收费确认时间 2018 年 3 月 13 日 17 时 50 分，保险期间 2018 年 3 月 13 日 19 时起至 2019 年 3 月 13 日 24 时"，故保险公司系 3 月 13 日同意承保并出具《保险单》。甲汽车公司主张保险合同于 3 月 9 日成立，不符合上述法律规定。因此，案涉车辆发生保险事故时间并不在保险期间内，保险公司不应就案涉事故承担保险责任。其次，甲汽车公司主张夏某系保险公司的保险代理人，但《保险单》载明"中介机构：丙公司；业务经办人：杨某"，甲汽车公司申请夏某出庭作证，夏某亦陈述"我等于是丙公司的下属员工……以个人名义与丙公司合作"，因此，甲汽车公司主张夏某系保险公司的保险代理人，与事实不符。最后，甲汽车公司为案涉车辆续保，在未取得《保险单》之前应当及时关注办理结果。而保险公司承保系统已及时反馈了"自动核保未通过，转人工核保"的办理结果，其并无过错，且保险公司是否告知核保情况与保险合同是否成立并无关联。综上所述，甲汽车公司的主张缺乏事实和法律依据，不能成立。

依照《中华人民共和国民事诉讼法》第二百零四条第一款，《最高人民法院关于适用〈中华人民共和国民事诉讼法〉的解释》第三百九十五条第二款的规定，裁定如下：

驳回甲汽车公司的再审申请。

【说明】这是一起保险续保时事故发生在承保前的纠纷。投保人通过中介人员办理投保，通过其他公司主体缴纳保费，因缴费实名制原因自动核保未通过，转人工核保，保险公司收费确认时间在事故之后，法院认定保险公司不承担保险责任。

本案的关键在于投保人缴纳保费发生在事故之后。在【案例12】中，法院援引《保险法解释二》第四条的前提条件是保险公司成功收取了投保人的保费、确认投保并向投保人交付了保单。车辆保险与人身保险的保险期间有很大区别，人身保险的保险期间一般长达几十年甚至终身，而车辆保险的保险期间一般是一年，一年的保险期间到期，需要重新投保。投保人填写投保单、向保险公司提交投保申请的投保行为是一种要约。保险公司收到投保单，经过核保审查认为符合承保条件，在投保书上签字盖章并通知投保人，构成承诺。要约与承诺发生在合同成立之前，要约与承诺完毕合同成立、生效，投保人缴费、保险公司承担保险责任。要约与承诺的流程可能会有曲折，出现反要约的情况，这里涉及保险公司核保的环节。人身险的核保是指保险公司对投保人的投保申请进行审核，决定是否接受承保以何种条件承保这一风险，并在接受承保风险的情况下，确定保险费率的过程。核保需要综合考虑的因素包括：被保险人的职业风险等级、既往病史、理赔记录、身体健康状况、体检结果、财务状况、有无烟酒史等。车辆险的核保是指保险公司通过对投保人和保险标的的审核，确定是否承保、承保条件和保险费率。通过审核投保单确认投保人是否对保险标的具有保险利益，投保人的基本情况及风险大小。通过对车辆的实际查验确定车辆情况。全面评估后决定是否承保、以何种条件承保。

本案中，保险公司在核保时发现投保人与缴费人是不同的主体，自动核保没有通过，转人工核保，这就意味着保险公司订立合同的承诺没有作出，保险合同没有成立，也就谈不上后面的承担保险责任的说法了。

第十五条　除本法另有规定或者保险合同另有约定外，保险合同成立后，投保人可以解除合同，保险人不得解除合同。

第十六条　订立保险合同，保险人就保险标的或者被保险人的有关情况提出询问的，投保人应当如实告知。

投保人故意或者因重大过失未履行前款规定的如实告知义务，足以影响保险人决定是否同意承保或者提高保险费率的，保险人有权解除合同。

前款规定的合同解除权，自保险人知道有解除事由之日起，超过三十日不行使而消灭。自合同成立之日起超过二年的，保险人不得解除合同；发生保险事故的，保险人应当承担赔偿或者给付保险金的责任。

投保人故意不履行如实告知义务的，保险人对于合同解除前发生的保险事故，不承担赔偿或者给付保险金的责任，并不退还保险费。

投保人因重大过失未履行如实告知义务，对保险事故的发生有严重影响的，保险人对于合同解除前发生的保险事故，不承担赔偿或者给付保险金的责任，但应当退还保险费。

保险人在合同订立时已经知道投保人未如实告知的情况的，保险人不得解除合同；发生保险事故的，保险人应当承担赔偿或者给付保险金的责任。

保险事故是指保险合同约定的保险责任范围内的事故。

【案例13】（2021）川16民终1481号

钟某于2019年4月16日入职某保险公司，担任保险销售人员，在广安营业区开展业务，2020年7月17日离职。2019年7—8月，在办理的销售业务中有案涉五笔"金瑞人生"保险销售业务，某保险公司在回访该五笔保单的投保人过程中，发现钟某在展业过程中存在问题并有投诉及群诉高风险，为此，在过犹豫期后，某保险公司于2020年7—10月在其退保费的批注上，对以上保单的客户进行了全额退保处理，此五笔保单的保费共计 670 500 元，某保险公司通过其工作人员向钟某发出微信，要求退还所发放的保险代理费 147 405 元。

一审法院认为，本案的争执焦点一：是否可以超犹豫期退保？某保险公司认为，可以办理超犹豫期退保，理由：1. 钟某在展业过程中，未面见客户，存在展业瑕疵；2. 当前保单存在"异地展业/跨区域展业"的监管风险；3. 已有湖南客户拨打 95511 要求退保，并表示不认识保单服务人员钟某，钟某代理的保单存在投诉及群诉高风险。而钟某认为已过了 20 天的犹豫期，不能退保。一审法院认为，根据《保险法》第十五条"除本法另有规定或者保险合同另有约定外，保险合同成立后，投保人可以解除合同，保险人不得解除合同"；《保险法》第三十七条"合同效力依照本法第三十六条规定中止的，经保险人与投保人协商并达成协议，在投保人补交保险费后，合同效力恢复。但是，自合同效力中止之日起满二年双方未达成协议的，保险人有权解除合同。保险人依照前款规定解除合同的，应当按照合同约定退还保险单的现金价值"。从以上条文得知，投保人在交纳保费后，其可以解除合同，即要求退保，即使过了犹豫期后，也可以退保。

争执焦点二：某保险公司要求返还所发放的保险代理费（佣金）147 405 元是否支持？某保险公司认为，按照代理合同的约定和《个人寿险业务人员基本管理办法》第六十六条第二款，凡因违反本办法相关规定，造成公司或客户损失的，除按相关规定追究责任外，还应赔偿客户或公司损失，如因保单引起，应扣回保单所取得的相应佣金利益，退保的要返还佣金，但钟某称自己提供了劳务，应该得到收入，且原来只通知退 60 000 余元，已超过犹豫期退保，不予退还。一审法院认为，从某保险公司内部工作签报和庭审看，因钟某未按公司的管理规定在本辖区范围内联系客户，而是利用其子电话保险的便利，得到了投保人的电话而联系了异地的客户，按照保监会的管理规定，一定要面见投保人进行录音、录像等双录，而钟某未进行双录，有投诉风险，从投保人与保险人之间的关系看，投保人要求全额退保的理由正当，保险人已全额退保，其责任在某保险公司，而造成全额退保的原因是因钟某在代理保险从事业务过程中，未严格按照保监会和某保险公司的管理规定，其责任在钟某；某保险公司虽未提供保险代理合同书（某保险公司称有合同未找到），所提供的保险代理合同书是某保险公司与案外人朱某签订的合同，因是一种格式合同，按照通常的理解，钟某如入职保险代理业务，应该与案外人朱某一样，受某保险公司与其签订的保险代理合同书的约束，此保险代理合同第九条第五项进行了约定，犹豫期外，保险合同一旦被某保险公司解除（包括客户提出退保导致解除），并已退还保费（不包括仅退还保险合同现金价值），某保险公司有权要求钟某将该保险合同已领取的税前代理费退还某保险公司，且该权利并不因本合同终止而丧失，故某保险公司要求钟某返还已发放的保险代理费应予支持。

钟某向本院提交了以下证据：钟某在网上购买飞机票、火车票记录的手机截图共4张，拟证明钟某在订立保险合同后应保险人要求前往投保人处与投保人面晤、沟通保险合同细节的事实。

某保险公司质证认为，对该证据的真实性、合法性、关联性均不认可，该证据为截图复印件，未提供相应的发票，无法核实其真实性，且未显示具体时间，无法证明钟某是为了面晤案涉投保人所进行的行程。

本院对上述证据认证如下：钟某提供的证据未显示班次具体时间，无法确定与本案具有关联性，达不到其证明目的，本院不予采信。

二审查明，案涉五笔保单的投保书载明"代理人声明：本人已面晤被保险人，并就投保单列明的所有告知事项逐一向投保人、被保险人当面询问，并亲自见证投保人、被保险人在投保单上签字。如有不实见证或报告，本人愿意承担相应法律责任"。钟某在代理人处签名。二审查明的其他事实与一审查明的事实一致，本院予以确认。

本院认为，综合当事人的诉辩意见，本案二审的主要争议焦点为：钟某是否应向某保险公司退还案涉五笔保单的佣金。

案涉五笔保单主险为"金瑞人生"，附加险为"聚财宝"，钟某与投保人签订的《人身保险投保书》中代理人声明处均载明已面晤投保人、被保险人，钟某均签字确认，由此可见案涉险种均需面晤投保人、被保险人。钟某在销售案涉五笔"金瑞人生"保单保险代理业务时，未面晤投保人、被保险人，与投保书中载明的代理人声明内容不符，存在展业瑕疵。根据《个人寿险业务人员基本管理办法》第七十一条"业务人员发生下列违规行为，按相应标准扣分：54. 未亲自面见投保人、被保险人，即为客户办理投保手续，导致发生客户投诉、退保，造成公司或客户利益损失，扣10分或20分"之规定，钟某未面晤投保人、被保险人的行为属于业务人员的违规行为。钟某主张其已面晤投保人、被保险人，但未提供充分的证据证实，该主张本院不予支持。根据《保险法》第十五条"除本法另有规定或者保险合同另有约定外，保险合同成立后，投保人可以解除合同，保险人不得解除合同"之规定，在超过犹豫期后，投保人仍可以解除合同。本案中，某保险公司在回访案涉五笔保单的投保人过程中，发现钟某在展业过程中存在问题并有投诉及群诉高风险，在过犹豫期后同意案涉五笔保单投保人的退保要求，并进行退保处理。某保险公司在一审中提供了三笔保单的退保记录，二审中向本院提供了两笔保单的退保记录，即案涉五笔保险合同已经解除且某保险公司已全额退还保费。因钟某在展业过程中的违规行为造成某保险公司全额退保，其责任在钟某，根据《个人寿险业务人员基本管理办法》第六十六条第一款第（二）项"凡因违反本办法相关规定，造成公司或客户损失的，除按相应规定追究责任外，还应补偿客户或公司损失，如因保单引起，应扣回该保单所取得的相应佣金利益。"之规定，钟某应将案涉五笔保单所取得的佣金退还给某保险公司。钟某关于案涉五笔保单均是犹豫期满后退保，某保险公司没有主张退回佣金的权利的上诉理由不成立，本院不予支持。

二审中查明某保险公司已全额退还案涉五笔保单的保费，并向钟某支付案涉五笔保单的佣金147 405元，故钟某应向某保险公司返还佣金147 405元。

综上所述，某保险公司的上诉请求成立，应予支持；判决如下：

钟某在本判决生效后十日内向某保险公司返还所发放的保险代理费（佣金）147 405元。

义务人如果未按本判决指定的期间履行金钱给付义务，应当依照《中华人民共和国民事诉讼法》第二百五十三条之规定，加倍支付迟延履行期间的债务利息。权利人可在本生效判决规定的履行期限最后一日起二年内向四川省岳池县人民法院申请执行。

一审案件受理费 1 624 元，由某 3 保险公司负担 873 元，由钟某负担 751 元。二审案件受理费 1 624 元，由钟某负担。

本判决为终审判决。

本案判决生效后，负有履行义务的当事人应当依法按期履行。逾期未履行的，权利人申请执行后，人民法院依法对相关当事人采取限制高消费、列入失信名单、罚款、拘留等措施，构成犯罪的，依法追究刑事责任。

【说明】本案是一起保险公司全额退保后向销售人员追佣的案件。

这里涉及几个问题，（1）超过犹豫期是否可以全额退保。犹豫期就是投保人犹豫的时间，一般投保人收到保单后的十天或者二十天为犹豫期，在此期间退保通常保险公司会扣除保单工本费后退还全部保费。超出犹豫期一般为普通退保，普通退保即现金价值退保，保单现金价值是指寿险合同在发生解约或退保时可以返还的金额。本案中法院援引了《保险法》第十五条及第三十七条，认为保险公司与客户协商一致，超过犹豫期也可以全额退保。（2）保险公司要求代理人返还佣金是否应该支持。法院认为，保险公司与代理人之间存在代理合同，则双方应受到代理合同的约束。代理人应遵守代理合同约定、保险公司《基本法》规定、监管规定。代理人违反异地展业的规定，未面见投保人，存在严重展业瑕疵，因而保险合同的订立也存在严重瑕疵，保险公司据此与客户协商全额退保，代理人应返还保险合同佣金。

这里面有一个逻辑，保险公司并非单纯的对销售收入发放佣金，而是对合规的销售收入发放佣金。异地展业不合规，未面见投保人则投保书上投保人签字的真实性存疑，对于这些隐患，保险公司选择协商全额退保是提前止损。保险公司与客户协商全额退保，涉及的保费收入就不存在了，发放给代理人的佣金也没有了存在的依据。成本没有消失，只是转移了。如果保险公司不与客户协商全额退保，那么瑕疵合同产生的解约成本由客户承担；如果保险公司与客户协议解约后不向代理人追佣，那么保险公司额外支出了佣金成本；如果保险公司与客户协议解约后向代理人追佣，则代理人支出了人力成本，保险公司也有管理成本的支出。

【案例14】（2015）渝五中法民终字第130号

2009年5月7日，苏某向某保险公司投保了"金满仓B款年金保险（分红型）"，保险期间为10年，交费期间为5年，保险费为年缴5 000元。人身保险投保提示书中载明："四、多数人身保险产品期限较长，如果需要分期缴纳保费，请您充分考虑是否有足够、稳定的财力长期支付保费。犹豫期过后退保，您会损失一定费用，建议尽量避免中途退保。退保时退还您的金额请参考现金价值表、退保金表示例或向保险公司咨询。"产品说明书中载明：如果被保险人未发生保险事故，且在犹豫期后要求解除本合同，自收到解除合同申请书时起，合同终止。如果已交足2年以上的保险费，保险公司自接到解除合同申请书之日起30日内退还合同终止时的现金价值。产品说明书中同时载明了"金满仓年金保险（分红型）"保险利益演示表，演示表中举例列出了保单交费期间5年，保险期间10年，年交保险费10 000元和交费期间10年，保险期间15年，年交保险费10 000元的两份保险单自第1年至第15年的年末现金价值（不含年末生存给付）、累积红利（按低、中、高档区分）、身故保险金、年末生存保险金、生存保险金累积生息金额（假设按照3%复利增长）的演示金额。其中，保单交费期间5年，保险期间10年，年交保险费10 000元的演示表中，第5个保单年度年末保单现金价值为42 120元。苏某在人身投保提示书及产品说明书中签字确认。

2009年5月8日，某保险公司出具了保险单，保险单中载明：保险单生效日2009年5月8日；保险期间10年，自2009年5月8日起至2019年5月8日止；保险费为5 000元，缴费方式为年缴，交费期间为5年；保险金额为5 185元；红利领取方式为累积生息。生存保险金受益人为苏某，身故保险金受益人为法定。"金满仓B款年金保险"保险条款中约定：

保险责任。在本合同有效期内，保险公司承担以下保险金给付责任：生存保险金，在每一年的年生效对应日或保险期间届满时，如被保险人生存，保险公司向生存保险金受益人给付生存保险金；满期保险金，被保险人在合同保险期间届满时仍然生存，保险公司向生存保险金受益人给付满期保险金，合同终止，满期保险金的金额为已交合同的累积保险费（不计息）；身故保险金，被保险人身故，保险公司向身故保险金受益人支付身故保险金，合同终止。

保单红利。保单红利的确定，本合同为分红保险合同，在每一保单年度，如果本合同有效，保险公司将根据分红保险业务的实际经营状况决定是否进行红利分配，如果有红利分配，保险公司将在保单红利派发日根据保险监管机关的规定确定分配的红利金额。

保单红利的领取，红利将留存在保险公司，按保险公司每年确定的利率以复利方式生息，并在合同终止时支付。

合同解除。如果被保险人未发生保险事故，且在犹豫期后要求解除保险合同，自保险公司收到解除合同申请书之日起，保险合同终止。如果已交足2年以上保险费，保险公司自接到解除合同申请书之日起30日内退还合同终止时的现金价值。

2014年5月12日，苏某向某保险公司申请退保，并申请领取相应的生存金，其中领取生存金申请表中载明生存金的金额为1 083.36元。某保险公司出具批单，同意苏某退保，终止保险合同，退还保单现金价值21 504.83元，红利1 452.69元，共计22 957.52元。2014年5月15日，某保险公司向苏某所有的账户中支付了相应的款项。

一审审理中，苏某对投保单、人身保险提示书、产品说明书中苏某的签字的真实性表示了异议，但其表示对签字的真实性不申请笔迹鉴定。

一审审理中，某保险公司陈述称，苏某投保时间为2009年5月8日，退保时间为2014年5月12日，保单有效期间为5年多，因此退保时所退的款项比产品说明书中演示的5年年末的金额要稍高一点。

苏某在一审中诉称，2009年5月7日，某保险公司的业务员皮某未如实告知保险期间不满10年的后果的情况下，欺骗苏某购买了泰康"金满仓B款年金保险（分红型）"产品，保险费年缴5 000元，共计25 000元。皮某隐瞒了不交满 10 年就算有红利，本金不能全部收回的真相。五年后，苏某向某保险公司申请退保，某保险公司只退还了 24 040.88 元，本金还差 959.12 元。苏某遂起诉至一审法院，请求判令：1. 某保险公司返还苏某本金差额 959.12 元，并按照人民银行同期贷款基准利率计算的利息损失；2. 本案受理费用由某 3 保险公司承担。

某保险公司在一审中辩称，对苏某向某保险公司投保的事实没有异议。在投保过程中，某保险公司已经明确告知了苏某犹豫期内退保及犹豫期外退保的后果，并且苏某在投保单及相关资料上签字予以了确认。双方的保险合同合法生效，具有法律效力，苏某在犹豫期后向保险公司申请退保，按照法律规定和合同约定，保险公司只需要退还保单的现金价值，不需要另行支付其他费用。请求一审法院驳回苏某的诉讼请求。

一审法院认为，苏某在一审庭审中表示投保单、人身保险提示书、产品说明书中的签字并非其本人所签，但未向法院申请笔迹鉴定，苏某也没有举示其他证据证明投保单、人身保险提示书、产品说明书中的签字非本人所签，应当承担举证不能的后果。另外，我国保险法相关司法解释规定，投保人或者投保人的代理人订立保险合同时没有亲自签字或者盖章，而由保险人或者保险人的代理人代为签字或者盖章的，对投保人不生效。但投保人已经交纳保险费的，视为其对代签字或者盖章行为的追认。本案中，苏某称其未在投保单、人身保险提示书、产品说明书中签字，但已按照合同约定缴纳了保险费，应视为对签字行为的追认。因此，苏某向某保险公司投保"金满仓 B 款年金"保险，应视为其真实意思表示，且未违反法律、法规的强制性规定，合法有效。某保险公司在签发了保险单后，双方保险合同依法成立。

我国保险法规定，除保险法另有规定或者保险合同另有约定外，保险合同成立后，投保人可以解除合同，保险人不得解除合同。投保人解除合同的，保险人应当自收到解除合同通知之日起三十日内，按照合同约定退还保险单的现金价值。本案中，苏某向某保险公司申请退保，因此某保险公司在双方保险合同关系解除后，向苏某退还保单的现金价值，并结算保险单中尚存的红利与生存金，符合保险法的规定及保险合同的约定。苏某要求泰康人寿退还保险费并支付资金占用利息的请求，缺乏事实和法律依据，一审法院不予支持。

据此，依照《保险法》第十五条、第四十七条，《最高人民法院关于适用〈保险法〉若干问题的解释（二）》第三条，《中华人民共和国民事诉讼法》第一百四十二条的规定，判决驳回苏某的诉讼请求。一审案件受理费减半收取25元，由苏某承担。

一审宣判后，苏某不服该判决，向本院提出上诉。苏某的上诉请求为：1. 撤销原审判决，并依法改判某保险公司向苏某归还贷款本金25 000元；2. 本案诉讼费用由某3保险公司承担。其上诉的主要理由：一审法院认定事实错误，本案中双方并非保险合同关系，而是借贷关系，苏某根据某保险公司的要求去银行存款共计25 000元，但对方没有说明不交满十年要扣除费用的问题，故一审法院对此认定错误，应当主张某保险公司向苏某归还借款25 000元。

被上诉人某保险公司二审辩称，一审法院认定事实清楚，判决正确，请求二审法院驳回上诉，维持原判。

二审中，苏某称涉案的投保单、人身保险提示书、产品说明书中苏某签名系其所签。

本院二审查明的其他事实与一审查明的事实一致。

本院认为，苏某主张其向某保险公司借款25 000元，并要求归还本息的要求，没有书面证据的支持。其主张双方并非保险合同关系，而是民间借贷关系，但根据其签订的投保单、人身保险提示书、产品说明书等书面证据显示，其与某保险公司之间系购买保险产品，并明确约定了分红事宜和退保事宜。本案中苏某要求提前退保，某保险公司按照合同约定退还了保单的现金价值，并结算保险单中尚存的红利与生存金，符合保险法的规定及保险合同的约定。苏某主张退还借款的要求没有事实依据支持，故对其上诉理由本院不予支持。

综上所述，上诉人苏某的上诉理由均不能成立，一审认定事实清楚，适用法律正确，应予以维持。据此，依照《中华人民共和国民事诉讼法》第一百七十条第一款（一）项的规定，判决如下：驳回上诉，维持原判。

【说明】这是一起投保人行使合同解除权的案例。

《保险法》第十五条规定除本法另有规定或者保险合同另有约定外，保险合同成立后，投保人可以解除合同，保险人不得解除合同。第十六条规定了保险公司行使合同解除权的法定情形。

第十六条有这样几层逻辑：（1）投保人故意或者重大过失未如实告知，足以影响承保或者提高保险费率的，保险公司才有权解除合同，这是保险公司合同解除权的实体条件限制。（2）投保人故意不如实告知的，保险人对于合同解除前发生的保险事故，不承担赔偿或者给付保险金的责任，并不退还保险费。投保人故意的情况，严重恶意，保险公司不赔不退；投保人因重大过失未如实告知，对保险事故的发生有严重影响的，保险人对于合同解除前发生的保险事故，不承担赔偿或者给付保险金的责任，但应当退还保险费。投保人重大过失的情况，较大恶意，保险公司不赔但退保费。（3）保险人在合同订立时已经知道投保人未如实告知的情况的，保险人不得解除合同；保险公司知道有解除事由之日起，超过三十日不行使而消灭。自合同成立之日起超过二年的，保险人不得解除合同；发生保险事故的，保险人应当承担赔偿或者给付保险金的责任。这是保险公司合同解除权的时间条件限制。关于这几种情况可以总结如下，合同订立时知情，不得解除合同；合同订立时不知情，知情后三十日不行使，不得解除合同；一直不知情，合同成立之日起超过二年的，不得解除合同。

法律主要是解决主体之间的利害冲突，但保险法律关系中投保人一方和保险公司一方在经济实力、信息能力、社会资源方面存在巨大的差距，所以法律在规定双方的权利义务方面对保险公司做了较多限制，而赋予了投保人更多的权利保障，这样才是在现实意义上追求公平。

本案是投保人行使合同解除权，解除依法成立的保险合同，则应当依据合同的规定得到退保金。投保人一审中主张非本人签字、代理人欺诈，二审中主张借贷关系，均是希望否定保险合同成立的合法性，但没有相应证据支持，法院没有采纳，最终认为保险公司向苏某退还保单的现金价值，并结算保险单中尚存的红利与生存金，符合保险法的规定及保险合同的约定。

在一份保险合同成立之初，保单的现金价值就已经确定了，现金价值表就附在保险合同的末页，明确地列示每一保单年度对应的现金价值金额。现金价值因缴纳保费、追加保费、投资收益、生存金及红利转入等情况而增长，因部分领取、保单贷款等情况而减少。简单地说，现金价值就是投保人缴纳的保费，加上相关收益扣除相关费用后剩余的金额。保费中需扣除的费用主要有以下几种：手续费用，也叫运营成本，是保险公司在保险合同存续期间支出的管理成本；佣金成本，保险公司在投保人缴纳保费后向代理人支付的佣金，将从保费中扣除；保障扣除，保险合同存续期间如果发生保险合同约定的保险事故，保险公司将承担赔付责任，这期间的风险保障需要扣除相应的保费对价。

【案例15】（2021）鄂10民终2066号

某保险公司通过互联网在全国区域（除港、澳、台地区）销售"水滴保百万医疗"产品，该产品适用《个人住院综合医疗保险（2020版D款）条款》《附加恶性肿瘤院外特种药品费用医疗保险条款》，条款内容可在该公司网站上点击查看或者下载。根据该产品网上投保流程，在"健康告知"环节，投保人应在对所有被保险人健康/职业状况充分了解的基础上履行如实告知义务，如果被保险人未通过健康/职业告知的，某保险公司有权不同意承保；如投保人未履行如实告知义务的，某保险公司不承担赔偿或给付保险金的责任。投保人需确认被保险人健康/职业状况的第3项内容为"过去1年内有健康检查结果异常（如血液、超声、影像、内镜、病理检查）；过去2年曾住院（不包括剖腹产/顺产/鼻炎/急性肠胃炎/肺炎/上呼吸道感染住院）"。对包括上述第3项在内的健康/职业告知内容，投保人均选择"否"并声明包括健康/职业告知在内的陈述真实无讹后，才能完成后续投保流程，某保险公司最终同意承保。《个人住院综合医疗保险（2020版D款）条款》第五条约定，投保人首次投保或非续保本保险时，自合同生效之日起三十日（含）为等待期，续保或者因意外伤害进行治疗的无等待期；被保险人在等待期内发生疾病的，无论治疗时间是否超过等待期，保险人不承担给付保险金的责任；若保险人在等待期内罹患本合同约定的重大疾病的一种或者多种，保险合同终止，并无息退还所交纳的全部保费。

杜某与刘某系夫妻关系，2020年6月4日，刘某通过某保险公司网站为杜某投保"个人住院综合医疗保险"，被保险人、受益人均为杜某。在"健康告知"环节，刘某对保险人要求如实陈述的包括第3项在内的所有被保险人健康/职业状况均选择"否"，并声明履行了如实告知义务。某保险公司经过审核后同意承保，生成电子保单号，保险期间自2020年6月5日0时起至2021年6月4日23时59分59秒止。2020年6月4日、7月5日、8月5日、8月15日，刘某按约定分4次缴清保险费共计1 488元。

2020年8月17日，杜某因心前区间断续疼痛加重，到武汉大学中南医院进行检查，彩超提示其左心室占位病变，心脏MRI提示其左心室肿块，初步诊断为心脏粘液瘤。8月18日，杜某入武汉大学中南医院心脏血管外科住院治疗，并于次日行"单根导管的冠状动脉造影术（卧位）"手术，9月12日出院。出院诊断为心脏肿瘤、粘液瘤等多种疾病。杜某住院治疗共支付医疗费148 106.98元，其中个人支付61 792.57元。甲医院病案记载，杜某2020年8月18日入院时自述"心前区间断续疼痛三年，伴加重八个月"。2020年1月7日，杜某曾在某市第二人民医院行心脏彩超检查，检查结果提示其"左心室内异常高回声团；左心室舒张功能降低"。杜某出院后，要求某保险公司依保险合同赔付其个人支付的医疗费61 792.57元及异地就医交通费5 000元，某保险公司拒绝赔付，并于2020年9月30日退还全部保险费1 488元。原被告双方协商未果，遂诉至本院。

一审法院认为，《保险法》规定，订立保险合同时，保险人就保险标的或者被保险人的有关情况提出询问的，投保人应当如实告知。本案中，刘某作为杜某的配偶应当知晓投保前杜某身体检查异常的事实，但其在为杜某投保案涉保险时，针对保险人对杜某健康状况询问时未如实告知杜某2020年1月心脏彩超检查结果异常的真实情况，足以影响保险人决定是否同意承保或者提高保险费率，某保险公司有权解除合同，不承担赔偿或者给付保险金的责任。《保险法》第十六条赋予保险人的解除权是一种法定解除权，该解除权自保险人知道有解除事由之日起三十日内行使。依照《中华人民共和国合同法》第九十六条规定，保险人主张解除合同的，应通知对方，合同自通知到达对方时解除。杜某2020年9月12日出院后提出理赔申请，某保险公司2020年9月30日退还保险费的行为，实际上是通知被保险人杜某解除保险合同的意思表示。某保险公司行使解除权在保险法规定的三十日期间内，案涉保险合同依法解除。杜某的诉讼请求不符合保险法的规定，不予支持。综上，依照《保险法》第十六条、《中华人民共和国合同法》第九十四条第五项、第九十六条第一款之规定，判决如下：一、原告杜某与被告某保险公司订立的"个人住院综合医疗保险"合同于2020年9月30日解除；二、驳回原告杜某的诉讼请求。

双方当事人在二审中未提交新的证据。

本院二审查明的事实与一审认定的事实一致。

本院认为，保险合同订立时，保险人就保险标的或者被保险人的有关情况提出询问的，投保人应当如实告知，以供保险人决定是否同意承保或者提高保险费率。本案刘某作为投保人，隐瞒了被保险人二年内住院的事实，该行为违反了保险合同约定的如实告知义务，在保险事由出现后，无权请求支付保险金。综上，上诉人的上诉请求不能成立，本院不予支持。原审认定事实清楚，适用法律正确，依照《中华人民共和国民事诉讼法》第一百七十条第一款第（一）项之规定，判决如下：

驳回上诉，维持原判。

【说明】本案是一起投保人未如实告知、保险公司行使合同解除权的案例。

根据《保险法》第十六条，投保人故意或者重大过失未如实告知，足以影响承保或者提高保险费率，保险公司有权解除合同，并且对于合同解除前发生的保险事故，不承担赔偿或者给付保险金的责任，但应当退还保险费。

保险公司知道有解除事由之日起，在三十日行使了合同解除权。

本案时间线，被保险人 2020 年 1 月心脏彩超检查结果异常，投保人 2020 年 6 月 4 日投保，未如实告知被保险人心脏检查结果异常，保险公司正常承保。2020 年 8 月 17 日被保险人出险入医院治疗，行"单根导管的冠状动脉造影术（卧位）"手术，2020 年 9 月 12 日出院后提出理赔申请，保险公司拒赔并于 2020 年 9 月 30 日退还全部保险费 1 488 元。

本案的特别之处在于这是一份互联网保险，投保人的投保、保险公司的承保、后续的理赔等行为都是通过网络进行。互联网保险的优点在于方便快捷效率高，且不受地域限制，缺点是对投保人的自助能力要求较高，投保人对保险相关知识需要非常了解，才能顺利完成投保、保全、理赔等事项。互联网保险只是形式上有其独特之处，其本质与传统保险并无区别。本案反映出了保险关系中的一些天然的矛盾，保险公司希望通过核保筛掉风险较大的被保险人，而这类被保险人恰恰是投保意愿最强烈的人群。仅仅依赖保险公司的核保流程，那么保险公司需要权衡收入产出比，如果核保的成本过高，保险公司就失去了作为经济主体的意义。如果全部依赖投保人的如实告知，没有代理人的解释介绍和保险公司的核保，那么对投保人的保险知识要求会无限地提高，从而转嫁为整个社会的成本。法律则在这对矛盾中做一个平衡，一方面对保险公司的合同解除权做了较多限制，推动保险公司在核保程序中进行风险管控，对不同风险水平的人群，适用不同的保费标准，必要时剔除完全不符合承保条件的个体；另一方面规定了投保人故意或者重大过失不如实告知的法律后果，要求投保人遵守最大诚信原则，履行如实告知义务。

【案例 16】（2021）豫民申 7328 号

某保险公司申请再审称：1. 常某所患疾病发生于投保之前仅 12 天，该患病事实系确定和现实的，不是保险意义上的危险和保险事故，某保险公司当然不应承担保险责任。2. 原审机械适用保险法第十六条的规定，认为投保人投保前未履行如实告知义务，但只要超过两年，保险公司就要承担保险责任的观点是错误的，并且会"鼓励"患病人员投保重疾险，待两年期满后即可向保险公司申请理赔，严重损害社会公序良俗。3. 常某所患肝豆状核变性不符合保险合同约定的重大疾病，合同对该疾病的约定有必须满足的具体条件，常某应当举证证明其所患病症符合合同约定，否则，某保险公司不应承担保险责任。请求依法再审本案。

常某提交意见称：1. 某保险公司具备专业知识及优势地位，其有能力、有条件要求对被保险人进行健康体检筛查。常某在投保前曾就医治疗，且该疾病及治疗情况均记载于医院病历存档中，保险人极易通过体检或其他方式知悉该发病情形。虽法律规定投保人负如实告知义务，但不应免除保险人审慎承保义务。2. 根据保险法的规定，常某已交 4 期保费，自合同成立之日起已超过二年，即使常某存在故意或者因重大过失未履行如实告知义务，也不影响某保险公司给付保险金的责任，况且某保险公司亦未举证证明已向常某具体询问相关身体状况，应承担举证不能的不利后果。3. 常某申请理赔遭拒后，仍就案涉保险合同继续收取相应保险费的行为，应当被认定为保险责任范围条款被其主动调整为不再局限于初次患病，并效力追溯于变更前患病情形。请求驳回某保险公司的再审申请。

本院经审查认为，《保险法》第十六条规定："订立保险合同，保险人就保险标的或者被保险人的有关情况提出询问的，投保人应当如实告知。投保人故意或者因重大过失未履行前款规定的如实告知义务，足以影响保险人决定是否同意承保或者提高保险费率的，保险人有权解除合同。前款规定的合同解除权，自保险人知道有解除事由之日起，超过三十日不行使而消灭。自合同成立之日起超过二年的，保险人不得解除合同；发生保险事故的，保险人应当承担赔偿或者给付保险金的责任。"《最高人民法院关于适用〈保险法〉若干问题的解释（二）》第八条规定："保险人未行使合同解除权，直接以存在保险法第十六条第四款、第五款规定的情形为由拒绝赔偿的，人民法院不予支持。但当事人就拒绝赔偿事宜及保险合同存续另行达成一致的情况除外。"根据上述规定，某保险公司在知道解除事由之日起三十日内或保险合同成立之日起两年内要行使解除权，该规定不仅是为了限制保险人解除合同的权利，更主要在于防止保险人任意以投保人违反如实告知义务为由拒绝赔偿。本案常某与某保险公司签订保险合同的时间为 2018 年 1 月 27 日至 2020 年 8 月 24 日，被医院诊断为肝豆状核变性并住院手术治疗，常某一直在支付保险费用，某保险公司于 2021 年 2 月 5 日仍然划扣常某的保费。由于某保险公司未在合同成立之日起两年内行使解除权，原审依照上述规定，结合本案有关事实，认为某保险公司应当承担支付保险金及退还最后一期保费的责任，并无不当。

至于申请人某保险公司所称原审"机械"适用法律可能引发道德风险的问题。某保险公司作为从事人身保险业务的专业机构，其可以在订立保险合同之时采取询问、体检等方式了解被保险人健康状况，另外其已在订立合同之时取得查询被保险人医院病历信息的权限，法律也赋予其合同成立之日起二年的解除权，其完全可以通过多种途径核查被保险人健康状况并决定是否订立或解除合同，某保险公司不应将合同双方的义务全部归责于投保人一方，更不应将自身不尽职的业务行为所引发的理赔问题归责于法院"机械"适用法律。本案中，某保险公司仅对常某作简单的询问了解后，便订立保险合同并收取保费，其未在法律规定的期限内积极行使安排被保险人体检或查询被保险人就诊病历等权利，直至被保险人于订立合同二年后确诊并申请理赔后，方才通过查询被保险人病历等方式了解被保险人投保时的身体状况，其丧失合同解除权，明显系其自身怠于行使权利造成，某保险公司认为法院"机械"适用法律的理由不能成立。

综上所述，某保险公司的再审申请理由不能成立，本院不予支持。依照《中华人民共和国民事诉讼法》第二百零四条第一款、《最高人民法院关于适用的解释》第三百九十五条第二款之规定，裁定如下：

驳回某保险公司的再审申请。

【说明】这是一起保险合同订立超过二年，保险公司不得解除合同并应当理赔的案例。

《保险法》第十六条规定：投保人故意或者因重大过失未履行前款规定的如实告知义务，足以影响保险人决定是否同意承保或者提高保险费率的，保险人有权解除合同。

前款规定的合同解除权，自保险人知道有解除事由之日起，超过三十日不行使而消灭。自合同成立之日起超过二年的，保险人不得解除合同；发生保险事故的，保险人应当承担赔偿或者给付保险金的责任。

上述"合同成立之日起超过二年的，保险人不得解除合同；发生保险事故的，保险人应当承担赔偿或者给付保险金的责任"的规定被称为不可抗辩条款。不可抗辩条款是对保险公司合同解除权的限制，将保险公司抗辩权限制在二年内。如果不限制保险公司的抗辩权期间，人寿保险合同作为一个长期合同则一直处于一个不稳定的状态，甚至可能出现保险公司明知投保人不如实告知，存在合同解除事由而不解除，收取多年保费后再解除合同拒付保险金。而抗辩权期间过短的话，又相当于变相地将投保人的如实告知义务转嫁到保险公司身上，也是有失公平的宗旨。

本案法院认为保险公司没有在核保环节安排被保险人体检或查询被保险人就诊病历等动作进行风险管控，也没有在保险合同订立二年内行使合同解除权，属于怠于行使权利，故其主张不予支持。

第十七条　订立保险合同，采用保险人提供的格式条款的，保险人向投保人提供的投保单应当附格式条款，保险人应当向投保人说明合同的内容。

对保险合同中免除保险人责任的条款，保险人在订立合同时应当在投保单、保险单或者其他保险凭证上作出足以引起投保人注意的提示，并对该条款的内容以书面或者口头形式向投保人作出明确说明；未作提示或者明确说明的，该条款不产生效力。

【案例17】（2021）豫民申7623号

某保险公司申请再审称：1. 万某驾驶无牌机动三轮车属于法律禁止性行为，保险人不应当承担保险责任。本案交通事故认定书认定，事故发生时万某驾驶无牌机动三轮车，其行为违反了道路交通管理条例的禁止性行为，其购买的意外伤害保险条款中约定被保险人酒后驾驶、无合法有效驾驶证驾驶或驾驶无有效行驶证的机动车列入责任免除项，该责任免除符合《最高人民法院关于适用〈保险法〉若干问题的解释（二）》第十条的规定，某保险公司不应对事故进行赔付。2. 保险人已尽到保险条款的提示和说明义务。万某购买一年期意外伤害保险，营销员已就保险责任及责任免除条款进行了讲解，一审时已提供该保单营销员笔录，可以证明提示说明情况。相关条款采用加粗加黑的方式记载，足以引起投保人的注意，符合保险法解释（二）第十一条、第十三条的规定，免责条款合法有效，双方均应受该条款的约束。3. 人身保险不应按照侵权责任法计算伤残赔偿。万某被他人驾驶的轿车撞伤，肇事方及其投保的财险公司应当按照侵权责任法的规定对万某造成的人身损害赔偿。本案中，万某对其自己购买的意外伤害保险进行提起残疾保险金的索赔，应该按照合同约定的人身保险伤残评定标准鉴定，并使用合同约定的保额乘以残疾等级对应的赔付比例系数进行计算，不应适用侵权责任法计算残疾赔偿金。4. 条款中约定的按照伤残程度等级相对应的给付比例支付保险金不应当认定为免除或减轻保险人责任的条款。万某购买一年期意外伤害保险中约定，发生残疾时按照伤残程度等级相对应的给付比例支付保险金，该约定并未限制或损害被保险人利益，符合保险损失赔偿原则，也未在保险人承担保险责任的范围内减轻或排除其应承担的风险与损失，不应属于"比例给付或给付"，不应当认定为免除或减轻保险人责任的条款。请求依法再审本案。

万某提交意见称，事故发生时驾驶的是助力三轮车，公安机关并没有要求悬挂车牌，驾驶人也持有驾驶证，保险人也没有对此进行提示说明，现在也没有提供证据证明保险人尽到了相关条款的明确说明义务。

本院经审查认为：《保险法》第十七条规定："订立保险合同，采用保险人提供的格式条款的，保险人向投保人提供的投保单应当附格式条款，保险人应当向投保人说明合同的内容。对保险合同中免除保险人责任的条款，保险人在订立合同时应当在投保单、保险单或者其他保险凭证上作出足以引起投保人注意的提示，并对该条款的内容以书面或者口头形式向投保人作出明确说明；未作提示或者明确说明的，该条款不产生效力。"《最高人民法院关于适用〈保险法〉若干问题的解释（二）》第十条规定："保险人将法律、行政法规中的禁止性规定情形作为保险合同免责条款的免责事由，保险人对该条款作出提示后，投保人、被保险人或者受益人以保险人未履行明确说明义务为由主张该条款不生效的，人民法院不予支持。"上述条款明确规定，保险人应当向投保人提供合同格式条款，并向投保人说明合同的内容，即便保险人将法律或行政法规中的禁止性规定作为免责条款，仍应对投保人等作出必要的提示。

本案中，某保险公司虽然主张已在保险合同中明确约定按照伤残等级予以相应比例赔付保险金，并称已将法律或行政法规中明令禁止的情形作为免责条款，其依法仍应对投保人进行必要的提示说明。在原审及本院再审审查期间，某保险公司均未能提供投保单及向投保人交付保险合同、保款条款、对条款内容及免责情形进行提示或说明的证据，某保险公司在原审提供的对其业务员的询问笔录，并不能够充分证明已完成上述提示说明。在某保险公司未能提供其向投保人交付保险合同、保险条款等基本证据的情况下，原审未支持其主张，并无不当。某保险公司的再审申请理由不能成立，本院不予支持。

依照《中华人民共和国民事诉讼法》第二百零四条第一款、《最高人民法院关于适用〈中华人民共和国民事诉讼法〉的解释》第三百九十五条第二款之规定，裁定如下：

驳回某保险公司的再审申请。

【说明】本案是一起关于格式条款应当作提示或者明确说明的案件。

格式条款，又称为标准条款，《民法典》第四百九十六条为其定义，格式条款是当事人为了重复使用而预先拟定，并在订立合同时未与对方协商的条款。使用格式条款的合同与普通合同关键的不同之处在于格式条款合同的提供方未就格式条款与对方进行协商，而普通的民事合同都是建立在当事人协商一致的基础上。

保险的本质是概率，投保的基数大到一定规模，才能覆盖出险的概率。

这就决定了保险公司需要尽可能多的销售保险产品，一个保险产品在全国范围销售数量往往以百万计，如果每份保险合同都要双方协商条款后订立，这个效率和管理成本是保险公司无法承受的。保险合同的订立模式实际上是"说服"而不是"协商"，是保险公司的代理人通过讲解去说服投保人接受保险公司的格式条款与保险公司订立合同。

基于格式条款的特点，《保险法》第十七条对保险公司提供格式条款做了几层规定：（1）需要向投保人提供格式条款并说明内容；（2）对免除保险公司责任的条款，应当在投保单、保险单或者其他保险凭证上作出足以引起投保人注意的提示，并对该条款的内容以书面或者口头形式向投保人作出明确说明；（3）如果对免除保险公司责任的条款未作提示或者明确说明的，该条款不产生效力。这几层规定的核心是投保人需要对不利于他的格式条款知情，实践中需要由保险公司来证明投保人对相关条款知情。

本案中，保险公司认为合同条款中已经约定了相关事项的理赔规则，保险公司依约作出理赔决定，并无不当，但未能提供投保单及向投保人交付保险合同、保险条款、对条款内容及免责情形进行提示或说明的证据，那么法院认为对投保人不利的格式条款则对投保人不产生效力，不予支持保险公司的主张。

实践中保险公司采取的投保书签字、保单签收回执、新契约回访、签约录音录像等不断升级的管理措施，即是为了给格式条款知情做背书。

【案例 18】（2021）鲁民申 9286 号

甲公司申请再审称，《保险法》第十七条规定，"订立保险合同，采用保险人提供的格式条款的，保险人向投保人提供的投保单应当附格式条款，保险人应当向投保人说明合同的内容。对保险合同中免除保险人责任的条款，保险人在订立合同时应当在投保单、保险单或者其他保险凭证上作出足以引起投保人注意的提示，并对该条款的内容以书面或者口头形式向投保人作出明确说明；未作提示或者明确说明的，该条款不产生效力"。本案中，某保险公司与甲公司订立保险合同中的特别约定条款，显然系格式条款。某保险公司虽在保险单的特别约定中载明了拒赔条款，但没有在保险单上作出足以引起甲公司注意的提示。整个保险单中字体都是一样的，且载明的免责条款也没有任何的字体变化或者加注其他标识引起甲公司的注意。同时，某保险公司也未以书面或者口头形式向甲公司作出明确说明，故该条款不产生法律效力。综上，依据《中华人民共和国民事诉讼法》第二百条第六项之规定，申请再审。

本院经审查认为，涉案车辆是在卸货起顶过程中发生的事故，符合保险单免责条款中关于"车辆在举升货箱卸货过程中造成货箱翻倒或车辆倾覆引起的车辆自身损失，保险人不承担保险责任"的约定，故某保险公司以此为由拒绝赔付，符合合同约定和法律规定。甲公司再审主张，某保险公司并未对上述免责条款尽到提示和说明义务，故该免责条款对甲公司不发生法律效力。对此，本院认为，根据原审法院查明的事实，甲公司只有勾选了对保险条款详细阅读并且理解保险条款的内容的选项后才可以进行下一步操作，故甲公司勾选行为应视为某保险公司通过程序设置就免责条款尽到提示说明义务，该免责条款对甲公司具有法律约束力。综上，甲公司的再审申请不符合《中华人民共和国民事诉讼法》第二百条第六项规定的情形。

依照《中华人民共和国民事诉讼法》第二百零四条第一款、《最高人民法院关于适用〈中华人民共和国民事诉讼法〉的解释》第三百九十五条第二款规定，裁定如下：

驳回甲公司的再审申请。

【说明】本案是一起保险公司对免责条款尽到提示说明义务不承担赔偿责任的案例。

本案双方当事人都是公司主体，是通过电子投保方式订立的保险合同。投保人援引了《保险法》第十七条的规定，认为保险公司没有在保险单上作出足以引起投保人注意的提示，也没有以书面或者口头形式向投保人作出明确说明，故该条款不产生法律效力。法院认为在电子投保的规则之下，投保人只有勾选了对保险条款详细阅读并且理解保险条款的内容的选项后才可以进行下一步操作，故投保人的勾选行为应视为保险公司通过程序设置就免责条款尽到提示说明义务，且该免责条款在电子保单特别约定中已载明，故该免责条款对投保人具有法律约束力，不予支持投保人的主张，保险公司不承担理赔责任。

电子投保模式相对于传统投保模式更加高效快捷，使得投保流程也更加规范，且可以存储记录保险合同订立数据，这是未来发展的趋势，保险公司需要不断进行规则迭代，以防范新形势下出现的新的风险点。

【案例19】（2021）豫民申7359号

郑某申请再审请求称，1. 依法撤销一审二审民事判决；2. 请求依法改判支持申请人的诉讼请求；3. 一审二审费用由某财险公司承担。理由如下：

第一，某财险公司投保与理赔采用双重标准，严重加重了投保人申请理赔的条件，违反了公平原则。一审二审法院以郑某提供了虚假的道路运输从业人员从业资格证为由反证某财险公司尽到了提示说明义务是不合法的。即使退一步讲，郑某在申请理赔时提供了虚假的从业资格证，但其也只能说明郑某在申请理赔时知晓了理赔需要从业资格证这一证件，但并不能说明郑某在投保时已知悉了该免责条款。如果无从业资格证是其免责事由，那么在投保时，保险公司就应该要求投保人提供该证件并且对该证件进行基本的审查，而不是等到事故发生后再告知申请人需要该证件。而事实是投保时，某财险公司并不要求申请人提供该证件，也并未告知申请人该免责条款，而是在事故发生后申请人申请理赔时，保险公司才告知申请人需要该证件。投保和申请理赔是不同的时间节点，且申请理赔的时间远远落后于投保的时间，二者不能混为一谈，一审二审法院认定申请人申请理赔时提供了虚假的从业资格证从而认定某财险公司在投保时尽到了提示说明义务是完全错误且不符合逻辑的。

第二，一审二审法院认定事实错误。并没有相关证据证明郑某向某财险公司提供的道路运输从业人员从业资格证为虚假证件。在两次庭审中，郑某并没有看到某财险公司提供任何关于道路运输从业人员从业资格证真伪的证明或相关鉴定机构出具的说明，也没有对相关证据进行质证，只凭某财险公司的一面之词，法院即认定了申请人在交通事故发生时没有取得合法有效的道路运输从业资格证的事实，即一审二审法院认定的关于郑某向某财险公司提交的道路运输从业资格证为虚假证件的事实是错误的。

第三，某财险公司提供的保险合同中的免责条款免除了己方责任，加重了对方责任，排除了对方权利，违反了公平原则，应为无效条款。申请人持有与案涉车辆相适应的驾驶证，具有驾驶该案涉车辆的驾驶资格。即使其无从业资格证，但并不代表其失去了驾驶车辆的资格。某财险公司既无法证明驾驶员在事故发生期间不具备道路运输从业资格证与事故发生的因果关联性，也无法证明其不具备道路运输从业资格证是否会增加承保车辆发生交通事故的概率，进而增大保险公司理赔风险，故没有从业资格证不能成为某财险公司免除其承担赔偿责任的免责事由。根据《保险法》第十九条的规定，采用保险人提供的格式条款订立的保险合同中的下列条款无效：（一）免除保险人依法应承担的义务或者加重投保人、被保险人责任的；（二）排除投保人、被保险人或者受益人依法享有的权利的。本案中，某财险公司提供的保险合同中的免责条款加重了申请人方的责任，属于无效条款，不应该成为其免责的事由。

第四，保险公司所提供的保险合同系格式合同，保险公司并未提供证据证明对该格式合同中的免责条款尽到合理的提醒义务，该条款不产生效力。根据《保险法》第十七条规定："订立保险合同，采用保险人提供的格式条款的，保险人向投保人提供的投保单应当附格式条款，保险人应当向投保人说明合同的内容。对保险合同中免除保险人责任的条款，保险人在订立合同时应当在投保单、保险单或者其他保险凭证上作出足以引起投保人注意的提示，并对该条款的内容以书面或者口头形式向投保人作出明确说明；未作提示或者明确说明的，该条款不产生效力。"结合本案，两次庭审中，申请人方均未见到保险公司提供的保险合同书面材料，根据民事诉讼的举证规则，应当由保险公司举证证明其在保险合同订立时采用了足以引起投保人注意的文字、符号、字体等特别标识对免责条款进行了提示，或者提供证据证明其已履行了明确说明义务，否则应当认定保险人未对该格式合同中的免责条款尽到合理的提醒义务。而原判决则以申请人之行为反推某财险公司履行了其义务，减轻了保险公司的举证责任，违反了民事诉讼的举证规则。

某财险公司提交意见称，1. 案涉保险合同已经成立，足以证实在投保时郑某已经明确了保险合同约定的免责事项。2. 有相关证据支持，且一审二审法院也在庭审时明确告知郑某可以提交相关部门证明其从业资格证的真实性，但郑某并未提交，其应当承担举证不利的后果。3. 郑某认为保险条款无效意见不成立。从业资格证是国家对从事道路运输人员具有相关资质的一个要求，并有相关单位予以管理。从事该项工作的人员必须具有该资格证是一个常识，郑某以没有从业资格证不能作为免赔事由是对格式条款的曲解。4. 郑某陈述格式条款的免责事项对其不产生效力错误。保险条款系对双方的一个约束，且某财险公司的保险条款已向相关部门进行备案，案涉保险合同已经成立，保险效力已经产生。因郑某无相关资质导致案件不能进行正常赔付，责任在郑某。综上，一审二审法院认定事实清楚，应驳回郑某的再审申请。

本院经审查认为，关于某财险公司对案涉事故应否承担保险责任的问题。第一，根据《保险法》第十九条的规定，采用保险人提供的格式条款订立的保险合同中的下列条款无效：（一）免除保险人依法应承担的义务或者加重投保人、被保险人责任的；（二）排除投保人、被保险人或者受益人依法享有的权利的。《道路运输从业人员管理规定》第六条第三款规定"经营性道路客货运输驾驶员和道路危险货物运输从业人员必须取得相应从业资格，方可从事相应的道路运输活动"。该项规定是道路交通主管部门加强对该行业管理的一项有效措施，目的是为了避免发生危害国家利益、社会公共利益和他人合法权益的重大事故，是对高风险行业的一个特殊管理规定。因此本案中，《机动车损失保险》第八条第（二）款第6项、《机动车第三者责任保险》第二十四条第（二）款第6项、《机动车车上人员责任保险》第四十条第（二）款第6项关于责任免除的约定：驾驶出租机动车或者营业性机动车无交通部门核发的从业资格证，不论任何原因造成被保险机动车的任何损失和费用，保险人均不负责赔偿。不存在免除己方责任、加重对方责任、排除对方主要权利的情形，该格式条款合法有效。第二，《保险法》第十七条第二款规定，"对保险合同中免除保险人责任的条款，保险人在订立合同时应当在投保单、保险单或者其他保险凭证上作出足以引起投保人注意的提示，并对该条款的内容以书面或者口头形式向投保人作出明确说明；未作提示或者明确说明的，该条款不产生效力"。本案中，某财险公司称保险单原件背后附有保险条款，免责事项均为黑色加粗字体，已经尽到了提示和说明义务。郑某申请理赔，并没有提供保险单原件，称原件已丢失。郑某在向某财险公司申请理赔时提供的道路运输从业人员从业资格证，经查询没有在发证部门备案。郑某不能证明该从业资格证的真实合法性。郑某申请理赔时提供从业资格证的行为证实郑某在投保时已知悉上述免责条款，某财险公司尽到了提示说明义务。因此，保险合同中的免责条款合法有效。原审判决某财险公司不承担赔偿责任并无不当。综上所述，郑某的再审申请不符合《中华人民共和国民事诉讼法》第二百条的规定。

依照《中华人民共和国民事诉讼法》第二百零四条第一款，《最高人民法院关于适用〈中华人民共和国民事诉讼法〉的解释》第三百九十五条第二款规定，裁定如下：

驳回郑某的再审申请。

【说明】本案是一起法院认定格式条款在形式和内容上有效的案例。

本案中投保人的核心诉求是某财险公司应否承担保险责任，基于此诉求就格式条款的问题提出了若干理由，法院亦给予了回应。

投保人认为，（1）在投保时保险公司没有要求投保人提供从业资格证，并且没有对没有从业资格证进行车辆营业出险属于除外责任进行提示说明，格式条款对投保人无效。（2）格式条款中规定驾驶出租机动车或者营业性机动车无交通部门核发的从业资格证。不论任何原因造成被保险机动车的任何损失和费用，保险人均不负责赔偿。这一条款免除了保险公司责任，加重了对方责任，排除了对方权利，违反了公平原则，内容本身无效。

法院审理认为，（1）保险单原件背后附有保险条款，免责事项均为黑色加粗字体，已经尽到了提示和说明义务。而且郑某在申请理赔时提供从业资格证的行为，可以证实郑某在投保时已知悉上述免责条款，某财险公司尽到了提示说明义务。（2）《道路运输从业人员管理规定》第六条第三款规定"经营性道路客货运输驾驶员和道路危险货物运输从业人员必须取得相应从业资格，方可从事相应的道路运输活动"。该项规定是道路交通主管部门加强对该行业管理的一项有效措施，目的是为了避免发生危害国家利益、社会公共利益和他人合法权益的重大事故，是对高风险行业的一个特殊管理规定。格式条款中规定驾驶出租机动车或者营业性机动车无交通部门核发的从业资格证。不论任何原因造成被保险机动车的任何损失和费用，保险人均不负责赔偿。这一条款的规定不存在免除己方责任、加重对方责任、排除对方主要权利的情形，该格式条款合法有效。故原审判决某财险公司不承担赔偿责任并无不当。

本案涉及的法条及法院的审判要旨呼应了《保险法》总则第四条的规定：从事保险活动必须遵守法律、行政法规，尊重社会公德，不得损害社会公共利益。经营性道路客货运输和道路危险货物运输涉及人民群众的人身安全及社会公共利益，需要进行严格管理，因此道路交通主管部门要求相关从业人员必须取得相应从业资格。那么保险公司格式条款规定对于投保人驾驶出租机动车或者营业性机动车必须取得相应从业资格，无交通部门核发的从业资格证，不论任何原因造成被保险机动车的任何损失和费用，保险人均不负责赔偿并无不当。反之，如果投保人无交通部门核发的从业资格证驾驶出租机动车或者营业性机动车出险了，保险公司仍给予理赔，则相当于变相地鼓励了无从业资格证驾驶营业性机动车的行为，这显然是与立法宗旨相悖的。

第十八条 保险合同应当包括下列事项：

（一）保险人的名称和住所；

（二）投保人、被保险人的姓名或者名称、住所，以及人身保险的受益人的姓名或者名称、住所；

（三）保险标的；

（四）保险责任和责任免除；

（五）保险期间和保险责任开始时间；

（六）保险金额；

（七）保险费以及支付办法；

（八）保险金赔偿或者给付办法；

（九）违约责任和争议处理；

（十）订立合同的年、月、日。

投保人和保险人可以约定与保险有关的其他事项。

受益人是指人身保险合同中由被保险人或者投保人指定的享有保险金请求权的人。投保人、被保险人可以为受益人。

保险金额是指保险人承担赔偿或者给付保险金责任的最高限额。

【案例20】（2019）豫民再640号

某保险公司申请再审称，案涉的《车辆保险购置合同》没有完整的权利义务条款，是保险合同的先合同，原审采信证人证言否定原始书证错误，保险合同成立生效于2018年4月12日，保险承保期间亦是从2018年4月12日开始，案涉的事故发生在保险合同成立和生效之前，保险公司不应当承担保险责任。请求撤销一、二审判决，改判驳回某市管理局的诉讼请求。

某市管理局答辩称，案涉的保险合同是通过招投标程序进行的，通过招投标，中标通知书发出后，就相当于承诺已经生效，招投标双方的合同已经成立并生效。招标文件、投标文件与中标通知书可以构成合同的完整内容。保险合同以投保人和保险人之间的要约与承诺为成立和生效条件，双方在招投标之后，签订《某市城市管理局车辆保险购置合同》，双方之间的保险合同已经于2018年4月4日成立并生效。案涉的保险事故发生在保险合同生效之后，保险公司应当承担保险责任。原判认定事实和适用法律正确，处理结果适当，请求予以维持。

某市管理局向某市人民法院起诉请求：1.某保险公司给付保险金420 000元；2.案件受理费由某保险公司承担。

一审法院认定事实：2018 年 3 月 30 日，某市管理局通过招投标形式，为其下属单位某市环卫处 55 辆垃圾车辆均购置交强险和商业险，某保险公司中标，中标价为 201 000 元。2018 年 4 月 5 日，招标公司和某市管理局向某保险公司发出中标通知书。2018 年 4 月 4 日，某市管理局与某保险公司签订《某市城市管理局车辆保险购置合同》，约定投保交强险和 100 万元商业三者险。2018 年 4 月 3 日，某保险公司客户经理刘某去某市管理局下属单位某市环卫处拿投保车辆手续统计表及在 4 月 4 日双方签订合同时，某市管理局下属单位环卫处两次要求在 4 月 4 日 24 点之前完成所有投保车辆的保险手续，某保险公司客户经理刘某承诺完成所有投保车辆的保险手续。但某保险公司并没有为某市管理局办理成保险手续。某市管理局于 2018 年 4 月 10 日交纳了保险金 201 000 元，某保险公司于 2018 年 4 月 12 日为其投保车辆办理了交强险和 100 万元的商业三者险。另查明，2018 年 4 月 6 日早上，某市管理局驾驶员李某驾驶本次所投保的垃圾车在莲花办事处南段与赵某驾驶的三轮电动车发生碰撞侧翻，致使赵某在某市第一人民医院住院 48 天，并花去医疗费 127 784.06 元，于 2018 年 5 月 24 日经抢救无效死亡，该事故经某市公安局交警大队作出豫公交认字（2018）第 000488 号道路交通事故认定书认定李某与赵某在本次事故中负同等责任。经某市管理局与受害人赵某家属协商，已赔偿赵某家属损失 320 000 元及医疗费 127 784.06 元，为此，某市管理局要求某保险公司给付保险金 420 000 元。

一审法院认为，保险合同的成立，只以投保人和保险人之间的要约与承诺为条件，并不以保险人交付保险单或者保险凭证为条件。但是，保险合同成立后，保险人应当及时向投保人签发保险单或者其他保险凭证。保险单只是保险合同成立后的凭证之一，不构成保险合同成立的条件。保单交付为保险人的法定义务，保险人不交付或者怠于交付保险单或者其他保险凭证时，投保人可以请求保险人交付。所以，本案中双方当事人通过招投标的形式为环保车辆购置保险，某保险公司中标，双方签订了车辆保险购置合同，是双方当事人即投保人投保、保险人承保的真实意思表示，该保险合同依法已经成立并生效。故某保险公司应当向某市管理局支付保险金。该保险金的计算标准略，由某保险公司赔偿某市管理局。综上，依据《中华人民共和国合同法》第四十四条、第六十条，《保险法》第十三条之规定，作出（2018）豫1681民初4779号民事判决：1. 某保险公司支付某市管理局保险金358 237.46元。2. 驳回某市管理局的其他诉讼请求。如果未按判决指定的期间履行给付金义务，应当依照《中华人民共和国民事诉讼法》第二百五十三条的规定，加倍支付迟延履行期间的债务利息。

某保险公司不服，向甲市中级人民法院提起上诉，请求依法改判驳回某市管理局的诉讼请求并承担诉讼费。

二审法院认定事实与一审一致。

二审法院认为，本案争议的焦点问题是：1. 本案事故发生时，双方当事人签订的保险合同是否成立并生效，某保险公司是否应当在商业险范围内承担赔偿责任；2. 一审法院判决诉讼费由某保险公司承担是否正确。评析如下：本案交通事故发生时，双方当事人签订的保险合同是否成立并生效，某保险公司应否在商业险范围内承担赔偿责任的问题，依据一审法院查明的事实：2018年3月30日，某市管理局通过招投标形式，为其下属单位某市环卫处55辆垃圾车辆均购置交强险和商业险，某保险公司中标，中标价为201 000元，2018年4月5日招标公司和某市管理局向某保险公司发出中标通知书。且2018年4月4日，某市管理局与某保险公司签订《某市城市管理局车辆保险购置合同》，约定投保交强险和100万元商业三者险。当时某保险公司并没有为某市城市管理局办理成保险交费手续的事实清楚。《中华人民共和国合同法》（以下简称合同法）第十三条规定："当事人订立合同，采取要约、承诺方式"，第二十五条规定："承诺生效时合同成立"，第四十四条规定："依法成立的合同，自成立时生效"。除双方对合同生效条件另有约定外，保险人同意承保并就合同内容与投保人达成一致，保险合同即告成立并生效。本案双方当事人对涉案保险合同的生效条件并没有特别约定，保险合同生效后，投保人未按约定交纳保费，除合同另有约定外，保险事故发生后，保险人不能以拖欠保费为由免除其应当承担的保险责任，但可以扣减其欠交的保费。结合本案双方当事人保险合同成立并生效的初始时间应当是2018年4月4日24

时。某市管理局驾驶员李某驾驶本次所投保的垃圾车在莲花办事处南段与赵某驾驶的三轮电动车于 2018 年 4 月 6 日发生碰撞侧翻，致使赵某受伤的交通事故，该事故应当是发生在保险合同约定的时限范围内。某保险公司应当承担赔付被保险人保险合同所约定的保险责任。综上所述，一审法院判决认定事实清楚，判处结果适当，某保险公司的上诉理由证据不足，该院不予支持。依照《中华人民共和国民事诉讼法》第一百七十条第一款第一项规定，作出（2019）豫 16 民终 86 号民事判决：驳回上诉，维持原判。二审案件受理费 6 674 元，由某保险公司负担。

本院再审审理查明的事实与一审二审一致。

本院再审认为，本案争议的焦点问题：某保险公司应否对案涉事故承担保险责任？针对该焦点问题，本院综合评判如下：

关于案涉的保险合同关系成立和生效的时间问题。某保险公司与某市管理局通过招投标程序为案涉车辆购置相应保险。中标通知书于 2018 年 4 月 5 日发出，中标通知书约定在某保险公司收到通知后 30 日内签订保险合同，而案涉的《某市城市管理局车辆保险购置合同》签订于 2018 年 4 月 4 日，在中标通知书发出之前，该合同没有约定承保的具体期间。根据《保险法》第十八条规定："保险合同应当包括下列事项：（一）保险人的名称和住所；（二）投保人、被保险人的姓名或者名称、住所，以及人身保险的受益人的姓名或者名称、住所；（三）保险标的；（四）保险责任和责任免除；（五）保险期间和保险责任开始时间；（六）保险金额；（七）保险费以及支付办法；（八）保险金赔偿或者给付办法；（九）违约责任和争议处理；（十）订立合同的年、月、日。投保人和保险人可以约定与保险有关的其他事项。"该合同欠缺保险合同必要要素，不具备保险合同成立的要件。因此，原判认定案涉的保险合同关系自 2018 年 4 月 4 日成立和生效属于认定事实错误。

关于某保险公司应否对案涉的事故承担保险责任问题。2018 年 4 月 12 日保险单中约定，对案涉车辆自 2018 年 4 月 12 日开始承保。根据《保险法》第十四条规定："保险合同成立后，投保人按照约定交付保险费，保险人按照约定的时间开始承担保险责任。"因此，某保险公司承担保险责任开始时间是

2018 年 4 月 12 日。案涉的保险事故发生于 2018 年 4 月 6 日，在某保险公司承担保险责任开始时间之前，因此，某保险公司不应当对案涉事故承担保险责任。

综上，原判认定事实和适用法律错误，处理结果不当，应予纠正。某保险公司的再审请求成立，应予支持。依照《保险法》第十四条、第十八条、《中华人民共和国民事诉讼法》第二百零七条第一款、第一百七十条第一款第（二）项的规定，判决如下：

一、撤销甲市中级人民法院（2019）豫 16 民终 86 号民事判决和某市人民法院（2018）豫 1681 民初 4779 号民事判决；

二、驳回某市城市管理局的诉讼请求。

【说明】这是一起经过了再审程序，法院认定案涉保险购置合同并非保险合同的案件。

我国的人民法院分为基层人民法院、中级人民法院、高级人民法院、最高人民法院四级，人民法院审理民事案件实行两审终审制度。所谓两审终审制度是指某一案件经过两级人民法院审判后即告终结的制度。我国的《民事诉讼法》又规定了审判监督程序，也就是通常所说的再审，当事人对已经发生法律效力的判决、裁定，认为有错误的，可以向上一级人民法院申请再审。本案的一审二审法院均认为案涉保险购置合同系保险合同，保险公司应当承担保险责任。保险公司不服，申请再审，再审法院认为某保险公司的再审请求成立，应予支持。

本案的时间线如下，2018 年 3 月 30 日，某市管理局通过招投标形式，为其下属单位某市环卫处 55 辆垃圾车辆均购置交强险和商业险，某保险公司中标，中标价为 201 000 元；2018 年 4 月 4 日，某市管理局与某保险公司签订《某市城市管理局车辆保险购置合同》，约定投保交强险和 100 万元商业三者险；2018 年 4 月 5 日招标公司和某市管理局向某保险公司发出中标通知书；2018 年 4 月 6 日某市管理局驾驶员李某驾驶本次所投保的车辆发生事故；2018 年 4 月 10 日某市管理局交纳了保险金 201 000 元，2018 年 4 月 12 日某保险公司为某市管理局投保车辆办理了交强险和 100 万元的商业三者险。

本案的关键在于对 4 月 4 日某市管理局与某保险公司签订的《某市城市管理局车辆保险购置合同》的认定，这是不是一份保险合同？是保险合同，则保险公司应承担保险责任；不是保险合同，则真正的保险合同在 4 月 12 日成立，事故发生在合同成立之前，保险公司不承担保险责任。

一审法院认为，保险合同的成立，只以投保人和保险人之间的要约与承诺为条件，并不以保险人交付保险单或者保险凭证为条件。保险单只是保险合同成立后的凭证之一，不构成保险合同成立的条件。保单交付为保险人的法定义务，保险人不交付或者怠于交付保险单或者其他保险凭证时，投保人可以请求保险人交付。所以，本案中双方当事人通过招投标的形式为环保车辆购置保险，某保险公司中标，双方签订了车辆保险购置合同，是双方当事人即投保人投保、保险人承保的真实意思表示，该保险合同依法已经成立并生效。

二审法院认为，《中华人民共和国合同法》（以下简称合同法）第十三条规定："当事人订立合同，采取要约、承诺方式"，第二十五条规定："承诺生效时合同成立"，第四十四条规定："依法成立的合同，自成立时生效"。除双方对合同生效条件另有约定外，保险人同意承保并就合同内容与投保人达成一致，保险合同即告成立并生效。本案双方当事人对涉案保险合同的生效条件并没有特别约定，保险合同生效后，投保人未按约定交纳保费，除合同另有约定外，保险事故发生后，保险人不能以拖欠保费为由免除其应当承担的保险责任，但可以扣减其欠交的保费。结合本案双方当事人保险合同成立并生效的初始时间应当是 2018 年 4 月 4 日 24 时。

再审法院认为，某保险公司与某市管理局通过招投标程序为案涉车辆购置相应保险。中标通知书发出于 2018 年 4 月 5 日，中标通知书约定在某保险公司收到通知后 30 日内签订保险合同，而案涉的《某市城市管理局车辆保险购置合同》签订于 2018 年 4 月 4 日，在中标通知书发出之前，该合同没有约定承保的具体期间。根据《保险法》第十八条规定："保险合同应当包括下列事项：（一）保险人的名称和住所；（二）投保人、被保险人的姓名或者名称、住所，以及人身保险的受益人的姓名或者名称、住所；（三）保险标的；（四）保险责任和责任免除；（五）保险期间和保险责任开始时间；（六）保险金额；（七）保险费以及支付办法；（八）保险金赔偿或者给付办法；（九）违约责任和争议处理；（十）订立合同的年、月、日。投保人和保险人可以约定与保险有关的其他事项。"该合同没有约定承保的具体期间，欠缺保险合同必要要素，不具备保险合同成立的要件。2018 年 4 月 12 日保险单中约定，对案涉车辆自 2018 年 4 月 12 日开始承保。根据《保险法》第十四条规定："保险合同成立后，投保人按照约定交付保险费，保险人按照约定的时间开始承担保险责任。"因此，某保险公司承担保险责任开始时间是 2018 年 4 月 12 日。案涉的保险事故发生于 2018 年 4 月 6 日，在某保险公司承担保险责任开始时间之前，因此，某保险公司不应当对案涉事故承担保险责任。

本案中，再审法院在认定保险合同成立与否时认为保险合同成立需要符合形式要件和实质要件。形式要件即《保险法》第十八条规定的保险合同应当包括的事项，而《某市城市管理局车辆保险购置合同》没有约定承保的具体期间，不符合保险合同成立的形式要件。实质要件即投保人缴纳保费，根据《保险法》第十四条规定："保险合同成立后，投保人按照约定交付保险费，保险人按照约定的时间开始承担保险责任。"投保人缴纳保费的时间是 2018 年 4 月 10 日，也在《某市城市管理局车辆保险购置合同》订立之后，根据《保险法解释二》第四条的规定，保险公司承担保险责任最早也不应早于 2018 年 4 月 10 日。所以，事故发生于 2018 年 4 月 6 日，处于保险公司承担保险责任开始时间之前，因此，某保险公司不应当对涉案事故承担保险责任。

第十九条 采用保险人提供的格式条款订立的保险合同中的下列条款无效：

（一）免除保险人依法应承担的义务或者加重投保人、被保险人责任的；

（二）排除投保人、被保险人或者受益人依法享有的权利的。

【案例 21】（2020）豫民申 6588 号

王某申请再审称，请求撤销一审二审民事判决，改判支持王某的诉讼请求，或发回重审。事实和理由：王某罹患的是脑膜瘤，进行手术或者放射治疗均有极大的风险。保险合同中约定的必须手术或放射治疗才能理赔的约定，实际上剥夺了被保险人选择最小风险治疗疾病的权利。该条款属格式条款、免责条款，但保险合同9.2.9条款的字体与一般字体无异，说明保险公司未尽到说明提示义务，庭审中，保险公司也并未提交证据证明其已尽到了明确告知义务。王某申请投保人李某、保险公司保险代理人李某作为证人出庭，二人均证实保险合同上投保人及保险代理人的签名并非自己所签，同时证实当时在保险合同签订时保险公司及其代理人未对免责条款履行明确告知义务。结合一审申请人提交的其他证据足以证实保险公司在保险合同订立时对免责条款未履行明确告知义务，但原审法院均对上述足以影响案件判决的事实未予认定。原审法院认定事实不清，适用法律错误，特申请再审。

某保险公司答辩称，被保险人虽然确诊了脑部良性肿瘤，但根据临床症状，案涉保险条款并非免责条款，而是格式条款，其属于保险责任条款，任何一种保险产品，都应该有保障的范围，不应盲目地扩大或扩大解释相关的保险责任，原审判决符合合同约定与法律规定，请求驳回申请人再审申请。

本院经审查认为，投保人李某为王某在某保险公司投保乐安康终身重大疾病保险（可豁免），该健康保险合同系双方真实意思表示，且不违反法律、行政法规的强制性规定，合法有效，双方应当按照合同约定行使权利并履行义务。某保险公司对双方之间存在保险合同关系及王某患脑膜瘤均没有异议，只是对王某患脑膜瘤是否予以理赔存在争议。经查，涉案保险条款9.2.9对良性脑肿瘤予以理赔明确，"良性脑肿瘤已经引起颅内压增高，临床表现为视神经乳头水肿、精神症状、癫痫及运动感觉障碍等，并危及生命。须由头颅断层扫描（CT）、核磁共振检查（MRI）或者正电子发射断层扫描（PET）等影像学检查证实，并须满足下列至少一项条件：（1）实际实施了开颅进行的脑肿瘤完全切除或者部分切除的手术；（2）实际实施了对脑肿瘤进行的放射治疗"。根据该保险条款的内容，可以看出，患良性脑肿瘤能够予以理赔是需要合同约定的临床表现和治疗方式。但被保险人罹患良性脑肿瘤有何种临床表现是与自身状况相关的，不能因为不具备合同约定的临床表现就不属重大疾病；而对于采用何种治疗方式，是随医学科技的发展、患者自身情况等综合判断，采用限制治疗的方式也是与科学发展规律相违背的，且被保险人投保的目的与应采取的治疗方式不存在关联，该条款的约定是对被保险人治疗方式选择权的限制，根据《保险法》第十九条规定"采用保险人提供的格式条款订立的保险合同中的下列条款无效：（一）免除保险人依法应承担的义务或者加重投保人、被保险人责任的；（二）排除投保人、被保险人或者受益人依法享有的权利的"，保险公司以约定治疗的方式来限制被保险人获得理赔的权利，免除自己的保险责任，应认定该条款无效，故本案某保险公司不能因被保险人没有选择保险合同指定的治疗方式和不具备约定的临床表现而拒绝理赔。综上，王某的再审申请符合《中华人民共和国民事诉讼法》第二百条第（二）项规定的情形。

依照《中华人民共和国民事诉讼法》第二百零四条、第二百零六条，《最高人民法院关于适用〈中华人民共和国民事诉讼法〉的解释》第三百九十五条第一款的规定，裁定如下：

指令某省某市中级人民法院再审本案。

【说明】本案是一起经再审法院裁定，认为保险公司免除了自身依法应承担的义务，相关条款无效的案件。

案涉的险种是重大疾病（豁免）险种，重大疾病险是指由保险公司承保的以特定数量、种类的重大疾病为保险对象，当被保人患有合同列举的疾病时，由保险公司按照保额给予赔付。重疾豁免险是指在主险保费支付人发生保险事故时（一般是重疾或残疾），保险公司免于收取主险及附加险的保险费，未缴纳的保险费视为已经缴纳，保单继续有效。重疾险是给付型保险，与保险事故发生后治疗费用无关，只根据合同的保险金额确定保险赔款金额，并且理赔金没有用途限制。

案涉的疾病是脑肿瘤，保险合同中规定的理赔条件是确诊、达到疾病约定状态、实施约定治疗方式。确诊是第一层台阶，达到疾病约定状态是第二层，实施约定治疗方式是第三层，保险公司认为只有满足了这三个条件，才能达到理赔标准。再审法院认为，重大疾病保险是对被保险人罹患某种疾病的保险保障，不同的患者有何种临床表现是与自身状况相关的，采用的治疗方式应随医学科技的发展、患者自身情况等综合判断。合同约定的临床表现及对治疗的方式的限制属于排除了被保险人的合法权益。

保险公司与再审法院的分歧在于对"重大疾病"定义的理解不同，显然保险公司定义的重大疾病的范围窄于再审法院定义的重大疾病范围。中国保险行业协会制定《重大疾病保险的疾病定义使用规范（2020 年修订版）》中所称"疾病"是指重大疾病保险合同约定的疾病、疾病状态或手术。根据《规范》中对疾病定义的表述，疾病、疾病状态、手术这三者是并列关系而非递进关系，可见，再审法院对重大疾病定义的理解是客观准确的。

第二十条　投保人和保险人可以协商变更合同内容。

变更保险合同的，应当由保险人在保险单或者其他保险凭证上批注或者附贴批单，或者由投保人和保险人订立变更的书面协议。

【案例 22】（2016）川 18 民终 225 号；（2016）川民申 1646 号

一审法院审理查明：2014 年 3 月 10 日，某矿业公司作为投保人与某保险公司作为保险人签订了一份雇主责任保险，某保险公司的保险责任为：每人伤亡责任限额为 600 000 元，医疗费用责任限额为 30 000 元，保险期间自 2014 年 3 月 19 日 0 时起至 2015 年 3 月 18 日 24 时止。某矿业公司依约支付保险费用 167 400 元，某保险公司也出具了保险单。

2014 年 5 月 4 日，某矿业公司员工以电子邮件（syq－641@qq.com）方式向某保险公司员工高某的邮箱（1027613737@qq.com）发送了附件"某矿业公司意外伤害保险人员名单"，该附件中被保险人名单显示"陈某某 513430×××0214 新增"。2014 年 5 月 5 日，某矿业公司向某保险公司提出保险事项变更的书面申请，要求对被保险的雇员重新变更，并附有变更人员名单，其中新增人员包含陈某某（该书面申请系某矿业公司在原审中向法院提交的复印件）。某保险公司收到书面申请后，在其办公系统内进行了批改，同意将陈某某在内的变更人员从 2014 年 5 月 6 日 0 时起保。2014 年 5 月 5 日晚 8 时许，某矿业公司向某保险公司报案称因铲车侧翻，司机陈某某被压身亡。陈某某死亡后，某县安全生产监督管理局出具证明，载明陈某某于 2014 年 5 月 5 日晚 7 时左右因铲车侧翻当场死亡；某县公安局城关派出所出具证明，证明陈某某于 2014 年 5 月 5 日因交通事故死亡；某县人力资源和社会保障局作出工作认定中，认为陈某某于 2014 年 5 月 5 日下午 5 时因工伤死亡；某矿业公司与陈某某亲属签订的补偿协议载明，陈某某于 2014 年 5 月 5 日下午 4 时死亡。2014 年 5 月 6 日，某矿业公司与陈某某的亲属达成协议，一次性补偿陈某某的亲属 850 000 元。

2014 年 5 月 13 日，某矿业公司与某保险公司达成补充协议，约定：某保险公司同意某矿业公司在保险期间内更换被保险人名单，某矿业公司以电子邮件方式告知某保险公司，在上班时间 9 时至下午 18 时，某矿业公司以电子邮件方式告知某保险公司并电话确认后即时生效。某矿业公司联系人：张某，电子邮箱 42133590@. qq. com。某保险公司联系人：高某，电子邮箱 gaohao@ sic. picc. com. cn；李某，电子邮箱 lihong55@ sic. picc. com. cn。

某矿业公司诉至一审法院，请求判令某保险公司支付其保险赔偿金 600 000元。

一审法院认为：某矿业公司与某保险公司签订了雇主责任保险，并支付了保险费后，某矿业公司与某保险公司之间建立了合法有效的保险合同关系，双方当事人应当按照合同全面履行自己的义务。关于陈某某死亡时是否在被保险人名单内的问题。某矿业公司主张 2014 年 5 月 4 日，其员工以电子邮件方式向某保险公司工高某的邮箱发送了附件"某矿业公司意外伤害保险人员名单"，依双方事前约定，某矿业公司将变更名单通过电子邮件方式发送给某保险公司即生效，2014 年 5 月 13 日双方达成的补充协议再次证明了这一事实。某保险公司认为某矿业公司将名单送达后，经其批改方可变更，某矿业公司通过其员工于 2014 年 5 月 4 日向某保险公司员工的个人邮箱寄送邮件，非保险公司指定的收件箱，不发生要约法律效力；2015 年 5 月 5 日某矿业公司向某保险公司提交的加盖其公司印章的变更名单，某保险公司及时进行了变更；2014年5月13日达成补充协议，并非对之前发生的邮件送达行为的确认，而是对之后如何变更被保险人员名单作出的补充约定。对此，一审法院评判如下：2014年5月13日达成的补充协议，是双方对2014年5月13日之后如何变更被保险人名单进行的约定，且双方约定的联系人和电子邮箱与2014年5月4日发送和接收邮件的电子邮箱不同，某矿业公司主张协议系对2014年5月4日送达行为进行确认，其将被保险人变更名单通过电子邮件方式送达某保险公司即产生变更的法律后果的主张不成立，一审法院对此不予支持。《保险法》第二十条规定："投保人和保险人可以协商变更合同内容。变更保险合同的，应当由保险人在保险单或者其他保险凭证上批注或者附贴批单，或者由投保人和保险人订立变更的书面协议。"2014年5月4日，某矿业公司向某保险公司员工的个人邮箱发送邮件要求变更被保险人名单，无证据证明该邮箱系保险公司指定接收邮件的邮箱。某保险公司当庭提交的某矿业公司于2014年5月5日向某保险公司提出了书面申请，其仅提交了该申请的复印件，并未提交申请的原件。双方的证据都存在一定的瑕疵，但该瑕疵并不影响某保险公司于2014年5月5日对被保险人名单进行批改，2014年5月6日0时起变更被保险人名单。某矿业公司提交的变更申请为要约，某保险公司同意变更为承诺，某保险公司作出承诺后，双方达成了变更被保险人名单的协议。因此，不论某矿业公司是2014年5月4日还是2014年5月5日向某保险公司提出变更被保险人的申请，双方达成变更协议的时间均为被告作出承诺的2014年5月5日，变更后被保险人名单生效的日期为2014年5月6日0时。陈某某于2014年5月5日19时前死亡，双方签订的雇主责任保险名单变更后的生效时间为2014年5月6日0时，陈某某死亡时，并不在雇主责任保险约定的被保险人名单内，不属于被保险人员的范围，某保险公司不应当承担保险金赔偿的给付责任。

一审法院遂依照《中华人民共和国民事诉讼法》第六十四条第一款之规定，作出驳回某矿业公司全部诉讼请求的判决。

某矿业公司不服一审判决，向本院提起上诉称：请求依法撤销一审判决，改判由被上诉人某保险公司支付上诉人某矿业公司保险理赔款60万元。主要理由：一、原判决认定事实错误：上诉人员工苏某某在 2014 年 5 月 4 日下午 4 时 31 分用邮箱向被上诉人工作人员高某的邮箱发送附件"某矿业公司意外伤害保险人员变更名单"，并注明"5 月 4 日更新保险名单请转习经理"，发送的附件中雇员名单显示"陈某某 513430×××× 0214 新增"。2014 年 6 月 1 日下午 3 时 51 分，被上诉人工作人员高某用工作邮箱向苏某某邮箱发送保险公司系统人员清单，并注明"请核对"，在发送的雇员名单中包括"陈某某"，此事由一审所提交的公证书得以证实，足以说明在 2014 年 5 月 5 日陈某某死亡时，被上诉人已将陈某某列进雇主责任保险约定的被保险人员名单内。其次，被上诉人在一审中提供的 2014 年 5 月 5 日"保险事项变更申请表及名单"系复印件，未向法庭提供原件。从"批单"上的内容来看，雇员变更名单的生效时间是 2014 年 5 月 6 日 0 时，而生成时间却是 2014 年 9 月 24 日，生效时间先于批改时间，显然是自相矛盾的。该"批单"不具有真实性和合法性。因此，不应该作为认定本案事实的依据。二、原判决适用法律错误：雇主责任险中的雇员名单变更系双方履行保险合同中的一种特殊情形，并不涉及投保人和保险人的权利和义务的增减。因此，并不需要所谓的"要约"和"承诺"作为生效要件，在《补充协定》中也证明当投保人的变更名单送达保险人时则生效。而一审法院适用《保险法》第二十条规定显然是错误的。

　　被上诉人某保险公司辩称：一、上诉人员工苏某某在 2014 年 5 月 4 日所发邮件"某矿业公司意外伤害保险人员变更名单"的接收邮箱并非被上诉人单位工作邮箱。也非双方约定的联系人邮箱。2014 年 5 月 5 日，上诉人提出书面变更申请也仅仅是上诉人提出合同变更的要约行为，2014 年 6 月 1 日，人员变更完成后发送的人员清单也不能作为倒推 2014 年 5 月 5 日陈某某已在保险人员名单内的依据。二、被上诉人一审中向法庭提交的"批单（抄件）"来源于承保信息系统，该"批单（抄件）"系事故发生后于 2014 年 9 月 24 日打印制作，是完全真实的，并非上诉人错误理解的生效或批改时间。并且"批单（抄件）"上明确记载："本公司同意从 2014 年 5 月 6 日 0 时起，对保险单号码为 PZBT201451310000000033 的保单作如下批改：批改的内容仅是上诉人被保险雇员的新增、变更以及新增、变更生效时间的确定，并不涉及保险条款或新增免责内容，不能把此次人员变更批改理解为所谓的责任免责条款。"

二审诉讼中，双方当事人均未提交新的证据。

二审查明的基本事实与一审查明的一致，本院予以确认。

本院认为：上诉人某矿业公司工作人员 2014 年 5 月 4 日向被上诉人某保险公司员工的个人邮箱发送邮件申请变更保险人员名单，涉及其要求的被保险人员的变化（其中有陈某某为新增人员的内容），是对该保险合同法律关系相关内容提出的重要变更，依据《中华人民共和国合同法》第七十七条"当事人协商一致，可以变更合同"的规定，如果能得到被上诉人的认可，前述保险合同得以相应变更。《最高人民法院关于适用〈中华人民共和国民事诉讼法〉的解释》第九十一条规定："人民法院应当依照下列原则确定举证证明责任的承担，但法律另有规定的除外：……（二）主张法律关系变更、消灭或者权利受到妨害的当事人，应当对该法律关系变更、消灭或者权利受到妨害的基本事实承担举证证明责任。"本案中，上诉人仅举证证明了其通过工作人员发放电子邮件的方式于 2014 年 5 月 4 日提出过变更保险人员名单申请，其所举的其他证据材料（包括公证书等）均不能证明其雇员陈某某死亡前该变更申请已经保险人确认的事实；双方于 2014 年 5 月 13 日达成的补充协议是在陈某某死亡事件发生后对更换被保险人名单方式及生效时间的特别约定，不能由此而得出之前 2014 年 5 月 4 日发送申请变更保险人员名单邮件的行为即产生相应变更合同效力的结论；因此，一审认定"陈某某死亡时，并不在雇主责任保险约定的被保险人名单内，不属于被保险人员的范围"并无不当。

综上所述，上诉人某矿业公司的上诉理由和请求，无相应的事实根据，应予驳回。一审判决认定事实清楚，适用法律正确。依照《中华人民共和国民事诉讼法》第一百七十条第一款第（一）项"原判决、裁定认定事实清楚，适用法律正确的，以判决、裁定方式驳回上诉，维持原判决、裁定"的规定，判决如下：

驳回上诉，维持判决。

再审法院经审查认为，本案双方当事人在 2014 年 5 月 13 日达成补充协议之前对于某矿业公司投保的雇员名单的变更问题未作约定，故应依法律规定处理。《保险法》第二十条规定："投保人和保险人可以协商变更合同内容。变更保险合同的，应当由保险人在保险单或者其他保险凭证上批注或者附贴批单，或者由投保人和保险人订立变更的书面协议。"本案中，某矿业公司于2014年5月5日向某保险公司书面申请变更雇员名单，某保险公司亦于当天及时作出了予以变更的批注，确认对包括陈某某在内变更后雇员的起保时间为2014年5月6日0时。故某保险公司对于某矿业公司申请变更后的雇员名单承担给付保险金责任的始期应为2014年5月6日0时。因此一、二审判决对此处理正确。某矿业公司的再审申请不符合《中华人民共和国民事诉讼法》第二百条第二项、第六项规定的情形。

依照《中华人民共和国民事诉讼法》第二百零四条第一款，《最高人民法院关于适用〈中华人民共和国民事诉讼法〉的解释》第三百九十五条第二款规定，裁定如下：

驳回某矿业公司的再审申请。

【说明】本案是一起保险合同内容变更需符合法律规定形式的案例。

本案一审、二审、再审法院均支持了保险公司的主张。

相关时间线如下，某矿业公司2014年3月10日投保雇主责任保险，保险期间自2014年3月19日0时起至2015年3月18日24时止。2014年5月4日，某矿业公司员工向某保险公司员工邮箱发送邮件新增被保险人陈某。2014年5月5日，某矿业公司向某保险公司提出书面申请变更保险事项，变更人员名单包含新增人员陈某。某保险公司在办公系统内进行了批改，同意将陈某在内的变更人员从2014年5月6日0时起保。2014年5月5日晚7时左右陈某因工伤身亡。2014年5月13日，某矿业公司与某保险公司达成补充协议，约定某矿业公司在保险期间内更换被保险人名单以电子邮件方式告知某保险公司。

本案争议的焦点在于投保人向保险公司发送被保险人名单变更邮件的行为是否产生变更保险合同的效力。投保人认为雇主责任险中的雇员名单变更系双方履行保险合同中的一种特殊情形，并不涉及投保人和保险人的权利和义务的增减，并不需要所谓的"要约"和"承诺"作为生效要件。投保人员工有在 2014 年 5 月 4 日发送邮件新增被保险人陈某的行为，则在 2014 年 5 月 5 日陈某死亡时，保险公司已将陈某列进雇主责任保险约定的被保险人员名单内。因此，保险合同变更在事故之前，保险公司应承担责任。保险公司认为，投保人将名单送达后，经保险公司的批改方可变更合同，批改生效的时间在事故之后，因此，保险公司不承担保险责任。法院认为依据《合同法》的相关规定，当事人双方协商一致可以变更合同，并且援引《保险法》第二十条："投保人和保险人可以协商变更合同内容。变更保险合同的，应当由保险人在保险单或者其他保险凭证上批注或者附贴批单，或者由投保人和保险人订立变更的书面协议。"确认对包括陈某在内变更后雇员的起保时间为 2014 年 5 月 6 日 0 时，事故发生在起保时间之前，因此保险公司不承担保险责任。

本案涉及的险种是雇主责任险，投保人被保险人均是雇主，指被保险人所雇佣的员工在工作过程中遭受意外或患有与业务有关的国家规定的职业性疾病，致伤、致残或死亡，被保险人应承担的医药费用及经济赔偿责任，由保险公司在责任范围内赔偿。因此，保险合同中约定的雇员应该是明确的，雇员名单的变更，属于合同内容的变更。合同内容的变更需要订立合同的双方当事人协商一致，因此需要要约、承诺的过程，并且《保险法》第二十条还规定了保险合同变更的必要形式要件，必须由保险公司出具批单或者订立书面的协议。雇员名单的数量虽然是固定的，但如果雇员名单不固定，任由投保人单方面变更，则保险公司承担的风险是处于不稳定且增大状态的。

第二十一条 投保人、被保险人或者受益人知道保险事故发生后，应当及时通知保险人。故意或者因重大过失未及时通知，致使保险事故的性质、原因、损失程度等难以确定的，保险人对无法确定的部分，不承担赔偿或者给付保险金的责任，但保险人通过其他途径已经及时知道或者应当及时知道保险事故发生的除外。

【案例 23】（2019）冀 0110 民初 3235 号；（2019）冀 01 民终 13338 号；（2020）冀民申 7120 号

2019 年 4 月 6 日，常某单位组织去某县赏梨花，定于早 7 时准时出发，常某任队长负责签到和点名等相关工作，当日 7 时 10 分左右，常某驾驶冀 90×××号普通客车，沿山前大道由北向南行驶至山前大道岸下村段时，操作不当，车辆失控，与岸下桥西侧水泥护栏相撞，致车辆岸下桥西侧水泥护栏、路面受损，造成交通事故。事发后常某立即报公司，留朋友及其爱人保护现场，经电话通知理赔员全权处理事故后离去。经甲市乙区公安交通警察大队作出道路交通事故认定书，认定常某弃车逃逸，常某负事故的全部责任。常某在某财险公司处投保交强险和商业三者险 100 万元和车辆损失险 81 740.80元。保险期间为 2018 年 11 月 17 日 0 时起至 2019 年 11 月 16 日 24 时止。2019 年 4 月 22 日，经乙区道路交通事故损害赔偿调解委员会调解，常某赔偿中建二局基础设施建设投资有限公司护栏损失、路面损失共计 2 万元。现已赔付完毕。一审法院委托某保险公估有限公司进行鉴定，常某的损失为车损52 272 元。

一审法院认为，行为人因过错侵害他人民事权益的，应当承担侵权责任。本次交通事故经甲市乙区公安交通警察大队作出事故认定书，认定常某负此次事故的全部责任，该事故认定书合法有效，一审法院予以采信。甲市乙区公安交通警察大队作出道路交通事故认定书，认定常某弃车逃逸，实际情况是常某单位当天 7 点坐车到某县赏梨花，常某是车上的负责人，常某离开现场有正当理由，而且常某留有他人在现场，常某和留守人员均有驾驶证，不存在换人驾驶的嫌疑，而且当天是上午 7 点，常某还要作为车队的负责人去某县赏梨花，常某饮酒的可能性极低，常某发生事故后没有逃逸的理由，常某离开现场是因为公司事务，因此常某离开现场不属于逃逸，常某在某财险公司处入有交强险和 100 万元第三者责任险，常某损失应当由某财险公司承担，常某造成的车辆损失 52 272 元，拖车费、停车费 1 430 元，鉴定费 3 124元，路面损失共计 2 万元，以上损失应当由某财险公司承担。综上，依据

《中华人民共和国侵权责任法》第六条，《中华人民共和国道路交通安全法》第七十六条之规定，判决：某财险公司在本判决生效后三日内赔偿常某车辆损失52 272元，拖车费、停车费1 430元，路面损失2万元，共计73 702元。如果未按本判决指定的期限履行给付金钱义务，依照《中华人民共和国民事诉讼法》第二百五十三条的规定，应当加倍支付迟延履行期间的债务利息。案件受理费860元、鉴定费3 124元由某财险公司负担。

二审期间，当事人围绕上诉请求依法提交了证据，某财险公司提交原审庭审笔录、交警队卷宗、常某打电话向保险公司报案录音及刻盘附文字说明、代抄单。本院组织当事人进行了证据交换和质证。常某认为，庭审笔录不属于新证据；交警队卷宗、常某打电话向保险公司报案录音不属于新证据。对当事人二审争议的事实，本院认定如下：庭审笔录、交警队卷宗客观真实，予以采纳，关于常某打电话向保险公司报案录音明确驾驶人为温某（音），该证据同样可以证明案件事实，故本院予以认可。

本院认为，《保险法》第二十一条规定，投保人、被保险人或者受益人知道保险事故发生后，应当及时通知保险人。故意或者因重大过失未及时通知，致使保险事故的性质、原因、损失程度等难以确定的，保险人对无法确定的部分，不承担赔偿或者给付保险金的责任，但保险人通过其他途径已经及时知道或者应当及时知道保险事故发生的除外。《保险法》第二十七条第三款规定，保险事故发生后，投保人、被保险人或者受益人以伪造、变造的有关证明、资料或者其他证据，编造虚假的事故原因或者夸大损失程度的，保险人对其虚报的部分不承担赔偿或者给付保险金的责任。本案被上诉人常某向保险公司报警称驾驶员系温某，而几天后在交警队询问时称自己（常某）为驾驶员。故《交通事故认定书》依据对其询问及现场勘察情况等证据作出的"道路事故发生经过"，导致"事故形成原因"可能存在与事实不符的情况。必然导致保险人无法确定保险事故的性质、原因，故依据上述规定，保险人不承担赔偿或者给付保险金的责任。且《保险法》第五条规定，保险活动当事人行使权利、履行义务，应当遵循诚实信用原则。常某在谁是驾驶员的重要问题上违背上述原则。

综上所述，某财险公司的上诉请求成立，应予支持。依照《保险法》第五条、第二十一条、第二十七条第三款，《中华人民共和国民事诉讼法》第一百七十条第一款第二项规定，判决如下：

一、撤销河北省甲市乙区人民法院（2019）冀 0110 民初 3235 号民事判决；

二、驳回常某的诉讼请求。

一、二审案件受理费 2 580 元，鉴定费 3 124 元，由常某负担。

本判决为终审判决。

常某申请再审称：一、申请人作为投保人在被申请人处投保了三者险，被申请人应当对相关免责条款向申请人作出告知和提示义务。但事实上，申请人自投保后，被申请人业务人员未向其送达《机动车综合商业保险免责事项说明书》且该免责声明的"本人确认收到条款及机动车综合商业保险免责事项说明书"的签名非申请人本人签字或书写，更没有就保险条款中有关责任免除的情况向申请人作明确说明，故保险条款中的免责条款应属无效，被申请人应在保险范围内承担保险责任。二、被申请人以申请人驾驶机动车发生交通事故后逃逸，其行为属于三者险条款第二十四条第二款第一项约定的免责事由，是错误的。申请人没有逃逸。事故认定书认定申请人"逃逸"不符合事实，不应采纳。根据《最高人民法院关于审理道路交通事故损害赔偿案件适用法律若干问题的解释》第二十七条"公安机关交通管理部门制作的交通事故认定书，人民法院应依法审查并确认其相应的证明力，但有相反证据推翻的除外"。所以，事故认定只是证据的一种，并非认定事实的结论。事实上，申请人离开事故现场是另有客观原因，并非为了逃避法律责任，并且离开时留下爱人和朋友等待事故处理，更能证明不是为了逃避法律责任，因此，事故认定书关于申请人"逃逸"的认定不符合事实，法院不应采纳。三、原审适用法律错误。第一，申请人不具有《保险法》第二十一条规定的情形，保险事故发生后，申请人第一时间向被申请人报险，并且没有导致对保险事故的性质、原因、损失程度的认定造成任何影响。第二，申请人不具有《保险法》第二十七条第三款规定的情形，申请人并未伪造、变造任何证明、资料，也未编造虚假事故或夸大损失程度，没有虚报。第三，原审判决在本院认为部分称"而几天后在交警队询问时称其为驾驶员"是错误的，没有任何证据证明交警询问发生在"几天之后"。另外，即使出现驾驶员与实际不符的情形，在事故认定书中早已经查明，并未对"道路事故发生经过"和"事故形成原因"等造成与事实不符的情况，更未导致被申请人无法确定保险事故的性质、原因。因此，被申请人不能据此免赔。请求：1. 撤销二审判决，依法再审改判；2. 由被申请人承担本案一审、二审、再审的全部诉讼费用。

本院经审查认为，《保险法》第二十一条规定，投保人、被保险人或者受益人知道保险事故发生后，应当及时通知保险人。故意或者因重大过失未及时通知，致使保险事故的性质、原因、损失程度等难以确定的，保险人对无法确定的部分，不承担赔偿或者给付保险金的责任，但保险人通过其他途径已经及时知道或者应当及时知道保险事故发生的除外。第二十七条第三款规定，保险事故发生后，投保人、被保险人或者受益人以伪造、变造的有关证明、资料或者其他证据，编造虚假的事故原因或者夸大损失程度的，保险人对其虚报的部分不承担赔偿或者给付保险金的责任。本案申请人向保险公司报警称驾驶员系温某，而后来在交警队询问时称自己（常某）为驾驶员。故由于申请人谎报驾驶员，可能导致《交通事故认定书》基于对驾驶员的询问及现场勘察情况等证据作出的"道路事故发生经过""事故形成原因"存在与事实不符的情况，必然导致保险人无法确定保险事故的性质原因，故依据上述规定保险人不承担赔偿或给付保险金的责任。常某的再审申请不属于《中华人民共和国民事诉讼法》第二百条规定的再审事由。

依照《中华人民共和国民事诉讼法》第二百零四条第一款、《最高人民法院关于适用〈中华人民共和国民事诉讼法〉的解释》第三百九十五条第二款规定，裁定如下：

驳回常某的再审申请。

【说明】这是一起法院认为投保人自身原因致使保险事故的性质、原因、损失程度等难以确定，保险公司对无法确定的部分不承担保险责任的案件。

本案常某驾车造成交通事故后，因为公司事务离开现场，拨打保险公司客服电话时报案驾驶员为温某，交警大队作出道路交通事故认定书，认定常某弃车逃逸负事故的全部责任。保险公司认为报案电话称驾驶员为温某系故意隐瞒事实真相，未按照《保险法》《保险合同》履行如实告知义务，且常某肇事后弃车逃逸属于违法情形，也是商业三者险的免责条款，故保险公司不承担保险责任。常某认为其离开事故现场另有客观原因，并非逃逸；即使出现驾驶员与实际不符的情形，在事故认定书中早已经查明，并未对"道路事故发生经过""事故形成原因"等造成与事实不符的情况，更未导致保险公司无法确定保险事故的性质、原因，保险公司应承担保险责任。一审法院支持了投保人的诉求，保险公司不服一审判决，提起上诉，二审法院撤销了一审法院的判决，投保人不服二审判决，申请再审，再审法院驳回了投保人的再审申请。

二审、再审法院没有支持投保人诉求的原因在于常某向保险公司报警称驾驶员系温某，而在交警队询问时称自身（常某本人）为驾驶员。故《交通事故认定书》依据对其询问及现场勘察情况等证据作出的"道路事故发生经过"，导致"事故形成原因"可能存在与事实不符的情况，必然导致保险人无法确定保险事故的性质、原因。故依据上述规定，保险人不承担赔偿或者给付保险金的责任。

站在事后分析的角度，本案中常某的离开事故现场的行为是基于一系列判断后作出的决策。案涉事故并非平常的两车相撞，没有对方当事人在场，故行为人认为是单方事故，接着认为单方事故不用报警就可以理赔处理，进一步认为不用报警就不用本人留在现场。1. 本案一审中有证人樊某是投保人的同事，两人系该财险公司的职工，樊某的证言中说道"撞桥墩我认为是单方事故，不用报事故科就可以理赔"。但事实上常某车辆撞坏的护栏、路面的所有人为中建二局基础设施建设投资有限公司，经乙区道路交通事故损害赔偿调解委员会调解，常某赔偿护栏损失、路面损失共计2万元。《道路交通安全实施条例》第八十八条规定，机动车发生交通事故，造成道路、供电、通信等设施损毁的，驾驶人应当报警等候处理，不得驶离。所以本案并非单方事故，投保人应当报警。2. 关于肇事逃逸的问题，常某认为其离开现场处理公司事务，且其本人系该财险公司员工，作为同一公司不属于逃逸情形。常某在此强调了他的主观因素，即没有逃避法律责任的故意，但本案并非一个刑事案件，不涉及定罪量刑，也就不需要考虑逃避法律责任的主观故意，只需要认定是否存在逃逸的事实。关于交通肇事逃逸的认定，《道路交通安全法》和国务院《道路交通安全实施条例》上并没有交通肇事逃逸的定义。甘肃省《道路交通安全条例》第六十六条可以在此借鉴一下，机动车驾驶人肇事后有下列情形之一的，认定为交通肇事逃逸：（一）驾驶车辆或者遗弃车辆逃离事故现场的；（二）报案后不及时抢救伤者或者保护现场，逃离事故现场后又返回的；（三）将伤者送到医院后，未报案或者未留下真实联系信息离开的；（四）在接受调查期间逃匿的。常某肇事后自己离开了事故现场，符合"驾驶车辆或者遗弃车辆逃离事故现场"的表现，交警大队认定交通肇事逃逸是准确的。所以，投保人离开事故现场属于肇事逃逸。

对于法院依据《保险法》第二十一条认为投保人自身原因致使保险事故的性质、原因、损失程度等难以确定，是因为常某向保险公司报警称驾驶员系温某，而在交警队询问时称自己为驾驶员。如果驾驶员是常某，如前分析，常某构成交通肇事逃逸；如果驾驶员是其妻子温某，温某作为肇事驾驶员一直留在事故现场，没有物理上的逃逸，那么常某向交警大队陈述自己是驾驶员，就构成了通常所说的"顶包"，这对于温某来说也构成了交通肇事逃逸。而对于这一事实难以确定的原因是常某造成，所以二审、再审法院没有支持常某的诉求。

第二十二条　保险事故发生后，按照保险合同请求保险人赔偿或者给付保险金时，投保人、被保险人或者受益人应当向保险人提供其所能提供的与确认保险事故的性质、原因、损失程度等有关的证明和资料。

保险人按照合同的约定，认为有关的证明和资料不完整的，应当及时一次性通知投保人、被保险人或者受益人补充提供。

【案例24】（2020）甘07民终1371号；（2021）甘民申2056号

2018年1月4日，曹某甲在某保险公司购买了"安×宝两全保险（2.0

增强版)"和"祥和幸×保意外伤害保障计划"保险险种，约定身故受益人为原告曹某乙（100%），"安×宝两全保险（2.0 增强版）"基本保险金额为100 000 元，保险期间为 2018 年 1 月 5 日起至 2048 年 1 月 4 日，交费方式为按年（10 次交清）。"祥和幸×保意外伤害保障计划"意外伤害身故、残疾保险金额为 80 000 元，交费方式为一次性，保险期间一年，曹某甲按合同约定交纳了 2018 年度、2019 年度保费。2019 年 10 月 21 日，曹某甲在家身故，曹某乙找某保险公司理赔，某保险公司按照被保险人已支付保险金 140% 即6 160 元进行了赔付。2020 年 6 月 18 日，曹某乙向一审法院提起诉讼，要求某保险公司支付保险金 180 000 元。

一审法院认为，被保险人曹某甲在被告保险公司购买了"安×宝两全保险（2.0 增强版）"和"祥和幸×保意外伤害保障计划"保险险种，签订了人身保险合同，双方形成保险合同关系，该保险合同成立并合法有效。现双方争议的焦点为：1. 被保险人曹某甲是否为意外死亡；2. 被告保险公司如何承担保险责任。因被保险人曹某甲死亡时家中再无他人，身体有伤痕，且曹某甲正值壮年，无疾病前兆，更无他杀嫌疑，不能排除意外跌倒受伤导致身故。原告主张被保险人意外死亡符合案件实际情况，予以认定。被告认为被保险人系疾病身故未提交相关证据，不予采信。原告主张被告承担意外身故保险责任，有事实依据，符合合同约定，应予支持。被告辩解其保险责任为期满保险金，与合同约定和案件基本事实不符，有避重就轻、规避责任、搪塞客户之嫌，与案件基本事实不符，与其设置推行该险种的意义相悖，违背了民事诚信原则，一审法院不予支持。

综上所述，原告曹某乙主张某保险公司赔付意外身故保险金的请求，一审法院予以支持。某保险公司已支付的保险金应从中扣除。依照《中华人民共和国合同法》第八条，《保险法》第二十三条、第三十条，《最高人民法院关于适用〈中华人民共和国民事诉讼法〉的解释》第九十条之规定，判决某保险公司给付原告曹某乙保险金 173 840 元，限于本判决生效后三十日内付清。案件受理费 3 900 元，由某保险公司负担。

某保险公司上诉，事实和理由：1. 一审判决认定"不能排除被保险人意外伤害导致身故，因而被保险人因意外伤害导致身故符合实际情况"，这种推理，逻辑严重混乱。2. 一审判决在无任何能够排除他杀、疾病导致身故的证据之基础上，竟排除了他杀、疾病导致身故等死亡原因，并且将死亡原因局限于他杀、疾病和意外伤害3种，明显存在事实认定不清甚至存在严重错误。3. 本案中被保险人身故的事故不满足意外伤害的"意外性"和"伤害性"，反而现有证据恰恰证明了被保险人是由于疾病身故的。4. 本案现有证据并不能证明被保险人的身故是由于遭受了保险合同约定的意外伤害而导致的，即不能证明被保险人的身故属于保险合同约定的保险事故，要求上诉人承担意外身故保险金，无任何法律依据和事实依据。综上，一审判决事实认定错误，逻辑推理混乱，恳请二审法院查明案件事实，支持上诉人的诉讼请求。

被上诉人曹某乙辩称，1. 民事诉讼证据举证责任的证明标准遵循"高度可能性"，而非刑事诉讼中证据证明标准必须达到"排除合理怀疑"，本案属民事争议，证明标准不能苛求"排除合理怀疑"，一审法院行为符合法律规定。2. 从常人的理解与判断，除疾病原因之外的死亡，通常被认为属于非正常死亡，即意外死亡，根据现有证据和生活经验能够推断被保险人系意外身故，但没有证据能够证明被保险人基于其他特殊原因身故。3. 村委会、公安机关等非专业医学机构，在非经科学检验的情况下推定死亡原因的，不具有证据证明力，不能被作为定案依据。4. 在举证责任分配上，被上诉人仅负有初步举证责任，上诉人如主张被保险人身故不属于保险事故，应当承担举证责任。综上所述，上诉人的上诉理由不能成立，应当依法予以驳回，维持原判。

二审法院认为，本案中，被保险人曹某甲在某保险公司购买的"安×宝两全保险（2.0增强版）"和"祥和幸×保意外伤害保障计划"中均约定了意外伤害身故保险金的赔付，现双方当事人争议的焦点问题是被保险人曹某甲的死亡是否属意外伤害所导致。根据双方签订的保险合同条款约定，意外伤害保险是指保险人对被保险人由意外伤害事故所致死亡或残疾，或者支付医疗费用，按照合同约定给付全部或者部分保险金的保险。按照意外伤害保险条款规定，保险公司承担保险责任须具备三个要件：（1）被保险人遭受了意外伤害事故且意外伤害事故发生在保险期限内；（2）被保险人死亡或残疾或支付医疗费用；（3）意外伤害事故是死亡、残疾或支付医疗费用的直接原因或近因。也即在保险期限内发生意外伤害事故是保险公司承担保险责任的首要条件。涉案意外伤害条款对"意外伤害"的释义为"指遭受外来的、突发的、非本意的、非疾病的客观事件直接致使身体受到的伤害"。本案中，被保险人曹某甲于2019年10月21日在家身故，并无直接证据证明曹某甲系受到意外伤害而导致身故，加之被上诉人在所发讣告中表明"父亲曹某甲，生于××，因突发疾病不幸于××逝世"，同时被上诉人在一审中向法庭提供的某县公安局某派出所《户籍注销证明》中亦记载"曹某甲于2019年10月21日由于各种疾病死亡原因注销户口"，其提供的××县委会证明中又注明"曹某甲于2019年10月21日，昏睡致死"。因此，被上诉人提交的证据与其主张的被保险人曹某甲系意外伤害导致身故相互矛盾。《保险法》第二十二条规定"保险事故发生后，按照保险合同请求保险人赔偿或者给付保险金时，投保人、被保险人或者受益人应当向保险人提供其所能提供的与确认保险事故的性质、原因、损失程度等有关的证明或资料。保险人按照合同的约定，认为有关的证明和资料不完整的，应当及时一次性通知投保人、被保险人或者受益人补充提供"。该条款明确规定保险事故的性质、原因、损失程度等方面的证明责任在投保人、被保险人或者受益人。被上诉人曹某乙在申请理赔以及诉讼中提供的死亡证明以及证人证言等，证明不了曹某甲的死亡原因系外来的、突发的、非本意的和非疾病所导致。依照《最高人民法院关于适用〈中华人民共和国民事诉讼法〉的解释》第九十条"当事人对自己提出的诉讼请求所依据的事实或者反驳对方诉讼请求所依据的事实，应当提供证据加以证明，但法律另有规定的除外。在作出判决前，当事人未能提供证据或者证据不足以证明其事实主张的，由负有举证证明责任的当事人承担不利后果"的规定，被上诉人曹某乙应承担对其不利的法律后果。一审法院就此问题认定有误，本院予以纠正。综上所述，上诉人某保险公司的上诉请求成立，予以支持。本院依据《中华人民共和国民事诉讼法》第一百七十条第一款（二）项、第一百七十五条之规定，判决如下：

一、撤销某县人民法院（2020）甘 0724 民初 1281 号民事判决；

二、驳回被上诉人曹某乙的一审诉讼请求。

曹某乙申请再审，再审法院认为，本案申请再审审查的焦点问题是被保险人曹某甲的死亡是否属意外伤害所致。《保险法》第二十二条规定："保险事故发生后，按照保险合同请求保险人赔偿或者给付保险金时，投保人、被保险人或者受益人应当向保险人提供其所能提供的与确认保险事故的性质、原因、损失程度等有关的证明或资料。保险人按照合同的约定，认为有关的证明和资料不完整的，应当及时一次性通知投保人、被保险人或者受益人补充提供。"根据曹某甲生前与某保险公司签订的保险合同中相关条款约定，意外伤害保险是指保险人对被保险人由意外伤害事故所致死亡或残疾，或者支付医疗费用，按照合同约定给付全部或者部分保险金的保险，故在保险期间内发生意外伤害事故是保险公司承担保险责任的首要条件；同时，案涉保险条款对"意外伤害"的释义为"指遭受外来的、突发的、非本意的、非疾病的客观事件直接致使身体受到的伤害"。本案中，曹某乙以被保险人曹某甲系因意外身故而向某保险公司主张理赔，其对此应承担举证证明责任，但曹某乙未提交有效证据予以证明，故二审结合曹某乙在一审诉讼中提交的某县公安局某派出所《户籍注销证明》、某县某镇某村村委会证明，及其发布的讣告等，综合认定无法证明曹某甲的死亡系外来的、突发的、非本意的和非疾病原因所致，进而驳回曹某乙的诉讼请求，并无不当。申请再审期间，曹某乙未提交新证据，其再审理由均不能成立。综上，曹某乙的再审申请不符合《中华人民共和国民事诉讼法》第二百条第一项、第六项规定的再审事由。

依照《中华人民共和国民事诉讼法》第二百零四条第一款，《最高人民法院关于适用〈中华人民共和国民事诉讼法〉的解释》第三百九十五条第二款的规定，裁定如下：

驳回曹某乙的再审申请。

【说明】本案是一起受益人以被保险人意外身故主张理赔，法院认为其应承担举证证明责任但未提交有效证据予以证明，未支持其诉求的案件。

在民事诉讼中有一条重要的原则叫作"谁主张，谁举证"，也就是《民事诉讼法》第六十七条指出的，当事人对自己提出的主张，有责任提供证据。这一原则来源于生活并且在实践中有丰富的应用，即当事人要对自己提出的主张提供证据并加以证明。另外，《保险法》第二十二条规定："保险事故发生后，按照保险合同请求保险人赔偿或者给付保险金时，投保人、被保险人或者受益人应当向保险人提供其所能提供的与确认保险事故的性质、原因、损失程度等有关的证明或资料。"此条规定就是要求投保人、被保险人、受益人等相关人员承担保险事故的性质、原因、损失程度的证明责任。这里所讲的"有关的证明和资料"主要是指：保险单或者保险凭证的正本；已支付保险费的凭证；账册、收据、发票、装箱单、运输合同等有关保险财产的原始单据；身份证、工作证、户口簿或者其他有关人身保险的被保险人姓名、年龄、职业等情况的证明材料；确认保险事故的性质、原因、损失程度等的证明和资料，如调查检验报告、出险证明书、损害鉴定、被保险人死亡证明或者丧失劳动能力程度鉴定、责任案件的结论性意见等；索赔清单，如受损财产清单、各种费用清单、其他要求保险人给付的详细清单等。

本案的焦点是被保险人的死亡是否属意外伤害所致，如果是意外伤害死亡，保险公司则承担保险责任；不是意外伤害死亡，保险公司不承担保险责任。这里又涉及对意外伤害的定义，对于意外伤害的定义法院援引了保险合同条款，意外伤害的释义为"指遭受外来的、突发的、非本意的、非疾病的客观事件直接致使身体受到的伤害"，这一定义也是符合社会一般人对意外伤害的认识的，并没有违反公序良俗。在这一定义明确且双方签订合同认可的前提下，需要受益人提供相关的材料来证明发生的事实符合这一定义。结合本案，某县公安局某派出所《户籍注销证明》中记载"曹某甲由于各种疾病死亡原因注销户口"，××村委会证明中注明"曹某甲昏睡致死"。此两份证据由受益人提供，分别来源于公安机关和村委会。根据证明文件的内容无法确认被保险人是遭受外来的、突发的、非本意的、非疾病的客观事件致死。所以，本案的二审和再审法院均认为受益人没有提供有效的证据证明其主张，因而不予支持其诉求。

第二十三条 保险人收到被保险人或者受益人的赔偿或者给付保险金的请求后，应当及时作出核定；情形复杂的，应当在三十日内作出核定，但合同另有约定的除外。保险人应当将核定结果通知被保险人或者受益人；对属于保险责任的，在与被保险人或者受益人达成赔偿或者给付保险金的协议后十日内，履行赔偿或者给付保险金义务。保险合同对赔偿或者给付保险金的期限有约定的，保险人应当按照约定履行赔偿或者给付保险金义务。

保险人未及时履行前款规定义务的，除支付保险金外，应当赔偿被保险人或者受益人因此受到的损失。

任何单位和个人不得非法干预保险人履行赔偿或者给付保险金的义务，也不得限制被保险人或者受益人取得保险金的权利。

【案例25】（2018）鲁02民终3292号；（2019）鲁民申3137号

2014年12月5日，某运输队为冀J×××××号车在某财产保险公司投保驾乘意外险，保险期间自2014年12月5日至2015年12月4日，约定意外身故、伤残保额50万元，意外医疗费用保额5万元。2015年5月11日22时5分，张某驾驶涉案车辆发生交通事故受伤，住院治疗45天，产生医疗费68 785.79元。某财产保险公司依照保险合同赔付了张某意外医疗费用5万元。张某现主张某财产保险公司赔付意外身故、伤残保险金50万元。另查明，张某因本次事故所受伤害经鉴定构成九级伤残、十级伤残各一处，综合评定为九级伤残，鉴定费1 100元（××致残等级）。另查明，张某同胞兄弟姐妹共5人，被抚养人包括父亲（77岁）、母亲（77岁）。张某因伤导致误工三个月，住院期间需二人护理，出院后需一人护理一个月。

原审法院认为，某运输队为冀J×××××号车在某财产保险公司投保驾乘意外险，张某作为该车驾驶员，系该保险合同中的被保险人及保险受益人，当保险事故发生时，享有对保险人的保险金给付请求权。某财产保险公司辩称其提交的保险条款中附有伤残比例赔付表，应按赔付表规定的标准计算保险金，但并无证据证明其向投保人或张某交付了保险条款，且根据《最高人民法院关于适用〈中华人民共和国保险法〉若干问题的解释（二）》第九条规定：保险人提供的格式合同文本中的责任免除条款、免赔额、免赔率、比例赔付或者给付等免除或者减轻保险人责任的条款，可以认定为保险法第十七条第二款规定的"免除保险人责任的条款"，故该比例赔付表系免除保险人责任的条款，某财产保险公司无证据证明其就该条款中的免责部分以书面或者口头形式向投保人作出了提示和明确说明义务，该条款对张某不产生效力，原审法院对某财产保险公司该抗辩不予支持，应按张某本次事故的实际损失在保险金额内计算赔偿。同理，某财产保险公司主张按照保险条款约定的标准评定张某伤残等级，但并无证据证明该保险条款交付张某或投保人，且依照《保险法》第三十条规定：采用保险人提供的格式条款订立的保险合同，保险人与投保人、被保险人或者受益人对合同条款有争议的，应当按照通常理解予以解释。对保险条款有两种以上解释的，人民法院或者仲裁机构应当作出有利于被保险人和受益人的解释。故张某主张××致残等级评定伤残符合法律规定。参照《中华人民共和国侵权责任法》并依据鉴定结论，张某损失包括残疾赔偿金 191 831.2 元（2016 年度某市城镇居民人均可支配收入43 598 元×20 年×22%），被抚养人生活费 12 445.4 元（2016 年某市城镇居民人均消费性支出 28 285 元×5 年×22%÷5 人×2），误工费 14 437 元（2016 年某市在岗职工社会平均工资 58 551 元÷365 天×90 天），护理费19 249.6 元（2016 年某市在岗职工社会平均工资 58 551 元÷365 天×120 天），住院伙食补助费 4 500 元（100 元/天×45 天），上述共计 242 463.2 元，未超出涉案保险合同保险金额 50 万元，某财产保险公司应予赔偿。另外，本案鉴定费 1 100 元系为查明被保险人伤残等级支出，应由保险人即某财产保险公司承担。

综上，依照《保险法》第十条、第十七条、第三十一条规定判决：一、某财产保险公司于判决生效之日起十日内支付张某保险理赔款 242 463.2元；二、某财产保险公司于判决生效之日起十日内支付张某鉴定费 1 100 元。案件受理费 8 800 元，由双方当事人各承担 4 400 元，因张某已预交，某财产保险公司在履行上述付款义务时将应承担的诉讼费用一并给付张某。

张某不服判决，提起上诉，请求：依法改判保险公司保险赔偿款 50 万元并按银行同期贷款利率支付自 2015 年 8 月 1 日起至实际付款之日的利息。事实与理由：本案的保险合同系人身保险合同，不应当按照财产保险合同采用损失补偿原则进行保险赔付。被上诉人应当支付迟延赔付而造成上诉人的利息损失。

二审法院本院认为，围绕上诉人张某的上诉请求，二审争议的焦点问题是：一、本案保险赔偿是否应按损失补偿原则进行赔付；二、被上诉人应否承担上诉人保险赔偿金的利息损失。

关于本案保险赔偿是否应按损失补偿原则进行赔付问题，本案意外身故、伤残保险业务，属于人身保险业务，本案保险合同约定被保险人意外伤害致残的，按照伤残等级在保险金额范围内按比例赔付保险金。但该约定内容属于保险法规定的免责条款，被上诉人应当就免责条款的内容向投保人进行明确说明和提示，被上诉人并未提交证据证明其履行了上述义务，因此，上述免责条款对上诉人无约束力。但从上述约定可以看出，保险公司提供被保险人意外伤残保险赔付并非按照只要伤残即按保险金额全额赔付，因本案被保险人伤残的损失金额高于合同约定的按伤残等级进行赔付的金额，原审法院判决保险人按被保险人的实际损失数额进行赔付并无不当。

关于被上诉人应否承担上诉人保险赔偿金的利息损失问题，《保险法》第二十三条规定：保险人收到被保险人或者受益人的赔偿或者给付保险金的请求后，应当及时作出核定；情形复杂的，应当在三十日内作出核定，但合同另有约定的除外。保险人应当将核定结果通知被保险人或者受益人；对属于保险责任的，在与被保险人或者受益人达成赔偿或者给付保险金的协议后十日内，履行赔偿或者给付保险金义务。保险合同对赔偿或者给付保险金的期限有约定的，保险人应当按照约定履行赔偿或者给付保险金义务。保险人未及时履行前款规定义务的，除支付保险金外，应当赔偿被保险人或者受益人因此受到的损失。本案保险合同第十六条约定：保险人收到被保险人或者受益人的赔偿或者给付保险金的请求后，应当及时作出核定；情形复杂的，应当在三十日内作出核定。但保险责任的核定必须依赖于特定证明、鉴定、判决、裁定或者其他证据材料的，保险人应当在被保险人或者受益人提供或自行取得上述证据材料起三十日内作出核定。基于上述法律规定和合同约定，被上诉人有权在收到生效判决书后三十日内作出核定，并在核定十日内给付保险金。上诉人主张被保险人应当自其主张理赔之日起计收保险金所产生的利息，缺乏事实基础和法律依据，本院不予支持。

综上所述，上诉人的上诉理由部分成立，本院不予改判。依照《中华人民共和国民事诉讼法》第一百七十条第一款第（一）项之规定，判决如下：驳回上诉，维持原判。

张某不服，申请再审。

再审法院经审查认为，本案审查的焦点问题是：1. 原审判决太平财险向张某支付 242 463.2 元理赔款有无事实依据及法律依据。2. 原审对张某支付利息损失的请求不予支持是否具有事实依据及法律依据。

关于第一个焦点问题，依据双方无异议的保险单的约定，意外身故、伤残，每人保额为 500 000 元，同时特别约定第 3 条载明"本单严格按照车辆行驶证核定的座位承保每位驾乘人员的身故残疾保险金额与意外医疗保险金额以保单列明为限"。从上述约定可以认定，保单约定的意外身故伤残 500 000 元保额仅是最高限额，张某主张只要伤残即按保险金额 500 000 元全额赔付与保单约定不符，因此，原审法院判决太平财险按张某的实际损失数额 242 463.2 元进行赔付具有合同依据与法律依据。

关于第二个焦点问题，《保险法》第二十三条规定：保险人收到被保险人或者受益人的赔偿或者给付保险金的请求后，应当及时作出核定；情形复杂的，应当在三十日内作出核定，但合同另有约定的除外。保险人应当将核定结果通知被保险人或者受益人；对属于保险责任的，在与被保险人或者受益人达成赔偿或者给付保险金的协议后十日内，履行赔偿或者给付保险金义务。保险合同对赔偿或者给付保险金的期限有约定的，保险人应当按照约定履行赔偿或者给付保险金义务。保险人未及时履行前款规定义务的，除支付保险金外，应当赔偿被保险人或者受益人因此受到的损失。本案中某财险对核保后无争议的意外医疗费用已依据合同约定依法理赔，但保险受益人也是被保险人的张某与承保人某财险之间对意外身故、伤残的相关保险条款产生争议，且保险合同的投保人又非张某本人，而该争议对理赔数额产生实质性影响，在对该争议条款双方未能形成一致意见或经依法裁决确定前，某财险理赔款数额尚未确定，因此，原审判决对张某关于某财险应当自其主张理赔之日起计付保险金所产生的利息的主张不予支持具有事实基础和法律依据。

综上，张某的再审申请不符合《中华人民共和国民事诉讼法》第二百条第二项、第六项规定的情形。依照《中华人民共和国民事诉讼法》第二百零四条第一款、《最高人民法院关于适用〈中华人民共和国民事诉讼法〉的解释》第三百九十五条第二款之规定，裁定如下：

驳回张某的再审申请。

【说明】本案是一起二审再审法院未支持理赔争议期间支付利息损失的案件。

本案被保险人参保驾乘意外险，意外身故、伤残保额50万元，意外医疗费用保额5万元。被保险人发生交通事故受伤，保险公司赔付了意外医疗费用5万元。被保险人提起诉讼主张某保险公司赔付意外身故、伤残保险金50万元。一审法院核定被保险人损失包括残疾赔偿金、被抚养人生活费、误工费、护理费、住院伙食补助费共计242 463.2元，判决保险公司承担。被保险人不服，申请二审、再审要求保险公司赔偿50万元并按银行同期贷款利率支付自2015年8月1日（申请理赔之日）起至实际付款之日的利息。二审维持原判，再审驳回了被保险人的诉求。本案案涉险种意外伤残保险赔付并非按照只要伤残即按保险金额全额赔付。根据保险公司的主张，被保险人伤残级别所对应的损失数额为10万元，法院援引《保险法》第三十条规定，作出有利于被保险人和受益人的解释。因本案被保险人伤残的损失金额高于合同约定的按伤残等级进行赔付的金额，一审法院判决保险人按被保险人的实际损失数额进行赔付并无不当。对于被保险人的利息主张，法院援引《保险法》第二十三条规定，认为保险公司有权在收到生效判决书后三十日内作出核定，并在核定十日内给付保险金。主张被保险人应当自其主张理赔之日起计收保险金所产生的利息，缺乏事实基础和法律依据，不予支持。

保险理赔的程序：1. 立案查验。保险公司接到出险通知后，应当及时查验、了解损失情况及原因，查对保险单，登记立案。2. 审核证明和资料。保险公司对投保人、被保险人或者受益人提供的有关证明和资料进行审核，以确定保险合同是否有效，保险期限是否届满，受损失的是否是保险财产，索赔人是否有权主张赔付等。3. 核定保险责任。保险公司经过对事实的查验和对各项单证的审核后，作出自己应否承担保险责任及承担多大责任的核定，并将核定结果通知被保险人或者受益人。4. 履行赔付义务。保险公司在核定责任的基础上，对属于保险责任的，在与被保险人或者受益人达成有关赔偿或者给付保险金额的协议后十日内，履行赔偿或者给付保险金义务。

本条第二款"保险人未及时履行前款规定义务的，除支付保险金外，应当赔偿被保险人或者受益人因此受到的损失"。这里的赔偿损失就是保险公司应当支付的保险金的利息损失。但此处有个前提条件，即保险公司与被保险人或者受益人达成了协议，达成协议不及时履行则应承担违约责任。本案保险公司与被保险人在诉讼前未达成一致协议，法院判决也未生效，所以保险公司没有对"协议"违约，所以法院不予支持被保险人利息主张并无不当。

第二十四条　保险人依照本法第二十三条的规定作出核定后，对不属于保险责任的，应当自作出核定之日起三日内向被保险人或者受益人发出拒绝赔偿或者拒绝给付保险金通知书，并说明理由。

【案例26】（2021）云23民终1515号

杨某甲、李某、张某向一审法院起诉请求：1. 请求判令杨某乙、某物流公司、某财险公司向杨某甲、李某、张某支付因交通事故造成的经济损失共计人民币43 600元（先由保险公司在机动车交通事故责任强制保险和机动车商业保险第三者责任险范围内赔付，再由物流公司和杨某乙承担）；2. 请求判令本案诉讼费由杨某乙、某物流公司、某财险公司承担。

一审法院认定事实：云A××的大型汽车牵引粤B××号车是由主驾驶员郭某和副驾杨某乙共同驾驶。杨某乙是某物流公司雇佣的驾驶员。发生事故时，是履行职务行为。2021 年 1 月 24 日，杨某乙驾驶车牌号为云 A××的大型汽车牵引粤 B××号车，沿某县 G56 杭瑞高速路行驶，其行驶至杭瑞高速 K2 328＋100 米处变更车道时，挂车左后侧与杨某甲驾驶的云 D××号右侧刮擦，云 D××号车往左避让过程中又与云 A××擦碰，造成杨某甲驾驶的云 D××号车所载的两头牛、一只羊受伤。此次事故经云南省公安厅交通警察总队高速公路交通警支队昆楚大队作出认定：杨某乙承担此事故的全部责任，杨某甲无责任、云 A××罗某无责任。事故发生时，杨某乙向某财险公司报了险。某财险公司于 2021 年 1 月 25 日进行了查勘，对受伤的大黄牛约 300 公斤，估价 26 000 元；小黄牛约 250 公斤，估价 20 600 元；一只羊估价 4 300 元；并对受伤的两头黄牛和一只羊进行处理，得残值 7 000 元。某财险公司已将 7 000 元残值款支付给了张某。扣除残值某财险公司还应赔付 43 600 元进行了确认。另查明，受伤的两头黄牛是李某的，羊是张某的，杨某甲帮其运输，李某、张某付其运费。张某收取 7 000 元残值款扣除 4 300 元羊款，已将余款 2 700 元支付给了李某。

一审法院认为：根据《中华人民共和国民法典》第一千二百零八条"机动车发生交通事故造成损害的，依照道路交通安全法律和本法的有关规定承担赔偿责任。"和第一千二百一十三条"机动车发生交通事故造成损害，属于该机动车一方责任的，先由承保机动车强制保险的保险人在强制保险责任限额范围内予以赔偿；不足部分，由承保机动车商业保险的保险人按照保险合同的约定予以赔偿；仍然不足或者没有投保机动车商业险的，由侵权人赔偿。"的规定，本案云 A××的大型汽车牵引粤 B××号车发生交通事故造成损害，属于该机动车一方责任的，先由某财险公司在财损强制保险责任限额 2 000 元范围内予以赔偿；不足部分，由承保机动车商业保险的保险人按照保险合同的约定予以赔偿，某财险公司未向本院提交商业保险合同免责赔付约定的证据，且投保人又不认可拒赔理由，按民事诉讼法"谁主张，谁举证"的原则，属举证不能。故某财险公司拒赔的理由不能成立，一审法院不予支持。不足部分 41 600 元在云 A××的大型汽车牵引粤 B××号车投保的商业第三者险 1 000 000 元中赔付。综上所述，依照《中华人民共和国民法典》第一千二百零八条、第一千二百一十三条及《中华人民共和国民事诉讼法》第六十四条的规定，判决：一、由某财险公司在云Ａ××的大型汽车牵引粤Ｂ××号车承保的机动车强制保险和商业保险范围内赔偿李某43 600元黄牛损失。判决生效后三十日内履行完毕。二、驳回杨某甲、张某的诉讼请求。案件受理费减半收取445元，由某物流公司承担。因杨某甲、李某、张某起诉时已预交，现由某物流公司在判决生效后支付给杨某甲、李某、张某。

某财险公司上诉请求：1. 请求撤销云南省禄丰市人民法院（2021）云2302民初1156号民事判决书第一项，改判某财险公司不承担保险赔偿责任；2. 一审、二审案件受理费由被上诉人承担。事实与理由如下：

一、2021年1月24日，杨某乙驾驶云Ａ××号大型汽车牵引粤Ｂ××号车发生交通事故时，其驾驶证处于实习期内，根据《中华人民共和国道路交通安全法实施条例》第二十二条第二款规定"机动车驾驶人在实习期内不得驾驶公共汽车、营运客车或者执行任务的警车、消防车、救护车、工程抢险车以及载有爆炸物品、易燃易爆化学物品、剧毒或者放射性等危险物品的机动车；驾驶的机动车不得牵引挂车"。其在实习期内驾驶机动车的行为属于违法行为。同时，某物流公司为云Ａ××号车投保交强险和商业险时，上诉人已将机动车第三者责任保险条款中免除保险责任的情形告知某物流公司，根据《中国保险行业协会机动车综合商业保险示范条款》第二十四条"在上述保险责任范围内，下列情况下，不论任何原因造成的人身伤亡、财产损失和费用，保险人均不负责赔偿：（二）驾驶人有下列情形之一者：5. 实习期内驾驶公共汽车、营运客车或者执行任务的警车、载有危险物品的机动车或牵引挂车"。所以，杨某乙实习期内驾驶机动车牵引挂车的行为违反了法律禁止性规定，属于保险条款中责任免除的情形，根据保险条款的约定上诉人不应承担赔偿责任。

二、一审法院事实认定错误，导致误判上诉人赔偿李某43 600元。2021年1月25日，上诉人的查勘员对事故发生后李某、杨某甲、张某的牛、羊进行查勘时，双方并未对牛、羊的价值和上诉人回收牛、羊残值的价格协商一致。杨某甲、李某、张某坚持要上诉人赔付50 900元，而上诉人只能赔付

40 000元牛、羊损失加7 000元的牛、羊残值。最后双方未能协商一致，杨某甲、李某、张某将牛、羊拉走自行处置，上诉人的查勘员调查后发现本案存在拒赔情形，故上诉人也没有对杨某甲、李某、张某的损失进行理赔。所以，一审法院以"某财险公司于2021年1月25日进行了查勘，对受伤的大黄牛约300公斤，估价26 000元；小黄牛约250公斤，估价20 600元；一只羊估价4 300元；并对受伤的两头黄牛和一只羊进行处理，得残值7 000元。某财险公司已将7 000元残值款支付给了张某。扣除残值，某财险公司还应赔付43 600元进行了确认"，上述认定事实错误。综上所述，请二审法院查明事实，驳回杨某甲、李某、张某对上诉人的诉请。

杨某甲、李某、张某答辩称：

一、一审法院认定事实清楚，证据采信正确，适用法律正确，应当予以维持。本案中，杨某甲一审向法院提交了多组证据，该证据全部系代理人从上诉人处调取的证据未经任何剪辑过的且有"中国××"四个红色字体的资料证明。证据显示上诉人公司指派工作人员到达现场进行勘察，通过市场价估算及三方协商杨某甲、李某、张某的财产损失合计50 600元，伤残牛羊被上诉人公司以7 000元价值处理，扣除残值7 000元（杨某甲领取且与其他答辩人协商清楚），还应支付43 600元。一审法院采信杨某甲提交的证据完全正确，依据《中华人民共和国民法典》第一千二百零八条作出判决也正确。

二、上诉人不存在拒赔事由，其依据《中国保险行业协会机动车综合商业保险示范条款》第二十四条上诉的理由不能成立。本案通过交警部门认定杨某乙负事故的全部责任，杨某乙驾驶的车辆系某物流公司所有，该车辆在上诉人处购买了交强险和商业保险。事故发生后，双方当事人均向上诉人处报案，上诉人全程指导事故双方进行处理，后达成一致的赔偿意见，上诉人处同意7个工作日内进行理赔，答辩人半个月后还是没有收到赔偿款，遂打电话询问，上诉人称其还在审核中，答辩人再次电话要求处理时，上诉人才告知答辩人杨某乙属于实习期驾驶挂车发生事故，不属于保险公司理赔范围。根据《保险法》第二十三条："保险人收到被保险人或者受益人的赔偿或者给付保险金的请求后，应当及时作出核定；情形复杂的，应当在三十日内作出核定"；根据《保险法》第二十四条："保险人依照本法第二十三条的规定作出核定后，对不属于保险责任的，应当在作出核定之日起三日内向被保险人或者受益人发出拒绝赔偿或者拒绝给付保险金通知书，并说明理由"。本案上诉人事故发生第二日即与答辩人达成赔偿，后也未通知答辩人和事故全部责任人杨某乙拒赔情况。答辩人一审代理人通过去上诉人处调取的某财险公司机动车辆保险不予受理通知，显示日期为2021年4月1日，且没有事故当事人签字或拒绝签字的说明，上诉人明显违反《保险法》3日内拒赔书面通知的强制性规定，现依据《中国保险行业协会机动车综合商业保险示范条款》第二十四条提起上诉系错误的。

综上所述，一审法院事实认定清楚，证据采信正确，法律适用正确，上诉人的上诉理由不能成立，请求二审法院维持原判。

某物流公司答辩称：事故发生后，保险公司与杨某甲、李某、张某协商处理赔偿事宜，没有通知某物流公司参加，牛羊的价格也没有告知某物流公司，现在保险公司才说不合赔不合理。

二审中，经征询双方当事人对一审判决认定事实的意见，上诉人某财险公司对一审判决认定"某财险公司于2021年1月25日进行了查勘，对受伤的大黄牛约300公斤，估价26 000元；小黄牛约250公斤，估价20 600元；一只羊估价4 300元；并对受伤的两头黄牛和一只羊进行处理，得残值7 000元。某财险公司已将7 000元残值款支付给了张某。扣除残值，某财险公司还应赔付43 600元进行了确认"有异议，认为事实认定错误，双方没有就赔付金额达成一致。被上诉人杨某甲、李某、某物流公司对一审法院认定事实均无异议。

本院二审期间，某财险公司提交证据：1. 微信聊天记录，欲证明上诉人就本案牛羊的损失和残值金额没有和被上诉人达成一致。2.《中国保险行业协会机动车综合商业保险示范条款》，欲证明该条款24条约定，实习期内驾驶机动车牵引挂车的，保险人不负赔偿责任。经质证，杨某甲、李某、某物流公司对上诉人提交的两组证据的真实性、合法性、关联性没有异议，但不认可上诉人的证明目的。

本院经审理认为，某财险公司提交的微信聊天记录系保险公司现场查勘人员向保险公司责任人员汇报情况，从微信聊天的内容结合杨某甲、李某的陈述，可以认定双方已就牛羊的损失金额达成一致，故某财险公司提出的异议不成立。本院对一审判决认定事实予以确认。

归纳双方当事人的诉辩主张，本案争议的焦点是：某财险公司是否应在机动车强制保险和商业保险范围内赔付李某损失？

本院认为：《保险法》第二十三条规定："保险人收到被保险人或者受益人的赔偿或者给付保险金的请求后，应当及时作出核定；情形复杂的，应当在三十日内作出核定，但合同另有约定的除外。保险人应当将核定结果通知被保险人或者受益人；对属于保险责任的，在与被保险人或者受益人达成赔偿或者给付保险金的协议后十日内，履行赔偿或者给付保险金义务。保险合同对赔偿或者给付保险金的期限有约定的，保险人应当按照约定履行赔偿或者给付保险金义务。保险人未及时履行前款规定义务的，除支付保险金外，应当赔偿被保险人或者受益人因此受到的损失。"第二十四条规定："保险人依照本法第二十三条的规定作出核定后，对不属于保险责任的，应当自作出核定之日起三日内向被保险人或者受益人发出拒绝赔偿或者拒绝给付保险金通知书，并说明理由。"本案中，某财险公司在事故发生后，对造成的损失情况进行了查勘，并且在事故责任车辆驾驶员杨某乙和投保人某物流公司均不在场的情况下，与财产损失人杨某甲、李某、张某协商受损牛羊的价值，并最终确定牛羊的价值和牛羊的残值，但此后某财险公司未按保险法规定进行核定，对其认为驾驶员杨某乙在实习期内驾驶机动车牵引挂车，保险人不负赔偿责任，也未向被保险人或者受益人发出拒绝赔偿或者拒绝给付保险金通知书。保险人未及时履行保险法规定的核定义务，应向受益人支付保险金。

综上所述，某财险公司请求改判的理由本院不予支持。依照《中华人民共和国民事诉讼法》第一百七十条第一款第一项之规定，判决如下：

驳回上诉，维持原判。

二审案件受理费890元由某财险公司负担。

本判决为终审判决。

【说明】这是一起保险公司未及时对保险事故进行核定、发出拒赔通知书，法院判决保险公司承担赔偿责任的案例。

两车剐蹭，造成车上牛羊受伤。保险公司勘察后支付了部分款项，后又拒赔，最终法院判决保险公司承担理赔责任。

保险公司在收到理赔申请后，经过对事故现场的实际查验和对索赔单证的审核，应当及时作出核定，对属于保险责任的，应当及时履行赔偿或者给付保险金的义务；对不属于保险责任的，应当向被保险人或者受益人发出拒赔通知书，拒赔通知书一般应以书面形式通知理赔申请人。本案保险公司在事故查勘后，在肇事车辆方人员均不在场的情况下，与财产损失方协商受损牛羊的价值，并最终确定牛羊的价值和残值。但此后保险公司未进行核定，也未向被保险人或者受益人发出拒赔通知书。法院认为保险公司未及时履行《保险法》规定的相关义务，故应向受益人支付保险金。

本案如果保险公司严格按照《保险法》规定的程序，法院将对保险公司提出的驾驶员在实习期内驾驶机动车牵引挂车不负赔偿责任这一抗辩进行审理，但因保险公司程序不合法，即未及时履行《保险法》规定的相关义务，只能承受不利的后果。

第二十五条　保险人自收到赔偿或者给付保险金的请求和有关证明、资料之日起六十日内，对其赔偿或者给付保险金的数额不能确定的，应当根据已有证明和资料可以确定的数额先予支付；保险人最终确定赔偿或者给付保险金的数额后，应当支付相应的差额。

【案例27】（2020）吉08民终741号；（2021）吉民申926号

2018年2月2日，刘某在某银行办理了贷款抵押个人房屋保险，由某财险公司与刘某签订了贷款抵押个人房屋保险合同，刘某用建筑面积为290.40平方米的商用房在保险公司投保。如房屋出现火灾、爆炸等事件造成损失，保险公司在50万元保险金额范围内承担赔偿责任。某银行在保险金额范围内为刘某贷款50万元。贷款投保前，某房地产估价公司对投保房屋进行了抵押贷款价格评估，评估价格为 1 074 480 元。2019 年 4 月 20 日，投保房屋发生火灾，火灾烧毁房屋。2019 年 5 月 27 日，某消防大队作出火灾事故认定书，认定起火原因排除起火厨房内电线线路故障、飞火、烟囱蹿火、雷击等自然因素、可燃物自燃、阴燃、人为纵火等因素引发火灾，不能排除电器故障和锅内温度过高引燃可燃物引发火灾。火灾发生后，保险公司未对火灾损失进行价格评估。

原审法院认为本案系保险合同纠纷，刘某与保险公司签订了贷款抵押个人房屋保险，双方签订合同后保险合同成立。刘某作为投保人，在保险期间内投保房屋发生火灾被烧毁，造成保险标的物损失。保险公司应当按照保险合同的约定负责赔偿。按照双方签订的贷款抵押个人房屋保险条款第二十六条规定"保险标的发生保险责任范围内的损失，保险人按照下列约定进行赔偿：（一）实际损失等于或高于保险金额，按照保险金额赔偿；（二）实际损失等于或高于保险金额，保险人赔偿使受损保险标的恢复到损失发生时状态的费用，该项费用以保险金额为限"。刘某投保的房屋，经通榆县消防大队认定，火灾烧毁了房屋，可以确认房屋已无修复可能。投保人报案后，保险公司应当找有资质鉴定部门对损毁房屋进行价格评估以确定赔偿数额。现保险公司拒绝对该房屋进行价格评估，仅凭自己单方询价作为赔偿火灾损失的依据，原审法院对其主张依法不予支持。烧毁的房屋在保险前已对投保房屋进行了价格评估，对评估结果，保险公司及农行均已认可。在投保房屋已作评估的前提下，保险公司与刘某签订了保险合同，农行按照评估价格办理了抵押贷款合同。因此，某房地产估价公司作出的房地产评估报告确认的房屋价格应视为投保标的的实际价值，且评估价格远远高于保险金额。因此，原审法院在现有证据的情况下，确认刘某投保标的的损失价格为 50 万元应为合理范围。刘某的赔偿申请符合法律规定，原审法院予以支持。综上所述，原审法院依照《保险法》第十条、第十二条、第十三条、第二十一条、第二十三条、第二十五条、第四十八条、第五十五条规定，判决：被告某财险公司于判决生效后十日内赔偿原告刘某房屋损失 50 万元。案件受理费 8 800.00 元由被告某财险公司负担。

某财险公司不服原审判决，提起上诉，请求：撤销原审判决，改判上诉人赔付火灾损失 195 841 元。事实和理由：第一，原审判决认定火灾烧毁房屋、无法修复毫无根据且与事实不符。被上诉人所投保房屋虽遭遇火灾损坏，但并未达到全损、不能修复的程度。上诉人提交的现场照片可以证实左侧一间冷库过火较为轻微，右侧一间冷库房盖及内墙保温材料烧毁，均可通过维修恢复房屋原状。原审凭被上诉人陈述及与案件结果存在明显利害关系的银行信贷员证言认定投保房屋毁损、无法修复，严重违背证据规则。第二，原审判决上诉人按照保险金额 50 万元赔付没有合法根据。按照《保险法》的规定以及保险合同约定，保险金额是保险人承担保险责任的最高限额，保险标的损失额度低于保险金额的，保险理赔以实际损失额为限。本案火灾发生后，上诉人通过现场查勘、询价定损，确认投保房屋的合理维修费用为 195 841元，被上诉人不认可上诉人核定金额，又未就其实际损失数额申请评估或提供其他证据，根据"谁主张、谁举证"的民事诉讼证据规则，应由被上诉人承担不利后果，依照上诉人核定的维修费用数额作出判决。第三，原审法院调取的《房地产抵押估价报告》与本案无关，原审以该估价报告确定保险理赔金额没有合法根据。原审法院调取的《房地产抵押估价报告》系 2018 年 1月 22 日被上诉人为办理贷款，单方委托评估机构出具的估价报告，评估目的是抵押贷款而不是确定保险标的价值，评估标的是用以抵押的房地产整体而不是地上房屋。而本案火灾发生于 2019 年 4 月 20 日，保险标的（地上房屋）并未发生全损，该估价报告与本案确定保险理赔金额无关，不能作为定损根据。如按原审判决认定，被上诉人房屋（不含土地使用权）价值 107.4 万元，保险金额 50 万元则属于不足额保险，按照《保险法》五十五条规定，上诉人只应按不足额比例赔付。综上，原审判决认定事实、适用法律均有错误，违背民事诉讼证据规则，判决与所认定事实相矛盾。请二审纠正错判，支持上诉人的上诉请求。

刘某辩称：1. 被上诉人的房屋价格在向某银行贷款时，已经委托有资质的评估机构对房屋价格进行了评估，评估价格远远超过 50 万元。所以，如果上诉人认为评估价格有异议，应当向法院申请进行评估，举证责任不在被上诉人；2. 被上诉人提供的询价定损报告，无事实和法律依据；3. 如果房屋进行维修，会产生一定的营业损失。所以，上诉人不能依据修复房屋的价格来确定房屋所受的损失。综上，一审判决认定事实清楚，适用法律正确。

二审查明，2018 年 2 月 2 日，刘某为从某银行贷款，由某财险公司与刘某签订了贷款抵押个人房屋保险合同。合同约定：刘某用建筑面积为 290.40 平方米的商用房在保险公司投保，如房屋出现火灾、爆炸等事件造成损失，保险公司在 50 万元保险金额范围内承担赔偿责任，农行通榆支行在保险金额范围内为刘某贷款 50 万元。《某财险公司贷款抵押个人房屋保险条款》第二十六条约定"保险标的发生保险责任范围内的损失，保险人按照下列约定进行赔偿：（一）实际损失等于或高于保险金额，按保险金额赔偿；（二）实际损失小于保险金额，保险人赔偿使受损保险标的恢复到损失发生时状态的费用，该项费用以保险金额为限"。第二十七条约定"保险标的遭受损失后，如果有残余价值，应由双方协商处理，如折旧归被保险人，由双方协商确定其价值，并在保险赔款中扣除"。投保人刘某在投保人声明栏签字确认"保险条款已阅读、除外责任已告知"。

贷款投保前，某房地产估价公司对投保房屋进行了抵押贷款价格评估，评估价格为 1 074 480.00 元。2019 年 4 月 20 日，投保房屋发生火灾，2019 年 5 月 27 日，某县消防大队作出火灾事故认定书，认定起火原因排除起火厨房内电线线路故障、飞火、烟囱蹿火、雷击等自然因素、可燃物自燃、阴燃、人为纵火等因素引发火灾，不能排除电器故障和锅内温度过高引燃可燃物引发火灾。本次火灾发生后，上诉人通过现场查勘询价定损确认投保房屋维修费用为 195 841.00 元。上诉人主张按此金额赔偿，被上诉人不同意。成诉。

原审及二审中，刘某拒绝对火灾损失，申请保险公估。

本院认为，上诉人与被上诉人签订的贷款抵押个人房屋保险合同系双方真实意思表示，不违反法律、行政法规的规定，合同合法有效。依据《保险法》第二十二条规定："保险事故发生后，按照保险合同请求保险人赔偿或者给付保险金时，投保人、被保险人或者受益人应当向保险人提供其所能提供的与确认保险事故的性质、原因、损失程度等有关的证明和资料。保险人按照合同的约定，认为有关的证明和资料不完整的，应当及时一次性通知投保人、被保险人或者受益人补充提供。"保险事故发生后，保险人可以就损失与投保人、被保险人或者受益人协商确定。不能达成一致定损意见的，投保人、被保险人或者受益人应当按照法律规定，申请保险公估鉴定，提供损失程度的有关证明和资料。本案中，刘某对保险公司的定损有异议，但在法院诉讼期间，经释明后仍拒绝申请保险公估鉴定。依据《中华人民共和国民事诉讼法》第六十五条第一款："当事人对自己提出的主张应当及时提供证据。"的规定和保险条款第二十六条的约定，刘某主张保险标的全部损失，要求保险公司赔偿全部保险金额，没有事实依据，本院不予支持。原审依据刘某贷款时的房地产评估报告，作为保险事故的定损依据，属证据采信错误。由于保险公司认可核定损失为投保房屋维修费用为 195 841.00 元，因此，依据《保险法》第二十五条："保险人自收到赔偿或者给付保险金的请求和有关证明、资料之日起六十日内，对其赔偿或者给付保险金的数额不能确定的，应当根据已有证明和资料可以确定的数额先予支付；保险人最终确定赔偿或者给付保险金的数额后，应当支付相应的差额"的规定，保险公司应在其认可核定损失范围内，先予支付刘某保险赔偿款 195 841.00 元。待最终赔偿或者给付保险金数额确定后，刘某另行主张差额部分。

综上所述，某财险公司的上诉请求成立，应予支持。一审判决认定事实不清，适用法律错误，应予纠正。依照《保险法》第二十二条、第二十五条，《中华人民共和国民事诉讼法》第六十五条第一款、第一百七十条第一款第二项规定，判决如下：

一、撤销某法院（2020）吉 0822 民初 1390 号民事判决；

二、某财险公司于本判决生效后十日内先行赔偿刘某房屋损失款 195 841.00元；

三、驳回刘某其他诉讼请求。

再审法院经审查认为，本案争议焦点是案涉房屋赔付价格如何确认的问题。《保险法》第二十二条规定："保险事故发生后，按照保险合同请求保险人赔偿或者给付保险金时，投保人、被保险人或者受益人应当向保险人提供其所能提供的与确认保险事故的性质、原因、损失程度等有关的证明和资料。保险人按照合同的约定，认为有关的证明和资料不完整的，应当及时一次性通知投保人、被保险人或者受益人补充提供。"保险事故发生后，保险人可以就损失与投保人、被保险人或者受益人协商确定。不能达成一致定损意见的，投保人、被保险人或者受益人应当按照法律规定，申请保险公估鉴定，提供损失程度的有关证明和资料。本案中，刘某提交了其贷款时对案涉房屋进行评估的报告，主张按此价值来确定保险理赔价格，某财险公司对此不予认可，主张按照保险公估鉴定价值来确认理赔价格。在此情况下，二审法院经释明后，刘某仍拒绝申请保险公估鉴定。《保险法》第二十五条规定："保险人自收到赔偿或者给付保险金的请求和有关证明、资料之日起六十日内，对其赔偿或者给付保险金的数额不能确定的，应当根据已有证明和资料可以确定的数额先予支付；保险人最终确定赔偿或者给付保险金的数额后，应当支付相应的差额。"由于某财险公司认可核定损失为案涉房屋维修费用195 841元，因此，二审改判某财险公司先予支付195 841元于法有据，待最终赔偿或者给付保险金数额确定后，刘某可另行主张差额部分，并无不妥。

依照《中华人民共和国民事诉讼法》第二百零四条第一款，《最高人民法院关于适用〈中华人民共和国民事诉讼法〉的解释》第三百九十五条第二款规定，裁定如下：

驳回刘某的再审申请。

【说明】本案是一起投保人拒绝申请保险公估鉴定为房屋定损，法院判决保险公司先行赔付其认可的核定损失的案件。

在案涉的房屋上存在两个与案情相关的法律关系。一个是房屋抵押贷款，即客户向银行申请贷款，为担保债务的履行将房屋抵押给银行，如客户不履行到期债务或出现其他约定的情形，银行作为债权人有权就该房屋优先受偿。另一个是火灾保险，即客户以房屋为标的向保险公司投保，在保险期间内房屋发生火灾被烧毁，造成保险标的物损失，保险公司按照约定赔偿。贷款时的房地产评估报告是在房屋抵押贷款活动中使用，银行可以将评估房屋的价值作为发放贷款的一个审批要素。对于承保火灾保险的保险公司来说，标的出险后更重要的是评估损失的大小，从而确定保险公司的保险责任。保险事故发生后，保险公司可以就损失与投保人、被保险人或者受益人协商确定。不能达成一致定损意见的，投保人、被保险人或者受益人应当按照法律规定，申请保险公估鉴定，提供损失程度的有关证明和资料。保险公估机构是第三方鉴定的一种，它是指接受委托，专门从事保险标的或者保险事故的评估、勘验、鉴定、估损理算等业务，并按约定收取报酬的机构。出现保险事故，保险公司与客户能达成一致定损意见的，保险公司就需依法按时履行理赔责任；如本案保险公司与客户不能达成一致定损意见的，就需要由保险公估机构鉴定。本案客户方拒绝申请保险公估鉴定，法院援引《保险法》第25条规定，判决某财险公司先行赔付其认可核定损失195 841元，待最终赔偿或者给付保险金数额确定后，客户方再行主张差额部分。

保险活动当事人可以委托保险公估机构等依法设立的独立评估机构或者具有相关专业知识的人员，对保险事故进行评估和鉴定。中国保险监督管理委员会2018年出台了《保险公估人监管规定》，用以规范保险公估人的行为，保护保险公估活动当事人的合法权益和公共利益，维护市场秩序。

第二十六条　人寿保险以外的其他保险的被保险人或者受益人，向保险人请求赔偿或者给付保险金的诉讼时效期间为二年，自其知道或者应当知道保险事故发生之日起计算。

人寿保险的被保险人或者受益人向保险人请求给付保险金的诉讼时效期间为五年，自其知道或者应当知道保险事故发生之日起计算。

【案例28】（2016）鲁民终2115号

徐某受崔某、毕某雇用在"某渔3069"渔船任厨师。2010年4月9日，毕某作为投保人向某保险公司投保了团体人身意外伤害保险，附加意外伤害医疗险。

某保险公司于2010年4月9日出具的保单号为A××的人身保险保险单

载明：投保人名称：毕某（某渔 3069、3070），被保险人人数：18 人（被保险人信息详细清单），承保责任（每一被保险人的保障范围与保险金额详细清单）险种名称：团体人身意外伤害保险、保障意外伤害，总保额 1 800 000 元；附加意外伤害医疗险，保障意外医疗，总保额 360 000 元，免赔为医疗保障：每人每次事故扣除 100 元，免赔额后按 80% 比例给付。保险期间：自 2010 年 4 月 10 日 0：00 起至 2011 年 4 月 10 日 0：00 止，支付确认日期为 2010 年 4 月 9 日。特别约定："1. 每船累计赔偿限额为 49 万元。2. 本保单仅承保某渔 3069 号、3070 号渔船上的船员，在其他船舶上出险不承担保险责任。3. 本保单仅对被保险人在以下活动范围内发生的保险事故承担赔偿责任：（1）在海上发生的；（2）上下班正常路线中；（3）与渔业生产相关的场所。4. 同意本保单所属批单增设 5 天观察期，即自申请批改之日起 5 天后生效。5. 被保险人应于知道或应当知道保险事故发生之日起 48 小时内通知保险公司，海上作业时出险还应于到港前 2 小时内再次通知保险公司。否则，投保人、被保险人及受益人应承担由于通知延迟致使保险公司增加的勘察、检查等费用；同时在条款规定的免赔基础上再增加 20% 的绝对免赔率；对由于延迟报案导致无法确定事故原因的案件，保险公司有权予以拒赔。6. 保险人仅承保钢质渔船船员的人身意外险，投保人已明确告知保险人本船为钢质渔船，如出险时作业船为木质或其他非钢质材料保险人不承担保险责任。7. 每一被保险船员在某保险公司的意外伤害保额以 10 万元为限，若超出此限额，超出部分无效，保险人对超出部分不承担保险责任。8. 被保险人须在索赔时向保险人书面提供与被保险人、受益人名称一致的账户信息，保险人将严格按照上述账户信息支付赔款。"各方当事人均未提交被保险人清单。随后，投保人分别于 2010 年 8 月 11 日、8 月 31 日、9 月 7 日增加了被保险人，某保险公司进行了批改，团体人身意外伤害保险保额增加至 216 万元。

2011 年 3 月 26 日，徐某在随"某渔 3069"渔船出海作业过程中因意外事故失踪。2011 年 10 月 19 日，一审法院作出（2011）青海法宣字第 34 号民事判决，判决宣告徐某死亡。

2011 年 3 月 28 日，毕某通过电话向某保险公司报险，报案称徐某在"某渔3069"渔船出海作业过程中失踪,出险地点为北纬32度11分200秒中国与韩国交界,出险时间为2011年3月26日。某保险公司未予理赔。

另外,杨某系徐某之配偶,徐某甲、徐某乙系徐某之女,徐某的父母已死亡。

一审法院认为,本案争议的焦点为三个上诉人的诉讼请求是否已超过诉讼时效。

依照《中华人民共和国海商法》第二百三十七条的规定,发生保险事故造成损失后,保险人应当及时向被保险人支付保险赔偿。本案中,依照保险单的记载,毕某为在"某渔3069、3070"渔船上工作的18名船员投保了团体人身意外伤害保险,附加意外伤害医疗险,每人保险金额为10万元。徐某为"某渔3069"渔船的船员,系被保险人,其在保险期间内在该渔船上工作期间失踪并被宣告死亡,属于团体人身意外伤害保险的保险责任,作为保险人,某保险公司应当予以全额赔付。

因投保时,被保险人没有指定受益人,保险法第四十二条第一款第(一)项的规定,保险金作为被保险人的遗产,由保险人依照《中华人民共和国继承法》的规定履行给付保险金的义务。依照《中华人民共和国继承法》第十条的规定,三上诉人系被保险人徐某的第一顺序法定继承人,有权向某保险公司主张履行给付保险金的义务。

依照海商法第二百六十四条的规定,根据海上保险合同向保险人要求保险赔偿的请求权,时效期间为二年,自保险事故发生之日起计算。海商法第二百一十六条第二款规定,海上保险合同项下的保险事故,是指保险人与被保险人约定的任何海上事故,包括与海上航行有关的发生于内河或者陆上的事故。本案中,涉案保险为团体人身意外伤害保险,被保险人徐某因意外事故下落不明被法院宣告死亡,被保险人徐某虽系在保险责任期间内下落不明,但一审法院判决宣告其死亡之时至三上诉人就本案提起诉讼之日已超过二年的诉讼时效,三上诉人已丧失胜诉权。某保险公司提出关于三上诉人的诉讼请求超过诉讼时效的抗辩成立,三上诉人的诉讼请求应予驳回。

综上所述,依照《中华人民共和国海商法》第二百一十六条第二款、第二百六十四条的规定，判决：驳回三上诉人对某保险公司的诉讼请求。案件受理费 2 300 元，由三上诉人负担。

二审中，三上诉人申请证人崔某出庭作证，以证明本案发生了诉讼时效中断的事由，三上诉人的诉请并未过诉讼时效期间。崔某作证称，2011 年底，崔某受三上诉人的委托，将其理赔材料提交某保险公司，之后某保险公司向崔某要求提供三上诉人的户口簿和身份证等资料，崔某不能提供。2015 年八、九月，某保险公司将理赔材料退还崔某。对崔某的证人证言，某保险公司质证如下：1. 证人是涉案渔船的船主，与被保险人有利害关系，其证言可信度不高，而且证人并非被保险人的受益人，其无权申请理赔。2. 证人并没有向某保险公司提出书面的理赔申请，保险理赔时，被保险人或被保险人的受益人应当填写理赔申请书并提供身份资料及死亡宣告的判决书。证人连基本的户口簿也没有向某保险公司提供，足以说明证人并未得到授权。除 2011 年 3 月 28 日某保险公司接到报案电话外，并没有任何人向我公司申请理赔和提交书面材料。

二审法院经审理查明：2011 年底，崔某受三上诉人的委托，将其理赔材料提交某保险公司，之后某保险公司向崔某要求提供三上诉人的户口簿和身份证等资料，崔某不能提供。2015 年八、九月，某保险公司将理赔材料退还崔某。

本院对于一审查明的其他事实予以确认。

本院认为，本案系人身保险合同纠纷，当事人争议的焦点问题为：三上诉人向某保险公司主张保险赔偿款是否超过诉讼时效。

从涉案保单记载的内容来看，涉案保单名称为"人身保险单"，险种名称"团体人身意外伤害保险、附加意外伤害医疗保险"，在保险条款中使用了人身保险特有的"受益人"的概念。由此可见，"某渔 3069"船船主毕某为船员徐某投保的是人身保险，保险标的是徐某的生命、身体和健康。《中华人民共和国海商法》第二百一十八条第一款规定："下列各项可以作为保险标的：（一）船舶；（二）货物；（三）船舶营运收入，包括运费、租金、旅客票款；（四）货物预期利润；（五）船员工资和其他报酬；（六）对第三人的责任；

（七）由于发生保险事故可能受到损失的其他财产和产生的责任、费用。"根据上述规定，海上保险合同标的不包括被保险人的生命、身体和健康。因此，本案纠纷不适用于《中华人民共和国海商法》的规定。一审法院认为本案所涉保险合同为海上保险合同，是错误的。

《保险法》第二十六条第一款规定："人寿保险以外的其他保险的被保险人或者受益人，向保险人请求赔偿或者给付保险金的诉讼时效期间为二年，自其知道或者应当知道保险事故发生之日起计算。"《中华人民共和国民法通则》第一百四十条规定："诉讼时效因提起诉讼、当事人一方提出要求或者同意履行义务而中断。从中断时起，诉讼时效期间重新计算。"本案所涉保险合同为团体人身意外伤害保险，本案三上诉人以被保险人徐某死亡为由要求某保险公司支付保险赔偿金。徐某因意外事故下落不明，于2011年10月19日被法院宣告死亡，三上诉人申请支付保险金的诉讼时效期间为自该日起二年。三上诉人为证明存在诉讼时效中断的情况，申请证人崔某出庭作证。本院认为，崔某为涉案渔船的船主，其与三上诉人之间有一定的利害关系。即使崔某的证言属实，其作为三上诉人的代理人，于2011年底将理赔资料提交给某保险公司申请理赔，此时诉讼时效中断，诉讼时效期间从此时起重新计算，崔某的证言未证明之后其何时向某保险公司请求支付保险金，应当认定诉讼时效未再次中断，诉讼时效期间于2013年底届满，三上诉人于2015年11月提起本案诉讼，已过诉讼时效。

综上所述，三上诉人的上诉请求不能成立，应予驳回。一审审判程序合法，判决认定事实清楚，适用法律正确，应予维持。依照《中华人民共和国民事诉讼法》第一百七十条第一款第一项规定，判决如下：

驳回上诉，维持原判。

【说明】本案是一起因诉讼时效届满，法院未支持受益人诉求的案件。

诉讼时效是指权利人在法定期间内不行使权利即丧失请求人民法院依法保护其民事权利的法律制度。具体地说，权利人享有某种权利，比如要求保险公司理赔，但这种权利要在一定的时间范围内行使，比如二年内，超过这一时间范围没有行使，法院就不再保护权利人的这个权利了。法院只保护权利人在诉讼时效内的胜诉权，超过诉讼时效再提起诉讼就会败诉。《民法典》第一百九十四条、第一百九十五条规定了诉讼时效中止和中断的情形：诉讼时效中止是指出现了发生在诉讼时效期间的最后六个月内的障碍，如不可抗力；无民事行为能力人或者限制民事行为能力人没有法定代理人，或者法定代理人死亡、丧失民事行为能力、丧失代理权；继承开始后未确定继承人或者遗产管理人；权利人被义务人或者其他人控制；等等。这些情形都是一些客观的因素导致。诉讼时效中断，是指出现了法定的情形，诉讼时效期间重新计算。如权利人向义务人提出履行请求；义务人同意履行义务；权利人提起诉讼或者申请仲裁；与提起诉讼或者申请仲裁具有同等效力的其他情形。

本案涉及的险种为团体意外伤害、意外医疗险种，属于人寿保险以外的其他保险，向保险公司请求赔偿或者给付保险金的诉讼时效期间为二年。诉讼时效自被保险人或者受益人知道或者应当知道保险事故发生之日起计算。2011年10月19日，法院作出民事判决宣告被保险人死亡，这个日期应当作为保险事故发生之日即诉讼时效起算日。本案中，保险受益人在2016年提起诉讼，已经超过了两年的诉讼时效，而且没有相关证据证明存在诉讼时效中止、中断的情形，故法院判决不予支持受益人的主张。

第二十七条 未发生保险事故，被保险人或者受益人谎称发生了保险事故，向保险人提出赔偿或者给付保险金请求的，保险人有权解除合同，并不退还保险费。

投保人、被保险人故意制造保险事故的，保险人有权解除合同，不承担赔偿或者给付保险金的责任；除本法第四十三条规定外，不退还保险费。

保险事故发生后，投保人、被保险人或者受益人以伪造、变造的有关证明、资料或者其他证据，编造虚假的事故原因或者夸大损失程度的，保险人对其虚报的部分不承担赔偿或者给付保险金的责任。

投保人、被保险人或者受益人有前三款规定行为之一，致使保险人支付保险金或者支出费用的，应当退回或者赔偿。

【案例 29】（2019）苏 13 民终 2090 号

2018 年 3 月 3 日，李某在某保险公司处购买商业保险，约定保险期间为 2018 年 3 月 5 日至 2019 年 3 月 5 日，车辆损失的保险金额为 288 100 元。2018 年 5 月 31 日 16 时许，李某驾驶青 A×× 越野客车经过某县某镇某村，因操作不当，将车辆驶入鱼塘中，造成车辆损坏。经某县公安局交通警察大队认定，李某承担本起事故的全部责任。

一审法院认为：本案的争议焦点为某保险公司应否承担赔偿责任。事故发生后，经某县公安局交警大队事故处理中队委托，某车辆检测研究院有限公司司法鉴定所于 2018 年 8 月 8 日出具痕迹物证技术鉴定，依据青 A×× 号轿车入水形态、案发路面信息及现场痕迹特征，鉴定青 A×× 号轿车发生落水事故原因系涉案驾驶员非过失行为所致。非过失行为意思为行为人有意识的自主行为、能够预见行为的损害后果而有意实施该种行为。一审法院认为，首先，某车辆检测研究院有限公司司法鉴定所出具的司法鉴定意见书真实、合法，与本案具有关联性，对其证明效力应予认可；其次，某保险公司已就保险条款的内容向投保人尽到告知、说明义务；最后，李某主张车辆损失 288 100 元，但未提供证据证明。故某保险公司不应承担本案的赔偿责任。

依照《中华人民共和国合同法》第六十条、《保险法》第十条、《最高人民法院关于适用〈中华人民共和国保险法〉若干问题的解释（二）》第十条和《中华人民共和国民事诉讼法》第一百四十二条规定，一审法院判决：驳回李某的诉讼请求。一审案件受理费 5 622 元，减半收取计 2 811 元，鉴定费 3 000 元，合计 5 811 元，由李某负担。

李某不服一审判决，提起上诉，申请二审。

二审中，围绕上诉请求，李某提供以下证据：

证据一，2016 年司法考试辅导用书第三卷第 324 页复印件一页，拟证明故意和过失属于主观方面范畴，案涉的鉴定报告是对当事人主观方面作出的鉴定，违背了委托方委托鉴定的要求，也超越了鉴定人本身的鉴定资质，所以该鉴定报告应当是不合法的。

179

证据二，2019 年 6 月 6 日关于驾驶员事故案例的手机腾讯新闻一则截屏打印件（打印文字内容：湖北襄阳一名女司机行驶中一脚油门，冲向对面车道，将一辆价值 30 万元的白色轿车撞得底朝天，坐在车上的丈夫发出 6 连绝望嘶吼），拟证明现实中存在着驾驶员在慌乱紧急处置时应该减速反而加油门这种事实，进而证明本案中鉴定报告认定李某的驾驶存在故意是错误的。

证据三，2018 年 6 月 15 日，李某与某保险公司的经办人的手机聊天记录一页，拟证明某保险公司告知了李某案涉车辆已经没办法修复，需要报废处理，所以李某在诉状中要求某保险公司按照车辆全损即 288 100 元予以赔偿。

某保险公司质证意见：对于证据一的真实性、合法性和关联性均不认可。李某提供的国家司法考试辅导用书第 324 页内容不能作为法律法规进行使用，对于不同的法学研究者而言，每人都有不一样的学术观点；对于证据二的真实性、合法性和关联性均不认可，该新闻与本案无任何关联性；对于证据三手机聊天记录真实性无异议，但对其证明内容不予认可。

本院认证意见：关于证据一，该资料内容系一种理论学术观点，不能作为本案定案证据使用；关于证据二，该新闻系案例报道，不能作为本案定案证据使用；关于证据三，鉴于某保险公司对证据的真实性予以认可，本院对该聊天记录系李某与某保险公司工作人员之间聊天内容予以认定。

经审理，本院对一审法院审理查明的事实依法予以确认。

本案二审的争议焦点为：某保险公司依据案涉鉴定报告作出的鉴定意见拒绝向李某理赔是否有事实和法律依据。

本院认为：受某县公安交警部门委托，某车辆检测研究院有限公司司法鉴定所于 2018 年 8 月 8 日出具痕迹物证技术鉴定，依据青 A××号轿车入水形态、案发路面信息及现场痕迹特征，鉴定青 A××号轿车发生落水事故原因系涉案驾驶员非过失行为所致。针对鉴定意见中的"非过失行为"，江苏淮工车辆检测研究院有限公司司法鉴定所出具情况说明解释如下：1. 行为人有意识的自主行为；2. 能够预见行为的损害后果而有意实施该种行为。该鉴定机构鉴定人还出庭接受当事人质询，鉴定人陈某是根据李某行车轨迹、痕迹及逻辑关系鉴定李某涉嫌故意行为，而不是对李某主观状态进行鉴定。对于案涉车辆坠河有无可能是驾驶员疏忽造成的这一问题，鉴定人出庭接受询问时陈述："根据我的鉴定经验及知识，只要不存在酒驾、毒驾、疲劳驾驶，我个人认为是不可能出现的。"而根据李某的陈述，其在事发时不存在酒驾、醉驾、毒驾、疲劳驾驶等情形。本院认为，该鉴定报告系鉴定机构根据案涉轿车入水形态、案发路面信息及现场痕迹特征等客观事实推断出的鉴定结论，而非单纯对当事人主观方面进行的鉴定，该鉴定报告具有证明效力，李某虽对案涉鉴定报告鉴定意见不予认可，但其未能提供证据推翻案涉鉴定报告的证明效力。另外，李某虽辩称"我开车下坡时，坡道比较长，当时我思考问题分神，当我回过神时，我就看到车方向走错了，我就想踩刹车结果一下子踩成油门了"，但事发时段属于白天且天气较好、视线清楚，事发路段属于下坡路段坡度较大且系弯道，李某作为一个早在十多年前即领取驾驶证且具备A2驾驶资格的驾驶员，驾驶经验丰富，驾驶习惯已形成，一般情况下，这种经验和习惯将直接影响驾驶人在遇到危险时的下意识操作，李某该辩解不符合一般常理。综上，在李某未提供证明其不具有驾车入河故意的证据情况下，某保险公司的证据足以形成证据优势，李某故意驾车入河的事实具有高度盖然性，本院对李某驾车入河系故意行为的事实予以认定。

双方签订的《机动车综合商业保险条款》第九条第六项规定，被保险人或其允许的驾驶人的故意行为导致的被保险机动车的损失和费用，保险人不负责赔偿。《保险法》第二十七条规定，未发生保险事故，被保险人或者受益人谎称发生了保险事故，向保险人提出赔偿或者给付保险金请求的，保险人有权解除合同，并不退还保险费；投保人、被保险人故意制造保险事故的，保险人有权解除合同，不承担赔偿或者给付保险金的责任。据此，对于李某案涉机动车的损失，某保险公司不承担商业险范围内的保险赔偿责任有事实和法律依据。

综上所述，李某的上诉请求不成立，应予驳回。依照《中华人民共和国民事诉讼法》第一百七十条第一款第一项的规定，判决如下：

驳回上诉，维持原判。

【说明】 本案是一起法院判决认为投保人故意制造保险事故，保险公司不承担赔偿责任的案件。

根据本法条规定，投保人、被保险人、受益人进行保险欺诈主要有三种情形：

一是在未发生保险事故的情况下谎称发生了保险事故。在这种情形下，当事人通常会伪造事故现场，编造事故原因，伪造有关证明文件和资料等，以骗取保险人的信任，非法取得保险金。

二是故意制造保险事故。现实中已发生了不少这样的案例：有的以死亡为给付保险金条件的保险合同的受益人，为了获取保险金而杀害被保险人或者造成被保险人伤残、染病；有的财产保险合同的被保险人纵火烧毁保险财产等。在这种情形下，虽然确实发生了被保险人死亡、伤残或者保险财产损失等事故，但这种事故是投保人、被保险人或者受益人图谋获取保险金而故意制造的，因此这种事故不属于保险合同约定的保险事故。投保人、被保险人或者受益人故意制造保险事故的行为，显然是一种保险欺诈行为。

三是保险事故发生后，投保人、被保险人或者受益人以伪造、变造的有关证明、资料或者其他证据，编造虚假的事故原因或者夸大损失程度。这种情形是指确实有保险事故发生，但投保人、被保险人或者受益人并不是根据保险事故实际所造成的人身伤残情况或者财产损失情况提出赔付保险金的请求，而是弄虚作假，伪造证据，夸大人身损害程度或者财产损失程度，企图得到超额的赔付。

投保人、被保险人、受益人采取以上三种方式进行保险欺诈的，应承担以下法律后果：

1. 在未发生保险事故的情况下，被保险人、受益人谎称发生了保险事故，向保险人提出索赔的，保险人有权解除保险合同，结束保险合同关系，并且不退还保险费。

2. 投保人、被保险人或者受益人故意制造保险事故的，保险人有权解除保险合同，不承担赔偿或者给付保险金的责任，除本法第四十三条规定的情形外，不退还保险费。按照第四十三条的规定，投保人已交足二年以上保险费的，保险人应当按照合同约定向其他权利人退还保险单的现金价值。

3. 发生保险事故后，投保人、被保险人或者受益人伪造、变造有关证明、资料或其他证据，编造事故原因，夸大保险标的损害程度或者损失程度的，保险人对其虚报的部分不承担赔偿或者给付保险金的责任。

投保人、被保险人或者受益人有以上保险欺诈行为致使保险人支付保险金或者支出费用的，应当退回或者赔偿。

第二十八条　保险人将其承担的保险业务，以分保形式部分转移给其他保险人的，为再保险。

应再保险接受人的要求，再保险分出人应当将其自负责任及原保险的有关情况书面告知再保险接受人。

【案例 30】（2021）川 01 民终 26146 号

2016 年 12 月 28 日，甲财保公司与乙人寿公司签订《共保协议》，约定：共同承保某集团某高速公路工程项目 D5 标段经理部建筑工程施工人员团体意外伤害保险业务。甲财保公司作为首席保险人，与被保险人洽谈有关保险事宜，并承诺遵守由甲财保公司与被保险人就有关保险事宜所作的决定；在不损害共同保险人利益的前提下，首席保险人直接对被保险人负责并对保险单有效期内发生的一切保险事宜负有最终决定权；共保比例为甲财保公司承担25%，乙人寿公司承担75%，共保各方同意按保单所附条款及相应共保比例承担保险责任，且按各自承保的份额办理法定再保险，并按规定纳税；甲财保公司代表共保各方直接对被保险人负责，按本共保协议的约定与投保人签订保险协议及保单，保险单由甲财保公司出具，共保各方充分理解并同意由甲财保公司代表保险人根据保单规定向投保人收取足额保险费，按照共保比例向共保各方划付保险费；保险责任以《建筑工程施工人员团体意外伤害保险（甲财险·普通意外保险）〔2016〕（主）009 号》条款为准；共保各方同意由甲财保公司全权处理有关理赔事宜，发生保险责任范围内的事故损失后，甲财保公司接到报案通知后，将在第一时间赶到现场查勘；发生保险损失后，共保方按各自共保比例承担保险损失，甲财保公司负责收齐理赔材料并作出最终报告，经与被保险人、共保各方就赔款达成一致意见后，先行安排保险赔款，之后再按共保比例向共保各方摊回，具体要求：对确定属于保险责任的，赔款金额在 50 万元以下的，由甲财保公司直接负责处理该项业务的理赔事宜，并先行支付相应赔款，甲财保公司在收齐理赔材料 10 个工作日内先行划付给被保险人，共保各方在收到原告交付的理赔材料复印件、赔款计算书、理赔分摊通知书后的 10 个工作日内，按承保比例将应摊付的赔款划付给甲财保公司。2016 年 12 月，甲财保公司与某集团有限公司某高速公路 D 标段 D5 分部签订了《建筑工程团体意外伤害保险协议》，约定：甲财保公司承保某集团有限公司某高速公路工程项目 D5 标段建筑工程团体意外伤害保险，被保险人为某集团有限公司叙古高速公路 D 标段 D5 分部项目部管理人员、施工人员，意外身故和残疾保险金额为每人 80 万元，附加意外伤害医疗为每人 8 万元（扣除次免赔额 100 元），保险期限为 2017 年 4 月 1 日至 2019 年 8 月 31 日，保险费为 1 972 841.2 元。

2017 年 1 月 5 日，某集团有限公司某高速公路 D 标段 D5 分部向甲财保公司缴纳 1 972 841.2 元保险费。甲财保公司出具《建筑施工人员团体意外伤害保险保险单》，保险单内容主要包括明细表、保险条款、投保单及其附件。明细表载明：施工企业为某集团有限公司某高速公路 D 标段 D5 分部，保险期间为 2017 年 4 月 1 日 0 时起至 2019 年 8 月 31 日 24 时止，建筑工程施工人员团体人身意外伤害综合保险残疾、身故保险责任每人 80 万元，建筑工程施工人员团体人身意外伤害综合保险意外医疗保险责任每人 8 万元，医疗次免赔 100 元，医疗保险赔付比例 100%，意外医疗保险赔付不需提供安检证明，被保险人在保险期限内累计死亡三人以上申请身故或残疾赔偿金时，须提供安监部门的事故证明；一级至十级对应给付比例分别为意外伤害保额的 100%、90%、80%，依次递减 10%，本保险合同使用的条款为《建筑工程施工人员团体意外伤害综合保险条款》。

《建筑工程施工人员团体意外伤害保险条款》载明：本保险合同的被保险人应为在建筑工程施工现场从事管理和作业并与施工企业建立劳动关系的自然人。2017年1月9日，甲财保公司向乙人寿公司支付了共保保费1 472 725.96元。根据实际保险费分摊的情况，某集团有限公司某高速公路D标段D5分部建筑工程施工人员团体意外伤害保险承保比例变更为甲财保公司占比25.35%，乙人寿公司占比74.65%。2017年5月19日，马某与某集团有限公司D5分部签订了《劳务用工合同书》，约定马某从事杂工工作，从2017年5月19日起至2018年5月18日止。2017年12月13日下午，马某在工地上班时摔伤住院治疗。之后，马某向甲财保公司索赔。马某出具转账支付授权确认书，指定将理赔款划入杜某的银行账户。2018年10月8日，甲财保公司将理赔款67 538.02元支付至杜某账户。甲财保公司向乙人寿公司发出赔款摊回通知等材料，要求乙人寿公司按比例摊回50 417.13元。庭审中，乙人寿公司对马某属于被保险人无异议；对如果其应当摊回理赔款，则金额为50 417.13元无异议。

一审法院认定以上事实，有甲财保公司提交的双方当事人工商登记信息、《共保协议》《建设工程团体意外伤害保险协议》及保险条款、《建筑施工人员团体意外伤害保险保险单》及明细表、转款回单、《劳务用工合同书》、转账支付授权确认书、索赔申请书、照片、医疗费票据、护理费收据、住院病历、赔款计算表、理赔款的支付回单、赔款计算书、摊赔通知书、邮寄凭证以及当事人陈述在案佐证等。

一审法院认为，甲财保公司与乙人寿公司签订的《共保协议》，系双方当事人真实意思表示且不违反法律、行政法规的强制性规定，应属合法有效，双方均应当按照约定履行合同义务。本案中，投保人某集团有限公司某高速公路D标段D5分部就"某集团有限公司某高速公路工程项目D5标段建筑工程"向保险人甲财保公司投保了建筑工程团体意外伤害保险，甲财保公司、乙人寿公司协议组成共保体，按照甲财保公司占比25.35%、乙人寿公司占比74.65%的比例及保险单所附条款承担相应保险责任。其中，甲财保公司负责代表共同保险人处理与投保人/被保险人之间的与共保有关的业务事项，负责保险单签发及收取保险费、先行支付赔款，根据《保险法》第二十八条"保险人将其承担的保险业务，以分保形式部分转移给其他保险人的，为再保险。应再保险接受人的要求，再保险分出人应当将其自负责任及原保险的有关情况书面告知再保险接受人"规定，投保人某集团有限公司某高速公路 D 标段 D5 分部与原保险人甲财保公司直接建立的保险合同关系为原保险，原保险人甲财保公司与乙人寿公司之间建立再保险权利义务关系，由双方订立的《共保协议》予以约束。马某作为被保险人，在施工过程中摔伤住院治疗，属于保险责任范围。乙人寿公司对此无异议，予以确认。甲财保公司作为首席保险人履行原保险保险金给付义务后，有权要求作为再保险接受人乙人寿公司履行摊回义务。虽然甲财保公司在事故发生后未按《共保协议》的约定到现场查勘，但该行为并不导致案涉事故性质及原因无法确定，不足以产生乙人寿公司可以不摊回或减少摊回保险金的后果。马某出具转账支付授权确认书，甲财保公司按其要求将理赔款支付给指定的杜某账户，履行了义务。乙人寿公司作为再保险接受人应当摊回保险金。乙人寿公司对如果其应当摊回理赔款，则金额为 50 417.13 元无异议，故乙人寿公司应当摊回的保险金为 50 417.13 元。甲财保公司还请求资金占用利息，一审法院认为，双方未约定利息，且甲财保公司未按《共保协议》的约定到现场查勘以致双方产生争议，因此不能认定乙人寿公司未及时履行摊回义务而应承担相应利息，故甲财保公司主张利息，不予支持。根据《共保协议》"对确定属于保险责任的，赔款金额在 50 万元以下的，由甲财保公司直接负责处理该项业务的理赔事宜，并先行支付相应赔款"的约定，乙人寿公司辩称发生保险损失后应与共保方达成协议后，由甲财保公司先行支付后再摊赔的理由不能成立。

综上所述，一审法院依照《中华人民共和国合同法》第六十条、第一百零七条、《保险法》第二十八条、《最高人民法院关于适用〈中华人民共和国民法典〉时间效力的若干规定》第一条第二款之规定，判决：一、乙人寿公司于判决发生法律效力之日起十日内向甲财保公司给付保险理赔款 50 417.13 元；二、驳回甲财保公司的其他诉讼请求。如果未按判决指定的期间履行给付金钱义务，应当依照《中华人民共和国民事诉讼法》第二百五十三条之规定，加倍支付迟延履行期间的债务利息。一审案件受理费1 060元，由乙人寿公司负担。

【说明】这是一起法院认定甲乙公司成立再保险权利义务关系，甲公司作为首席保险人履行原保险保险金给付义务后，有权要求作为再保险接受人的乙公司履行摊回义务。

再保险也叫分保，是指保险公司将其承保的保险业务，以承保形式，部分转移给其他保险公司。直接接受保险业务的保险公司称为原保险人，也叫再保险分出人；接受分出保险责任的保险公司称为再保险接受人，也叫再保险人。再保险可以分散保险公司的风险、控制损失、稳定经营。本案属于比例再保险，是原保险人与再保险人之间订立再保险合同，按照保险金额约定比例、分担责任。对于约定比例内的保险业务，分出人有义务及时分出，分入人则有义务接受，双方都无选择权。再保险是在原保险合同的基础上建立的，但两者在法律上是各自独立存在的合同，所以再保险的权利义务关系与原保险的权利义务关系，是相互独立的法律关系。也就是对于投保人和被保险人、受益人来说，他们只和原保险人存在权利义务关系，保费交给原保险人，出现保险事故也是找原保险人申请理赔，原保险人和再保险人怎么分配保险比例、怎么分摊责任与他们无关。对于再保险关系，再保险分出人应当告知接受人在原保险合同中分出人承担的责任义务，即再保险接受人有权利了解原保险的有关事项。

本案中，甲乙公司签署了《共保协议》，即建立了再保险权利义务关系，并且确定了明确的责任比例。甲负责代表共同保险人处理与投保人/被保险人之间的与共保有关的业务事项，负责保险单签发及收取保险费、先行支付赔款，并及时将按比例属于乙公司的保费支付给乙公司。案涉人员在施工过程中摔伤住院治疗，属于保险责任范围。甲公司的核赔、赔付行为存在瑕疵，未按《共保协议》的约定到现场查勘，案涉人员的转账支付授权签名不一致，但并不导致案涉事故性质及原因无法确定，而且甲公司已实际履行了给付保险金义务，所以法院认为乙公司应当按比例分摊理赔金。

第二十九条 再保险接受人不得向原保险的投保人要求支付保险费。

原保险的被保险人或者受益人不得向再保险接受人提出赔偿或者给付保险金的请求。

再保险分出人不得以再保险接受人未履行再保险责任为由，拒绝履行或者迟延履行其原保险责任。

【案例31】（2018）黔27民终1395号

2017年1月9日，某公司与甲保险公司、乙保险公司签订《安全生产责任险共保协议》，约定由甲保险公司作为主承保人，乙保险公司作为共保人，共同承保某公司的安全生产责任险，保险期间为2017年1月9日0时至2018年1月9日0时止，保险方案为：每一被保险人安全生产责任保险意外身故赔偿限额人民币100万元、残疾赔偿限额人民币100万元，医疗赔偿限额人民币10万元；保险期限内年累计赔偿限额人民币3000万元，其中意外伤残累计赔偿限额人民币2500万元，意外医疗累计赔偿限额人民币500万元，每次赔偿限额人民币500万元，其中意外伤残总每次赔偿限额人民币400万元，医疗总每次赔偿限额人民币100万元。并约定甲保险公司承担40%的份额，乙保险公司承担60%的份额。2017年1月10日，三被告签订《关于某公司安全生产责任险情况说明》，约定将乙保险公司承保的安全生产责任险60%的份额再分保给丙保险公司，由丙保险公司承保30%的份额，该协议约定三被告的承保比例为：甲保险公司承保40%，乙保险公司、丙保险公司各承保30%，并约定了保险限额及保险费的支付方式等内容。

2017年2月16日，某公司的某镇某村某煤矿发生一起意外事故，煤矿工人刘某死亡在井下回风巷内。事故发生后，公安局110接到报警后出警，并将事故交由安监办处理，甲保险公司亦派出查勘人员进行了现场查勘，查勘报告认为死者刘某系在井下因通风设施不完善，缺氧窒息死亡，死者刘某未经过抢救，生前亦无重大疾病。被告乙保险公司、丙保险公司均未到事故现场进行查勘。事故发生后，经某公司与死者家属调解，达成调解协议；甲保险公司向某公司支付 40 万元赔偿款，乙保险公司亦向某公司支付赔偿款 30 万元。丙保险公司认为某公司不应直接要求其承担赔偿责任，且本案无安监部门出具的关于认定本次事故为安全事故的文件，故拒绝理赔。某公司起诉至一审法院，要求三被告理赔 30 万元并承担本案诉讼费。

一审法院认为，某公司与甲保险公司、乙保险公司签订《安全生产责任险共保协议》有效，在保险期内某公司的工人刘某在矿井下工作时发生意外事故死亡，属于保险事故，甲保险公司、乙保险公司应承担保险责任。甲保险公司与乙保险公司将与某公司之间的保险合同 30% 的部分转移给丙保险公司承保，根据《保险法》第二十八条"保险人将其承担的保险业务，以分保形式部分转移给其他保险人的为再保险"之规定，丙保险公司属于再保险人，又根据《保险法》第二十九条"再保险接受人不得向原保险的投保人要求支付保险费；原保险的被保险人或者受益人不得向再保险接受人提出赔偿或者给付保险金的请求。再保险分出人不得以再保险接受人未履行再保险责任为由，拒绝履行或者迟延履行其原保险责任"之规定，丙保险公司主张其不应直接向某公司承担赔偿责任，理由充分，予以支持；甲保险公司与乙保险公司主张已按约定的赔偿份额履行了赔偿责任，不应再承担某公司诉请的赔偿责任的抗辩理由不成立。按某公司与甲保险公司、乙保险公司签订的保险协议约定，本案的保险限额为 100 万元，甲保险公司的承保比例为 40% 、乙保险公司的承保比例为 60% 。事故发生后，甲保险公司已向某公司履行了支付 40 万元的义务，乙保险公司仅向某公司履行了支付 30 万元的义务，未完全履行合同义务，应再赔偿某公司保险金 30 万元。

综上，依据《保险法》第二十八条、第二十九条之规定，判决：一、由被告乙保险公司于本判决生效后五日内给付原告某公司保险金人民币三十万元；二、驳回某公司的其余诉讼请求。本判决发生法律效力后，如被告未履行清偿义务，应当根据《中华人民共和国民事诉讼法》第二百五十三条之规定，加倍支付迟延履行期间的债务利息。案件受理费减半收取 2 900 元，由被告乙保险公司承担。本判决发生法律效力后，若被告未在限定期限内履行清偿义务，原告可在履行期限届满后二年内向一审法院申请执行。

乙保险公司不服一审判决，提起上诉，申请二审。

二审中，当事人没有提交足以推翻一审认定事实的新证据。二审法院对一审查明的事实予以确认。

二审法院认为，各方当事人对涉案赔偿款的具体金额没有异议，本院对此予以确认。针对乙保险公司的上诉主张，本案的争议焦点是：涉案的保险金应该由谁来支付。关于乙保险公司提出应先由甲保险公司将理赔款划付给某公司，并非由乙保险公司直接向某公司进行理赔的主张。根据某公司与甲保险公司、乙保险公司三方签订的《安全生产责任险共保协议》，本案的保险限额为100万元，乙保险公司应当将其应承担60%的份额赔付给某公司，虽然《安全生产责任险共保协议》第六条第3款约定，发生保险赔案后，赔付款先由甲保险公司划付给某公司，但在涉案事故发生后，乙保险公司已将赔付款的30%份额赔付给某公司，也就是说乙保险公司以自身行为认可涉案事故发生后，其在甲保险公司进行理赔时，同时对某公司进行理赔，故乙保险公司的该主张本院不予支持。关于乙保险公司提出丙保险公司在签订《关于某公司安全生产责任险情况说明》后也获取了相应的保险费，丙保险公司应承担涉案保险事故相应的理赔责任的主张。根据《保险法》第二十九条的规定，乙保险公司应根据《安全生产责任险共保协议》的约定对某公司进行赔付，之后，乙保险公司再寻途径解决其与甲保险公司、丙保险公司三方签订《关于某公司安全生产责任险情况说明》中约定的各自最终应该承担的赔偿比例问题。故该主张本院亦不予支持。

综上所述，乙保险公司的上诉请求不能成立，应予驳回；原审判决认定事实清楚，适用法律正确，应予维持。依据《中华人民共和国民事诉讼法》第一百七十条第一款第一项之规定，判决如下：

驳回上诉，维持原判。

【说明】这是一起法院判决原保险人不得以再保险接受人未履行再保险责任为由拒绝履行原保险责任的案例。

《保险法》第二十九条规定了再保险关系中三方的权利义务关系。原保险的投保人与保险人订立保险合同，投保人向原保险公司缴纳保费，原保险公司承担保险责任，被保险人出险向原保险人申请理赔。再保险公司通过原保险公司按比例收取保费、承担保险责任。细分为三点，第一，再保险接受人不得向原保险的投保人要求支付保险费。再保险接受人与投保人之间不发生直接联系，投保人是向原保险人提出保险要求的，由原保险人承担保险责任并收取保险费，而再保险接受人所承担的是对原保险人的保险责任，所以再保险接受人只能向原保险人收取再保险费，而不能向投保人提出支付保险费的要求。第二，原保险的被保险人或者受益人不得向再保险接受人提出赔偿或者给付保险金的请求。再保险接受人与原保险的被保险人、受益人之间既不具有法律规定的直接的权利义务关系，又不具有保险合同约定的保险关系，因此，原保险的被保险人、受益人不能直接请求再保险人支付保险金。第三，再保险分出人不得以再保险接受人未履行再保险责任为由，拒绝履行或者迟延履行其原保险责任。原保险责任是原保险人对原保险合同中的被保险人、受益人承担的保障责任，原保险人必须按照原保险合同的约定履行赔偿或者给付保险金的责任。在原保险合同的订立和履行过程中，再保险接受人既不与原保险的被保险人、受益人发生直接关系，又不是原保险人承担保险责任的前提条件，因此，原保险人即再保险分出人不得以再保险接受人未履行再保险责任为由，拒绝履行或者迟延履行其原保险责任。

本案乙保险公司作为原保险公司，应当先向受益人承担理赔责任，再要求再保险公司丙公司按比例承担保险责任，不能直接要求再保险公司丙公司直接向原保险的受益人承担保险责任。故法院判决乙保险公司按原保险合同约定向受益人承担理赔责任。

第三十条　采用保险人提供的格式条款订立的保险合同，保险人与投保人、被保险人或者受益人对合同条款有争议的，应当按照通常理解予以解释。对合同条款有两种以上解释的，人民法院或者仲裁机构应当作出有利于被保险人和受益人的解释。

【案例 32】（2021）豫 16 民终 3543 号；（2021）豫民申 7830 号

2013 年 6 月 11 日，赵某在某保险公司处投保某终身重大疾病保险，保单号××，约定保期自 2013 年 6 月 14 日 0 时起至被保险人终身，每年保费 3 860 元，基本保险金额 100 000 元。赵某投保的××保险条款约定"2.3.2 重大疾病保险金 2. 被保险人因意外伤害或于本合同生效（或效力恢复）之日起一年后因疾病，××，××保险金，本合同终止。"原告每年按期缴纳保费。2020 年 7 月 2 日，赵某因身体不适在某市中心医院住院治疗 14 天，主要诊断为支气管或肺恶性肿瘤，赵某因支气管或肺恶性肿瘤疾病住院发生在保险期间内。某保险公司提供证据证明 2010 年 12 月 29 日至 2011 年 1 月 20 日赵某在郑州大学第一附属医院的住院，住院病历显示赵某在此住院期间被诊断为"左乳癌"。2020 年 8 月 12 日赵某向某保险公司申请理赔，某保险公司同日以并非赵某第一次被确诊为××为由，拒绝赔偿，未解除合同也未退保。

一审法院认为，赵某与某保险公司双方签订的保险合同合法有效，双方应当按照合同履行自己的义务。赵某已经按照合同约定履行了自己缴纳保险费的义务，某保险公司未按照合同履行给付保险金义务，应承担违约责任。赵某按照保险合同要求某保险公司给付保险金的诉讼请求，合法合理，予以支持。××保险条款约定"2.3.2：被保险人因意外伤害或于本合同生效（或效力恢复）之日起一年后因疾病，××，××保险金，本合同终止。"赵某所患支气管或肺恶性肿瘤是在合同生效一年后被初次确诊，而"左乳癌"是在合同生效前所发生，××种，赵某所患支气管或肺恶性肿瘤发生在保险期间且符合合同约定的条件。根据法律规定，保险人在订立保险合同时，应当向投保人说明合同的内容，就免责条款在保险单、投保单或者其他保险凭证上作出引起投保人注意的提示，并对免责条款的内容以书面或者口头形式向投保人作出明确说明，否则，该免责条款依法不产生效力。××而免责条款的概念、内容及法律后果以书面或者口头形式向赵某作出常人能够理解的解释说明，而涉案投保提示书、投保单本身即是格式条款，缺乏证明力，即使赵某在上面签字也不能证明被告已就免责条款尽到了提示和明确说明义务，且某保险公司未能提供其他证据加以证明其履行了该义务，故某保险公司辩称理由不能成立，法院不予支持。依照《最高人民法院关于适用〈中华人民共和国民法典〉时间效力的若干规定》第二条，《中华人民共和国合同法》第六十条、第一百零七条，《保险法》第十四条、第十七条、第三十条，《最高人民法院关于适用〈中华人民共和国保险法〉若干问题的解释（二）》第十一条、第十三条，《中华人民共和国民事诉讼法》第六十四条第一款之规定，一审法院判决：1. 被告某保险公司于判决生效之日起十日内给付原告赵某保险金 100 000 元。2. 驳回原告赵某的其他诉讼请求。如果未按判决指定的期间履行给付金钱义务，应当依照《中华人民共和国民事诉讼法》第二百五十三条之规定，加倍支付迟延履行期间的债务利息。案件受理费 1150 元，由被告某保险公司承担。

某保险公司不服一审判决，提起上诉，申请二审。

二审期间，当事人没有提交新证据，二审法院对一审法院查明的事实予以确认。

二审法院认为，本案的争议焦点是：××保险金的责任。本案中，某保险公司与赵某签订的××保险》条款约定"2.3.2：被保险人因意外伤害或于本合同生效（或效力恢复）之日起一年后因疾病，××，××保险金，本合同终止。××"的解释，扩大了保险人免责范围，实质是限责条款。对此，某保险公司应进行提示和说明。《最高人民法院关于适用〈中华人民共和国保险法〉若干问题的解释（二）》第十一条规定："保险合同订立时，保险人在投保单或者保险单等其他保险凭证上，对保险合同中免除保险人责任的条款，以足以引起投保人注意的文字、字体、符号或者其他明显标志作出提示的，人民法院应当认定其履行了保险法第十七条第二款规定的提示义务。保险人对保险合同中有关免除保险人责任条款的概念、内容及其法律后果以书面或者口头形式向投保人作出常人能够理解的解释说明的，人民法院应当认定保险人履行了保险法第十七条第二款规定的明确说明义务"。某保险公司未对释义条款以引起投保人注意的文字、字体、符号或者其他明显标志作出提示，现有证据亦不足以证明某保险公司对释义条款的概念、内容及其法律后果向投保人作出常人能够理解的解释说明，故上述条款对投保人不发生法律效力，原审判令某保险公司支付给赵某重大疾病保险金 100 000 元并无不当。

综上所述，某保险公司的上诉请求不能成立，应予驳回；一审判决认定事实清楚，适用法律正确，应予维持。依照《中华人民共和国民事诉讼法》第一百七十条第一款第一项规定，判决如下：

驳回上诉，维持原判。

某保险公司申请再审。

再审法院经审查认为，2010 年 12 月 29 日至 2011 年 1 月 20 日，赵某曾经住院确诊为左乳癌。2013 年 6 月 11 日，赵某在某保险公司处投保案涉重大疾病保险，约定"被保险人因意外伤害或于本合同生效（或效力恢复）之日起一年后因疾病，由本公司认可医院的专科医生确诊初次发生本合同所指的重大疾病，本公司按基本保险金额给付重大疾病保险金，本合同终止"。2020 年 7 月 2 日，赵某入院治疗，诊断为支气管或肺恶性肿瘤，发生在保险期间内。《保险法》第三十条规定，"采用保险人提供的格式条款订立的保险合同，保险人与投保人、被保险人或者受益人对合同条款有争议的，应当按照通常理解予以解释。对合同条款有两种以上解释的，人民法院或者仲裁机构应当作出有利于被保险人和受益人的解释"。对条款约定的"确诊初次发生"重大疾病这一重大疾病保险金给付条件，应理解为即使被保险人在投保前确诊有疾病发生，但只要前后确诊的疾病并非同一种重大疾病，二者的发生也不存在关联，保险人即应依约赔付重大疾病保险金。赵某虽然曾确诊为左乳癌，但时间发生在十年前，左乳癌与赵某申请理赔的支气管或肺恶性肿瘤并非同一种重大疾病，某保险公司也未能举证证明赵某前后两种疾病的发生之间存在关联。据此，原判决判令某保险公司承担保险金给付责任，并无不当。

综上所述，某保险公司的再审申请理由不能成立，本院不予支持。依照《中华人民共和国民事诉讼法》第二百零四条第一款、《最高人民法院关于适用〈中华人民共和国民事诉讼法〉的解释》第三百九十五条第二款规定，裁定如下：

驳回某保险公司的再审申请。

【说明】这是一起经过再审程序，再审法院援引争议条款做有利于受益人原则判决支持受益人诉求的案例。

2010年12月29日至2011年1月20日，客户曾住院确诊为左乳癌。2013年6月11日，客户投保案涉重大疾病保险。2020年7月2日，客户入院治疗被诊断为支气管或肺恶性肿瘤。保险公司认为根据条款约定客户并非初次确诊的重大疾病，不应承担理赔责任。一审、二审法院认为保险公司无证据证明其对免责条款尽到了提示和明确说明义务，不予支持保险公司的诉求。再审法院援引了《保险法》第三十条，并对条款约定的"确诊初次发生"重大疾病这一重大疾病保险金给付条件进行了分析，认为对这一条款应理解为即使被保险人在投保前确诊有疾病发生，但只要前后确诊的疾病并非同一种重大疾病，二者的发生也不存在关联，保险人即应依约赔付重大疾病保险金。也就是说，再审法院认为案件的争议焦点在于对保险公司的合同条款保险公司和客户方有不同的解释，《保险法》规定合同条款有两种以上的解释，法院应当作出有利于客户方的解释。再审法院的判决和说理更有说服力。

解释保险合同条款，应当遵循有利于被保险人的原则。这是保险法确立的保险合同条款解释原则。保险合同的主要条款都是保险人事先草拟或印制的，保险人在拟定合同条款时可能更多地考虑自身的利益，而投保人由于专业知识和时间的限制，难以对一些专业词汇和条文含义作深入细致的研究，所以从公平合理角度出发，也为使保险人在拟定保险合同条款时做到文字清楚，含义明确，保险法确立了这项解释原则。

第二节　人身保险合同

第三十一条　投保人对下列人员具有保险利益：

（一）本人；

（二）配偶、子女、父母；

（三）前项以外与投保人有抚养、赡养或者扶养关系的家庭其他成员、近亲属；

（四）与投保人有劳动关系的劳动者。

除前款规定外，被保险人同意投保人为其订立合同的，视为投保人对被保险人具有保险利益。

订立合同时，投保人对被保险人不具有保险利益的，合同无效。

【案例 33】（2020）吉 03 民终 270 号；（2020）吉民申 2685 号

2018 年 1 月 26 日，原告张某与被告某保险公司签订保险单号为××××的《某保险公司尊享无忧团体终身重大疾病保险合同》，保险金额为 65 万元，保险年限终身，缴费年限 20 年，缴费方式为年交保费 12 402 元。2018 年 4 月 10 日，原告张某与被告某保险公司签订保险单号为 0××××的《某保险公司尊享无忧团体终身重大疾病保险合同》，保险金额为 35 万元，保险年限终身，缴费年限 20 年，缴费方式为年交保费 6 678 元。上述两份合同条款第 3.2.45 重大疾病范围载明颅脑手术是在保险合同理赔范围内。合同签订后，原告张某按照被告某保险公司要求到甲市某医院进行体检，体检结果为正常。另查明，原告张某于 2016 年 8 月 26 日至 9 月 5 日因左侧跟腱断裂受伤在甲市中心医院住院治疗，从住院病历中体现，原告张某乙肝检查的各项指标检验结果全部在参考值范围内。原告张某于 2016 年 7 月 26 日至 8 月 30 日在甲市传染病医院入院治疗，病历中诊断为病毒性肝炎、乙型慢性中毒肝炎。原告张某于 2018 年 10 月 25 日因烟雾病、脑血管畸形在北京首都医科大学附属医院住院并进行颅脑手术治疗。

一审法院认为，被告某保险公司称原告张某理赔主体资格不适格，以虚假身份投保并签订的合同无效。但从本院调取时任某保险公司业务员李某（办理本案诉争业务）的笔录中体现：当时李某告知张某这是一个团购产品，具体是哪个公司的团购李某也不知道，任何人办理这个保险都可以，保险公司只要求把保险产品销售出去就行。某保险公司对李某证言的真实性无异议，但认为原告在投保单电话回访等环节也予以了确认，不能仅凭业务员证词认定公司未尽到义务。张某在与某保险公司签订此两笔保险合同的真实意思表示应为对保险合同的内容、保金、保险额度的认同。而合同样本是某保险公司提供的，合同也是经某保险公司审核后允许张某缴纳保险金的，某保险公司并未提供证据证明张某在投保时存在隐瞒身份的情形。因此，应认定张某与某保险公司签订的两份保险合同有效。另外，依据《保险法》第十六条之规定"订立保险合同，保险人就保险标的或者被保险人的有关情况提出询问的，投保人应当如实告知。投保人故意或者因重大过失未履行前款规定的如实告知义务，足以影响保险人决定是否同意承保或者提高保险费率的，保险人有权解除合同"，时任某保险公司业务员李某证言中体现，当时在办理此两笔业务时，没有问张某是否有肝炎疾病。因此，张某已经按照被告要求如实履行了告知义务。且张某在时任业务员李某的陪同下到某保险公司指定的医院进行体检，体检结果符合双方签订的合同要求，故张某与某保险公司在签订两份保险合同时系在满足两份保险合同条款要求及其公司规定的前提下签订的。从证人李某的证言、张某的陈述以及某保险公司的举证情况，并不能证明张某在投保人寿保险时存在故意隐瞒的情形，因此对于某保险公司辩称张某存在故意隐瞒、未履行如实告知义务，应解除合同的答辩意见不予采信。

二、某保险公司应向张某理赔保险 100 万元。按照双方签订的两份合同理赔范围重大疾病中第 3.2.45（两份合同约定的内容一致）包含颅脑手术。某保险公司理应按照单号为××××的《某保险公司尊享无忧团体终身重大疾病保险合同》向张某理赔 65 万元；按照保险单号为 0××××××的《某保险公司尊享无忧团体终身重大疾病保险合同》向张某理赔 35 万元，在某保险公司向张某履行上述理赔义务后，双方签订的人寿保险合同效力终止。综上，原审法院判决：某保险公司吉林分公司于本判决发生法律效力后十五日内一次性给付张某重大疾病保险金 100 万元。案件受理费 13 800 元，由被告某保险公司吉林分公司负担。

二审法院审理查明的事实与原审查明的事实一致。

本院认为，本案的争议焦点为：一、案涉两份保险合同的签订主体；二、被保险人是否必须为投保人某商贸公司成员及非该公司成员的合同效力；三、案涉保险合同是否侵害投保人的保险利益及张某是否未履行如实告知义务；四、原审判决对某保险公司原业务员李某的调查笔录予以采信是否合法。

（一）关于案涉两份保险合同的签订主体，两份保险合同载明，投保人为某商贸公司，保险人为某保险公司，被保险人为张某，故案涉两份保险合同的主体为某商贸公司与某保险公司，案涉两份保险合同即为投保人某商贸公司与保险人某保险公司约定保险权利义务关系的协议。

（二）关于被保险人是否必须为投保人某商贸公司成员及非该公司成员的合同效力问题。其一，虽然案涉保险条款1.2条约定"团体可作为投保人，为其成员向本公司投保本保险……另有约定的按约定内容执行"，但该条款并未载明非投保人成员的不允许投保本保险或投保无效的相关内容，且该条款2.5条责任免除条款亦未载明非投保人成员投保该保险无效。其二，关于上述合同条款如何理解的问题，依照《保险法》第三十条："采用保险人提供的格式条款订立的保险合同，保险人与投保人、被保险人或者受益人对合同条款有争议的，应当按照通常理解予以解释。对合同条款有两种以上解释的，人民法院或者仲裁机构应当作出有利于被保险人和受益人的解释。"故按照通常理解，并不能得出非投保人成员的投保将导致保险合同无效的结论，即不能仅凭上述合同条款认定非该公司成员的合同无效。其三，该合同第1.1条载明"本保险条款、保险单或其他保险凭证、投保单、与保险合同有关的投保文件、被保险人名册、合法有效的声明、批注、批单、附加合同、其他书面协议都是投保人与本公司之间订立的保险合同的构成部分"，保险单号为××××的《团体保险合同变更申请书》变更事项为"增加被保险人1人"，该变更申请书经某商贸公司盖章及某保险公司相关人员签署"同意"。变更申请书附有《团体投保交费清单B款》，该清单载明：被保险人张某的保险类别、保额等信息；某商贸公司《团体投保交费清单B款》明确载明张某案涉35万元保额的保险，故结合保险条款1.2条"……另有约定的按约定内容执行"及1.1条的约定，在某保险公司未要求投保人某商贸公司提供其与被保险人张某的成员关系信息，即未履行相应的审查责任的情况下，应认定某保险公司同意投保人某商贸公司增加被保险人张某，即同意某商贸公司为张某投保。

（三）关于案涉保险合同是否侵害投保人的保险利益的问题。保险利益是指投保人或者被保险人对保险标的具有的法律上承认的利益。本案中，被保险人张某对合同约定的保险标的即其生命和身体当然具有保险利益，某商贸公司同意增加被保险人张某，即视为接受张某参加该公司团体险的保险利益。保险利益原则创设的根本目的在于防止发生道德风险，而本案保险公司业务员给张某办理团体险的原因，一是为完成推销该保险的业绩，二是团体险相对费率较低，有利于吸引客户参保。张某作为案涉团体险的被保险人自行交纳保费，保险金由其指定的受益人领取，未侵害某商贸公司的合法权益，且某商贸公司与某保险公司均未在发生本案争议前因此要求解除合同，案涉保险合同并不存在可能发生道德风险的问题，故某保险公司的该项主张无法律依据。

（四）张某是否故意隐瞒身份、未履行如实告知义务问题。其一，本案中，被保险人的身份并不构成双方严重不对称的信息。保险人承保团体险，本应对投保人的成员信息具有一定的了解，某保险公司完全可以要求某商贸公司在投保时提供被保险人的工作证明等相关信息。其二，《最高人民法院关于适用〈保险法〉若干问题的解释（二）》第六条第一款规定，"投保人的告知义务限于保险人询问的范围和内容。当事人对询问范围及内容有争议的，保险人负举证责任"。本案中，涉案《某人寿团险个人投保确认书》中询问事项记载，某保险公司并未询问张某的工作单位，张某对某保险公司未问及的事项可以不予告知，故某保险公司无证据证明张某隐瞒身份或未履行如实告知义务，其该项主张并无理据。

（五）关于原审判决对某保险公司原业务员李某的调查笔录予以采信是否合法的问题。其一，依照《最高人民法院关于民事诉讼证据的若干规定》第二条第二款规定："当事人因客观原因不能自行收集的证据，可申请人民法院调查收集"，原审法院依当事人申请对某保险公司的原业务员李某进行调查后，庭审时当庭宣读了调查笔录的内容，组织某保险公司对该调查笔录进行了质证。某保险公司质证时明确表示"对该证据的真实性没有异议"，只是提出"对证明的问题有异议"，经过庭审质证的证据可以作为认定案件事实的依据；其二，某保险公司在原审质证时及在本院审理过程中均未提出要求被调查人出庭作证，仅在本院审理时以证人未出庭为由欲否定调查笔录的效力；其三，某保险公司虽提交李某的保险合同，但并无证据证明李某为某商贸公司的成员，并不能证明其作虚假陈述。相反，该证据能够佐证李某并不明知涉案保险的被保险人必须为某商贸公司成员；其四，该调查笔录属于补强证据，并不能改变本案的基本事实。综上，某保险公司的该项主张不成立。

综上所述，某保险公司同意某商贸公司为张某投保，案涉两份保险合同是各方当事人的真实意思表示，被保险人张某不存在未履行如实告知义务及侵害某商贸公司保险利益的问题。依照《中华人民共和国合同法》第八条："依法成立的合同，对当事人具有法律约束力。当事人应当按照约定履行自己的义务，不得擅自变更或者解除合同。依法成立的合同，受法律保护。"的规定，案涉两份保险合同合法有效，某保险公司应按合同约定给付保险金。保险公司在签订保险合同之前未对被保险人的身份进行审查，被保险人要求理赔时以被保险人主体不适格为由拒绝理赔，有违诚实信用原则。其上诉请求不成立，本院不予支持。原审判决认定事实清楚，适用法律正确，依照《中华人民共和国民事诉讼法》第一百七十条第一款第（一）项之规定，判决如下：

驳回上诉，维持原判。

某保险公司申请再审。

再审法院经审查认为，本案审查的焦点问题为投保人对张某是否具有保险利益、原审程序是否合法以及张某是否未履行如实告知义务。

关于投保人对张某是否具有保险利益的问题。《保险法》第三十一条规定："投保人对下列人员具有保险利益：（一）本人；（二）配偶、子女、父母；（三）前项以外与投保人有抚养、赡养或者扶养关系的家庭其他成员、近亲属；（四）与投保人有劳动关系的劳动者。除前款规定外，被保险人同意投保人为其订立合同的，视为投保人对被保险人具有保险利益。订立合同时，投保人对被保险人不具有保险利益的，合同无效。"本案中，投保人为某商贸有限公司，张某为被保险人。张某虽然并非某商贸公司员工，但通过其本人在投保单签字并且交纳保费的行为可知，张某同意某商贸公司为其订立保险合同。因此，根据保险法相关规定，可以视为某商贸公司对张某具有保险利益，某保险公司以投保人对被保险人不具有保险利益为由主张合同无效，不能成立。

关于原审程序是否合法的问题。《最高人民法院关于民事诉讼证据的若干规定》第六十二条第三款规定："人民法院依职权调查收集的证据，由审判人员对调查收集证据的情况进行说明后，听取当事人的意见。"本案中，人民法院根据查明事实的需要向李某某调查取证，由李某某本人签字捺印的调查笔录在开庭审理时已向张某以及某保险公司宣读并出示，双方发表了质证意见，原审法院并未剥夺当事人发表质证意见的权利。某保险公司质证时明确表示"对该证据真实性无异议，对证明的问题有异议"，并没有要求李某某出庭作证接受询问，现其以李某某未出庭作证，程序违法为由申请再审，不能成立。

关于张某是否未履行如实告知义务的问题。《最高人民法院关于适用〈保险法〉若干问题的解释（二）》第六条规定："投保人的告知义务限于保险人询问的范围和内容。当事人对询问范围及内容有争议的，保险人负举证责任。保险人以投保人违反了对投保单询问表中所列概括性条款的如实告知义务为由请求解除合同的，人民法院不予支持。但该概括性条款有具体内容的除外。"本案中，某保险公司主张张某未履行如实告知义务，要求解除合同，应当对询问范围及内容承担举证责任，但根据现有在案证据，不足以证明张某未履行如实告知义务。某人寿团险个人投保确认书中以格式条款的形式向被保险人询问过去是否有拒赔情况，因该条款可能影响被保险人是否有权主张保险金等重大利益，某保险公司应予说明。但根据李某某证言，其询问范围并未包含该内容。因此，现某保险公司以此为由主张解除合同，不予支持。综上，某保险公司申请再审的理由不能成立，本院不予支持。

依照《中华人民共和国民事诉讼法》第二百零四条第一款，《最高人民法院关于适用〈中华人民共和国民事诉讼法〉的解释》第三百九十五条第二款规定，裁定如下：

驳回某保险公司的再审申请。

【说明】本案是一起再审法院认为投保人对被保险人具有保险利益，保险公司应承担保险责任的案件。

保险利益是指投保人对保险标的具有的法律上承认的利益。即投保人因保险标的的存在而享有利益，因保险标的的丧失或者损害而遭受损失。如果投保人对保险标的没有保险利益，那么保险标的因保险事故发生不仅不会使投保人受到损失，反而会因为保险赔偿而使其获取利益。因此，投保人不会积极防止保险事故的发生，而是希望、促成甚至故意制造保险事故。《保险法》规定投保人对保险标的要具有保险利益，目的就是防止发生为骗取保险金而作出不道德行为的情形。

本案涉及的险种是团体保险，团体保险是指以一张保险单为众多被保险人提供保障的保险。本案团体保险的投保人是某商贸公司，被保险人并非该公司员工，但参保了该团体保险；被保险人有疾病住院史、其他公司拒保史未如实告知。一审二审围绕合同是否有效、被保险人是否故意隐瞒病史等问题进行审理，判决支持客户诉求，保险公司应承担保险责任。保险公司申请再审，认为投保人和被保险人之间不存在保险利益等，再审法院援引了《保险法》第三十一条进行分析说理，法条中有"被保险人同意投保人为其订立合同的，视为投保人对被保险人具有保险利益"的规定，本案中被保险人并非投保人的员工，但其在投保单上签字并且交纳保费的行为可知被保险人同意投保人为其订立保险合同。同时，二审法院在这个问题上进一步指出，保险人承保团体险，本应对投保人的成员信息具有一定的了解，保险公司完全可以要求投保人在投保时提供被保险人的工作证明等相关信息。且保险公司也没有询问被保险人其工作单位，被保险人对保险公司未问及的事项可以不予告知。

本案将带给保险公司一些启示，如保险公司认为对某单位销售的团体保险，非其单位员工不得参保，则应在合同条款、核保审核方面进行管控。

第三十二条　投保人申报的被保险人年龄不真实，并且其真实年龄不符合合同约定的年龄限制的，保险人可以解除合同，并按照合同约定退还保险单的现金价值。保险人行使合同解除权，适用本法第十六条第三款、第六款的规定。

投保人申报的被保险人年龄不真实，致使投保人支付的保险费少于应付保险费的，保险人有权更正并要求投保人补交保险费，或者在给付保险金时按照实付保险费与应付保险费的比例支付。

投保人申报的被保险人年龄不真实，致使投保人支付的保险费多于应付保险费的，保险人应当将多收的保险费退还投保人。

【案例34】（2015）青民初字第1242号

1997年11月7日，投保人毛某（系原告邱某之妻）与被告某保险公司签订30年满期简易人身保险，约定被保险人为原告邱某，受益人为毛某，保险期间自1997年11月1日至2027年10月31日，保险份数50份，保险金额为42 650元。被告向原告发放了《某保险公司保险证》《某保险公司个人缴费凭证》。保险证上登记的原告出生日期为1958年1月27日，身份号码为××××，且保险证仅有被告单位印章、业务员、签证员、复核员，无投保人、被保险人、受益人签字；被告在简易人身保险投保文件中记载，投保30年保险期限的，投保时被保险人年龄应在31～40岁。自1997年11月7日起，原告依约每月向被告缴纳保险费50元，由被告公司业务员在《某保险公司个人缴费凭证》登记备案；1998年8月24日，原告缴纳当月保险费后，按照每两个月缴纳保险费100元的方式继续履行合同。2015年6月，原告依约缴纳保费时被告知因其申报的年龄不真实，被告要求暂停保费的缴纳。

本院认为，原告邱某的真实年龄虽与原、被告签订的30年满期简易人身保险中记载的年龄不一致，且其真实年龄不符合合同约定的年龄限制，但在案证据无法证实年龄不一致是因原告不如实告知所致，且被告某保险公司可以在其知道该解除事由之日起的三十日内行使解除权，但被告自2015年6月知道该事由本院审理后，始终没有行使该项权利，解除权因在法定期间不行使而消灭，被告应当按照保险合同的约定继续履行合同，并在合同约定的期间届满后给付原告保险金；在案证据能够证实原告、被告在保险合同履行过程中，已将保费的缴纳方式变更为每两月缴纳一次，故原告要求继续按照每两月缴纳一次保费的诉讼请求，本院予以支持。依照《保险法》第十条、第三十二条第一款、第十六条之规定，判决如下：

被告某保险公司自本判决生效之日起继续履行与原告邱某之间30年满期简易人身保险合同，原告邱某继续按照每两个月缴纳保费的方式履行缴费义务。

案件受理费100元，由被告某保险公司负担。

如不服本判决，可在判决书送达之日起十五日内，向本院递交上诉状，并按对方当事人的人数提出副本，上诉于宁夏回族自治区吴忠市中级人民法院。

本案原告申请执行的期限为本判决确定的履行期间最后一日起二年内，逾期视为自动放弃申请执行的权利。

【说明】本案是一起投保时被保险人年龄不真实，并且其真实年龄不符合合同约定的年龄限制，但因保险公司未及时行使解除权，法院判决合同继续履行的案件。

年龄对于人寿保险产品来说是非常重要的因素，被保险人的年龄对保险人决定是否承保、确定保险费率的高低都有重大影响。保险公司根据人身保险的特点，按照概率计算，确定了承保年龄的最高上限，对超过这一年限的，不予承保。同时，保险公司要以被保险人的年龄为参照值，根据生命表等计算出死亡概率，确定被保险人在不同年龄段投保时应缴纳的保险费的费率。本条的规定可以细分为以下四点：1. 投保人申报的被保险人的年龄不真实，并且其真实年龄不符合合同约定的年龄限制，在合同成立后二年内被发现的，保险人可以解除合同，并在扣除手续费后，向投保人退还保险费。2. 投保人申报的被保险人的年龄不真实，并且其真实年龄不符合合同约定的年龄限制，但合同成立已超过二年的，保险人不得解除合同。3. 投保人申报的被保险人的年龄不真实，致使投保人支付的保险费少于应付保险费的，保险人有权更正并要求投保人补交保险费，或者在给付保险金时按照实付保险费与应付保险费的比例支付。这种情况一般是指投保人申报的被保险人年龄比被保险人的真实年龄要小。4. 投保人申报的被保险人的年龄不真实，致使投保人实付保险费多于应付保险费的，保险人应当将多收的保险费退还投保人。这种情况一般是指投保人申报的被保险人年龄比被保险人的真实年龄要大。

本案中涉及的险种要求投保 30 年保险期限的，投保时被保险人年龄应在 31～40 岁之间，被保险人在投保时已经超出了这个年龄限制，对此，保险公司可以行使合同的解除权，但因超过了时效，解除权消灭。故法院判决保险公司继续履行合同。在实践中，很多时候被保险人的年龄错误并不影响合同订立，但会影响对应的保险费率和保障成本，也就是说被保险人年龄错误可能会造成需要多交或少交保费、多扣或少扣保障成本（万能险），对于这种情况可以办理年龄变更重新计算费率，客户补费或者保险公司退费给客户。

第三十三条 投保人不得为无民事行为能力人投保以死亡为给付保险金条件的人身保险，保险人也不得承保。

父母为其未成年子女投保的人身保险，不受前款规定限制。但是，因被保险人死亡给付的保险金总和不得超过国务院保险监督管理机构规定的限额。

【案例35】（2018）鄂民再 289 号

2011 年 5 月 28 日，杨某甲以投保人的名义在某保险公司为时年 5 周岁的孙子杨某丙购买了一份名为"好利年年两全保险（分红型）"产品，附加"08 重大疾病保险"一份。在"个人业务投保书"上，杨某甲在"投保人签名"一栏中签署本人姓名，在"被保险人（法定监护人）"一栏中签署"杨某乙（代杨某丙签）"字样。2011 年 6 月 1 日，杨某甲向某保险公司分公司交纳首期保险费 149 250 元，其中主险首次缴费 147 500 元，附加险首次缴费 1 750 元。2011 年 6 月 15 日，某保险公司分公司出具税务发票；6 月 16 日，某保险公司签发了保险单，保险单载明，该份保险的合同号为 8×××，投保人杨某甲，被保险人杨某丙，受益人法定。该合同于 2011 年 6 月 15 日成立，2011 年 6 月 16 日生效。保险费为每年 147 500 元，交费方式为年交，交费期间为 10 年，续期保险费交费日期为每年 6 月 16 日，基本保险金额为 500 000 元，保险期间自 2011 年 6 月 16 日 0 时起至 2077 年 6 月 15 日 24 时止。合同相关条款对生存保险金、期满保险金、身故保险金的支付期限、计算方式等进行了明确约定。2012 年 2 月 12 日，杨某甲持其子杨某乙身份证在某保险公司支公司业务员陪同下到某银行开户并办理了信用卡，卡号为 62××11，该卡由杨某甲持有。2013 年 8 月 20 日，某保险公司将被保险人杨某丙的生存保险金 50 000 元转账支付到该卡号账户上。嗣后，杨某甲连续交纳了 4 年保险费，共计人民币 597 000 元。2014 年 5 月 30 日，杨某甲以该保险单为质押向某保险公司支公司贷款 140 008 元。2015 年 8 月 31 日，杨某甲以其是文盲，不懂保险专业知识，受某保险公司支公司业务员宣传误导，为孙子杨某丙办理隔代保险、投保人与被保险人无保险利益、且未经被保险人的法定监护人同意为由，向法院起诉要求确认合同无效并退还保险费。

一审法院认为：一、关于投保人与被保险人是否具有保险利益问题。《保险法》第十二条规定"人身保险的投保人在保险合同订立时，对被保险人应当具有保险利益"，第三十一条规定："投保人对下列人员具有保险利益：（一）本人；（二）配偶、子女、父母；（三）前项以外与投保人有抚养、赡养或者扶养关系的家庭其他成员、近亲属；（四）与投保人有劳动关系的劳动者。除前款规定外，被保险人同意投保人为其订立合同的，视为投保人对被保险人具有保险利益"。本案中，杨某甲作为投保人与被保险人杨某丙系祖孙关系，虽属民法意义上的近亲属，但并不具备法定抚养关系，且被保险人杨某丙与其父母生活，与杨某甲并非同一家庭成员，双方亦未形成事实上的抚养关系，故不能认定投保人杨某甲与被保险人杨某丙具有保险利益。二、被保险人杨某丙的监护人杨某乙能否对合同进行追认以及可否推定杨某乙具有同意其父为其子办理保险的意思表示。合同追认是指合同主体资格欠缺，行为人没有代理权、超越代理权或者代理权终止后以被代理人名义订立的合同，经有权人追认后，该合同可成为自始有效的合同。追认权性质上是一种形成权，属单方法律行为，行为人须以本人的名义实施民事行为，而本人的追认具有溯及力。本案中，杨某甲是以其自身名义为孙子投保，并不是以其子杨某乙的名义投保，故不存在杨某乙对合同效力进行追认的问题。此外，保险合同区别于其他民事合同的重要特点是保险业务具有较强的专业性，保险公司在缔约过程中需尽谨慎审查义务，主动审查投保人与被保险人是否具有保险利益，主动与被保险人监护人取得联系，完善合同要素，尽可能避免合同纠纷。本案中，杨某甲并非以被保险人监护人杨某乙的名义投保、缴费，杨某甲转账支付保险金的银行卡亦为杨某甲本人持有，故现有证据不足以认定杨某乙具有同意其父杨某甲为其子杨某丙订立保险合同的意思表示。

综上所述，当事人双方签订的"好利年年两全"保险合同（分红型，包括附加险），双方就保险期间内生存保险金、期满保险金和身故保险金的计算方式、支付期限等保险责任进行了明确约定，表明该保险是依附于被保险人人身、具有财产性与人身性双重属性的合同。由于投保人与被保险人没有保险利益，故该合同违反了法律的强制性规定，某保险公司具有缔约过失，依法应当承担相应合同责任，故杨某甲要求确认合同无效并要求退还保险费的诉求应予支持，杨某甲缴纳的保险费合计为 597 000 元，但只要求某保险公司返还 590 000 元，当事人有权在法律规定的范围内处分自己的民事权利，其放弃部分不再支持。合同被确认无效后应恢复到合同签订以前的状态，因无效合同取得的财产应相互返还，某保险公司支付给杨某甲的生存保险金 50 000 元亦须在应予返还的 590 000 元保险费中扣除。杨某甲以保单质押贷款问题与本案不属同一法律关系，本案不予处理，当事人可另行主张权利。据此，本案经一审法院审判委员会讨论决定，依照《中华人民共和国合同法》第五十二条、第五十八条，《保险法》第十二条、第三十三条第一款、《中华人民共和国民事诉讼法》第四十条第二款、第五十二条、第六十四条第一款、第一百四十二条之规定，判决：一、杨某甲与某保险公司签订的编号为 8×××的保险合同无效；二、某保险公司支公司、某保险公司分公司、某保险公司于判决生效后十日内扣除已支付的保险金 50 000 元后返还杨某甲缴纳的保险费 540 000 元。案件受理费 9 700 元，由某保险公司支公司、某保险公司分公司、某保险公司负担。

某保险公司、某保险公司分公司、某保险公司支公司不服一审判决，共同上诉请求：撤销原判，依法改判确认保险合同有效，驳回杨某甲的诉讼请求；由杨某甲承担本案诉讼费用。

二审中，当事人没有提交新证据。一审判决查明的事实属实，二审法院予以确认。

二审法院认为，杨某甲与某保险公司签订的"某两全保险（分红型）"及附加"08重大疾病保险"合同中约定给付的保险金包含生存保险金、期满保险金、身故保险金三种，其中身故保险金是以被保险人死亡为给付条件，该险种属带有分红理财、按期返还保险金性质的综合类人身保险，是以人的寿命和身体为保险标的的保险。因此，杨某甲与某保险公司签订的"好利年年两全保险（分红型）"及附加"08重大疾病保险"合同系人身保险合同，本案的案由应确定为人身保险合同纠纷。本案的争议焦点问题为：投保人杨某甲以其对孙子杨某丙不具有保险利益为由主张合同无效能否得到法律支持。对此，二审法院分析评判如下：

人身保险的投保人在保险合同订立时，对被保险人应当具有保险利益。最早出现保险利益说，是为了将保险与赌博相区分。现在法律规定保险利益原则，是为有效地防范道德危险，该规则可降低甚至遏制投保人制造保险事故或者扩大保险损失的意愿。本案中，杨某甲以其对孙子杨某丙不具有保险利益为由主张合同无效不能得到法律支持，理由如下：第一，涉案保险合同中的生存保险金和期满保险金均不是以身故为给付条件，相反是以生存为给付条件，对于被保险人杨某丙或者法定受益人而言，属纯获利益的合同。对于无民事行为能力人杨某丙纯获利益的合同，不必经法定代理人追认。第二，涉案保险合同约定的受益人法定，根据保险法的规定，人身保险的受益人由被保险人或者投保人指定，投保人指定受益人时须经被保险人同意。即使被保险人死亡而没有指定受益人，保险人依照《中华人民共和国继承法》的规定，也有履行给付保险金的义务。法定继承中，杨某甲属于第二顺序的继承人，在未经被保险人杨某丙的父母同意的情况下，杨某甲不能从案涉的保险合同中获利。第三，该保险合同约定每满两年可领取一笔生存保险金。在申请领取生存保险金时，杨某甲向某保险公司提交了杨某乙的身份证复印件和某县某镇某社区居委会的关系证明，并在申请书转账账户一栏中明确填写了杨某乙的银行账号，之后，某保险公司将应付生存保险金付至杨某乙账户。

从上述事实可知，即使杨某乙在杨某甲为杨某丙投保时对所投保险种类、保险金额等不知情，但在保险金领取时，杨某乙作为完全民事行为能力人，其将身份证等重要证件提供给杨某甲时应当询问杨某甲使用其身份证件的用途，某保险公司向杨某乙支付生存保险金后，杨某乙一直未提出异议。案涉保险合同属大额的人身保险合同，杨某乙作为家庭共同成员对如此大额的家庭支出完全不知情，于情理不符，而且涉案保险合同包含了以死亡为给付保险金条件的条款，此类保险单，未经被保险人书面同意，不得转让或者质押。本案中，杨某甲以涉案保险单为质押，已向某保险公司支公司贷款 90 005 元。杨某乙作为被保险人杨某丙的法定代理人，其主张对保险一事不知情，亦不合常理。第四，关于涉案保险合同包含以死亡为给付条件的条款，是否导致合同无效的问题。法律上对无民事行为能力人投保，以死亡为给付保险金条件的合同进行限制，是为了保护未成年人的生命安全。因父母与子女血脉相连，道德危险的发生概率极低，且未成年人心智尚未成熟、意外伤亡可能性较高，依赖保险制度进行保护较迫切，故立法上对于父母为未成年人购买死亡保险予以放宽，允许父母为其未成年子女投保。从上述立法目的分析，出于对未成年子女利益保护角度，法律允许父母为其未成年子女投保死亡险不仅包含父母自身投保的情况，亦应包括父母同意他人投保的情况，因为在未成年人的父母同意并进行把关后，他人投保的道德风险已被防范，能够产生与父母投保相同的效果。因此，杨某甲为杨某丙所购买的人身保险合同应当认定为有效。

综上所述，在不违反法律及公序良俗的前提下，保险利益是一个发展的、见仁见智的概念，具有强烈的主观性和个别性。结合本案的实际情况，本院认为杨某甲以其对孙子杨某丙不具有保险利益为由，主张案涉保险合同无效的理由不能成立，二审法院不予采纳。某保险公司的上诉理由成立，应予支持；原审认定事实及适用法律错误，实体处理不当，予以改判。二审法院依照《保险法》第三十一条、第三十三条、第三十四条、第三十九条、《中华人民共和国民事诉讼法》第一百七十条第一款第二项、第一百七十五条的规定，判决如下：一、撤销某法院（2016）鄂 2801 民初 2572 号民事判决；二、驳回杨某甲的诉讼请求；一审案件受理费 9 700 元，二审案件受理费 9 700 元，均由杨某甲负担。

杨某甲申请再审。

再审期间，各方当事人未提交新的证据。

再审法院经审理查明：一、二审法院认定事实属实，本院予以确认。

本院再审认为，本案再审争议焦点为案涉保险合同是否无效。针对争议焦点，现评析如下。

（一）杨某甲不能以自己名义为其孙子投保以死亡为保险金给付条件的人身保险。《保险法》第三十三条明确规定："投保人不得为无民事行为能力人投保以死亡为给付保险金条件的人身保险，保险人也不得承保。父母为其未成年子女投保的人身保险，不受前款规定限制。但是，因被保险人死亡给付的保险金总和不得超过国务院保险监督管理机构规定的限额。"该条款系《保险法》为保障包括未成年人在内的无民事行为能力人的生命安全，不受人身保险合同蕴含的道德风险威胁而作的特别规定。无民事行为能力人，特别是低龄未成年人，因其生理及心理原因，对自身的人生安全缺乏必要的防卫能力，极易遭到不法侵害。如为无民事行为能力人投保以死亡为给付条件的人身保险不受限制，则该人身保险合同潜藏的巨大保险利益可能诱使直接或间接的受益者侵害欠缺防卫能力的被保险人，导致被保险人生命安全受到严重威胁。为防止此类威胁，保险法原则上禁止投保人与保险人缔结以无民事行为能力人死亡为保险金给付条件的保险合同。父母为其未成年子女投保上述保险可为例外，并非仅因为父母对其子女具有保险利益，而更在于彼此深厚的感情连结及根深蒂固的人伦观念足以抑制道德风险的发生。即便如此，法律仍通过限制此类保险的保险金给付总额，降低诱发风险的概率。因此，《保险法》第三十三条第二款原理上不得作扩大解释至父母以外的其他人。综上所述，投保人即使符合《保险法》第三十一条的规定，对被保险人具有保险利益，也仅满足为他人投保人身保险之必要条件，尚不足以构成投保未成年人死亡保险之充分条件。故此，本案即便如二审判决所认定，杨某甲对其孙子具有保险利益，亦不能得出其可以以自己名义为未成年的孙子投保以死亡为给付条件的人身保险。

（二）被保险人的法定代理人杨某乙的行为不足以补正杨某甲投保行为的效力。本案中，杨某甲购买的"某两全保险（分红型）"产品，系含有生存保险金、期满保险金和身故保险金等多种给付内容的综合型人身保险，被保险人的法定代理人杨某乙虽然向杨某甲提供了身份证及银行账户用于领取生存保险金，但尚无证据证明杨某乙在杨某甲投保案涉人身保险合同时即知悉该合同的全部内容，特别是同意投保以其子女死亡为给付条件的身故保险。因此，杨某乙领取生存保险金的行为，即便推定为默示的追认，其追认的内容也仅能及于投保生存保险，而不涉及投保身故保险。另外，法定代理人的事后追认，并不能排除追认前未成年的被保险人已处于该人身保险合同诱发的道德风险威胁下。故而，从立法意旨看，为无民事行为能力的未成年人投保以死亡为保险金给付条件的保险合同不得以法定代理人事后追认的方式予以补正。《最高人民法院关于适用〈保险法〉若干问题的解释（三）》第一条对《保险法》第三十四条的解释方法不适用于该法第三十三条。

（三）案涉保险合同认定为无效更符合法律价值位阶的考量。本案中，投保人杨某甲的不诚信行为，本院固然不予认同。但是，保险人某保险公司作为专业的人寿保险公司，应当明知法律有相关禁止性规定，其仍在投保人不是未成年人父母且事先未取得被保险人父母同意的情形下，承保案涉人身保险，违反不得承保此类保险的法定义务，亦具有明显过错。保险人的上述行为不仅是扰乱国家对保险行业的监督管理秩序，更是为了实现企业自身利益而置无民事行为能力人生命安全这一法律优先保护的价值于不顾。相较于交易中的背信行为，保险人的上述行为更应受到法律的否定评价。正是基于上述考量，本院对《保险法》第三十三条采取严格解释的立场，反对在没有法律明文依据的前提下，在实践中进行扩张性适用。上条系禁止性效力性规范，缔结合同违反该条规定的，属于《中华人民共和国合同法》第五十二条第五项规定的情形，将导致合同自始无效。本案中，保险人某保险公司与投保人杨某甲缔结的保险合同即因违反法律的强制性规定而无效。

综上所述，杨某甲的再审请求成立，本院予以支持。二审判决适用法律错误，致判决结果失当，本院予以纠正，一审判决认定事实及适用法律正确，本院予以维持。依照《中华人民共和国合同法》第五十二条第五项、《保险法》第三十三条、《中华人民共和国民事诉讼法》第二百零七条第一款、第一百七十条第一款第二项规定，判决如下：

一、撤销某法院（2017）鄂28民终385号民事判决；

二、维持某法院（2016）鄂2801民初2572号民事判决。

【说明】这是一起经过再审认定投保人为无民事行为能力人投保以死亡为给付保险金条件的人身保险合同无效的案件。

关于民事行为能力，根据我国《民法典》有如下划分：不满八周岁的未成年人、不能辨认自己行为的成年人为无民事行为能力人，由其法定代理人代理实施民事法律行为；八周岁以上的未成年人为限制民事行为能力人，实施民事法律行为由其法定代理人代理或者经其法定代理人同意、追认；但是，可以独立实施纯获利益的民事法律行为或者与其年龄、智力相适应的民事法律行为；十六周岁以上的未成年人，以自己的劳动收入为主要生活来源的，视为完全民事行为能力人。十八周岁以上的自然人为成年人。成年人为完全民事行为能力人，可以独立实施民事法律行为。《保险法》对人身保险投保人与被保险人的关系作了严格限定，第三十三条对人身保险的特定险种——以死亡为给付保险金条件的保险作了专门限制，即投保人不得为无民事行为能力人投这种险种，保险人也不得承保。以死亡为给付保险金条件的保险是以被保险人的死亡作为保险事故，在事故发生时由保险人向受益人支付保险金。无民事行为能力人缺乏自我保护能力，本身很容易遭受危险。为他们投死亡保险，可能会有人故意制造使他们死亡的保险事故来赚取保险金。所以，《保险法》对为无民事行为能力人投保做了严格限制。

本案客户方主张合同无效，应恢复原状返还保费，保险公司方主张合同有效，客户保留合同或正常退保。围绕这一核心争议，第一，一审法院认为投保人与被保险人系祖孙关系，属于民法意义上的近亲属，但并不具备法定抚养关系，所以投保人对被保险人没有保险利益；未成年人的监护人其父亲不能对合同进行追认，也不能推定未成年人的父亲具有同意爷爷为孙子办理保险的意思表示。合同追认是指合同主体资格欠缺，行为人没有代理权、超越代理权或者代理权终止后以被代理人名义订立的合同，经有权人追认后，该合同可成为自始有效的合同。追认权性质上是一种形成权，属单方法律行为，行为人须以本人的名义实施民事行为，而本人的追认具有溯及力。本案中，爷爷是以其自身名义为孙子投保，并不是以父亲的名义投保，故不存在未成年人的父亲对合同效力进行追认的问题。由于投保人与被保险人没有保险利益，合同违反了法律的强制性规定，合同无效。第二，二审法院认为案涉保险合同中的生存保险金和期满保险金均不是以身故为给付条件，而是以生存为给付条件，对于被保险人或者法定受益人而言，属纯获利益的合同，不必经法定代理人追认。从立法目的分析，出于对未成年子女利益保护角度，法律允许父母为其未成年子女投保死亡险不仅包含父母自身投保的情况，也应包括父母同意他人投保的情况。合同应认定为有效。第三，再审法院再次进行评析，援引《保险法》第三十三条，认为投保人爷爷不能以自己的名义为被保险人的孙子投保，未成年无民事行为能力人对自身的人身安全缺乏必要的防卫能力，极易遭到不法侵害。如不限制为无民事行为能力人投保以死亡为给付条件的人身保险，则该人身保险合同潜藏的巨大保险利益可能诱使直接或间接的受益者侵害欠缺防卫能力的被保险人，导致被保险人生命安全受到严重威胁。即使本案投保人对其孙子具有保险利益，也并不意味着其可以以自己名义为未成年的孙子投保以死亡为给付条件的人身保险。从立法意旨看，为无民事行为能力的未成年人投保以死亡为保险金给付条件的保险合同不得以法定代理人事后追认的方式予以补正。投保人不是未成年人父母且事先未取得被保险人父母同意的情形下，承保案涉人身保险，违反不得承保此类保险的法定义务。最终再审法院撤销了二审判决，维持了一审判决，认定案涉保险合同无效。

保险是一个家庭汇总各方面信息，权衡考量后的长期决策。实践中很多保险矛盾纠纷的根源在于将一个长期决策做成了一个短期决策。许多高额保单是心血来潮的产物，而不是深思熟虑的结果：这一年赚到钱了、财务状况比较好，就顶格买一份保险，第二年钱赚得少了，保费就交不上了，最后的结果就是保单停效、失效、退保；投保的时候不仔细阅读研究险种条款，听业务员讲解了一下觉得不错就买了，过一段时间有其他公司的业务员帮忙整理保单，把购买的保险针砭一番，又感觉保单一文不值了，开始找保险公司投诉销售误导；做父母的在孩子未成年的时候给孩子买了保险，孩子长大了见识多了回头审视下保险合同，保障这么低、返还这么少，比我朋友推荐的理财产品差远了，父母老了，容易上当受骗啊……保险对于一个家庭来说从来不是一份保险合同那么简单。保险，家之大事，不可不察也。

第三十四条　以死亡为给付保险金条件的合同，未经被保险人同意并认可保险金额的，合同无效。

按照以死亡为给付保险金条件的合同所签发的保险单，未经被保险人书面同意，不得转让或者质押。

父母为其未成年子女投保的人身保险，不受本条第一款规定限制。

【案例36】（2018）冀04民终2227号

苗某甲与李某系夫妻关系，与苗某1系父子关系，与苗某2、苗某3系父女关系。某保险支公司系某保险公司下属支公司。齐某原为某保险支公司工作人员，在其为该公司工作期间，2013年6月30日，由齐某经手，苗某甲与某保险公司签订五份保险合同，其中四份为本案案涉保险合同（保险合同号分别为89××、63××、94××、90××）。在该合同人身保险单上显示，双方在某保险支公司住所地某市某路某号某大厦处签订保险合同，投保人均为苗某甲，保险项目均为某年金保险（分红型）（A）款，合同成立日期均为2013年6月30日，合同生效日期均为2013年7月4日，被保险人分别为李某、苗某1、苗某2、苗某3。合同约定情况为，在个人寿险投保单中的投保须知第3项约定，本投保单必须由投保人、被保险人/监护人亲笔签名，否则合同无效。投保人对被保险人应当具有保险利益；第 6 项约定，对于父母为其未成年子女投保的人身保险，在被保险人成年之前，各保险合同约定的被保险人死亡给付的保险金额总和、被保险人死亡时各保险公司实际给付的保险金总和均不得超过中国保险监督管理委员会的规定限额。在保险计划中，投保人已知晓：在支付首期保险费起至贵公司同意承保或发出拒保通知书并退还保险费之日止，以不超过 30 天为限，若被保险人因意外伤害事故身故，贵公司仅承担申请险种的意外身故保险责任（免责条款约定的免责情形除外）。如果申请险种的意外身故保险金额累计不高于 20 万元人民币，则保障金额为申请险种的保险金额；如果申请险种的意外身故保险金额累计高于 20 万元人民币，则保障金额以 20 万元为限。苗某甲在四份合同投保人处签字，落款时间 2013 年 6 月 28 日。在告知事项中，投保人声明书，苗某甲在四份合同投保人签名处签名，并在被保险人/未成年人的法定监护人签名处代李某、苗某 1、苗某 2、苗某 3 签上其名。在人身保险投保提示书中第四项约定，请您了解"犹豫期"的有关约定。一年期以上的人身保险产品一般有犹豫期（投保人、被保险人收到保单并书面签收日起 10 日内）的有关约定。除合同另有约定外，在犹豫期内，您可以无条件解除保险合同，但应退还保单，保险公司除扣除不超过 10 元的成本费以外，应退还您全部保费并不得对此收取其他任何费用。苗某甲在投保人处签名，落款时间为 2013 年 6 月 28 日。在合同条款中，在保险责任处，约定了保险公司承担保险责任为生存保险金、额外生存金、养老年金、满期祝寿金、等待期、身故保险金、公共交通意外身故保险金。该四份保险合同并约定了其他事项。

在被保险人为李某的保险合同（89××）中，某保险支公司代理人为齐某、刘某，约定保险金额为 500 000 元，保险期间至 100 周岁，交费年期 5 年，年交保险费 450 200 元，身故受益人为苗某甲。在被保险人为苗某 1 的保险合同（94××）中，某保险支公司代理人为齐某、张某，约定保险金额为 1 000 000 元，保险期间至 100 周岁，交费年期为 5 年，年交 749 000 元，身故受益人为苗某 4、苗某 5。在被保险人为苗某 2 的保险合同（90××）中，某保险支公司代理人为齐某、夏某，约定保险金额为 1 000 000 元，保险期间至

100 周岁，交费年期 5 年，年交 754 100 元，身故受益人为苗某甲。在被保险人为苗某 3 的保险合同（63××）中，某保险支公司代理人为齐某、路某，约定保险金额为 1 000 000 元，保险期间至 100 周岁，交费年期 5 年，年交 749 000 元，身故受益人为苗某甲。

合同签订后，苗某甲于 2013 年 7 月 3 日交付了第一年保费四份共计 270.3 万元，某保险公司及某保险支公司在合同约定"犹豫期"对苗某甲进行了回访。后苗某甲以某保险支公司齐某以欺骗方式获得苗某甲投保，且被保险人对投保不知情为由要求退保并全额退款遭拒，又经某市保险合同纠纷人民调解委员会调解无效，于 2014 年 11 月 24 日，以李某、苗某 1、苗某 2、苗某 3 为原告诉至法院，后撤诉。后以苗某甲作为原告诉至一审法院，形成本次诉讼。

诉讼中，某保险支公司申请对被保险人为李某，保险合同编号为 89×× 的合同中被保险人处"李某"签名是否本人书写进行鉴定，经某省某市中级人民法院指定司法鉴定中心科学技术研究所司法鉴定中心鉴定，该中心于 2017 年 8 月 18 日作出司鉴中心〔2017〕技鉴字第 1197 号鉴定意见书，该合同被保险人处"李某"签名不是出自李某的笔迹。

庭审中，李某、苗某 1、苗某 2、苗某 3 均表示对苗某甲所签保险合同不知情，某保险公司及某保险支公司亦未对其进行回访。

另查明，苗某甲于庭审中又出示了手写证明两份，内容分别为"证明某人寿客户苗某甲投保 3 133 900 元因由定期转活期公司补偿客户贰拾柒万肆仟叁佰元整（￥274 300 元）另有 6 根 50 克金条由齐某负责兑现，兑现日期：2013 年 7 月 26 日；负责人：齐某（按手印）2013 年 7 月 4 日""证明苗某甲投保某人寿第二年交费时奖励 31 339 元（叁万壹仟叁佰叁拾玖元整），特此证明。负责人：齐某（按手印）2013 年 7 月 4 日保险 5 份由齐某负责保管，保费叁佰壹拾叁万叁仟玖佰元整（￥3 133 900 元）保管人：齐某（按手印）2013 年 7 月 4 日"。

一审法院认为，苗某甲与某保险公司签订的案涉保险合同，案涉被保险人均含身故保险险种，依据《保险法》第三十四条规定，以死亡为给付保险金条件的合同，未经被保险人同意并认可保险金额的，合同无效。在双方所签合同中亦约定，本投保单必须由投保人、被保险人/监护人亲笔签名，否则合同无效。该四位被保险人均明确表示不知情，亦均未在保险合同上签字。综上案情，案涉保险合同应为无效合同，某保险公司应返还已取得的保费。某保险公司及某保险支公司作为专业从事保险业务公司，未能依法与苗某甲签订保险合同，致使合同无效，应承担过错责任，赔偿苗某甲损失。综上所述，苗某甲诉请合法有据，本院予以支持。依照《中华人民共和国合同法》第五十二条第（五）项、第五十八条，《保险法》第三十四条第一款，《最高人民法院关于适用〈中华人民共和国保险法〉的解释》第九十条之规定，判决：一、苗某甲与某人寿保险股份有限公司签订的人身保险合同（合同编号分别为 90××、63××、94××、89××）无效；二、某人寿保险股份有限公司于本判决生效之日起十日内返还苗某甲所交保费 270.3 万元并赔偿损失（以 270.3 万元为基数，按中国人民银行同期贷款利率计算自 2013 年 7 月 3 日起至保费还清之日止）。如果未按本判决指定的期间履行给付金钱义务，应当依照《中华人民共和国民事诉讼法》第二百二十九条之规定，加倍支付迟延履行期间的债务利息。案件受理费 28 504 元，鉴定费 5 000 元（含税）均由某人寿保险股份有限公司负担。

本院二审审理查明的事实与一审查明的事实一致。

本院认为，《保险法》第三十四条规定："以死亡为给付保险金条件的合同，未经被保险人同意并认可保险金额的，合同无效。按照以死亡为给付保险金条件的合同所签发的保险单，未经被保险人书面同意，不得转让或者质押。父母为其未成年子女投保的人身保险，不受本条第一款规定限制"。本案在双方所签合同中亦约定"本投保单必须由投保人、被保险人/监护人亲笔签名，否则合同无效"。本案苗某甲与某保险公司签订的保险合同，被保险人均含身故保险险种。该四位被保险人均明确表示不知情，亦均未在保险合同上签字。诉讼中，某保险支公司申请对合同被保险人处"李某"签名进行鉴定，经鉴定不是出自李某的笔迹。一审时，李某、苗某 1、苗某 2、苗某 3 均明确表示对苗某甲所签保险合同不知情，某保险公司及某保险支公司亦未对其进行回访。故本案保险合同违反法律规定，应为无效合同，某保险公司应返还已取得的保费。因某保险公司及某保险支公司作为专业从事保险业务公司，未能依法与苗某甲签订保险合同，致使合同无效，应承担过错责任，某保险公司应赔偿苗某甲相应的损失。某保险公司上诉理由证据不足，本院不予支持。

综上所述，某保险公司的上诉请求不能成立，一审判决认定事实清楚，适用法律正确。本院依照《中华人民共和国民事诉讼法》第一百七十条第一款第一项规定，判决如下：

驳回上诉，维持原判。

【说明】本案是一起法院认为案涉以死亡为给付保险金条件的合同，未经被保险人同意并认可保险金额，合同无效的案例。

本案投保人为家庭成员投保四份保险，缴费一年后要求认定合同无效。法院审理查明，保单承保过程中保险公司仅对投保人进行回访，未对四位被保险人进行回访；四位被保险人均明确表示对保险合同不知情，亦均未在保险合同上签字。法院援引《保险法》第三十四条，判决认为案涉保险合同应为无效合同，保险公司应返还已取得的保费。

本条对以死亡为给付保险金条件的合同的生效条件作了特别规定，即以死亡为给付保险金条件的合同，未经被保险人同意并认可保险金额，合同无效。这是因为以被保险人死亡为给付保险金的人身保险，被保险人不可能是受益人，这就有可能发生为赚取保险金故意谋害被保险人的危险。因此，本条规定以死亡为给付保险金条件的合同生效的前提是：这种保险合同必须经被保险人同意，还要由被保险人认可保险金额。同时，以死亡为给付保险金条件的合同所签发的保险单，如果转让或者质押，保险单持有人将可能成为这种保险合同的受益人。为了防止发生为赚取保险金而故意制造保险事故谋害被保险人的危险，本条第二款规定，未经被保险人书面同意，这种保险合同的保险单不得转让或者质押。

第三十五条　投保人可以按照合同约定向保险人一次支付全部保险费或者分期支付保险费。

【案例37】（2020）吉0802民初409号；（2021）吉08民终348号

2012年9月14日，董某与某保险公司签订保险合同二份，在某保险公司处投保了主险为××C款终身年金保险（分红型），附加险为××赢家定期寿险（万能型）的保险二份，保险单号码为××49和××19。××49和××19保险单内容相同，均载明：主险××C款终身年金保险（分红型），投保人姓名董某，被保险人姓名董某，被保险人投保时年龄48周岁，保险合同成立日2012年9月14日，保险合同生效日2012年9月15日，每期保险费50 000元，保险金额78 200元，交费方式每年，交费日期每年9月15日，交费期间10年，保险期间终身，附加险××赢家定期寿险（万能型），保险期间终身，保险费10元，保险费合计50 010元。

××C款终身年金保险（分红型）条款载明，"本合同"是指您与我们之间订立的"××C款终身年金保险（分红型）保险合同"。2.4保险责任，在合同保险期间内，我们承担下列保险责任：持续保险金，在约定的本合同的交费期间内，被保险人在每一个本合同的年生效对应日生存，我们按保险单上载明的本合同的保险费的2%向生存类保险金受益人给付持续保险金。特别保险金，在您每交满5年保险费后的首个本合同的年生效对应日被保险人生存，我们按保险单上载明的本合同的保险费的50%向生存类保险金受益人给付特别保险金。生存保险金：（1）自本合同生效之日起至被保险人年满60周岁后的首个本合同的年生效对应日（不含该日）前，被保险人在每一个本合同的年生效对应日生存，我们按保险金额的10%向生存类保险金受益人给付生存保险金；（2）自被保险人年满60周岁后的首个本合同的年生效对应日（含该日）起，被保险人在每一个本合同的年生效对应日生存，我们按保险金额的20%向生存类保险金受益人给付生存保险金。身故保险金，被保险人身故，我们向身故保险金受益人给付身故保险金，本合同终止。身故保险金的数额为：（1）如果被保险人在年满18周岁（不含18周岁生日）前身故，身故保险金的数额等于您已交纳的本合同的累计保险费数额；（2）如果被保险人在年满18周岁（含18周岁生日）至年满60周岁后的首个本合同的年生效对应日（不含该日）之间身故，身故保险金的数额等于您已交纳的本合同的累计保险费数额的110%……3.3生存类保险金的领取方式，如生存类保险金受益人与投保人为同一人，生存类保险金给付时默认自动按本合同约定的给付时间划入您名下《××赢家定期寿险（万能型）》项下的保单账户。具体事项以《××赢家定期寿险（万能型）》的约定为准。

××赢家定期寿险（万能型）条款载明，5.7退保费用，您解除本附加合同或者部分领取保单账户价值时，我们将收取退保费用。退保费用为我们收到您解除本附加合同申请书之日保单账户价值或者您申请部分领取的保单账户价值的一定比例，具体收取标准为第1保单年度5%，第2保单年度4%，第3保单年度3%，第4保单年度2%，第5保单年度1%，第6及以后保单年度0%。

同日，董某签订了投保单号为××49和××19的电子投保申请确认书和人身保险投保提示书。两份电子投保申请确认书中均有原告董某手写"本人已阅读保险条款、产品说明书和投保提示书，了解本产品的特点和保单利益的不确定性"的内容。2012年9月19日，某保险公司对董某进行了电话回访，对投保文件上的签名是董某本人所签，阅读并理解了产品说明书和投保提示的内容，对保险责任、免除责任、保险期间均了解，有10天犹豫期，红利分配不确定等内容进行了确认。

合同签订后，2012—2019年，董某按照约定每年交纳了保险费。至董某起诉时，某保险公司向董某支付二份保险单的持续保险金14 000元，特别保险金50 000元。

2016年1月20日，董某申请领取保险单号××49和××19保险万能险部分金额各28 000元，泰康人寿吉林分公司收取手续费1 000元。

2016年12月，泰康人寿保险股份有限公司变更为泰康人寿保险有限责任公司。泰康人寿保险股份有限公司所属相关分公司名称均进行了相应调整。

董某向一审法院起诉请求：要求被告履行保险合同向董某支付：1. 持续

保险金：126 000 元（1.4 万 ~ 14 万元）；2. 特别保险金 450 000 元（5 万 ~ 50 万元）；3. 退还 1 000 元手续费；4. 按照银行贷款利率支付违约金。

一审法院认为，本案是保险纠纷，依照《保险法》第十三条："投保人提出保险要求，经保险人同意承保，保险合同成立。保险人应当及时向投保人签发保险单或者其他保险凭证。保险单或者其他保险凭证应当载明当事人双方约定的合同内容。当事人也可以约定采用其他书面形式载明合同内容。依法成立的保险合同，自成立时生效。投保人和保险人可以对合同的效力约定附条件或者附期限。"的规定，董某投保了××C 款终身年金保险（分红型）和××赢家定期寿险（万能型），某保险公司同意承保，出具了盖有某保险公司公章的保险单。故董某与某保险公司于 2012 年 9 月 13 日签订的两份保险合同合法有效，双方应当按照合同约定履行自己的义务。

一、关于某公司和某支公司能否作为本案被告的问题。《中华人民共和国民事诉讼法》第四十八条："公民、法人和其他组织可以作为民事诉讼的当事人。法人由其法定代表人进行诉讼，其他组织由其主要负责人进行诉讼。"《最高人民法院关于适用〈中华人民共和国民事诉讼法〉的解释》第五十二条第五项："民事诉讼法第四十八条规定的其他组织是指合法成立、有一定的组织机构和财产，但又不具备法人资格的组织，包括：（五）依法设立并领取营业执照的法人的分支机构……"本案中，三被告均依法设立并领取了营业执照，依照上述法律规定，均具备诉讼主体资格，能够以自己的名义应诉，均属于"明确的被告"，可以作为本案被告参加诉讼。

二、关于某保险公司应否向董某支付持续保险金 126 000 元和特别保险金 450 000 元的问题。双方争议的实质是保险单上载明的本合同的保险费数额是 50 000 元还是 500 000 元。一审法院认为，计算持续保险金和特别保险金的"本合同的保险费"应为 50 000 元。首先，在持续保险金和特别保险金项下均载明："我们按保险单上载明的本合同的保险费的 2% 向生存类保险金受益人给付持续保险金""我们按保险单上载明的本合同的保险费的 50% 向生存类保险金受益人给付特别保险金"，而"本合同"是指双方之间订立的"××C 款终身年金保险（分红型）保险合同"，保险单载明的保险费共有三处，分别为主险××C款终身年金保险（分红型）项下每期保险费50 000元、附加险项下保险费10元和保险费合计50 010元，按照通常的理解"本合同"的保险费应为50 000元。董某主张依照《中华人民共和国合同法》第四十一条："对格式条款的理解发生争议的，应当按照通常理解予以解释。对格式条款有两种以上解释的，应当作出不利于提供格式条款一方的解释。格式条款和非格式条款不一致的，应当采用非格式条款。"的规定，应作出有利于董某的解释。一审法院认为，保险单上载明的本合同的保险费无论是每期保险费50 000元还是保险费合计50 010元，按照通常理解仅有一种解释，即本合同的保险费50 000元。董某主张的500 000元系计算得出，并未在保险单上载明，不能认为是格式条款的另一种解释，因此对董某的该项主张法院不予支持。董某主张保险合同第二页不是保险单。但双方签订的保险合同的第一页载明保险单字样，但该页没有载明合同的具体内容，仅载明保险单号码和被保险人，而第二页上载明了合同的主要内容，故第二页应是保险合同的保险单。董某主张保险合同第二页不是保险单没有依据，不应予以支持。其次，××C款终身年金保险（分红型）保险条款2.4的身故保险金项下有"累计保险费数额"的表述，按照体系解释的方法，说明保险费数额应是50 000元，累计保险费数额应是500 000元。最后，如果按照董某主张的保险费为500 000元，则董某持续保险金为每年10 000元、五年特别保险金为250 000元，十年特别保险金累计500 000元，还有生存保险金、分红等，投资回报畸高，不符合双方签订合同的目的。某保险公司在合同订立时已经履行了对董某的提示和说明义务，董某已在电子投保申请确认书中进行了手写抄录和签名确认，并在电话回访中再次进行了确认，确认其对保险条款、产品说明书、投保提示书进行了阅读，了解产品的特点和保单利益的不确定。某保险公司已按照合同约定支付了保险金，董某的诉讼请求没有事实和法律依据，法院不予支持。

三、关于手续费1 000元是否有合同约定的问题。"××赢家定期寿险（万能型）"条款5.7对退保费用进行了约定，部分领取保单账户价值的，收费标准为第4保单年度2%。董某于2012年9月14日投保，2016年1月20

日申请领取每份万能险部分金额各 28 000 元，故某保险公司收取 1 000 元退保手续费符合双方合同约定。综上所述，依照《保险法》第十三条、《中华人民共和国合同法》第四十一条、《中华人民共和国民事诉讼法》第四十八条、《最高人民法院关于适用〈中华人民共和国民事诉讼法〉的解释》第五十二条规定，一审法院判决如下：驳回董某的诉讼请求。案件受理费 4 785 元，由董某负担。

本院二审期间，双方当事人均未提交新的证据。本院对一审查明的相关事实予以确认。

本院认为，本案双方争议的实质是保险单上载明的本合同的保险费数额是 50 000 元还是 500 000 元，经一二审查明事实，可以认定计算持续保险金和特别保险金的"本合同的保险费"应为 50 000 元。首先，在持续保险金和特别保险金项下均载明："我们按保险单上载明的本合同的保险费的 2% 向生存类保险金受益人给付持续保险金""我们按保险单上载明的本合同的保险费的 50% 向生存类保险金受益人给付特别保险金"，而"本合同"是指双方之间订立的"××C 款终身年金保险（分红型）保险合同"，保险单载明的保险费共有三处，分别为主险 ××C 款终身年金保险（分红型）项下每期保险费 50 000 元、附加险项下保险费 10 元和保险费合计 50 010 元，按照通常的理解"本合同"的保险费应为 50 000 元。其次，某保险公司在合同订立时已经履行了对董某的提示和说明义务，董某已在电子投保申请确认书中进行了手写抄录和签名确认，并在电话回访中再次进行了确认，确认其对保险条款、产品说明书、投保提示书进行了阅读，了解产品的特点和保单利益的不确定。某保险公司已按照合同约定支付了保险金，董某领取期间对于某保险公司给付金额并未提出异议。董某签名的《人身保险投保提示书》载明：产品说明书或保险利益测算书中关于未来保险合同利益的测算是基于公司精算假设，不能理解对未来的预期，红利分配是不确定的。可见，董某所购买的是保险产品，并非高收益的理财产品。该产品具有储蓄功能附带投资风险的业务，保险保障是第一位的，获取收益是保险产品的次要功能，由于分红来源本身就存在着很大的不确定性，因而不能将其与其他金融机构发行的理财产品的收益、利率等同比较。合同签订时，某保险公司已将保险单、保险条款等合同文件交付给了董某，其作为具有完全民事行为能力人，在订立合同时应当尽到审慎的注意义务，其对购买的保险产品的性质在主观认知上存在的偏差，应当承担其行为相应的后果。再次，"××C款终身年金保险（分红型）"保险条款 2.4 的身故保险金项下有"累计保险费数额"的表述，按照体系解释的方法，说明保险费数额应是 50 000 元，累计保险费数额应是 500 000 元。"××赢家定期寿险（万能型）"条款 5.7 对退保费用进行了约定，部分领取保单账户价值的，收费标准为第 4 保单年度 2%。董某于 2012 年 9 月 14 日投保，2016 年 1 月 20 日申请领取每份万能险部分金额各 28 000 元，故某保险公司收取 1 000 元退保手续费符合双方合同约定，董某主张退回手续费没有事实和法律依据，一审不予支持。

综上所述，董某的上诉请求不能成立，应予驳回；一审判决认定事实清楚，适用法律正确，应予维持。依照《中华人民共和国民事诉讼法》第一百七十条第一款第一项规定，判决如下：

驳回上诉，维持原判。

【说明】这是一起法院未支持投保人按累计金额计算保费的主张，认为保险合同保费应按照期缴金额计算的案例。

案涉保单是一款年金型产品。保险费每期 5 万元，缴费期间 10 年，缴费方式年缴，保险金额 78 200 元；保险责任包括：持续保险金，每年返还合同保险费的 2%；特别保险金，交满 5 年，按保险单上载明的本合同的保险费的 50% 给付特别保险金；生存保险金，被保险人年满 60 周岁后每年按保险金额的 10% 返还。投保人认为根据《保险法》第三十五条"投保人可以按照合同约定向保险人一次支付全部保险费或者分期支付保险费"，而他投保的保单保险费是 50 万元，自己只是分期缴纳保险费，所以持续保险金和特别保险金计算的基数应该是 50 万元。保险公司认为保险单上载明的保险费为 5 万元，应该以此为基数计算返还金额。法院经审理认为，保险单上载明的本合同的保险费按照通常理解仅有一种解释，即本合同的保险费 5 万元。投保人主张的

50 万元系计算得出,并未在保险单上载明,不能认为是格式条款的另一种解释。如果按照投保人的主张,则该保单投资回报畸高,不符合双方签订合同的目的,因此法院不予支持投保人主张。

第三十六条 合同约定分期支付保险费,投保人支付首期保险费后,除合同另有约定外,投保人自保险人催告之日起超过三十日未支付当期保险费,或者超过约定的期限六十日未支付当期保险费的,合同效力中止,或者由保险人按照合同约定的条件减少保险金额。

被保险人在前款规定期限内发生保险事故的,保险人应当按照合同约定给付保险金,但可以扣减欠交的保险费。

第三十七条 合同效力依照本法第三十六条规定中止的,经保险人与投保人协商并达成协议,在投保人补交保险费后,合同效力恢复。但是,自合同效力中止之日起满二年双方未达成协议的,保险人有权解除合同。

保险人依照前款规定解除合同的,应当按照合同约定退还保险单的现金价值。

【案例 38】(2019)豫 11 民终 2379 号

2010 年 5 月 7 日,投保人冯某向某保险公司投保某星 A 款两全保险(分红型),保险期间自 2010 年 5 月 7 日 0 时起至 2030 年 5 月 6 日 24 时止,保险费每年 2 455 元,交费方式:年交,交费期间 20 年,续期保险费交费日期:每年 5 月 7 日。该保险附加 0×定期重大疾病保险,基本保险金额 50 000 元,保险期间:1. 2010 年 5 月 7 日 0 时起至 2030 年 5 月 6 日 24 时止。保险费每年 385 元,交费方式年交,交费期间 20 年,续期保险费交费日期:每年 5 月 7 日。保险费合计年交 2 840 元。某星 A 款两全保险(分红型)条款 2.3.2 身故或身体全残保险金:2. 被保险人因意外伤害(详见释义)身故或身体全残,本公司按基本保险金额与累积红利保险金额二者之和的二倍给付身故或身体全残保险金,本合同终止。某星 A 款应交保险款缴纳至 2015 年 5 月 7日,自 2016 年 7 月 7 日应交 2016 年的保险未缴纳。2014 年 9 月 1 日,投保人冯某向某保险公司投保某福星增额（2014）重大疾病保险，基本保险金额6万元，保险期间：1. 2014年9月2日0时起至被保险人终身，每年交4 044元，交费方式年交，交费期间20年。某福星增额（2014）重大疾病保险条款2.3.2身故保险金。2. 被保险人因意外伤害或于本合同生效（或合同效力恢复）之日起一年后因疾病身故，本公司按被保险人身故时所处的以下不同情形给付身故保险金，本合同终止。若身故时被保险人处于18周岁保单生效对应日之后（含18周岁保单生效对应日），本公司按基本保险金额×（1 + 3% ×保单经过整年度）给付身故保险金。某福星增额应交保险金缴纳至2015年9月2日，自2016年11月2日应交2016年的费用没有缴纳。2017年11月10日，案外人李某驾车超速行驶未能够确保安全，与前方正在未靠路边行走的冯某相撞，造成冯某经抢救无效死亡、车辆受损的交通事故。冯某的死因经某县公安局物证鉴定室作出（吉）公（物）鉴（尸检）字〔2017〕14号法医学尸体检验报告，鉴定结论为死者冯某系交通事故致重型颅脑损伤死亡。某村民委员会2019年6月18日出具的监护人证明上显示：兹证明冯某3的父亲冯某1于2016年逝世，其母亲现下落不明，冯某3现由其祖母张某独自抚养。张某是冯某3的法定监护人。另查明：张某与冯某是夫妻关系，冯某甲是冯某的父亲，冯某2是冯某的次子，冯某3是冯某的孙子，冯某3的父亲冯某1系冯某的长子，冯某1于2016年死亡，冯某3代位继承参加诉讼。

一审法院认为：本案张某、冯某甲、冯某2、冯某3的家属冯某与某保险公司之间签订"某星A款两全保险（分红型）"保险合同和"某福星增额（2014）重大疾病"保险合同，系双方当事人的真实意思表示，未违反法律、行政法规的强制性规定，合法有效，各方当事人均应当依照保险合同的约定行使权利、履行义务。其中"某星A款两全保险（分红型）"保险合同，冯某于2010年5月7日投保，保险金额50 000元，年交费金额2 455元；附加0×定期重大疾病保险，保险金额50 000元，年交费金额385元。该保险冯某交费至2015年5月7日。"某福星增额（2014）重大疾病"保险，冯某于2014年9月1日投保，保险金额60 000元，保险期间：2014年9月2日0时起至被保险人终身，每年交4 044元。该保险费交费至2015年9月2日。两份保险之后均未续交。2017 年 11 月 10 日，冯某因交通事故经抢救无效死亡。《保险法》第三十六条规定："合同约定分期支付保险费，投保人支付首期保险费后，除合同另有约定外，投保超过约定的期限六十日未支付当期保险费的，合同效力中止，或者由保险人按照合同约定的条件减少保险金额。被保险人在前款规定期限内发生保险事故的，保险人应当按照合同约定给付保险金，但可以扣减欠交的保险费。"根据上述法律规定，冯某向某保险公司投保"某星 A 款两全保险（分红型）"，根据该合同 2.3.2 身故或身体全残保险金：2. 被保险人因意外伤害（详见释义）身故或身体全残，本公司按基本保险金额与累积红利保险金额二者之和的二倍给付身故或身体全残保险金。因此，被告某保险公司应支付保险金额为 100 000 元（50 000 元 ×2）。冯某向某保险公司投保的"某福星增额（2014）重大疾病"保险，根据该合同 2.3.2 身故保险金：2. 被保险人因意外伤害或于本合同生效（或合同效力恢复）之日起一年后因疾病身故，本公司按被保险人身故时所处的以下不同情形给付身故保险金，本合同终止。（2）若身故时被保险人处于 18 周岁保单生效对应日之后（含 18 周岁保单生效对应日），本公司按基本保险金额 ×（1 + 3% ×保单经过整年度）给付身故保险金。因此，某保险公司应支付保险金额为 65 400 元［60 000 元 ×（1 + 3% ×3 年）］。上述两份保险合同，某保险公司应支付冯某保险金额合计 165 400 元。因冯某欠交"某星 A 款两全保险（分红型）"保险金 2 年合计金额 5 680 元（2 840 元 ×2 年），欠交"某福星增额（2014）重大疾病"保险金 2 年合计 8 088 元（4 044 元 ×2 年）。根据法律规定，上述欠交部分的保险金应当在某保险公司对冯某的赔付款中予以扣减，某保险公司应支付冯某投保保险金额为 151 632 元（165 400 元 − 5 680 元 − 8 088 元）。张某与冯某是夫妻关系，冯某甲是冯某的父亲，冯某 2 是冯某的次子，冯某 3 是冯某的孙子，冯某 3 的父亲冯某 1 系冯某的长子，冯某 1 于 2016 年死亡，冯某 3 代位继承参加诉讼。根据《保险法》第三十一条："投保人对下列人员具有保险利益：（一）本人；（二）配偶、子女、父母；（三）前项以外与投保人有抚养、赡养或者扶养关系的家庭其他成员、近亲属。"因此，张某、冯某甲、冯某 2、冯某 3 向某保险公司主张权利符合法律规定，一审法院予以支持。依照《保险法》第三十一条、第三十六条规定，判决：1. 某保险公司于一审判决生效后十日内赔付张某、冯某甲、冯某2、冯某3各项保险金151 632元；2. 驳回张某、冯某甲、冯某2、冯某3的其他诉讼请求。如果未按一审判决指定的期间履行给付金钱义务，应当按照《中华人民共和国民事诉讼法》第二百五十三条规定，加倍支付迟延履行期间的债务利息。一审案件受理费3 600元，张某、冯某甲、冯某2、冯某3负担270元，某保险公司负担3 330元。

二审中，当事人均未提交《最高人民法院关于民事诉讼证据的若干规定》规定的新证据。本院经审理查明，对一审法院查明的事实予以确认。

二审法院认为，关于涉案保险合同在效力中止期间，某保险公司是否应当承担保险责任的问题。冯某与某保险公司之间签订"某星A款两全保险（分红型）"保险合同和《某福星增额（2014）重大疾病》保险合同系当事双方的真实意思表示，未违反法律、行政法规的强制性规定，合法有效，各方当事人均应当依照保险合同的约定行使权利、履行义务。冯某投保的"某福星增额（2014）重大疾病保险"每年的9月2日为交费日期。2016年9月2日，冯某并未按约定缴纳费用，根据法律规定60日的宽限期至2016年11月2日，冯某仍未交费。冯某投保的"某星A款两全保险（分红型）"每年的5月7日为交费日期，2016年5月7日，冯某并未按约定缴纳费用，根据法律规定60日的宽限期至2016年7月7日，冯某仍未交费。冯某投保的"某福星增额（2014）重大疾病保险""某星A款两全保险（分红型）"均未按照合同约定交纳保险费用，在保险事故发生时保险合同处于效力中止状态。一审法院依据《保险法》第三十六条："分期支付保险费，投保人支付首期保险费后，除合同另有约定外，投保人自保险人催告之日起超过三十日未支付当期保险费，或者超过约定的期限六十日未支付当期保险费的，合同效力中止，或者由保险人按照合同约定的条件减少保险金额。被保险人在前款规定期限内发生保险事故的，保险人应当按照合同约定给付保险金，但可以扣减欠交的保险费"规定，判令某保险公司从保险金赔付款中扣减冯某欠交部分保险金后支付冯某保险金151 632元，理解适用《保险法》第三十六条错误。保险合同的效力中止，是指保险合同的关系形式上虽仍存在，未失效也未终止，但保险人和投保人双方不负对待给付义务的情形。保险合同的效力因投保人在宽限期届满后仍然欠缴保险费而暂时停止。若保险事故发生于宽限期内，保险人仍承担保险责任；投保人于宽限期内交付保险费的，保险合同的效力即继续不间断。若保险事故发生于效力中止期间，保险人不承担保险责任。该案，冯某发生保险事故时双方所签订的两份保险合同均已效力中止，某保险公司不应当承担保险责任。

综上，一审法院审理程序合法，认定事实清楚，适用法律错误，处理结果不当，本院依法予以纠正。上诉人某保险公司的上诉请求成立，本院予以支持。依照《中华人民共和国民事诉讼法》第一百七十条第一款第（二）项之规定，判决如下：

一、撤销某法院（2019）豫 1103 民初 1578 号民事判决；

二、驳回张某、冯某甲、冯某 2、冯某 3 的诉讼请求。

【说明】这是一起法院判决保险合同中止期间发生的保险事故，保险人不应承担保险责任的案例。

投保人为自己所投保某星 A 款保险的保险费缴纳至 2015 年 5 月 7 日，自 2016 年 7 月 7 日应交 2016 年的保险费未缴纳，投保人为自己所投保某星增额保险的保险费缴纳至 2015 年 9 月 2 日，自 2016 年 11 月 2 日应交 2016 年的费用没有缴纳。2017 年 11 月 10 日，被保险人发生交通事故离世。

本案一审、二审、再审法院均援引了《保险法》第三十六条规定，一审法院认为保险公司应当承担保险责任，二审、再审法院认为保险公司不承担保险责任。法条全文分两款，第一款"合同约定分期支付保险费，投保人支付首期保险费后，除合同另有约定外，投保人自保险人催告之日起超过三十日未支付当期保险费，或者超过约定的期限六十日未支付当期保险费的，合同效力中止，或者由保险人按照合同约定的条件减少保险金额。"第二款"被保险人在前款规定期限内发生保险事故的，保险人应当按照合同约定给付保险金，但可以扣减欠交的保险费。"法条规定了什么情形下保险合同效力中止

（或减少保额），什么情形下保险公司应当承担保险责任，结合第三十七条，还规定了什么情形下保险合同效力恢复，哪种情形下保险公司有权解除合同。本案的争议在于什么情形下保险公司应当承担保险责任，对此法条规定的理解，或者更进一步说是对"规定期限内"这几个字的理解。一审法院认为"规定期限内"是合同效力中止期间，二审和再审法院认为是"保险人催告之日起三十日内或者约定的期限六十日内"。

在投保人未按照约定期限支付当期保险费时，除合同另有约定外，合同效力并不立即中止，而是再给投保人六十天的宽限期，在此期间，保险合同的效力仍然维持。投保人只要在六十日期满前支付当期保险费，保险合同就继续有效。投保人只有在超过规定的期限六十日未支付当期保险费的，合同效力才中止。法条中"规定期限内"指的就是宽限期，即宽限期内出险，保险公司承担保险责任；超过宽限期，保险效力中止，被保险人出险，保险公司不承担保险责任。

对于本案，第一，保险公司表示，如果要求保险人在保险合同效力中止期间承担保险责任，会发生如下后果：投保人在购买人身保险交纳第一期保费后，便停止交费，在经过 30 日或 60 日宽限期后保险合同进入效力中止期间，由于效力中止期间的期限并不确定，因此，只要被保险人在任何时候发生保险事故，保险人就应当承担保险责任。如果发生上述情况，保险人必定破产。被保险人在没有付出任何合同对价的情况下就获得巨额收益，这显然与保险法的立法本义相违背。第二，再审法院评述：首先，合同中止是合同效力在一定时间内停止，效力停止意思是期间内保险合同对合同双方并无约束力，直至效力恢复，也意味着保险人在此期间不需承担保险责任；其次，如果要求保险人承担合同效力中止期间的保险责任，实际上意味着让保险人为已经发生的危险承担保险合同的责任，与保险制度的本质并不相符，甚至是"鼓励"投保人故意不按约定缴纳保费；最后，保险合同是射幸合同，保险事故的发生具有偶然性，保险合同约定的给付保险金条件发生与否处于不确定状态，结合本案实际情况来看，保险事故发生在保险合同效力中止期间，故保险人不应为已经发生的危险承担保险合同责任。不同角度，论述的是同一逻辑，得出的是同一结论，超过宽限期，保险效力中止，被保险人出险，保险公司不承担保险责任。

实操中，持续交费的保险合同，到当期应缴日之后，进入宽限期，一般是2个月（或60日）。在此期间，保单状态是交费有效状态，投保人可以在此期间缴纳保险费，如果被保险人在此期间出险，正常向保险公司申请理赔。超过宽限期，保单状态变为停效（中止），在保单停效期间，投保人可以申请复效，恢复保单效力，但需要提交健康告知书，还可能要求提供体检报告、病例等，相当于重新走一遍核保流程。复效申请通过，投保人补缴保费，保单效力恢复。如果保单停效状态持续了2年，保单状态就变为失效（永久失效），投保人只能退保，不能申请复效了。在保单停效和失效状态下，被保险人出险，保险公司是不承担保险责任的。

【案例39】（2019）闽06民终247号；（2020）闽民申2580号

2013年12月10日，方某与某保险公司签订人身保险合同，该保险合同包括保险单、人身保险投保书、电子投保申请确认书及保险条款。《人身保险投保书（电子版）》载明："……投保人：方某。被保险人及受益人：黄某。投保险种：×胜，×胜重疾。交费频次：年交。保险费：6 576元。首期交费方式：银行转账。续期/续保交费方式：银行转账。投保人签名方某，被保险人签名黄某……""×胜终身寿险（万能型）"条款载明："……1.4保险期间，本主险合同的保险期间为终身，自本主险合同生效日起至被保险人身故时止。3.2保险责任，在本主险合同有效期内，承保人承担如下保险责任：身故保险金，被保险人身故，按身故当时的保险金额给付"身故保险金"，本主险合同终止。给付的身故保险金已包含身故当时的保单账户价值。3.6基本保险金额的变更，下列情形会引起基本保险金额变更：（4）未交满前10年应付期交保险费的，如果投保人在保险费约定支付日及其后的60日内未支付保险费，从第60日后的下一个结算日零时起本主险合同进入削减期，基本保险金额削减为本次削减期前一日24时基本保险金额的75%。如果投保人在下一个保险费约定支付日后的第60日24时之前补交欠交的一期期交保险费，基本保险金额会恢复至本次削减期前一日 24 时的基本保险金额，恢复的部分从承保人收到保险费后的下一个结算日零时起生效，同时本次削减期结束。如果投保人在下一个保险费约定支付日后的第 60 日 24 时之前未补交欠交的期交保险费且未支付当期应付期交保险费，从第 60 日后的下一个结算日零时起，基本保险金额再次削减，削减后的基本保险金额为：（本次削减期前一日 24 时基本保险金额 − 本次削减期内部分领取的保单账户价值）×25%。如果同时投保了"附加×胜提前给付重大疾病保险"，且在本次削减期内给付了"重大疾病保险金"，上述削减后的基本保险金额为：（本次削减期前一日 24 时基本保险金额 − 本次削减期内部分领取的保单账户价值 − 本次削减期内给付的重大疾病保险金）×25%。此后，本次削减期若未结束，再次发生缓交时基本保险金额不再削减。补齐欠交的期交保险费或累计交满前 10 年应付期交保险费后，投保人可以申请恢复基本保险金额，经承保人审核同意后，恢复的部分从下一个结算日零时起生效，同时本次削减期结束。削减期内因部分领取导致基本保险金额减少的部分不予恢复。如果投保人同时投保了"附加×胜提前给付重大疾病保险"，且在本次削减期内给付了"重大疾病保险金"，则因给付重大疾病保险金导致本主险合同基本保险金额减少的部分不予恢复。削减期内，对基本保险金额削减的部分承保人不承担保险责任。累计交满前 10 年应付期交保险费的，发生缓交时，基本保险金额不削减。5.1 宽限期与效力中止，本主险合同有效期内，在结算日零时如果保单账户价值不足以支付保障成本，承保人将按该结算日零时的保单账户价值收取保障成本，不足部分记为欠交的保障成本，同时保单账户价值减少至零。自该结算日的次日零时起 60 日为宽限期。宽限期内发生的保险事故，承保人仍会承担保险责任，但在给付保险金时会扣减投保人欠交的保障成本。如果投保人宽限期结束之后仍未交付保险费，则本主险合同自宽限期满的次日零时起效力中止。在本主险合同效力中止期间，承保人不承担保险责任，且不结算保单利息。5.2 效力恢复，本主险合同效力中止后 2 年内，投保人可以申请恢复合同效力。经投保人与承保人协商并达成协议，在投保人补交保险费之日起，合同效力恢复。自本主险合同效力中止之日起满 2 年投保人和承保人未达成协议的，本主险合同效力终止。7.2 本公司合同解除权的限制，合同解除权自承保人知道有解除事由之日起，超过 30 日不行使而消灭。自本主险合同成立之日起超过 2 年的，承保人不得解除合同；发生保险事故的，承保人承担给付保险金的责任……"

"附加×胜提前给付重大疾病保险"条款载明："……1.1 合同订立，由主险合同投保人提出申请，经承保人同意而订立。1.2 合同生效，如果本附加险合同与主险合同同时投保，本附加险合同的生效日与主险合同相同。如果投保人在主险合同有效期内投保本附加险合同，本附加险合同生效日以批注所载的日期为准。本附加险合同的保单周年日同主险合同的保单周年日。5.1 效力中止，在主险合同效力中止时，本附加险合同效力中止。在本附加险合同效力中止期间，承保人不承担保险责任。5.2 效力恢复，本附加险合同效力中止后 2 年内，投保人可以申请恢复合同效力。经投保人与承保人协商并达成协议，在投保人补交主险合同保险费之日起，合同效力恢复。自本附加险合同效力中止之日起满 2 年，投保人和承保人未达成协议的，本附加险合同终止。主险合同效力中止期间，本附加险合同不得单独申请复效。8.2 重大疾病，重大疾病是指被保险人初次发生符合下列定义的疾病，或初次接受符合下列定义的手术。该疾病或手术应当由专科医生（见 8.3）明确诊断。……严重脑损伤，指因头部遭受机械性外力，引起脑重要部位损伤，导致神经系统永久性的功能障碍……"

方某在《电子投保申请确认书》及《人身保险（个险渠道）投保提示书》投保人签名处签名，黄某在《电子投保申请确认书》的被保险人/法定监护人签名处签名。

2015 年 2 月 15 日，黄某与某保险公司签订《保险合同变更申请书》，约定：二、变更项目和内容：3. 部分领取。3.2 万能型产品，金额 4 700 元。投保人签名：黄某。有效证件号码 35062×××。受理日期：2015 年 2 月 15 日。

保险合同签订后，投保人方某、黄某分别于 2013 年 12 月 10 日和 2015 年 2 月 12 日支付两期保险费。2015 年 2 月 15 日，黄某向某保险公司领取保单价值 4 700 元。但投保人方某、黄某未按保险合同约定支付 2015 年 12 月 10 日和 2016 年 12 月 10 日两期保险费。

2017 年 10 月 14 日 7 时 19 分，黄某驾驶无牌二轮电动车行驶遇周某驾驶的小型普通客车，在避让过程中，黄某驾车摔倒，造成黄某受伤，经医院抢救治疗无效，于 2017 年 10 月 28 日死亡及无牌二轮电动车局部损坏的交通事故。2017 年 11 月 7 日，某市公安局交通警察大队出具道路交通事故认定书，认定书载明：……1. 当事人黄某承担本事故同等责任；2. 当事人周某承担本事故同等责任。

黄某受伤后前往某医院住院治疗，住院时间 13 天，支付医疗费 147 829.15元。2017 年 10 月 27 日出院，2017 年 10 月 28 日死亡。"

一审法院认为：方某与某保险公司之间签订的《人身保险合同》系双方真实意思表示，内容不违反法律法规效力性强制性规定，合法有效，合同双方当事人均应依约履行合同义务。《保险法》第三十六条规定，合同约定分期支付保险费，投保人支付首期保险费后，除合同另有约定外，投保人自保险人催告之日起超过三十日未支付当期保险费，或者超过约定的期限六十日未支付当期保险费的，合同效力中止，或者由保险人按照合同约定的条件减少保险金额。被保险人在前款规定期限内发生保险事故的，保险人应当按照合同约定给付保险金，但可以扣减欠交的保险费。本案投保人未按保险合同约定支付两期保险费，经某保险公司催告后仍未支付保险费，根据保险条款约定，某保险公司可依约削减基本保险金额，即"×胜终身寿险基本保险"金额确定为：28 825 元（120 000 元 – 4 700 元）×25%；"附加×胜提前给付重大疾病保险"10 000 元（40 000 元×25% = 10 000 元）。综上，方某要求某保险公司依合同约定支付保险金理由成立，予以支持，具体数额以一审法院确定为准。依照《保险法》第三十六条规定判决：一、某保险公司应于判决发生法律效力之日起 10 日内支付方某保险金 38 825 元。二、驳回方某的其他诉讼请求。如果未按判决指定的期间履行给付金钱义务，应当依照《中华人民共和国民事诉讼法》第二百五十三条规定，加倍支付迟延履行期间的债务利息。案件受理费 3 500 元，由方某负担 2 730 元，由某保险公司负担 770 元。

　　二审中，双方当事人均未向本院提交证据。对一审判决查明的事实，双方当事人均无异议，本院予以确认。

　　另查明，案涉"×胜终身寿险（万能型）"条款第2.1条约定"保险人于本主险合同生效日设立保单账户，用于记录本主险合同的保单账户价值。……保单账户价值……随着保障成本的收取、保单账户价值的部分领取而减少"；第2.4条约定"期交保险费缓交您可以选择暂缓支付期交保险费，如果保单账户价值足以支付保障成本，本主险合同继续有效……"。"×胜终身寿险（万能型）"条款第2.8条、"附加×胜提前给付重大疾病保险"条款第4.1条均约定，保险人对本保险合同承担的保险责任收取相应的保障成本。

　　本案的主要争议焦点是：某保险公司是否应予承担案涉保险理赔责任。

　　二审法院认为，某保险公司不应承担案涉保险理赔责任。理由如下：首先，根据《保险法》第三十六条的规定，当事人可以在保险合同中对投保人未按期交纳保险费的法律后果作出另行约定，且如有另行约定则对双方均具有约束力，综观案涉"×胜终身寿险（万能型）"条款第五条"合同效力的中止及恢复"即为前述法律所规定"另行约定"的内容，根据该条款的约定，本案保险合同在"保单账户价值不足以支付保障成本"的结算日次日零时起六十日为投保人交费的宽限期，如果投保人在该宽限期结束后仍未支付保险费，则保险合同自宽限期满的次日零时起效力中止，且在合同效力中止后二年内，投保人可以申请恢复合同效力，如果满二年双方未达成协议，则保险合同效力终止。由此可见，本案保险合同是以"保单账户价值不足以支付保障成本"为前提发生中止，并不是以"投保人未按期支付保险费"为前提发生中止。其次，针对投保人未按期支付保险费，案涉"×胜终身寿险（万能型）"条款第3.6条"基本保险金额的变更"中约定的后果为合同进入削减期，即削减基本保险金额。结合前述第5条款的约定以及二审另查明的事实，可以认定削减期减少基本保险金额是指虽投保人未按期支付保险费，但其保单账户价值仍足以支付保障成本，保险合同继续有效，但发生保险事故时，基本保险金额依约削减，而当"保单账户价值不足以支付保障成本"且宽限期结束后投保人仍未支付保险费时，保险合同依约中止。据此，本案中，截至 2015 年 11 月 1 日，案涉保险合同的保单账户价值仅剩余 23.94 元，明显不足以再持续支付保障成本，因投保人方某一方未在 2015 年 12 月 10 日续交保险费，符合保险合同约定的宽限期起算条件，此后直至 2017 年 10 月 14 日，投保人方某一方仍未交纳保险费并恢复保险合同效力，依照《保险法》第三十六条的规定及本案保险合同的约定，案涉保险合同效力一直处于中止状态，在此情形下，某保险公司主张不应承担案涉保险理赔责任，符合合同约定和法律规定，应予支持；方某主张合同效力中止期间发生保险事故，保险人应承担保险理赔责任，缺乏合同和法律依据，本院不予支持。

综上所述，某保险公司的上诉请求成立，予以支持。一审判决理解和适用法律有误，导致实体处理不当，应予纠正。本院依照《中华人民共和国合同法》第六十条，《中华人民共和国保险法》第三十六条，《中华人民共和国民事诉讼法》第一百七十条第一款第二项之规定，判决如下：

一、撤销某法院（2018）闽 0603 民初 934 号民事判决；

二、驳回方某的原审诉讼请求。

客户方认为二审判决错误，申请再审。

再审法院经审查认为，本案再审审查的焦点问题是：方某关于某保险公司应承担保险责任的诉请能否成立。根据二审判决理由以及方某的申请再审意见，认定该问题的关键在于认定案涉《保险合同》第 5.1 条的约定能否适用。对于前述问题分析如下。

本院认为，方某引用《保险法》第三十六条的规定主张案涉《保险合同》第 5.1 条的约定无效。经查，保险法规定及前述合同条款具体内容如下：

保险法第三十六条规定："合同约定分期支付保险费，投保人支付首期保险费后，除合同另有约定外，投保人自保险人催告之日起超过三十日未支付当期保险费，或者超过约定的期限六十日未支付当期保险费的，合同效力中止，或者由保险人按照合同约定的条件减少保险金额。被保险人在前款规定期限内发生保险事故的，保险人应当按照合同约定给付保险金，但可以扣减欠交的保险费。"

保险合同第 5.1 条约定：宽限期与效力中止，本主险合同有效期内，在结算日零时如果保单账户价值不足以支付保障成本，承保人将按该结算日零时的保单账户价值收取保障成本，不足部分记为欠交的保障成本，同时保单账户价值减少至零。自该结算日的次日零时起 60 日为宽限期。宽限期内发生的保险事故，承保人仍会承担保险责任，但在给付保险金时会扣减投保人欠交的保障成本。如果投保人宽限期结束之后仍未交付保险费，则本主险合同自宽限期满的次日零时起效力中止。在本主险合同效力中止期间，承保人不承担保险责任，且不结算保单利息。

对比前述的法律规定及合同条款约定可知，无论按照法律规定还是合同约定，案涉的保险合同效力都应当认定为中止，双方对这一事实也并无异议。双方存在争议之处在于合同中止的法律后果。前述保险法第三十六条第二款规定"被保险人在前款规定期限内发生保险事故的，保险人应当按照合同约定给付保险金，但可以扣减欠交的保险费"。由此可见，该法条仍将给付保险金的依据交给了当事人的合同进行约定。至于案涉保险合同中止后，应适用保险合同的哪一条约定来认定保险人的赔付责任的问题，一审认为应按照保险合同第 3.6 条"基本保险金额的变更"的相关约定进行计算；二审则认为应按照合同第 5.1 条约定来认定。对此，本院认为，前述合同条款的约定并不矛盾。3.6 条的约定应当适用于合同效力正常期间，基本保险金额发生变更的情形；但在触及保险合同第 5.1 条约定，已经导致合同效力中止的情况下，二审适用保险合同第 5.1 条约定来认定双方的权利义务，是妥当的。由于案涉保险合同第 5.1 条已经约定"本主险合同效力中止期间，承保人不承担保险责任"，故二审判决某保险公司无须承担保险责任，并无不当。

对于方某申请再审主张，保险合同第 5.1 条系免责条款，应认定无效的主张。本院认为，《中华人民共和国合同法》第四十条规定"提供格式条款一方免除其责任、加重对方责任、排除对方主要权利的，该条款无效"。结合案涉保险合同第 5.1 条约定的内容，该条款并非完全免除某保险公司的责任，而仅是对保险合同中止期间的保险责任作出约定，故该条款不属于前述法律规定的格式合同免责条款。方某主张该条款无效，依据不足，本院不予采纳。

综上所述，本院认为，方某的再审申请不符合《中华人民共和国民事诉讼法》第二百条规定的情形。

依照《中华人民共和国民事诉讼法》第二百零四条第一款、《最高人民法院关于适用〈中华人民共和国民事诉讼法〉的解释》第三百九十五条第二款之规定，裁定如下：

驳回方某的再审申请。

【说明】这是一起法院裁判万能险保险合同效力中止期间被保险人出险，保险公司不承担保险责任的案例。

本案时间线如下，2013年12月10日投保人投保万能险险种，附加重大疾病险种，在2013年12月10日和2015年2月12日支付两期保险费。2015年2月15日投保人领取保单价值4700元。投保人未支付2015年12月10日和2016年12月10日两期保险费。保单2016年1月1日效力中止，2017年10月28日被保险人因交通事故身故。

本案逻辑与【案例38】一致，被保险人在保单效力中止期间出险，保险公司不承担保险责任。

本案特殊之处在于案涉险种是万能险。万能险具备传统寿险的保障功能，还可以让客户通过投资账户内资金参与投资活动，有最低的保证收益。投保人将保费交到保险公司后，保费一部分用于保障，另一部分用于投资。万能险同时又具有交费灵活、保额可调整、保单价值领取方便等特点，故名万能保险。投保人缴纳的期缴保费、追加保费、结算利息进入万能险账户，使得账户余额增加，每月结算日扣除的保障成本、部分领取的金额，使得账户余额减少。资金有进有出，万能险的现金价值一直处于变化状态。每月支出的保障成本用于维持保单的保额，每月收入的结算利息是投资收益，每月结算、复利计息。每月收入大于支出，则保单一直处于有效状态，保单是盈利的。每月支出大于收入，则保单现金价值持续减少，最终减少至零，保单效力终止。交费灵活是指万能险账户中现金价值高于扣除的保障成本保单就有效，投保人可以任意选择、变更交费期，可以在未来收入发生变化时缓交或停交保费，也可以过三五年或更长时间之后再继续补交保费等，还可以一次或多次追加保费。保额可调整，指客户可以在一定范围内自主选择变更基本保额，从而满足人们对保障、投资的不同需求。如前所述，万能险的保额是通过每月从现金价值中扣除保障成本来维持的，现金价值足够多，客户希望提高保障，就可以提高保额，如果客户希望每月少扣保障成本，更多地用来进行投资，就可以选择减少保额。保障成本是万能险特有的概念，保障成本是指保险公司对主险合同承担保险责任收取相应的费用。年保障成本根据被保险人的年龄、性别、职业类别、危险保额以及风险程度，决定按照每千元危险保额应收取的年保障成本。保单价值领取方便。在万能险账户现金价值足够的前提下，客户可以随时领取保单现金价值金额，作为子女的教育金、婚嫁金、创业金，也可以用作自己或家庭其他成员的医疗储备金、养老储备金等。

本案中，投保人仅缴纳了 2 期保费，每期 6 576 元，在 2015 年 2 月 15 日领取保单价值 4 700 元。后续未继续交费，也就是以万能险账户中不多的现金价值维持着较高的保障，现金价值一直处于减少的状态。至 2015 年 11 月 1日，该保单账户价值不足以支付保障成本，保单账户价值减少至零。自该结算日的次日零时起，60 日为宽限期。即自 2015 年 11 月 1 日该保单账户价值不足以支付保障成本的次日起，至 2015 年 12 月 31 日（60 日）为宽限期，2016 年 1 月 1 日起合同效力中止。所以，2017 年 10 月 28 日被保险人身故，处在保单效力中止期间，保险公司不承担保险责任。

第三十八条　保险人对人寿保险的保险费，不得用诉讼方式要求投保人支付。

【案例 40】（2021）黔 27 民终 2730 号

2018 年 12 月 20 日，某影视公司与某保险公司签订了某市"影视城公众责任险"，保单号××D，约定从 2018 年 12 月 31 日起，至 2019 年 12 月 30 日止，由某保险公司为某影视公司经营的某市影视城提供影视城公众责任险，保险费为 20 万元，约定某影视公司需在 2018 年 12 月 30 日前支付全额保费，并约定了事故人身、财产赔偿限额；合同第十二条约定"投保人应该按照保险合同约定向保险人缴纳保险费。依法成立的保险合同以保险合同成立的期限和金额为保单生效条件。除另有约定外，投保人应在保险合同成立时交清保险费。如自保单签单日起，30 天内被保险人仍未支付保费，则本保单自起保日起失效。投保人未按本保险单明细表和批单中的规定，按期交付保险费的，保险事故发生时，保险人不承担相应的赔偿责任"。2019 年 7 月，某保险公司向某影视公司发《应收账款询证函》，确认某影视公司尚欠的本责任保险费用。至今，某影视公司未支付某保险公司一分钱的保险费，故某保险公司起诉至院，请求如前诉请。

一审法院认为：保单属于保险合同的一部分，本案虽然保险合同因签订而成立，但某保险公司提供的格式条款中也约定了投保人缴纳保险费的期限和不缴纳的后果，即为保单失效，也就是说某影视公司在约定的期限内未交费导致了保单和合同的失效；某影视公司在收到某保险公司送达的应收账款询证函后，也确未在保险期限内交纳保费，某影视公司以其实际行动不要求合同的履行。现保险期限已过，某保险公司未承担相应的保险义务，而要求某影视公司承担支付保险费的责任，双方权利义务并不对等，故对于某保险公司要求某影视公司支付保险费的诉请不予支持。综上，依照《中华人民共和国合同法》第四十五条、第五十六条、《保险法》第十三条之规定，判决如下：驳回某保险公司的诉讼请求。案件受理费 4 600 元，减半收取 2 300 元，由某保险公司负担。

某保险公司不服，提出上诉。

二审中，上诉人提供的保险条款不属于新证据，且上诉人认可以被上诉人提供的保险条款为准。

经二审审理，查明的事实与一审查明的事实一致。

综合本案双方诉辩请求及理由，归纳二审双方争议的焦点：双方订立的保险合同是否生效，即被上诉人是否应当承担交纳保险费的责任。

本院认为：对于双方订立保险合同是否生效的问题。首先，在二审中，双方认可被上诉人所购买的保险险种系商业险，并非法律规定的强制保险，被上诉人有权决定是否购买。其次，从双方当事人提供的保险条款来看，上诉人提供与被上诉人订立的保险合同系格式条款，在双方对条款理解发生争议时应当作不利于上诉人一方的理解。再次，从上诉人认可被上诉人出示的保险条款来看，双方在保险合同中约定了附生效的条件，即以被上诉人交纳保险费为生效条件，被上诉人至今未交纳保险费，同时，上诉人也未能举证证实被上诉人存在阻止条件成就的行为，且从上诉人提供的保险条款来看，也有对被上诉人交纳保险费前发生保险事故不承担责任的条款，视为上诉人也认可被上诉人交纳保险费前合同不生效，故双方订立保险合同的生效条件未成就，双方的保险合同未生效，被上诉人不负有向上诉人交纳保险费的义务，一审不予支持上诉人的诉讼请求并无不当，应予确认。

综上所述，上诉人某保险公司的上诉理由不成立，应予驳回；一审认定事实清楚，适用法律正确，应予维持。依照《中华人民共和国民事诉讼法》第一百七十条第一款第一项之规定，判决如下：

驳回上诉，维持原判。

【说明】这是一起法院判决投保人未按约定缴纳保费，保单未生效，投保人不承担交纳保险费的责任。

保险合同是双务、有偿合同。投保人负有支付保险费的义务，同时享有保险赔偿的权利，保险人享有收取保险费的权利，并负有承担保险合同约定的保险责任的义务。保险合同中的保险费，在财产保险合同和人身保险合同中有所不同。

财产保险合同中，投保人支付保险费不是合同生效的前提条件。保险合同成立后，保险人按照合同约定承担保险责任，而无论投保人是否交纳保险费。因此，在财产保险合同中，保险费成为保险人的既得债权。在投保人没有按约定支付保险费的情况下，保险人当然可以通过诉讼的方式请求被保险人支付。人身保险合同则与此不同。第一，对于人身保险合同，本法规定投保人于合同成立后，可以向保险人一次性支付保险费，也可以按照合同约定分期支付保险费。合同约定分期支付保险费的，投保人应当于合同成立时支付首期保险费，并应当按期支付其余各期的保险费。因此，支付首期保险费一般被认为是人身保险合同的生效条件，人身保险合同的保险人于投保人支付首期保险费后才承担保险责任。第二，由于人身保险合同的合同期限一般较长，要求投保人按合同约定持续不断地支付保险费，对投保人来说也会有一定困难。特别是寿险合同具有储蓄性质，投保人身险只是投保人的一种投资选择，也应当允许投保人放弃这种投资方式。所以《保险法》规定，投保人超过规定的期限六十日未支付当期保险费的，合同效力中止，或者由保险人按照合同约定的条件减少保险金额。自合同效力中止之日起二年内双方未达成协议的，保险人有权解除合同。即保险费支付与否，只影响保险合同的效力。如果投保人不按约定支付保险费，最终结果只能导致保险合同的解除，保险人不再承担保险责任，而不会在投保人与保险人之间形成债权债务关系。基于以上两点，人身保险合同的保险人不能强制投保人履行支付保险费的义务，即本条规定的保险人对人身保险的保险费不得以诉讼方式请求投保人支付。

本案案涉险种为公众责任险，属于财产险，是可以通过诉讼要求投保人缴纳保费的，但法院指出，双方在保险合同中约定了附生效的条件，即以投保人交纳保险费为生效条件，投保人至今未交纳保险费，所以双方订立保险合同的生效条件未成就，双方的保险合同未生效，投保人不负有向保险公司交纳保险费的义务。

在实操中，财险合同除见费出单外，一般都是含有以缴费为生效前提的特别约定。

第三十九条 人身保险的受益人由被保险人或者投保人指定。

投保人指定受益人时须经被保险人同意。投保人为与其有劳动关系的劳动者投保人身保险，不得指定被保险人及其近亲属以外的人为受益人。

被保险人为无民事行为能力人或者限制民事行为能力人的，可以由其监护人指定受益人。

【案例 41】（2020）粤 18 民终 4662 号

黄某 1 是甲公司的员工。2017 年 3 月 28 日，甲公司为公司员工黄某 2 等 42 名员工向某保险公司购买了《团体人身意外伤害保险》，个人保额 300 000 元，总保额 12 600 000 元，保险期间自 2017 年 3 月 29 日 0 时起至 2018 年 3 月 28 日 24 时止。2017 年 6 月 12 日，甲公司、某保险公司协商后签署了《被保险人替换业务确认书》，被保险人中换出人员黄某 2，换入人员黄某 1。2017 年 6 月 27 日 7 时 16 分许，张某驾驶无号牌二轮摩托车搭载黄某 1 碰撞同车道前方由黎某驾驶左转弯掉头的蒙 G×××× 自卸低速货车，造成两车不同程度损坏，张某、黄某 1 受伤的交通事故。2017 年 7 月 27 日某县公安局交通警察大队作出《道路交通事故认定书》认定张某承担此事故的主要责任，黎某承担此事故的次要责任、黄某 1 不承担此事故的责任。黄某 1 受伤后在某县人民医院住院治疗 50 天，医嘱出院后全休 3 个月，住院期间陪护 1 人，3 个月后回院复查，不适随诊。2018 年 7 月 18 日，某市劳动能力鉴定委员会作出清劳鉴（2）初字 2018 年 64 号《初次鉴定（确认）结论书》，黄某 1 经鉴定为：1. 劳动功能障碍等级为（柒）级；2. 生活自理障碍等级为五级；3. 确认停工留薪期为五个月。黄某 1 于 2018 年 1 月 9 日向一审法院提起（2018）粤 1821 民初 120 号案诉讼获得乙财险公司赔款 70 000 元、黎某的赔偿款 128 171.07 元；于 2018 年 10 月 15 日向一审法院提起（2018）粤 1821 民初 1839 号案诉讼获得张某的赔偿款 299 065.80 元；于 2019 年 11 月 4 日向某县劳动人事争议仲裁委员会申请仲裁获得甲公司支付的停工留薪期工资差额、一次性伤残补助金、一次性工伤医疗补助金、一次性伤残就业补助金共 162 400 元。2020 年 2 月 27 日，黄某 1 签署《保险理赔申请及收款授权书》给某保险公司，委托由甲公司代黄某 1 向某保险公司办理《团体人身意外伤害保险（13 版）》的理赔手续并代收保险赔偿款的事宜。2020 年 5 月 7 日，某保险公司向黄某 1 发送了《领款通知书》告知其应得的赔偿款为 129 866.06 元，可向甲公司查收，并于 2020 年 5 月 9 日将 129 866.06 元汇入了甲公司在某银行的账户上。庭审中，甲公司以公司已支付了工伤保险待遇给黄某1，黄某1已同意把保险金转让给公司为由拒绝将已收取的保险赔偿金给黄某1，黄某1则称只是委托公司办理理赔手续代收赔偿款项，并非将赔偿款转让给公司，案经调解无效。

一审法院认为：本案系意外伤害保险合同纠纷，保险合同是调整当事人之间权利义务关系的依据。黄某1是甲公司的员工，甲公司以黄某1为被保险人而向某保险公司购买了团体人身意外保险后，黄某1与某保险公司已形成了人身意外伤害保险合同关系，根据《保险法》第三十九条"人身保险的受益人由被保险人或者投保人指定。投保人指定受益人时须经被保险人同意。投保人为与其有劳动关系的劳动者投保人身保险，不得指定被保险人及其近亲属以外的人为受益人。被保险人为无民事行为能力人或者限制民事行为能力人的，可以由其监护人指定受益人"的规定，黄某1是本案保险合同的受益人，一审法院予以确认。某保险公司已按黄某1的委托把保险赔偿款129 866.06元汇入甲公司账户内并通知黄某1查收，某保险公司已按合同履行了赔偿义务，在本案中已不再需另行承担责任，黄某1要求某保险公司承担连带责任的请求，一审法院不予支持。甲公司接受黄某1的委托代黄某1收取了上述赔偿款后，以黄某1已同意将赔偿款转让归甲公司所有为由拒绝把赔偿款支付给黄某1，因没有提供充分的证据证明该主张的成立，对其抗辩意见，一审法院不予采纳，黄某1要求甲公司支付已代收的赔偿款129 866.06元的请求，事实依据充分，一审法院予以支持。

据此，一审法院于2020年10月20日作出如下判决：（一）甲公司应于判决生效之日起十日内将已代收的人身意外伤害赔偿款129 866.06元支付给黄某1；（二）驳回黄某1的其他诉讼请求。案件受理费减半收取计1 449元，由甲公司负担，并于判决确定的义务履行期届满前向一审法院缴纳，逾期未缴，一审法院将依法强制执行；黄某1预交的受理费，可以在判决生效后向一审法院申请退回1 449元。

甲公司不服，提起上诉。

二审中，各方当事人均未向本院提交新证据。

本院经审理查明，一审法院查明的基本事实属实，本院予以确认。

本院认为，本案是意外伤害保险合同纠纷。根据《最高人民法院关于适用〈中华人民共和国民事诉讼法〉的解释》第三百二十三条关于"第二审人民法院应当围绕当事人的上诉请求进行审理。当事人没有提出请求的，不予审理，但一审判决违反法律禁止性规定，或者损害国家利益、社会公共利益、他人合法权益的除外"的规定，本案主要针对上诉人甲公司上诉请求的范围进行审理。综合本案各方当事人在二审中的上诉和答辩意见，本案的争议焦点是：甲公司是否应当向黄某1支付案涉保险赔偿款129 866.06元。

经审查，案涉意外保险合同是合同当事人的真实意思表示，内容没有违反法律、行政法规的强制性规定，合法有效。黄某1作为案涉意外保险合同的受益人，在保险事故发生后有权依照保险合同的约定请求某保险公司支付保险金。根据本案查明的事实，某保险公司已按保险合同的约定及黄某1的授权将保险赔偿款129 866.06元支付至甲公司账户并通知黄某1领款。甲公司代收保险赔偿款后，拒绝支付给黄某1，主张黄某1已向其转让保险金请求权，但根据黄某1出具的《保险理赔申请及收款授权书》内容可证，黄某1仅授权甲公司代为办理医疗和伤残金的理赔申请及领款事宜，并无明确将其享有的保险金请求权转让给甲公司，现甲公司亦未提供其他充分的证据证实其主张，故对甲公司的该项上诉意见，本院不予采纳。一审认定甲公司应向黄某1支付保险赔偿款129 866.06元正确，本院予以维持。

综上所述，上诉人甲公司的上诉理由不成立，对其上诉请求，本院不予支持。一审判决认定事实清楚，适用法律和实体处理正确，本院依法予以维持。依照《中华人民共和国民事诉讼法》第一百七十条第一款第一项的规定，判决如下：

驳回上诉，维持原判。

【说明】这是一起法院认定意外保险合同的受益人，在保险事故发生后有权依照保险合同的约定获取保险公司支付保险金的案件。

受益人是人寿保险合同中由被保险人或者投保人指定的享有保险金请求

权的人，投保人、被保险人可以是受益人。在寿险合同中，受益人又分为生存受益人和身故受益人，生存受益人一般为被保险人本人。

本案中，甲公司认为其向黄某1支付了各项工伤保险待遇，双方基于劳动关系所产生的权利义务消灭。案涉保险是甲公司基于减轻和防范经营风险而全额出资购买的保险，根据公平原则，保险理赔款应用于冲抵甲公司所应承担的赔偿责任。甲公司的思路是损失填补的思路，认为出现了意外事故被保险人遭受损失，甲公司在支付了被保险人相关费用后，被保险人的损失即获得了填补，被保险人再收取保险理赔款即属于获得额外利益了。这一思路不应适用于人身保险中，人身保险的保险标的是人的寿命或者身体。财产损失可以用金钱评价，但人的生命、身体完整是无价的，其经济价值不能用金钱衡量。所以法院认为黄某1作为案涉意外保险合同的受益人，在保险事故发生后有权依照保险合同的约定请求某保险公司支付保险金。

第四十条　被保险人或者投保人可以指定一人或者数人为受益人。

受益人为数人的，被保险人或者投保人可以确定受益顺序和受益份额；未确定受益份额的，受益人按照相等份额享有受益权。

【案例42】（2020）皖18民终1096号

2017年5月18日，张某在某保险公司投保"×心保障计划"保险，险种包含"×心A款两全保险"和"×心A款重大疾病保险"等；保险金额分别为15万元；约定投保人与身故保险金受益人均是张某，受益比例为100%，受益顺序为1，被保险人为王某，投保单投保人和被保险人签名栏张某和王某签字，并载明"您在此处签名，代表您对投保申请内容认可并同意投保"，另写明双方系夫妻关系；保险期间为合同生效即2017年5月19日开始至保险人年满80周岁的首个年生效对应日的前一日；被保险人自驾车遭受意外伤害事故，并因该次意外伤害直接导致被保险人在该意外伤害事故发生之日起180日内身故，保险公司向身故保险金受益人给付自驾车意外身故保险金的数额即基本保险金额2倍，合同终止；身故保险金受益人申请保险金须提供本合同、身份证件、有权机构出具的死亡证明、与确认保险事故性质及原因等有关证明材料；被保险人身故后，没有指定身故保险金受益人的，或者身故保险金受益人指定不明无法确定的，身故保险金作为被保险人的遗产等。自2017年起张某已按约向某保险公司缴纳3年保险费用。

2020年1月14日，朱某驾驶电动自行车与王某驾驶摩托车发生道路交通事故，王某经抢救无效死亡。某省某市公安局交警支队二大队处理并出具道路交通事故认定书，认定朱某承担事故主要责任，王某承担事故次要责任。

2020年1月17日，张某向某保险公司提交理赔申请书，某保险公司以张某未提交有效证件及沈某要求支付保险金为由拒绝赔付。

另查明，沈某是王某法定的唯一第一顺序继承人。

一审法院认为，本案的争议焦点之一：保险合同是否生效。张某在某保险公司处投保了"×心保障计划"保险并依约支付保费，某保险公司为其出具保险合同，该保险合同已经成立并生效，对当事人具有法律约束力。张某与王某虽未领结婚证，并不影响合同成立生效。沈某辩称保险合同中王某字迹非本人书写，但未提供有效证据予以证实，且案涉投保单投保人和被保险人签名栏有张某和王某签字，并载明"您在此处签名，代表您对投保申请内容认可并同意投保"，某保险公司对此亦未予以否认，故应视为经王某本人同意并签字。王某同意张某为其订立合同，视为张某对王某具有保险利益，故对沈某辩解主张应不予采信。争议焦点之二：张某主张保险金诉请能否得到支持。案涉保险合同依法成立并生效。2020年1月14日，王某发生道路交通事故，经抢救无效死亡，该事故发生在保险期间，属保险范围。按照双方保险合同约定，保险人应当按照基本保险金额（15万元）的2倍即30万元保险金给付自驾车意外身故保险金。事故发生后，张某及时向某保险公司提供交通事故确认书等证明资料申请理赔，符合合同约定，故对张某主张保险金诉请依法应予支持。某保险公司辩称未收到结婚证件等理赔资料，因结婚证不是确认保险事故性质、原因必要资料，不影响保险事故认定，故对其辩解不予采信。争议焦点之三：沈某是否能主张保险金。人身保险合同的投保人或被保险人有权指定受益人。保险合同中指定的身故保险金受益人为张某，经王某签字认可，指定明确且唯一，故张某有权依法向某保险公司主张赔付保险金。因保险合同已明确指定受益人，故保险金不能作为被保险人的遗产进行分配，沈某为王某法定继承人主张保险金，不符合合同约定和法律规定，故对其诉请不予支持。

综上所述，根据《保险法》第十条、第二十二条、第三十一条，《最高人民法院关于适用〈保险法〉若干问题的解释（三）》第一条之规定，判决：一、某保险公司于判决生效之日起十日内向张某支付保险金30万元；二、驳回沈某的诉讼请求。如果未按判决指定的期间履行给付金钱义务，应当依照《中华人民共和国民事诉讼法》第二百五十三条，加倍支付迟延履行期间的债务利息。案件本诉受理费5 800元，由某保险公司负担；沈某参加之诉受理费5 800元，由沈某负担。

二审中，沈某向本院补充提交司法鉴定申请书一份，申请对投保单上被保险人签名处"王某"签名的真实性进行鉴定，并附有"王某"签名的银行业务凭证三份。

本院经审查认为：沈某提交的有"王某"签名的三份银行业务凭证，无法核实是否是王某生前本人签署，且王某已身故，无法提供可供比对的鉴定检材，故对沈某二审提交的笔迹鉴定申请不予准许。

本院二审经对证据及当事人陈述内容的综合审查，对一审判决查明的事实予以确认。

本院认为，第一，案涉保险合同是否有效。《保险法》第十二条规定："人身保险的投保人在保险合同订立时，对被保险人应当具有保险利益。……"第三十一条规定："投保人对下列人员具有保险利益：（一）本人；（二）配偶、子女、父母；（三）前项以外与投保人有抚养、赡养或者扶养关系的家庭其他成员、近亲属；（四）与投保人有劳动关系的劳动者。除前款规定外，被保险人同意投保人为其订立合同的，视为投保人对被保险人具有保险利益。订立合同时，投保人对被保险人不具有保险利益的，合同无效。"第三十九条规定："人身保险的受益人由被保险人或者投保人指定。投保人指定受益人时须经被保险人同意。投保人为与其有劳动关系的劳动者投保人身保险，不得指定被保险人及其近亲属以外的人为受益人。……"第四十条规定："被保险人或者投保人可以指定一人或者数人为受益人。受益人为数人的，被保险人或者投保人可以确定受益顺序和受益份额；未确定受益份额的，受益人按照相等份额享有受益权。"《最高人民法院关于适用〈中华人民共和国保险法〉若干问题的解释（三）》第三条规定："人民法院审理人身保险合同纠纷案件时，应主动审查投保人订立保险合同时是否具有保险利益，以及以死亡为给付保险金条件的合同是否经过被保险人同意并认可保险金额。"本案中，根据投保单记载：张某在投保人处签名，"王某"的签名在被保险人处；被保险人与投保人关系为"丈夫"；受益人姓名"张某"，与被保险人关系为"妻子"。上述记载说明，张某系以王某配偶身份以王某为被保险人投保案涉保险。但根据本案事实，张某与王某并非夫妻关系，其以王某"妻子"名义为王某投保人身保险显然不具有保险利益。因此，案涉保险合同依法应属无效，本院二审对此应依职权审查确认。

第二，案涉保险合同无效的法律后果。《保险法》第五条规定："保险活动当事人行使权利、履行义务应当遵循诚实信用原则。"保险活动中，保险人对投保人的投保材料应当依法认真审查，准确提示投保人补充完善投保材料或者选择合适的投保路径，以促成保险合同成立生效，确保被保险人或者受益人依法享有保险保障或受益。如果因保险人未尽到谨慎审查提示义务，致使保险合同未能成立生效、被保险人或者受益人未能依法享有预期的保险保障或受益，保险人应当承担缔约过失责任。本案中，张某与王某并无法定的夫妻关系，张某以王某配偶身份以王某为被保险人进行投保，某保险公司应当要求张某先行提供配偶身份证明材料，或者告知张某按照其他路径投保，并依法完善受益人指定手续。某保险公司未经依法审查即予以承保，致使案涉保险合同无效，某保险公司应当承担缔约过失责任。根据本案事实，案涉保险合同如果能够依法成立生效，某保险公司需对外支付保险金30万元。沈某作为王某法定的唯一第一顺序继承人，张某作为与王某存在特定关系的投保人，均为案涉保险合同潜在的可被指定的受益人，某保险公司应在预期应支付保险金30万元的范围内对张某、沈某二人承担缔约过失赔偿责任。依据法律规定精神，本院二审确定张某、沈某各享有 50% 的赔偿权益。

综上所述，一审判决认定基本事实清楚，但适用法律错误，本院予以纠正。依照《中华人民共和国合同法》第五十八条，《保险法》第五条、第十二条第一款、第三十一条，《最高人民法院关于适用〈保险法〉若干问题的解释（三）》第三条，《中华人民共和国民事诉讼法》第一百七十条第一款第二项规定，判决如下：

一、撤销某法院（2020）皖 1802 民初 416 号民事判决；

二、张某与某保险公司之间以王某为被保险人的"×心保障计划"人身保险合同无效；

三、某保险公司于本判决生效之日起十日内赔偿张某损失 15 万元；

四、某保险公司于本判决生效之日起十日内赔偿沈某损失 15 万元；

五、驳回张某、沈某原审诉讼请求。

【说明】这是一起法院认为投保人、被保险人无保险利益，保险合同无效，指定受益人亦无效的案件。

本条规定了指定受益人人数、受益顺序、受益份额。（一）受益人数：被保险人或者投保人可以指定一人或者数人为受益人。对受益人的人数，法律未作任何限制，完全由被保险人或者投保人自主决定。（二）受益顺序：有两个以上受益人受益的先后顺序。存在第一顺序受益人，第二顺序受益人不受益；没有第一顺序受益人，由第二顺序受益人受益。（三）受益份额：同一顺序有两个以上受益人时，在获取人身保险金中各自所占的比重。实践当中可能出现被保险人或者投保人对指定的受益人未确定受益份额的情况，为了减少由此可能产生的纠纷，本条第二款规定了公平的解决办法，即所有受益人按照相等的份额享有受益权，实际上使受益人处于同一受益顺序等额享有受益权。

本案一审法院认为投保人为被保险人投保，并指定投保人为受益人，意思表示真实，虽非配偶关系，并不影响合同成立生效。保险公司应向合同受益人支付保险金，被保险人的配偶非指定受益人，保险金不能作为遗产进行继承。二审法院认为投保人以被保险人配偶身份投保，但二人并非配偶关系，在保险合同订立时没有保险利益，保险合同无效。保险公司未经依法审查即予以承保，致使案涉保险合同无效，应当承担缔约过失责任。沈某作为被保险人法定的唯一第一顺序继承人，张某作为与被保险人存在特定关系的投保人，均为案涉保险合同潜在的可被指定的受益人，保险公司在预期应支付保险金的范围内对张某、沈某二人承担缔约过失赔偿责任，张某、沈某各享有50%的赔偿权益。

第四十一条　被保险人或者投保人可以变更受益人并书面通知保险人。保险人收到变更受益人的书面通知后，应当在保险单或者其他保险凭证上批注或者附贴批单。

投保人变更受益人时须经被保险人同意。

【案例43】（2018）粤1624民初334号；（2018）粤16民终1085号

原告谢某向诉称：原告母亲李某于2015年11月在被告处投保了某鸿盈两全保险（分红型）一份，当时指定其丈夫何某为受益人。2017年8月9日，原告母亲因病入住某县医院治疗，经医生诊断为肺癌。原告母亲知道自己病情严重，就将其购买保险的情况告诉原告，并提出要联系被告某保险公司变更原告为该保险的受益人。原告就于2017年8月30日15时左右到达被告营业场所办理保险受益人变更手续。由于被告营业场所内操作员肖某临时请假而无法打单，被告营业场所管理人员周经理就叫原告次日早上再来补打保单。次日上午11时左右，周经理电话通知原告前往被告营业场所补打保单。原告到达后，被告的操作员肖某很快打出了保全业务受理单2份给原告，将原告母亲李某投保的某鸿两全保险（分红型）的受益人变更为原告谢某。原告母亲逝世后，原告依据被告批注变更后的保险凭证进行索赔，被告以原告母亲死亡时间和出单时间不符为由拒绝赔付。为此，原告为了维护自身的合法权益，只能提起诉讼，恳请依法支持原告的诉讼请求。

被告某保险公司辩称，2011年11月17日，投保人（亦是被保险人）李某在被告处投保了一份名为某鸿两全保险（分红型）。保险合同约定：保险期间六年；保险费交付方式为分期交付（年交）；保险责任为被保险人于本合同生效之日起一年后因疾病身故，身故保险金给付方式为"基本保险金额×身故时的交费年度数（其中一种）"。2017年8月30日，被保险人因病（肺癌）在某县医院医治无效去世。2017年8月31日，原告谢某在被保险人李某病故后通过冒充被保险人签名的方式擅自将该保险受益人变更为其本人。根据《保险法》第三十九条第一款、第四十一条第一款规定，仅有保险人或投保人才有权利指定或变更受益人；根据《最高人民法院《关于适用〈中华人民共和国保险法〉若干问题的解释（三）》第十一条规定，投保人或者被保险人在保险事故发生后变更受益人，变更后的受益人请求保险人给付保险金的，人民法院不予支持。故原告谢某于投保人（也是被保险人）李某病故后自行申请变更其为收益人，依法应属无效；原告的理赔申请依法应不予支持。另外，被告经该保险的受益人何某申请依法足额理赔完毕，已于2018年4月3日履行了赔付保险金义务，向何某赔付了62 820元。

原告提交了原告和李某的身份证与户口簿复印件、某保险公司同意变更保险受益人的材料、李某的疾病证明书、李某的死亡医学证明和一段录音材料，被告认为原告所举证据都与本案没有关联性，其中某保险公司同意变更保险受益人的材料是原告违反法律规定冒充其母签名取得的。被告提交了保险合同、理赔材料、支付凭证、撤销变更受益人查询表，原告皆认为与本案没有关联性。

经本院审查，以上证据都与本案有关联性，但又都不能独立、直接、确切地证明本案的关键事实，即保险公司收到李某变更保险受益人的申请时间与李某死亡时间的先后问题，需加以综合分析和推理。原告陈述其于2017年8月30日15时左右到达被告营业场所同时通知被告其母李某申请办理保险受益人变更手续，因被告员工外出被延误，而被告庭审时未对这一细节作出明确的否认，结合原告提交的手机录音、被告于2017年8月31日打印的变更受益人业务单，本院更倾向认定被告于2017年8月30日下午即接到李某变更受益人的申请，并于2017年8月31日上午打印业务单确认同意李某变更保险受益人的申请为事实。同时，原告陈述其母与2017年8月30日晚20时30分左右去世，被告也未表示有异议。综上，可以确认被告是在李某在世时即收到其变更受益人申请的事实，且其后同意了该申请。

本院认为，被告某保险公司应当依据保险合同向被保险人或受益人履行赔偿或给付保险金的义务，原告谢某作为投保人李某投保的保险合同"某鸿两全保险（分红型）"的受益人，在李某去世后，有依据保险合同约定获得赔偿或取得保险金的权利；其主张的数额少于该保险合同约定的赔偿数额的，被告某保险公司可以依其主张的数额进行赔偿。经李某申请变更后，何某已非该保险合同的受益人，被告某保险公司向其支付62820元与履行该保险的赔偿或给付保险金的义务无关。

综上所述，依据《保险法》第一百一十四条第二款，《中华人民共和国民事诉讼法》第三十九条第二款、第六十四条、第一百三十四条第一款的规定，判决如下：

被告某保险公司应于本判决发生法律效力之日起15日内赔偿李某投保的保险合同"某鸿两全保险（分红型）"的受益人即原告谢某6万元。

如果未按本判决指定的期间履行给付金钱义务，应当依照《中华人民共和国民事诉讼法》第二百五十三条之规定，加倍支付迟延履行期间的债务利息。

某保险公司不服一审判决，提出上诉。

二审中，双方当事人没有提交新证据。经审理查明，被上诉人以被保险人李某的名义于2017年8月30日15时申请变更本案人寿保险合同的受益人为被上诉人，上诉人受理后于次日向被上诉人出具变更受益人的保险手续，而被保险人于2018年8月30日20时30分病逝，双方对上述事实没有异议。双方争议的是，被上诉人在被保险人李某生前以李某名义申请变更受益人为被上诉人，上诉人在李某去世后次日批注同意变更受益人，该变更受益人的行为是否合法有效，属于法律适用上的争议。

本院认为，《保险法》第四十一条规定："被保险人或者投保人可以变更受益人并书面通知保险人。保险人收到变更受益人的书面通知后，应当在保险单或者其他保险凭证上批注或者附贴批单。投保人变更受益人时须经被保险人同意。"《最高人民法院关于适用〈中华人民共和国保险法〉若干问题的解释（三）》第十条第一款规定："投保人或者被保险人变更受益人，当事人主张变更行为自变更意思表示发出时生效的，人民法院应予支持"。由上述规定可知，变更受益人由被保险人的意思决定，保险人应当遵照被保险人变更的意思办理变更手续，变更效力从被保险人作出变更意思表示时开始，而非保险人完成变更手续时开始。本案申请变更人寿保险合同受益人的时间是 2017 年 8 月 30 日 15 时许，即在保险事故发生之前，故本案不适用上述解释第十一条关于"投保人或者被保险人在保险事故发生后变更受益人，变更后的受益人请求保险人给付保险金的，人民法院不予支持"的规定。至于被上诉人代理本案被保险人李某申请变更受益人为被上诉人自己，是否属于被保险人的真实意思表示、代理行为是否合法有效，既是上诉人的权利，也是上诉人的义务。上诉人作为熟悉保险法律业务的保险人，其在审查核实上述申请后作出同意变更的决定，即应承担相应的法律后果。但是上诉人在同意变更受益人后却又向原受益人支付保险金，违反了变更后的合同约定，应承担违约责任。因此，本院认为上诉人的上诉请求不能成立。依照《中华人民共和国民事诉讼法》第一百七十条第一款第一项规定，判决如下：

驳回上诉，维持原判。

【说明】本案是一起法院判决变更受益人由被保险人的意思决定，变更效力从被保险人作出变更意思表示时开始，而非保险人完成变更手续时开始的案件。

被保险人或者投保人有权指定受益人。由于人身保险合同的期限一般较长，因此在保险期间可能会出现一些事先无法预料的情况，而这些情况往往会影响到被保险人或者投保人在指定受益人问题上所作的决定。如果被保险人或者投保人在指定受益人之后，因为情况发生变化或者自己改变主意想变更受益人，也是应当允许的，这是被保险人或者投保人行使本法赋予的指定受益人这一权利的延续。因此，本条规定，被保险人或者投保人可以变更受益人。由于受益权的实现涉及被保险人的身体或者生命，为了防止出现谋害被保险人以取得保险金的道德危险，保护被保险人的利益，本法规定投保人指定或变更受益人时也须经被保险人同意。

保险公司是保险合同的一方当事人，变更受益人涉及对保险合同的变更，关系到保险人在保险事故发生后给付保险金时确定给付对象的问题。所以被保险人或者投保人变更受益人的行为，必须通知保险人才对保险人产生效力，否则保险人仍将向原保险合同规定的受益人给付保险金。本条规定了严格的变更程序，即由被保险人或者投保人书面通知保险人。保险人收到变更受益人的通知后，应当在保险单上批注。根据本条规定，对被保险人或者投保人来讲，变更受益人必须通知保险人，而且必须是以书面的形式通知保险人，否则变更无效，保险人将向原来指定的受益人给付保险金。

本案时间线：2011 年 11 月 17 日，投保人（亦是被保险人）在保险公司投保，指定受益人为其配偶。2017 年 8 月 30 日 15 时，被保险人申请变更保险合同的受益人为其子女，2018 年 8 月 30 日 20 时 30 分，被保险人病逝。2017 年 8 月 31 日，保险公司出具受益人变更保全业务受理单。2018 年 4 月 3 日，保险公司向保单原受益人（被保险人配偶）理赔完毕。

保险公司认为谢某是在 2017 年 8 月 31 日被保险人李某病故后通过冒充被保险人签名的方式擅自将该保险受益人变更为其本人，变更无效，所以将理赔款给付给原受益人。法院经过分析证据，认为谢某在被保险人李某生前以李某名义申请变更受益人为自己，保险公司在李某去世后次日批注同意变更受益人。申请变更受益人的时间在保险事故发生之前，变更效力从被保险人作出变更意思表示时开始，而非保险人完成变更手续时开始。保险公司在审查核实变更申请后作出同意变更的决定，即应承担相应的法律后果。保险公司在同意变更受益人后却又向原受益人支付保险金，违反了变更后的合同约定，应承担违约责任。

在实操中，投保人、被保险人变更受益人并书面通知保险人这一规定是通过保全变更操作的。保全就是保持合同完整或完全。保单承保后，在保险合同存续期间，投保人、被保险人的身体情况及经济状况的变化、加减保、领取保险金、联系地址电话变化等许多因素都需要更改保单内容，保险公司为了满足客户不断变化的需求，维持保单持续有效，提供的各种售后服务简称保全。针对各类变更，保险公司有对应的统一模板变更申请书，客户在申请人处书面签名，提交到保险公司操作变更，高效便捷。

第四十二条 被保险人死亡后，有下列情形之一的，保险金作为被保险人的遗产，由保险人依照《中华人民共和国继承法》的规定履行给付保险金的义务：

（一）没有指定受益人，或者受益人指定不明无法确定的；

（二）受益人先于被保险人死亡，没有其他受益人的；

（三）受益人依法丧失受益权或者放弃受益权，没有其他受益人的。

受益人与被保险人在同一事件中死亡，且不能确定死亡先后顺序的，推定受益人死亡在先。

【案例 44】（2021）湘 13 民终 2134 号

2019 年，彭某 1 购买了产品名为"银龄×"的保险，被保人彭某 1，保单生效日期为 2019 年 10 月 28 日，保险期间自 2019 年 10 月 28 日 0 时起，至 2020 年 10 月 27 日 24 时止。保险金额为 55 600 元，其中意外身故/伤残保险金额 20 000 元。2020 年 9 月 19 日晚，被保人彭某 1 晚上家中吃饭被食物（丝瓜）阻塞死亡。

一审法院认为：《最高人民法院关于民事诉讼证据若干问题的规定》第二条规定，当事人对自己提出的诉讼请求所依据的事实或者反驳对方诉讼请求所依据的事实有责任提供证据加以证明。没有证据或者证据不足以证明当事人的事实主张的，由负有举证责任的当事人承担不利后果。本案中，原告彭某 2、彭某 3、彭某 4 的亲属彭某 1 与被告某保险公司所签订的保险合同合法有效，受法律保护，双方均应按约定履行各自的义务。投保人彭某 1 在保险责任期限内死亡。但是，保险事故中的"意外"是指在保险中，因突发的意外事故导致投保人自身死亡或伤残的事情。其特征是无法预料的、非本意的且伤害必须系身体外因所造成的。若投保人确系无法预料的、非本意的、身体外来的伤害造成的死亡后果的话，作为被告的保险人某保险公司应当按合同约定对投保人、投保人的指定受益人或法定继承人进行赔偿。本案中，死者彭某1已是年满七十八岁的老者，年事已高，且生前患有中风、脑梗、冠心病等多种疾病。彭某1当时在家中与家人一起正常进餐，进餐过程中因吃丝瓜窒息食道死亡，虽然死亡非自己本意，但其死亡原因不是无法预料的、身体外来的伤害所造成的，不属于保险事故中的"意外事故"。原告没有提交证据证明其亲属彭某1老人死于上述的"意外事故"，其应承担举证不能的后果。故一审法院对三原告彭某2、彭某3、彭某4认为其亲属彭某1老人的死亡是意外事故，要求被告某保险公司在保险责任范围内赔偿的主张，一审法院不予支持。据此，一审法院依照《保险法》第十八条、《中华人民共和国民事诉讼法》第六十四条、第六十五条、《最高人民法院关于民事诉讼证据若干问题的规定》第二条之规定，判决如下：驳回原告彭某2、彭某3、彭某4的诉讼请求。案件受理费150元，由原告彭某2、彭某3、彭某4负担。

二审期间，双方当事人均未向本院提交新的证据。

二审经审查，本院确认原审法院所查明的案件事实。另查明，彭某2系彭某1的妻子，彭某3系彭某1的儿子，彭某4系彭某1的女儿。彭某1与某保险公司于2019年10月28日签订的保险单约定受益人为法定受益人，保险责任条款为《×小额意外伤害保险（2013年版）》。

本院认为，彭某1生前与某保险公司签订的保险合同合法有效，受法律保护，双方均应按约定履行各自的义务。现被保险人彭某1于2020年9月19日与家人在吃晚饭过程中因吞食丝瓜窒息死亡，彭某1的法定继承人彭某2、彭某3、彭某4遂向某保险公司主张权利，要求赔偿意外身故保险金2万元，但某保险公司抗辩彭某1系由于自身疾病引起的死亡，并非因意外伤害身故，不符合保险理赔的范畴。经审查，双方约定适用的保险条款即《×小额意外伤害保险（2013年版）》第四条规定："在本合同保险期间内，本公司依下列约定承担保险责任：一、被保险人遭受意外伤害，并自该意外伤害发生之日起一百八十日内因该意外伤害导致身故的，本公司按本合同约定的保险金额扣除已给付伤残保险金后的余额给付身故保险金，本合同终止。"第十三条"释义意外伤害：指遭受外来的、突发的、非本意的、非疾病的客观事件直接致使身体受到的伤害。"本案中，彭某1因吞食丝瓜窒息死亡，系身体外来的、突发的客观事件所造成的，死亡并非其自己本意，死亡原因是不同寻常、无法预料的。虽彭某1在2019年5月因自身疾病住院治疗，但系发生在投保前，某保险公司明知彭某1年事已高，未要求其提供身体健康状况检查即接受其投保；且某保险公司并未提交证据证明彭某1的死亡与投保前身体疾病存在关联或死亡系彭某1自身疾病导致，根据现有证据显示，彭某1的死亡符合上述保险条款中关于意外伤害身故的释义；因此，被保险人彭某1在保险责任期限内意外死亡，某保险公司应按约向彭某1的法定继承人赔偿保险金2万元，一审法院对彭某2、彭某3、彭某4要求某保险公司赔偿保险金的主张不予支持有失妥当，本院予以纠正。

综上所述，上诉人彭某2、彭某3、彭某4的上诉请求成立，本院予以支持。依照《保险法》第二条、第十六条、第四十二条，《中华人民共和国民事诉讼法》第六十四条、第一百七十条第一款第二项规定，判决如下：

一、撤销某法院（2021）湘1321民初3630号民事判决；

二、由被上诉人某保险公司向上诉人彭某2、彭某3、彭某4支付保险金2万元。

【说明】这是一起被保险人死亡后没有指定受益人，保险金作为被保险人的遗产处理的案件。

《民法典》第一千一百二十七条规定，遗产按照下列顺序继承：（一）第一顺序：配偶、子女、父母；（二）第二顺序：兄弟姐妹、祖父母、外祖父母。继承开始后，由第一顺序继承人继承，第二顺序继承人不继承；没有第一顺序继承人继承的，由第二顺序继承人继承。

本案中被保险人购买保险没有指定身故受益人，则受益人为法定，保险金成为被保险人的遗产。依据法律规定被保险人存在第一顺位继承人，即其配偶、子女，根据《民法典》第一千一百三十条规定，同一顺序继承人继承遗产的份额，一般应当均等。故本案法院判决保险公司向被保险人的配偶彭某 2，子女彭某 3、彭某 4 支付保险金 2 万元。

【案例 45】（2021）京 01 民终 389 号

赵某甲（投保人）与某保险公司于 2017 年 11 月 24 日签订人身保险合同（保险合同号码：P01 ××）。根据保险合同显示，保险合同生效日期为 2017 年 11 月 25 日。投保人与被保险人均为赵某甲，生存保险金受益人为赵某甲 100%，身故保险金受益人韩某甲 100%，保险项目如下：投保主险险种为某行 17，保险期间 20 年，交费年限 10 年，基本保险金额 50 000 元，保险费 3 218 元。

某保险公司就涉案保险合同出具的《情况说明》显示，投保人赵某甲自 2017 年 11 月 25 日交纳本案所涉保险合同的保费至 2019 年 11 月 25 日止，标准期缴保费 3 218 元。2019 年 3 月 25 日，赵某甲与韩某甲被周某某杀害，该事故属于保险理赔范围，理赔保险金 50 000 元，尚未赔付。经一审法院询问，赵某 1、赵某 2 及韩某 1 对此予以认可。

2019 年 3 月 26 日，报案人谷某报警称在其女友韩某甲与母亲赵某甲共同居住的房屋内，一名持刀男子闯入房屋，该名男子与赵某甲之前关系较为密切并曾与赵某甲长期同居。后公安机关在上述房屋发现韩某甲及赵某甲尸体。经公安机关调查，韩某甲及赵某甲系案外人周某某杀害致死。

一审法院审理过程中，依职权向某公安局某派出所调取了周某某故意杀人案刑事侦查备查案卷及某司法鉴定中心出具的死亡证明，并向相关办案人员调查，公安机关表示到达现场时韩某甲与赵某甲均已死亡，无法确定二人的死亡顺序。

第三人韩某 1 主张赵某甲先于韩某甲死亡，为此其提交证人谷某出具的情况说明。赵某 1、赵某 2 对此不予认可，某保险公司对此无异议。

另查，赵某乙、董某某系夫妻关系，二人育有四个子女，即赵某 2、赵某 1、赵某甲、赵某 3。赵某乙于 2015 年 12 月 3 日死亡，董某某于 2010 年 6 月

7 日因死亡注销户口。

一审法院调查得知，赵某甲与韩某 1 原系夫妻关系，二人于 1987 年 1 月登记结婚，婚后育有一女韩某甲。1995 年 5 月 23 日二人离婚，婚生女韩某甲由赵某甲抚养。经询问，赵某 1、赵某 2 及韩某 1 表示赵某甲离婚后未再婚。

一审法院再查，1994 年，某法院作出刑事判决书判决认定被告人赵某 3 犯故意杀人罪和抢劫罪，判处死刑并剥夺政治权利终身。经询问，原告赵某 1、赵某 2 及第三人韩某 1 均表示赵某 3 于 1995 年已执行死刑。

一审法院认定上述事实，有派出所证明信、死亡证明、保险合同、情况说明、某民事判决书、证明书、某刑事判决书、某刑事裁定书及当事人当庭陈述等证据材料在案佐证。

一审法院认为，依法成立的合同，对当事人具有法律约束力，当事人应按照约定履行自己的义务。本案中，赵某甲与某保险公司签订的保险合同系双方当事人真实意思表示，不违反国家的法律及行政法规的强制性规定，不侵害第三人的合法利益，该合同合法有效。双方均应按照合同的约定行使权利、履行义务。在赵某甲因意外事件死亡后，某保险公司应在审查符合理赔条件后依约履行赔付义务。

被保险人死亡后，有下列情形之一的，保险金作为被保险人的遗产，由保险人依照《中华人民共和国继承法》的规定履行给付保险金的义务：（一）没有指定受益人，或者受益人指定不明无法确定的；（二）受益人先于被保险人死亡，没有其他受益人的；（三）受益人依法丧失受益权或者放弃受益权，没有其他受益人的。受益人与被保险人在同一事件中死亡，且不能确定死亡先后顺序的，推定受益人死亡在先。另外，当事人对自己提出的诉讼请求所依据的事实有责任提供证据加以证明，没有证据或者证据不足以证明当事人的事实主张的，由负有举证责任的当事人承担不利后果。

本案的争议焦点之一为该笔保险金是身故保险金还是遗产。即被保险人赵某甲与受益人韩某甲在同一事件中死亡，如何进行死亡时间的先后顺序推定。根据本案查明的事实，赵某甲与韩某甲于 2019 年 3 月 25 日因同一事件死亡，结合公安机关询问笔录及法庭调查结果，现无法确定二人死亡先后顺序，故根据《保险法》第42条，推定受益人韩某甲先死亡，在该合同无其他受益人的情况下，保险金作为被保险人赵某甲的遗产依据继承法发生继承。

本案争议焦点之二为如何确定赵某甲遗产的继承人范围。在保险法推定韩某甲先死亡的前提下，保险金作为赵某甲的遗产发生继承。根据《中华人民共和国继承法》第十条，遗产按照下列顺序继承：第一顺序，配偶、子女、父母。第二顺序，兄弟姐妹、祖父母、外祖父母。继承开始后，由第一顺序继承人继承，第二顺序继承人不继承。没有第一顺序继承人继承的，由第二顺序继承人继承。本案中，赵某甲没有第一顺序继承人，赵某1、赵某2作为第二顺序继承人享有对保险金的继承权，故韩某1对此无继承权。对于某保险公司在一审答辩意见中所称的适用继承法推定赵某甲先于韩某甲死亡且由韩某甲先行继承赵某甲的保险金之主张，属于二次推定，本案中赵某甲的保险金作为遗产分配的前提是已推定韩某甲先死亡，因此不能再适用继承法重新推定韩某甲后死亡。因此，对于被告某保险公司以推定韩某甲后死亡而拒绝支付二原告赵某1、赵某2涉案保险合同的保险金之主张，一审法院不予采信。因此，二原告赵某1、赵某2要求被告某保险公司给付被保险人赵某甲名下保单号为P01××保险合同的保险金之请求，一审法院予以支持；第三人韩某1要求作为韩某甲继承人享受涉案保险合同保险金额之主张，一审法院不予支持。

综上所述，一审法院依据《中华人民共和国合同法》第六十条、《保险法》第四十二条、《中华人民共和国继承法》第十条及《中华人民共和国民事诉讼法》第六十四条之规定，判决如下：一、某保险公司于判决生效之日起七日内给付赵某1、赵某2关于被保险人赵某甲名下保单号为P01××保险合同的保险金50 000元；二、驳回第三人韩某1的诉讼请求。如果未按判决指定的期间履行给付金钱义务，应当按照《中华人民共和国民事诉讼法》第二百五十三条之规定，加倍支付迟延履行期间的债务利息。

二审中，当事人没有提交新证据。

本院经审理查明的事实与一审法院查明的事实一致。

上述事实，还有各方当事人在本院审理期间的陈述在案佐证。

本院认为，赵某甲与某保险公司签订的保险合同系当事人真实意思表示，其内容未违反国家法律、行政法规的强制性规定，应属合法有效。双方均应按照合同的约定行使权利、履行义务。在赵某甲因意外事件死亡后，某保险公司应在审查符合理赔条件后依约履行赔付义务。

韩某1虽称根据人民法院调取的公安机关卷宗中对证人的询问笔录，能够证明赵某甲先于韩某甲死亡，但赵某甲与韩某甲于2019年3月25日因同一事件死亡，且根据公安机关询问笔录及法院调查结果，无法确定二人死亡先后顺序，在韩某1未向本院提交其他有效证据证明其主张的情况下，一审法院依据保险法第四十二条的规定推定受益人韩某甲先于被保险人赵某甲死亡并无不当，本院对此不持异议。在推定韩某甲先于赵某甲死亡的前提下，保险金作为赵某甲的遗产发生继承，一审法院据此依据继承法第十条的规定，认定赵某1、赵某2对保险金享有继承权，韩某1对保险金无继承权并无不当，本院对此不持异议。基于此，韩某1关于一审法院认定赵某甲、韩某甲死亡先后顺序错误、判决错误及其有权继承保险金的上诉理由均缺乏依据，本院不予采信。

《最高人民法院关于适用时间效力的若干规定》第一条第二款规定："民法典施行前的法律事实引起的民事纠纷案件，适用当时的法律、司法解释的规定，但是法律、司法解释另有规定的除外。"本案中，韩某1虽称本案应适用民法典，但涉案保险事故等法律事实发生在民法典施行前，且无法律、司法解释的例外规定，依据上述规定，应当适用当时的法律，故一审法院适用法律正确，韩某1该抗辩理由缺乏依据，本院不予采信。

综上所述，韩某1的上诉请求不能成立，应予驳回；一审判决认定事实清楚，适用法律正确，应予维持。依照《中华人民共和国民事诉讼法》第一百七十条第一款第一项之规定，判决如下：

驳回上诉，维持原判。

【说明】这是一起受益人与被保险人在同一事件中死亡，且不能确定死亡先后顺序的，推定受益人死亡在先的案件。

本案中投保人、被保险人为赵某甲，指定其女儿韩某甲为受益人，但二人在同一事件中身故。这时，保险公司应对赵某甲的身故进行理赔，问题在于向谁赔付。如果是赵某甲先死亡，理赔金应当支付给指定受益人韩某甲，但韩某甲也已经死亡，则理赔金成为韩某甲的遗产，由韩某甲的生父进行继承；如果是韩某甲先死亡，属于保险合同指定受益人先于被保险人死亡，被保险人没有指定其他受益人，则受益人为法定，理赔金成为赵某甲的遗产，由赵某甲的法定继承人继承。本案中，赵某甲的第一顺位法定继承人均已经身故，由赵某甲的第二顺位法定继承人继承，即赵某甲的兄弟姐妹赵某1、赵某2对保险金享有继承权。

本案中，韩某甲的生父提出证人证明赵某甲先于韩某甲死亡，但公安机关调查结果无法确定二人死亡先后顺序。对于这种情况，《保险法》有明确的特殊规定，受益人与被保险人在同一事件中死亡，且不能确定死亡先后顺序的，推定受益人死亡在先。因此法院认定韩某甲死亡在先，理赔金成为赵某甲的遗产，由赵某甲的法定继承人继承。

关于继承法律关系中的推定，《民法典》第一千一百二十一条规定：继承从被继承人死亡时开始。相互有继承关系的数人在同一事件中死亡，难以确定死亡时间的，推定没有其他继承人的人先死亡。都有其他继承人，辈份不同的，推定长辈先死亡；辈份相同的，推定同时死亡，相互不发生继承。即为尽量避免出现遗产无人继承的情况，推定没有继承人的人先死亡。这里的"没有继承人"既指没有法定继承人又指没有遗嘱继承人；从意外事件发生后，自然人年龄越大，存活率越低这一基本生活经验出发，规定几个各有继承人的死亡人如辈份不同，推定长辈先死亡；几个死亡人辈分相同，推定同时死亡，彼此不发生继承，由他们各自的继承人分别继承。

对于《民法典》来说，《保险法》属于特别法，根据特别法优于一般法的原则，保险金的继承问题优先适用《保险法》的规定，因此本案中一审二审法院均依据《保险法》第四十二条规定作出了判决。

第四十三条　投保人故意造成被保险人死亡、伤残或者疾病的，保险人不承担给付保险金的责任。投保人已交足二年以上保险费的，保险人应当按照合同约定向其他权利人退还保险单的现金价值。

受益人故意造成被保险人死亡、伤残、疾病的，或者故意杀害被保险人未遂的，该受益人丧失受益权。

【案例46】（2011）浙杭执裁字第26号

某保险公司（以下简称人保公司）与杨某保险合同纠纷一案，某仲裁委员会于2010年4月11日作出××30号裁决。该裁决生效后，某保险公司向法院申请执行。本院依法立案执行。在执行中，杨某向本院提出不予执行某仲裁委员会××30号裁决的申请。本院依法组成合议庭进行了公开听证，本案现已审查终结。

申请人杨某称，交强险的性质和立法目的即有利于受害人及时获得经济赔偿，有利于减轻交通肇事方的经济负担，有利于充分发挥保险的保障功能。申请人购买交强险就是想让某保险公司承担其驾驶行为可能产成的风险，某保险公司将其已承担的经济赔偿再向申请人追偿，不符合交强险的立法目的和申请人购买交强险时的意愿。综上，某仲裁委员会××30号裁决适用法律错误，请求不予执行。

被申请人某保险公司辩称，杨某醉酒驾车导致交通事故，某保险公司向受伤的受害人罗某支付交强险赔款之后，依法行使追偿权。某仲裁委员会在审理和裁决中适用该《机动车交通事故责任强制保险条例》第22条规定进行裁决，完全符合法律的规定。综上所述，杨某不予执行申请没有法律依据，请法院依法驳回。

经审查，某保险公司因与杨某保险合同纠纷一案，于2010年8月2日向某仲裁委员会申请仲裁。某仲裁委员会于2010年10月12日开庭进行了审理，双方到庭，就事实与法律问题进行了陈述，并提交了证据，当庭进行了质证和辩论，回答了仲裁庭的询问。针对杨某提出的答辩意见，仲裁庭认为，交通事故的责任人为杨某，且醉酒驾驶机动车造成事故，根据《机动车交通事故责任强制保险条例》，该责任属于某保险公司的除外责任，应当由杨某承担赔偿责任。某保险公司在向受害人罗某支付交强险赔款之后，并不影响某保险公司向杨某追偿的权利。某仲裁委员会裁决：一、杨某赔偿某保险公司经济损失 119 456.5 元。二、本案仲裁费 7 176 元（某保险公司已预缴），由杨某承担。

杨某向本院提出不予执行某仲裁委员会××30 号裁决的申请的理由与杨某的仲裁答辩意见相同。

本院认为，根据《保险法》第四十三条的规定，投保人故意造成被保险人死亡、伤残或者疾病的，保险人不承担给付保险金的责任。醉酒驾驶属于投保人有故意或者重大过失导致的保险事故，致使被保险人受损，因此，当然应属于保险人的免责情形，投保人不应在此情形下获得保险利益，故应由保险公司予以追偿。某仲裁委员会基于相关的合同及事实，作出的事实认定清楚，证据明确，实体处理并无不当。申请人杨某提出的不予执行仲裁裁决的理由不符合《中华人民共和国民事诉讼法》第二百一十三条规定的情形，本院不予支持。依照《中华人民共和国民事诉讼法》第一百四十条第一款第（十一）项之规定，裁定如下：

驳回杨某不予执行某仲裁委员会××30 号裁决的申请。

本裁定送达后即发生法律效力。

【说明】本案是一起投保人故意或重大过失造成被保险人伤残或者疾病的、保险人不承担给付保险金的责任的案件。

关于仲裁，当事人双方自愿，达成仲裁协议的，可以采用仲裁方式解决纠纷。《民事诉讼法》第二百四十四条规定：对依法设立的仲裁机构的裁决，一方当事人不履行的，对方当事人可以向有管辖权的人民法院申请执行。受申请的人民法院应当执行。被申请人提出证据证明仲裁裁决有下列情形之一的，经人民法院组成合议庭审查核实，裁定不予执行：

（一）当事人在合同中没有订有仲裁条款或者事后没有达成书面仲裁协议的；（二）裁决的事项不属于仲裁协议的范围或者仲裁机构无权仲裁的；（三）仲裁庭的组成或者仲裁的程序违反法定程序的；（四）裁决所根据的证

据是伪造的；（五）对方当事人向仲裁机构隐瞒了足以影响公正裁决的证据的；（六）仲裁员在仲裁该案时有贪污受贿，徇私舞弊，枉法裁决行为的。人民法院认定执行该裁决违背社会公共利益的，裁定不予执行。

本案中，杨某向保险公司投保交强险后，醉驾造成事故，保险公司向伤者支付交强险赔款后提起仲裁，仲裁委员会裁决杨某赔偿保险公司经济损失。裁决生效后，保险公司向法院申请执行，在执行中，杨某向法院提出不予执行仲裁裁决的申请，法院审查后驳回了杨某不予执行的申请。

法院指出，醉酒驾驶属于投保人有故意或者重大过失导致的保险事故，致使被保险人受损，因此，当然应属于保险人的免责情形，投保人不应在此情形下获得保险利益，故应由保险公司予以追偿。

第四十四条 以被保险人死亡为给付保险金条件的合同，自合同成立或者合同效力恢复之日起二年内，被保险人自杀的，保险人不承担给付保险金的责任，但被保险人自杀时为无民事行为能力人的除外。

保险人依照前款规定不承担给付保险金责任的，应当按照合同约定退还保险单的现金价值。

【案例47】（2020）鲁01民终8405号

投保人叶某向某保险公司投保重大疾病保险，2019年3月31日，某保险公司出具保险合同编号为××08的保险单，载明：投保人及被保险人均为叶某；身故受益人为叶某1，受益份额为100%；保单承保时间及合同生效日均为2019年3月31日；险种名称为"×禄重大疾病保险"，基本保险金额为30万元，标准保费为12 180元，交费方式为年交，保险年限为终身；首期保费合计12 180元，保险费交费日为3月31日。该保险所附的《×禄终身重大疾病保险条款》第八条第二款载明：因下列情形之一导致被保险人身故的，我们不承担给付身故保险金的责任：……3.被保险人自本合同成立或者合同效力恢复之日起2年内自杀，但被保险人自杀时为无民事行为能力人的除外。

叶某1提交的某保险公司电子投保确认书载明：1.本人确认贵公司代理

人已经向本人提供了投保险种的保险条款，明确说明并详细解释了保险条款中关于保险责任、责任免除条款和其他免除贵公司责任的条款、保险责任等内容，本人已阅读保险条款，对上述事项已经充分了解并同意遵守……，该确认书投保人/被保险人签名处有叶某的签名，签署日期为 2019 年 3 月 30 日。

叶某 1 提交的由某医院出具的《居民死亡医学证明（推断）书》显示，叶某死亡日期为 2019 年 9 月 1 日 22 时 12 分，死亡原因为猝死。

某保险公司申请一审法院向某派出所调取关于被保险人叶某死亡性质的有关证据，包括由上述派出所出具的情况说明一份、张某某手写说明复印件一份、某精神卫生中心病假证明单、服药指南及药物照片一组、落款为叶某的遗书复印件三份。根据现场勘察和初步尸检结果推断：死者叶某系通过燃烧木炭产生一氧化碳中毒方式自杀，排除他杀的可能性。家属张某某对死者自杀死亡原因无异议。张某某手写说明载明其对 2019 年 9 月 1 日 20 时其丈夫叶某自杀身亡无任何异议。庭审中，张某某认可上述手写说明确由其本人书写。

某保险公司提交的由某市急救中心出具的证明一份，载明：该中心 2019 年 9 月 1 日 20 时 23 分，接到报警电话，自诉在某小区有人烧炭自杀呼救。

一审法院认为，投保人叶某与某保险公司签订的涉案保险合同系双方真实意思表示，内容不违反法律、行政法规的效力性强制性规定，合法有效。本案中，某保险公司申请调取的某派出所出具的情况说明、张某某的手写说明、落款为叶某的遗书等，结合其提交的某市急救中心出具的证明，上述证据能够彼此相互印证，形成较为完整的证据链，可以证明被保险人叶某系自杀身亡，叶某 1 亦未能提供相反证据予以反驳，且叶某死亡时，涉案保险合同成立时间未满二年。首先，涉案保险合同中明确约定对被保险人自本合同成立或者合同效力恢复之日起二年内自杀的，保险人不承担给付身故保险金的责任。涉案保险合同的电子投保确认书中有叶某的签名，结合某保险公司提供的对叶某的电话回访录音，能够证实叶某已经收到涉案保险合同，签署电子投保确认书并已知晓保险责任及责任免除事项，某保险公司对免责事项已尽到告知义务，对叶某 1 提出的涉案保险条款送达通知书中没有投保人签字，某保险公司未履行明确告知义务的主张，不予采纳。其次，根据《保险法》第四十四条规定，以被保险人死亡为给付保险金条件的合同，自合同成立或者合同效力恢复之日起二年内被保险人自杀的，保险人不承担给付保险金的责任，但被保险人自杀时为无民事行为能力人的除外。故对叶某1的诉讼请求，不予支持。

依照《保险法》第四十四条、《中华人民共和国民事诉讼法》第六十四条之规定，判决：驳回叶某1的诉讼请求。

二审中，当事人未提交新证据。对当事人二审争议的事实，本院认定如下：

一审判决认定的事实，本院予以确认。

本院认为，某派出所出具的情况说明，载明了投保人叶某系自杀身亡，对该认定结论，叶某的妻子张某某并无异议并向某派出所出具说明，表明对叶某系自杀身亡无任何异议。同时，叶某自杀前书写的遗书，也载明了其自愿结束自己生命的内容。虽然某医院出具的《居民死亡医学证明（推断）书》显示叶某死亡的原因为猝死，但其并未载明引起猝死的原因是什么。某派出所出具的结论是根据自杀现场、初步尸检、询问相关人员后得出的结论，具有较强的客观性。故一审判决根据本案的案情，认定叶某系自杀身亡正确。

叶某死亡的原因为自杀，其死亡并不存在其他原因和情形，本案并不符合《最高人民法院关于适用若干问题的解释（三）》第二十五条规定的情形，叶某1主张即使认定叶某系自杀，也应按照相应比例予以赔偿的请求，于法无据，本院不予支持。

某保险公司对公安机关出具的叶某系自杀身亡的结论并无异议，如叶某1等家属对该结论存有异议，其应保全叶某尸体，以备进一步查明死亡原因。叶某尸体已经火化，即使无法进一步查明叶某死亡的真正原因，责任也不在某保险公司。

综上所述，叶某1的上诉请求，证据不充分，本院不予支持。一审判决认定事实清楚，适用法律正确，本院予以维持。依照《中华人民共和国民事诉讼法》第一百七十条第一款第一项规定，判决如下：

驳回上诉，维持原判。

【说明】这是一起保险合同成立之日起二年内被保险人自杀，保险公司不承担保险责任的案例。

本案投保人、被保险人在保单承保后不满一年的时间点自杀身故，经过法院两审后判决保险公司不承担保险责任。

保险合同的一个明显特征是保险事故发生的不确定性，而被保险人自杀不是不确定的事件，自杀是由被保险人自己的意志所决定的，而不是由外来因素造成的。如果被保险人与投保人为同一人，被保险人在签订合同时已有自杀意图，则不排除投保人有以自杀来获取保险金的意图。因此，以死亡为给付保险金条件的保险合同，承保二年内被保险人自杀的，保险人不承担给付保险金的责任。但在签订保险合同之后经过较长时间而被保险人自杀的，多数已经不是在签订合同时可以预见的行为。因为，按照常理，自杀一般是在一时想不开的情况下发生的，很难设想一个想要自杀的人会将自杀行为拖到几年之后才付诸实施。即使被保险人在签订合同时有自杀意图，经过几年之后也往往会打消这种念头。因此，在签订合同之后间隔较长时间发生的自杀，符合保险事故具有不确定性的特征。鉴于此，自保险合同成立之日起满二年后，如果被保险人自杀的，保险人可以按照合同给付保险金。

第四十五条　因被保险人故意犯罪或者抗拒依法采取的刑事强制措施导致其伤残或者死亡的，保险人不承担给付保险金的责任。投保人已交足二年以上保险费的，保险人应当按照合同约定退还保险单的现金价值。

【案例48】（2018）吉民再192号

2014年5月16日，投保人李某甲（李某乙的父亲）以其本人为被保险人在某保险公司处投保了"×宁终身重大疾病保险""×和定期寿险"，身故保险金均为10万元。保险期限分别为终身和46年，受益人均为李某乙。2017年2月17日，李某甲醉酒后驾驶小型面包车发生交通事故死亡。现李某乙要求某保险公司给付保险金，某保险公司拒绝理赔。一审法院判决：一、某保险公司于判决生效后立即给付李某乙保险金共 20 万元及利息（计息时间自 2017 年 8 月 7 日起至保险金给付之日止，利率按中国人民银行同期同档基准利率计算）；二、驳回李某乙其他诉讼请求。案件受理费 2 150 元（已减半），由某保险公司负担。

某保险公司不服一审判决，上诉请求：1. 依法撤销原判；2. 依法改判其不承担保险责任；3. 被上诉人承担本案一审、二审诉讼费用。

李某乙辩称：根据最高人民法院《关于适用〈中华人民共和国保险法〉若干问题的解释（二）》第十一条的规定，不仅要通过字体、符号等特别标识对免责条款作出标识，还应主动向被保险人出示该条款。投保人签字确认，是保险公司履行明确说明义务，而不是提示义务。电话回访的性质并不是在尽提示义务，不能替代投保时的义务履行。原审认定事实清楚，适用法律正确，应驳回上诉，维持原判。

二审法院认定事实与一审审理查明的事实一致。

二审法院认为，虽然李某甲在电子投保确认单上签名，但该投保单上的"责任免除"的字体、字号与其他条款一致，亦未载明责任免除的范围。并且从某保险公司提供的《×宁终身保险条款》及《×附加定期保险（A 型）条款》中的"责任免除"条款的字体、字号来看，与其他条款的字号一致，只是字体略有不同，该条款字体并没有通过加黑、加粗等方式与其他条款进行明显区分。关于某保险公司主张根据最高人民法院《关于适用〈中华人民共和国保险法〉若干问题的解释（二）》第十二条的规定，其通过电话回访的方式履行了提示义务的问题，因该条款适用的对象是通过网络、电话等方式订立的保险合同，而本案订立保险合同不符合该条款规定的情形。二审法院判决：一、撤销某县人民法院（2017）吉 0524 民初 1574 号民事判决。二、上诉人某保险公司于本判决生效后立即给付被上诉人李某乙"×宁终身重大疾病保险"理赔款 10 万元。三、上诉人某保险公司于本判决生效后立即给付被上诉人李某乙"×和定期寿险"理赔款 10 万元。一审案件受理费 2 150 元、二审案件受理费 4 300 元，由某保险公司负担。

某保险公司申请再审称，某保险公司提供的《电子投保单》《电子投保确认书》及对李某甲的电话回访均证实某保险公司对保险合同中有关免除保险人责任条款履行了明确说明义务；李某甲醉酒驾驶机动车的行为已构成刑事犯罪，根据《保险法》第四十五条的规定，某保险公司不应承担保险责任。故应撤销二审判决，驳回李某乙的诉讼请求。

李某乙辩称，某保险公司没有尽到免责条款的提示义务，提示及说明义务是两项相互联系却又互相独立的保险法律制度，未尽到提示义务的免责条款不生效。本案中，某保险公司提供的《电子投保单》《电子投保确认书》及对李某甲的电话回访均不能证实某保险公司对保险合同中有关免除保险人责任的条款履行了明确的提示义务，根据最高人民法院《关于适用〈中华人民共和国保险法〉若干问题的解释（二）》第十条的规定，酒驾虽属于禁止性规定，但某保险公司仍应尽到免责条款的提示义务，该免责条款对李某甲未生效。原审适用法律正确，应予维持。

本院经再审审理查明的事实与一、二审法院认定的事实一致。

本院认为：根据《保险法》第四十五条的规定："因被保险人故意犯罪或者抗拒依法采取的刑事强制措施导致其伤残或者死亡的，保险人不承担给付保险金的责任。投保人已交足二年以上保险费的，保险人应当按照合同约定退还保险单的现金价值。"以及最高人民法院《关于适用〈保险法〉若干问题的解释（三）》第二十二条的规定："保险法第四十五条规定的'被保险人故意犯罪'的认定，应当以刑事侦查机关、检察机关和审判机关的生效法律文书或者其他结论性意见为依据。"结合本案，被保险人李某甲驾车发生交通事故死亡后，经某市公安司法鉴定中心检测，李某甲静脉血中的乙醇含量为189.6mg/100mL，远超最高人民法院、最高人民检察院、公安部《关于办理醉酒驾驶机动车刑事案件适用法律若干问题的意见》中关于构成危险驾驶罪血液酒精含量入刑标准。因李某甲已死亡，无法追究其刑事责任，但不能认为其行为不构成犯罪。危险驾驶罪是行为犯罪，应认定李某甲为故意犯罪。此次事故后果特别严重，李某甲又涉嫌犯交通肇事罪，根据相关法律规定，在处罚上依照处罚较重的规定定罪处罚，这一规定是运用重罪吸收轻罪的原则，但不能否定李某甲的行为构成危险驾驶罪。

综上所述，二审判决认定事实清楚，但适用法律错误，导致判决结果错误。某保险公司的申请再审理由成立，二审判决应予改判。依照《保险法》第四十五条、最高人民法院《关于适用〈保险法〉若干问题的解释（三）》第二十二条及《中华人民共和国民事诉讼法》第一百七十条第一款第（二）项之规定，判决如下：

一、撤销某中级人民法院（2017）吉05民终1411号民事判决和某县人民法院（2017）吉0524民初1574号民事判决；

二、驳回李某乙的诉讼请求。

一审案件受理费2 150元、二审案件受理费4 300元，由李某乙负担。

【说明】这是一起法院判决因被保险人故意犯罪导致其死亡，保险公司不承担保险责任的案件。

根据保险原理，保险公司所承保的是由于外来因素造成的保险事故。被保险人因故意犯罪而导致发生保险事故，不属于这种情况。保险是建立在保险事故发生的不确定性基础之上的。被保险人故意犯罪，被保险人对其行为的后果，包括对其自身的影响，比如被判处刑罚等，是可以预知的，不符合保险事故的发生具有不确定性的特征。因此，本条规定，被保险人故意犯罪导致其自身伤残或者死亡的，保险人不承担给付保险金的责任。被保险人故意犯罪导致其自身伤残或者死亡的情形，包括被依法判处死刑及在实施故意犯罪过程中导致其自身伤残或者死亡的情形。上述规定是指被保险人的故意犯罪，过失犯罪则不适用。根据本条规定，被保险人故意犯罪导致其自身伤残或者死亡的，如果投保人已交足二年以上保险费的，保险人应当按照保险单退还其现金价值。如果投保人未交足二年保险费，则不用退还保险单的现金价值。

本案中，投保人、被保险人醉酒后驾车发生交通事故身亡，保险公司拒赔。一审判决保险公司赔付20万元；保险公司上诉后二审法院撤销一审判决，判决保险公司赔付10万元；保险公司申请再审，认为被保险人醉酒驾驶机动车的行为已构成刑事犯罪，根据《保险法》第四十五条的规定，保险公司不应承担保险责任。再审法院根据《保险法》第四十五条及最高人民法院《关于适用〈保险法〉若干问题的解释（三）》第二十二条的规定，指出经检测，被保险人静脉血中的乙醇含量为 189.6mg/100mL，远超最高人民法院、最高人民检察院、公安部《关于办理醉酒驾驶机动车刑事案件适用法律若干问题的意见》中关于构成危险驾驶罪血液酒精含量入刑标准。因被保险人已死亡，无法追究其刑事责任，但不能认为其行为不构成犯罪。危险驾驶罪是行为犯罪，应认定为故意犯罪。被保险人故意犯罪导致其死亡，保险公司不承担保险责任，因此判决撤销一审、二审判决，驳回保险受益人的诉讼请求。

行为犯罪是指根据危害行为而非危害结果来定义的犯罪。如因醉酒驾驶的行为不管是否造成人员伤亡或财产损失，这种犯罪都是完成的，因为这种行为使群众的人身或财产安全受到了严重威胁。

第四十六条　被保险人因第三者的行为而发生死亡、伤残或者疾病等保险事故的，保险人向被保险人或者受益人给付保险金后，不享有向第三者追偿的权利，但被保险人或者受益人仍有权向第三者请求赔偿。

【案例 49】（2020）粤民再 51 号

2017 年 7 月 24 日，A 公司与 B 公司签订《建筑装饰工程合同》，约定 B 公司将位于×国际的室外立面灯光照明工程及项目内电路配套施工工程发包给 A 公司，承包方式为包工包料，一次性包干制等。A 公司承接上述工程后将其中四幢楼的工程以包工不包料的方式发包给龙某。2017 年 11 月 2 日晚，A 公司让龙某去维修上述工程 11 栋的室外灯饰，龙某站在大约 7 米高的玻璃外墙上进行维修，没有佩戴安全帽，也没有绑安全带，维修过程中龙某不慎从高处跌落受伤。同日，龙某被送至佛山市第五人民医院救治，共产生医疗费 3 882.2 元。次日，龙某到佛山市中医院住院治疗，共住院 31 天，于 2017 年 12 月 4 日出院，出院医嘱建议一年后拆除内固定板，住院期间陪护一人，出院后休息 1 个月等，共产生医疗费 70 903.35 元。2018 年 1 月 25 日、3 月 8 日，龙某到该院复诊共产生医疗费 897.8 元。以上医疗费合计 75 683.35 元，

A 公司为龙某垫付了其中 34 409.5 元，龙某自行支付 41 273.85 元。另外，A 公司为龙某支付了陪护费 400 元。

经龙某申请，某司法鉴定中心于 2018 年 9 月 13 日出具鉴定意见评定龙某的伤残等级为一处九级伤残、一处十级伤残，拆除内固定物的后续治疗费为 13 200 元。龙某支出鉴定费 2 830 元。

另查明，龙某于 2016 年 3 月至 2017 年 11 月在佛山某市某区工作生活。龙某的父亲龙某 1 出生于 1946 年 12 月 9 日，龙某的母亲谢某出生于 1962 年 10 月 1 日，二人共生育了两个子女，包括龙某和龙某 2。龙某 2 已于 2018 年 9 月 27 日死亡。

再查明，A 公司是一人有限责任公司，其经营范围为广告发布服务，何某是该公司的股东。A 公司为龙某购买了团体人身保险，在龙某起诉前某保险公司向龙某赔付了 133 100 元。龙某自认其并不持有高空作业证、电工证。

一审法院认为：A 公司将涉案工程发包给龙某，双方之间是承揽关系，本案属身体权纠纷。《最高人民法院关于审理人身损害赔偿案件适用法律若干问题的解释》第十条规定："承揽人在完成工作过程中对第三人造成损害或者造成自身损害的，定作人不承担赔偿责任。但定作人对定作、指示或者选任有过失的，应当承担相应的赔偿责任。"本案中，龙某自认站在大约 7 米高的玻璃外墙维修灯饰，其自身并不持有高空作业证、电工证，在工作过程中亦未采取任何安全防护措施，导致从高处跌落受伤，龙某本身过错明显。A 公司作为定作人，将涉案工程发包给没有相应资质的龙某承揽，存在选任过失，故 A 公司应对龙某本次受伤造成的损失承担相应的赔偿责任。综合双方的过错程度，一审法院酌定由龙某对其自身损失自行承担 60% 的责任，A 公司对龙某的损失承担 40% 的赔偿责任。B 公司将涉案工程发包给没有相应资质的 A 公司，存在过错，应对龙某的损失承担连带赔偿责任。A 公司是一人有限责任公司，何某是该公司的股东，何某未能提供充分证据证明 A 公司的财产独立于自己的财产，应对 A 公司的债务承担连带责任。

根据《最高人民法院关于审理人身损害赔偿案件适用法律若干问题的解释》相关规定，一审法院核定龙某在本案中的损失包括：1. 医疗费 75 683.35

元；2. 住院伙食补助费 3 100 元；3. 护理费 2 220 元；4. 交通费 500 元；5. 误工费 13 036.95 元；6. 残疾赔偿金 298 926.6 元（含被扶养人生活费 126 831.6元）；7. 后续治疗费 13 200 元；8. 鉴定费 2 830 元。上述 1~8 项费用合计 409 496.9 元，应由龙某承担 245 698.14 元，A 公司、何某、B 公司连带承担 163 798.76 元。龙某主张精神损害抚慰金 5 万元，因龙某对其受伤负有较大过错，故对龙某该请求，一审法院不予支持。A 公司为龙某购买了相关保险，龙某已获得保险理赔款 133 100 元，A 公司已支付龙某赔偿款 34 409.5元，即龙某已获得赔偿款 167 509.5 元，因此，A 公司、何某、B 公司在本案中无须再支付赔偿款予龙某，对龙某的诉讼请求，一审法院予以驳回。

一审法院依照《中华人民共和国民事诉讼法》第六十四条第一款、《最高人民法院关于适用〈中华人民共和国民事诉讼法〉的解释》第九十条的规定，判决：驳回龙某的全部诉讼请求。

龙某不服一审判决，向二审法院提出上诉。

二审法院对一审判决已查明事实予以确认。另查明，二审中，龙某就法庭中的相关提问及回答内容如下：1. 问："你方与 A 公司之间的报酬是如何约定的？"龙某答："一开始双方约定完成 4 幢楼，款项一共是 11 万元。后约定增加的工程按照完成每套灯进行计算。约定的费用是完成一幢楼就给一幢楼的费用。按照进度支付款项。对方之前是有三个老板的。"2. 问："你们双方是否有约定何时完成工程？"龙某答："原来约定的是一个月。后因为增加灯具所以就延期了。"3. 问："整个工程共有多少人完成？"龙某答："刚开始总共有 6 个人，后来因为增加了工程，所以增加到了 9 个人。"4. 问："完成工程的其他人员是谁？"龙某答："都是我的拍档，一起做同行的。"5. 问："他们是由谁通知的？"龙某答："是我通知他们过来的。"6. 问："他们的报酬是谁支付的？"龙某答："我收到工程款之后是我支付给他们的。"7. 问："施工的工具是谁提供的？"龙某答："灯具、电线是 A 公司提供，施工所用的工具是我们自己带过去的。"8. 问："购买保险时你方是否有支付款项？"龙某答："相当于在工程款中扣减，原来的工程款是 12 万多元，对方称需要购买保险，所以在工程款中扣减，比原来约定少了1万多元。"9. 问："你方是否有与A公司、何某之间签订合同？"龙某答："没有签订。"10. 问："被保险人清单中的五个人是否是你方雇请的员工？"龙某答："被保险人清单中的钟某不是我方的人，其他都是我方的员工。"

再查明，一审庭审中，龙某陈述："涉案工程是我接的，包工不包料，我是做安装的。"

二审法院认为：本案二审的争议焦点为：1. 龙某与A公司之间形成何种法律关系；2. A公司、何某、B公司应否对龙某的损失承担赔偿责任。

关于争议焦点一。根据查明的事实，龙某以包工不包料的方式从A公司承接了涉案工程，龙某有自己的工作团队，自行准备施工工具，按照A公司的要求完成工作并交付工作成果，劳动报酬以交付工作成果为标准，按照工程进度支付报酬。且龙某与A公司地位平等，在工作中不存在身份上的控制、支配和从属关系。虽然龙某主张其系受A公司的指示去维修室外灯饰时受伤，双方之间存在雇佣关系，但结合双方对工作方式的陈述，上述A公司的指示维修应理解为定作人向承揽人提出要求，而非雇主对雇员的工作安排。由于龙某在工作中具有一定的自主权，如人员安排、工作时间、工作进程由其自行决定，此与雇佣关系中的雇员不能自主安排工作时间、工作进程显然不一致。因此，虽然龙某与A公司之间未签订承揽合同，但双方的工作方式符合承揽合同关系的法律特征，双方构成承揽关系。龙某上诉主张其与A公司不存在承揽合同关系，而是存在雇佣关系，理据不足，二审法院不予采纳。

关于争议焦点二。如前文所述，龙某与A公司之间构成承揽合同关系，龙某在明知自己没有高空作业证、电工证等相应资质的情况下仍承接涉案工程，并在进行高空作业时未采取任何安全防护措施，最终造成其从高处跌落受伤的事故，龙某自身对其损害的发生存在明显过错。根据《最高人民法院关于审理人身损害赔偿案件适用法律若干问题的解释》第十条"承揽人在完成工作过程中对第三人造成损害或者造成自身损害的，定作人不承担赔偿责任。但定作人对定作、指示或者选任有过失的，应当承担相应的赔偿责任"的规定，A公司作为定作人，将涉案工程发包给没有相应资质的龙某，存在选任过失，故 A 公司应对龙某因本次受伤造成的损失承担相应的赔偿责任。A 公司系何某投资设立的一人有限责任公司，何某作为一人有限责任公司的股东，未能提供充分的证据证明 A 公司的财产独立于股东何某自己的财产，故何某应对 A 公司的债务承担连带责任。B 公司将涉案工程发包给没有相应施工资质的 A 公司，亦存在过错，应对龙某的损失承担连带赔偿责任。

由于各方当事人对一审判决认定的龙某的赔偿项目及金额均未提出异议，故二审法院对一审判决认定的赔偿项目及金额予以确认，并不再进行审查认定。龙某因本次事故造成的损失为 409 496.9 元，一审法院综合双方的过错程度，酌定龙某对其自身损失承担 60% 的责任，即龙某自身承担损失 245 698.14元；A 公司、何某、B 公司对龙某的 40% 损失承担连带赔偿责任，即 A 公司、何某、B 公司连带赔偿龙某 163 798.76 元，一审判决并无不当，二审法院予以维持。A 公司为龙某投保了团体人身保险，龙某已获得保险理赔款133 100 元，A 公司已向龙某支付赔偿款 34 409.5 元，即龙某已获得赔偿款 167 509.5 元。龙某上诉认为保险理赔款不等同于 A 公司、何某、B 公司应付的赔偿款，A 公司、何某、B 公司应另行支付赔偿款。对此，二审法院认为，龙某与 A 公司之间构成承揽合同关系，双方主体地位平等，对于龙某受到的损害，应当遵循损失填补原则。本案中，A 公司为龙某投保了团体人身保险，龙某据此从保险人处取得的赔偿款具有填补其本案损失的功能，在龙某获得的保险理赔款和 A 公司支付的赔偿款已足够填补其实际损失的情况下，A 公司、何某、B 公司在本案中无须再承担赔偿责任。

综上所述，龙某的上诉请求不能成立，应予驳回；一审判决认定事实清楚，适用法律正确，应予维持。二审法院依照《中华人民共和国民事诉讼法》第一百七十条第一款第一项规定，判决驳回上诉，维持原判。二审案件受理费 2 797.48 元，由龙某负担。

龙某申请再审。

法院再审查明，一审、二审判决查明的事实无误，本院予以确认。

另查明：A 公司与龙某为首次合作，双方之间仅此一单工程，之前无业务往来。龙某在庭审中自述其主要从事灯光照明装修工作，无固定工作单位。

事故发生当日，案涉 11 栋楼的工程已经完成，龙某在从事其他栋楼的工程，因 11 栋楼的室外灯饰出现故障，A 公司让龙某前去维修。

再查明，A 公司为包括龙某在内的五人向某保险公司投保了团体人身保险，保险费合计 12 500 元。根据所投保的《某人身保险合同（团体人身险适用)》（以下简称案涉保险合同）的约定：保险项目包括附加意外医疗险、附加住院现金补贴险、团体意外伤害险。保险期间为 2017 年 8 月 9 日至 2018 年 8 月 8 日。投保人或被保险人可以指定一人或多人为保险金受益人。除另有约定外，意外医疗保险金、意外住院医疗现金补贴及意外伤残保险金的受益人为被保险人本人。被保险人清单中受益人一项均填法定。事故发生后，某保险公司已向龙某支付意外医疗保险金 3 万元、住院现金补贴 3 100 元、意外伤残保险金 10 万元，合计 133 100 元。

本院再审认为，根据各方当事人的诉辩意见，本案再审的争议焦点是：一、龙某与 A 公司之间形成何种法律关系；二、龙某对本案事故发生是否存在过错；三、A 公司、何某、B 公司应否对龙某的损失承担赔偿责任及责任承担比例；四、龙某获得的 133 100 元保险金能否抵扣 A 公司的赔偿责任。

关于龙某与 A 公司之间形成何种法律关系问题。《中华人民共和国合同法》第二百五十一条第一款规定："承揽合同是承揽人按照定作人的要求完成工作，交付工作成果，定作人给付报酬的合同。"承揽关系与雇佣关系的区别在于：首先，承揽关系与雇佣关系都涉及提供劳务的过程，但雇佣是以直接提供劳务为目的，重在劳动过程本身；承揽合同则以完成工作成果为目的，提供劳务仅是完成工作成果的手段，定作人对劳动过程本身并不看重。其次，承揽关系具有独立性，承揽人不受定作人的支配和安排；雇佣关系则具有支配性和从属性，雇员必须听从雇主的安排和指挥。再次，承揽人提供的劳动是其独立的业务或者经营活动，而雇佣关系中雇工的劳务则是雇主的业务或经营活动的一部分。最后，承揽关系中，双方一般按照工作成果计付报酬，雇佣关系则一般按劳务工时计付报酬，有无劳务结果在所不问。

本案中，龙某的工作虽属劳务活动，但 A 公司看中的是龙某的劳动成果，而非龙某的劳动过程。双方约定的劳动报酬计算方式也是根据龙某完成的楼数和灯具量计算。在提供劳务过程中，龙某自带工具，自行安排工作团队，具有独立性和自主性。A公司不参与人员管理，不安排工作进度，未限定龙某每天的工作时间，双方之间地位平等，不存在支配与服从的关系。《中华人民共和国合同法》第二百六十条规定："承揽人在工作期间，应当接受定作人必要的监督检验。"第二百六十二条规定："承揽人交付的工作成果不符合质量要求的，定作人可以要求承揽人承担修理、重作、减少报酬、赔偿损失等违约责任。"案涉11栋楼的照明工程完成后出现故障，在龙某继续完成剩余工程期间，A公司要求龙某去维修11栋楼的室外灯饰，符合定作人对工作成果的质量进行监督检验并提出要求的法律特征。综上，龙某系利用自己的工具、技术和劳动，按照A公司的要求完成工作，自由支配劳动时间，交付工作成果，劳动报酬以交付工作成果为标准，按照工程进度支付，双方符合承揽关系的法律特征。因此，A公司与龙某之间形成承揽合同法律关系。龙某主张双方之间不存在承揽关系，理由不能成立，本院不予采纳。

关于龙某对本案事故发生是否存在过错问题。龙某作为完全民事行为能力人，明知自己未取得高空作业资质及电工资质仍承接案涉工程，并在进行高空作业时未佩戴安全帽，未采取任何安全防护措施，其在维修过程中疏于安全防范、草率作业是造成本案事故发生的直接原因。龙某对事故发生存在较大过错，应对由此造成的损害后果承担责任。龙某主张其自身不存在过错，不应承担责任，缺乏事实依据，本院亦不予采纳。

关于A公司、何某、B公司应否对龙某的损失承担赔偿责任及责任承担比例问题。A公司与龙某之间形成承揽关系，根据《最高人民法院关于审理人身损害赔偿案件适用法律若干问题的解释》第十条规定："承揽人在完成工作过程中对第三人造成损害或者造成自身损害的，定作人不承担赔偿责任。但定作人对定作、指示或者选任有过失的，应当承担相应的赔偿责任。"A公司作为定作人，将案涉工程发包给没有相应资质的龙某，存在选任过失，应当承担赔偿责任。A公司系何某投资设立的一人有限责任公司，何某作为一人有限责任公司，未提供充分证据证明A公司的财产独立于何某自己的财产，根据《中华人民共和国公司法》第六十三条之规定，何某应当对A公司的债务承担连带责任。B 公司将案涉工程发包给没有相应施工资质的 A 公司，亦存在过错，应对 A 公司应承担的赔偿责任承担连带责任。由于龙某对本案事故发生存在较大过错，二审判决酌定龙某对自身损失承担 60% 责任，A 公司、何某、B 公司对本案损失的 40% 承担连带赔偿责任，并无不当，本院予以维持。

关于龙某获得的 133 100 元保险金能否抵扣 A 公司的赔偿责任问题。根据《保险法》第三十九条之规定，人身保险的受益人由被保险人或者投保人指定，投保人指定受益人时须经被保险人同意。案涉保险合同明确约定，除另有约定外，意外医疗保险金、意外住院医疗现金补贴及意外伤残保险金的受益人为被保险人本人。被保险人清单中受益人一项亦填法定。故本院认定龙某为案涉团体人身保险的受益人。根据《保险法》第十八条第三款之规定，案涉保险金应归龙某所有，A 公司不享有保险金请求权。虽然 A 公司主张其投保目的在于降低自身赔偿风险，但首先，案涉团体人身保险为人身保险，不属于责任保险，该保险的目的在于保障被保险人的人身权益，而非减轻投保人作为赔偿义务人时所需承担的赔偿责任，即该保险本身不具有转移或减轻投保人赔偿责任的功能。其次，本案亦不应允许该团体人身保险产生责任保险的功能。一方面，责任保险属于财产保险，根据《保险法》第九十五条之规定，保险人不得兼营人身保险业务和财产保险业务。《中国保险监督管理委员会关于界定责任保险和人身意外伤害保险的通知》亦明确规定保险公司要严格按照《保险法》关于保险公司业务范围的规定经营业务，不得任意混淆责任保险和人身意外伤害保险的界限，严禁各保险公司超业务范围经营。因此，本案若允许案涉保险金抵扣 A 公司的赔偿责任，相当于使人身保险产生了责任保险的作用，实际上突破了保险行业的上述监管要求。另一方面，本案 A 公司承担赔偿责任系因其存在选任失。若 A 公司选任具备相应资质的承揽人，不仅可以在本案中免予承担赔偿责任，亦可以最大程度上避免本案事故的发生。若允许企业通过购买团体人身险来转嫁自身可能承担的赔偿责任，实际上为企业逃避法定义务和注意义务提供了途径，不利于督促当事人遵守相关法律规定和行业规范。最后，团体人身险以人的生命和身体为保险标的，二者的价值无法用金钱衡量。根据《保险法》第四十六条的规定，人身保险不适用损失填补原则，受益人同时享有保险金请求权和侵权赔偿请求权，无论是否已经或将可能从保险人处获得多少保险理赔，其均可选择向侵权人主张权利。故本案龙某在获得保险金后，仍有权向 A 公司主张赔偿责任。

诚然，A 公司为龙某投保团体人身保险，客观上保障了龙某在事故发生后及时获得保险理赔，该行为值得嘉许。但 A 公司在本案中投保的并非责任保险，事先亦未与龙某约定以保险金抵扣 A 公司的赔偿责任，在此情形下，A 公司以其支付了保险费、投保目的为降低自身风险为由，主张保险金应抵扣其应支付的赔偿款，缺乏法律依据。

因龙某自身存在较大过错，其主张精神损害抚慰金 5 万元，本院不予支持。由于各方当事人对二审判决认定的其他赔偿项目及金额均未提出异议，故本院对二审判决认定的赔偿项目及金额予以确认。龙某因本次事故造成的损失为 409 496.9 元，综合各方的过错程度，二审法院酌定龙某对其自身损失承担 60% 责任，即 245 698.14 元，A 公司、何某、B 公司对龙某损失的 40% 承担连带赔偿责任，即 A 公司、何某、B 公司连带赔偿龙某 163 798.76 元，并无不当，本院予以维持。A 公司已向龙某支付赔偿款 34 409.5 元，应予扣除。对于龙某获得的保险金 133 100 元，二审判决认定可以抵扣 A 公司、何某、B 公司应承担的赔偿责任，缺乏法律依据，应予纠正。故 A 公司、何某、B 公司还应向龙某支付 129 389.26 元。

综上所述，龙某的再审请求部分成立，本院予以支持。二审判决认定事实清楚，但适用法律部分不当，本院予以纠正。依照《中华人民共和国合同法》第二百五十一条，《中华人民共和国公司法》第六十三条，《保险法》第三十九条、第四十六条，《最高人民法院关于审理人身损害赔偿案件适用法律若干问题的解释》第十条，《中华人民共和国民事诉讼法》第二百零七条第一款、第一百七十条第一款第二项之规定，判决如下：

一、撤销某法院（2019）粤 06 民终 1834 号民事判决、某法院（2018）粤 0605 民初 9301 号民事判决；

二、A 公司、何某、B 公司应于本判决生效之日起十日内向龙某支付赔偿款共计 129 389.26 元；

三、驳回龙某的其他诉讼请求。

【说明】这是一起法院判决第三人致损，保险公司理赔后，被保险人仍有权向第三者请求赔偿的案件。

本案案情脉络如下，B 将工程发包给 A，A 包工包料，A 没有相应资质；A 又将工程发包给龙某，龙某包工不包料，龙某也没有相应资质。A 作为投保人，龙某作为被保险人投保了团体人身险。龙某在施工过程中摔伤。一审法院核定龙某损失 409 496.9 元，综合双方过错程度，龙某承担 60% 的责任，承担 245 698.14 元；A 公司承担 40% 的赔偿责任，承担 163 798.76 元，B 公司承担连带责任。保险公司已赔付龙某 133 100 元，A 公司已赔付 34 409.5 元，龙某合计获赔 167 509.5 元，故 A、B 公司无须再赔款。二审法院维持原判。再审法院依据《保险法》相关规定，认为龙某在获得理赔金后，仍有权向 A 公司主张赔偿责任，A 公司需承担 163 798.76 元，保险公司赔付的 133 100 元不得抵扣，已赔付的 34 409.5 元可以抵扣，A、B 公司还应向龙某支付 129 389.26 元。

本案再审法院的判决逻辑清晰、说理充分，将本案涉及的问题进行了一一阐明。

龙某与 A 公司是劳务关系还是承揽关系。《合同法》规定："承揽合同是承揽人按照定作人的要求完成工作，交付工作成果，定作人给付报酬的合同。"承揽关系与雇佣关系的区别在于：首先，承揽关系与雇佣关系都涉及提供劳务的过程，承揽合同以完成工作成果为目的，提供劳务仅是完成工作成果的手段，定作人对劳动过程本身并不看重；雇佣是以直接提供劳务为目的，重在劳动过程本身。其次，承揽关系具有独立性，承揽人不受定作人的支配和安排；雇佣关系则具有支配性和从属性，雇员必须听从雇主的安排和指挥。再次，承揽人提供的劳动是其独立的业务或者经营活动，而雇佣关系中雇工的劳务则是雇主的业务或经营活动的一部分。最后，承揽关系中，双方一般按照工作成果计付报酬，雇佣关系则一般按劳务工时计付报酬，有无劳务结果在所不问。本案中，龙某工作属劳务活动，但 A 公司看中的是龙某的劳动成果而非劳动过程，双方约定的劳动报酬计算方式也是根据龙某的劳动结果计算。在提供劳务过程中，龙某利用自己的工具、技术和劳动，按照 A 公司的要求完成工作，自由支配劳动时间，交付工作成果，劳动报酬以交付工作成果为标准，按照工程进度支付，双方符合承揽关系的法律特征。因此，A 公司与龙某之间形成承揽合同法律关系。

龙某对本案事故发生是否存在过错。龙某作为完全民事行为能力人，明知自己未取得相关资质仍承接案涉工程，并在进行高空作业时未佩戴安全帽，未采取任何安全防护措施，其在维修过程中疏于安全防范、草率作业是造成本案事故发生的直接原因，对事故发生存在较大过错，应对由此造成的损害后果承担责任。

A、B 公司，何某应否对龙某的损失承担赔偿责任及责任承担比例。A 公司与龙某之间形成承揽关系，根据《最高人民法院关于审理人身损害赔偿案件适用法律若干问题的解释》第十条规定："承揽人在完成工作过程中对第三人造成损害或者造成自身损害的，定作人不承担赔偿责任。但定作人对定作、指示或者选任有过失的，应当承担相应的赔偿责任。"A 公司作为定作人，将案涉工程发包给没有相应资质的龙某，存在选任过失，应当承担赔偿责任。A 公司系何某投资设立的一人有限责任公司，未提供充分证据证明 A 公司的财产独立于何某自己的财产，根据《公司法》第六十三条之规定，何某应当对 A 公司的债务承担连带责任。B 公司将案涉工程发包给没有相应施工资质的 A 公司，亦存在过错，对 A 公司应承担的赔偿责任承担连带责任。由于龙某对本案事故发生存在较大过错，对自身损失承担 60% 责任；A 公司、何某、B 公司对本案损失的 40% 承担连带赔偿责任。

龙某获得的 133 100 元保险金能否抵扣 A 公司的赔偿责任。根据《保险法》第三十九条之规定，人身保险的受益人由被保险人或者投保人指定，投保人指定受益人时须经被保险人同意。案涉保险合同明确约定的受益人为被保险人本人。被保险人清单中受益人一项亦填法定。故法院认定龙某为案涉团体人身保险的受益人。根据《保险法》第十八条第三款之规定，案涉保险金应归龙某所有，A公司不享有保险金请求权。A公司主张其投保目的在于降低自身赔偿风险，但首先，案涉团体人身保险为人身保险，不属于责任保险，该保险的目的在于保障被保险人的人身权益，而非减轻投保人作为赔偿义务人时所需承担的赔偿责任，即该保险本身不具有转移或减轻投保人赔偿责任的功能。其次，本案亦不应允许该团体人身保险产生责任保险的功能。一方面，责任保险属于财产保险，根据《保险法》第九十五条之规定，保险人不得兼营人身保险业务和财产保险业务。《中国保险监督管理委员会关于界定责任保险和人身意外伤害保险的通知》亦明确规定保险公司要严格按照《保险法》关于保险公司业务范围的规定经营业务，不得任意混淆责任保险和人身意外伤害保险的界限，严禁各保险公司超业务范围经营。因此，本案若允许案涉保险金抵扣A公司的赔偿责任，相当于使人身保险产生了责任保险的作用，实际上突破了保险行业的上述监管要求。另一方面，本案A公司承担赔偿责任系因其存在选任过失。若A公司选任具备相应资质的承揽人，不仅可以在本案中免予承担赔偿责任，亦可以最大限度地避免本案事故的发生。若允许企业通过购买团体人身险来转嫁自身可能承担的赔偿责任，实际上为企业逃避法定义务和注意义务提供了途径，不利于督促当事人遵守相关法律规定和行业规范。最后，团体人身险以人的生命和身体为保险标的，二者的价值无法用金钱衡量。根据《保险法》第四十六条的规定，人身保险不适用损失填补原则，受益人同时享有保险金请求权和侵权赔偿请求权，无论是否已经或将可能从保险人处获得多少保险理赔，其均可选择向侵权人主张权利。故本案龙某在获得保险金后，仍有权向A公司主张赔偿责任。

本案的关键在于保险公司的人身险理赔款能否抵扣A公司的赔偿款。首先，A公司作为投保人，龙某作为被保险人和受益人，投保团体人身险险种，龙某出险，属于保险公司的保险责任范围，龙某有权获取保险公司理赔款。其次，从险种的性质来看，人身险的保险标的是人的寿命或者身体。责任险属于财产险，是对责任人的经济损失进行补偿。财产损失可以用金钱评价，但人的生命、身体完整是无价的，其经济价值不能用金钱衡量，不能适用损失填补原则。再次，从社会影响来看，若允许企业通过购买团体人身险来转嫁自身可能承担的赔偿责任，一方面混淆责任保险和人身意外伤害保险的界限，突破了保险人不得兼营人身保险业务和财产保险业务的限制；另一方面为企业逃避法定义务和注意义务提供了途径，不利于督促当事人遵守相关法律规定和行业规范。所以，本案经历一审、二审、再审，最终认定保险公司的人身险理赔款不可抵扣 A 公司的赔偿款。

第四十七条　投保人解除合同的，保险人应当自收到解除合同通知之日起三十日内，按照合同约定退还保险单的现金价值。

【案例50】（2021）最高法执监 35 号

某中院查明，陇×公司与新×公司、强×公司、中×公司、东×公司、王某甲、王某乙、王某丙借款合同纠纷一案，该院于 2017 年 10 月 24 日作出（2017）甘 01 民初 247 号民事调解书，确认：陇×公司对王某乙所有的坐落于某市某区房产折价或者以拍卖、变卖的价款享有优先受偿的权利；王某乙对第一项、第二项、第三项确定的新×公司的债务承担连带清偿责任。2018年 5 月 21 日，某中院作出（2018）甘 01 执 405 号执行裁定，2019 年 9 月 25日作出 405 号通知书，要求某保险公司将王某乙名下 7 份保单中的全部保费（保单号为 ×24、×50、×45、×44、×35、×15、×54）、对王某甲名下 2份保单中全部保费（保单号为 ×91、×80）扣划至该院账户。

某中院在执行（2017）甘 01 民初 247 号民事调解书过程中，王某乙、王某甲对扣划其保单全部保险费提出异议。

王某乙、王某甲称，（一）根据《保险法》第十五条"除本法另有规定或者保险合同另有约定外，保险合同成立后，投保人可以解除保险合同，保险人不得解除合同"的规定，执行法院没有通知投保人王某乙且未经其同意，强行扣划王某乙、王某甲投保保单现金价值，违反法律强制性规定。（二）王某乙、王某甲与某保险公司签订的人身保险合同，系当事人之间真实意思表示，不违反法律法规禁止性规定，属依法成立并生效的合同，且合同均在履行期间，没有出现解除事由。作出扣划王某乙在某保险公司名下保单全部保险费的通知，事实上就是要解除双方签订的合同，与法律相抵触，应予撤销。（三）9份保单中，受益人是王某乙、王某甲的子女王某1、王某丙，并非王某乙、王某甲。王某乙、王某甲对保险受益人的确定，事实上是对其财产权利已经进行了处分，王某1、王某丙生存，即享有对保险金的请求权。该处分行为符合法律规定，应得到法律的有效保护。扣划裁定书损害了王某1、王某丙的合法利益，与保险法第四十二条"保险金不作为被执行人的财产，人民法院不能执行"的规定相抵触，应予撤销。（四）人身险是以人的生命或身体为保险标的，在被保险人的生命或身体发生保险事故或保期届满时，依照保险合同的约定，由保险人向被保险人或受益人给付保险金的保险形式。王某乙、王某甲投保的险种为人身险，投保的目的就是当被保险人遭受不幸事故或因疾病、年老以致丧失工作能力、伤残、死亡时，被保险人或受益人取得保险金，以解决其因病、残、老、死所造成的经济困难。王某乙、王某甲无固定收入，人身险是其唯一生活来源，错误扣划会带来不可逆的严重后果，给投保人、被保险人、受益人造成重大损失，有违公平正义。（五）《中华人民共和国民事诉讼法》第二百四十二条以列举式限定了人民法院查询范围为"存款、债券、股票、基金份额等财产"，可见该条款针对的财产为现金及其他纯投资收益性财产，没有将有人身依附关系的人身保险列入其中，同时明确人民法院"根据不同情形"执行。该法第二百四十三条进一步明确"人民法院扣留、提取收入时，应当作出裁定，并发出协助执行通知书，被执行人所在单位、银行、信用合作社和其他有储蓄业务的单位必须办理"。某保险公司既不是被执行人所在单位，也没有储蓄业务经营范围，不属于扣留、提取收入必须办理的主体。作出对王某乙2份保单现金价值扣划的协助执行通知书，对以上法律规定进行了超越权限的扩大解释，违背立法精神，从而错误适用《最高人民法院关于人民法院执行工作若干问题的规定（试行）》第36条、第38条规定。现行法律及司法解释对人民法院强制执行人身保险金没有作出明确规定。就本案而言，执行不应违背《中华人民共和国合同法》和《保险法》相关规定，（2018）甘01执405号协助执行通知书（以下简称405

号通知书）内容显然与《中华人民共和国合同法》和《保险法》相抵触，应予撤销。综上，请求：1. 停止对王某乙在某保险公司 7 份保单中全部保险费的执行；2. 停止对王某甲在某保险公司 2 份保单中全部保险费的执行；3. 撤销 405 号通知书。

某中院认为，根据《中华人民共和国民事诉讼法》第二百四十二条的规定，本案中，王某乙、王某甲为投保人，案涉保险单现金价值属王某乙、王某甲依法享有的财产权益，在王某乙、王某甲未主动履行法律文书确定的义务的情况下，法院有权扣划、提取王某乙、王某甲的财产，某保险公司有义务配合执行。故法院对该保险单的现金价值予以强制执行并无不当。该保险虽然是以人的生命和身体为保险标的，兼具人身保障和投资理财功能，但保险单本身具有储蓄性和有价性，其储蓄性和有价性体现在投保人可通过解除保险合同提取保险单的现金价值，这种保险单的现金价值系基于投保人缴纳的保险费所形成，是投保人依法享有的财产权益，并构成投保人的责任财产。同时，该财产权益在法律性质上并不具有人身依附性和专有性，也不是被执行人及其所扶养家属所必需的生活物品和生活费用，不属于《最高人民法院关于人民法院民事执行中查封、扣押、冻结财产的规定》（以下简称查扣冻规定）第五条所规定的不得执行的财产。因此，保险单的现金价值依法可以作为强制执行的标的。人民法院的强制执行行为在性质上就是替代被执行人对其所享有的财产权益进行强制处置，从而偿还被执行人所欠的债务。根据保险法第十五条、第四十七条的规定，在保险期内，投保人可通过单方自行解除保险合同而提取保险单的现金价值。由此可见，保险单的现金价值作为投保人所享有的财产权益，不仅在数额上具有确定性，而且投保人可随时无条件予以提取。基于此，在作为投保人的被执行人不能偿还债务，又不自行解除保险合同提取保险单的现金价值以偿还债务的情况下，人民法院在执行程序中有权强制代替被执行人对该保险单的现金价值予以提取。综上，王某乙、王某甲提出的异议理由不能成立，不予支持。2019 年 10 月 28 日，某中院作出（2019）甘 01 执异 652 号执行裁定（以下简称 652 号裁定），驳回王某乙、王某甲的异议请求。

王某乙、王某甲向某高院申请复议称，某中院652号裁定认定事实错误。（一）在投保资金来源合法的前提下，人民法院不能强行取得保单的现金价值，更不能强迫投保人以解除保险合同的方式取得保单的现金价值。根据《保险法》第二十三条的规定，任何单位和个人不得非法干预保险人履行赔偿或给付保险金的义务，也不得限制被保险人或者受益人取得保险金的权利。王某乙、王某甲投保资金来源合法，且该保险均是以人的生命和身体为保险标的的人寿保险，执行法院强制非法干预投保人解除保险合同提取保单现金价值的行为，"限制"了被保险人、受益人取得保险金的权利，违反了法律规定。取得保单现金价值必须是投保人"自行"解除保险合同，任何单位和个人不得非法干预。目前，法律并没有明确授权法院强行解除保险合同的权力，法院强制提取保单现金价值没有法律依据。（二）保险法第四十二条明确"保险金不作为被执行人的财产，人民法院不能执行"。《最高人民法院关于保险金能否作为被保险人遗产的批复》和《中华人民共和国继承法》进一步明确：人寿保险指定了身故受益人，被保险人的身故赔偿金属于身故受益人的个人财产，不属于被执行人的遗产，不得清偿被保险人的债务。王某乙、王某甲投保的9份保单中指定的身故受益人为其子女，405号通知书内容损害了身故受益人的合法利益。（三）《最高人民法院关于适用〈中华人民共和国合同法〉若干问题的解释（一）》第十二条规定，《中华人民共和国合同法》第七十三条第一款规定的专属于债务人自身的债权，是指基于扶养关系、抚养关系，赡养关系、继承关系产生的给付请求权和劳动报酬、退休金、养老金、抚恤金、安置费、人寿保险、人身伤害赔偿请求等权利，债权人不得对上述权利行使债权代位权。在执行异议申请书中，王某乙、王某甲已明确告知其没有参加社会养老保险和医疗保险，尚有未成年女儿和在世父母，在双方失业的前提下，对保险年金收益的请求权作为养老金、扶养费、抚养费、赡养费和医疗费的唯一来源，具有很强的人身依附性和专有性，成为王某乙、王某甲及其所抚养、赡养家属所必需的生活费用，该保险收益应属于查扣冻规定第五条所规定的不得执行的财产。综上，请求：1. 撤销某中院652号裁定和405号通知书；2. 停止对王某乙在某保险公司7份保单中全部保费的执行；

3. 停止对王某甲在某保险公司 2 份保单中全部保费的执行。

某高院对某中院查明的事实予以确认。

另查明，王某乙名下保单分别为×生年金保险（分红型）、×天两全保险（分红型）、×享两全保险（分红型）、×悦年金保险（分红型）、×家终身寿险利益、×御年金保险五种类型；王某甲名下保单为×生年金保险（分红型）、×宁终身保险。

某高院认为，本案的焦点是保单能否作为执行标的以及对保单现金价值强制执行的问题。

根据《最高人民法院关于适用〈中华人民共和国民事诉讼法〉执行程序若干问题的解释》第三十二条规定，被执行人应当书面报告下列财产情况："（四）债权、股票、投资权益、基金、知识产权等财产性权利；""查扣冻"规定第二条第一款规定："人民法院可以查封、扣押、冻结被执行人占有的动产、登记在被执行人名下的不动产、特定动产及其他财产权。"可见，被执行人可供执行的财产包括财产性权利。虽然人寿保险是以人的生命和身体为保险标的，兼具人生保障和投资理财功能，但保险单本身具有储蓄性和有价性，其储蓄性和有价性体现在投保人可通过解除保险合同、退保等方式提取保单的现金价值，该现金价值属于投保人的责任财产，且在法律性质上不具有人生依附性和专属性，也不是被执行人及其所扶养家属所必需的费用，不属于"查扣冻"规定第五条规定的不得执行的财产。人民法院的强制执行行为在性质上就是替代被执行人对其所享有的财产权益进行强制处置，从而偿还被执行人所欠的债务。根据保险法的相关规定，王某乙、王某甲所购买的人寿保险，投保人享有单方解除保险合同的权利，合同解除后保险人必须向投保人支付保单现金价值。而保单现金价值的计算方法是确定的，这就意味着保险人在合同解除时支付给投保人的金钱是确定的。因此，保单的现金价值作为投保人享有的一种确定的投资性权益，归属于投保人，人民法院在执行程序中进行提取并无不当。基于此，在投保人作为被执行人不能偿还债务，又不自行解除保险合同提取保单现金价值以偿还债务的情况下，这些权属明确的财产性权利，即该保单的现金价值就是可供执行的财产，人民法院在执行程

289

序中有权强制代替被执行人（投保人）对保单的现金价值进行冻结或提取。故652号裁定认定事实清楚，并无不当。405号通知书实系对王某乙、王某甲名下保单现金价值进行执行。综上，对王某乙、王某甲的复议请求不予支持。2020年5月26日，某高院作出81号裁定，驳回王某乙、王某甲的复议请求，维持某中院652号裁定。

王某乙、王某甲向本院申诉称，（一）法院认定事实错误。1. 法院在不确定被执行人与保险公司之间的保险合同存在确定无效或者应当解除，保险公司应向被执行人返还保险费债务事实的情形下，要求保险公司协助执行保险费，于法无据。在王某乙、王某甲向保险公司交付保险费后，保险费即归保险公司所有，法院扣划保险费损害保险公司的利益。2. 王某乙、王某甲与保险公司之间的保险合同不存在确定无效或者应当解除的情形，提取保险单现金价值的条件不成立，法院强行扣划保险单现金价值，实际是强行解除保险合同，违反法律规定。（二）王某乙、王某甲投保的是人寿保险，目的是为了未来生活得到保障，保费来源合法，投保时间已逾13年之久，不存在规避执行之嫌，可预见性信赖利益应受法律保护。综上，请求：1. 撤销某高院81号裁定和某中院652号裁定；2. 依法再审，纠正某高院和某中院的执行错误。

本院认为，本案的审查重点是，在作为被执行人的投保人不主动解除保险合同的情形下，人民法院在执行过程中能否强制执行案涉保险单的现金价值。

首先，人身保险是以人的寿命和身体为保险标的的保险，保险单具有现金价值。其中人寿保险更是具有较为典型的储蓄性和有价性，已经成为一种较为普遍的投资理财方式。这种储蓄性和有价性，不仅体现在保险合同存续期间，投保人可以获取利息等红利收入，而且体现在投保人可以以保险单现金价值为限进行质押贷款，更体现在在保险期间内投保人可以随时单方无条件解除保险合同，以提取保险单的现金价值。因此，案涉9份保险单的现金价值具有明显的财产属性。同时，《保险法》第四十七条规定："投保人解除合同的，保险人应当自收到解除合同通知之日起三十日内，按照合同约定退还保险单的现金价值。"《最高人民法院关于适用〈中华人民共和国保险法〉若干问题的解释

（三）》第十六条第一款规定："保险合同解除时，投保人与被保险人、受益人为不同主体，被保险人或者受益人要求退还保险单的现金价值的，人民法院不予支持，但保险合同另有约定的除外。"根据上述法律及司法解释的规定，保险合同解除后，保险单的现金价值一般应归属于投保人。因此，案涉保险单的现金价值作为财产权益分别归属于投保人王某乙、王某甲。"查扣冻"规定第二条第一款规定："人民法院可以查封、扣押、冻结被执行人占有的动产、登记在被执行人名下的不动产、特定动产及其他财产权。"《最高人民法院关于适用〈中华人民共和国民事诉讼法〉执行程序若干问题的解释》第三十二条第一款第四项规定，被执行人应当书面报告的财产包括"债权、股权、投资权益、基金、知识产权等财产性权利"。故案涉保险单的现金价值分别作为被执行人王某乙、王某甲的财产权，可以成为本案的执行标的。

其次，被执行人王某乙、王某甲负有采取积极措施履行生效裁判的义务，在其无其他财产清偿债务的情况下，理应主动依法提取案涉保险单的现金价值履行债务。但其明显违背诚信原则，不主动提取保险单现金价值，损害申请执行人的权利。某中院在执行程序中要求保险人即某保险公司协助扣划王某乙、王某甲名下9份保险单中的全部保费，实际是要求协助提取该9份保险单的现金价值，以偿还其所负债务，实现申请执行人的胜诉债权，符合人民法院执行行为的强制性特征，具有正当性、合理性，也利于高效实现当事人的合法权利并减少各方当事人讼累，无明显不当。

综上所述，王某乙、王某甲的申诉理由不能成立。参照《中华人民共和国民事诉讼法》第二百零四条，依照《最高人民法院关于人民法院执行工作若干问题的规定（试行）》第71条规定，裁定如下：

驳回王某乙、王某甲的申诉请求。

【说明】这是一起将被执行人保单的现金价值作为执行标的的案件。

本案当事人作为债务人因借款合同纠纷，经法院调解应偿还债务。债权人根据调解书向中级人民法院申请强制执行，中级人民法院作出裁定划扣当事人名下共9份保单的现金价值。当事人提出执行异议，中院驳回了当事人的异议请求；当事人又向高院申请复议，高院裁定驳回了当事人复议请求，维持中院的裁定；当事人最后向最高院申诉，最高院裁定驳回其申诉请求。

对于法院裁定强制执行划扣债务人保单现金价值，债务人主张不可执行，并提出相关主张：根据《保险法》第十五条规定：除本法另有规定或者保险合同另有约定外，保险合同成立后，投保人可以解除保险合同，保险人不得解除合同。未经投保人同意强行扣划保单现金价值，事实上就是要解除双方签订的合同，违反法律强制性规定。9份保单中，受益人是投保人的子女，并非投保人本人。投保人事实上是对其财产权利进行了处分，其子女生存即享有对保险金的请求权。扣划裁定书损害了其子女的合法利益。投保人投保的险种为人身险，投保的目的就是当被保险人遭受不幸事故或因疾病、年老以致丧失工作能力、伤残、死亡时，被保险人或受益人取得保险金，以解决其因病、残、老、死所造成的经济困难。强制扣划会带来不可逆的严重后果，给投保人、被保险人、受益人造成重大损失，有违公平正义。《民事诉讼法》第二百四十二条以列举式限定了人民法院查询范围为"存款、债券、股票、基金份额等财产"，该条款针对的财产为现金及其他纯投资收益性财产，没有将有人身依附关系的人身保险列入其中。现行法律及司法解释对人民法院强制执行人身保险金没有作出明确规定。作出对强制扣划的协助执行通知书，对以上法律规定进行了超越权限的扩大解释，违背立法精神。问题的核心在于在作为被执行人的投保人不主动解除保险合同的情形下，人民法院在执行过程中能否强制执行案涉保险单的现金价值。

在保险法律关系中，一些概念容易混淆，需要厘清概念再理解逻辑。保险金一般叫理赔金，是保险公司根据合同约定，承担保险责任赔偿给付的金额。人身保险与财产保险不同，人的生命和肢体器官是无价的，所以财产险赔偿金额最多不能超过财产本身的价值，而人身保险则以约定的保额为限；保险金额一般叫保额，是投保人对保险标的的投保金额，保险公司以保额的某种比例计算赔偿给付保险金金额，也是保险公司收取保险费的计算依据；现金价值也叫退保金额，是指保险合同在解约或退保时可以返还的金额。

对于债务人的主张，最高院进行了阐释说理。保单现金价值的财产属性。

人身保险是以人的寿命和身体为保险标的的保险，保险单具有现金价值。其中人寿保险更是具有较为典型的储蓄性和有价性，已经成为一种较为普遍的投资理财方式。这种储蓄性和有价性，不仅体现在保险合同存续期间，投保人可以获取利息等红利收入，而且体现在投保人可以以保险单现金价值为限进行质押贷款，更体现在保险期间内投保人可以随时单方无条件解除保险合同，以提取保险单的现金价值。因此，案涉9份保险单的现金价值具有明显的财产属性。保单现金价值的财产权益归属投保人。《保险法》第四十七条规定：“投保人解除合同的，保险人应当自收到解除合同通知之日起三十日内，按照合同约定退还保险单的现金价值。”《最高人民法院关于适用〈中华人民共和国保险法〉若干问题的解释（三）》第十六条第一款规定：“保险合同解除时，投保人与被保险人、受益人为不同主体，被保险人或者受益人要求退还保险单的现金价值的，人民法院不予支持，但保险合同另有约定的除外。”根据上述法律及司法解释的规定，保险合同解除后，保险单的现金价值一般应归属于投保人。因此，案涉保险单的现金价值作为财产权益分别归属于投保人。法院可以划扣被执行人的财产性权利。“查扣冻”规定第二条第一款规定：“人民法院可以查封、扣押、冻结被执行人占有的动产、登记在被执行人名下的不动产、特定动产及其他财产权。”《最高人民法院关于适用〈中华人民共和国民事诉讼法〉执行程序若干问题的解释》第三十二条第一款第四项规定，被执行人应当书面报告的财产包括“债权、股权、投资权益、基金、知识产权等财产性权利”。故案涉保险单的现金价值分别作为被执行人的财产权，可以成为本案的执行标的。

本案强制执行划扣的是保单的现金价值，现金价值属于财产性权利，所以可以强制执行用于偿还投保人的债务。假设债务人是被保险人，被保险人因意外伤害或疾病出险，保险公司给付了理赔金，理赔金具有人身专属性，不能强制执行用于偿还债务。

实践中也有保险公司接到法院的司法文书要求将客户的保单现金价值划扣至法院账户，保险公司操作人员在配合执行的过程中如果能厘清背后的逻辑，将有利于对客户开展解释说明工作。

第三节 财产保险合同

第四十八条 保险事故发生时，被保险人对保险标的不具有保险利益的，不得向保险人请求赔偿保险金。

【案例 51】（2021）鲁民再 142 号

2017 年 11 月 6 日，某保险公司承保 ML××号车辆商业保险，被保险人为刘某。承保险种：机动车损失保险（含不计免赔险），保险金额 1 222 144 元；第三者责任保险，保险金额（含不计免赔险）1 000 000 元。保险期间自 2017 年 11 月 29 日 0 时起至 2018 年 11 月 28 日 24 时止。

2018 年 11 月 10 日 20 时 55 分，王某驾驶投保车辆 ML××号小型越野客车，因操作不当，驶入路侧沟里翻滚，致车辆受损。某市公安局交通警察大队出具事故认定书，认定王某负事故全部责任。

案件审理过程中，刘某申请对该案车损进行评估，某保险公估有限公司受一审法院委托出具鉴定评估意见书，认定车损为 495 000 元。刘某为此支付评估费 40 000 元。后某保险公司向一审法院申请对车损与事故的关联性进行鉴定，某交通事故司法鉴定所出具司法鉴定意见书，认定部分车辆零部件为受损或达不到更换标准，与本次事故无关联性，因事故造成的车损价值为 459 687 元。某保险公司为此支付鉴定费 30 000 元。刘某支付维修费 459 687 元。

某市人民法院一审认为，刘某、某保险公司签订的保险合同合法有效，双方均应遵守履行。合同有效期内刘某因事故发生的损失，某保险公司依法应当按约给予赔付。该案刘某及某保险公司支出的评估费 70 000 元，属于保险法第六十四条规定的为查明和确定保险事故的性质、原因和保险标的的损失程度所支付的必要的、合理的费用，应由某保险公司承担部分合理费用，超出部分由刘某负担。据此，依照《中华人民共和国保险法》第二条、第十四条、第五十七条、第六十四条之规定，一审判决：某保险公司于判决生效之日起十日内给付刘某保险金 459 687 元。如未按判决指定的期间履行金钱给付义务，应当按照《中华人民共和国民事诉讼法》第二百五十三条之规定，加倍支付迟延履行期间的债务利息。一审案件受理费 4 575 元，由刘某负担 644 元，某保险公司负担 3 931 元；评估费 70 000 元，刘某负担 15 000 元，某保险公司负担 55 000 元。

某保险公司不服一审判决，上诉至某市中级人民法院：1. 撤销一审判决，改判驳回刘某的诉讼请求或发回重审；2. 一审、二审案件受理费由刘某承担。事实与理由：一审判决认定事实不清，判决错误。1. 刘某没有提交充分证据证明其为实际车主，不具备提起本案诉讼的主体资格。被保险车辆行驶证登记车主为李某，刘某仅仅提供了李某的单方声明，未提交买卖合同、款项支付凭证，无法证明车辆实际买卖，亦不足以认定刘某是被保险车辆的实际所有人。2. 被保险车辆在一审判决之前并未实际维修，实际维修费金额尚不确定。虽然一审法院委托鉴定机构对车辆损失金额进行了鉴定，但车辆并未实际维修。机动车配件价格、维修工时费用随时变动，刘某没有实际维修车辆，导致最终损失金额无法确定。依照鉴定金额认定车辆损失金额，会与实际支出不符，有违财产保险损失填补原则。故一审法院在未查清实际车主、车辆最终损失金额的情况下，仅仅依据鉴定意见判决某保险公司承担赔偿责任错误，依法应当改判或发回重审。

二审中，某保险公司提交：证据一、机动车信息查询结果单，拟证明截至 2020 年 9 月 10 日，ML××号车辆所有人为李某，该车辆处于查封状态；证据二、甲市某区人民法院执行裁定书打印件，拟证明案外人李某因涉及多起民事纠纷，自 2016 年 6 月 6 日至今，ML××号车辆一直处于查封状态，且被多次查封；证据三、ML××号车辆照片一组，拟证明自 2019 年 10 月 11 日鉴定机构现场验车至 2020 年 9 月 14 日 15 时许，涉案 ML××号车仍停放在某汽车维修中心，至今未维修。2020 年 9 月 14 日照片中车辆识别代码与涉案车辆代码一致，通过对比 2019 年 10 月及 2020 年 9 月 14 日的照片，车辆外貌特征一致，停放地点一致，能够证明车辆未实际维修。刘某提交的维修费发票系虚开，涉嫌伪造证据；证据四、机动车辆保险事故查勘记录，拟证明某保险公司工作人员贾某在本案事故后对现场查勘，肇事车辆系因躲避逆行车辆发生侧翻，但现场无明显刹车痕迹，驾驶人本次行驶无明确目的地、无明显外伤，驾驶人至本市无明确目的，案件风险较大。证明事故存在疑点，驾驶人涉嫌故意制造事故；证据五、社保参保证明，拟证明贾某系某保险公司工作人员。刘某质证称，对证据一真实性无异议，但车辆被查封，不能证明某保险公司可以拒绝赔付，也不能否定刘某的保险利益。证据二系打印件，真实性不予以认可；即便是真实的，也是法院执行问题，不能否定刘某的保险利益。对证据三中2019年10月11日照片真实性无异议；对2020年9月14日四张照片真实性不认可，照片上的车辆没有车牌号，仅仅拍摄了车架号，没有将整辆车进行拍摄，不知道照片上的车架号从何而来。且照片上并没有显示拍摄的地点，无法核实拍摄时间是否是人工自行添加；对证据四真实性及证明事项均不予以认可。事故发生后，交警已进行现场查勘，有事故责任认定书予以证明，某保险公司所述没有依据。证据五与本案没有关联性。

刘某提交一审微信庭审聊天记录打印件一份，拟证明刘某在一审中已提交维修费发票，某保险公司已经进行了质证，车辆已经实际维修完毕。某保险公司质证称，对聊天记录真实性和证明事项均不予以认可。我方一审没有对维修费发票进行质证，该证据不能证明涉案车辆已经维修，且与事实明显不符。

二审中，本院向刘某送达通知书要求李某出庭作证，否则要承担不利后果，但李某未出庭。庭审中，本院询问刘某可否于2020年9月24日将涉案车辆开至法院查勘，或者可否当庭视频查勘涉案车辆，刘某均予以拒绝。

二审查明，刘某在一审中述称涉案车辆系其于2017年11月1日以65万元的价格购买。但刘某在二审中称，其于2017年4—5月以71万元的价格购买涉案车辆，71万元系以现金支付。二审查明的其他事实与一审一致。

某市中级人民法院二审认为，本案争议的焦点问题是刘某对涉案被保险车辆是否具有保险利益，某保险公司应否向其支付保险金。

本案所涉被保险车辆行驶证载明的车主为李某，且该车辆已被查封。刘某虽主张其购买了被保险车辆并对被保险车辆具有保险利益，但其仅提交了署名为李某的证明，没有提交车辆买卖协议及已付款证明，也未由李某出庭确认。且刘某在一审、二审审理期间对于涉案车辆买卖的时间及价款陈述不一致，故二审认为，根据刘某提交的证据，无法认定其购买了涉案车辆。刘某虽主张车辆已经实际维修完毕，但是某保险公司提交的 2020 年 9 月 14 日的照片显示的车辆的车架号与被保险车辆一致，上述证据足以使车辆是否维修处于真伪不明状态，而刘某又拒绝现场或视频验车，故二审认定刘某提交的证据不足以证明车辆已经实际维修完毕。《中华人民共和国保险法》第四十八条规定："保险事故发生时，被保险人对保险标的不具有保险利益的，不得向保险人请求赔偿保险金。"本案中，因刘某提交的证据不足以证明其对被保险车辆具有保险利益，故某保险公司上诉主张不应支付保险金，具有事实和法律依据，本院予以支持。

综上所述，某保险公司的上诉请求成立，二审依法予以支持。一审判决认定事实有误，二审依法予以改判。依照《中华人民共和国民事诉讼法》第一百七十条第一款第（二）项之规定，二审判决：一、撤销某市人民法院（2019）鲁 0285 民初 6542 号民事判决；二、驳回刘某的诉讼请求。一审案件受理费 4 575 元，由刘某负担；二审案件受理费 8 195 元，由刘某负担（在本判决生效之日起 10 日内直接支付某保险公司）；评估费 70 000 元，由刘某负担 40 000 元，某保险公司负担 30 000 元。

再审法院再审本案中，双方当事人均未提交新证据。法院再审查明的事实与一、二审认定的事实一致。

法院再审认为，为防止和减少保险合同产生不必要的道德风险，我国保险法将保险利益确定为一项基本原则，因而《保险法》第十二条第六款规定："保险利益是指投保人或者被保险人对保险标的具有法律上承认的利益。"依据我国保险法的规定，只有对保险标的具有保险利益的人才具有投保资格，而且投保人或者被保险人对保险标的是否具有保险利益是判断保险合同能否生效的依据。但是投保人或者被保险人何种情形下对保险标的具有保险利益，《保险法》及最高人民法院相关司法解释未置明确规定。一般认为，只要投保人或者被保险人对保险标的具有合法的所有、占有、使用等利益关系的，均可以认定投保人或者被保险人对保险标的具有保险利益。就本案而言，根据已查明的事实，刘某以其名义为涉案机动车投保时，虽然其主张的与登记车主李某之间存在车辆买卖合同关系缺乏必要的证据证明，但是，刘某投保时已实际占有使用涉案被保险机动车，且被保险车辆已经某保险公司工作人员现场查验，涉案保险单中约定的被保险人为刘某，在保险单中明确注明行驶证载明车主为李某，对此事实某保险公司是明知的，被保险车辆发生交通事故后，所有交通事故的处理都是由刘某负责处理的。上述已查明的事实可以确认刘某在涉案保险事故发生时，已合法实际占有使用涉案机动车，因而刘某因合法占有使用涉案被保险车辆而获得涉案保险合同项下的保险利益。某保险公司仅是质疑刘某对涉案车辆享有的权利不合法，但没有提供充分的反驳证据加以证明，故二审判决认定刘某不具有涉案保险利益缺乏事实和法律依据。

某保险公司称涉案车辆2016年处于被司法机关查封状态，并被列入执行财产，权利行使受到限制，即使刘某与李某存在车辆买卖合同关系，也因违反法律规定而无效。对此本院认为，司法机关只是对涉案被保险车辆的车籍进行了保全，限制了被保险车辆办理登记过户或者物权变动手续，但处于查封状态下的机动车能否进行转让，我国现行法律法规和司法解释并未明确限制，刘某和李某之间的车辆买卖合同作为一种负担行为，并不具有合同法第五十二条规定的无效情形，而且查封涉案车辆车籍的司法机关对车辆转让也未提出异议，并未对李某擅自转让保全车辆采取民事制裁措施。即使车辆被列入执行财产，也可以通过执行李某取得车款予以实现，故某保险公司主张刘某与李某之间的车辆买卖合同不合法或者无效，没有法律依据。

关于涉案车辆的保险损失问题。车辆损失保险是指被保险人或者其允许的驾驶人在驾驶保险车辆时发生保险事故，造成保险车辆受损，保险公司应在合理范围内进行赔偿。车辆损失保险属于财产险，应当适用损失填补原则，在保险合同成立并生效后，如果发生保险责任范围内的损失，被保险人有权按照保险合同的约定，请求保险人给予损失赔偿。因此，保险人承担保险赔付责任的前提条件就是被保险人的投保车辆因保险事故的发生而遭受损失，就是说，只要保险事故给被申请人的保险车辆造成实际损失，保险人就负有按照损失大小赔偿保险金的责任。该损失不以受损车辆的修理而发生转移，修理仅是为恢复车辆原状或者使用价值而采取的一种救济措施，受损是机动车辆修理的前提，而不管被保险人对受损车辆修理与否，只要损失客观存在，保险人就负有支付保险金的义务。至于机动车辆因交通事故受损是否需要修理，完全由被保险人依据受损情况的大小而自行决定。如果车辆受损较大，对车辆进行修理代价较高，完全没有对受损车辆修理的必要，被保险人完全可以放弃修理，因而被保险车辆受损后修理与否不是保险人是否承担车辆损失保险的条件。就本案而言，涉案交通事故业经事发地公安交通管理部门作出认定为单方事故，车辆驾驶人对车辆损失承担事故责任。在本案一审审理中，经刘某申请，一审法院委托相关司法鉴定机构对车辆损失进行了评估，确定了损失数额，某保险公司对评估结论虽提出了异议，但不能提供充分的相反证据推翻鉴定意见，故一审判决采信该鉴定意见确定涉案车辆的损失数额符合民事诉讼法证据规则的规定。至于涉案车辆是否经过修理，不是认定车辆损失的必要条件，本院对某保险公司的该抗辩事由不予采纳。

某保险公司辩称涉案保险事故系单方事故，其有充分理由怀疑涉案保险事故是刘某为了转移查封财产、套取保险理赔款而故意制造的事故。对此，本院审理认为，对某保险公司的该抗辩事由，事发地公安交通管理部门对事故责任作出认定时，没有对车辆驾驶人是否涉嫌故意制造交通事故作出认定，事后某保险公司亦没有提供公安等办案机关的调查处理结论，故某保险公司的该抗辩事由没有证据支持。若某保险公司通过报案或者投诉取得相关办案机关对涉案事故的处理结论，就可以再另寻法律规定的途径处理。

综上所述，二审判决认定事实和适用法律缺乏依据，再审申请人刘某的再审请求依法成立，法院予以支持。依照《中华人民共和国民事诉讼法》第二百零七条第一款，第一百七十条第一款第二项之规定，判决如下：

一、撤销某市中级人民法院（2020）鲁02民终8675号民事判决；

二、维持某市人民法院（2019）鲁0285民初6542号民事判决。

【说明】本案是一起涉及被保险人对保险标的是否具有保险利益的案件，

法院认为只要投保人或者被保险人对保险标的具有合法的所有、占有、使用等利益关系的，均可以认定投保人或者被保险人对保险标的具有保险利益。

本案被保险人驾驶车辆出险，事故造成的车损 459 687 元，保险公司拒赔。被保险人起诉要求保险公司理赔，一审法院判决保险公司赔付 459 687 元；二审法院撤销一审判决，驳回了被保险人的诉讼请求；再审法院撤销了二审判决，维持了一审判决。

不予支持被保险人诉求的理由有：第一，车辆行驶证载明的车主为李某，且该车辆已被查封。根据刘某提交的证据，无法认定其购买了涉案车辆。刘某提交的证据不足以证明其对被保险车辆具有保险利益。第二，车辆是否维修处于真伪不明状态，刘某提交的证据不足以证明车辆已经实际维修完毕。第三，涉案保险事故系单方事故，有充分理由怀疑涉案保险事故是刘某为了转移查封财产、套取保险理赔款而故意制造的事故。

对于上述理由再审法院进行阐释说理：第一，关于保险利益，保险法及最高人民法院相关司法解释无明确规定投保人或者被保险人何种情形下对保险标的具有保险利益。一般认为，只要投保人或者被保险人对保险标的具有合法的所有、占有、使用等利益关系的，均可以认定投保人或者被保险人对保险标的具有保险利益。本案中虽然刘某与登记车主李某之间存在车辆买卖合同关系缺乏必要的证据证明，但是，刘某投保时已实际占有使用涉案被保险机动车，且被保险车辆已经保险公司工作人员现场查验，涉案保险单中约定的被保险人为刘某，在保险单中明确注明行驶证载明车主为李某，对此事实保险公司是明知的，被保险车辆发生交通事故后，所有交通事故的处理都是由刘某负责处理的。上述事实可以确认刘某在涉案保险事故发生是已合法实际占有使用涉案机动车，因而刘某因合法占有使用涉案被保险车辆而获得涉案保险合同项下的保险利益。关于车辆处于被查封状态，并被列入执行财产，权利行使受到限制，刘某与李某车辆买卖合同关系是否因此无效。查封只是对涉案被保险车辆的车籍进行了保全，限制车辆办理登记过户或者物权变动手续，但处于查封状态下的机动车能否进行转让，我国现行法律法规和司法解释并未明确限制，二人之间的车辆买卖合同作为一种负担行为，并不具有合同法第五十二条规定的无效情形。即使车辆被列入执行财产，也可以通过执行李某取得的车款予以实现，故主张二人之间的车辆买卖合同不合法或者无效没有法律依据。第二，关于车辆是否维修，车辆损失保险是指被保险人或者其允许的驾驶人在驾驶保险车辆时发生保险事故，造成保险车辆受损，保险公司应在合理范围内进行赔偿。车辆损失保险属于财产险，应当适用损失填补原则，在保险合同成立并生效后，如果发生保险责任范围内的损失，被保险人有权按照保险合同的约定，请求保险人给予损失赔偿。因此，保险人承担保险赔付责任的前提条件就是被保险人的投保车辆因保险事故的发生而遭受损失，也就是说，只要保险事故给被申请人的保险车辆造成实际损失，保险人就负有按照损失大小赔偿保险金的责任。该损失不以受损车辆的修理而发生转移，修理仅是为恢复车辆原状或者使用价值而采取的一种救济措施，受损是机动车辆修理的前提，而不管被保险人对受损车辆修理与否，只要损失客观存在，保险人就负有支付保险金的义务。至于机动车辆因交通事故受损是否需要修理，完全由被保险人依据受损情况的大小而自行决定。如果车辆受损较大，对车辆进行修理代价较高，完全没有对受损车辆修理的必要，被保险人完全可以放弃修理，因而被保险车辆受损后修理与否不是保险人是否承担车辆损失保险的条件。第三，涉案保险事故系单方事故，有故意制造保险事故的嫌疑，事发地公安交通管理部门对事故责任作出认定时，没有对车辆驾驶人是否涉嫌故意制造交通事故作出认定，事后保险公司亦没有提供公安等办案机关的调查处理结论，若保险公司通过报案或者投诉取得相关办案机关对涉案事故的处理结论，就可以再另寻法律规定的途径处理。

第四十九条 保险标的转让的，保险标的的受让人承继被保险人的权利和义务。

保险标的转让的，被保险人或者受让人应当及时通知保险人，但货物运输保险合同和另有约定的合同除外。

因保险标的转让导致危险程度显著增加的，保险人自收到前款规定的通知之日起三十日内，可以按照合同约定增加保险费或者解除合同。保险人解除合同的，应当将已收取的保险费，按照合同约定扣除自保险责任开始之日起至合同解除之日止应收的部分后，退还投保人。

被保险人、受让人未履行本条第二款规定的通知义务的，因转让导致保险标的危险程度显著增加而发生的保险事故，保险人不承担赔偿保险金的责任。

【案例 52】（2019）赣 02 民终 175 号；（2019）赣民申 1515 号

2017 年 9 月 5 日 21 时 55 分许，被告李某甲驾驶 H×自卸货车，在施工工地拖土方时，自卸货车左前轮不慎碾压到原告李某乙的右脚，后又与 H×车辆碰撞，造成原告李某乙受伤。经乐平市公安局交警大队认定李某甲负事故全部责任。原告李某乙受伤之后住院治疗 74 天，花费医疗费 105 838.33元，花费救护车费用 1 700 元。2018 年 4 月 2 日，原告李某乙的伤情经江西求实司法鉴定中心鉴定为伤残八级，后续治疗费为 43 000 元，鉴定费为2 420元。

事故车辆 H×在被告保险公司投保交强险和商业险，交强险的保险期间为 2017 年 4 月 7 日至 2018 年 4 月 6 日，商业险的保险期间为 2017 年 7 月 5 日至 2017 年 10 月 4 日，商业险中第三者责任保险责任限额为 500 000 元，并投保了不计免赔率险。在保险期间，H×自卸货车车主由 A 公司变更为原告李某乙，原告李某乙未到保险公司办理保险合同变更手续。

另查明，原告李某乙户口性质为非农业家庭户口。原告李某乙尚有一子一女未成年。李某乙母亲共生育五个子女。

原审法院认为，原告李某乙在此次交通事故中受伤，该事故已经某市公安局交警大队认定，被告李某甲负事故全部责任。事故车辆在保险公司投保强制险及 50 万元限额的第三者责任险与不计免赔险，涉案事故发生在保险期内。根据《中华人民共和国道路交通安全法》第七十六条及《最高人民法院关于审理道路交通事故损害赔偿案件适用法律若干问题的解释》第十六条之规定，原告同时起诉侵权人及保险公司的，应先由保险公司在强制险责任限额内予以赔偿，不足部分，在商业限额内赔偿。故被告保险公司应在保险限额内承担赔偿责任。原告李某乙主张财产损失 2 000 元，未提供证据予以证实，原审法院不予支持。原告李某乙户口性质为非农业家庭户口，应按城镇标准计算赔偿金额。被告保险公司辩称李某乙为车主即为被保险人，不属于保险合同中第三者的范围，保险公司不承担赔偿责任。虽然李某乙为车主，但事故发生时，李某乙已正常下车，不是实际驾驶人，其与其他普通第三人一样，对机动车的危险失去控制力，李某乙已转化为第三人，《最高人民法院关于审理道路交通损害赔偿案件适用法律若干问题的解释》第十七条规定"投保人允许的驾驶人驾驶机动车致使投保人遭受损害，当事人请求承保交强险的保险公司在责任限额范围内予以赔偿的，人民法院应予支持"，故保险公司应在责任限额范围内予以赔偿。对原告的经济损失，根据法律有关规定的赔偿项目、标准及原告的诉请求，予以计算合计 452 129.05 元，赔偿总额未超过事故车辆在被告保险公司投保的最高限额，被告保险公司对此应承担赔偿责任。被告保险公司辩称原告骗保，未提供证据证实，原审法院不予采信。

综上所述，依照《中华人民共和国民法通则》第一百一十九条，《中华人民共和国侵权责任法》第十六条、第四十八条，《中华人民共和国保险法》第六十五条，《中华人民共和国道路交通安全法》第七十六条，《最高人民法院关于审理人身损害赔偿案件适用法律若干问题的解释》第十七条第一款、第十九条第一款、第二十条、第二十一条、第二十二条、第二十三条第一款、第二十四条、第二十五条，《最高人民法院关于审理道路交通事故损害赔偿案件适用法律若干问题的解释》第十六条、第十七条之规定，原审判决：一、被告某保险公司于本判决生效之日起十日内赔偿原告李某乙误工费、护理费、交通费等各项损失共计人民币 452 129.05 元。二、驳回原告李某乙的其他请求。案件受理费 8 823 元，鉴定费 2 420 元，合计 11 243 元，由原告李某乙负担 742 元，被告李某甲负担 10 501 元。如果未按本判决指定的期间履行给付金钱义务，应当依照《中华人民共和国民事诉讼法》第二百五十三条之规定，加倍支付迟延履行期间的债务利息。

二审中，各方均未提交新证据。二审查明的事实与原审一致。

本院认为，某保险公司上诉主要有两点理由，一是李某乙是空间方位的第三人，而不是保险合同中的第三人；二是李某乙系涉案车辆 H×的所有人，即保险合同中的被保险人，保险公司无须理赔。对此，本院认为，其一，李某乙是在交班下车后，由李某甲驾驶涉案车辆 H×后致使其遭受伤害，李某乙并非车辆实际驾驶人；其二，经原审查明，涉案车辆的交强险与商业险保险合同中的被保险人是 A 公司，而非李某乙。故某保险公司仍应对涉案事故承担赔偿保险金的责任。据此，某保险公司的上诉理由不能成立，本院对其上诉请求不予支持。

综上所述，某保险公司的上诉请求不能成立，应予驳回；原审判决认定事实清楚，适用法律正确，应予维持。依照《中华人民共和国保险法》第四十九条第二款、第四款、《中华人民共和国民事诉讼法》第一百七十条第一款第一项规定，判决如下：

驳回上诉，维持原判。

某保险公司申请再审称，原判决适用法律错误，依据《中华人民共和国民事诉讼法》第二百条第六项规定申请再审。请求：1. 撤销一、二审判决，改判再审申请人不承担赔偿责任。主要理由如下：

一、一审判决再审申请人承担赔偿责任是错误的。《保险法》第四十九条规定："保险标的转让的，保险标的的受让人承继被保险人的权利和义务。保险标的转让的，被保险人或者受让人应当及时通知保险人，但货物运输保险合同和另有约定的合同除外。因保险标的转让导致危险程度显著增加的，保险人自收到前款规定的通知之日起三十日内，可以按照合同约定增加保险费或者解除合同。保险人解除合同的，应当将已收取的保险费，按照合同约定扣除自保险责任开始之日起至合同解除之日止应收的部分后，退还投保人。被保险人、受让人未履行本条第二款规定的通知义务的，因转让导致保险标的危险程度显著增加而发生的保险事故，保险人不承担赔偿保险金的责任。"保险期内，车辆已过户转让给新车主，保险合同没有变更，发生事故后保险公司不承担赔偿责任。保险标的的转让应当通知保险人，经保险人同意继续承保后，依法变更合同。当事人转让保险标的的，保险合同未经保险人同意变更相关事项的，保险合同从转让之日起终止，同时保险人应当退还相应保险费。保险标的转让对于保险人评估保险标的的出险可能性是有重要参考价值的，对于该情况投保人应基于诚实信用的原则向保险人履行通知义务，待保险人作出相应的评估后再决定是否变更合同相关事项。

二、被保险人不属于保险责任范围。（一）保险责任范围条款与免除保险人责任条款之间的关系不限于包含关系，不能认为只要未在免责条款中加以排除或免责条款未生效，就推定属于保险人应予赔付的情形。被保险人或者受益人以相关免责条款不产生效力为由要求保险人赔偿或者给付保险金的，人民法院应当审查保险条款关于保险责任范围的具体规定，以确定事故是否属于保险责任范围。事故不属于保险责任范围的，无须审查事故是否属于免责范围以及相关免责条款的效力；事故属于保险责任范围的，应进一步审查事故是否属于免责条款规定的情形，以及免责条款是否有效。最高人民法院《关于适用〈中华人民共和国保险法〉若干问题的解释（二）》第九条规定，保险人提供的格式合同文本中责任免除条款、免赔额、免赔率、比例赔付或者给付等免除或者减轻保险人责任的条款，可以认定为《保险法》第十七条第二款规定的"免除保险人责任的条款"，即保险责任范围条款并不在保险人应当明确说明的范畴之内，投保人在签订保险合同时对保险责任范围条款应尽合理注意义务。因本案不属于保险责任范围，故上诉人可以依据双方保险合同的约定免予赔付。（二）本案原告李某乙是 H×车的空间方位的第三者，但并不是保险合同里约定的第三者。我司与 H×车是保险合同关系，依据保险合同进行代位承担赔偿责任。李某乙是 H×车的所有人即被保险人，根据《机动车交通事故责任强制保险条例》第三条："本条例所称机动车交通事故责任强制保险，是指由保险公司对被保险机动车发生道路交通事故造成本车人员、被保险人以外的受害人的人身伤亡、财产损失，在责任限额内予以赔偿的强制性责任保险"。《机动车第三者责任保险》第二十六条规定，下列人身伤亡、财产损失和费用，保险人不负责赔偿：第四款被保险人、被保险人允许的驾驶人、本车车上人员的人身伤亡。

综上所述，请求再审法院依法改判再审申请人不承担赔偿责任。

本院经审查认为，本案中李某乙购买 H×车后虽然未办理保险合同变更登记，但并非意味着保险合同当然终止或无效。《保险法》第四十九条的四款规定应当综合理解，其第一款即开宗明义规定了保险标的转让的，保险标的的受让人承继被保险人的权利和义务。第一款所规定的没有附带任何条件，即保险标的的受让人承继被保险人的权利和义务是法律规定的保险标的转让后的当然法律后果。第二款规定了被保险人和受让人的通知义务，被保险人和受让人不履行通知义务的后果是该条第四款所规定的因转让导致保险标的危险程度显著增加而发生的保险事故，保险人不承担赔偿保险金的责任。本案某保险公司并未说明和举证 H×自卸货车车主由 A 公司变更为原告李某乙后导致保险标的危险程度显著增加，因此，某保险公司以被保险人和受让人李某乙未通知其保险标的的转让其无须承担赔偿责任的申请再审的理由不能成立。另外，虽然李某乙是被保险人，但投保人和被保险人大多数情况下是重合的，《最高人民法院关于审理道路交通损害赔偿案件适用法律若干问题的解释》第十七条明确规定了"投保人允许的驾驶人驾驶机动车致使投保人遭受损害，当事人请求承保交强险的保险公司在责任限额范围内予以赔偿的，人民法院应予支持，但投保人为本车上人员的除外。"本案中事故发生时李某乙并非车上人员，符合该条规定的人民法院应予支持其请求的情形。

综上所述，某保险公司的再审申请不符合《中华人民共和国民事诉讼法》第二百条第六项规定的情形。依照《中华人民共和国民事诉讼法》第二百零四条第一款，《最高人民法院关于适用的解释》第三百九十五条第二款规定，拟裁定如下：

驳回某保险公司的再审申请。

【说明】本案是一起保险标的转让但危险程度未显著增加，保险公司需承担保险责任的案件。

案涉货车在保险公司投保了交强险和商业险，商业险中第三者责任保险责任限额为 500 000 元，并投保了不计免赔率险。保险存续期间车主由 A 公司变更为李某乙，李某乙未到保险公司办理变更手续。后李某甲驾驶案涉货车造成原告李某乙受伤，交警大队认定李某甲负事故全部责任。保险公司拒赔，李某乙起诉。一审法院判决保险公司赔付 452 129.05 元。保险公司上诉，二审法院驳回上诉，维持原判。保险公司申请再审，再审法院驳回了某保险公司的再审申请。

保险公司在二审中主张，（1）李某乙是空间方位的第三人，而不是保险合同中的第三人；（2）李某乙系涉案车辆的所有人，即保险合同中的被保险人，保险公司无须理赔。

二审法院认为，（1）李某乙是在交班下车后，由李某甲驾驶涉案车辆后致使其遭受伤害，李某乙并非车辆实际驾驶人；（2）涉案车辆的交强险与商业险保险合同中的被保险人是 A 公司，而非李某乙。故保险公司仍应对涉案事故承担赔偿保险金的责任。

保险公司在再审中主张，保险期内车辆转让给新车主，应当通知保险公司，经保险公司同意继续承保后依法变更合同。本案保险合同未经保险人同意变更相关事项的，保险合同从转让之日起终止，同时保险人应当退还相应保险费。被保险人不属于保险责任范围。不能认为只要未在免责条款中加以排除或免责条款未生效，就推定属于保险人应予赔付的情形。事故不属于保险责任范围的，无须审查事故是否属于免责范围以及相关免责条款的效力；事故属于保险责任范围的，应进一步审查事故是否属于免责条款规定的情形，以及免责条款是否有效。李某乙是车辆的空间方位的第三者，但并不是保险合同里约定的第三者。李某乙是车辆的所有人即被保险人，根据《机动车交通事故责任强制保险条例》第三条："本条例所称机动车交通事故责任强制保险，是指由保险公司对被保险机动车发生道路交通事故造成本车人员、被保险人以外的受害人的人身伤亡、财产损失，在责任限额内予以赔偿的强制性责任保险。"《机动车第三者责任保险》第二十六条规定下列人身伤亡、财产损失和费用，保险人不负责赔偿：第四款被保险人、被保险人允许的驾驶人、本车车上人员的人身伤亡。

再审法院认为：李某乙购买车辆后虽然未办理保险合同变更登记，但并非意味着保险合同当然终止或无效。《保险法》第四十九条的四款规定应当综合理解，第一款规定了保险标的转让的，保险标的的受让人承继被保险人的权利和义务。此规定没有附带任何条件，即保险标的的受让人承继被保险人的权利和义务是法律规定的保险标的转让后的当然法律后果。第二款规定了被保险人和受让人的通知义务，被保险人和受让人不履行通知义务的后果是该条第四款所规定的因转让导致保险标的危险程度显著增加而发生的保险事故，保险人不承担赔偿保险金的责任。本案中保险公司并未说明和举证车辆转让后导致保险标的危险程度显著增加，保险公司以被保险人和受让人里某乙未通知其保险标的的转让其无须承担赔偿责任的申请再审的理由不能成立。虽然李某乙是被保险人，但投保人和被保险人大多数情况下是重合的，《最高人民法院关于审理道路交通损害赔偿案件适用法律若干问题的解释》第十七条明确规定了"投保人允许的驾驶人驾驶机动车致使投保人遭受损害，当事人请求承保交强险的保险公司在责任限额范围内予以赔偿的，人民法院应予支持，但投保人为本车上人员的除外"。本案中事故发生时李某乙并非车上人员，符合该条规定的人民法院应予支持其请求的情形。

第三者责任保险中被保险人、被保险人允许的驾驶人、本车车上人员的人身伤亡属于保险责任的除外责任。本案中保险公司的主张即是围绕此点开展。但《最高院关于审理道路交通损害赔偿案件适用法律若干问题的解释》第十四条规定："投保人允许的驾驶人驾驶机动车致使投保人遭受损害，当事人请求承保交强险的保险公司在责任限额范围内予以赔偿的，人民法院应予支持，但投保人为本车上人员的除外。"也就是说，本车上人员的损害属于除外责任，根据《中国保险行业协会机动车辆商业保险示范条款》规定，车上人员是指发生意外事故的瞬间，在被保险机动车车体内或车体上的人员，包括正在上下车的人员。本案中，李某乙虽然是车主，被自己的车压伤，但事故发生时并非车上人员，所以不属于除外责任人员。

另外，保险合同订立和履行过程中，保险标的的情况可能会发生变化，如果发生保险事故的可能性增加，则视为是危险程度增加。保险标的危险程度增加主要有三个方面的原因：一是投保人或被保险人变更保险标的的用途所致；二是保险标的自身发生意外引起物理、化学反应；三是保险标的的周围环境发生变化。由于保险标的危险程度增加直接关系到保险人的利益，所以不管由哪种原因造成的保险标的危险程度增加，投保人、被保险人在知悉后，都应当及时通知保险人。通知的具体时间、方式和范围可以由保险合同约定，投保人、被保险人应当按照合同约定履行危险通知义务。本案中，车辆虽然转让没有通知保险公司，但并无证据证明车辆危险程度增加，所以保险公司主张合同终止也不能得到支持。

实践中，财产保险合同生效后，作为保险标的的保险财产及其有关利益，会由于买卖、赠与、继承等情况的发生而转移，保险标的转让后，保险利益当然会随之转移给保险标的的受让人。由于投保人必须对保险标的具有保险利益，所以，保险标的的转让相应地会带来保险合同主体的变更，而变更合同就需要履行法定的手续。在通常情况下，财产保险合同生效后，如果保险标的转让，应视为原投保人退出保险，该投保人与保险人之间的保险关系相对消灭，财产保险合同的主体发生变动。在这种情况下，要继续保持保险关系，投保人在保险标的转让时，就应及时通知保险人，以便保险人对保险标的的受让人的情况进行调查，了解受让人对保险标的的价值的估价以及他们具有的安全常识和对保险标的的可能采取的安全措施等情况，以确定是否继续承保。因此，应当将保险标的转让的情况通知保险人，经过保险人审核，同意继续承保，就由保险人在原保险单或者其他保险凭证上批注后，即完成保险合同的变更。在履行法定的变更保险合同手续后，保险合同继续有效。如果投保人与保险人在订立保险合同时，就对因保险标的转让而变更合同主体的情况作出明确约定，保险合同当事人可以按照合同约定办理。即在保险标的转让时，履行合同约定的手续。

保险标的危险程度增加，被保险人履行了危险通知义务后，保险人可以采取两种做法：一是要求增加保险费；二是解除保险合同。对于第一种情况，如果被保险人不同意增加保险费或者未按照约定的期限缴纳增加的保险费，保险人也可以解除合同。但如果被保险人依法履行了危险通知义务，在一定时间内保险人既未提出增加保险费，也未提出解除保险合同的，仍按原保险合同执行。被保险人在保险标的危险程度增加时，未依法按合同约定履行通知义务，也就是未及时通知保险人的，很可能会给保险人的利益造成损害，应当承担以下法律后果：一是被保险人未履行危险增加通知义务的，应承担违约责任；二是被保险人没有履行危险增加通知义务的，因危险程度增加而发生的保险事故所造成的保险标的损失，应由被保险人自行承担责任，保险人不再向被保险人支付保险赔偿金。当然，如果保险标的的损失是由正常的保险责任范围内的保险事故造成的，并不是由于危险程度增加引起的保险事故所造成，保险人仍然按保险合同承担赔偿责任。

第五十条 货物运输保险合同和运输工具航程保险合同，保险责任开始后，合同当事人不得解除合同。

【案例53】（2022）陕06民终155号

2019年5月2日，李某与甲物流运输有限公司时任法定代表人张某签订车辆挂靠协议书，约定原告自购陕J××××/陕J×××挂欧曼牌重型半挂牵引车挂靠于甲物流运输有限公司经营，挂靠期限为10年，从2019年5月2日起计算；双方关于规税费用的承担、车辆管理等事项进行约定。协议签订后，原告车辆挂靠于甲物流运输有限公司进行经营。原告分别于2020年8月12日、8月15日向甲物流运输有限公司原财务人员张某乙足额缴纳其车辆保险费用32 023.96元，张某乙按照其时任经理张某甲的要求联系某保险公司时任法人呼某某，并按呼某某的指示将包括原告在内的车辆保险费用通过其名下建行尾号为6208账户向呼某某本人转账6 411元、向某科技公司转账17 923.08元、向某保险公司分次转账40 000元、12 336.90元，用于甲物流运输有限公司包括原告在内的五辆车投保交强险、商业保险及危险货物道路运输承运人责任保险。2020年8月24日某保险公司向甲物流运输有限公司出具被保险人为甲物流运输有限公司、车辆车牌号码为陕J××××车辆机动车综合商业保险保险单一份，该机动车损失保险为266 560元，保险期限为2020年9月3日至2021年9月2日，同日向甲物流运输有限公司出具被保险人为甲物流运输有限公司、车牌号码陕J×××挂车辆特种车综合商业保险保险单一份，该机动车特种车损失保险为156 800元，两份保单第一受益人及投保人均为某信用公司。2020 年 11 月 20 日 14 时 55 分许，李某雇佣的司机张某丙驾驶原告实际经营的陕 J×××××/陕 J×××× 挂重型半挂牵引车，与王某某驾驶的小型普通客车刮擦，又与中央隔离护栏碰撞后侧翻，造成张某丙受伤，陕 J×××××/陕 J×××× 挂重型半挂牵引车所载汽油（95#）泄漏并导致污染，双方车辆及公路设施损坏的道路交通事故。事故发生后，李某所属车辆停放在某道路救援服务有限公司至今，李某花费施救费用 25 351 元。原告车辆经某价格评估有限责任公司陕铭鉴字（2021）106 号评估意见书评定，陕 J×××××/陕 J×××× 挂在评估基准日的损失为 263 463 元，其中陕 J××××× 车辆损失 93 580 元、陕 J×××× 挂损失 169 883 元；陕 J×××××/陕 J×××× 挂车月停运损失为 20 000 元，花费鉴定费 23 000 元。

一审法院认为，李某实际经营的陕 J×××××/陕 J×××× 挂重型半挂牵引车，挂靠于甲物流运输有限公司经营，其按照甲物流运输有限公司核算的保险费用足额缴纳保险费，甲物流运输有限公司亦按某保险公司时任经理呼某某的指示缴纳保险费用进行投保，某保险公司向甲物流运输有限公司出具了保险单，甲物流运输有限公司与某保险公司之间的保险合同成立，李某经营的车辆在保险期间内发生交通事故，造成车辆损坏，李某请求某保险公司在保险限额内赔偿其车辆损失之理由成立，予以支持；因陕 J×××× 挂车辆在某保险公司承保的特种车损失险限额为 156 800 元，故陕 J×××× 挂车的车辆损失应以 156 800 元认定，确认肇事车辆陕 J××××× 号车辆损失为 93 580 元、陕 J×××× 挂车辆损失 156 800 元、施救费用 25 351 元，合计 275 731 元。呼某某作为某保险公司负责人，其指示甲物流运输有限公司向其指定的账号缴纳商业保险费用属职务行为，其与甲物流运输有限公司合意使用商业保险单贷款致原告车辆商业保险合同被解除，李某对此不知情且不存在过错，该商业保险合同解除对李某不产生法律效力，故某保险公司辩称该肇事车辆未投保商业险不予理赔之辩解意见于法无据，不予采信，故其应在商业险车损险范围内对原告车辆损失承担赔付义务；因李某主张的车损在商业险车损险范围内已足额赔付，且其车辆驾驶人张某乙负事故的全部责任，故甲物流运输有限公司对原告主张的月停运损失、处理事故人员交通费、停车费用等间接损失不承担赔偿责任，李某该部分损失主张无法律依据，不予支持；甲物流运输有限公司在投保过程中具有过错行为，故该案相应的鉴定费及相应的诉讼费用由其承担合理，原告该诉讼请求予以支持。

综上所述，某保险公司在商业险范围内赔偿原告陕J×××××号车辆损失93 580元、陕J××××挂车辆损失156 800元、施救费用25 351元，合计275 731元。依据《中华人民共和国民法典》第一百一十三条、第一千一百六十五条、第一千一百八十四条、第一千二百零八条、第一千二百一十三条、《中华人民共和国道路交通安全法》第七十六条、《中华人民共和国保险法》第十二条、第十三条、第一百一十六条、《中华人民共和国民事诉讼法》第六十四条之规定，判决：一、某保险公司在商业险车损险限额内赔偿原告陕J×××××号车辆损失93 580元、陕J××××挂车辆损失156 800元、施救费用25 351元，合计275 731元；二、甲物流运输有限公司对李某损失不承担赔偿责任；三、驳回李某的其他诉讼请求。如果未按本判决指定的期间履行给付金钱义务，应当依照《中华人民共和国民事诉讼法》第二百五十三条之规定，加倍支付迟延履行期间的债务利息。鉴定费23 000元，李某承担3 000元，甲物流运输有限公司承担20 000元。案件受理费9 342元，减半收取4 671元，由李某负担1 954元，甲物流运输有限公司负担2 717元。

二审中，双方当事人围绕上诉请求依法提交了新证据。本院组织双方当事人进行了证据交换和质证。上诉人某保险公司提交了三组证据：第一组：陕J×××××/陕J××××挂车辆商业险投保单、保险单。证明目的：投保人某信用公司为陕J×××××/陕J××××挂车辆在上诉人处投保了商业险，保险期间为2020年9月3日0时至2021年9月2日24时。第二组：保险合同解除通知、保险合同变更申请书、营业执照、闫某身份证复印件、微信聊天记录截屏。证明目的：2020年11月12日，作为合同当事人的投保人某信用公司向保险人申请解除陕J×××××/陕J××××挂车辆保险合同，保险人只能同意解除保险合同，经协商双方于2020年11月18日解除该车辆保险合同，同日保险人告知被保险人解除该车辆保险合同事宜。第三组：陕

J×××××/陕J××××挂车辆商业险投保单、保险单。证明目的：被保险人更换了投保人，新投保人为某融资担保有限责任公司于2020年11月20日为陕J×××××/陕J××××挂车辆在上诉人处投保了商业险，保险期间为2020年11月21日0时至2021年11月20日24时。本案事故发生在2020年11月20日14时55分许，不在保险期间，上诉人不承担赔偿责任。上诉人李某质证认为，她买保险的时候，钱是打给甲物流公司张某乙的，他们负责买的保险，她买保险是购买的一年的。保险公司在事故发生3天后发的解除保险合同的短信，所以事故是发生在保险期内的。本院认为，《中华人民共和国保险法》第五十条规定，货物运输保险合同和运输工具航程保险合同，保险责任开始后，合同当事人不得解除合同，某保险公司与投保人解除保险合同违法，故对上述证据的证明本院不予采信。

本院对一审法院认定的事实予以确认。

本院认为，本案争议焦点有：1. 上诉人某保险公司是否应当赔偿被上诉人李某的车辆损失。经查，《中华人民共和国保险法》第五十条规定，货物运输保险合同和运输工具航程保险合同，保险责任开始后，合同当事人不得解除合同。本案中，甲物流运输有限公司从事货物运输经营，其公司与上诉人某保险公司签订了保险合同，并已经缴纳了相关保险费用，某保险公司向甲物流运输有限公司出具车辆车牌号码为陕J×××××车辆机动车综合商业保险保险单一份和车牌号码陕J××××挂车辆特种车综合商业保险保险单一份，故某保险公司解除保险合同违法，应当承担赔偿责任。2. 上诉人李某主张的停运损失等是否应当赔偿。经查，本起交通事故发生后，经某市交警部门认定李某所有车辆的驾驶员张某乙负事故的全部责任。根据相关法律规定，李某主张的停运损失等应当在机动车第三者责任保险限额范围内予以赔偿，但因交通事故责任认定甘M×××××号车辆驾驶人王某某对事故的发生无责任，故对李某的该上诉请求不予支持。综上所述，李某、某保险公司的上诉请求均不能成立，应予驳回。依照《中华人民共和国民事诉讼法》第一百七十七条第一款第（一）项规定，判决如下：

驳回上诉，维持原判。

【说明】这是一起法院判决认定案涉险种合同系货物运输保险合同，货物运输保险合同保险责任开始后，合同当事人解除合同违法的案件。

本案案情简述如下：李某车辆挂靠在物流公司，通过物流公司为车辆投保。以某信用公司为投保人，保险公司承保，保险期间为2020年9月3日0时至2021年9月2日24时。2020年11月12日，投保人某信用公司申请解除该保险合同，经协商，双方于2020年11月18日解除该车辆保险合同。本案事故发生在2020年11月20日14时55分。某融资担保有限责任公司作为新投保人，于2020年11月20日为该车辆在保险公司投保了商业险，保险期间为2020年11月21日0时至2021年11月20日24时。

本案保险公司主张事故发生时保险合同已经解除，事故时间不在保险期间，保险公司不承担赔偿责任。法院直接援引《保险法》第五十条：货物运输保险合同和运输工具航程保险合同，保险责任开始后，合同当事人不得解除合同。判决保险公司解除保险合同违法，应当承担赔偿责任。

本案特殊之处，第一，保单先后以某信用公司、某融资担保有限责任公司作为案涉险种的投保人，实践中保费分期业务的操作与此相似。保费分期业务的业务模式是客户向金融机构借款向保险公司缴纳保费，客户再分期向金融机构还款。第二，法院将本案中投保的交强险、商业保险及危险货物道路运输承运人责任保险险种之中的具体险种认定为货物运输保险，并援引《保险法》第五十条：货物运输保险合同保险责任开始后，合同当事人不得解除合同。判决当事人解除保险合同违法，保险公司应当承担保险责任。在财产保险中，以一次航程或运程来计算保险期间的为航程保险。货物运输保险属于航程保险，运输工具也有保航程险的。航程保险的保险期间不是按日期，而是按航程或运程计算，保险责任的起讫一般采用"仓至仓"条款，就是保险人对保险标的所负的保险责任，从保险单载明的起运地开始，到保险单载明的目的地为止。对于货物运输保险，保险人对保险货物所负的责任，从保险单载明的起运港（地）发货人的仓库开始，到保险单载明的目的港（地）收货人的仓库为止。由于航程保险的保险标的是处于运动中的财产，保险期间是一次航程或一次运程，相对于定期保险来说，保险期间较短，保险人对保险标的的安全和使用情况等不易掌握，如果允许投保人在保险责任开始后解除合同，可能会出现道德风险。如果投保人在投保货物等将要到达目的地时解除合同，不利于保护保险人的利益。因此，航程保险的保险责任一经开始，投保人不得解除合同。

第五十一条　被保险人应当遵守国家有关消防、安全、生产操作、劳动保护等方面的规定，维护保险标的的安全。

保险人可以按照合同约定对保险标的的安全状况进行检查，及时向投保人、被保险人提出消除不安全因素和隐患的书面建议。

投保人、被保险人未按照约定履行其对保险标的的安全应尽责任的，保险人有权要求增加保险费或者解除合同。

保险人为维护保险标的的安全，经被保险人同意，可以采取安全预防措施。

【案例54】（2017）云26民终766号

王某是H××号轻型普通货车的车主，2016年11月10日，王某作为投保人和被保险人，在某保险公司处对该车投保了机动车交通事故责任强制保险及机动车综合商业保险。其中，车辆损失险的保险金额为39 697元，保险期限自2016年11月14日0时至2017年11月13日14时止。2016年12月2日19时25分，王某的驾驶员曾某驾驶该车载吴某与杜某驾驶的云G××号轻型普通货车相撞，致两车受损、乘车人吴某受伤的交通事故。事故发生后，王某立即向某保险公司报案，某保险公司到现场进行了勘察，后经某市公安局交通警察大队作出公交认字（2016）第01982号《道路交通事故认定书》。认定云H××号轻型普通货车的驾驶员曾某承担此事故的主要责任，驾驶云G××号轻型普通货车的杜某承担次要责任，乘车人员吴某无责任。事故发生后，王某支付了修理费共计10 450元，曾某车辆修理支出修理费3 900元。经过双方驾驶员协商，双方达成协议为各方车辆投保的保险公司负责赔还各自车辆的损失，同时，杜某车辆的驾驶员一次性赔偿王某车辆损失1 670.30

元。协议签订后，杜某车辆投保的保险公司在交强险的限额内赔偿了对方车主财产损失 2 000 元和医疗费（吴某）984.84 元。在商业第三者责任险的范围内赔还了对方车主损失 2 485.50 元。对方车辆车主杜某一次赔偿了王某 1 670.30 元。王某向某保险公司请求赔偿自己车辆损失，因某保险公司拒赔。为了维护自身的合法权益，王某于 2017 年 2 月 24 日向本院起诉并提出如前所请。

一审法院认为，保险合同是投保人与保险人约定保险权利义务关系的协议，本案中，原告王某与某保险公司在平等、自愿的基础上签订了保险合同，约定由某保险公司为原告自有的（云 H×× 号轻型普通货车）承保机动车交通事故责任强制保险和车辆损失险（不计免赔）、商业第三者责任保险（不计免赔）等保险。合同经双方当事人签字后即生效，对双方均具有法律约束力，双方均应全面履行自己的合同义务。本案中，原告王某已履行支付保险费的义务，某保险公司依法应按约定履行其义务，即某保险公司应当履行合同约定义务和法定义务。原告王某的投保车辆在保险期内发生了交通事故，由此造成的合理经济损失依法应由某保险公司承担。本案中，原告在发生事故后已及时通知了某保险公司，某保险公司虽然出了现场，但认为根据双方在保险合同中约定免责条款中的第三条第二项规定，保险车辆未在规定检验期限内进行机动车安全技术检验或检验未通过，保险公司免除赔商业险部分的责任。本案中，关于某保险公司的拒赔理由不能成立，原因是保险人应当履行维护保险标的安全的义务，而某保险公司未履行。《中华人民共和国保险法》第五十一条规定："被保险人应当遵守国家有关消防、安全、生产操作、劳动保护等方面的规定，维护保险标的的安全。保险人可以按照合同约定对保险标的的安全状况进行检查，及时向投保人、被保险人提出消除不安全因素和隐患的书面建议。投保人、被保险人未按照约定履行其对保险标的的安全应尽责任的，保险人有权要求增加保险费或者解除合同。保险人为维护保险标的的安全，经被保险人同意，可以采取安全预防措施。"本案中，双方在签订保险合同时，某保险公司应当要求原告方提供行车证并进行审验，而原告的行车证载明检验有效期至 2016 年 11 月，双方约定的保险期间为 2016 年 11 月

14 日至 2017 年 11 月 13 日。这充分说明双方约定的保险期间大部分超出了车辆安全技术检验有效期，而某保险公司对此并未提出异议，仍继续承保。在车辆安全检验期届满后，为了保险公司和当事人的利益，作为承保人的保险公司未履行法定的保险标的安全维护义务，未及时向原告发出对投保车进行安全检验的书面建议，也未依法主张增加保险费或者解除合同，从而导致发生交通事故时投保车辆安全检验有效期过期，对此，某保险公司负有不可推卸的责任。故本案中，某保险公司拒赔的理由不能成立，本院不予支持。同样，原告王某作为投保车辆的所有人，对保险标的负有按照约定履行其对保险标的的安全维护义务，但其未在投保车辆安全检验期届满后合理期限内对车辆进行检验，从而导致投保车辆在发生事故时安全检验期过期，对此，原告王某也负有不可推卸的责任。关于本案中的经济损失，原告起诉主张要求某保险公司赔偿 14 450 元，因其列举的证据仅能证实其修理车辆支付了 10 450 元，而其主张其已经赔还对方车辆损失 4 000 元的请求，因无证据予以证实，本院不予支持。所以，该事故造成的损失只能以原告王某提交的修理费发票为依据，同时，还应扣除对方驾驶员已经赔还的 16 720.3 元。故原告提出赔偿的部分经济损失合法有据，本院予以支持。本案中，由于原告王某有过错，依法可以减轻某保险公司的赔偿责任，但该减轻只能在双方约定的商业第三责任险和车辆损失险的范围内，对于交强险范围内赔款不能减轻。为此，依照《中华人民共和国保险法》第五条、第五十一条、第五十七条，《中华人民共和国道路交通安全法》第七十六条，《中华人民共和国民法通则》第一百三十一条之规定，判决如下：一、由某保险公司在判决生效后三十日内，在交强险责任限额内，赔偿原告王某的车辆损失人民币 2 000 元；二、由某保险公司在判决生效后三十日内，按约定赔付原告王某车辆损失 5 000 元；其余部分由原告王某自己承担；三、驳回原告王某的其他诉讼请求。

本院二审期间，双方当事人均未提供新证据。

本院认定法律事实与一审的一致。

归纳双方当事人的诉辩主张，本案争议焦点为：被保险车辆在投保后未经检验发生事故是否属于赔偿范围及保险人对保险标的是否具有安全维护义务的问题。

本院认为，《中华人民共和国保险法》第十条规定，"保险合同是投保人与保险人约定保险权利义务关系的协议"。本案中，双方对合同效力并无异议，属于有效合同。双方应当按照合同约定履行义务。被上诉人的保险车辆发生在保险合同有效期间，上诉人应当按照保险合同约定予以理赔。双方虽在保险合同中约定：保险车辆未在规定检验期限内进行机动车安全技术检验或检验未通过属于免责条款，《中华人民共和国道路交通安全法》第十三条也同样规定："对登记后上道行驶的机动车，应当依照法律、行政法规的规定，根据车辆用途、载客载货数量、使用年限等不同情况，定期进行安全技术检验"。但是，被上诉人提供的行车证检验有效期是 2016 年 11 月和 2017 年 11 月，被上诉人投保时是在检验合格期间，投保后仍属于检验合格期间，只是发生事故时未到车辆管理部门检验，事故发生后，被上诉人到车辆管理部门进行检验时，仍是按照上一年的到期日连续计算检验一年的时间，并未从中扣除未经检验的那段时间，这实际上车辆管理部门并未确认被上诉人未经检验的车辆有违反《道路交通安全法》第十三条规定的情形。故上诉人主张被上诉人的车辆违反《道路交通安全法》第十三条规定和双方的合同约定缺乏证据支持，其认为属于责任免除的主张不能成立。至于安全防护义务的问题，《保险法》第五十一条是规定了双方都有权利和义务维护和检查，未行使该义务导致的仅是增加保险费和解除合同的情形，并非保险人免责的情形。一审基于案件的客观情况及该法中双方行使权利和履行义务均有不当行为的情况，确认保险人具有安全维护的义务并无不妥。从而确认对理赔标的由双方承担相应的责任更能体现权利和义务相一致的原则。

综上所述，原审判决认定基本事实清楚，程序合法，适用法律正确，实体处理恰当，上诉人的上诉理由不能成立。依据《中华人民共和国民事诉讼法》第一百七十条第一款第（一）项规定，判决如下：

驳回上诉，维持原判。

【说明】这是一起法院援引《保险法》第五十一条，认为此条规定了双方都有权利和义务维护和检查保险标的，未行使该义务导致的仅是增加保险费和解除合同的情形，并非保险人免责的情形的案件。

2016年11月10日，王某投保机动车交通事故责任强制保险及机动车综合商业保险，保险期限自2016年11月14日0时至2017年11月13日14时止。行车证载明检验有效期至2016年11月。车辆在2016年12月2日19时25分发生交通事故，保险公司以车辆未定期进行安全技术检验，属于责任免除事由拒赔。

对于车辆在投保后未经检验发生事故保险公司拒赔，二审法院指出《道路交通安全法》第十三条规定："对登记后上道行驶的机动车，应当依照法律、行政法规的规定，根据车辆用途、载客载货数量、使用年限等不同情况，定期进行安全技术检验。"本案中，王某投保时是在检验合格期间，投保后仍属于检验合格期间，只是发生事故时未到车辆管理部门检验。事故发生后，王某到车辆管理部门进行检验时，仍是按照上一年的到期日连续计算检验一年的时间，并未从中扣除未经检验的那段时间，这实际上说明车辆管理部门并未确认被上诉人未经检验的车辆有违反《道路交通安全法》第十三条规定的情形。故保险公司认为属于责任免除的主张不能成立。对于安全防护义务的问题，法院指出，《保险法》第五十一条规定了双方都有权利和义务维护和检查保险标的，未行使该义务导致的仅是增加保险费和解除合同的情形，并非保险人免责的情形。

人们参加财产保险，可以在财产遭受损失时获得经济补偿，但是保险并不能避免灾害事故的发生，有时灾害事故造成的损失是无法挽回的。所以，维护保险标的的安全，减少或者避免保险事故的发生，防止财产损失，对于保障被保险人和保险人双方的利益，都具有十分重要的意义。保险法为此确立了维护保险标的的安全的基本规则。第一，被保险人应当遵守国家有关消防安全、生产操作、劳动保护等方面的规定，维护保险标的的安全。只要被保险人认真履行这种法定的义务，就有可能防止灾害事故的发生或把灾害事故的发生减少到最低程度。第二，投保人、被保险人未按照约定履行其对保险标的的安全应尽的责任，保险人有权要求增加保险费或者解除保险合同。为了促使投保人、被保险人维护保险标的安全，预防保险事故的发生，一般情况下，在订立财产保险合同时，都要约定投保人、被保险人对保险标的安全应尽的责任。如果投保人、被保险人不按照合同约定履行其对保险财产安全应尽的责任，则保险事故发生的可能性就会增加，同时，保险人维护保险标的安全的责任就会加重、费用就会增加。在这种情况下，保险人可以依法要求增加保险费或者解除保险合同。第三，保险人可以根据保险合同的约定，对保险标的的安全状况进行检查，及时向投保人、被保险人提出消除不安全因素和隐患的书面建议。第四，保险人为维护保险标的安全，经被保险人同意，可以采取安全预防措施。

第五十二条 在合同有效期内，保险标的的危险程度显著增加的，被保险人应当按照合同约定及时通知保险人，保险人可以按照合同约定增加保险费或者解除合同。保险人解除合同的，应当将已收取的保险费，按照合同约定扣除自保险责任开始之日起至合同解除之日止应收的部分后，退还投保人。

被保险人未履行前款规定的通知义务的，因保险标的的危险程度显著增加而发生的保险事故，保险人不承担赔偿保险金的责任。

【案例 55】（2021）粤 20 民终 10253 号

2020 年 12 月 26 日，樊某通过电子投保的方式为其名下的粤 CF × 号车辆在 × 保 A 公司投保机动车损失保险（含不计免赔率特约保险）等并签署《机动车商业保险/机动车交通事故责任强制保险投保单》（以下简称投保单）。投保单投保车辆情况栏载明机动车种类为客车，机动车使用性质为家庭自用汽车。投保人声明栏记载：保险人已向本人详细介绍并提供了投保险种所适用的条款，并对其中免除保险人责任的条款（包括但不限于责任免除、免赔率与免赔额、投保人被保险人义务、赔偿处理、通用条款等），以及本保险合同中付费约定和特别约定的内容及其法律后果向本人作了明确说明，本人已充分理解并接受上述内容，同意以此作为订立保险合同的依据；本人自愿投保上述险种。该条款以文字加黑的方式予以标注。投保单投保人声明栏下方、投保单尾部投保人签章栏有樊某的签名。

同日，×保A公司出具机动车商业保险保险单，载明被保险人为樊某，粤CF×号车辆的使用性质为家庭自用汽车，机动车损失保险的保险金额/责任限额为54 415.2元，保险期间为2021年1月11日0时至2022年1月10日24时止。

保险单所适用的《×公司机动车商业保险条款》第一章机动车损失保险的责任免除条款第十条第三项约定："下列原因导致的被保险机动车的损失和费用，保险人不负责赔偿：……（三）被保险机动车被转让、改装、加装或改变使用性质等，导致被保险机动车危险程度显著增加，且未及时通知保险人，因危险程度显著增加而发生保险事故的；……"该条款未以字体加黑或加粗的方式予以标注。第十六条约定："被保险机动车遭受损失后的残余部分由保险人、被保险人协商处理。如折归被保险人的，由双方协商确定其价值并在赔款中扣除。"

该车辆由樊某的丈夫周某日常使用，偶尔兼职滴滴司机。2021年4月2日3时50分左右，周某驾驶涉案车辆等候滴滴派单同时闭目休息，因需打开车内空调以驱蚊，故车辆处于发动状态。20多分钟后，涉案车辆起火，周某报警后由消防人员灭火。2021年4月6日，某区消防救援大队出具《火灾事故建议调查认定书》，查明火灾事故事实为：2021年4月2日3时50分左右，周某驾驶的粤CF×发动机舱内起火，火灾致车辆完全烧毁，直接经济损失54 415元，无人员伤亡。根据《消防法》第五十一条规定，认定本起火灾系启动但未行驶的粤CF×丰田牌小轿车发动机舱内发动机连接的电线短路引致起火，火势蔓延成灾。

樊某向×保A公司报案，×保A公司授权×保B公司查勘现场、核实事故成因。

2021年4月6日，×保B公司委托某保险公估公司对涉案事故进行保险理赔公估调查。2021年4月11日，某保险公估公司出具调查报告，调查分析结果报告为：粤CF×车于2021年4月2日自燃案，当时驾驶员周某驾驶标的过程中发生自燃，鉴于标的车当晚从事营运经历及出险无载客行为，结合相关保险条款，与被保险人友好协商，本案按定损金额加扣 20% 免赔。调查报告的附件《车损理赔调查报告》载明调查经过为：从去年开始，周某凌晨出来跑滴滴，一般跑到第二天天亮结束。当天 4 月 2 日 0 时开始跑了 3 单，最后一单的结束时间为 3 时 15 分。由于没接到新的订单，周某在车上休息。此时车辆处于启动状态，开着空调……。调查报告的附件《车损理赔调查报告》载明案件分析为：从目前调查结果看，标的车辆停靠在公交站休息，此时车上只有驾驶员周某一人，此时也是在等待滴滴平台的订单推送。标的车在结束 2 时 56 分的滴滴订单后，至车辆发生自燃这段时间，没有从事网约车行为。调查报告的附件《车损理赔调查报告》载明调查结论为：2021 年 4 月 2 日 4 时，周某驾驶粤 CF × 车辆发生自燃一案，出险时没有载客行为，考虑标的车当晚存在营运行为，若不出险，该营运行为会延续到早上 8 时左右，本案营运行为界定模糊不清晰，与被保险人一致协商，本案扣 20% 免赔，即按承保公司核定损失的 80% 赔付。

2021 年 4 月 27 日，樊某（甲方）与 × 保 B 公司（乙方）签订《事故车辆推定全损残值报废定损赔付协议书》（以下简称赔付协议书），约定：乙方承保的甲方自有车辆因自燃造成车辆损失，在明确事故责任的基础上，双方经协商就乙方赔付甲方自有的粤 CF × 号牌车辆达成本协议。经双方协商，2021 年 4 月 2 日出险的事故车辆粤 CF × 号牌车辆的损失金额接近该车保险金额，现按推定全损方式处理。经双方协商，本事故车辆一次性确定该车的损失金额为 43 532 元。乙方根据损失金额，扣减保费的残值金额，确定最终定损金额（损失金额—报废金额），再按定损金额、条款约定理算赔付甲方。根据条款规定，甲方标的车商业险机动车损失保险及其附加险自本协议书签订之日起终止保险责任。协议书落款处有甲方樊某签名、乙方 × 保 B 公司盖章确认。× 保 A 公司对该协议书不予确认，称其未授权 × 保 B 公司签署该协议书，涉案车辆已全损，× 保 B 公司作为分公司没有处理权限。

2021 年 4 月 29 日，× 保 A 公司向樊某出具《拒赔/据付通知书》。樊某向 × 保 A 公司主张保险金未果，遂诉至一审法院，主张前述实体权利。

一审诉讼过程中，樊某、× 保 A 公司均确认涉案车辆已全损且车辆的剩余残值价值 400 元。樊某确认×保 A 公司赔付完毕后，剩余残值归属×保 A 公司，进行相应扣减。×保 A 公司称其不需要车辆残值，并同意在保险金中扣减剩余残值价值 400 元。

一审法院认为，樊某为其所有的粤 CF×号牌车辆向×保 A 公司投保机动车损失险，×保 A 公司予以承保并出具保单，双方之间成立保险合同关系，且双方的保险合同内容不违反法律和行政法规的强制性规定，合法有效。×保 A 公司以涉案车辆存在改变使用性质，由家庭自用汽车变为网约营业运输，车辆危险程度显著增加为由主张责任免除。×保 A 公司提出该点抗辩意见的依据是《×公司机动车商业保险条款》第一章第十条第三项免责条款。《保险法》第五十二条规定："在合同有效期内，保险标的的危险程度显著增加的，被保险人应当按照合同约定及时通知保险人，保险人可以按照合同约定增加保险费或者解除合同。保险人解除合同的，应当将已收取的保险费，按照合同约定扣除自保险责任开始之日起至合同解除之日止应收的部分后，退还投保人。被保险人未履行前款规定的通知义务的，因保险标的的危险程度显著增加而发生的保险事故，保险人不承担赔偿保险金的责任。"结合×保 A 公司据以主张免责的条款内容综合分析，一审法院认为，被保险机动车因转让、改装、加装或改变使用性质导致危险程度增加的，其对投保人和保险人的直接后果分别为投保人负有通知义务以及保险人可据此增加保险费或者因投保人未通知而享有合同解除权。而保险人是否免除赔偿责任须具备两个条件：一是投保人未履行通知义务，二是保险事故的发生须与保险标的危险程度增加具有因果关系。本案中，被保险人樊某允许的驾驶人虽有使用投保机动车从事有偿性运输的行为，但×保 A 公司并未举证证明其行为与本案事故之间存在因果关系，且某区消防救援大队出具《火灾事故建议调查认定书》已认定火灾原因为车辆自燃所致。故×保 A 公司据此主张免责，理据不足，不予采信。

另外，×保 A 公司、×保 B 公司同为某保险公司在不同地区设立的分支机构。×保 A 公司就本次事故授权×保 B 公司查勘现场、核实事故成因以及委托某保险公估公司对涉案事故进行保险理赔公估调查，×保 A 公司有理由认为×保 B 公司有权代理×保 A 公司处理保险金赔付事宜并就涉案事故保险金赔付相关事项与其签订赔付协议书。即便保险公司内部存在权限范围限制，但×保 A 公司未举证证明其曾向樊某披露对×保 B 公司的权限限制，×保 B 公司签订赔付协议书的行为仍构成对×保 A 公司的表见代理，对×保 A 公司产生约束力。×保 A 公司未按约履行协议书第三条的约定向樊某履行赔付保险金的义务，樊某有权依照涉案保险合同的约定向×保 A 公司主张保险金。

双方均确认涉案车辆已全损。樊某确认×保 A 公司赔付完毕后，剩余残值归属×保 A 公司，进行相应扣减。×保 A 公司称其不需要车辆残值，并同意在保险金中扣减剩余残值价值 400 元。根据《保险法》第五十九条"保险事故发生后，保险人已支付了全部保险金额，并且保险金额等于保险价值的，受损保险标的的全部权利归于保险人；保险金额低于保险价值的，保险人按照保险金额与保险价值的比例取得受损保险标的的部分权利"的规定、《某公司机动车商业保险条款》第十六条的约定以及双方当事人的当庭陈述，受损保险标的的全部权利即涉案车辆的残值归于保险人×保 A 公司。樊某同意在保险金扣除车辆的剩余残值价值 400 元，系对其权利的处分，不违反法律规定，予以准许。故×保 A 公司应向樊某赔付保险金 54 015.2（54 415.2 - 400）元。

综上所述，一审法院依照《最高人民法院关于适用时间效力的若干规定》第一条第二款，《合同法》第四十九条、第六十条第一款，《保险法》第十条、第五十二条、第五十九条，《民事诉讼法》第六十四条第一款、第十三条第二款，《最高人民法院关于适用〈中华人民共和国民事诉讼法〉的解释》第九十条之规定，判决：一、×保 A 公司于判决发生法律效力之日起七日内向樊某支付保险赔偿金 54 015.2 元；二、驳回樊某的其他诉讼请求。

×保 A 公司不服一审判决，提出上诉。

二审期间，本院审理查明：一审法院查明的事实属实，本院予以确认。

本院认为，本案为财产保险合同纠纷。根据双方二审诉辩理由，争议焦点在于樊某的诉讼请求是否应予支持。

×保 A 公司对樊某提出支付保险金的前提条件为樊某是否改变被保险车

辆的使用性质，且此种改变是否导致保险标的危险程度的显著增加，属于商业险免赔范围。经查，诉讼中樊某自认在投保车辆之前是家用，2020年疫情之后开始做滴滴使用，买保险时没有向×保A公司说明，是连续投保的，保险公司也没有问。本院认为，鉴于网约车平台业务模式的特殊性，樊某在使用被保险车辆时可能存在营运或者其他使用状态，而车辆在不同的使用状态确有可能导致产生不同的赔偿结果，×保A公司是否承担赔付责任应当考虑被保险车辆在事故发生时的状态，而不能仅以被保险车辆曾经从事过网约车运营即径行认定车辆使用性质改变。从本案发生的经过和《火灾事故建议调查认定书》看，涉案事故发生之时处于樊某丈夫周某等候滴滴派单，车辆处于发动状态，是启动未行驶的车辆发动机舱内发动机连接的电路短路引起火灾。公估公司出具的报告也表明车辆发生自燃这段时间内，车辆没有载客行为。所以被保险车辆是因自燃发生出险事故，×保A公司上诉主张本案是因樊某改变车辆用途导致保险标的危险程度的显著增加，属于商业险免赔范围，理由不充分，本院不予支持。另外，车辆出险后，×保A公司授权×保B公司查勘现场，核实事故成因。×保B公司委托公估公司出具了调查报告，认为本案营运行为界定模糊不清，与樊某协商按承保的80%赔付计43 532元，樊某同意，并依此向×保A公司提出索赔。以上公估公司调查报告内容客观，樊某也没有异议，故可以作为赔偿责任的依据，×保A公司应按照该报告向樊某赔偿损失。一审认定事实清楚，但确定赔偿数额方面存在错误，本院予以纠正。

综上所述，×保A公司的部分上诉请求成立，本院予以支持。依照《民事诉讼法》第一百七十七条第一款第二项规定，判决如下：

一、撤销某法院（2021）粤2071民初18706号民事判决第二项；

二、变更某（2021）粤2071民初18706号民事判决第一项为：×保A公司于本判决发生法律效力之日起七日内向樊某支付保险赔偿金43 532元；

三、驳回樊某的其他诉讼请求。

【说明】这是一起法院认为保险公司是否承担赔付责任应当考虑被保险车

辆在事故发生时的状态，而不能仅以被保险车辆曾经从事过网约车运营即径行认定车辆使用性质改变的案件。

案情简述如下：2020 年 12 月 26 日，樊某通过电子投保的方式为其车辆在投保机动车损失保险等险种，车辆使用性质为家庭自用。保险金额54 415.2元，保险期间为 2021 年 1 月 11 日 0 时至 2022 年 1 月 10 日 24 时止。该车辆由周某日常使用，其兼职网约车司机。2021 年 4 月 2 日 3 时 50 分左右，车辆因发动机舱内发动机连接的电线短路引致起火，在结束 2 时 56 分网约车订单后至车辆发生自燃期间，没有从事网约车行为。《火灾事故建议调查认定书》认定火灾致车辆完全烧毁，直接经济损失 54 415 元。保险公司拒赔后，樊某起诉，一审判决保险公司赔付 54 015.2 元；保险公司不服，提出上诉，二审法院判决保险公司赔付 43 532 元。

本案关键在于樊某是否改变被保险车辆的使用性质，且此种改变是否导致保险标的危险程度的显著增加，是否属于商业险免赔范围。法院认为，网约车平台业务模式的特殊性，樊某在使用被保险车辆时可能存在营运或者其他使用状态，而车辆在不同的使用状态确有可能导致产生不同的赔偿结果，保险是否承担赔付责任，应当考虑被保险车辆在事故发生时的状态，而不能仅以被保险车辆曾经从事过网约车运营即径行认定车辆使用性质改变。综合本案被保险车辆是因自燃发生出险事故，保险公司主张是因樊某改变车辆用途导致保险标的危险程度的显著增加，属于商业险免赔范围，理由不充分，法院不予支持。

保险标的危险程度增加时，被保险人有通知的义务。保险合同订立和履行过程中，保险标的的情况可能会发生变化，如果发生保险事故的可能性增加，则视为是危险程度增加。保险标的危险程度增加主要有三个方面的原因：一是投保人或被保险人变更保险标的用途所致；二是保险标的自身发生意外引起物理、化学反应；三是保险标的周围环境发生变化。由于保险标的危险程度增加直接关系到保险人的利益，所以不管由哪种原因造成的保险标的危险程度增加，投保人、被保险人在知悉后，都应当及时通知保险人。通知的具体时间、方式和范围可以由保险合同约定，投保人、被保险人应当按照合同约定履行危险通知义务。

保险标的危险程度增加，被保险人履行了危险通知义务后，保险人可以采取两种做法：一是要求增加保险费，二是解除保险合同。对于第一种情况，如果被保险人不同意增加保险费或者未按照约定的期限缴纳增加的保险费，保险人也可以解除合同。但如果被保险人依法履行了危险通知义务，在一定时间内保险人既未提出增加保险费，也未提出解除保险合同的，仍按原保险合同执行。

实践中，营运车辆的保费高于家用车，系营运车辆的使用频率、行驶里程都远高于家用车，危险程度也高于家用车。客户以家用车投保，实际用于营运，保险标的危险程度增加。被保险人在保险标的危险程度增加时，未依法按合同约定履行通知义务，也就是未及时通知保险人的，很可能会给保险人的利益造成损害，应当承担以下法律后果：一是被保险人未履行危险增加通知义务的，应承担违约责任；二是被保险人没有履行危险增加通知义务的，因危险程度增加而发生的保险事故所造成的保险标的的损失，应由被保险人自行承担责任，保险人不再向被保险人支付保险赔偿金。当然，如果保险标的的损失是由正常的保险责任范围内的保险事故造成的，并不是由于危险程度增加引起的保险事故所造成，保险人仍然按保险合同承担赔偿责任。

本案案涉车辆以家用车投保用于营运，但事故原因为自燃，并不是由于危险程度增加引起的保险事故所造成，所以法院判决保险公司仍需承担赔偿责任。

第五十三条 有下列情形之一的，除合同另有约定外，保险人应当降低保险费，并按日计算退还相应的保险费。

（一）据以确定保险费率的有关情况发生变化，保险标的的危险程度明显减少的；

（二）保险标的的保险价值明显减少的。

【案例56】（2019）新4323民初180号

2016年4月21日，某公司在某保险公司处投保小麦产量保险（商业性），双方在投保单中约定保险标的项目为小麦，保险数量为 12 000 亩，单位保险产量为 320 公斤/亩，约定单价 2.9 元/公斤，单位保险金额 928 元/亩，保险金额 11 136 000 元，保险费率 5%，保险费 556 800 元，种植地点及方位位于 ××县，保险期间为 2016 年 4 月 28 日至 2016 年 8 月 28 日。投保单所附保险条款第七条约定，保险合同的保险责任期间自保险小麦播种出苗时开始至成熟收获时止，但不得超出保险单载明的保险期间范围；第八条约定，保险金额 = 每亩保险金额 × 保险面积；第十条约定，保险费 = 保险金额 × 保险费率。

2016 年 4 月 26 日，双方签订协议书，约定：某公司在保险公司出具保险单后支付保险费 67 000 元，2016 年 7 月 29 日前支付保险费 100 000 元，2016 年 8 月 30 日前支付保险费 456 800 元。后被告某公司交纳保险费用 406 800 元。

2016 年 4 月 25 日及 5 月 11 日，双方分别对某县 A 村的地亩数及 B 村的地亩数进行测量，共计勘测土地 12 000 亩。测量时，某公司已经开始种植小麦，但尚未种植完毕。后因种植时节已过，某公司未种植完 12 000 亩土地，实际种植小麦亩数为 9 000 亩，即某县 A 村实际种植小麦 4 000 亩，某县 B 村实际种植小麦 5 000 亩。

另查明，保险期间内被告保险公司未出过险。

本院认为，本案的争议焦点为：某公司是否应当支付某保险公司剩余保险费 150 000 元的问题。

《保险法》第五十三条规定，"有下列情形之一的，除合同另有约定外，保险人应当降低保险费，并按日计算退还相应的保险费：（一）据以确定保险费率的有关情况发生变化，保险标的的危险程度明显减少的；（二）保险标的的保险价值明显减少的。"本案被告某公司实际种植的小麦亩数为 9 000 亩，而非投保单上载明的 12 000 亩，保险标的的保险价值明显减少，保险公司承担的风险也相应降低，即被告保险公司并未对 3 000 亩地承担任何保险风险，保险公司主张继续按照投保单的约定交纳保险费用有违公平原则，故被告某公司应当按照其实际种植小麦的亩数交纳保险费用，计算为 9 000 亩（实际种植面积）×928 元/亩（每亩保险金额）×5%（保险费率）= 417 600 元。被告某公司仍应支付原告保险公司的保险费数额为 417 600 元 – 406 800 元 =

10 800元，对此所产生的利息损失计算为 4.75%/年 ÷ 12 月/年 × 22 月 ×
10 800元 = 940.5 元。对某保险公司所称某公司在种植亩数发生变更后并未告
知保险公司的意见，因保险公司所提供的保险单条款投保人的义务中并未约
定被告某公司有告知义务，本院对该意见不予采信。

综上所述，保险公司的诉请部分成立。依照《保险法》第十条、第十一
条、第五十三条，《民事诉讼法》第六十四条第一款、第一百四十二条的规
定，判决如下：

一、被告某公司于本判决生效之日起十日内支付某保险公司保险费10 800
元、利息损失 940.5 元，合计 11 740.5 元；

二、驳回某保险公司的其他诉讼请求。

【说明】这是一起法院认为保险标的的保险价值明显减少，保险公司承担
的风险也相应降低，保险公司应当降低保险费的案件。

本案投保人投保小麦产量险，保险数量为 12 000 亩，单位保险金额 928
元/亩，保险金额 11 136 000 元，保险费率 5%，保险费 556 800 元。投保人已
交纳保险费用 406 800 元，实际种植小麦亩数为 9 000 亩。保险公司起诉要求
投保人支付剩余保费 15 万元，投保人认为应按实际种植面积缴纳保费。法院
援引《保险法》第五十三条，认为应按实际种植面积计算保费，判决投保人
应缴纳保费金额为 9 000 亩（实际种植面积）× 928 元/亩（每亩保险金
额）×5%（保险费率）= 417 600 元。投保人需补缴保险费数额为 417 600
元 – 406 800 元 = 10 800 元及相应利息。

保险费是投保人向保险人交付的费用，作为保险人根据保险合同承担赔
偿或者给付保险金责任的代价。缴纳保险费是投保人的基本义务，保险合同
当事人的权利义务关系与保险费紧密相连。保险费率是保险人以保险标的的
损失率为计算基础而规定一定时期（通常为一年）一定保险金额收取保险费
的比例。保险价值就是作为保险标的的保险财产的价值。这是财产保险中的
概念，对人身保险不适用，因为人的价值是无法用金钱来计量的。

保险费是以保险金额乘以保险费率计算得出的，因此，保险费的多少，

取决于保险金额的大小和保险费率的高低。投保人缴付保险费的数额和具体办法，是在订立保险合同时由双方当事人约定的，不能随意改变。但在财产保险合同生效后，影响保险费的一些因素可能发生变化，有时需要增加保险费，有时需要减少保险费。为保证保险合同的公平合理，更好地保护投保人、被保险人的利益，保险法对应当减少保险费的情形作出了明确规定，即在两种情形下，除保险合同另有规定外，保险人应当降低保险费，并按日计算退还相应的保险费。第一种情形是据以确定保险费率的有关情况发生变化，保险标的危险程度明显减少。在财产保险中，保险费率由保险人根据不同险种、不同财产、财产的不同占用性质及各种保险事故的损失率等因素事先确定并列表公布，只要投保人明确保险金额和保险种类，就可以依照相应的保险费率计算出保险费。由于这些因素的变化使得保险财产的危险程度明显减少的情况下，保险费率相应降低，保险费则应当降低。第二种情形是保险标的保险价值明显减少。保险价值通常是保险财产在某个特定时期和特定地区的市场价格。由于财产保险以赔偿实际损失为原则，保险人在发生保险事故时应承担的赔偿责任的最高限额也就是保险金额，不得超过保险价值。一般情况下，保险金额应等于保险价值。保险金额是由保险价值决定的，而保险金额又是计算保险费的依据，所以保险价值的高低对投保人应缴付多少保险费有决定作用。如果保险合同订立后保险价值明显减少，发生保险事故时的财产损失必然会减少，保险人就应该相应降低保险费，否则对于投保人来说，权利义务不对等。以上两种降低保险费的情形，是在财产保险合同没有约定的情况下适用，如果投保人与保险人事先在保险合同中作出约定，就应按合同约定执行。

保险费降低以后，保险人应当将相对多收的部分退还给投保人。保险费是按日计收的，也应当按日计算退还。

第五十四条 保险责任开始前，投保人要求解除合同的，应当按照合同约定向保险人支付手续费，保险人应当退还保险费。保险责任开始后，投保人要求解除合同的，保险人应当将已收取的保险费，按照合同约定扣除自保险责任开始之日起至合同解除之日止应收的部分后，退还投保人。

【案例57】（2019）津01民终3989号

某物流公司就其名下 C×× 重型货车在某保险公司投保有司乘人员意外险 5 份，包括意外身故、意外伤残、意外医疗、意外住院津贴等项。2017 年 7 月 22 日，原告鲁某乘坐司机贾某驾驶的 C×× 重型货车与闫某驾驶的车牌号 L×× 重型货车尾部碰撞，造成贾某、鲁某受伤、两车损坏，经交管部门对道路交通事故进行认定，贾某负事故主要责任，闫某负次要责任。鲁某受伤后住院治疗（2017 年 7 月 23 日至 8 月 10 日，共 18 天）。某司法医学鉴定所受委托就鲁某伤情进行鉴定，经鉴定为：被鉴定人鲁某外伤，致多发肋骨骨折，评定为 8 级伤残。原告认为，被告保险公司理应对原告损失进行理赔，被告保险公司拒绝赔偿，故成诉。

结合当事人庭审陈述、提交的证据，当事人的争议焦点可以归纳为：上述已经发生的事故是否处于保险期间？庭审中，原告认为，事故车辆在某保险公司投保，车辆发生事故时处于保险期间，原告鲁某当庭提交的《某保险公司司乘人员意外险保险证明》显示投保的车辆 C×× 号，保险期间为 2017 年 2 月 10 日至 2018 年 2 月 9 日，且显示有某保险公司的盖章。某保险公司辩称，接到某商务咨询公司的退保申请后，在 2017 年 7 月 1 日办理相关手续，其当庭提交一份退保申请及退保申请的公证书，显示某商务咨询公司于 2017 年 6 月 31 日向某保险公司申请退保，某保险公司提交的团体意外伤害保险单虽然显示保险期间为 2017 年 2 月 1 日至 7 月 1 日，但该团体意外伤害保险单并无保险公司的盖章。一审法院认为，某物流公司名下 C×× 号汽车在某保险公司投保五份保险，原告鲁某出具的保险证明显示保险期间与被告某保险公司提交的保险单并不一致，而被告提交的退保申请，只能显示案外人某商务咨询公司的退保申请的过程。依据《保险法》第五十四条的规定："保险责任开始前，投保人要求解除合同的，应当按照合同约定向保险人支付手续费，保险人应当退还保险费。保险责任开始后，投保人要求解除合同的，保险人应当将已收取的保险费，按照合同约定扣除自保险责任开始之日起至合同解除之日止应收的部分后，退还投保人。"被告虽辩称已经办理相应的退保手续，并将剩余保费予以退还，但提交的证据不足以证明被告已经全部完成退保手续从而达到了保险合同解除的效果。故此，结合当事人提交证据的证明力，认为上述保险事故发生在保险期间。

一审法院认为，某物流公司名下车辆在某保险公司投保有相关保险险种，原告乘坐的投保车辆发生交通事故，原告意外受伤，作为被保险人，具有保险利益，原告有权向保险公司主张进行赔付。关于原告主张的受伤情况，有住院病案、司法鉴定意见相互佐证，予以采信，原告主张被告支付意外伤残保险理赔款 150 000 元及住院津贴 2 250 元，理据充分，依法应予以支持。

一审法院判决：被告某保险公司自本判决生效之日起十日内支付原告鲁某意外伤残理赔款 150 000 元、意外住院津贴 2 250 元，合计 152 250 元。如果未按本判决指定的期间履行给付金钱义务，应当按照《中华人民共和国民事诉讼法》第二百五十三条规定，加倍支付迟延履行期间的债务利息。案件受理费 1673 元，由被告某保险公司负担。

某保险公司不服，提起上诉。

二审期间，当事人二审提交的证据均未能改变一审法院认定的事实，本院经审理认定的事实与一审法院认定的事实一致，对一审法院认定的事实本院予以确认。

本院认为，本案中，某物流公司名下 C××号汽车在某保险公司处投保五份司乘人员意外险，鲁某乘坐涉案车辆过程中发生交通事故后，起诉要求上诉人承担保险责任。现上诉人主张投保人已经办理了相应的退保手续、保险合同已于 2017 年 7 月 1 日终止，其不应当承担保险责任。根据法律规定，当事人对自己提出的诉讼请求所依据的事实或者反驳对方诉讼请求所依据的事实，应当提供证据加以证明，但法律另有规定的除外。在作出判决前，当事人未能提供证据或者证据不足以证明其事实主张的，由负有举证证明责任的当事人承担不利的后果。现某保险公司向一审法院提交的保险单与被上诉人提供的保险证明显示的投保人以及保险期间并不一致，而上诉人提交的退保申请只能显示案外人某商务咨询公司的退保申请过程，虽然上诉人在二审审理中提供了银行业务回单，但是该回单显示的付款人为某保险公司某分公司，并非上诉人，收款人为某保险经纪公司，既非某商务咨询公司，亦非某物流公司。据此，上诉人某保险公司提供的证据不足以证明其已经办理完成退保手续从而达到了保险合同解除的效果。据此，一审法院认定上诉人应当承担相应的保险责任并无不当。综上所述，上诉人某保险公司的上诉请求不能成立，应予驳回；一审判决认定事实清楚，适用法律正确，本院应予维持。依照《中华人民共和国民事诉讼法》第一百七十条第一款第一项规定，判决如下：

驳回上诉，维持原判。

【说明】这是一起法院认为保险公司提供的证据不足以证明投保人已经办理完成退保手续从而达到了保险合同解除的效果，判决保险公司承担保险责任的案件。

投保人为案涉车辆投保司乘人员意外险5份，包括意外身故、意外伤残、意外医疗、意外住院津贴等，保险期间为2017年2月10日至2018年2月9日。2017年7月22日车辆发生事故，保险公司拒赔。保险公司主张某商务咨询公司已经于2017年6月31日向某保险公司申请退保，事故未发生在保险期间。法院指出保险公司提交的团体意外伤害保险单虽然显示保险期间为2017年2月1日至7月1日，但该团体意外伤害保险单并无保险公司的盖章。且退保业务收款人为某保险经纪公司，既非某商务咨询公司，亦非某物流公司。保险公司提交的证据不足以证明被告已经全部完成退保手续从而达到了保险合同解除的效果，故认为保险事故发生在保险期间。

在保险合同中，投保人开始缴纳保险费的时间与保险人开始承担保险责任的时间可能不一致，通常都是投保人按照约定缴付保险费之后，保险人才按照约定承担保险责任。所以保险责任开始的时间，是保险合同当事人相互开始承担义务的时间。保险合同成立后，投保人要求解除保险合同，按照保险法的规定，应采用两种不同的方式退还保险费。保险责任开始前，投保人要求解除合同的，应当向保险人支付手续费，保险人应当退还全部保险费。

这是因为保险责任开始前，保险人还没有开始履行合同约定的义务，若投保人要求解除合同，保险人应当将已经收取的保险费全部退还给投保人。但是，投保人应该向保险人支付必要的手续费。保险责任开始后，投保人要求解除合同的，保险人可以收取自保险责任开始之日起至合同解除之日止期间的保险费，剩余部分退还投保人。这是因为在保险责任开始后，保险人自保险责任开始之日起就承担起保障保险财产的风险损失的责任。

第五十五条　投保人和保险人约定保险标的的保险价值并在合同中载明的，保险标的发生损失时，以约定的保险价值为赔偿计算标准。

投保人和保险人未约定保险标的的保险价值的，保险标的发生损失时，以保险事故发生时保险标的的实际价值为赔偿计算标准。

保险金额不得超过保险价值。超过保险价值的，超过部分无效，保险人应当退还相应的保险费。

保险金额低于保险价值的，除合同另有约定外，保险人按照保险金额与保险价值的比例承担赔偿保险金的责任。

【案例58】（2016）云民申692号

张某申请再审称：其与某保险公司签订的保险合同《机动车保险单》记录了被保险车辆已经使用了9年，新车购置价是148 320元，"机动车损失险"一栏内约定的是："保险金额/责任限额148 320元，保险费1 620.38元"，说明本案的"保险金额"是按照《某保险公司家庭自用汽车损失保险条款》第十条第一款第一项规定的"按投保时被保险机动车的新车购置价确定"。张某主张《机动车保险单》中记载的"保险金额/责任限额148 320元"就是其与保险公司约定的保险价值，由于张某与保险公司约定按照148 320元的保险金额缴纳保险费，在车辆发生全损时，无论事故发生时车辆的实际价值是多少，保险公司都应当按照148 320元的保险金额承担赔偿责任。

保险公司口头答辩称：所有保险行业在出售车损险时，都是按照被保险车辆的当年度新车购置价来核算保险金额和保险费，这种做法符合保监会当时的规定。保监会在 2016 年 6 月已经修改了该项措施，要求保险公司按照被保险车辆的实际价值核算保险金额和保险费，但本案发生时保监会尚未对此问题作出修改，故二审判决无误，请求人民法院驳回张某的再审申请。

再审法院经审查认为：《保险法》第五十五条规定："投保人和保险人约定保险标的的保险价值并在合同中载明的，保险标的发生损失时，以约定的保险价值为赔偿计算标准。投保人和保险人未约定保险标的的保险价值的，保险标的发生损失时，以保险事故发生时保险标的的实际价值为赔偿计算标准。保险金额不得超过保险价值。超过保险价值的，超过部分无效，保险人应当退还相应的保险费。保险金额低于保险价值的，除合同另有约定外，保险人按照保险金额与保险价值的比例承担赔偿保险金的责任。"张某与保险公司于 2014 年 8 月 4 日签订的《机动车保险单》中，在"机动车损失保险"的"保险金额/赔偿限额（元）"一栏明确约定了保险金额为 148 320 元，机动车损失保险的保险费约定为 1 620.38 元。本案的保险事故发生后，保险公司定损员将保险标的定损后估价 48 000 元；张某自行委托司法鉴定的结论为"肇事损坏严重，修复费用较高，无修复价值"；一审法院依据《机动车辆保险条款·家庭自用汽车损失保险条款》第二十七条的规定，折损保险标的的实际价值为 48 648.96 元。故依据《保险法》第五十五条第二款的规定，保险标的发生损失时，保险公司应当以保险事故发生时保险标的的实际价值为赔偿计算标准，即以 48 648.96 元为赔偿标准，原一、二审判决保险公司向张某支付机动车损失保险赔偿款 48 648.96 元无误。

在本案中，投保人和保险人没有约定保险标的的保险价值，但是明确约定了保险金额为 148 320 元，依据《保险法》第五十五条第三款的规定，保险金额不得超过保险价值，超过保险价值的，超过部分无效，保险人应当退还相应的保险费。本案双方当事人约定的保险金额是 148 320 元，而保险标的的实际价值仅为 48 648.96 元，合同约定的保险金额明显超过保险标的的保险价值，故超过部分依法无效，二审判决已依法向张某释明，其有权依法向保险公司主张退还相应的保险费，故二审判决并无不当。

综上所述，张某的再审申请不符合《民事诉讼法》第二百条规定的情形。

依照《民事诉讼法》第二百零四条第一款，《最高人民法院关于适用〈中华人民共和国民事诉讼法〉的解释》第三百九十五条第二款规定，裁定如下：

驳回张某的再审申请。

【说明】这是一起投保人和保险人未约定保险标的的保险价值，出险后以保险事故发生时保险标的的实际价值为赔偿计算标准；保险金额超过保险价值的超过部分无效，保险人应当退还相应的保险费的案件。

张某2014年8月4日投保，车辆已经使用了9年，新车购置价是148 320元，在"机动车损失保险"的"保险金额/赔偿限额（元）"一栏明确约定保险金额148 320元，机动车损失保险的保险费约定为1 620.38元。车辆全损，车辆实际价值计算为48 648.96元。张某主张保险公司应当按照148 320元的保险金额承担赔偿责任，一审、二审、再审法院均裁判以实际价值48 648.96元为赔偿标准。

保险价值，是保险标的的价格，它是确定保险金额从而确定保险人所承担赔偿责任的依据。按照《保险法》的规定，确定保险价值有两种方法。第一，保险价值由投保人和保险人在订立合同时约定，并在合同中明确作出记载。合同当事人通常都根据保险财产在订立合同时的市场价格估定其保险价值，有些不能以市场价格估定的，就由双方当事人约定其价值。事先约定保险价值的合同为定值保险合同，采用这种保险合同的保险，是定值保险。属于定值保险的，发生保险责任范围内的损失，不论所保财产当时的实际价值是多少，保险人都要按保险合同上载明的保险价值计算赔偿金额。第二，保险价值可以在保险事故发生时，按照当时保险标的的实际价值确定。在保险事故已经发生，需要确定保险赔偿金额时，才去确定保险价值的保险，是不定值保险，采取不定值保险方式订立的合同为不定值保险合同。对于不定值保险的保险价值，投保人与保险人在订立保险合同时并不加以确定，因此，不定值保险合同中只记载保险金额，不记载保险价值。

在财产保险合同中，保险金额十分重要，它是保险人承担赔偿或者给付保险金责任的最高限额，也是投保人缴付保险费的依据。保险金额与保险价值的关系非常紧密，根据《保险法》的规定，二者的基本法律关系是，保险价值是确定保险金额的依据，保险金额可以低于保险价值，不得高于保险价值，保险金额超过保险价值的，超过的部分无效。具体地讲，在财产保险合同中，保险金额与保险价值的关系可以有三种状态：一是保险金额与保险价值相等。这是足额保险，在这种保险中，如果保险标的发生保险事故而受到损失，被保险人可以得到与实际损失价值相等的保险金赔偿。二是保险金额超过保险价值。这是超额保险，这种状态主要是由于投保人和保险人对保险财产的实际价值未能准确掌握，或者保险合同订立后保险财产的实际价值下降，或者是投保人故意虚报保险财产价值等原因而形成的。对于超额保险，不管是什么原因造成的，对保险金额超过保险价值的部分，都是无效的，被保险人不得获得超额的经济补偿。三是保险金额低于保险价值。这是不足额保险，在这种保险中，保险人按照保险财产的实际损失承担赔偿责任，最高不超过保险金额。

本案中，投保人与保险公司在订立保险合同时并没有记载保险价值，只记载了保险金额，因此属于不定值保险合同。不定值保险合同需要在保险事故后确定保险赔偿金额时，去确定保险价值，所以在车辆出险申请理赔时定损确定的赔偿金额得到了法院的支持。

第五十六条　重复保险的投保人应当将重复保险的有关情况通知各保险人。

重复保险的各保险人赔偿保险金的总和不得超过保险价值。除合同另有约定外，各保险人按照其保险金额与保险金额总和的比例承担赔偿保险金的责任。

重复保险的投保人可以就保险金额总和超过保险价值的部分，请求各保险人按比例返还保险费。

重复保险是指投保人对同一保险标的、同一保险利益、同一保险事故分别与两个以上保险人订立保险合同，且保险金额总和超过保险价值的保险。

【案例59】（2017）苏民再42号

2013年6月14日，某公司在某保险公司投保雇主责任险，约定被保险人为某公司，保险期间自2013年6月18日0时起至2014年6月17日24时止，投保雇员总人数112人（保险合同附《保险人员名单》载明112名雇员的姓名和身份证号码，名单无重复），每人死亡赔偿限额20万元，累计事故赔偿限额2 800万元。总保费3.36万元。合同特别约定条款载明：每人死亡赔偿限额20万元，每人伤残赔偿限额20万元。6月19日，某公司依约缴纳了保费3.36万元。

同年6月26日，某保险公司出具979号批单，载明："本公司同意将保险单项下的保险雇员从2013年6月26日起进行人员变更，29人换29人，增加4人，加收保费1 200元。"批单所附《保险人员名单》显示，在某公司初始提交的112人名单中，29人名字后标注了"离职"，在112人初始名单之后另附增加33人名单，肖某的名字在初始名单中列第43号，在增加人员名单中列第24号，新增人员名单中肖某等18人与原名单重复，另外，新增名单中的第7号与第33号为同一人。

同年10月22日，某保险公司出具685号批单，载明："本公司同意将保险单项下的保险雇员从2013年10月22日起进行人员变更，7人换7人。"该批单所附《保险人员名单》显示，肖某的名字在第31号、第53号各出现一次。

同年10月23日，某公司的雇员肖某在施工过程中不慎坠落身亡。10月29日，某公司与肖某的亲属签订赔偿协议，约定由某公司一次性赔偿死者亲属62万元。10月31日，某公司向肖某的亲属支付了赔偿款62万元。

一审法院认为：首先，根据979号批单与保单分别所附《保险人员名单》的比对，可以认定，某公司初始投保时的112名雇员名单自2013年6月26起已发生变更，变更后部分人员重复投保两次，某公司根据实际申报的人次补缴了保费。其次，某保险公司虽然主张合同约定每人死亡赔偿限额为20万元，由于该险种系根据被保险人提供的雇员名单所载人数收取保险费，且现行法律亦未禁止此类险种的重复投保，故有理由认为此赔偿限额为一份保险的赔偿限额。由 979 号批单可以认定，某保险公司在人员名单有重复的情况下，接受了某公司的变更请求，并按变更后的人次收取了保费，故某保险公司接受了包括死者肖某在内的 19 人的重复投保，并收取两份保费，却仅仅承担一份责任的抗辩理由与权利义务对等的基本原则有悖。再次，依照对于格式条款作不利于条款提供方的解释的有关法律规定，亦有理由否决某保险公司提出的关于仅仅赔付 20 万元的抗辩主张。故对某保险公司的抗辩理由不予采信。某公司要求某保险公司支付保险理赔款 40 万元符合合同约定，该院予以支持。综上所述，依照《中华人民共和国合同法》第四十一条、第六十条、《中华人民共和国保险法》第十九条、第三十条之规定，该院作出（2014）园商初字第 2616 号民事判决：某保险公司于判决生效之日起 15 日内向某公司支付保险理赔款 40 万元。

某保险公司不服一审判决，上诉请求改判某保险公司支付某公司保险理赔款 20 万元。

二审法院认为：首先，双方订立的保险合同所涉《雇主责任保险（2008）条款》第十七条约定：投保人应在投保时列明被保险人雇员名单，对发生保险事故时未列入名单的雇员的经济赔偿责任，保险人不负责赔偿。发生名单变动时，投保人、被保险人应在新增人员开始工作后五日内通知保险人办理批单手续，否则，对于新增的雇员发生的索赔案件，保险人不负赔偿责任。本案中，某公司分别于 2013 年 6 月、10 月两次向某保险公司书面告知部分员工离职并新增部分员工的变化情况，某保险公司据此为其办理了批单，该批单的办理系某保险公司根据上述保险条款第十七条的规定同意某公司将其对新增员工的赔偿责任纳入涉案保险合同的保险责任范围。虽然在名单上两次出现肖某的名字，但某公司并未向某保险公司明确提出就该员工的赔偿责任购买两份保险合同的意思表示，因此某公司主张其对员工肖某的赔偿责任购买了两份保险合同，因双方并未就此达成一致意思表示，故不能成立。此外，即便某公司存在对员工肖某的赔偿责任购买两份保险的意图，但其未按照《中华人民共和国保险法》第五十六条规定，将重复保险的情况明确通知保险人。

其次，涉案保险合同条款第三条约定：在保险期间内，被保险人的雇员在其雇佣期间因从事保险单所载明的被保险人的工作而遭受××所致残或死亡，符合国务院颁布的《工伤保险条例》第十四条、第十五条规定可认定为工伤的，依照中华人民共和国法律（不包括港澳台地区法律）应由被保险人承担的经济赔偿责任，保险人按照本保险合同的约定负责赔偿；死亡赔偿金为按保险单约定的每人死亡伤残赔偿限额计算死亡赔偿金额。因此，本案保险合同的性质为责任保险，其保险标的为某公司在保险事故中依法应当向员工承担的赔偿责任，且每人死亡赔偿限额为 20 万元，本案中某公司对肖某仅负有一个雇主赔偿责任，且针对每一个发生保险事故的特定员工，保险公司的死亡赔偿限额即为 20 万元，故一审判决要求某保险公司承担两份保险赔偿责任，与该保险标的性质不符。

综上所述，某保险公司应赔偿某公司保险金 20 万元，并退还某公司多收取的保费 300 元。一审判决认定事实有误，予以纠正，据此，依照《中华人民共和国合同法》第六十条、《中华人民共和国保险法》第五十条、第五十六条、《中华人民共和国民事诉讼法》第一百七十条第一款第（二）项之规定，二审法院作出（2015）苏中商终字第 00408 号民事判决：一、撤销某园区人民法院（2014）园商初字第 2616 号民事判决；二、某保险公司于判决生效之日起 10 日内支付某公司保险理赔款 20 万元，并退还某公司保险费 300 元。

再审法院审理查明，979 号批单所附《保险人员名单》显示，在新增人员名单中肖某等 19 人与原名单重复，另外，新增名单中的第 7 号与第 33 号为同一人，即共有 20 人存在名单重复的情况。除上述事实外，一审、二审法院查明的事实属实，本院予以确认。

另查明，《雇主责任保险（2008 年版）条款》载明："第一条，本保险合同由保险条款、投保单、保险单、保险凭证以及批单组成。……第三条，在保险期间内，被保险人的雇员在其雇佣期间因从事保险单所载明的被保险人的工作而遭受××所致伤、致残或死亡，符合国务院颁布的《工伤保险条例》第十四条、第十五条规定可认定为工伤的，依照中华人民共和国法律（不包括港澳台地区法律）应由被保险人承担的经济赔偿责任，保险人按照本保险合同约定负责赔偿：（一）死亡赔偿金按保险单约定的每人死亡伤残赔偿限额计算死亡赔偿金额。……第八条赔偿限额包括每人死亡伤残赔偿限额、每人医疗费用赔偿限额和累计赔偿限额，由投保人与保险人协商确定，并在保险合同中载明。……第十七条，投保人应在投保时列明被保险人雇员名单，对发生保险事故时未列入名单的雇员的经济赔偿责任，保险人不负责赔偿。发生名单变动时，投保人、被保险人应在新增人员开始工作后五日内通知保险人办理批改手续。否则，对于新增的雇员发生的索赔案件，保险人不负赔偿责任。……第二十六条，发生保险责任范围内的损失，保险人按以下方式计算赔偿：（一）无论发生一次或多次保险事故，保险人对被保险人的单个雇员所给付的死亡赔偿金、伤残赔偿金和误工费用之和不超过每人死亡伤残赔偿限额。……"

685 号批单所附《保险人员名单》显示，该名单上所载人员发生变更，但人员总数仍为 116 人次，且亦存在肖某等多人名单重复的情形。

本案再审争议焦点为：1. 本案是否属于重复保险，二审判决适用法律是否错误；2. 本案中保险合同是否变更，某保险公司应就肖某死亡支付的雇主责任险保险金是 20 万元还是 40 万元。

本院再审认为：

（一）本案不属于法律规定的重复保险，二审判决适用《保险法》第五十六条错误。

《保险法》第五十六条规定："重复保险的投保人应当将重复保险的有关情况通知各保险人。重复保险的各保险人赔偿保险金的总和不得超过保险价值。除合同另有约定外，各保险人按照其保险金额与保险金额总和的比例承担赔偿保险金的责任。重复保险的投保人可以就保险金额总和超过保险价值的部分，请求各保险人按比例返还保险费。重复保险是指投保人对同一保险标的、同一保险利益、同一保险事故分别与两个以上保险人订立保险合同，且保险金额总和超过保险价值的保险。"据此，重复保险系投保人就同一保险标的、同一保险利益、同一保险事故分别与两个以上保险人订立保险合同，且保险金额总和超过保险价值的保险。本案中，某公司仅与某保险公司一个保险人签订保险合同，且保险金额未超过某公司实际承担的雇主责任赔偿金，因此，本案不属于上述法律规定的重复保险。故二审判决认定本案系重复保险，某公司未将重复保险的情况明确通知保险人违反法律规定，属于法律适用错误。

（二）涉案保险合同已经发生变更，某保险公司同意某公司就同一雇员投保多份雇主责任险。

首先，本案保险合同在某保险公司出具 979 号批单时已发生变更，并实际履行。《保险法》第二十条规定："投保人和保险人可以协商变更合同内容。变更保险合同的，应当由保险人在保险单或者其他保险凭证上批注或者附贴批单，或者由投保人和保险人订立变更的书面协议。"《雇主责任保险（2008版）条款》第一条约定，本保险合同由保险条款、投保单、保险单、保险凭证以及批单组成。据此，批单系保险合同的组成部分，保险合同可通过在保险单或其他保险凭证上附贴批单的形式进行变更。本案中，虽然保险单第 15 条特别约定每人保险限额为 20 万元，但该保险单所附初始《保险人员名单》中 112 名雇员并无人名重复，肖某仅在该名单中出现一次，保险费用系按照每人 300 元收取，共计 3.36 万元。此后某保险公司出具的 979 号批单载明《保险人员名单》发生变更。该批单所附人员名单中包括肖某在内的 20 名雇员出现两次，共 40 人次，占 116 人次的 34.48%。保险公司对如此显见的人员名单重复情形并未提出异议，仍出具了批单，并按新增 4 人次增收了相应的保险费 1 200 元，应视为其同意某公司就同一雇员投保多份雇主责任险，因此，某公司与某保险公司之间已就变更保险合同达成一致意见。

其次，某保险公司出具 685 号批单，进一步证明其同意某公司就同一雇员投保多份雇主责任险。某保险公司在出具 979 号批单后，某公司依据公司雇员变动情况再次向保险公司提交新的雇员名单，某保险公司出具了 685 号批单，该批单所附《保险人员名单》载明的雇员人员虽然发生变动，但仍存在多人名单重复的情况，而人次数与 979 号批单所附人员名单一致，保险费用未发生变化。由此可见，保险公司系根据某公司提供的雇员名单载明的人次数收取保费并承保，而非仅依据该名单载明的雇员人数收取保费并承保。某保险公司对于雇员名单再次出现人员重复的情况亦未提出异议，仍出具批单，进一步证明其同意某公司就同一雇员投保多份雇主责任险，双方当事人已变更保险合同相应内容的事实。

因此，某保险公司认为其与某公司之间并未就肖某投保两份雇主责任险达成一致意见，其对变更后的雇员名单盖章确认系合同履行过程中的意思表示，并非合同订立时的意思表示，该主张缺乏事实和法律依据，不能成立。某保险公司作为专业的保险企业，在缔约和履约过程中应秉持最大诚信原则，在其就某公司提供的变更后的雇员名单进行审核并出具批单的情况下，涉案保险合同即发生变更。

（三）某保险公司应就肖某死亡向某公司支付雇主责任险保险金40万元。

根据《雇主责任保险（2008年版）条款》第三条的约定，本案中的雇主责任保险是指在保险期间内，被保险人的雇员在其雇佣期间因从事保险单所载明的被保险人的工作而遭受××所致伤、致残或死亡，符合国务院颁布的《工伤保险条例》第十四条、第十五条规定可认定为工伤，依照中华人民共和国法律（不包括港澳台地区法律）被保险人应承担经济赔偿责任的情况下，由保险人按照保险合同约定负责赔偿的保险。该险种的保险标的为被保险人对其雇员承担的损害赔偿责任，属于财产保险中的责任保险，并非人身保险，投保人和被保险人（××）为雇主而非雇员。由于雇主就同一雇员投保多份雇主责任险能够获得较高的保险金，有利于提高其向受伤害雇员承担经济赔偿责任的积极性，雇员的合法权益能够得到更加有效的保护，因此，在保险金总额不超过保险价值的情况下，法律并不禁止雇主就一名雇员投保多份此种保险。

本案中，双方当事人已就变更保险合同内容达成一致意见，该变更后的保险合同系双方当事人的真实意思表示，内容合法有效，某公司已经就肖某的雇主责任投保两份雇主责任险，并支付相应保险费，某保险公司应在保险事故发生后依约履行赔付义务，在不超过本案保险价值的情况下，按照每份20万元的保险限额向某公司支付两份保险金。在肖某发生事故后，某公司已向肖某家属赔偿 62 万元，由某保险公司向某公司支付 40 万元保险金，并未超出某公司承担的雇主赔偿责任，即该保险金未超过本案的保险价值，故某保险公司应向某公司支付保险金共 40 万元。

综上所述，某公司的再审诉讼请求成立，本院予以支持。二审判决认定事实、适用法律均有不当，本院予以纠正。一审判决某保险公司向某公司支付 40 万元保险金正确，本院予以维持。依照《中华人民共和国保险法》第二十条、第五十五条、第五十六条、《中华人民共和国民事诉讼法》第二百零七条第一款、第一百七十条第一款第二项规定，判决如下：

一、撤销某法院（2015）苏中商终字第 00408 号民事判决；

二、维持某园区法院（2014）园商初字第 2616 号民事判决。

【说明】这是一起经再审程序认定投保人不属于重复保险的情形，保险公司应按投保份数承担保险责任。

2013 年 6 月 14 日，某公司投保雇主责任险，保险期间自 2013 年 6 月 18 日 0 时起至 2014 年 6 月 17 日 24 时止，投保雇员总人数 112 人，每人死亡赔偿限额 20 万元，累计事故赔偿限额 2 800 万元。总保费 3.36 万元。合同特别约定条款载明：每人死亡赔偿限额 20 万元。6 月 26 日，某公司雇员名单变更，29 人换 29 人，增加 4 人，雇员肖某的名字在初始名单及增加人员名单中重复出现，保险公司出具批单确认并加收保费 1 200 元。10 月 22 日，某公司雇员名单再次变更，7 人换 7 人，雇员肖某的名字重复出现 2 次，保险公司出具批单确认。10 月 23 日，肖某在施工过程中坠亡。10 月 31 日，某公司向肖某的亲属赔偿 62 万元。一审法院判决保险公司按 2 份保险赔偿 40 万元；二审法院判决投保人属于重复保险，保险公司按 1 份保险赔偿 20 万元并退还某公司保费 300 元；再审法院认为保险公司应按 2 份保险赔偿 40 万元，撤销二审判决，维持了一审判决。

本案的关键在于：（1）本案是否属于法律规定的重复保险。根据《保险法》第五十六条规定："重复保险是指投保人对同一保险标的、同一保险利益、同一保险事故分别与两个以上保险人订立保险合同，且保险金额总和超过保险价值的保险。"重复保险有两个特点：其一，投保人与两个以上的保险人订立了保险合同；其二，在投保人与不同的保险人分别订立的保险合同中，保险标的、保险利益、保险事故都是相同的。这两个特点也是构成重复保险的必要前提，不同时具备这两个前提条件，就不是重复保险。本案投保人就同一保险标的仅与一个保险公司签订保险合同，且保险金额未超过某公司实际承担的雇主责任赔偿金，并不满足法条规定的重复保险的情况，所以本案不属于上述法律规定的重复保险。（2）在这一前提下，投保人雇员名单重复出现，保险公司加收保费属于保险合同变更。保险法规定投保人和保险人可以以批单的形式协商变更合同内容，故虽然案涉保单中特别约定每人保险限额为 20 万元，但变更雇员名单肖某等人重复出现，保险公司以批单确认并且加收了保费，应视为保险公司同意某公司就同一雇员投保多份雇主责任险，因此，投保人与保险人之间已就变更保险合同达成一致意见。

重复保险，是指投保人对同一保险标的、同一保险利益、同一保险事故分别向二个以上保险人订立保险合同的保险。如果是一个保险人订立了数个保险合同，或者是若干个保险人共同订立一个保险合同，不属于重复保险。如果是就一个保险标的，具有不同的保险利益，或者约定了不同的保险事故，也不属于重复保险。

重复保险的投保人应当将重复保险的有关情况通知各保险人。这是重复保险的投保人应当履行的一项重要的法定义务。保险法规定这项义务的目的，是防止投保人利用与不同保险人分别订立保险合同的方式，进行保险欺诈，谋取不正当利益。通知的对象是参加重复保险的各个保险人，通知的内容为订立重复保险合同的有关情况。

投保人进行重复保险后，虽然每一个保险合同中的保险金额不超过保险标的的保险价值，但由于各个保险合同的保险标的都相同，各个保险合同的保险金额累计起来，其总和就会超过保险价值，形成超额保险。由于财产保险以赔偿金额不超过实际损失为原则，因此，《保险法》明确规定了一项基本原则，即：重复保险的保险金额超过保险价值的，各保险人的赔偿金额的总和不得超过保险价值，这是重复保险赔偿的基本原则。规定这项原则，可以防止被保险人利用重复保险获取超过保险标的实际损失的赔偿金。

根据重复保险赔偿的基本原则，在发生保险事故时，各个保险人可以按两种方式承担赔偿责任。一是按比例分摊赔偿责任。这是将各保险人承保的保险金额的总和计算出来，再计算每个保险人承保的保险金额占各个保险人承保的保险金额总和的比例，每个保险人分别按照各自的比例分摊损失赔偿金额。二是按照合同约定的方式承担赔偿责任。重复保险的赔偿方式可以由各保险人在保险合同中约定。不管是各个保险人共同约定，还是由投保人在订立保险合同时与各保险人分别约定，只要有合同约定，保险人就应当按照合同约定的方式承担赔偿责任。

第五十七条 保险事故发生时，被保险人应当尽力采取必要的措施，防止或者减少损失。

保险事故发生后，被保险人为防止或者减少保险标的的损失所支付的必要的、合理的费用，由保险人承担；保险人所承担的费用数额在保险标的损失赔偿金额以外另行计算，最高不超过保险金额的数额。

【案例60】（2022）辽13民终394号

2020年10月10日，原告某公司在被告某保险公司为N××半挂牵引车分别投保了机动车交通事故责任强制保险和机动车商业保险。机动车商业保险约定的承保险种及保险金额分别为机动车损失保险赔偿限额280 000元，第三者责任保险赔偿限额1 000 000元，另投保了车上人员责任保险。保险期限为自2020年10月11日0时起至2021年10月10日24日时止。2021年6月22日5时30分许，张某甲驾驶N××、N××号重型半挂牵引车，行驶时因观察不周，与张某乙驾驶的重型半挂牵引车相撞，造成双方车辆受损，无人受伤的交通事故。A市公安交通警察大队出具道路交通事故认定书，认定张某甲负此事故的全部责任，张某乙无事故责任。交通事故发生后，某公司及时报案，并将事故车辆拖回B市，花费施救费3 500元。嗣后，原告、被告双方因车辆损失赔偿数额发生争议，原告诉至本院。在本案审理过程中，原告申请对 N××号半挂牵引车因本次事故造成车辆损坏所需维修费用进行司法评估。本院依法通过法院委托某资产价格评估有限公司进行评估。2021 年 10 月 28 日，该评估机构作出了辽金法评字〔2021〕第某公司号车辆维修费用价格评估报告书，确定本次车辆维修费用的评估值为 167 368 元。某公司为此鉴定支付鉴定费 10 000 元。在本案审理过程中，某公司变更诉讼请求为要求被告给付施救费 3 500 元、鉴定评估费 10 000 元、车辆修理费 167 368 元，合计 180 868 元。

一审法院认为，原告某公司与被告某保险公司签订的机动车商业保险合同是当事人的真实意思表示，合法有效。原告按约交纳了保险费用，该被保险车辆在保险期内发生事故，对此事故造成的财产损失，属保险责任的理赔范围，被告某保险公司理应予以赔付。被保险车辆经司法评估鉴定车辆维修费用为 167 368 元，被告应予以赔偿。故对原告诉请被告给付车辆维修费的诉讼请求，该院予以支持；针对原告主张的施救费，事故发生后，原告已实际支付施救费 3 500 元，《中华人民共和国保险法》第五十七条规定"保险事故发生时，被保险人应当尽力采取必要的措施，防止或者减少损失。保险事故发生后，被保险人为防止或者减少保险标的的损失所支付的必要的、合理的费用，由保险人承担；保险人所承担的费用数额在保险标的损失赔偿金额以外另行计算，最高不超过保险金额的数额"。故对原告主张被告给付施救费的诉讼请求，该院亦予支持；对于原告诉请被告给付鉴定费的主张，该项费用系原告为查明和确定保险标的的损失程度所支付的必要的、合理的费用，此费用应由被告人保财险承担。依照《最高人民法院关于适用时间效力的若干规定》第一条第二款，《中华人民共和国合同法》第四十四条、第六十条第一款、第一百零七条，《中华人民共和国保险法》第二十三条、第五十五条、第五十七条、第六十四条，《中华人民共和国民事诉讼法》第六十四条、第一百四十二条之规定，一审法院判决如下：被告某保险公司自本判决生效之日起十日内给付原告某公司车辆损失费和施救费合计 170 868 元。如未按本判决指定的期间履行给付金钱义务，应当依照《中华人民共和国民事诉讼法》第二百五十三条的规定，加倍支付迟延履行期间的债务利息。案件受理费 1 959

元，鉴定费 10 000 元，合计 11 959 元，原告某公司已预交，由被告某保险公司负担 11 959 元，于本判决生效之日起七日内向朝阳市双塔区人民法院缴纳 11 959 元，逾期未予缴纳，依法强制执行。

保险公司不服一审判决，提起上诉。

二审法院经审理查明的事实与一审查明的事实一致。

本院认为，某保险公司与某公司之间签订的机动车商业保险合同是当事人的真实意思表示，合法有效，双方应依约遵守。上诉人关于 N×× 号车鉴定金额过高的上诉理由，经审查，原审法院通过本院委托某资产价格评估有限公司对涉案车辆维修费用进行评估鉴定，确定车辆维修费用为 167 368 元。鉴定机构及鉴定人员具备相关的鉴定资质，鉴定程序合法，鉴定结论客观真实。上诉人虽对上述鉴定结论提出异议，但并未提供相反证据证实其主张，一审法院依据某资产价格评估有限公司出具的评估报告书确定相应损失并无不当。关于上诉人认为车辆维修如不提供发票需按 10% 扣除税点进行赔偿的上诉理由缺乏事实及法律依据，本院不予采纳。依据相关法律规定，鉴定费等相关诉讼费用应由败诉方承担，故某保险公司认为鉴定费等诉讼费保险公司不予负担的上诉理由不能成立，本院不予支持。

综上所述，上诉人某保险公司的上诉请求不能成立，应予驳回。一审判决认定事实清楚，适用法律正确，依法应予维持。依照《中华人民共和国民事诉讼法》第一百七十七条第一款（一）项之规定，判决如下：

驳回上诉，维持原判。

【说明】这是一起法院判决保险事故发生后被保险人支付的必要的、合理的费用由保险人承担的案件。

2020 年 10 月 10 日，某公司为车辆投保交强险和机动车商业保险。机动车损失保险赔偿限额 280 000 元，第三者责任保险赔偿限额 1 000 000 元，另投保了车上人员责任保险。保险期限为自 2020 年 10 月 11 日 0 时起至 2021 年 10 月 10 日 24 日 24 时止。2021 年 6 月 22 日 5 时 30 分许车辆出险，某公司花费施救费 3 500 元，委托评估公司确定车辆维修费用的评估值为 167 368 元，某公司支付鉴定费 10 000 元。某公司要求保险公司承担赔偿责任合计 180 868 元。保险公司认为评估的车损金额过高，鉴定费等各诉讼费不在保险合同约定的赔偿范围内。一审、二审法院均支持了客户的诉求。

在保险事故发生时，被保险人有一项重要的责任，就是尽力采取必要的措施，防止或者减少保险财产的损失。保险事故发生后，一旦发生保险财产损失，尽管被保险人可以从保险人那里获得经济补偿，但仍然会对其生产或生活带来不利影响。对保险人来说，须支付保险赔偿金，经济上也要受损失。保险事故发生后如不积极采取措施，防止事故影响蔓延，财产损失扩大，对被保险人和保险人都不利，所以被保险人也应担负起防止或减少保险财产损失的责任。一般情况下，被保险人对保险财产的性能、保险事故现场及其周围情况比较了解，被保险人如果尽力采取措施，对于防止损失的扩大或者减少损失的程度是有很大帮助的。所谓"必要的措施"，是指为防止保险事故的扩大而对保险财产进行抢救、保护和整理等措施。

被保险人为防止或者减少保险财产损失而采取施救、保护、整理等措施，必然要有一定的费用支出。由于被保险人的财产已经投保，从某种意义上说，被保险人的这些费用是为保险人的利益而支出的。因此，保险法规定，被保险人为防止或者减少保险标的损失而支付的必要的、合理的费用，应当由保险人来承担。由于被保险人的这种费用支出与其保险财产因保险事故所遭受的损失具有不同的性质，并且这种性质的费用支出不应超过保险财产的损失数额，所以，对被保险人这种费用支出，保险人所承担的数额在保险标的损失赔偿金额以外另行计算，最高不得超过保险金额。

实践中，保险事故发生后，被保险人通常会支出一定的费用，哪些费用可以被认定属于为防止或者减少保险标的的损失所支付的必要的、合理的费用？实践中需要结合具体案件进行具体的分析判断，如房屋发生火灾后防止火势蔓延拆除周围建筑物，这种为抢救财产或者防止灾害蔓延而采取必要措施的费用及抢救的人工费、材料费等费用应由保险人赔偿。

第五十八条　保险标的发生部分损失的，自保险人赔偿之日起三十日内，投保人可以解除合同；除合同另有约定外，保险人也可以解除合同，但应当提前十五日通知投保人。

合同解除的，保险人应当将保险标的未受损失部分的保险费，按照合同约定扣除自保险责任开始之日起至合同解除之日止应收的部分后，退还投保人。

【案例61】（2015）昆民四终字第544号

2013年5月27日，史某在保险公司处为其所有的车牌号码为A××号车辆投保了机动车商业险，保险期限为2013年5月29日至2014年5月28日。投保的险种有：机动车损失保险，保险金额为45万元；第三者责任险，保险价值为30万元；车上人员责任保险（驾驶人），保险金额为1万元；车上人员责任保险（乘客），保险金额为1万元/座×1座；不计免赔。当日，史某向保险公司支付保险费5 786.52元，保险公司向史某出具发票及机动车保险单。2014年1月3日，史某雇佣的驾驶员郑某驾驶A××号车辆发生交通事故，造成驾驶员郑某死亡、车辆损坏及第三人的财产损失的后果。2014年1月9日，经某市公安局交通警察大队《道路交通事故认定书》认定，司机郑某负事故全部责任。事故发生后，史某要求保险公司承担保险责任，保险公司对实际价值进行了确定，认为由于事故发生在大山里，如果采取对车辆施救修复，则成本太大，故推定车辆为全损处理，赔付史某机动车损失保险271 800元，车上人员责任保险1万元，财产损失95 700元，史某领取了赔偿款共计377 500元。史某不认可保险公司对机动车损失的计算方式，遂诉至原审法院。另查明，史某于2010年4月21日购买了A××号车辆，价值为47万元，车辆购置税缴纳了40 170元。现史某诉至法院请求判决：1. 保险公司按照机动车损失保险金额（保险价值）赔偿史某机动车损失450 000元（扣除已支付的271 800元，实际应赔付178 200元）；2. 保险公司从2014年5月19日起至9月30日，按照银行同期贷款利率（年息6%）承担史某27万元的利息损失135天计6 075元；3. 保险公司退还史某5个月的保费2 415元。

原审法院认为：本案争议焦点一，保险公司应当赔付史某机动车损失保险的金额为多少？史某诉称，双方订立保险合同时是按照事故车辆的新车购置价 45 万元来投保，保险金额（保险价值）也约定为 45 万元，因此，保险公司应当按照 45 万元来赔偿。保险公司辩称，史某投保的保险金额虽然为 45 万元，但是该车辆在发生事故时已经使用了 44 个月，按月折旧率计算，只应赔付史某实际价值 271 800 元。《中华人民共和国保险法》第十八条第四款规定：保险金额是指保险人承担赔偿或者给付保险金责任的最高限额。第五十五条第一款规定：投保人和保险人约定保险标的的保险价值并在合同中载明的，保险标的发生损失时，以约定的保险价值为赔偿计算标准。按照保险一般性的原则，所谓保险价值是指被保险人对于保险标的的所具有的保险利益的货币化衡量。保险标的的保险价值可以通过两种途径得以确定：第一，在保险标的实际价值可以依据其市场价格得以确定的情况下，该保险标的的实际价值（市场价格）即为其保险价值。第二，某些特殊的保险标的（如作为特定物的艺术品）不具有明确的市场价格，其保险价值的判断则取决于投保人与保险人的约定。此外，保险法虽然没有作出明确规定，但是在保险原理之下，如果保险标的的实际价值可以依据其市场价值作出判断，当事人就该标的约定的保险价值即不能超过其实际价值，否则即有可能引发故意损坏保险标的并借此谋求超额保险赔偿的道德危险。本案中，史某购置该车辆的时间是 2010 年 4 月 21 日，价款为 47 万元。该购置价款 47 万元，可以视为保险车辆在当时的市场价格及实际价值。本案争议所涉及的保险合同成立于 2013 年 5 月 29 日，当事人按照所谓"新车购置价"45 万元，确定了 45 万元的保险金额。该保险金额未超过保险标的的实际价值，应视为该车辆的保险价值。保险公司主张史某投保的保险金额虽然为 45 万元，但是该车辆在发生事故时已经使用了 44 个月，按月折旧率计算，只应赔付史某 271 800 元，该赔偿显属不合理。保险公司上述理赔方案的不合理之处在于：保险条款一方面约定，可以按照保险车辆的新车购置价确定保险金额；另一方面约定，在保险车辆"全损"的情况下，如果保险金额高于保险车辆在出险当时的实际价值，按出险当时保险车辆的实际价值计算赔偿。但在计算时，是从史某购买车辆时扣减折旧。保险的功能在于危险的转移与分散，在保险合同项下，保险公司的权利在于收取保险费，义务则在于承担保险标的的危险。此为"公平"在保险合同作为射幸合同之上的特殊表达。

综合保险合同上述两方面的约定可以得出的结论是，保险公司按照约定保险车辆之实际价值的所谓"新车购置价"确定保险金额、收取相应的保险费之后，保险合同却将保险公司承担的保险责任限定在保险车辆的实际价值之下，对于"新车购置价"要折抵购车时折旧比例，保险公司所赔偿风险就会降低，投保人无法领会烦琐的保险条款和深奥的条文意思，保险公司只收取保险费，不承担保险责任，交易之公平何在？按照《中华人民共和国保险法》第十八条第四款的规定，"保险金额是指保险人承担赔偿或者给付保险金责任的最高限额"。保险公司提供的格式条款具有相关约定以及该格式条款在缔约过程中的主导作用所致，在保险合同将保险金额约定为45万元的情形之下，史某对于保险合同持有的上述利益期待是善意的，史某就可以按照双方约定的投保时45万元的保险价值要求保险公司赔偿，按照每月折旧1.1%的标准来计算保险车辆的实际价值显属合理，保险合同成立于2013年5月29日，至保险事故发生时的2014年1月3日，车辆实际使用7个月，折旧7.7%后实际价值应为450 000元×（100% −7.7%）=415 350元，本院认定保险车辆在事故发生时的实际价值为415 350元，扣除史某已经领取的271 800元赔偿款，保险公司还应赔付史某机动车损失保险143 550元。

争议焦点二，保险公司应当否承担从2014年5月19日起至9月30日的利息？原审法院认为，利息是当事人不履行合同或履行合同不符合约定时给予对方的损失补偿，也是对违约方的一种惩罚。本案中，保险公司没有及时履行合同义务是由于原保险公司对保险条款理解的分歧，保险公司并没有恶意占有该款项的主观意图，基于此，对史某要求保险公司支付利息的诉讼请求，本院不予支持。

争议焦点三，保险公司应付退还史某剩余5个月的保费？根据《机动车辆保险条款》规定，保险公司应当在收到投保人解除保险合同的通知之日起，本保险合同解除，并退还剩余部分保险费。本案中，该涉案车辆已经推定全损，在史某提出申请后，保险公司应当及时退还史某剩余的保费 2 412 元。史某请求保险公司退还保费 2 415 元，超出部分不予支持。

据此，依照《中华人民共和国保险法》第二条、第十八条第四款、第五十五条第一、第二款、《中华人民共和国民事诉讼法》第六十四条第一款、第一百一十八条，判决如下：一、保险公司于判决生效之日起十日内赔偿史某机动车损失保险人民币 143 550 元；二、保险公司于判决生效之日起十日内退还史某保险费人民币 2 412 元；三、驳回史某的其他诉讼请求。案件受理费人民币 4 034 元由史某承担人民币 807 元，保险公司承担 3 227 元。

原审判决后，保险公司不服一审判决，向二审法院提起上诉，请求判令：一、撤销（2015）盘法民初字第 705 号民事判决，依法改判；二、一审、二审诉讼费由被上诉人承担。事实与理由：一、原审法院以 45 万元为基础，从购买保险时开始折旧来确定受损车辆的实际价值错误；二、保险条款规定，在机动车发生全部损失时，保险人在支付赔偿后，保险合同终止。保险公司已经按照保险条款的约定实际赔付了机动车损失 271 800 元，履行了合同的赔付义务，有权收取全额保费，不再退还。原审对此认定错误。

被上诉人史某答辩请求驳回上诉，维持原判。

二审中，双方当事人未提交新的证据。

对原审判决认定的事实，双方当事人无异议，本院予以确认。

综合各方当事人的诉辩主张，本案的争议焦点是：一、被保险车辆在事故发生时的价值应当如何确定？二、保险合同是否已经解除？保险公司是否应当退还史某剩余保险费？

针对争议焦点一，根据《中华人民共和国保险法》第十三条第三款规定："依法成立的保险合同，自成立时生效。"第五十五条第一款规定："投保人和保险人约定保险标的的保险价值并在合同中载明的，保险标的发生损失时，以约定的保险价值为赔偿计算标准。"本案中，史某购置车辆的时间是 2010 年 4 月 21 日，价款为 47 万元（另交纳购置税 40 170 元）。该购置价款可以视为保险车辆在当时的市场价格及实际价值。本案争议所涉及的保险合同成立于 2013 年 5 月 29 日，投保人史某与保险公司经协商确定了 45 万元的保险金额。该保险金额未超过保险标的最初购买价格，应视为该车辆的保险价值。现保险公司主张史某投保的保险金额虽然为 45 万元，但是该车辆在发生事故时已经使用了 44 个月，按月折旧率 1.1% 计算，只应赔付史某 271 800 元。该折旧率的起算点为史某为最初购置车辆的时间即 2010 年 4 月 21 日，对双方 2013 年 5 月 29 日协商确定的车辆价值却置之不顾，亦不做合理的解释。该主张有违民法诚实信用的基本原则，本院不予支持。

针对争议焦点二，本院认为，根据《中华人民共和国保险法》第五十八条规定："保险标的发生部分损失的，自保险人赔偿之日起三十日内，投保人可以解除合同；除合同另有约定外，保险人也可以解除合同，但应当提前十五日通知投保人。合同解除的，保险人应当将保险标的未受损失部分的保险费，按照合同约定扣除自保险责任开始之日起至合同解除之日止应收的部分后，退还投保人。"保险合同作为一种射幸合同，其功能在于分担投保人的损失风险。在保险标的未发生损失或者发生部分损失的情况下，投保人可以请求解除保险合同，保险公司退还相应的保险费用。而保险标的发生全部损失，保险人已支付了全部保险金额，并且保险金额等于保险价值的情况下，根据《中华人民共和国保险法》第五十九条规定受损保险标的的全部权利归于保险人。这时，保险公司履行了全部的合同义务，投保人行使了全部合同权利，保险合同自然终止，不存在解除问题。所谓剩余保费退还也没有法律依据，原审对此认定错误，本院予以纠正。

综上所述，原审判决认定事实清楚，但适用法律部分错误，故本院依法改判。据此，本院依照《中华人民共和国保险法》第五十五条第一款、五十八条、五十九条，《中华人民共和国民事诉讼法》第一百七十条第一款第（二）项之规定，判决如下：

一、维持某法院（2015）盘法民初字第 705 号民事判决第一项"一、某保险公司于判决生效之日起十日内赔偿史某机动车损失保险 143 550 元"。

二、撤销某法院（2015）盘法民初字第 705 号判决第二项："二、某保险公司于判决生效之日起十日内退还史某保险费人民币 2 412 元"；第三项："三、驳回史某的其他诉讼请求"。

三、驳回史某的其他诉讼请求。

一审、二审案件受理费 8 068 元，由史某承担 1 614 元，某保险公司承担 6 454 元。

本判决为终审判决。

【说明】这是一起法院认为保险公司履行了全部的合同义务，投保人行使了全部合同权利，保险合同自然终止，不存在解除问题，不支持剩余保费退还的案件。

史某 2013 年 5 月 27 日投保了机动车商业险，保险期限为 2013 年 5 月 29 日至 2014 年 5 月 28 日。投保的险种有：机动车损失保险，保险金额为 45 万元；第三者责任险，保险价值为 30 万元；车上人员责任保险保险金额为 1 万元；不计免赔。2014 年 1 月 3 日，史某雇佣的驾驶员郑某驾车发生事故，造成车损等后果，郑某负事故全部责任。保险公司推定车辆全损，赔付史某机动车损失保险 271 800 元，车上人员责任保险 1 万元，财产损失 95 700 元，共计 377 500 元。史某认为保险公司应按照机动车损失保险金额（保险价值）赔偿 450 000 元及利息，并应退还 5 个月的保费 2 415 元。一审法院认为保险公司应按照每月折旧 1.1% 的标准来计算保险车辆的实际价值赔偿 415 350 元，并应当退还史某剩余的保费 2 412 元。二审法院维持了一审法院对车损赔偿金额的判决，撤销了保险公司退还史某剩余的保费的判决。

对于保险公司赔偿后保险合同是否已经解除、保险公司是否应当退还剩余保险费，二审法院援引《保险法》第五十八条规定，指出保险合同作为一种射幸合同，其功能在于分担投保人的损失风险。在保险标的未发生损失或者发生部分损失的情况下，投保人可以请求解除保险合同，保险公司退还相应的保险费用。而保险标的发生全部损失，保险人已支付了全部保险金额，并且保险金额等于保险价值的情况下，保险公司履行了全部的合同义务，投保人行使了全部合同权利，保险合同自然终止，不存在解除问题。

《保险法》第五十八条规定的是保险标的部分损失的情况，第二款也明确表述保险人应当将保险标的未受损失部分的保险费，按照合同约定扣除自保险责任开始之日起至合同解除之日止应收的部分后，退还投保人。本案案涉车辆属于全损，故保险标的不存在未受损失部分，也就无从计算未受损失部分的保费。

实践中，保险事故发生后，作为保险标的的保险财产有的全部灭失，有的只发生部分损毁或灭失。保险标的发生部分损失时，被保险人可以根据保险合同的约定，要求保险人履行赔偿责任。保险人按照保险财产的实际损失支付保险赔偿金后，保险合同的效力会出现以下情形：（1）如果是不足额保险，保险赔偿金又已经达到全部保险金额，则保险合同自行终止。（2）如果保险赔偿金未到保险金额，投保人可以终止保险合同。在这种情况下，投保人只需向保险人作出解除合同的意思表示，而无须征得保险人的同意，合同效力即行终止。（3）如果合同中没有不得终止合同的条款，保险人在履行了赔偿保险金责任后，也有权终止合同。但是保险人若要终止保险合同，应当通知投保人，在向投保人发出终止合同的通知十五日后，才可能终止合同。（4）在保险人支付赔偿金后，如果保险期限尚未届满，合同也没有终止，保险人对保险标的未受损失的部分，仍然承担保险责任。

如果投保人已经履行了支付整个保险期间的保险费的义务，在保险期限届满前终止合同应将一部分保险费退还给投保人。由于保险责任开始之日起至终止合同之日止期间，保险人对保险标的的未受损部分也承担了保险责任，这一期间的保险费是投保人应该支付的。因此，在保险期间内，保险人对保险标的的部分损失进行赔偿以后，要终止保险合同的，应该先计算整个保险期间内保险标的的未受损失部分的总的保险费，再计算自保险责任开始之日起至终止合同之日止的应收部分，以总的保险费减去应收部分，就是应该退还给投保人的保险费。

第五十九条 保险事故发生后，保险人已支付了全部保险金额，并且保险金额等于保险价值的，受损保险标的的全部权利归于保险人；保险金额低于保险价值的，保险人按照保险金额与保险价值的比例取得受损保险标的的部分权利。

【案例 62】（2019）苏 08 民终 803 号

2017 年 9 月 23 日，张某在某保险公司处为自己所有的 H××小型客车投保了车辆损失险且不计免赔，保险期限为 2017 年 9 月 23 日至 2018 年 9 月 22 日。2018 年 5 月 14 日 10 时 00 分，孙某驾驶张某所有的 H××小型客车与朱某驾驶的拖拉机发生碰撞，致乘车人钟某受伤，两车损坏。经某县公安局交通警察大队处理，认定孙某事故的全部责任，当事人朱某无责任，钟某无责任。该事故发生在保险期内。事故发生后，张某就此次事故造成的车辆损失费未能与某保险公司达成一致意见，诉至法院。

一审法院审理中，双方当事人一致同意委托鉴定，一审法院采用摇号选择鉴定机构的方式，依法委托某机动车鉴定评估有限公司对车辆损失进行评估，评估结论为：扣除残值 300 元后车辆损失费为 108 236 元，张某为此次评估支付评估费 5 400 元。

一审法院审理中，某保险公司提出某机动车鉴定评估有限公司不具有保险公估资质，鉴定人员也不具备保险公估资格，因此，该公司不应该参加鉴定损失评估；选择鉴定机构虽然是摇号产生，但是某保险公司当时已经提供了质证意见要求具有保险公估资质的机构参与评估，一审法院没有采纳，其对鉴定结论不予认可。张某对某保险公司的该理由不予认可，其认为鉴定机构具有评估资质，鉴定报告书中已明确记载，因为该鉴定报告是由双方当时依法选定，法院依法委托，且选择鉴定机构也不是随意选的，是从法院的数据库中随机抽取的。

一审法院认为：张某与某保险公司之间订立的机动车商业保险合同（含机动车损失险）不违反国家法律和行政法规的强制性规定，为有效合同。被保险车辆在保险期间发生交通事故，某保险公司应当在机动车商业险保险合同约定的范围内向张某承担赔偿责任。张某对保险标的具有保险利益，其有权要求某保险公司赔偿因被保险车辆在保险期限内发生保险事故所产生的车辆损失等费用。

对 H××小型客车在事故发生后产生的损失费用，在双方当事人对选定鉴定机构协商不一致的情况下，经摇号选定具有鉴定资质的鉴定机构某机动车鉴定评估有限公司，一审法院依法委托某机动车鉴定评估有限公司对受损车辆进行评估，评估结论为扣除残值 300 元后，车辆损失费用为 108 236 元，故对张某要求某保险公司赔偿车辆损失 108 236 元，予以支持。车损评估费是保险人、被保险人为查明和确定保险事故的性质、原因和保险标的的损失程度所支付的必要的、合理的费用，《保险法》第六十四条对此作出规定，故车辆评估费 5 400 元应当由保险人承担。某保险公司辩解不承担评估费用的理由没有法律依据，不予采信。《某省高级人民法院关于规范委托鉴定工作的意见》第九条规定：选择确定鉴定机构应该公开进行。双方当事人可以在法院委托鉴定机构电子信息平台内协商鉴定机构或随机选择范围。协商一致的，法院应当准许；协商不一致的，在列入电子信息平台当地（地级市）相应资质类别的全部机构中随机确定。当事人对鉴定机构资质等级有要求的，可以在符合等级条件的机构中随机确定。某保险公司要求具有保险公估资质的机构参与评估，但张某不同意。按《意见》要求，对双方当事人协商不一致的，只能在列入本市电子信息平台相应资质类别的全部机构中随机确定。某机动车鉴定评估有限公司列入本市电子信息平台，其具有相应资质类别，随机选择某机动车鉴定评估有限公司为鉴定机构对受损车辆进行评估，符合省高院《意见》的规定，一审法院对某机动车鉴定评估有限公司作出的评估报告结论依法予以确认。某保险公司提出某机动车鉴定评估有限公司不具有保险公估资质，鉴定人员也不具备保险公估资格，该公司不应该参加鉴定损失评估，对鉴定结论不予认可的辩解理由，没有事实和法律依据，不予采信。

　　一审法院依据《中华人民共和国保险法》第十四条、第五十五条、第五十七条、第六十四条、第六十六条及《中华人民共和国民事诉讼法》第一百四十二条之规定，判决：某保险公司于判决生效后十日内赔偿张某车辆损失费 108 236 元、鉴定费 5 400 元，合计 113 636 元。如果未按判决指定的期间履行给付金钱义务的，按《中华人民共和国民事诉讼法》第二百五十三条的规定，加倍支付迟延履行期间的债务利息。一审案件受理费 2 572 元，由某保险公司负担。

二审法院经审理查明，一审法院认定的事实属实，予以确认。

另查明：涉案 H×× 车辆已维修，并已被张某于 2018 年 12 月 23 日出售给他人。某机动车鉴定评估有限公司营业执照载明的经营范围包括：二手车鉴定评估等，鉴定人员蒋某、毛某具有二手车鉴定评估师职业资格证书。某保险公司一审中提供的 H×× 小型客车的维修零部件价格对比表载明公估余额为 102 136 元，正厂价格为 104 427 元，仅盖有某保险公司理赔业务专用章。

本院还查明：一审庭审中，某保险公司明确对鉴定结论中的残值部分不认可，要求回收涉案车辆换下的配件，车损中无须扣除残值。二审中，某保险公司明确要求回收某机动车鉴定评估有限公司顶业〔2018〕鉴估字第112901 号《旧机动车辆鉴定评估报告书》中的下列旧件：机盖 1 个（4 145元）、左右前大灯共 2 个（10 264 元）、右钢圈一个（2 285 元）、右前门壳1 个（5 413 元）、右后门壳 1 个（5 682 元）、主气囊 1 个（9 834 元）、副气囊 1 个（11 635 元）、仪表台 1 台（9 978 元）、右安全带 1 个（2 787 元）。如果张某不能提供上述更换下来的旧件，则从评估金额中扣除相应配件的价格。

本案二审争议焦点为：1. 某机动车鉴定评估有限公司是否具有评估资质；2. 涉案车辆损失如何认定。

本院认为，关于某机动车鉴定评估有限公司有无鉴定资质问题。某机动车鉴定评估有限公司营业执照载明经营范围包括二手车鉴定评估，且在人民法院鉴定名册内，故该公司有机动车鉴定资质。鉴定人员蒋某、毛某具有鉴定评估师职业资格证书。上诉人某保险公司关于鉴定机构及鉴定人员无鉴定资质的上诉理由不成立，本院不予支持。关于车辆损失如何认定问题。某保险公司一审中提供的 H×× 小型客车的维修零部件公估金额 102 136 元，正厂价格 104 427 元，该价格仅有某保险公司理赔业务专用章，为上诉人单方制作的证据，不足以推翻评估报告。鉴定费为确定车辆损失所必要的合理的费用，应由上诉人某保险公司负担。关于上诉人要求回收旧件的上诉主张，根据《中华人民共和国保险法》第五十九条规定，保险事故发生后，保险人已支付了全部保险金额，并且保险金额等于保险价值的，受损保险标的的全部权利归于保险人；保险金额低于保险价值的，保险人按照保险金额与保险价值的比例取得受损保险标的的部分权利。本案中，上诉人赔付车辆损失险后要求回收更换下来的下列旧件：机盖 1 个（4 145 元）、左右前大灯共 2 个（10 264元）、右钢圈一个（2 285 元）、右前门壳 1 个（5 413 元）、右后门壳 1 个（5 682 元）、主气囊 1 个（9 834 元）、副气囊 1 个（11 635 元）、仪表台 1 台（9 978 元）、右安全带 1 个（2 787 元），符合上述法律规定，本院予以支持。同时，保险合同属于射幸合同，在评估报告明确涉案车辆配件为更换的情况下，为防止被保险人仅对损坏配件进行维修而实际没有更换配件以获取额外利益的道德风险发生，对保险人关于如被保险人无法提供更换下来的旧配件供保险人回收，则从评估金额中扣除该配件的相应评估价格的主张，本院予以支持。

综上所述，一审法院判决认定事实清楚，但在保险人一审中主张回收旧件的情况下，仍然扣除残值不当，本院予以纠正。依照《中华人民共和国保险法》第五十九条、第六十四条，《中华人民共和国民事诉讼法》第一百七十条第一款第二项规定，判决如下：

一、变更某县人民法院（2018）苏 0826 民初 4523 号民事判决第一项为：上诉人某保险公司于本判决生效后十日内赔偿被上诉人张某车辆损失费 108 536 元、鉴定费 5 400 元，合计 113 936；同时，被上诉人张某提供更换下来的涉案车辆机盖 1 个（4 145 元）、左右前大灯共 2 个（10 264 元）、右钢圈一个（2 285 元）、右前门壳 1 个（5 413 元）、右后门壳 1 个（5 682 元）、主气囊 1 个（9 834 元）、副气囊 1 个（11 635 元）、仪表台 1 台（9 978 元）、右安全带 1 个（2 787 元）供上诉人某保险公司回收；如被上诉人张某未能交付前述涉案车辆更换下来的配件，则上诉人某保险公司从某机动车鉴定评估有限公司顶业［2018］鉴估字第 112901 号《旧机动车辆鉴定评估报告书》相应配件价格中扣除相应金额。

二、驳回被上诉人张某的其他诉讼请求。

【说明】这是一起法院认定保险人已支付了全部保险金额，并且保险金额等于保险价值的，受损保险标的的全部权利归于保险人的案件。

张某 2017 年 9 月 23 日投保车辆损失险且不计免赔，保险期限为 2017 年 9 月 23 日至 2018 年 9 月 22 日。2018 年 5 月 14 日 10 时，车辆发生事故损坏。双方委托某机动车鉴定评估有限公司对车辆损失进行评估，评估结论为：扣除残值 300 元后，车辆损失费为 108 236 元，鉴定费 5 400 元，一审判决保险公司赔偿张某车辆损失费 108 236 元、鉴定费 5 400 元，合计 113 636 元。二审中，某保险公司明确要求回收某机动车鉴定评估有限公司出具《旧机动车辆鉴定评估报告书》中的下列旧件：机盖 1 个（4 145 元）、左右前大灯共 2 个（10 264 元）、右钢圈一个（2 285 元）、右前门壳 1 个（5 413 元）、右后门壳 1 个（5 682 元）、主气囊 1 个（9 834 元）、副气囊 1 个（11 635 元）、仪表台 1 台（9 978 元）、右安全带 1 个（2 787 元）。如果被上诉人不能提供上述更换下来的旧件，则从评估金额中扣除相应配件的价格。二审法院支持了保险公司的诉求。张某申请再审被再审法院驳回。

本案二审法院援引《保险法》第五十九条规定，保险事故发生后，保险人已支付了全部保险金额，并且保险金额等于保险价值的，受损保险标的的全部权利归于保险人；保险金额低于保险价值的，保险人按照保险金额与保险价值的比例取得受损保险标的的部分权利。上诉人赔付车辆损失险后要求回收更换下来的旧件，符合法律规定。同时指出保险合同属于射幸合同，在评估报告明确涉案车辆配件为更换的情况下，为防止被保险人仅对损坏配件进行维修而实际没有更换配件以获取额外利益的道德风险发生，故支持保险人关于如被保险人无法提供更换下来的旧配件供保险人回收，则从评估金额中扣除该配件的相应评估价格的主张。

保险事故发生后，造成保险标的全部灭失的情况较少，大多数受损的保险标的还会留有残值。保险标的残值的权利归属根据保险人履行保险赔偿责任的情况确定。保险人按照保险合同约定支付保险赔偿金后，可以取得受损保险标的残值的所有权。这是因为财产保险以赔偿实际损失为原则，保险财产遭受损失时，被保险人最多只能获得相当于保险标的的实际价值的保险赔偿金，不能因参加财产保险而取得额外利益。当保险人按照合同约定支付全部保险赔偿金后，理应取得受损保险标的残值的所有权，否则，被保险人就会获得这部分财产的双重利益。保险人取得保险标的残值所有权的情况有两种：第一，在足额保险情况下，保险事故发生后，保险人支付了全部保险金额的，受损保险标的的全部价值归属于保险人；第二，在不足额保险的情况下，也就是保险金额低于保险价值的情况下，保险人按照保险金额与保险价值的比例取得受损保险标的的部分权利。

第六十条 因第三者对保险标的的损害而造成保险事故的，保险人自向被保险人赔偿保险金之日起，在赔偿金额范围内代位行使被保险人对第三者请求赔偿的权利。

前款规定的保险事故发生后，被保险人已经从第三者取得损害赔偿的，保险人赔偿保险金时，可以相应扣减被保险人从第三者已取得的赔偿金额。

保险人依照本条第一款规定行使代位请求赔偿的权利，不影响被保险人就未取得赔偿的部分向第三者请求赔偿的权利。

【案例 63】（2020）桂 03 民终 3470 号；（2021）桂民申 3762 号

2015 年 3 月，星×物流投资公司与被告雷某签订货物运输协议一份，将43 票货物从湖南长沙运往广西南宁，协议约定，承运方负责运输途中发生的损失等。后由被告雷某驾驶 C×× 重型仓栅式货车进行运输。2015 年 3 月 19日，承运车辆行驶至路上遭受雨淋，致使货物损坏。2014 年 5 月 23 日，星×物流储运公司作为投保人向某保险公司投保物流责任险。2015 年 3 月 31 日某制药公司向星×物流储运公司进行索赔。2015 年 5 月 6 日，某制药公司收到星×物流广西专线雨水淋湿 36 件药品赔偿款 46 000 元的收据，不是正规发票。2017 年 4 月 29 日，某保险公司将赔偿款 19 848.2 元汇付给星×物流储运公司。2017 年 4 月 27 日，某保险公司将公估费 1 999.69 元汇付给某财产保险公估公司。

一审法院审理认为，本案的争议焦点为某保险公司向被告雷某主张保险人代位求偿权有无事实及法律依据。

依据《最高人民法院关于适用〈中华人民共和国民事诉讼法〉的解释》第九十条规定："当事人对自己提出的诉讼请求所依据的事实或者反驳对方诉讼请求所依据的事实，应当提供证据加以证明，但法律另有规定的除外。在作出判决前，当事人未能提供证据或者证据不足以证明其事实主张的，由负有举证证明责任的当事人承担不利的后果"，原告某保险公司在向投保人星×物流储运公司进行赔偿后，是否有权向被告雷某进行保险人代位求偿，原告依法负有举证责任。原告某保险公司为证明其此项主张，向该院提交了物流责任险赔案审批表、结案报告书、结算书、结算表原件、公估报告、某保险公司支付回单、发票等证据予以佐证。原告某保险公司所提交的证据仅能证明原告某保险公司向投保人星×物流储运公司支付了保险赔偿款，但并不能证明投保人星×物流储运公司与被告雷某之间有运输合同关系，且原告某保险公司亦未向该院提供证据予以证实投保人星×物流储运公司与星×物流投资公司是否系同一公司法人。对此，原告某保险公司应当承担举证不能的不利后果。因此，原告某保险公司与被告雷某之间是否存在保险人代位求偿权关系，缺乏证据证实，原告某保险公司要求被告雷某向其支付代偿款19 484.2元及公估费1 999.69元，无事实和法律依据，该院不予支持。被告雷某经本院合法传唤，无正当理由未到庭参加诉讼，视为其自动放弃了诉讼权利，该院依法缺席判决，依照《最高人民法院关于适用〈中华人民共和国民事诉讼法〉的解释》第九十条、《中华人民共和国民事诉讼法》第六十四条第一款、第一百四十四条之规定，判决：驳回原告某保险公司的诉讼请求。案件受理费337元（原告已预交），减半收取计169元，由原告某保险公司负担。

本案经二审审理，上诉人某保险公司认为原审法院没有查明被上诉人雷某所承运的货物（药品）就是星×物流储运公司投保的标的物。在二审中，上诉人未提供新的证据。

本院认为，被上诉人雷某是与案外人星×物流投资公司签订货物运输合同，双方之间是合同的相对人。而星×物流储运公司与星×物流投资公司是经工商部门登记的不同法人机构，二者之间的民事法律地位是独立的，不存在母公司与子公司的关系。根据星×物流投资公司与被上诉人雷某签订的《货物运输协议》约定，承运方应承担运输途中的毁损、潮湿损失的赔偿责任，发货方在货物被雨潮湿后有权向承运方主张赔偿。事实上，货物所有人星×物流投资公司并未向承运人主张赔偿。上诉人是与星×物流储运公司签订一年期限的货物运输保险合同，投保人及获得理赔的受益人为星×物流储运公司。本案中，被上诉人雷某承运的货物的发运方为星×物流投资公司，货主并非星×物流储运公司，虽然上诉人给予星×物流储运公司财产损失理赔，但理赔对象不是被上诉人雷某承运货物的托运方，星×物流储运公司也没有出具委托书授权星×物流投资公司代为发送该批货物，即上诉人不能举证证明获得理赔人是货物的实际托运人，故，上诉人的代位求偿不具有合同相对性，其诉请没有事实与法律依据，本院不予支持。上诉人在原审法院庭审结束后申请追加被告，有悖民诉法的相关规定，原审法院予以驳回的程序合法。原审法院认定事实清楚，适用法律及实体处分正确，本院应予维护。

综上所述，依照《中华人民共和国民事诉讼法》第一百七十条第一款第（一）项的规定，判决如下：

驳回上诉，维持原判。

某保险公司申请再审称，一审、二审法院认定本案事实不清，适用法律错误。1. 在案工商企业登记信息等证据表明，星×物流投资公司是星×物流储运公司的控股股东，是投资人，且两个公司的实际投资人为同一人。2. 在案星×物流储运公司广西专线货物受理单、长沙市星沙物流有限公司托运货物交接清单、《公估报告》等证据证明，涉案货物是星×物流储运公司受理的，交由星×物流投资公司与雷某签订运输协议，实际承运人为雷某，契约承运人星×物流投资公司，实际的发货方为星×物流储运公司。故一审、二审法院未依法认定星×物流储运公司与雷某之间有运输合同关系明显不当。综上所述，请求再审。

本院经审查认为，某保险公司的再审申请事由不成立。根据《中华人民共和国保险法》第六十条的规定："因第三者对保险标的的损害而造成保险事故的，保险人自向被保险人赔偿保险金之日起，在赔偿金额范围内代位行使被保险人对第三者请求赔偿的权利。前款规定的保险事故发生后，被保险人已经从第三者取得损害赔偿的，保险人赔偿保险金时，可以相应扣减被保险人从第三者已取得的赔偿金额。保险人依照本条第一款规定行使代位请求赔偿的权利，不影响被保险人就未取得赔偿的部分向第三者请求赔偿的权利。"可知保险人代位求偿权的构成要件如下：1. 保险标的损害的发生是由第三人造成的；2. 被保险人必须对第三人享有赔偿请求权；3. 保险人已支付赔偿金。本案中，2014 年 5 月 23 日，星×物流储运公司与某保险公司签订《物流责任险》，保险期限为 2014 年 5 月 22 日至 2015 年 5 月 23 日，保险标的为星×物流储运公司负责承运的保险责任内的货物。2015 年 3 月，星×物流投资公司与雷某签订《货物运输协议》，由雷某将一批货物从湖南长沙运往广西南宁，承运方为雷某，发运方为星×物流投资公司。即星×物流储运公司与某保险公司之间成立保险合同法律关系，星×物流投资公司与雷某之间成立运输合同法律关系，且无证据证明星×物流公司委托或授权星×物流投资公司代为发送案涉货物，故两种法律关系相互独立。案涉货物在被雨淋发生损坏，某保险公司进行理赔时，并无证据证实获得理赔人是货物的实际托运人即星×物流投资公司。换言之，某保险公司对并非原为星×物流储运公司签订《物流责任险》中应由星×物流储运公司承运的货物出险进行理赔，并将保险赔偿款支付给星×物流储运公司。该支付行为并不能当然认定某保险公司获得对雷某的赔偿请求权。二审法院不予支持某保险公司保险人代位求偿权，并无不当。某保险公司支付星×物流储运公司的财产损失理赔款，属另一法律关系，应另行处理。

综上所述，某保险公司的再审申请不符合《中华人民共和国民事诉讼法》第二百条规定的情形。依照《中华人民共和国民事诉讼法》第二百零四条第一款、《最高人民法院关于适用〈中华人民共和国民事诉讼法〉的解释》第三百九十五条第二款规定，裁定如下：

驳回某保险公司的再审申请。

【说明】这是一起法院认为不属于保险公司可以行使代位求偿权的案件。

本案中涉及两个主体，星×物流储运公司与星×物流投资公司。星×物流储运公司2014年5月23日投保一年期物流责任险，其与某保险公司之间成立保险合同法律关系；星×物流投资公司2015年3月与雷某签订货物运输协议，约定承运方负责运输途中发生的损失，星×物流投资公司之间成立运输合同法律关系。2015年3月19日，雷某运输药品遭受雨淋，货物损坏。星×物流储运公司2015年5月6日向货主赔偿药品损失46 000元。2017年4月29日，保险公司向×物流储运公司赔偿19 848.2元，随后主张向雷某行使代为求偿权。一审、二审、再审法院均没有支持保险公司的诉求。

代位求偿权，是指保险人可以用被保险人的名义向负有责任的第三方请求赔偿的权利。这种权利存在于财产保险中，在人身保险中不适用代位求偿制度。本案中再审法院认为保险人代位求偿权的构成要件有三个：（1）保险标的损害的发生由第三人造成；（2）被保险人必须对第三人享有赔偿请求权；（3）保险人已支付赔偿金。再审法院指出，保险公司系对不是星×物流储运公司承运的货物进行理赔，也就无法行使代为求偿权。通俗点讲就是，药品不是被保险人星×物流储运公司承运的，保险公司理赔错误，根据合同相对性原则，不能支持保险公司行使代位求偿权。

在实践中形成代位求偿权有两个必要条件：其一，保险人与被保险人之间存在保险合同关系。由于保险人与被保险人之间存在合同关系，保险人承担了在发生保险事故后赔偿保险金的责任，对保险标的损失作了赔偿，才产生代位求偿的法律关系，保险人也才成为代位请求赔偿权利的主体。如果双方没有建立保险合同关系，保险人不承担保险责任，就不会有代位行使赔偿请求权的基础。其二，被保险人对第三方享有请求赔偿损失的权利。在导致保险标的损害的保险事故是由第三方造成的情况下，被保险人才享有向该有责任的第三方请求赔偿的权利。有了这项权利，才有保险人代位求偿的基础，保险人代位，代替的是被保险人的地位。如果不存在被保险人对第三方责任人的赔偿请求权，也就不存在权利的转移，保险人也就没有代位求偿的必要和可能。

【案例 64】（2021）苏 0582 民初 14542 号

某汽车销售服务公司为其名下 E×小型汽车在某保险公司投保有机动车损失险，保额为 178 595 元，含不计免赔，保险期间自 2020 年 7 月 28 日起至 2021 年 7 月 27 日止。

2020 年 11 月 7 日 11 时 40 分，毛某驾驶 F×小型普通客车与孙某驾驶的 E×小型普通轿车发生侧面碰撞。双方通过道路交通事故自行协商协议书确定，毛某承担事故全部责任，孙某不承担责任。

事故发生后，某保险公司对 E×小型汽车进行了定损，定损金额为 18 000 元。为此，某汽车销售服务公司签署了代位求偿案件索赔申请书和机动车辆索赔权转让书，确认将已取得赔款部分向责任方追偿的权利转让给某保险公司。2020 年 12 月 25 日，某保险公司向某汽车销售服务公司指定账户支付了 18 000 元的赔款。事故发生后，毛某所驾驶的车辆的交强险的承保公司已经向某保险公司赔付了交强险内的 2 000 元，剩余 16 000 元尚未得到赔付。为此，某保险公司起诉至本院要求毛某承担上述 16 000 元。

上述事实，有保险单、道路交通事故自行协商协议书、行驶证、驾驶证、机动车辆估损单、估损清单、车损照片、修车费发票、机动车辆索赔权转让书、支付回单以及庭审笔录予以证实。

法院认为，机动车之间发生交通事故的，由有过错的一方承担赔偿责任，双方都有过错的，按照各自过错比例分担责任，机动车所有人对损害的发生有过错的，承担相应的赔偿责任。本案系机动车之间发生交通事故，毛某负事故全部责任，应当承担全部的赔偿责任。事故造成某汽车销售服务公司名下 E×小型汽车车损 18 000 元，某保险公司在某汽车销售服务公司投保的商业险范围内赔付了 18 000 元，根据《中华人民共和国保险法》的规定，某保险公司有权在赔偿金额 18 000 元范围内代某汽车销售服务公司向责任方行使求偿权，毛某驾驶的车辆的交强险承保公司已经向某保险公司赔付了 2 000 元，剩余 16 000 元因毛某并未提供证据证明其投保了商业险，应当由其本人承担。

依照《中华人民共和国保险法》第二十三条、第六十条、第六十一条的规定，判决如下：

被告毛某应当在本判决生效之日起十日内向原告某保险公司公司支付赔偿款 16 000 元。

【说明】这是一起法院判决因第三者对保险标的损害造成保险事故，保险人自向被保险人赔偿保险金后，在赔偿金额范围内代位行使被保险人对第三者请求赔偿权利的案件。

某汽车销售服务公司为其名下车辆投保有机动车损失险，保额为 178 595 元，含不计免赔，保险期间自 2020 年 7 月 28 日起至 2021 年 7 月 27 日止。2020 年 11 月 7 日 11 时 40 分，毛某驾驶车将被保险车辆撞损，毛某承担事故全部责任。保险公司对车辆定损后向某汽车销售服务公司赔偿 18 000 元。对此 18 000 元，毛某车辆的交强险承保公司已经向某保险公司赔付了 2 000 元，剩余 16 000 元保险公司主张向毛某追偿，法院支持。

本案是一个典型的代位求偿的案件。代位求偿这一规则背后的逻辑是，因过错致人损害者担责和受损方不能因损害获得收益。在发生了因第三者对保险标的的损害而造成的保险事故以后，被保险人同时享有向保险人请求赔偿保险金的权利和向第三者请求赔偿的权利。如果被保险人先向第三者进行索赔，第三者承担了赔偿责任，支付赔偿金，对于已获得赔偿的损失，被保险人不能再向保险人索赔。也就是说，第三者赔偿的金额如果等于或大于保险财产的实际价值，保险人就不再承担赔偿保险金的责任。发生保险事故后，如果被保险人是向保险人请求赔偿，保险人支付了保险赔偿金，则被保险人向第三者请求赔偿的权利依法应由保险人代位行使，被保险人只对未取得保险赔偿的部分享有向第三者请求赔偿的权利。法律赋予保险人代位求偿权，是为了使有过错的第三者承担相应的法律责任，体现了社会公平原则。由此可见，代位求偿权的施行，具体体现了财产补偿原则和社会公平原则。

第六十一条 保险事故发生后，保险人未赔偿保险金之前，被保险人放弃对第三者请求赔偿的权利的，保险人不承担赔偿保险金的责任。

保险人向被保险人赔偿保险金后，被保险人未经保险人同意放弃对第三者请求赔偿的权利的，该行为无效。

被保险人故意或者因重大过失致使保险人不能行使代位请求赔偿的权利的，保险人可以扣减或者要求返还相应的保险金。

【案例 65】（2021）皖 06 民终 315 号

2017 年 5 月 21 日，某公司作为投保人及被保险人在某保险公司投保了国内物流综合保险，保险期间自 2017 年 5 月 21 日 0 时起至 2018 年 5 月 20 日 24 时止，主险责任限额每次事故 400 万元。

2017 年 6 月 6 日，某公司与王某达成协议，由王某提供车辆，在协议约定的期间（2017 年 6 月 6 日至 2018 年 6 月 5 日），根据某公司的安排提供由深圳到昆明、义乌、杭州、上海及周边地区货物承运服务。某公司按市场行情的中间价格支付运费。

2017 年 10 月，王某根据某公司安排用皖 F8×/A× 挂车辆运送货物。2017 年 10 月 19 日 22 时 35 分，王某驾驶皖 F8×/A× 挂重型半挂牵引车与因故障而停于路肩上的 E4× 号重型自卸货车（驾驶人江某）发生碰撞，造成 E4× 号重型自卸货车乘车人受轻微伤及两车所载货物等受损的道路交通事故。某省公安厅交通管理局高速公路交通警察总队直属五支队第二大队于 2017 年 10 月 22 日作出《道路交通事故认定书》，认定王某疲劳驾驶，对该起交通事故承担全部责任，江某无责任。

涉案事故发生后，F8×/A× 车辆载运货物的多方托运人向某公司提出索赔申请，某公司在赔付完毕后向某保险公司提出保险理赔申请。某保险公司与某公司于 2018 年 10 月达成《赔偿协议》，确认某公司并未以与王某之间的《协议书》免除或减少王某任何法定赔偿责任。受某保险公司委托，公估公司对该起交通事故造成的货物损失进行评估，定损金额为 1 442 191.13 元，建议理赔金额为 1 297 972.02 元。后某公司向某保险公司出具《赔付协议及权益转让书》，同意以 1 297 972.02 元作为最终赔付金额，并同意将其向第三者的索赔权转让给保险人。2018 年 10 月 24 日，某保险公司向某公司支付保险赔偿款 1 297 972.02 元。

一审法院认为，某公司在某保险公司投保国内物流综合保险，某保险公司予以承保，双方形成有效保险合同关系。后因在保险期间发生事故，某保险公司按约履行了赔付义务。根据《中华人民共和国保险法》第六十条的规定：因第三者对保险标的的损害而造成保险事故的，保险人自向被保险人赔偿保险金之日起，在赔偿金额范围内代位行使被保险人对第三者请求赔偿的权利。本案中，经交通运输管理部门认定，实际承运人王某疲劳驾驶皖 F8 ×／A ×挂重型半挂牵引车在高速公路上与他人驾驶的车辆发生碰撞，造成运载货物受损，王某在本次事故中负全部责任。综上所述，因王某的过错导致本次事故的发生，某保险公司作为保险人在向某公司赔付完毕后有权向王某追偿，现其主张王某支付赔偿款 1 297 972.02 元，于法有据，本院予以支持。王某辩称其在与某公司签订的协议书中约定某公司收取其保险费按每车每趟 100 元，如有意外事故其不承担任何经济责任，故其不应承担本案的任何责任，但该协议系王某与某公司之间的约定，且系某公司向保险公司投保后签订，某保险公司在接受投保时对此并不知情。另外，在事故发生后，某公司在与某保险公司的《赔偿协议》中明确不免除对王某的赔偿责任，故该约定不能对抗某保险公司，对王某的辩称，不予支持。某保险公司另主张自起诉之日起按照同期全国银行间同业拆借中心公布的贷款市场报价利率支付利息，不违法律规定，予以支持。因本案先行调解立案之日为 2020 年 7 月 22 日，故应从该日起算利息。

综上所述，依照《中华人民共和国保险法》第十三条、第十四条、第六十条之规定，判决：王某于判决生效之日起十五日内向某保险公司支付 1 297 972.02 元及利息（以 1 297 972.02 元为基数，自 2020 年 7 月 22 日起按照同期全国银行间同业拆借中心公布的贷款市场报价利率计算至实际清偿之日止）。如果未按照判决指定的期间履行给付金钱义务，应当依照《中华人民共和国民事诉讼法》第二百五十三条之规定，加倍支付延迟履行期间的债务利息。案件受理费 16 482 元，由王某负担。

二审期间，当事人围绕上诉请求依法提交了证据。本院组织当事人进行了证据交换和质证。王某提供证据一、王某与傅某的通话记录，拟证明某公司与王某之间签订协议书，约定某公司收取王某每车每趟 100 元保险费，如有意外事故王某不承担任何经济责任，某公司的法定代表人傅某认可收到王某 100 元。证据二、宣判笔录，拟证明某公司的法定代表人傅某在收到本案一审判决书时，亦认为王某不应该向某保险公司支付案涉赔偿款。

某保险公司质证意见：对证据一真实性、合法性、关联性均有异议；已超过举证期间，不属于新证据；无法核实通话双方人员身份，且是在保险公司赔付之后的录音，存在事后阻碍保险公司追偿的意图，不合法。对证据二真实性由法院核对，但不能达到王某的证明目的。

某公司质证意见：对证据一、证据二的真实性均无异议。

本院综合当事人陈述及全案证据，综合认证如下：证据一、证据二均涉及某公司，某公司对证据一、证据二的真实性予以认可，本院对该二份证据真实性予以认定。

二审查明事实与一审查明事实一致。

另查明，2017 年 6 月 6 日，某公司与王某签订协议书第 12 条约定：甲方（某公司）收取乙方（王某）保险费按每车每单趟 100 元。如有意外事故乙方不承担任何经济责任等内容。某公司自认收到案涉事故车辆该趟 100 元费用。

本院认为，《中华人民共和国保险法》第六十一条规定，保险事故发生后，保险人未赔偿保险金之前，被保险人放弃对第三者请求赔偿的权利的，保险人不承担赔偿保险金的责任。保险人向被保险人赔偿保险金后，被保险人未经保险人同意，放弃对第三者请求赔偿的权利的，该行为无效。被保险人故意或者因重大过失致使保险人不能行使代位请求赔偿的权利的，保险人可以扣减或者要求返还相应的保险金。根据该条规定，保险人未赔偿保险金之前，被保险人可以放弃对第三者请求赔偿的权利。本案，在保险合同订立后保险事故发生前，某公司与王某签订协议书，明确约定王某支付某公司 100 元，如有意外事故，免除王某经济赔偿责任，该协议是双方事实意思表示，内容不违反法律强制性规定，且在保险人未赔偿保险金之前，某公司放弃对王世权请求赔偿权，该行为合法有效。某保险公司向王某主张代位求偿权，本院不予支持。某保险公司抗辩案涉事故不属于某公司与王某约定的免责事由，因某公司亦认可依据其与王某协议书的约定，其免除了王某对案涉事故的赔偿责任，故某保险公司该抗辩理由不能成立，本院不予采信。某保险公司抗辩主张某公司与王某代投保的约定因合同目的无法实现而无效，没有法律依据，本院不予支持。某保险公司与某公司之间的法律关系，不属于本案审理范围，双方可另行处理。

综上所述，王某上诉理由成立，本院予以支持。原审判决不当，本院予以纠正。依照《中华人民共和国保险法》第六十一条第一款、《中华人民共和国民事诉讼法》第一百七十条第一款第三项规定，判决如下：

一、撤销某法院作出（2020）皖 0603 民初 4035 号民事判决；

二、驳回某保险公司的诉讼请求。

【说明】这是一起法院判决保险事故发生后，保险人未赔偿保险金之前，被保险人放弃对第三者请求赔偿的权利的，保险人不享有代位求偿权的案件。

2017 年 5 月 21 日，某公司作为投保人及被保险人投保国内物流综合保险，保险期间自 2017 年 5 月 21 日 0 时起至 2018 年 5 月 20 日 24 时止，主险责任限额每次事故 400 万元。2017 年 6 月 6 日，某公司与王某达成协议，由王某提供车辆，在协议约定的期间（2017 年 6 月 6 日至 2018 年 6 月 5 日）提供货物承运服务。某公司按市场行情的中间价格支付运费。2017 年 10 月 19 日 22 时 35 分，王某根据某公司安排用驾车运送货物致货损，王某承担全部责任。某公司向托运货主赔偿后向保险公司申请理赔，保险公司与某公司于 2018 年 10 月达成《赔偿协议》，确认某公司并未免除或减少王某任何法定赔偿责任。后某公司向某保险公司出具《赔付协议及权益转让书》，同意以 1 297 972.02 元作为最终赔付金额，并同意将其向第三者的索赔权转让给保险人。2018 年 10 月 24 日，某保险公司向某公司理赔 1 297 972.02 元。一审法院判决王某向某保险公司支付 1 297 972.02 元及利息，二审法院根据 2017 年 6 月 6 日某公司与王某签订协议书中免除王某经济责任的约定，撤销一审判决并驳回某保险公司诉讼请求。

保险事故发生后，保险人未赔偿保险金之前，被保险人放弃对第三者请求赔偿的权利的，保险人就会失去代位求偿权。为了制约被保险人放弃对第三者请求赔偿的权利的行为，本条第一款明确规定了这种行为的法律后果：保险事故发生后，保险人未赔偿保险金之前，被保险人放弃对第三者请求赔偿的权利的，保险人不承担赔偿保险金的责任。本案的特殊之处在于保险公司理赔前，被保险人放弃了对第三者请求赔偿的权利，而保险公司又对被保险人承担了赔偿保险金的责任，这样，保险公司无法就其赔偿款对王某行使代位求偿权。对此，二审法院指出，某保险公司与某公司之间的法律关系，双方可另行处理。

实践中，保险人的代位求偿权是法定权利，在保险人向被保险人支付了保险赔偿金后，被保险人所享有的向有过错的第三者请求赔偿的权利自动转移，保险人的代位求偿权随之产生。只是由于保险人须要以被保险人的名义行使代位求偿权，所以，被保险人只在名义上享有向第三者请求赔偿的权利。因此，要放弃对第三者请求赔偿的权利应该经保险人的同意，未经保险人同意，被保险人放弃对第三者请求赔偿的权利的行为，是无效的。代位求偿权的成立必须具备一个基本条件，即：保险事故的发生是由于第三者的过错所引起的，如果保险事故的发生并非是第三者的责任，就不存在代位行使权利的问题。被保险人是保险事故的直接受害者，应该掌握有关第三者责任的证据。如果因被保险人的过失导致保险人难以代位行使请求第三者赔偿的权利，由于这是被保险人的过错所致，被保险人应该承担相应的责任，保险人可以扣减应该支付给被保险人的保险赔偿金。

第六十二条　除被保险人的家庭成员或者其组成人员故意造成本法第六十条第一款规定的保险事故外，保险人不得对被保险人的家庭成员或者其组成人员行使代位请求赔偿的权利。

【案例 66】（2014）津高民二终字第 0058 号

盛×电子公司于 2006 年 12 月 18 日成立，股东为柯某 1 和杨某。2007 年

3 月 9 日，盛 × 电子公司与柯某 1、柯某 2、柯某 3 三人共同出资设立了被上诉人盛 × 精密技术公司。其中盛 × 电子公司出资约占 58%。2010 年 8 月 24 日，盛 × 精密技术公司又出资 7 600 000 元与柯某 2 出资 400 000 元，合计 8 000 000 元，成立了盛 × 汽车部品公司。盛 × 电子公司投资兴建了办公设施及生产车间。盛 × 精密技术公司及盛 × 汽车部品公司成立后，租用了盛 × 电子公司的 2 号车间从事生产经营活动。

2012 年 9 月 18 日，盛 × 电子公司向原审原告 × 财险 × 服务部投保了财产综合险，保险标的为：固定资产，保险金额为 22 390 000 元。保险标的坐落地址：× 工业园 3 号路。保险期间：自 2012 年 9 月 19 日 0 时起至 2013 年 9 月 18 日 24 时止，共 12 个月。

2013 年 1 月 4 日，盛 × 电子公司向 × 财险 × 服务部分别为案外人被保险人盛 × 汽车部品公司和盛 × 精密技术公司投保了财产综合险。两份保险单的保险标的为：存货、机器设备和固定资产，保险金额均为 27 000 000 元，保险标的坐落地址均为：× 工业园 3 号路。保险期间：自 2013 年 1 月 7 日 0 时起至 2014 年 1 月 6 日 24 时止，共 12 个月。

两份保险单特别约定均载明，1. 本保单第一受益人为盛 × 电子公司；2. 每次事故绝对免赔额为人民币 2 000 元或核定损失金额的 5%，二者以高者为准；3. 本保单所保固定资产为被保险人全部厂房和机器设备，流动资产包括企业全部存货。

2013 年 3 月 1 日 11 时 53 分，盛 × 汽车部品公司、盛 × 精密技术公司租用的、盛 × 电子公司的 2 号车间发生火灾，火灾造成 2 号车间及车间内生产设备、产品被烧毁。

某消防支队于 2013 年 3 月 21 日出具《火灾事故认定书》（宝公消火认字（2013）第 0006 号）对起火原因认定如下：起火部位位于 2 号车间东北侧喷涂车间房屋顶部。火灾原因排除纵火、外来火源引起的火灾，不排除喷涂车间房屋顶部电气线路故障引燃可燃物所致。

盛 × 汽车部品公司、盛 × 精密技术公司、盛 × 电子公司于 2013 年 3 月 15 日共同向 × 财险分公司递交《索赔申请》，要求 × 财险分公司赔偿经济损失

35 000 000 元。火灾事故发生后，×财险分公司为确定火灾损失，委托×保险公估公司进行公估。

2013 年 3 月 1 日，×保险公估公司出具三份《保险公估中期报告》。结论：盛×电子公司保险标的为固定资产，保险金额为 17 950 000 元，理算金额为 5 372 928.59 元，扣除免赔额后理算金额为 5 104 282.16 元。盛×精密技术公司保险标的为存货及机器设备，保险金额为 11 000 000 元，理算金额为 4 915 006.85 元，扣除免赔额后，理算金额为 4 669 256.51 元。盛×汽车部品公司保险标的为存货及机器设备，保险金额为 13 000 000 元，理算金额为 9 697 697.14 元，扣除免赔额后理算金额为 9 212 812.28 元。涉案三家企业火灾公估损失合计为 18 985 000 元。对于上述公估损失结果，二被上诉人及盛×汽车部品公司以在《同意书》上盖章的方式予以确认。该《同意书》记载：盛×电子公司、盛×精密技术公司、盛×汽车部品公司以此据同意接受×财险分公司承保的财产险于 2013 年 3 月 1 日火灾致财产损失。扣除免赔、承保比例及残值后赔款共计 18 985 000 元作为有关赔偿的一次性结案（三个被保险人之间的赔款分配以公估人的计算为准）。

2013 年 9 月 29 日，×财险分公司根据盛×汽车部品公司签署的《转账支付授权确认书》将应当给付该公司的赔偿款 9 212 812.28 元，全部支付给了盛×电子公司。

盛×汽车部品公司签署的致×财险分公司《转账支付授权确认书》的内容为：兹有我单位盛×汽车部品公司固定资产和存货于 2013 年 3 月 1 日出险，本次出险如属于保险赔偿责任范围之内，则我单位对贵公司支付理赔款项事宜授权如下：委托贵公司将本次全部理赔款项划入本授权人指定的银行账户。户名：盛×电子公司（保单受益人）。

上述保险理赔活动完成后，×财险×服务部、×财险分公司于 2013 年 10 月 24 日，向原审法院提起诉讼，向盛×电子公司、盛×精密技术公司行使追偿权。请求判令二者连带赔偿 9 212 812.28 元。

一审法院认为，诚实信用是保险活动当事人行使权利、履行义务应当遵循的基本原则。投保人与保险人签订财产保险合同的目的是为了将可能发生的意外灾害损失转移给保险人，由此能够及时得到经济补偿，从而保证企业生产、经营的正常进行和经济效益的实现。因此，保险人在依照保险合同的约定向被保险人支付赔偿款后能否行使代位追偿权，既要符合《保险法》第六十条规定的行使代位追偿权的条件，又要受到《保险法》第六十二条规定的限制。

本案的焦点问题是，×财险×服务部、×财险分公司的诉讼请求是否符合禁止追偿的条件。

我国《保险法》第六十二条规定：除被保险人的家庭成员或者其组成人员故意造成本法第六十条第一款规定的保险事故外，保险人不得对被保险人的家庭成员或者其组成人员行使代位请求赔偿的权利。本案提交的企业登记资料显示，盛×电子公司与盛×精密技术公司及盛×汽车部品公司之间存在投资关系，且盛×电子公司明显居于控制地位。鉴于盛×电子公司与盛×精密技术公司对盛×汽车部品公司有直接或间接的投资关系，因此，应当将其视为盛相汽车部品有限公司的组成人员。另外，盛×汽车部品公司的《财产综合保险单》记载的内容及保险赔款的发放环节亦证明了上述事实。

首先，该份《财产综合保险单》的投保人为盛×电子公司，被保险人为盛×汽车部品公司，且该保险单还特别约定，本保单第一受益人为：盛×电子公司。

其次，×财险×服务部、×财险分公司提交的盛×汽车部品公司签署的《转账支付授权确认书》记载的内容不仅证明了盛×汽车部品公司与盛×电子公司之间的内在关联，而且表明了×财险×服务部、×财险分公司对于盛×电子公司是涉案保险单受益人的再次确认。

综上所述，盛×电子公司与盛×精密技术公司的抗辩理由成立，原审法院予以支持。×财险×服务部、×财险分公司的诉讼请求违背了其作为从事保险业务活动的保险企业应当承担的民事义务及社会责任，其诉讼请求于法无据，不予支持。为保护合同当事人的合法权益，秉持诚实信用的基本原则，依据《中华人民共和国保险法》第五条、第六十二条，《中华人民共和国民事诉讼法》第六十四条第一款，最高人民法院《关于民事诉讼证据的若干规定》

第二条的规定，判决驳回×财险×服务部、×财险分公司的诉讼请求。

上诉人×财险分公司不服原审判决，上诉称：1. 三家盛×公司是完全独立的法人单位，且盛×电子公司不持有被保险人公司的任何股份，不应称为被保险人的组成人员。被保险人的组成人员应指作为法人或者其他组织的被保险人的内部工作人员。原审法院仅以三公司存在直接或间接的投资关系，就认定二被上诉人是被保险人的组成人员，没有事实和法律依据。2. 投保人与被保险人不一致时，保险合同只能保证被保险人的利益，只有被保险人才有权向保险人提出索赔请求。投保人因违约或侵权对被保险人应付的赔偿责任，不能因其投保行为而免除。而受益人只是基于某种法律关系得经被保险人同意受领保险赔偿，但如因其行为造成保险标的损失，损害赔偿责任亦不应因其受益人身份而免除。本案中，上诉人基于被保险人的指定而将赔款支付给盛×电子公司，仍然是上诉人对被保险人的履约行为。盛×电子公司不应因其受领了保险赔偿金而取得被保险人的法律地位。因此，原审法院认为上诉人向二被上诉人追偿违反诚实信用原则没有法律依据。3. 盛×电子公司作为仓库的出租人，有保证承租人可以安全使用仓库的义务，对于仓库起火给承租人造成的损失应该承担赔偿责任；盛×精密技术公司在其使用的仓库区域没有保障安全，对于给被保险人造成的损失也应承担赔偿责任。4. 根据消防法及建设工程消防监督管理规定、消防监督检查规定及×市消防条例，该厂房应属于消防验收的必要工程。增加电器线路属于消防设计变更应申报消防设计备案。消防设施每年应检测并存档备查，原审均未查证。故上诉请求撤销一审判决，改判二被上诉人向上诉人赔偿 9 212 812.28 元。

二被上诉人辩称：1. 原审判决认定盛×精密技术公司属于被保险人的组成人员，属于法定不被上诉人追偿的主体范围，事实清楚，依据充足，合理合法。盛×精密技术公司是盛×汽车部品公司的主要出资人和控股股东，持有 95% 的股份，应属于被保险人的组成人员。2. 上诉人不能证明盛×精密技术公司对火灾事故负有责任。起火部位不能确定，《火灾事故认定书》没有查明起火原因，只是不排除线路故障引起火灾的可能性。上诉人不能证明火灾的起因，盛×电子公司履行了法定的安全义务，不能排除盛×汽车部品公司在内的其他人的电路引起火灾。因此，上诉人认定二被上诉人应对被保险人因火灾导致的损失承担赔偿责任没有事实和法律依据。3. 受益人享有保险金请求权，如果确认上诉人对受益人有追回权，就失去理赔的意义，除故意造成损失外，受益人不能成为追偿的对象。厂房是盛×电子公司所有，盛×电子公司与盛×汽车部品公司不构成实质上的房屋租赁关系。对此上诉人是知晓的，根据保单特别约定，应确认盛×电子公司是被保险人。本案是盛×电子公司为自己和盛×汽车部品公司投保。盛×电子公司不属于被保险人以外的第三人。综上所述，原审判决公正合法，应予维持，请求驳回上诉人的上诉请求。

二审法院认为，根据"保险法"第六十二条规定，保险人不得对被保险人的组成人员行使代位请求赔偿的权利。被上诉人盛×精密技术公司是被保险人盛×汽车部品公司的股东，被上诉人盛×电子公司虽然不是被保险人的股东，却是其股东盛×精密技术公司的股东。本案中，双方在法律上的争议焦点就是二被上诉人是否属于保险法中规定的被保险人盛×汽车部品公司的组成人员。被保险人盛×汽车部品公司作为公司法人，其股东是公司存在的基础和核心要素，股东的变化对内影响到公司法人，所以盛×精密技术公司作为被保险人的股东，属于被保险人盛×汽车部品公司的组成人员，保险人不得对其行使追偿权。至于盛×电子公司，虽与被保险人有事实上的投资关系，但与被保险人并无直接的法律关系，所以不属于被保险人的组成人员。

此外，保险人向盛×电子公司和盛×精密技术公司行使追偿权的主要事实依据为某区公安消防支队于2013年3月21日出具《火灾事故认定书》。该认定书认定火灾原因排除纵火、外来火源引起，不排除喷涂车间房屋顶部电气线路故障引燃可燃物所致。鉴于该认定书并未明确认定火灾发生的原因及具体的责任人。盛×电子公司作为仓库所有人，盛×精密技术公司作为同一地点的承租人，是否对火灾的发生负有责任，在火灾认定书中都未予以明确，上诉人也未举证证明。至于电器线路的变动，上诉人不仅未能举证证明，而且根据保险法的规定，保险人可以按照合同约定随时检查并提出书面建议，在合同履行期间，上诉人并没有检查和提出相关建议，故而保险人要求盛×电子公司和盛×精密技术公司承担赔偿责任的上诉请求本院不予支持。依据《中华人民共和国民事诉讼法》第一百七十条第一款第一项的规定，判决如下：

驳回上诉，维持原判。

【说明】 这是一起法院判决认为事故并非由被保险人的组成人员故意造成，保险人不得行使代位请求赔偿权的案件。

本案涉及三个公司主体：股东柯某1和杨某设立的盛×电子公司；盛×电子公司与柯某1、柯某2、柯某3共同出资设立的盛×精密技术公司；盛×精密技术公司与柯某2共同出资设立的盛×汽车部品公司。盛×精密技术公司及盛×汽车部品公司租用了盛×电子公司的2号车间从事生产经营活动。

2012年9月18日，盛×电子公司投保财产综合险，保险标的为：固定资产，保险标的坐落地址：×工业园3号路；2013年1月4日，盛×电子公司为被保险人盛×汽车部品公司和盛×精密技术公司投保财产综合险。保险标的为：存货、机器设备和固定资产，保险标的坐落地址均为：×工业园3号路。两份保险单特别约定均载明第一受益人为盛×电子公司；2013年3月1日11时53分，盛×汽车部品公司、盛×精密技术公司租用的、盛×电子公司的2号车间发生火灾，造成2号车间及车间内生产设备、产品被烧毁。

2013年9月29日，保险公司根据盛×汽车部品公司签署的《转账支付授权确认书》将应当给付该公司的赔偿款9 212 812.28元支付给了盛×电子公司。理赔完成后，保险公司起诉，向盛×电子公司、盛×精密技术公司行使追偿权。请求判令二者连带赔偿9 212 812.28元。一审、二审法院均未支持保险公司诉求。

《保险法》第六十二条是对保险人不得行使代位求偿权的限制。被保险人的家庭成员，是指作为自然人的被保险人，其配偶、子女、父母以及与被保险人有抚养、赡养或者扶养关系的人。被保险人的组成人员，是指作为法人和其他组织的被保险人，其内部工作人员。一般情况下，被保险人的家庭成员或者其组成人员对保险标的具有与被保险人共同的利益。如家庭财产遭受损失，不仅被保险人的利益受损害，所有家庭成员的生活及工作都会受到影响；企业财产遭受损失，企业的生产和效益以及职工的利益也会受影响。因此，被保险人的家庭成员或者其组成人员通常不会故意造成保险标的的损失，一旦他们造成保险事故，实际上是给他们自己带来损失。在这种情况下，法律不必再追究他们的责任。因此，对于过失造成保险标的损失的被保险人的家庭成员或者其组成人员，保险人不得行使代位求偿权。

本案二审中，对于保险公司主张向向盛×电子公司、盛×精密技术公司行使追偿权，法院指出盛×精密技术公司作为被保险人盛×汽车部品公司的股东，其股东是公司存在的基础和核心要素，属于被保险人盛×汽车部品公司的组成人员，保险人不得对其行使追偿权。至于盛×电子公司，虽与被保险人有事实上的投资关系，但与被保险人盛×汽车部品公司并无直接的法律关系，所以不属于被保险人的组成人员。但是，代位求偿权的成立必须具备一个基本条件是保险事故的发生是由于第三者的过错所引起的，如果保险事故的发生并非是第三者的责任，就不存在代位行使权利的问题。本案中保险公司并不能举证证明盛×电子公司存在过错，所以不能行使代位求偿权。

第六十三条 保险人向第三者行使代位请求赔偿的权利时，被保险人应当向保险人提供必要的文件和所知道的有关情况。

【案例67】（2020）辽03民终358号

2019年2月21日7时52分左右，金某驾驶C××号车沿工人疗养院对面桥由南向北行驶至桥头下坡左转弯，与黄某驾驶其所有的A××号小型轿车由东向西直行相撞，造成两车损坏的道路交通事故。经公安机关认定，金某负事故的全部责任，黄某无责任。事后，金某与黄某就修车问题未达成一致。黄某向某保险公司申请理赔，某保险公司定损后向黄某赔偿修车款3 578元。现某保险公司向金某主张代位求偿权。

另查：黄某驾驶的A××号在某保险公司投保了机动车商业险，金某驾驶的 C××车辆无车辆保险。

一审法院认为，公私合法财产依法受法律保护。在本案中，某保险公司向黄某理赔后，其依法取得向侵权人代位求偿权。关于金某提出的某保险公司对此事故是否存在"小碰大修"的问题。金某对此未提出鉴定，"小碰大修"的问题不能确定，故对金某该项辩解不予支持。

综上所述，依照《中华人民共和国保险法》第六十条规定，判决如下：

金某自判决生效之日起三十日内赔偿某保险公司修车款 3 578 元。如果未按判决书指定期间履行给付金钱义务，应当按照《中华人民共和国民事诉讼法》第二百五十三条之规定，加倍支付迟延履行期间债务利息。案件受理费50 元，由金某承担。

二审期间，金某围绕上诉请求提交的证据有：现场照片一组，欲以证明肇事车辆小碰大修。某保险公司把案涉车辆的车门进行更换，金某认为不需要更换车门，也告知某保险公司不同意更换车门，因为其无能力赔偿；某保险公司提供的证据有：录音记录一份，欲以证明案涉车辆的车主要求上 4S 店修车，某保险公司向金某进行电话告知，金某不同意，电话录音中还告知了车辆的维修费用及修理的部位。本院组织当事人进行了证据交换和质证。对于现场照片，某保险公司认为，该组照片是现场车辆接触部位的照片，其在一审时也提供过该组照片；对于电话录音，金某认为，录音真实性无异议，但其在录音中提到不同意去 4S 店修车，也不同意换车门，只能承担 1 000 元修理费用。对于一审查明的事实本院予以确认。

本院认为，依照《中华人民共和国保险法》第六十条第一款"因第三者对保险标的的损害而造成保险事故的，保险人自向被保险人赔偿保险金之日起，在赔偿金额范围内代位行使被保险人对第三者请求赔偿的权利"、第六十三条"保险人向第三者行使代位请求赔偿的权利时，被保险人应当向保险人提供必要的文件和所知道的有关情况"的规定，金某驾驶的机动车对案外人黄某驾驶的机动车造成损害，根据道路交通事故认定书的认定，金某负事故的全部责任，黄某无责任。因此作为黄某投保车辆的某保险公司在向被保险人黄某就车辆实际损失 3 578 元予以赔偿后，享有在赔偿金额范围内代位行使被保险人黄某对第三者金某请求赔偿的权利。关于金某上诉称不同意黄某所有车辆去4S店修车，也不同意更换车门，只同意给付修理费1 000元，因为黄某车辆属轻微擦伤，剩余款额应由保险公司自行承担一节。因某保险公司对其提出保险代位求偿权的诉讼主张一审提供了道路交通事故认定书、车辆维修发票、车辆损失金额确认告知书、机动车辆索赔权转让书、"代位求偿"案件索赔申请书、车辆维修费支付回单等证据予以证明，故对金某提出的此项上诉理由，因无事实和法律依据，本院不予支持。

综上所述，金某的上诉请求不能成立，应予驳回；一审判决认定事实清楚，适用法律正确，应予维持。依照《中华人民共和国民事诉讼法》第一百七十条第一款第一项规定，判决如下：

驳回上诉，维持原判。

【说明】这是一起二审法院援引《保险法》第六十条、第六十三条，判决保险公司代位求偿权成立的案件。

金某驾车与黄某车辆相撞，金某负事故全部责任，黄某无责任。黄某车辆投保了机动车商业险，金某车辆无车辆保险。双方就修车问题未达成一致。黄某申请理赔，保险公司定损后向黄某赔偿修车款3 578元。保险公司向金某主张代位求偿权。金某主张存在"小碰大修"的问题，但对此未提出鉴定申请，其表示只能承担1 000元修理费用。黄某配合保险公司提供相关证据，一审、二审法院均支持保险公司行使代位求偿权。

在保险事故是由于第三者对保险标的的损害而造成的情况下，保险人在赔偿保险金后，才能取得代位向第三者请求赔偿的权利。第三者的损害与保险事故的发生具有因果关系，是代位求偿权成立的要件，保险人只有取得第三者造成保险事故发生的有关证明，才能够行使代位求偿权，并从第三者处得到赔偿。被保险人是保险事故的直接受害者，又对保险标的具有保险利益，对于保险事故发生的原因和过程应该有一定程度的了解，因此，被保险人应当将其所知道的有关保险事故发生的原因和过程等情况告诉保险人，向保险人提供行使代位求偿权所必要的有关证明文件。

被保险人如果怠于履行这项法定责任，致使保险人不能行使代位求偿权的，保险人可以按照本法第六十一条第三款的规定，相应扣减保险赔偿金。

第六十四条　保险人、被保险人为查明和确定保险事故的性质、原因和保险标的的损失程度所支付的必要的、合理的费用，由保险人承担。

【案例 68】（2021）苏 0723 民初 4260 号

2021 年 5 月 1 日，原告张某 A5××号小型汽车行驶至×县×××高速×出口处与孙某驾驶的 G1××号小型汽车发生碰撞，致两车不同程度损坏，造成事故，该事故经交警部门认定，原告张某负事故的次要责任。原告张某为 A5××号小型汽车在被告处投保机动车损失保险（不计免赔），责任限额为 183 904.6 元，保险期间为 2020 年 5 月 20 日至 2021 年 5 月 19 日，本次事故发生在保险期间内。事故发生后，原告单方委托甲保险公估公司对 A5××号小型汽车在本次事故造成的损失金额进行评估，该公司于 2020 年 6 月 16 日出具了公估报告，评估价格为 129 000 元（已扣除残值），原告为此次评估交纳鉴定费 6 450 元。诉讼过程中，被告某保险公司对原告单方委托评估的公估报告不予认可，申请重新鉴定。2021 年 8 月 19 日，本院根据被告申请，委托乙保险公估公司对 A5××号小型汽车在本次事故造成的损失金额进行评估，该公司于 2021 年 10 月 20 日出具了公估报告，评估价格为 98 350 元（已扣除残值），被告为此次评估交纳鉴定费 7 000 元。

本院认为，原告张某作为被保险人为 A5××号小型汽车在被告处投保机动车损失保险（不计免赔），双方之间的保险合同关系依法成立，合法有效，应予保护。因本案事故中造成原告所有的 A5××号小型汽车车辆损失，被告应当依约在相应的机动车损失保险责任限额内赔偿保险金。关于 A5××号小型汽车损失保险的赔偿数额，因本院委托有相应资质的乙保险公估公司出具了评估报告，可以认定 A5××号小型汽车的损失为 98 350 元，为此，依据《中华人民共和国保险法》第十条、五十五条、第六十四条，《中华人民共和国民事诉讼法》第一百四十二条之规定，判决如下：

被告某保险公司于本判决生效之日起十日内向原告张某赔偿保险金98 350元。如未按本判决指定的期间履行给付金钱义务，应当依照《中华人民共和国民事诉讼法》第二百五十三条之规定，加倍支付迟延履行期间的债务利息。

本案案件受理费1 504元（已减半收取），由原告张某负担304元，被告某保险股份有限公司负担1 200元；双方各自预付的评估费由双方各自负担。

【说明】这是一起法院判决为查明和确定保险标的的损失程度所支付的费用，由保险人和被保险人各自承担的案件。

张某为车辆投保机动车损失保险（不计免赔），责任限额为183 904.6元，保险期间为2020年5月20日至2021年5月19日。2021年5月1日，车辆与他车碰撞致损，张某负次要责任。事故发生后，原告单方委托甲保险公估公司评估车辆损失金额129 000元（已扣除残值），并交纳鉴定费6 450元。诉讼中，保险公司对此公估报告不予认可，申请重新鉴定，法院委托乙保险公估公司评估车辆损失金额为98 350元（已扣除残值），保险公司交纳鉴定费7 000元。法院判决保险公司向张某赔偿保险金98 350元；双方各自预付的评估费由双方各自负担。

保险事故的性质，是指事故与保险人责任的关系。查明事故的性质，就是为了确认事故是否为合同中载明的保险责任范围内的事故。对于保险责任范围以外的事故造成的损失，保险人不承担赔偿责任。保险事故的原因，是指保险事故发生的直接诱因，查明保险事故的原因，可以确定保险人的除外责任。如，对于被保险人的故意行为造成的事故，保险人不承担保险责任。保险标的的损失程度，是指以货币计算的保险标的损失的数量和金额。查明保险标的损失程度，是为了确定应该支付的保险赔偿金的数额，履行赔偿责任。

查明保险事故的性质、原因和保险标的的损失程度，是保险人明确承担的责任范围、划清除外责任、最终确定应该支付的保险赔偿金数额所必须履行的程序，是保险人理赔工作的一部分，不查明这些情况，保险人无法进行合理的赔付。因此，为查明本条规定的上述情况所支出的费用，是理赔所必须的，理应由保险人承担。被保险人对于保险事故的性质、原因和保险标的的损失程度，没有调查的义务，但是，被保险人可以协助保险人进行上述调查，这样有助于缩短理赔时间，使被保险人能及时获得赔偿，尽早恢复正常的工作和生活，有利于社会的发展。所以，为了鼓励被保险人帮助进行调查，对于被保险人为查明上述情况而支出的费用，也规定由保险人承担，只是保险人承担的费用应当是被保险人支付的合理的、必要的费用。

《保险法》第六十四条规定，保险人、被保险人为查明和确定保险事故的性质、原因和保险标的的损失程度所支付的必要的、合理的费用，由保险人承担。《民事诉讼法》第七十九条规定，当事人可以就查明事实的专门性问题向人民法院申请鉴定。当事人申请鉴定的，由双方当事人协商确定具备资格的鉴定人；协商不成的，由人民法院指定。实践中，诉前单方委托作出的鉴定结论，因未纳入民事诉讼程序，为保障当事人充分行使诉权，一般不具有鉴定意见的证据效力。

本案中，张某在诉前未与保险公司协商，单方委托保险公估公司评估车辆损失金额，保险公司对此公估报告不予认可，申请重新鉴定，法院委托其他保险公估公司进行评估。张某单方委托公估公司作出的公估报告未具有证据效力，其缴纳的费用也就无法认定为合理的、必要的费用，故法院未判决保险公司承担此鉴定费用。

第六十五条　保险人对责任保险的被保险人给第三者造成的损害，可以依照法律的规定或者合同的约定，直接向该第三者赔偿保险金。

责任保险的被保险人给第三者造成损害，被保险人对第三者应负的赔偿责任确定的，根据被保险人的请求，保险人应当直接向该第三者赔偿保险金。被保险人怠于请求的，第三者有权就其应获赔偿部分直接向保险人请求赔偿保险金。

责任保险的被保险人给第三者造成损害，被保险人未向该第三者赔偿的，保险人不得向被保险人赔偿保险金。

责任保险是指以被保险人对第三者依法应负的赔偿责任为保险标的的保险。

【案例 69】（2020）鄂 01 民终 1848 号

2019 年 5 月 29 日 9 时 5 分，刘某驾驶 A××号本田牌小型轿车载乘施某，行驶至某超市附近临时停车，施某打开车辆右前门准备下车时，适遇邬某驾驶两轮电动自行车行驶至此，由于刘某驾驶机动车在道路边临时停车，未紧靠道路右侧，以及施某乘坐机动车开车门妨碍其他车辆的通行，造成刘某所驾车右前门下部与邬某所驾车车身护杠左侧中部相接触，致使两车受损，邬某受伤。该起事故经某区交通大队认定，刘某在此事故中承担主要责任，施某承担此事故次要责任，邬某不承担此事故责任。

邬某受伤后，于当日住院治疗，2019 年 7 月 26 日出院；2019 年 7 月 26 日至 2019 年 8 月 10 日再次住院治疗；住院时间合计 73 天。邬某花费医疗费 104 351.14 元，其中施某为邬某垫付医疗费 1 345.54 元。邬某垫付 2019 年 5 月 29 日至 8 月 10 日期间护理费，每天按照 135 元计算。此外，施某还为邬某垫付现金 2 000 元。

某司法鉴定所于 2019 年 9 月 22 日出具鉴定意见书，认定被鉴定人邬某右踝关节损伤伤残程度属九级；后期治疗费用人民币壹万伍仟元；伤后误工时间 150 日；护理时间 60 日；营养时间 90 日。法医鉴定费用 2 500 元由邬某垫付。

A××号本田牌小型轿车登记在施某名下。施某为该车向某财险公司投保该车交强险和商业三者险，商业三者险限额 500 000 元（含不计免赔特约条款），事故发生在上述保险期限内。

一审法院再查明：一审法院于 2019 年 7 月 3 日出具（2019）鄂 0102 财保 357 号民事裁定书，裁定：查封被申请人施某名下（车牌号为 A××号）本田牌小型轿车一辆。

一审法院认为，邬某与刘某、施某发生交通事故，交管部门认定刘某在此事故中承担主要责任，施某承担此事故次要责任，邬某不承担此事故责任，一审法院对上述责任认定予以确认。

经核算，邬某因此事故所造成的各项损失为：医疗费 104 351.14 元、营养费酌定 2 700 元、住院伙食补助费 3 650 元（50 元/天×73 天）、后续治疗费 15 000 元、残疾赔偿金 137 820 元（2019 年度城镇居民人均可支配收入 34 455元/年×20 年×赔偿系数 0.2）、护理费 8 200 元（135 元/天×60 天 + 管理费 100 元）、交通费酌定 730 元、误工费酌定 12 000 元、精神损害抚慰金 5 000 元，合计 289 451.14 元（不包括法医鉴定费 2 500 元）。邬某的护理费用 9 955 元。由于鉴定意见书仅认定其 2019 年 5 月 29 日至 7 月 26 日期间住院治疗经过，且鉴定结论确定其护理时间为 60 日，所以一审法院对于其护理费用计算为 8 200 元。超出部分，一审法院不予支持。邬某的上述损失，由某财险公司在交强险责任限额内向邬某赔偿 120 000 元，在商业三者险限额内负担 70% 即 118 615.80 元；超出交强险限额部分，施某承担 30% 赔偿责任，即 50 835.34 元及法医鉴定费用 750 元。此外，刘某承担 1 750 元法医鉴定费用。又因施某为邬某先行垫付 3 345.54 元（医疗费 1 345.54 元 + 现金 2 000 元），为减少各方诉累，现扣除上述垫付款，由某财险公司直接赔偿邬某238 615.80 元，刘某向邬某赔偿法医鉴定费 1 750 元，施某向邬某赔偿48 239.80 元。依照《中华人民共和国侵权责任法》第十六条、第二十二条、第四十八条，《中华人民共和国道路交通安全法》第七十六条第一款第（二）项，最高人民法院《关于审理道路交通事故损害赔偿案件适用法律若干问题的解释》第十六条，《中华人民共和国民事诉讼法》第一百四十二条之规定，一审法院判决：一、某财险公司于判决生效之日起十日内，在交强险和商业三者险限额内向邬某支付交通事故赔偿款 238 615.80 元；二、刘某于判决生效之日起十日内，向邬某支付法医鉴定费 1 750 元；三、施某于判决生效之日起十日内，向邬某支付交通事故赔偿款 48 239.80 元；四、驳回邬某的其他诉讼请求。如未按判决指定的期间履行给付金钱义务，应当依照《中华人民共和国民事诉讼法》第二百五十三条的规定，加倍支付迟延履行期间的债务利息。一审案件诉讼费1 270元，减半收取 635 元，保全费用 1 020 元，合计 1 655元，由刘某负担 1 158.50 元，施某负担 496.50 元。因邬某已将上述诉讼费和保全费全部预交一审法院，故刘某、施某应在判决书生效之日起三日内将上述诉讼费支付给邬某。

施某不服一审判决，提起上诉。

二审中，双方当事人均未提交新证据。一审法院查明的事实属实，二审法院予以确认。

二审法院认为：依据《中华人民共和国保险法》第六十五条"保险人对责任保险的被保险人给第三者造成的损害，可以依照法律的规定或者合同的约定，直接向该第三者赔偿保险金。责任保险的被保险人给第三者造成损害，被保险人对第三者应负的赔偿责任确定的，根据被保险人的请求，保险人应当直接向该第三者赔偿保险金。被保险人怠于请求的，第三者有权就其应获赔偿部分直接向保险人请求赔偿保险金。责任保险的被保险人给第三者造成损害，被保险人未向该第三者赔偿的，保险人不得向被保险人赔偿保险金。责任保险是指以被保险人对第三者依法应负的赔偿责任为保险标的的保险"的规定，施某作为涉案车辆商业三者险的被保险人，施某和其允许的驾驶人刘某共同给邬某造成人身损害，某财险公司应当直接在商业三者险限额内向邬某给付赔偿金。一审法院判令施某自行承担 30% 的赔偿责任于法无据，施某要求该部分赔偿款 50 835.34 元由某财险公司承担的上诉主张成立，本院予以支持，即某财险公司在交强险和商业险限额内向邬某给付交通事故赔偿款 286 105.60 元（238 615.80 元 + 50 835.34 元 – 1 345.54 元 – 2 000 元），返还施某垫付款 3 345.54 元。

综上所述，上诉人施某的上诉请求部分成立，本院予以支持。依照《中华人民共和国民事诉讼法》第一百七十条第一款第二项规定，判决如下：

一、维持某法院（2019）鄂 0102 民初 10028 号民事判决第二项、第四项；

二、撤销某法院（2019）鄂 0102 民初 10028 号民事判决第三项；

三、变更某法院（2019）鄂 0102 民初 10028 号民事判决第一项为某保险公司于本判决生效之日起十日内，在交强险和商业三者险限额内向邬某给付交通事故赔偿款 286 105.60 元；

四、施某于本判决生效之日起十日内，向邬某支付法医鉴定费 750 元；

五、某保险公司于本判决生效之日起十日内，向施某返还垫付款

3 345.54元。

如果未按本判决指定的期间履行支付金钱义务，应当依照《中华人民共和国民事诉讼法》第二百五十三条的规定，加倍支付延迟履行期间债务利息。

一审案件受理费635元，保全费用1 020元，合计1 655元，由刘某负担1 158.50元，施某负担496.50元。二审案件受理费1 270元，由施某负担1 060元，某保险公司负担210元。

本判决为终审判决。

【说明】这是一起法院判决责任保险的被保险人给第三者造成的损害，依照法律的规定或者合同的约定，保险人直接向该第三者赔偿保险金的案件。

2019年5月29日9时5分，刘某驾车载乘施某，刘某临时停车未紧靠道路右侧，施某开车门妨碍其他车辆的通行行驶，与邬某车身接触，致使两车受损，邬某受伤。刘某在此事故中承担主要责任，施某承担次要责任，邬某不承担责任。车辆登记在施某名下，施某为该车投保交强险和商业三者险，商业三者险限额500 000元（含不计免赔特约条款），事故发生在保险期限内。

邬某受伤后住院治疗，核算医疗费、营养费、住院伙食补助费、后续治疗费、残疾赔偿金、护理费、交通费、误工费、精神损害抚慰金等，合计289 451.14元。其中施某垫付医疗费1 345.54元、现金2 000元。法医鉴定费用2 500元由邬某垫付。

本案一审判决：一、某财险公司在交强险和商业三者险限额内向邬某赔偿238 615.80元；二、刘某向邬某支付法医鉴定费1 750元；三、施某向邬某支付交通事故赔偿款48 239.80元；四、驳回邬某的其他诉讼请求。二审判决：一、维持一审第二项、第四项；二、撤销一审第三项；三、变更一审第一项为保险公司在交强险和商业三者险限额内向邬某赔偿286 105.60元；四、施某向邬某支付法医鉴定费750元；五、保险公司向施某返还垫付款3 345.54元。

本案中，法院援引《保险法》第六十五条，指出被保险人及其允许的使用人在使用车辆过程中造成的损害，均应纳入保险人的赔偿范围。施某作为涉案车辆商业三者险的被保险人，施某和其允许的驾驶人刘某共同给郎某造成人身损害，保险公司应当直接在商业三者险限额内向郎某给付全额赔偿金。投保责任保险的被保险人给第三者造成损害时，保险人可以直接向受损害的第三者支付保险金。这是由责任保险的目的决定的。责任保险合同具有免除被保险人对第三者的损害赔偿责任的法律效力。在责任保险合同的保险期间内，一旦发生被保险人对第三者损害的保险事故，被保险人对第三者的损害赔偿责任，由保险人代为承担，因此，保险人不必先将保险赔偿金支付给被保险人，而可以直接向受损害的第三者赔偿保险金。

责任保险，又称为第三者责任保险，是被保险人对第三者负损害赔偿责任时，由保险人承担其赔偿责任的一种保险。订立责任保险合同的目的，实际上是由保险人担负被保险人对第三者的损害赔偿责任。责任保险的保险标的，是被保险人在法律上应该承担的损害赔偿责任，而不是具体的财产，所以，责任保险合同中都没有也不可能有保险金额，但可以规定保险人的赔偿限额。这与以某一具体的物质形态的财产为标的的保险有所不同。但是，由于发生民事赔偿责任，就需要向受损害的第三者支付金钱或者实物作为赔偿，所以，这种保险实际上是以被保险人的全部财产为保险标的的一种保险，属于财产保险的范畴。以具体财产为保险标的的保险，保险责任的构成较为简单，保险财产因保险事故而造成毁损灭失的，保险人即负有赔偿责任。责任保险的目的是免除被保险人对第三者的损害赔偿责任，而以具体财产为保险标的的保险，目的在于补偿被保险人自己的财产因保险事故所遭受的损失。

保险人履行赔偿责任的具体方式，支付保险赔偿金的时间、地点、金额，应按照民法及有关法律的规定或者合同的约定执行。本条第一款所指的合同，不仅指保险合同，还包括被保险人与受害的第三者协议约定的赔偿金额。如果协议约定的赔偿金额大于保险合同约定的保险人的赔偿限额，则保险人只需按照赔偿限额支付保险赔偿金，其余部分由被保险人自己负责赔偿。

第六十六条　责任保险的被保险人因给第三者造成损害的保险事故而被提起仲裁或者诉讼的，被保险人支付的仲裁或者诉讼费用以及其他必要的、合理的费用，除合同另有约定外，由保险人承担。

【案例70】（2021）陕0622民初853号

2020年9月13日19时5分许，被告杨某驾驶J6×号奇瑞牌小型轿车由北向南行驶至×市×区×镇×村公路处时，与相向行驶的原告任某驾驶的A9×号斯柯达牌小型轿车相撞，造成原告任某、同车乘车人原告袁某1、赵某及袁某2受伤，两车不同程度受损的道路交通事故。经×市公安交警支队经开大队×公直经队认字〔2020〕第4061号《道路交通事故认定书》认定，驾驶人杨某负事故全部责任；任某、袁某1、袁某2、赵某无责任。原告受伤后，任某在某医院住院29天，花费医疗费8 110.04元；袁某1在某医院住院30天，花费医疗费16 495.31元；赵某在某医院住院4天，花费医疗费3 729.59元；袁某2在某医院住院4天，花费医疗费3 357.50元。交通事故发生后，原告任某支付车辆施救费1 500元、交通费2 000元，住宿费1 000元。经司法鉴定，原告袁某1本次损伤需后续治疗费约3 000元，或以实际发生为准、误工期为120日、护理期为45日、营养期为45日，支付鉴定费3 000元；原告赵某本次损伤属十级伤残、误工期限建议为90日、护理期限建议为45日、营养期限建议为45日，支付鉴定费1 560元；袁某2本次损伤需后续治疗费约40 000元，误工期限建议为75日、护理期限建议为20日、营养期限建议为45日，支付鉴定费1 440元。

另查明，被告杨某的J6×号奇瑞牌小型轿车在被告×财险公司投保交强险和商业三者险1 500 000元，保险期限为2019年10月1日至2020年9月30日，事故发生在保险期限内。

还查明，袁某2在起诉后于2021年12月24日因故去世，其法定继承人一致申请将袁某2的原告资格变更为其生前丈夫赵某，由赵某一人代表袁某2的继承人作为原告主张袁某2的赔偿权利。

本院认为，机动车发生交通事故造成人身伤亡、财产损失的，由保险公司在机动车交通事故责任强制保险责任限额范围内予以赔偿；不足部分，由有过错的一方承担赔偿责任。本案中，被告杨某驾驶 J6 × 号奇瑞牌小型轿车行驶时，与相向行驶的原告任某驾驶的 A9 × 号斯柯达牌小型轿车相撞，造成原告任某、同车乘车人原告袁某 1、赵某及袁某 2 受伤，两车不同程度受损的道路交通事故。经 × 市公安交警支队经开大队认定，驾驶人杨某负事故全部责任；任某、袁某 1、袁某 2、赵某无责任。因被告杨某的 J6 × 号奇瑞牌小型轿车在被告 × 财险公司投保交强险和商业三者险 1 500 000 元，事故发生在保险期限内，故该交通事故造成原告方的损失应由被告 × 财险公司在 J6 × 号车辆交强险和商业三者险 1 500 000 元限额内予以赔偿。原告方受害人均有固定职业，原告方未提供单位扣发工资的相关证据，故对原告请求的误工费不予支持。受害人袁某 2 已经去世，原告未提供袁某 2 生前进行后续治疗的相关证据，袁某 2 的后续治疗费无法实际产生，故对原告请求的袁某 2 的后续治疗费不予支持。原告的合理请求，本院予以支持。原告袁某 1 第二次鉴定结果与第一次鉴定结果有所变更，故对其第二次鉴定费予以支持。被告 × 财险公司关于保险公司不承担鉴定费赔偿责任的主张，因其未提供相关证据，故本院不予支持。综上所述，依照《中华人民共和国侵权责任法》第四十八条、第十六条、《中华人民共和国道路交通安全法》第七十六条第一款、《中华人民共和国保险法》第六十四条、第六十五条、《最高人民法院关于适用 × × × 时间效力的若干规定》第一条第二款之规定，判决如下：

一、由被告 × 财险公司于判决生效后十日内赔付原告任某医疗费 8 110.04 元、护理费 3 081.54 元（38 785 元/年 ÷ 365 天 × 29 天）、住院伙食补助费 870 元（30 元/天 × 29 天）、营养费 870 元（30 元/天 × 29 天）、车辆施救费 1 500 元、交通费 2 000 元，住宿费 1 000 元，共计 17 431.58 元。

二、由被告 × 财险公司于判决生效后十日内赔付原告袁某 1 医疗费 16 495.31 元、后续治疗费 3 000 元、护理费 4 781.70 元（38 785 元/年 ÷ 365 天 × 45 天）、住院伙食补助费 900 元（30 元/天 × 30 天）、营养费 1 350 元（30 元/天 × 45 天）、鉴定费 3 000 元，共计 29 527.01 元。

三、由被告 × 财险公司于判决生效后十日内赔付原告赵某医疗费 3 729.59

元、护理费 4 781.70 元（38 785 元/年÷365 天×45 天）、住院伙食补助费 120 元（30 元/天×4 天）、营养费 1 350 元（30 元/天×45 天）、残疾赔偿金 81 426 元（40 713 元/年×20 年×10%）、精神损害抚慰金 5 000 元、鉴定费 1 560 元，共计 97 967.29 元。

四、由被告×财险公司于判决生效后十日内给原告赵某赔付袁某 2 的医疗费 3 357.50 元、护理费 2 125.20 元（38 785 元/年÷365 天×20 天）、住院伙食补助费 120 元（30 元/天×4 天）、营养费 1 350 元（30 元/天×45 天）、鉴定费 1 440 元，共计 8 392.70 元。

五、驳回原告的其他诉讼请求。

【说明】这是一起法院判决保险公司承担责任保险的赔偿责任并承担必要的、合理的鉴定费的案件。

2020 年 9 月 13 日 19 时 5 分许，被告杨某驾车与原告任某驾驶车辆相撞，造成原告任某、同车乘车人原告袁某 1、赵某及袁某 2 受伤，两车不同程度受损。杨某负事故全部责任；任某、袁某 1、袁某 2、赵某无责任。原告受伤后，均花费医疗费治疗，并支付鉴定费用。被告杨某车辆投保交强险和商业三者险 1 500 000 元，保险期限为 2019 年 10 月 1 日至 2020 年 9 月 30 日，事故发生在保险期限内。法院判决保险公司在车辆交强险和商业三者险限额内赔偿原告医疗费、后续治疗费、护理费、住院伙食补助费、营养费、鉴定费等相关费用。

被保险人给第三者造成损害后，如果双方不能达成赔偿协议，则需要提起仲裁或诉讼，由仲裁机构或法院裁定或判决，否则，赔偿金额无法确定。由此可见，在被保险人与受损害的第三者不能达成赔偿协议的情况下，仲裁或者诉讼是确定赔偿金额所必须经过的程序。仲裁费用或者诉讼费用，是查明事故性质、原因及受损害的第三者损失程度所必须支出的费用，这项费用应该由保险人承担。况且责任保险的保险人的责任范围，包括被保险人对第三者所负的一切赔偿责任。仲裁费或诉讼费是为了使受损害的第三者尽快获得赔偿而必须支出的费用，由被保险人支付仲裁费用或诉讼费，也可以算作被保险人对受损害的第三人承担的一种赔偿责任，所以，仲裁费用或诉讼费应该由保险人承担。本条规定的由保险人承担，是指最终由保险人负担这些费用。如果被保险人已经支付了仲裁或者诉讼费用，其可以向保险人请求给付。如果被保险人尚未支付这些费用，则可以由保险人代为支付。本条规定的其他必要的、合理的费用，是指因赔偿纠纷引起的，为分清责任、确定赔偿金额所必需支出的费用，如律师费、鉴定费等，也包括保险人同意支付的其他为处理赔偿纠纷而发生的费用。如果保险合同中有不同的约定，应按照合同约定办理。

本案中，法院主张袁某1第二次鉴定未改变第一次的鉴定结果，所以第二次的鉴定费由袁某1自行承担；法院认为原告袁某1第二次鉴定结果与第一次鉴定结果有所变更，故对其第二次鉴定费予以支持。即法院认为袁某1支付的鉴定费属于必要的、合理的费用，故判决由保险人承担。

以案说法

揭开《保险法》的面纱

（下册）

王前飞◎著

中国金融出版社

索　引

续表

续表

序号	案例号		页码
97	【案例79】（2020）鲁 1302 民初 3403 号；（2021）鲁 1302 执异 291 号	第九十七条	464
98		第九十八条	470
99		第九十九条	471
100		第一百条	472
101		第一百零一条	473
102		第一百零二条	474
103		第一百零三条	475
104		第一百零四条	476
105	【案例80】（2019）粤 1302 民初 8751 号	第一百零五条	477
106	【案例81】（2020）辽 02 民初 127 号；（2021）辽民终 245 号	第一百零六条	482
107		第一百零七条	491
108		第一百零八条	491
109		第一百零九条	492
110		第一百一十条	493
111	【案例82】（2019）皖 0802 民初 2004 号 【案例83】（2017）沪 01 民终 6897 号	第一百一十一条	493
112	【案例84】（2021）鲁 08 民终 2278 号	第一百一十二条	504
113	【案例85】（2015）屯民一初字第 01389 号	第一百一十三条	507
114	【案例86】（2019）粤 08 民终 2184 号	第一百一十四条	511
115	【案例87】（2019）云 29 民终 1336 号	第一百一十五条	516
116	【案例88】（2021）辽 0212 民初 2965 号 【案例89】（2019）冀 0433 民初 1659 号 【案例90】（2019）苏 0305 刑初 220 号 【案例91】（2020）苏 0104 刑初 241 号	第一百一十六条	522
		第五章　保险代理人和保险经纪人	532
117	【案例92】（2021）湘 0981 民初 1015 号	第一百一十七条	532
118	【案例93】（2021）冀民终 263 号	第一百一十八条	536
119	【案例94】（2018）黔 01 民终 5823 号	第一百一十九条	552

续表

续表

序号	案例号		页码
147		第一百四十七条	685
148		第一百四十八条	686
149		第一百四十九条	687
150		第一百五十条	688
151		第一百五十一条	688
152		第一百五十二条	690
153		第一百五十三条	691
154		第一百五十四条	692
155		第一百五十五条	695
156		第一百五十六条	695
157		第一百五十七条	696
		第七章　法律责任	697
158		第一百五十八条	697
159	【案例111】（2015）朝民（商）初字第 18356 号	第一百五十九条	698
160	【案例112】银保监罚决字〔2019〕10 号	第一百六十条	703
161	【案例113】银保监罚决字〔2022〕4 号	第一百六十一条	705
162	【案例114】银保监罚决字〔2021〕4 号	第一百六十二条	708
163	【案例115】保监罚〔2017〕25 号	第一百六十三条	709
164	【案例116】银保监罚决字〔2020〕55 号	第一百六十四条	712
165	【案例117】（2016）苏行终 1433 号 【案例118】（2021）粤 19 民终 891 号	第一百六十五条	716
166	【案例119】吉银保监罚决字〔2021〕30 号 【案例120】陕保监罚〔2017〕10 号	第一百六十六条	729
167	【案例121】（2020）京 01 行初 43 号	第一百六十七条	733
168		第一百六十八条	743
169	【案例122】苏银保监罚决字〔2020〕57 号	第一百六十九条	744
170	【案例123】荆门银保监罚决字〔2022〕4 号	第一百七十条	747
171	【案例124】银保监罚决字〔2022〕7 号	第一百七十一条	750
172	【案例125】（2022）辽 01 民终 216 号	第一百七十二条	752
173		第一百七十三条	757

目　　录

下册

第三章　保险公司

第六十七条　设立保险公司应当经国务院保险监督管理机构批准。

国务院保险监督管理机构审查保险公司的设立申请时，应当考虑保险业的发展和公平竞争的需要。

【案例71】（2021）冀0433民初727号

张某车辆D××重型半挂牵引车在被告某运输服务公司投有机动车辆统筹单，约定机动车损失统筹限额为246 120元及不计免赔统筹，D3×挂重型自卸半挂车在被告某运输服务公司投有机动车辆统筹单，约定机动车损失统筹限额为99 110元及不计免赔统筹，上述两机动车辆统筹单的统筹期限均为自2020年7月16日0时起至2021年7月15日24时止。2021年2月27日23时40分，马某驾驶D××号车辆在某市立交桥与徐某驾驶的PL×号重型半挂牵引车发生交通事故，造成原告张某车辆不同程度损毁。某市公安交通警察大队出具道路交通事故认定书，认定马某承担本次交通事故的全部责任。经×县人民法院委托，某保险公估有限公司于2021年4月2日作出公估报告，评估D××的车辆损失为81 681元。原告张某支付公估费5 700元，施救费9 000元。

另查明，D××重型半挂牵引车与D3×挂重型自卸半挂车实际车主均为原告张某，挂靠在×县×汽车运输有限公司名下。

本院认为，被告某运输服务公司对外开展的机动车统筹业务，实际上是一种变相的保险行为，对外销售机动车辆统筹单，违反了《中华人民共和国保险法》第六十七条"设立保险公司应当经国务院保险监督管理机构批准"。

被告某运输服务公司不具备保险人的资质，而开展机动车统筹业务，被告应承担由此产生的全部法律后果。经确认，原告的车辆损失为81 681元；评估费5 700元，是事故发生后原告为确定保险标的的损失程度所支付的必要、合理的费用；施救费9 000元，是原告为避免或减少损失而支出的必要费用，上述损失共计96 381元，应由被告在机动车损失统筹限额内进行赔偿。

综上所述，依据《中华人民共和国合同法》第五十二条第（五）项、第五十八条，《中华人民共和国保险法》第六十七条和《中华人民共和国民事诉讼法》第一百四十二条的规定，判决如下：

被告某运输服务有限公司于本判决生效之日起十日内赔偿原告张某损失共计96 381元。

【说明】这是一起法院认为某公司对外开展机动车统筹业务，实际上是一种变相的保险行为，违反《保险法》第六十七条规定，判决某公司承担由此产生的全部法律后果。

张某车辆在某运输服务公司投有机动车辆统筹单，约定机动车损失统筹限额为246 120元及不计免赔统筹，统筹期限自2020年7月16日0时起至2021年7月15日24时止。2021年2月27日23时40分，马某驾车与他车相撞，致车损，马某承担事故的全部责任。某保险公估公司评估车辆损失为81 681元，张某支付公估费5 700元，施救费9 000元。法院判决某运输服务公司赔偿张某全部损失96 381元。

保险业属于特殊行业，其涉及的范围非常广泛，关系到社会的方方面面，与整个经济的运行和人民的生活息息相关。因此，必须对保险业进行严格管理。这种管理必须是全方位、全过程的，从其设立、运行、经营规则，直至清算，都要作出全面的规范，以保护广大被保险人的利益。本条的规定是对保险业运行的最初环节作的要求。由国务院保险监督管理机构对保险公司的设立进行审批，有利于保证保险公司的质量，有利于我国保险市场的有序发展。保险行业作为国家金融体系的底层设计，通过《保险法》制定了一系列安全机制，如严苛的设立条件，对注册资本的要求，严格监管保险公司经营，监管保证金、责任准备金、公积金、保险保障基金、偿付能力、保险资金运用等，来确保安全性。

本条还对保险监督管理机构在审查保险公司的设立申请时应当遵循的原则作了规定，即保险监督管理机构审查设立申请时，应当考虑保险业的发展和公平竞争的需要。这就要求保险监督管理机构在审查保险公司的设立申请时，不仅要依照本法关于保险公司应当具备的条件进行审查，而且还要从宏观上保证我国保险市场的正常发展，使保险业的发展与我国经济的发展相适应。

本案中涉及的机动车辆统筹业务在实践中多有发生，机动车辆统筹业务并非保险业务，经营此类业务的公司并非依法设立的保险公司，未依法取得保险业务经营许可，与车主签订的安全统筹业务合同并非保险合同，不适用《中华人民共和国保险法》，且涉嫌非法经营保险业务。参加机动车辆统筹业务的车辆一旦发生重大交通事故，消费者将面临无法获得或者无法足额获得赔偿的风险。当此类公司出现撤销、破产等重大危机时，消费者的合法权益很难得到充分保障，甚至毫无保障。保险行业建立有机动车辆保险信息共享平台，在保险公司连续投保的机动车辆根据历史出险情况，能够享受不同程度的保险费折扣优惠。参加机动车辆统筹业务的车辆，以后再向保险公司投保商业车险时，无法享受连续投保及无赔款优惠。车主需全面认识到参加机动车辆统筹业务的风险，不要一味贪图便宜，还是需向合法经营车险业务的保险机构投保机动车辆交强险及商业保险。

第六十八条　设立保险公司应当具备下列条件：

（一）主要股东具有持续盈利能力，信誉良好，最近三年内无重大违法违规记录，净资产不低于人民币二亿元；

（二）有符合本法和《中华人民共和国公司法》规定的章程；

（三）有符合本法规定的注册资本；

（四）有具备任职专业知识和业务工作经验的董事、监事和高级管理人员；

（五）有健全的组织机构和管理制度；

（六）有符合要求的营业场所和与经营业务有关的其他设施；

（七）法律、行政法规和国务院保险监督管理机构规定的其他条件。

【案例 72】（2022）豫 15 民终 426 号

原告李某是 QE×号解放牌重型自卸货车实际所有人。2017 年 9 月 17 日，原告李某与被告×环保工程公司签订《车辆经营合同》，在合同中第八条明确约定"乙方（李某）必须在甲方（×环保工程公司）指定的保险公司足额投保，由甲方统一代购包括交强险、车损险、第三者责任险（第三者责任险不少于 150 万元）、乘坐险等，（乙方需要增加其他险种的另议）保险单交由甲方保存，以防保留复印件存查。保险到期前一个月，乙方应按时足额将投保费用交于甲方续保，否则由此造成的一切经济损失由乙方负责……"原告李某于 2020 年 9 月 23 日将自己所有的 QE×号解放牌重型自卸货车在被告×环保工程公司参加了机动车辆安全互助统筹，其中包含车辆损统筹、第三者责任统筹等统筹种类，约定统筹期限自 2020 年 9 月 24 日 0 时起至 2021 年 9 月 23 日 24 时止。原告李某缴清了全部统筹费后，被告×交通运输公司出具了统筹单。2020 年 10 月 14 日 15 时 30 分许，李某驾驶 QE×号解放牌重型自卸货车因路面潮湿操作不当，车辆冲至路下与路边山体相撞，造成车辆及三者路边树木、护坡受损的交通事故。此次事故经×市公安交通警察支队×勤务大队道路交通事故认定书认定，原告李某负事故的全部责任。事故发生后，经×市公安交通警察支队×勤务大队委托×保险公估股份有限公司对原告此次事故的车辆损失及三者物损损失进行评估，原告此次事故造成车辆损失金额为 186 723 元，三者路边树木、护坡损失金额为 20 090 元。原告李某支付了评估费 4 100 元、施救费用 11 500 元，上述共计 222 413 元。

一审法院另查明，原告李某于 2021 年 12 月 20 日向法院提出撤诉申请，申请撤回对×交通运输公司的起诉。

一审法院认为，《中华人民共和国保险法》第七条规定"在中华人民共和国境内的法人和其他组织需要办理境内保险的，应当向中华人民共和国境内的保险公司投保"，第六十七条规定"设立保险公司应当经国务院保险监督管理机构批准"，第六十八条规定"设立保险公司应当具备下列条件：主要股东具有持续盈利能力，信誉良好，最近三年内无重大违法违规记录，净资产不低于人民币二亿元；有符合本法和《中华人民共和国公司法》规定的章程；有符合本法规定的注册资本；有具备任职专业知识和业务工作经验的董事、监事和高级管理人员；有健全的组织机构和管理制度；有符合要求的营业场所和与经营业务有关的其他设施；法律、行政法规和国务院保险监督管理机构规定的其他条件"，根据上述法律规定，机动车辆安全统筹业务并非保险业务，经营此类业务的公司并非依法设立的保险公司，未依法取得保险业务经营许可，不能从事保险业务，所开展的"机动车辆安全统筹"也不是保险，同时，根据原告李某与被告×环保工程公司签订的《车辆经营合同》第八条约定，双方约定购买的保险为保险公司而非统筹公司，被告×环保工程公司的行为存在违约行为，因其未按照合同约定购买相应的保险，造成原告李某在车辆受损后无法通过正常的保险理赔程序获得相应的赔偿，被告×环保工程公司应当对原告李某的损失承担相应的赔偿责任。被告×环保工程公司辩称，其购买统筹保险保费较低，且经过原告李某的同意，依法应当由×交通运输公司承担赔偿责任。法院认为，原告李某作为道路运输的从业人员，其不具备识别统筹保险和传统保险之间区别的专业能力，同时，根据双方之间签订的协议约定，原告李某有理由相信被告×环保工程公司为其购买的是传统保险，被告×环保工程公司也并未提供相应的证据证明其向原告李某明确说明两种保险之间的区别以及事后可能存在理赔不能的风险，因此，法院对被告这一辩解理由不予采纳。被告×环保工程公司在向原告李某赔偿完各项损失后，可根据其与×交通运输公司之间签订的统筹保险合同依法向其进行追偿。原告李某的各项损失分别计算为：①车辆损失 186 723 元；②三者路边树木、护坡损失 20 090 元；③施救费 11 500 元；④评估费 4 100 元；原告各项损失合计 222 413 元。综上所述，依据《中华人民共和国民事诉讼法》第六十四条、第一百四十四条之规定，缺席判决：一、被告×环保工程公司于判决生效后十日内赔偿原告李某各项损失共计 222 413 元；二、驳回原告李某的其他诉讼请求。如果未按本判决指定的期限履行给付金钱义务，则应按照《中华人民共和国民事诉讼法》第二百五十三条之规定，加倍支付迟延履行期间的债务利息。本案案件受理费 2 318 元，由被告×环保工程公司负担。

二审期间，当事人围绕上诉请求依法提交了证据。本院组织当事人进行了证据交换和质证。

×环保工程公司提交了机动车交通事故责任强制保险单（电子保单）、道路危险货物承运人责任保险保险单，拟证明上诉人并未违反《车辆经营合同》第 8 条的约定，李某在上诉人指定的英×财产保险公司投保了机动车交强险，并在上诉人指定的人×财产保险公司投保了道路危险货物承运人责任保险，保险费由上诉人代收代缴；即便有证据证明李某向树木、护坡的所有权人实际支付了损失赔偿款，其也应先向保险公司理赔，案涉 QE×车辆交强险保单的保险人是英×财产保险公司，该保单中财产损失赔偿限额为 2 000 元，保险期限为 2020 年 9 月 24 日至 2021 年 9 月 24 日，案涉 QE×车辆道路危险货物承运人责任保险保单的保险人是人×财产保险公司，该保单中第三者责任保险人身伤亡及财产损失责任限额为 500 万元，保险期限为 2020 年 9 月 24 日至 2021 年 9 月 23 日。本院认为，依据双方签订的《车辆经营合同》第八条规定，×环保工程公司为李某购买了机动车交通事故责任强制保险和道路危险货物承运人责任保险，其中机动车交通事故责任强制保险中财产损失赔偿限额为 2 000 元，该 2 000 元应从三者路边树木、护坡损失中予以扣除。

×环保工程公司提交了前后两个年度的机动车辆安全互助统筹单（正本），拟证明李某在×交通运输公司购买有机动车辆安全互助统筹，其中机动车损失统筹责任限额 232 900 元，机动车第三者责任统筹责任限额 1 000 000 元，统筹的责任限额足以赔付，上诉人不应承担赔偿责任，应由×交通运输公司在统筹责任限额内予以赔付；除了在事发年度购买了统筹外，上一个年度李某也在×交通运输公司购买过机动车辆安全互助统筹，上诉人为李某等挂靠人的挂靠车辆代购机动车辆安全互助统筹，属于近年来的行业惯例，李某及其他挂靠人不可能不知情。

李某对上述两份证据质证称，该证据并非民诉法规定的新证据，不应采纳；对证据真实性无异议，但不能达到其证明目的，该两组证据只能证明上诉人为被上诉人实际所有车辆投保了强制险和责任险，并没有按照合同约定投保机动车辆损失险和三者险。本院认为，李某并未向×交通运输公司主张权利，该证据与本案二审争议的焦点问题无关联。

×环保工程公司提交了×市建筑垃圾运输处置协会出具的《情况说明》，拟证明由于近年来×市各家保险公司均不承保渣土车商业第三者责任险，上诉人无法为李某等挂靠人的挂靠车辆代购商业第三者责任险，为减少渣土运输企业及实际车主的运输风险，于是代购了具有类似替代功能的机动车辆安全互助统筹，这属于近年来×市渣土运输行业的操作惯例。李某质证称，对情况说明不予认可，仅仅是行业协会出具的，不具备证明力。本院认为，该证据与本案二审争议的焦点问题无关联。

×环保工程公司提交了×交通运输公司营业执照（副本）复印件，拟证明×交通运输公司并非保险公司，其经营的并非保险业务，而是交通安全统筹业务，因此不需要在保监会进行备案；其营业执照经营范围中包括"交通安全统筹服务"这一项业务，×交通运输公司经营机动车辆安全互助统筹是合法的；作为实际车主李某应向保险公司主张保险理赔及向×交通运输公司主张统筹理赔。李某未发表质证意见。本院认为，该证据与本案二审争议的焦点问题无关联。

×环保工程公司提交了×县人民法院（2021）豫 1728 民初 533 号民事判决书，拟证明×市×县法院于 2021 年 4 月 29 日作出的（2021）豫 1728 民初 533 号民事判决，针对同类案件，认定保险及统筹的责任限额足以理赔，认定×环保工程公司不承担赔偿责任，判决×交通运输公司在统筹责任限额内予以赔付；×县人民法院（2021）豫 1728 民初 533 号民事判决认定的施救费为 1 000 元，远远低于本案一审法院认定的施救费用 11 500 元，本案拖车施救费用 11 500 元明显过高，远远超出合理的范畴，应结合施救距离合理确定本案施救费用。李某质证称，判决书不能作为证据使用，且上诉人没有提供该判决书生效的证明。本院认为，该民事判决书所涉及事故并非本案事故，故其并非本案的证据。

本院认为，本案二审争议的焦点问题在于：1. ×环保工程公司是否应当承担责任；2. 一审判决确定的损失金额是否适当。本案中，当事人双方在《车辆经营合同》中约定李某必须在×环保工程公司指定的保险公司足额投保，并由×环保工程公司统一代购包括交强险、车损险、第三者责任险、乘坐险等，现×环保工程公司并未依照约定代李某购买上述约定的车损险、第三者责任保险，造成李某的车辆发生交通事故后无法通过正常的保险理赔程序获得相应的赔偿，×环保工程公司的行为已构成违约，故其应当承担相应的赔偿责任；一审判决依据×市公安交通警察支队×勤务大队委托鉴定而出具的评估报告和施救费的×增值税普通发票来确定车辆损失、三者物损、施救费用的金额，并无不当。

综上所述，×环保工程公司的上诉请求部分成立。本院依照《中华人民共和国民事诉讼法》第一百七十七条第一款第二项规定，判决如下：

一、撤销某人民法院（2021）豫1502民初7186号民事判决；

二、×环保工程公司于判决生效后十日内赔偿李某各项损失共计220 413元；

三、驳回李某的其他诉讼请求。

【说明】这是一起法院判决机动车辆安全统筹业务并非保险业务，经营此类业务的公司并非依法设立的保险公司，挂靠公司需承担赔偿责任的案件。

2017年9月17日，李某与×环保工程公司签订《车辆经营合同》，约定李某必须在×环保工程公司指定的保险公司足额投保，由甲方统一代购包括交强险、车损险、第三者责任险（第三者责任险不少于150万元）、乘坐险等。2020年9月23日，李某将自己的车辆在×环保工程公司参加了机动车辆安全互助统筹，其中包含车辆损统筹、第三者责任统筹等统筹种类，约定统筹期限自2020年9月24日0时起至2021年9月23日24时止。在英×财产保险公司投保交强险，财产损失赔偿限额为2 000元，保险期限为2020年9月24日至2021年9月24日；在人×财产保险公司投保车辆道路危险货物承运人责任保险，该保单中第三者责任保险人身伤亡及财产损失责任限额为500

万元，保险期限为 2020 年 9 月 24 日至 2021 年 9 月 23 日。

2020 年 10 月 14 日 15 时 30 分许，李某驾车与山体相撞，造成车辆及三者路边树木、护坡受损，李某负全部责任。经公估公司评估，事故造成车损 186 723 元，三者路边树木、护坡损失 20 090 元。李某支付了评估费 4 100 元、施救费用 11 500 元，共计 222 413 元。

一审法院判决：1. ×环保工程公司赔偿李某各项损失共计 222 413 元；2. 驳回原告李某的其他诉讼请求。二审法院判决：1. 撤销一审法院判决；2. ×环保工程公司赔偿李某各项损失共计 220 413 元；3. 驳回李某的其他诉讼请求。

保险公司的经营能力、偿付能力对社会经济的运行和社会生活的稳定都会产生直接影响。所以，设立保险公司不仅要符合公司法的规定，还要符合《保险法》的特定要求。为此，本条规定设立保险公司应当具备下列条件。

股东满足准入条件。根据《保险公司股权管理办法》第十四条、第十六条规定，保险公司股东应符合以下条件：1. 财务状况良好稳定，且有盈利；2. 具有良好的诚信记录和纳税记录；3. 最近三年内无重大违法违规记录；4. 投资人为金融机构的，应当符合相应金融监管机构的审慎监管指标要求；5. 法律、行政法规及中国保监会规定的其他条件。持有保险公司股权 15% 以上或者不足 15% 但直接或间接控制该保险公司的主要股东，还应当符合以下条件：1. 具有持续出资能力，最近三个会计年度连续盈利；2. 具有较强的资金实力，净资产不低于人民币 2 亿元；3. 信誉良好，在本行业内处于领先地位。

有符合本法和公司法规定的章程。公司章程是关于公司组织及行为的基本规则。根据保险法和公司法的规定，国有独资保险公司的章程由国家授权投资的机构或者国家授权的部门依法制定，或者由董事会制订，报国家授权投资的机构或者国家授权的部门批准。其章程应当载明下列事项：公司名称和住所；公司经营范围；公司注册资本；出资人名称；出资人转让出资的条件；公司的机构及其产生办法、职权、议事规则；公司的法定代表人；公司的解散事由与清算办法等。采取股份有限公司形式的保险公司，其公司章程由发起人制定，并经创立大会通过。公司章程应当载明下列事项：公司名称和住所；公司经营范围；公司设立方式；公司股份总数、每股金额和注册资本；发起人的姓名或者名称、认购的股份数；股东的权利和义务；董事会的组成、职权、任期和议事规则；公司法定代表人；监事会的组成、职权、任期和议事规则；公司利润分配办法；公司的解散事由与清算办法；公司的通知和公告办法等。

有符合本法规定的注册资本的最低限额。本法规定，设立保险公司，其注册资本的最低限额为人民币 2 亿元。保险公司注册资本最低限额必须为实缴货币资本。保险监督管理机构根据保险公司范围、经营规模，可以调整其注册资本的最低限额。但是，不得低于法定最低限额，即人民币 2 亿元。

有具备任职专业知识和业务工作经验的高级管理人员。保险公司的高级管理人员主要是指正副董事长、执行董事、正副总经理等人员。保险公司的业务具有专业性，需要有专业人员进行管理，以保证保险公司的业务正常运转，保护被保险人的利益。因此，本条对保险公司高级管理人员提出了资格要求，规定具备专业知识和业务工作经验的人员才能担任。

有健全的组织机构和管理制度。健全的组织机构和管理制度是保险公司有序运转的前提之一，保险公司应当按照公司法的规定设立组织机构，制定科学、严格的管理制度。

有符合要求的营业场所和与业务有关的其他设施。

第六十九条 设立保险公司，其注册资本的最低限额为人民币二亿元。

国务院保险监督管理机构根据保险公司的业务范围、经营规模，可以调整其注册资本的最低限额，但不得低于本条第一款规定的限额。

保险公司的注册资本必须为实缴货币资本。

【案例73】（2021）渝 0113 民初 6914 号

2020 年 9 月 15 日 23 时许，徐某报警称：在 × 广场，擦刮，望联系。2020 年 9 月 15 日 23 时许，报警人何某在 × 停车场内报警称车辆擦刮。经民警核实，系报警人驾驶大货车（车牌照 DYX，红岩牌，车身颜色：红色）在停车场倒车时撞到了位于后方停放的越野车（车牌照 A0×，路虎牌，车身颜色：黑色），越野车前引擎盖被撞破，无人员伤亡，大货车负全部责任。嗣后，原告×物流公司通知被告×交通运输公司对 A0×车辆定损，并将受损车辆送至×华公司维修。2020 年 9 月 24 日，×华公司出具维修结算单，载明报修时间为 2020 年 9 月 20 日，实际交车时间为 2020 年 9 月 24 日，维修内容为：前机盖喷漆、前机盖拆装饰件、水箱大框更换、前杠拆装、前杠喷漆，实收费用 72 500 元。2021 年 1 月 8 日，原告×物流公司向被告×华公司通过银行转账支付 A0×修理费 72 500 元。同日，×华公司向原告×物流公司出具发票，载明 A0×车辆维修费 72 500 元。

2020 年 8 月 18 日，原告×物流公司与被告×交通运输公司签订《机动车辆安全互助统筹单》，统筹时间为 2020 年 8 月 21 日 0 时起至 2021 年 8 月 20 日 24 时止，统筹种类为：机动车损失统筹，统筹金额 360 400 元，机动车第三者责任统筹，统筹金额 1 000 000 元，车上人员责任统筹，统筹金额 10 000 元×1，均参加不计免赔率统筹，标准统筹费合计 7 612.77 元。重要提示：被统筹人应当在交通事故发生后及时通知统筹人，涉及车辆维修由客户自主选择修理厂。机动车综合统筹条款约定：统筹人在依据本统筹合同约定计算赔款的基础上，按照下列方式免赔：（一）被统筹机动车一方负全部事故责任或单方肇事事故的，实行 20% 的事故责任免赔率。对于参统人与统筹人在参统时协商确定绝对免赔额的，本统筹在实行免赔率的基础上增加每次事故绝对免赔率。机动车第三者责任统筹约定：被统筹人或统筹机动车一方根据有关法律规定选择自行协商或由公安机关交通管理部门处理事故未确定事故责任比例的，按照下列规定确定事故责任比例：被统筹机动车一方负主要事故责任的，事故责任比例为 70%。原告×物流公司向被告×交通运输公司支付安全统筹服务费 49 232.21 元。

另外，DYX 重型自卸货车登记的所有人为×物流公司。DYX 车辆发生交通事故时的驾驶员何某持有准驾 B2 车型的驾驶证。原告×物流公司就本案诉讼于 2021 年 3 月 24 日与×律师事务所签订《法律事务委托合同》，约定×物流公司与×交通运输公司合同纠纷一案一审案件的律师费 4 000 元，并于2021 年 5 月 8 日银行转账支付律师费 4 000 元。

以上事实，有原告×物流公司当庭陈述及其提供的机动车登记证、《机动车辆安全互助统筹单》、安全统筹服务费发票、银行电子回执、驾驶证、案（事）接报回执、维修结算单、维修费发票及银行电子回执、《法律事务委托合同》、发票及银行电子回执等证据在卷为证，并经当庭质证，足以认定。

本院认为，根据《最高人民法院关于适用〈中华人民共和国民法典〉时间效力的若干规定》第一条第二款规定"民法典施行前的法律事实引起的民事纠纷案件，适用当时的法律、司法解释的规定，但是法律、司法解释另有规定的除外"，本案应适用《中华人民共和国合同法》（以下简称合同法）等法律及其他司法解释等相关规定。

根据《中华人民共和国保险法》（以下简称保险法）第六条规定"保险业务由依照本法设立的保险公司以及法律、行政法规规定的其他保险组织经营，其他单位和个人不得经营保险业务"、第六十七条第一款规定"设立保险公司应当经国务院保险监督管理机构批准"及第六十九条规定"设立保险公司，其注册资本的最低限额为人民币二亿元。国务院保险监督管理机构根据保险公司的业务范围、经营规模，可以调整其注册资本的最低限额，但不得低于本条第一款规定的限额。保险公司的注册资本必须为实缴货币资本"之内容，并参照中国银行保险监督管理委员会发布的《保险公司管理规定》第五条规定"保险业务由依照《保险法》设立的保险公司以及法律、行政法规规定的其他保险组织经营，其他单位和个人不得经营或者变相经营保险业务"的内容，本案中，被告×交通运输公司承接的交通安全统筹业务，从其出具的交通安全统筹单及华商交通安全统筹条款足以看出与日常生活经验中出现的保险单及保险条款的内容高度相似与雷同，且统筹的内容与日常生活经验中出现的保险种类均一致，从形式上看二者唯一的区别仅为"统筹"与"保险"二字之别。本院认为，被告×交通运输公司的工商登记注册经营范围并未包含保险业务，其登记设立亦未达到保险行业的市场准入条件，本案中所涉的交通安全统筹业务系被告×交通运输公司变相开展保险业务，违反了保险法及依照保险法和行政法规指定的相关部门规章的强制性规定，原被告双方就案涉车辆DYX重型自卸货车建立的《机动车辆安全互助统筹单》内容应为无效。

根据合同法第五十二条第（五）项"有下列情形之一的，合同无效：（五）违反法律、行政法规的强制性规定"和第五十八条"合同无效或者被撤销后，因该合同取得的财产，应当予以返还；不能返还或者没有必要返还的，应当折价补偿。有过错的一方应当赔偿对方因此所受到的损失，双方都有过错的，应当各自承担相应的责任"规定，被告×交通运输公司未经职能部门审批变相从事保险业务，其民事法律行为应认定无效，但其已收取原告榆祥物流的统筹对价款，应对其违规从事保险业务承担全部过错责任，并应承担原告×物流公司基于此的产生的预期保险利益损失，故原告×物流公司要求被告×交通运输公司赔偿扣除财产损失 2 000 元后的车辆修理费损失70 500元，符合法律规定，本院予以支持。

对于原告×物流公司诉请被告×交通运输公司支付律师费，因该项费用并非必须产生的损失，故本院对原告×物流公司该项诉请不予支持。

被告×交通运输公司经本院合法传唤，无正当理由，拒不到庭应诉，应承担不到庭、不举证等相应的法律后果。

为此，根据《最高人民法院关于适用时间效力的若干规定》第一条第二款，《中华人民共和国保险法》第六条、第六十七条、第六十九条，《中华人民共和国合同法》第五十二条第（五）项、第五十八条，《中华人民共和国民事诉讼法》第一百四十四条规定，判决如下：

一、被告×交通运输公司于本判决生效之日起十日内赔偿原告×物流公司车辆维修费损失70 500 元；

二、驳回原告×物流公司的其他诉讼请求。

【说明】这是一起法院判决认定某公司变相开展保险业务，违反了保险法及相关规章的强制性规定，《机动车辆安全互助统筹单》无效，并承担全部过错责任的案件。

2020 年 8 月 18 日，原告×物流公司与被告×交通运输公司签订《机动车辆安全互助统筹单》，统筹时间为 2020 年 8 月 21 日 0 时起至 2021 年 8 月 20 日 24 时止，统筹种类为：机动车损失统筹，统筹金额 360 400 元，机动车第三者责任统筹，统筹金额 1 000 000 元，车上人员责任统筹，统筹金额 10 000 元×1，均参加不计免赔率统筹，标准统筹费合计 7 612.77 元。原告×物流公司向被告×交通运输公司支付安全统筹服务费 49 232.21 元。

2020 年 9 月 15 日 23 时许，原告×物流公司大货车将他车撞损，负全部责任。2021 年 1 月 8 日，原告×物流公司支付修理费 72 500 元。原告×物流公司多次要求被告×交通运输公司按照约定支付统筹款项均被拒绝。法院判决被告×交通运输公司赔偿原告×物流公司车辆维修费损失 70 500 元（已扣除常规交强险中赔偿的财产损失 2 000 元）。

法院指出，×交通运输公司承接的交通安全统筹业务，从其出具的交通安全统筹单及条款足以看出与保险单及保险条款的内容高度相似与雷同，且统筹的内容与保险种类一致，形式上二者区别仅为"统筹"与"保险"二字之别。×交通运输公司的工商登记注册经营范围并未包含保险业务，其登记设立亦未达到保险行业的市场准入条件，交通安全统筹业务系×交通运输公司变相开展保险业务。其行为违反了保险法及依照保险法和行政法规指定的相关部门规章的强制性规定，双方建立的《机动车辆安全互助统筹单》内容无效。其民事法律行为无效，但其已收取×物流公司的统筹对价款，应对其违规从事保险业务承担全部过错责任，并应承担×物流公司基于此产生的预期保险利益损失，故判决×交通运输公司赔偿×物流公司车辆修理费损失。

注册资本是公司登记成立时所登记的财产总额。本条对保险公司注册资本的规定，包含以下内容。

设立保险公司，其注册资本的最低限额为人民币二亿元。从事经营活动的企业，都必须具备基本的责任能力，能够承担与其经营活动相适应的财产责任。对保险公司规定较高的注册资本，是为了确保保险公司有相当的资金支持其赔付能力，在出现保险事故时能够及时理赔，以保护被保险人的利益。

保险公司注册资本最低限额必须为实缴的货币资本。我国公司法规定有限责任公司的股东和股份有限公司的发起人可以用货币出资，也可以用实物、工业产权、非专利技术、土地使用权作价出资。即有限责任公司和股份有限公司的注册资本可以由货币和非货币形式折价后组成。而本条规定保险公司的注册资本最低限额必须为实缴的货币资本这一种形式，目的是保证保险公司理赔的及时性和可靠性。需要说明的是，本条仅要求保险公司注册资本的最低限额部分是实缴货币资本，而在最低限额以外，对保险公司有用的非货币出资，只要符合公司法的规定，也是可以的。

保险监督管理机构根据保险公司业务范围、经营规模，可以调整其注册资本的最低限额。但是，不得低于法定限额二亿元的规定。本条关于保险公司注册资本最低限额的规定，是针对一般的保险公司而言的，是最基本的要求。但是每家保险公司的业务范围不一样，经营规模也不一样。如果保险公司的业务范围大，经营规模大，就需要对其规定更高的注册资本数额，以确保其偿付能力，而这样具体的内容不便在法律中作出规定。为此，本条授权保险监督管理机构根据保险公司业务范围和经营规模，可以调整其注册资本的最低限额，但是只能高于本条规定的最低限额，即不能作出低于二亿元的规定。

第七十条　申请设立保险公司，应当向国务院保险监督管理机构提出书面申请，并提交下列材料。

（一）设立申请书，申请书应当载明拟设立的保险公司的名称、注册资本、业务范围等；

（二）可行性研究报告；

（三）筹建方案；

（四）投资人的营业执照或者其他背景资料，经会计师事务所审计的上一年度财务会计报告；

（五）投资人认可的筹备组负责人和拟任董事长、经理名单及本人认可证明；

（六）国务院保险监督管理机构规定的其他材料。

【说明】本条是对申请设立保险公司应当提交的文件、资料的规定。根据本法规定，设立保险公司必须经国务院保险监督管理机构批准。《保险法》对申请设立与审批规定了两道程序，即初步申请与批准筹建，正式申请与批准设立。本条是对初步申请的具体规定，要求申请人应当提交下列文件、资料。

设立申请书，申请书应当载明拟设立的保险公司的名称、注册资本、业务范围等。1. 公司名称：根据公司登记管理条例的规定，设立公司应当申请名称的预先核准。法律、行政法规规定必须报经审批或者公司经营范围中有法律、行政法规规定必须报经审批的项目的，应当在报送审批前办理公司名称的预先核准，并以公司登记机关核准的公司名称报送审批。所以，申请人要在初步申请报保险监督管理机构审批前先到工商行政管理部门进行公司名称的预先核准，以核准的名称报送。2. 注册资本：根据本法规定，保险公司的注册资本不能低于二亿元或者保险监督管理机构规定的最低限额，并且这个最低限额必须是实缴的货币资本。3. 业务范围：保险公司的业务范围，财产保险业务包括财产损失保险、责任保险、信用保险等保险业务；人身保险业务包括人寿保险、健康保险、意外伤害保险等保险业务。同一保险人不得同时兼营财产保险业务和人身保险业务；但是，经营财产保险业务的保险公司经保险监督管理机构核定，可以经营短期健康保险业务和意外伤害保险业务。保险公司不得兼营本法及其他法律、行政法规规定以外的业务。所以申请人要严格依照本法上述规定确定业务范围。

可行性研究报告：其主要内容是通过对保险市场现状及近期和远期保险市场需求情况进行调查分析，说明设立保险公司的必要性；通过对拟设立的保险公司的资金、业务范围、承保能力、组织机构等方面进行系统分析和科学论证，对产生的经济效益和社会效益进行综合测算，说明设立保险公司的可行性。

筹建方案：包括筹备组设置、工作职责和工作计划，拟设立的保险公司的股权结构，理顺股权关系的总体规划和操作流程，公司的名称和业务类别等。

投资人的营业执照或者其他背景资料，经会计师事务所审计的上一年度财务会计报告：根据持股比例、资质条件和对保险公司经营管理的影响，保险公司股东分为财务Ⅰ类股东、财务Ⅱ类股东、战略类股东、控制类股东。不同类别股东提供的财务信息材料要求不同，财务Ⅰ类股东经会计师事务所审计的最近一年的财务会计报告，财务Ⅱ类股东经会计师事务所审计的最近二年的财务会计报告，境外金融机构、战略类股东、控制类股东经会计师事务所审计的最近三年的财务会计报告。

投资人认可的筹备组负责人和拟任董事长、经理名单及本人认可证明：投资人关于认可筹备组负责人和拟任董事长、总经理任职的确认书，筹备组负责人基本情况、本人认可证明，拟任董事长、总经理的任职资格申请表，身份证明和学历学位证书复印件。

国务院保险监督管理机构规定的其他材料。

第七十一条　国务院保险监督管理机构应当对设立保险公司的申请进行审查，自受理之日起六个月内作出批准或者不批准筹建的决定，并书面通知申请人。决定不批准的，应当书面说明理由。

【说明】保险监督管理机构收到申请人提交的初步申请文件、资料后，要审查申请人拟定的注册资本及业务范围等事项是否符合本法规定，对可行性研究报告进行评估、分析，对符合要求的，批准筹建。重点审查以下内容：申报材料的完备性；保险公司决策程序的合规性；股东资质及其投资行为的合规性；资金来源的合规性；股东之间的关联关系；国务院保险监督管理机构认为需要审查的其他内容。国务院保险监督管理机构应当对投资人进行风险提示，并听取拟任董事长、总经理对拟设保险公司在经营管理和业务发展等方面的工作思路。

第七十二条 申请人应当自收到批准筹建通知之日起一年内完成筹建工作；筹建期间不得从事保险经营活动。

【说明】 经中国银保监会批准筹建保险公司的，申请人应当自收到批准筹建通知之日起 1 年内完成筹建工作。筹建期间届满未完成筹建工作的，原批准筹建决定自动失效。筹建机构在筹建期间不得从事保险经营活动。筹建期间不得变更主要投资人。

申请人应当依照本法和公司法的规定进行保险公司的筹建。比如，依法制定公司章程；筹集资本，国有独资公司由国家授权投资的机构或者国家授权的部门出资，以发起方式设立的股份有限公司，由发起人缴纳全部股款，以募集方式设立的股份有限公司经国务院证券管理部门批准后，向社会募集股份；到法定验资机构验资；确定经营场所、设置业务机构；制定公司经营方针和内部管理制度；建立符合公司法要求的组织机构；确定公司高级管理人员等。

第七十三条 筹建工作完成后，申请人具备本法第六十八条规定的设立条件的，可以向国务院保险监督管理机构提出开业申请。

国务院保险监督管理机构应当自受理开业申请之日起六十日内，作出批准或者不批准开业的决定。决定批准的，颁发经营保险业务许可证；决定不批准的，应当书面通知申请人并说明理由。

【说明】 在具备了本法规定的保险公司应当具备的条件后，申请人再向保险监督管理机构提出正式申请，并按规定提交有关文件和资料，由保险监督管理机构进行审查，决定是否批准设立保险公司。本条就是对保险监督管理机构收到正式申请文件后审批期限的规定，要求保险监督管理机构自收到设立保险公司的正式申请文件之日起六个月内，应当作出批准或者不批准的决定。这样规定，一方面是为了保护申请人的利益，防止保险监督管理机构对保险公司的设立申请久拖不决；另一方面，根据本法的规定，对保险公司的审批既要符合法定条件，又要考虑保险业的发展和公平竞争的需要，因此审批应当谨慎、严格，综合考虑。所以本条对保险公司审批时间的规定比公司法对一般公司审批时间的规定要长。

设立保险公司实行许可证制度，由保险监督管理机构对符合本法规定条件的申请人颁发经营保险业务许可证。这是设立保险公司的资格证明，证明其具备从事保险业务的能力。但许可证仅仅是一种资格证明，并不代表公司已经成立，并不能据此进行保险经营活动。根据公司法和公司登记管理条例的规定，设立公司必须到工商行政管理机关进行登记。只有依法进行登记，取得营业执照后，公司才告成立，才能从事经营活动，保险公司当然也不能例外。由于保险业务的特殊性，本法规定了保险公司进行公司登记前由保险监督管理机构进行审批的程序。所以，本条规定经保险监督管理机构批准设立的保险公司，还应当凭经营保险业务许可证向工商行政管理机关办理公司登记，领取营业执照。

第七十四条　保险公司在中华人民共和国境内设立分支机构，应当经保险监督管理机构批准。

保险公司分支机构不具有法人资格，其民事责任由保险公司承担。

【案例74】（2019）鲁1191民初440号

2017年11月21日，原告费某在被告某保险公司投保了人身意外伤害保险，保障内容为×安交通工具意外伤害保险（火车、轮船、乘坐汽车意外伤害保险责任各20万元）、×瑞A款意外伤害保险（意外伤害残疾保险金、意外伤害身故保险金各为10万元）、附加×禄意外住院津贴医疗保险（保险金额9 000元）、附加×泰A款意外伤害医疗保险（保险金额1万元）。保险期间自2017年11月22日0时起至2018年11月21日24时止。原告费某向被告某保险公司支付了保费30元。

2018年7月1日17时38分，案外人丁某驾驶普通摩托车行驶至204国道354公里西300米时，与原告费某驾驶的电动自行车相撞，致费某受伤。当日，某市公安局交通警察支队经济技术开发区大队作出道路交通事故认定书，认定案外人丁某负事故的主要责任，费某负事故的次要责任。费某受伤后在某市中医院住院治疗 49 天，支出医疗费 52 675.56 元。2019 年 2 月 22 日，经某法医司法鉴定所鉴定，费某的左上肢损伤评定为十级伤残，左下肢损伤评定为十级伤残。费某为此支付鉴定费 1 300.00 元。

本案审理过程中，被告某保险公司提交某保险股份有限公司×瑞 A 款意外伤害保险利益条款，在上述保险利益条款中，意外伤害残疾保险金按《人身保险伤残评定标准及代码》伤残程度等级相对应的给付比例计算并给付意外伤害残疾保险金：意外伤害残疾保险金 = 意外伤害残疾保险金额×伤残程度等级相对应的给付比例。对于被保险人因同一意外事故造成两处或两处以上伤残的，应对各处伤残程度分别进行评定，如几处伤残程度等级不同，本公司按照最重的伤残程度等级相对应的给付比例给付意外伤害残疾保险金；如两处或两处以上伤残程度等级相同且为最重的伤残程度等级，该伤残程度等级在原评定基础上最多晋升一级，但最高晋升至第一级。在某保险公司提交的某人寿保险股份有限公司祥禄 A 款意外住院津贴医疗保险利益条款中，被保险人在本合同保险期间内发生意外伤害并因该意外伤害在本公司认可医院（详见释义）住院（详见释义）治疗的，本公司自被保险人每次住院第一日给付意外伤害住院津贴保险金：意外伤害住院津贴保险金 = 每份日津贴额×份数×住院天数，每份日津贴额为 10 元。

本院经审查认为，保险合同成立后，投保人按照约定支付保险费，保险人按照约定的时间开始承担保险责任。保险合同对双方当事人具有约束力。原告费某在某保险公司投保了人身意外伤害保险，并履行了支付保费义务，被告某保险公司亦应根据保险合同履行其义务。

关于意外伤害残疾保险金计算问题。本院认为，虽某人寿保险股份有限公司×瑞 A 款意外伤害保险利益条款中载明了意外伤害残疾赔偿金应按照《人身保险伤残评定标准及代码》伤残程度等级相对应的给付比例计算给付伤害残疾赔偿金，还载明对于两处伤残程度等级相同的在原评定基础上最多晋升一级等内容，但人身保险伤残评定标准与其他伤残评定标准比较，显然更为严苛，若以此标准评残将减轻保险人的保险责任，对于两处伤残程度等级相同的在原评定基础上最多晋升一级的内容亦属于减轻保险人的保险责任。根据《最高人民法院关于适用〈中华人民共和国保险法〉若干问题的解释（二）》第九条第一款"保险人提供的格式合同文本中的责任免除条款、免赔额、免赔率、比例赔付或者给付等免除或者减轻保险人责任的条款，可以认定为保险法第十七条第二款规定的'免除保险人责任的条款'"的规定，上述条款应属于免除保险人责任的条款。对于上述条款的原告知晓情况，被告某保险公司提交了两份手机打印截图欲以证实，但上述两份手机打印截图并未能体现出被告已履行将上述条款明确告知或提示原告的义务。故原告费某依据与被告某保险公司签订的保险合同要求被告支付意外伤残保险金（39 549.00 元 ×0.12 ×19 年 =90 171.72 元）的诉讼请求，本院予以支持。

关于意外伤害住院津贴保险金，依据某人寿保险股份有限公司 × 禄 A 款意外住院津贴医疗保险利益条款，意外伤害住院津贴保险金 = 每份日津贴额 × 份数 × 住院天数，每份日津贴额为 10 元。本案原告费某在某市中医院住院治疗 49 天，按照保险合同约定，意外伤害住院津贴保险金应为 10 元/天 ×1 份 ×49 天 =490.00 元。

关于意外医疗保险金 10 000.00 元，原、被告双方签订的保险合同约定明确，且被告予以认可，故对原告的该项诉讼请求，本院予以支持。

对于原告主张的护理费、误工费、交通费、伙食费、营养费、鉴定费等费用，本院认为，原告主张的上述赔偿金额系依据侵权责任赔偿标准计算的赔偿金额，而原、被告之间系保险合同关系，被告应根据保险合同的约定承担保险赔偿责任，故原告对于上述费用的诉讼请求，本院不予支持。

关于被告某人寿保险股份有限公司某营销服务部是否承担责任问题。根据《中华人民共和国保险法》第七十四条"保险公司在中华人民共和国境内设立分支机构，应当经保险监督管理机构批准。保险公司分支机构不具有法人资格，其民事责任由保险公司承担。"的规定，对于原告费某要求被告某人寿保险股份有限公司某营销服务部承担责任的诉讼请求，本院不予支持。

综上所述，依照《中华人民共和国保险法》第十四条、第十七条、第二十三条第一款、第七十四条，《最高人民法院关于适用〈中华人民共和国保险法〉若干问题的解释（二）》第十一条、《中华人民共和国合同法》第一百零七条之规定，判决如下：

一、被告某人寿保险股份有限公司于本判决生效之日起十五日内在意外伤害残疾保险金限额内支付原告费某保险理赔金 90 171.72 元。

二、被告某人寿保险股份有限公司于本判决生效之日起十五日内在意外伤害住院津贴保险金限额内支付原告费某保险理赔金 490.00 元。

三、被告某人寿保险股份有限公司于本判决生效之日起十五日内在意外医疗保险金限额内支付原告费某保险理赔金 10 000.00 元。

四、驳回原告费某其他诉讼请求。

【说明】这是一起法院不予支持要求被告某人寿保险公司某营销服务部承担责任的诉讼请求，判决被告某人寿保险公司承担赔偿责任的案件。

费某投保交通工具意外伤害、意外伤害残疾、意外伤害身故、意外住院津贴医疗、意外伤害医疗等险种保险。后因意外致残。费某主张某人寿保险公司某营销服务部承担赔偿责任，法院判决某人寿保险公司承担赔偿责任。

保险公司的分支机构，是指保险公司在我国境内外设立的、构成保险公司组成部分的、不能独立承担民事责任的、以自己的名义开展保险业务的机构；分支机构的名称有保险公司的分公司、支公司或办事处。保险公司对其设立的分支机构的所有活动负责。但是，由于保险公司的分支机构可以直接以分支机构的名义开展保险业务，所以，保险监督管理机构必须对保险公司的分支机构加以监督管理。本条共两款：第一款规定，保险公司设立分支机构，应当经过批准；第二款规定，保险公司的分支机构的责任，由保险公司承担。保险公司分支机构在诉讼活动中不能履行义务、承担责任的，由具有法人资格的保险公司承担，可执行法人财产。因为分支机构是总公司的派出机构，它和总公司一样，具有开展保险业务的能力，只是不具备法人资格而已。所以，法律规定要经保险监督管理机构批准，以便严格管理保险市场，使分支机构的设立有利于保险业务的发展和公平竞争的需要。同时，分支机构应取得经营保险业务的许可证。

分支机构有自己的营业场所和设施，有一定的营运资金，但在法律上仍然是总公司的一个组成部分。这主要体现在：（1）除公司委派的负责人以外，它没有自己的权力机关，各项重大事项要服从总公司权力机关或者经营决策机关的决定。（2）它没有自己独立的财产，其营运资金是由总公司拨付的，属于总公司资本的一部分。分支机构的财务核算虽然有其相对独立性，但不是完整的独立核算，其本身不是独立的纳税主体。从公司财务会计角度讲，分支机构尽管可能设会计人员和会计工作必要的账册，但都是本公司财务工作的组成部分。（3）分支机构不是独立的民事主体，不能独立承担民事责任，不具有法人资格，其民事责任由总公司承担。（4）在名称上，要写明是分支机构，并且要在分支机构前冠以总公司的名称，以表明隶属关系。

诉讼实践中，保险公司分支机构可以作为适格被告，最高人民法院《关于适用〈中华人民共和国保险法〉若干问题的解释（二）》第二十条规定："保险公司依法设立并取得营业执照的分支机构属于《中华人民共和国民事诉讼法》第四十八条规定的其他组织，可以作为保险合同纠纷案件的当事人参加诉讼。"

第七十五条　保险公司申请设立分支机构，应当向保险监督管理机构提出书面申请，并提交下列材料：

（一）设立申请书；

（二）拟设机构三年业务发展规划和市场分析材料；

（三）拟任高级管理人员的简历及相关证明材料；

（四）国务院保险监督管理机构规定的其他材料。

【说明】《保险公司管理规定》第十五条规定，保险公司分支机构的层级依次为分公司、中心支公司、支公司、营业部或者营销服务部。保险公司可以不逐级设立分支机构，但其在住所地以外的各省、自治区、直辖市开展业务，应当首先设立分公司。保险公司可以不按照前款规定的层级逐级管理下级分支机构；营业部、营销服务部不得再管理其他任何分支机构。

《保险公司管理规定》第十八条规定，保险公司设立分支机构，应当提出设立申请，并符合下列条件：（一）上一年度偿付能力充足，提交申请前连续两个季度偿付能力均为充足；（二）保险公司具备良好的公司治理结构，内控健全；（三）申请人具备完善的分支机构管理制度；（四）对拟设立分支机构的可行性已进行充分论证；（五）在住所地以外的省、自治区、直辖市申请设立省级分公司以外其他分支机构的，该省级分公司已经开业；（六）申请人最近两年内无受金融监管机构重大行政处罚的记录，不存在因涉嫌重大违法行为正在受到中国保监会立案调查的情形；（七）申请设立省级分公司以外其他分支机构，在拟设地所在的省、自治区、直辖市内，省级分公司最近两年内无受金融监管机构重大行政处罚的记录，已设立的其他分支机构最近六个月内无受重大保险行政处罚的记录；（八）有申请人认可的筹建负责人；（九）中国保监会规定的其他条件。

第七十六条 保险监督管理机构应当对保险公司设立分支机构的申请进行审查，自受理之日起六十日内作出批准或者不批准的决定。决定批准的，颁发分支机构经营保险业务许可证；决定不批准的，应当书面通知申请人并说明理由。

【说明】《保险公司管理规定》第十九条规定，设立分支机构，申请人应当提交下列材料一式三份：（一）设立申请书；（二）申请前连续两个季度的偿付能力报告和上一年度经审计的偿付能力报告；（三）保险公司上一年度公司治理结构报告以及申请人内控制度；（四）分支机构设立的可行性论证报告，包括拟设机构3年业务发展规划和市场分析，设立分支机构与公司风险管理状况和内控状况相适应的说明；（五）申请人分支机构管理制度；（六）申请人作出的其最近二年无受金融监管机构重大行政处罚的声明；（七）申请设立省级分公司以外其他分支机构的，提交省级分公司最近二年无受金融监管机构重大行政处罚的声明；（八）拟设机构筹建负责人的简历以及相关证明材料；（九）中国保监会规定提交的其他材料。

保险监督管理机构应当对保险公司设立分支机构的申请进行审查，设立保险公司分支机构同样实行许可证制度，由保险监督管理机构对符合本法规定条件的申请人颁发经营保险业务许可证。

第七十七条　经批准设立的保险公司及其分支机构，凭经营保险业务许可证向工商行政管理机关办理登记，领取营业执照。

【案例75】（2015）鄂民四终字第00028号

×保险江西分公司原审诉称：2013年8月26日，文×船务运输公司（以下简称文×船务运输公司）委托×林公司，从武汉运输一批由其承保的玻璃至重庆，承运船舶为王某1、王某2所有的"×亚"轮。该轮于2013年9月5日在×建设码头等待卸货，靠泊过程中与岸壁碰撞，导致该轮翻覆，所载货物受损。×保险江西分公司依保险合同就货损向被保险人文×船务运输公司作出了保险赔付共计人民币1 391 104.63元，并取得代位求偿权。×海事局经调查对涉案事故作出2014年第001号《水上交通事故调查结论书》，认定涉案事故系因"×亚"轮货物积载不当、船舶完整性不满足规定要求，未进行有效系固，靠泊时操作不当，船公司日常管理不到位，×建设码头未能提供良好靠泊作业条件和采取保障安全靠泊的有效措施造成。据此，×保险江西分公司诉请法院判令×林公司、王某1、王某2、×建设港务有限公司连带赔偿损失1 391 104.63元，并承担本案诉讼费用。

一审认为，本案系通海水域财产损害责任纠纷。根据《中华人民共和国保险法》（以下简称《保险法》）第六十条关于"因第三者对保险标的的损害造成保险事故的，保险人自向被保险人赔偿保险金之日起，在赔偿金额范围内代位行使被保险人对第三者请求赔偿的权利"的规定，对保险标的因保险事故受到损害，向第三者请求赔偿的权利主体应当是保险人。×保险江西分公司不是涉案货物的保险人，与本案没有直接利害关系，其在本案中不是适格的诉讼主体，即无权代为行使被保险人文×船务运输公司对本案被告请求赔偿货损的权利。依照《中华人民共和国民事诉讼法》（以下简称《民事诉讼法》）第一百一十九条第（一）项、第一百五十四条第一款（三）项的规定，裁定如下：驳回×保险江西分公司的起诉。案件受理费 17 320 元，×保险江西分公司起诉时已预交，原审予以退还。

×保险江西分公司不服一审裁定，向二审法院提起上诉，请求撤销原裁定并指令原审法院对本案进行审理。其理由为：原裁定认定×保险江西分公司不是本案适格主体错误。1. 虽然涉案保单上加盖有中国×财产保险股份有限公司保单专用章，但此专用章属于×保险总公司及下属分支机构保单统一用章，且保险单上注明的签单公司地址正是上诉人公司地址；2. 涉案保险合同保费发票上载明是"中国×财产保险股份有限公司都昌支公司"（以下简称都昌支公司），该公司正是上诉人的下属支公司，因本案保险理赔款为 1 391 104.63 元，超出了都昌支公司的赔偿权限，经上诉人及都昌支公司内部确认，涉案货物的保险赔偿责任由上诉人承担；3. 涉案被保险人文×船务运输公司出具的《财产保险索赔申请书》《赔付意向及权益转让书》《赔付确认书》等均可以证实，×保险江西分公司作为涉案保险合同的保险人，向被保险人文×船务运输公司支付了保险赔偿款，文×船务运输公司将其对第三者的赔偿请求权依法转让给了×保险江西分公司。

×林公司答辩称，涉案船舶所有人是王某 2 和王某 1，该船舶只是挂靠在×林公司，故对争议的涉案事实，×林公司并不知晓。

×建设港务有限公司答辩称，1. 保单上注明的公司地址是×保险江西分公司，不能说明保险人就是该公司；2. 保费发票是×保险江西都昌支公司，恰好说明保险人不是×保险江西分公司。至于上诉人称由于本案赔偿数额超出都昌支公司权限，遂决定由×保险江西分公司赔付，属于×公司内部操作流程，不能约束合同主体以外的第三人。请求驳回×保险江西分公司的上诉，维持原裁定。

×保险江西分公司向法庭提交了如下证据：1. 涉案保单一份，用以证明本案保险关系的存在；2. 涉案保费发票一张，用以证明保险合同的保险人并非平安保险总公司；3. 文×船务运输公司出具的《财产保险索赔申请书》

《赔付意向及权益转让书》《赔付确认书》，用以证明支付涉案保险赔款及取得代位求偿权的均是×保险江西分公司；4.×银行转账单一张，用以证明×保险江西分公司向文×船务运输公司支付了保险赔款；5.加盖有×保险总公司保单专用章的一份《机动车交通事故责任强制险保险单》及相应的保单专用发票，该保单保险人为×保险总公司下属支公司。用以证明，×保险总公司保单专用章是该公司各类保单的统一用章。

×林公司、×建设港务有限公司对上述证据1的真实性予以认可，但认为该证据上的保单专用章恰好说明保险人是×保险总公司。对证据2、证据3的真实性有异议，且认为不能达到上诉人的证明目的。对于证据4的真实性无异议，但认为该转账单上账户名称为×某保险总公司，无法达到上诉人的证明目的。对证据5的真实性无异议，但认为与本案无关联，不能达到上诉人的证明目的。

二审法院认为，对于证据1、证据4、证据5，当事人均认可其真实性，本院对其真实性予以确认。对其余证据，属案件实体审理范畴，本院不作实质性评判。

二审法院认为，虽然涉案保单加盖的是×保险总公司保单专用章，但不能仅因此即认为×保险江西分公司不是涉案保险合同的保险人，不是本案适格的诉讼主体，并因此驳回其起诉。理由：1.《保险法》第七十四条规定"保险公司在中华人民共和国境内设立分支机构，应当经保险监督管理机构批准。保险公司分支机构不具有法人资格，其民事责任由保险公司承担"。第七十七条规定"经批准设立的保险公司及其分支机构，凭经营保险业务许可证向工商行政管理机关办理登记，领取营业执照"。×保险总公司是经国务院保险监督管理机构批准设立的保险公司，其因经营活动及业务开展需要，在中华人民共和国境内设立了多家分支机构，这些分支机构可以从事签订保险合同、开展理赔等业务。《民事诉讼法》第四十八条第一款规定"公民、法人和其他组织可以作为民事诉讼的当事人"，《最高人民法院关于适用〈中华人民共和国民事诉讼法〉的解释》第五十二条规定"民事诉讼法第四十八条规定的其他组织是指合法成立、有一定组织机构和财产，但又不具备法人资格的组织，包括：……（五）依法设立并领取营业执照的法人的分支机构。……"因此，保险人所设立的分支机构可以从事保险经营活动，且为诉讼便利之故被赋予诉讼主体资格。初步证据显示，本案中×保险江西分公司就涉案保险事故作出赔付、被保险人出具权益转让书而取得了对相关责任人的代位求偿权，其享有对保险事故发生的责任人的诉权。2.×保险江西分公司行使的是代位权，其虽然是以自己的名义，但却是代替文×船务运输公司向本案被上诉人主张权利。在此情况下，四被上诉人得以与文×船务运输公司之间的相关抗辩事由来对抗×保险江西分公司，不得以文×船务运输公司与保险人之间的保险合同关系来对抗行使代位求偿权的保险人。

综上所述，原审裁定驳回中国×财产保险股份有限公司江西分公司起诉不当。本院依照《中华人民共和国民事诉讼法》第一百七十一条、《最高人民法院关于适用〈中华人民共和国民事诉讼法〉的解释》第三百三十二条，裁定如下：

一、撤销×海事法院（2014）武海法事字第00081号民事裁定书；

二、指令×海事法院对本案进行审理。

【说明】这是一起法院援引《保险法》第七十七条规定，用以证明保险人所设立的分支机构可以从事保险经营活动，且为诉讼便利之故被赋予诉讼主体资格的案件。

文×船务运输公司向×保险公司都昌支公司为一批玻璃投保财产险，2013年8月26日，文×船务运输公司委托×林公司，将该批玻璃从武汉运至重庆，由王某1、王某2所有并挂靠在×林公司的船舶承运。2013年9月5日，船舶在×码头靠泊过程中与岸壁碰撞，导致该轮翻覆，所载货物受损。货损金额1 391 104.63元，因该金额超出×保险都昌支公司的赔偿权限，故由其上级公司×保险江西分公司向被保险人文×船务运输公司赔付1 391 104.63元。文×船务运输公司将其对第三者的赔偿请求权依法转让给了×保险江西分公司。根据《水上交通事故调查结论书》，×保险江西分公司诉请法院判令×林公司、王某1、王某2、×建设港务有限公司连带赔偿损失

1 391 104.63元。一审法院裁定×保险江西分公司不是适格主体，驳回其起诉。×保险江西分公司上诉后二审法院裁定撤销一审法院裁定书，指令一审法院对本案进行审理。

保险公司可以在我国境内外设立分支机构。保险公司通过分支机构开展保险业务，在经济上可以节省开办公司和运营公司的费用。保险公司的分支机构，是指保险公司在我国境内外设立的、构成保险公司组成部分的、不能独立承担民事责任的、以自己的名义开展保险业务的机构；分支机构的名称有保险公司的分公司、支公司或办事处。保险公司对其设立的分支机构的所有活动负责。因为分支机构是总公司的派出机构，它和总公司一样，具有开展保险业务的能力，只是不具备法人资格而已。所以，法律规定要经保险监督管理机构批准，以便严格管理保险市场，使分支机构的设立有利于保险业务的发展和公平竞争的需要。同时，分支机构应取得经营保险业务的许可证。

本案二审法院指出，《保险法》第七十四条规定"保险公司在中华人民共和国境内设立分支机构，应当经保险监督管理机构批准。保险公司分支机构不具有法人资格，其民事责任由保险公司承担"。第七十七条规定"经批准设立的保险公司及其分支机构，凭经营保险业务许可证向工商行政管理机关办理登记，领取营业执照"。×保险总公司是经国务院保险监督管理机构批准设立的保险公司，其因经营活动及业务开展需要，在中华人民共和国境内设立了多家分支机构，这些分支机构可以从事签订保险合同、开展理赔等业务。《民事诉讼法》第四十八条第一款规定"公民、法人和其他组织可以作为民事诉讼的当事人"，《最高人民法院关于适用〈中华人民共和国民事诉讼法〉的解释》第五十二条规定"民事诉讼法第四十八条规定的其他组织是指合法成立、有一定组织机构和财产，但又不具备法人资格的组织，包括：……（五）依法设立并领取营业执照的法人的分支机构。……"因此，保险人所设立的分支机构可以从事保险经营活动，且为诉讼便利之故被赋予诉讼主体资格。并进一步指出，初步证据显示，本案中×保险江西分公司就涉案保险事故作出赔付、被保险人出具权益转让书而取得了对相关责任人的代位求偿权，其享有对保险事故发生的责任人的诉权。

第七十八条 保险公司及其分支机构自取得经营保险业务许可证之日起六个月内，无正当理由未向工商行政管理机关办理登记的，其经营保险业务许可证失效。

【说明】 设立保险公司及其分支机构首先要经保险监督管理机构批准，由批准部门颁发经营保险业务许可证，并凭经营保险业务许可证向工商行政管理机关办理登记，领取营业执照。本条是对取得经营保险业务许可证后进行公司登记期限的规定，要求保险公司及其分支机构自取得经营保险业务许可证之日起六个月内办理公司设立登记，无正当理由超过六个月未办理公司设立登记的，其经营保险业务许可证自动失效，即保险监督管理机构颁发的经营保险业务许可证只有六个月的有效期。本条作这样的规定，一方面是为了督促申请人及时进行公司登记，以便保险监督管理机构从宏观上把握保险公司及其分支机构的设立情况。另一方面，本条的规定也是为了严格审批手续，即超过六个月期限后，即使申请人的情况未发生任何变化，若要继续设立保险公司，应当重新按照本法的规定进行申请，由保险监督管理机构依法进行审查批准。

第七十九条 保险公司在中华人民共和国境外设立子公司、分支机构，应当经国务院保险监督管理机构批准。

【说明】 保险公司可以在我国境外设立子公司、分支机构。保险公司可以通过境外子公司、分支机构开展和联系保险业务。保险监督管理机构依法对保险公司的境外子公司、分支机构加以监督管理。保险公司设立境外子公司、分支机构，应当经过国务院保险监督管理机构批准。

我国的保险公司在中华人民共和国境外设立子公司、分支机构必须经国务院保险监督管理机构批准，目的是使保险监督管理机构掌握保险公司在境外设立子公司、分支机构的情况，同时这种批准也可以作为保险公司向境外申请设立子公司、分支机构时我国政府有关部门出具的证明。

《保险公司设立境外保险类机构管理办法》规定保险公司设立境外保险类

机构的，应当具备下列条件：（一）开业二年以上；（二）上年末总资产不低于50亿元人民币；（三）上年末外汇资金不低于1 500万美元或者其等值的自由兑换货币；（四）偿付能力额度符合中国银保监会有关规定；（五）内部控制制度和风险管理制度符合中国银保监会有关规定；（六）最近二年内无受重大处罚的记录；（七）拟设立境外保险类机构所在的国家或者地区金融监管制度完善，并与中国保险监管机构保持有效的监管合作关系；（八）中国银保监会规定的其他条件。

第八十条　外国保险机构在中华人民共和国境内设立代表机构，应当经国务院保险监督管理机构批准。代表机构不得从事保险经营活动。

【说明】外国保险公司可以在我国境内设立代表机构，通过代表机构开展和联系保险业务。外国保险公司的代表机构，是指外国保险公司在我国境内设立的、代表保险公司开展保险业务的机构。外国保险公司对其设立的代表机构的所有活动负责。保险监督管理机构依法对外国保险公司的代表机构加以监督管理。外国保险公司在我国境内设立代表机构，应当经过保险监督管理机构批准。

代表机构是外国保险机构在我国境内设立的非直接从事保险经营活动的机构。代表机构的职能是调查研究，搜集情况，为外国保险机构提供驻在地有关保险方面的信息，起到外国保险机构与驻在地的沟通、联络作用。外国保险机构设立代表机构，由代表机构在驻地摸情况，打基础，待条件成熟后，再设立分支机构，开展保险业务。代表机构与分支机构同是外国保险机构的派出机构，但这两个机构的性质不同。分支机构可以依法直接从事经营活动，其应依法注册登记，取得非法人营业执照，在核准的经营范围内开展保险业务。而代表机构只能从事非直接的经营活动，不能直接开展保险业务，其规模要比分支机构小。

第八十一条　保险公司的董事、监事和高级管理人员，应当品行良好，熟悉与保险相关的法律、行政法规，具有履行职责所需的经营管理能力，并在任职前取得保险监督管理机构核准的任职资格。

保险公司高级管理人员的范围由国务院保险监督管理机构规定。

【案例 76】（2020）最高法行申 5140 号

2018 年 4—6 月，原中国保险监督管理委员会财险部根据收到的×财产保险股份有限公司（以下简称×财险）有关举报件，委托原湖北保监局对×财险高管人员任职资格管理情况进行现场检查。检查发现，×财险存在聘任不具有任职资格人员担任公司高管的问题。具体情况如下：2016 年 2 月 25 日，×财险下发长财险人（2016）105 号《关于赵某任职的通知》（以下简称 105 号通知），"拟聘任赵某为湖北分公司副总经理，其任职需经监管部门任职资格核准后方可任命"。2017 年 7 月 13 日，×财险下发 307 号通知，明确"赵某任湖北分公司副总经理，免去赵某武汉分公司总经理职务。"2017 年 10 月 16 日，湖北分公司下发×财险人（2017）53 号《关于领导班子成员分工的通知》，明确"副总经理赵某同志，协助分公司总经理分管分公司办公室、财务部"。2018 年 4 月 26 日，经×财险下发 200 号《关于赵某职务任免的通知》（以下简称 200 号通知），免去赵某湖北分公司副总经理兼办公室经理职务。截至检查组进场，赵某尚未取得保险监管部门核准的省级分公司副总经理的任职资格。检查认为，×财险的上述问题，时任×财险党委书记王某、时任湖北分公司副总经理赵某、时任×财险人力资源部副总经理赵某 2 应负有直接责任。2018 年 8 月 18 日，中国银保监会向×财险及相关负责人员印发银保监保罚告字（2018）2 号《行政处罚事先告知书》。根据王某及案件当事人赵某、赵某 2 的申请，中国银保监会于 2018 年 11 月 13 日举行听证会。2019 年 2 月 21 日，中国银保监会作出银保监罚决字（2019）2 号行政处罚决定（以下简称 2 号处罚决定），认为×财险聘任不具有任职资格人员担任公司高管的行为，违反《保险法》第八十一条规定，根据该法第一百六十七条规定，决定对×财险罚款 10 万元；根据该法第一百七十一条规定，对王某警告并罚款 10 万元，对赵某警告并罚款 5 万元，对赵某 2 警告并罚款 5 万元。2019 年 3 月 20 日，中国银保监会向王某送达 2 号处罚决定书。王某不服，申请行政复议。2019 年 3 月 26 日，中国银保监会收到王某的行政复议申请材料。中国银保监会经审查后予以受理，并依程序发送《行政复议答复通知书》等相关材料。2019 年 5 月 23 日，中国银保监会作出银保监行复决字（2019）64 号行政复议决定（以下简称 64 号复议决定），认为 2 号处罚决定认定事实清楚、证据确凿，适用依据正确，程序合法，内容适当，依照《中华人民共和国行政复议法实施条例》第四十三条规定，决定维持 2 号处罚决定。2019 年 5 月 26 日，王某收到 64 号复议决定书。2019 年 6 月 5 日，王某提起本案行政诉讼，请求撤销或变更 2 号处罚决定和 64 号复议决定中针对其处罚部分。

某市中级人民法院（2019）京 01 行初 764 号行政判决认为，赵某在由 × 财险正式任命为湖北分公司副总经理职位前，未取得保险监督管理机构核准的相关任职资格，且无《保险公司董事、监事和高级管理人员任职资格管理规定》第二十九条第一款规定之情形，任后赵某实际上履行相应职责。2 号处罚决定和 64 号复议决定认定 × 财险聘任不具有任职资格人员担任公司高管，事实清楚。王某作为 × 财险任命赵某为湖北分公司副总经理决定的最终签发人，对完成内部审批程序起到决定性作用，负有直接责任。中国银保监会根据王某违法行为的性质、情节、社会危害程度等，对王某作出警告并处罚款 10 万元的处罚，处罚幅度并无不当。依照《中华人民共和国行政诉讼法》第六十九条规定，判决驳回王某的诉讼请求。王某不服，提出上诉。

某市高级人民法院（2019）京行终 8057 号行政判决认为，《中华人民共和国保险法》第八十一条第一款规定，保险公司的董事、监事和高级管理人员，应当在任职前取得保险监督管理机构核准的任职资格。× 财险于 2017 年 7 月 13 日任命赵某为湖北分公司副总经理，任职前赵某并未取得保险监督管理机构核准的任职资格。王某作为 × 财险任命赵某为湖北分公司副总经理决定的最终签发人，认定其负有直接责任并无不当。王某主张赵某的任命存在行政干预，其在公司不担任行政职务等理由，均不影响其作为 × 财险违法行为直接责任人员范畴的认定。中国银保监会综合考虑 × 财险违法行为的情节、社会危害程度以及王某在公司违法行为中的实际作用等因素，给予其警告并处 10 万元罚款的处罚并无明显不当。依照《中华人民共和国行政诉讼法》第

427

八十九条第一款第一项的规定，判决驳回上诉，维持一审判决。

王某申请再审称：湖北保监局于 2015 年作出鄂保监许可（2015）26 号《关于赵某任职资格批复》（以下简称 26 号批复）明确确认"赵某符合《保险公司董事、监事和高级管理人员任职资格管理规定》的有关要求，核准其×财产保险股份有限公司分公司总经理的任职资格"。赵某由武汉分公司总经理调任湖北分公司副总经理，无须重新取得任职资格。赵某重新参加高管任职资格考试，不能证明其任湖北分公司副总经理不符合 26 号批复。请求撤销一、二审判决，撤销中国银保监会对王某的行政警告、罚款 10 万元的处罚决定。

本院经审查认为，《中华人民共和国保险法》第八十一条第一款规定，保险公司的董事、监事和高级管理人员，应当在任职前取得保险监督管理机构核准的任职资格。《保险公司董事、监事和高级管理人员任职资格管理规定》第四条第三项、第五条的规定，保险公司分公司的副总经理，应该在任职前取得中国保监会核准的任职资格。第二十九条第一款规定，已核准任职资格的保险机构高级管理人员，在同一保险机构内调任、兼任同级或者下级高级管理人员职务，无须重新核准其任职资格。第三十一条规定，除本规定的第二十九条第一款规定的情形外，未经中国保监会核准任职资格，保险机构不得以任何形式任命董事、监事或者高级管理人员。根据上述规定，在同一保险机构内由下级管理机构高级管理人员职务调任上级高级管理人员职务的，须重新取得中国保监会核准的任职资格。本案中，赵某由武汉分公司总经理调任湖北分公司副总经理，系由下级机构高级管理人员职务调任上级机构高级管理人员职务，应当在任职前重新取得中国保监会核准的任职资格。但是，赵某在被任命为湖北分公司副总经理前，未重新取得中国保监会核准的任职资格许可，2 号处罚决定和 64 号复议决定认定×财险具有聘任不具有任职资格人员担任公司高管的违法行为，事实认定和行为定性，并无不当。王某作为×财险党委书记、任命赵某为湖北分公司副总经理决定的最终签发人，认定其负有直接责任，并依法给予行政警告和 10 万元罚款处罚，结果亦非显失公正。同时，中国保监会作出 2 号处罚决定履行调查、听证等程序，作出 64

号复议决定经立案、审查等程序，充分保障当事人陈述、申辩等各项权利，符合法定程序。一、二审判决驳回王某诉讼请求，本院予以支持。王某主张，26号批复证明，赵某已经具有任湖北分公司副总经理的资格，无须重新取得任职资格。但是，如前所述，只有在同一保险机构内调任同级或者下级高级管理人员职务的，才无须重新核准其任职资格。调任上级机构高级管理人员职务，应当重新报经中国保监会核准任职资格。王某的主张缺乏事实和法律根据，以此为由申请再审，理由不能成立。

综上所述，王某的再审申请不符合《中华人民共和国行政诉讼法》第九十一条第三、四项规定的情形。依照《最高人民法院关于适用〈中华人民共和国行政诉讼法〉的解释》第一百一十六条第二款的规定，裁定如下：

驳回王某的再审申请。

【说明】这是一起保险公司因聘任不具有任职资格人员担任公司高管被行政处罚，法院维持行政处罚决定的案件。

2016年2月25日至2018年4月26日，某财险免去赵某武汉分公司总经理职务，聘任其为湖北分公司副总经理，赵某尚未取得保险监管部门核准的省级分公司副总经理的任职资格。2019年2月21日，中国银保监会作出行政处罚决定，认为某财险聘任不具有任职资格人员担任公司高管的行为，违反《保险法》第八十一条规定，根据该法第一百六十七条规定，决定对某财险罚款10万元；根据该法第一百七十一条规定，对王某警告并罚款10万元，对赵某警告并罚款5万元，对赵某2警告并罚款5万元。王某不服，申请行政复议。2019年5月23日，中国银保监会作出行政复议决定，决定维持前处罚决定。2019年6月5日，王某提起行政诉讼，请求撤销或变更处罚决定和复议决定中针对其处罚部分。某中院行政判决驳回王某的诉讼请求。王某不服，提出上诉。某高院行政判决驳回上诉，维持一审判决。王某申请再审，再审法院裁定驳回王某的再审申请。

行政诉讼是公民、法人或者其他组织认为行政机关和行政机关工作人员的行政行为侵犯其合法权益，向人民法院提起诉讼，人民法院依法予以受理、审理并作出裁判的活动。行政诉讼就是生活中所说的"民告官"，在行政诉讼中，原告只能是公民、法人或者其他组织，被告则只能是行政机关。原告和被告之间不是平常的"行政管理和被管理""监督和被监督"的关系，原告与被告的法律地位是平等的，人民法院居于原告与被告之上主导行政诉讼程序进行裁判。

行政复议是公民、法人或者其他组织认为具体行政行为侵犯其合法权益，向行政机关提出行政复议申请，行政机关受理行政复议申请、作出行政复议决定的活动。《行政复议法》第十四条规定，对国务院部门或者省、自治区、直辖市人民政府的具体行政行为不服的，向作出该具体行政行为的国务院部门或者省、自治区、直辖市人民政府申请行政复议。对行政复议决定不服的，可以向人民法院提起行政诉讼；也可以向国务院申请裁决，国务院依照本法的规定作出最终裁决。本案中，行政处罚由中国银行保险监督管理委员会作出，银保监会是国务院直属事业单位，所以王某向作出该具体行政行为的国务院部门即银保监会申请行政复议。

本案再审法院援引了《中华人民共和国保险法》第八十一条第一款规定，保险公司的董事、监事和高级管理人员，应当在任职前取得保险监督管理机构核准的任职资格。《保险公司董事、监事和高级管理人员任职资格管理规定》第四条第三项、第五条的规定，保险公司分公司的副总经理，应该在任职前取得中国保监会核准的任职资格。第二十九条第一款规定，已核准任职资格的保险机构高级管理人员，在同一保险机构内调任、兼任同级或者下级高级管理人员职务，无须重新核准其任职资格。第三十一条规定，除本规定的第二十九条第一款规定的情形外，未经中国保监会核准任职资格，保险机构不得以任何形式任命董事、监事或者高级管理人员。根据上述规定，在同一保险机构内由下级管理机构高级管理人员职务调任上级高级管理人员职务的，须重新取得中国保监会核准的任职资格。本案中，赵某由武汉分公司总经理调任湖北分公司副总经理，系由下级机构高级管理人员职务调任上级机构高级管理人员职务，应当在任职前重新取得中国保监会核准的任职资格。但是，赵某在被任命为湖北分公司副总经理前，未重新取得中国保监会核准的任职资格许可，行政处罚认定×财险具有聘任不具有任职资格人员担任公司高管的违法行为，事实认定和行为定性，并无不当。

第八十二条　有《中华人民共和国公司法》第一百四十六条规定的情形或者下列情形之一的，不得担任保险公司的董事、监事、高级管理人员。

（一）因违法行为或者违纪行为被金融监督管理机构取消任职资格的金融机构的董事、监事、高级管理人员，自被取消任职资格之日起未逾五年的；

（二）因违法行为或者违纪行为被吊销执业资格的律师、注册会计师或者资产评估机构、验证机构等机构的专业人员，自被吊销执业资格之日起未逾五年的。

【说明】《保险公司董事、监事和高级管理人员任职资格管理规定》对此有更细致具体的规定。

第四条：本规定所称高级管理人员，是指对保险公司经营管理活动和风险控制具有决策权或者重大影响的下列人员：（一）总公司总经理、副总经理和总经理助理；（二）总公司董事会秘书、总精算师、合规负责人、财务负责人和审计责任人；（三）省级分公司总经理、副总经理和总经理助理；（四）其他分公司、中心支公司总经理；（五）与上述高级管理人员具有相同职权的管理人员。

第五条：保险公司董事、监事和高级管理人员，应当在任职前取得银保监会或其派出机构核准的任职资格。

第七条：保险公司董事、监事和高级管理人员应当符合以下基本条件：（一）具有完全民事行为能力；（二）具有诚实信用的品行、良好的守法合规记录；（三）具有履行职务必需的知识、经验与能力，并具备在中国境内正常履行职务必需的时间和条件；（四）具有担任董事、监事和高级管理人员职务所需的独立性。

第二十五条：保险公司拟任董事、监事或者高级管理人员有下列情形之一的，银保监会及其派出机构对其任职资格不予核准：（一）无民事行为能力或者限制民事行为能力；（二）因贪污、贿赂、侵占财产、挪用财产或者破坏社会主义市场经济秩序，被判处刑罚，执行期满未逾5年，或者因犯罪被剥夺政治权利，执行期满未逾5年；（三）被判处其他刑罚，执行期满未逾3年；（四）被金融监管部门取消、撤销任职资格，自被取消或者撤销任职资格年限期满之日起未逾5年；（五）被金融监管部门禁止进入市场，期满未逾5年；（六）被国家机关开除公职，自作出处分决定之日起未逾5年，或受国家机关警告、记过、记大过、降级、撤职等其他处分，在受处分期间内的；（七）因违法行为或者违纪行为被吊销执业资格的律师、注册会计师或者资产评估机构、验证机构等机构的专业人员，自被吊销执业资格之日起未逾5年；（八）担任破产清算的公司、企业的董事或者厂长、经理，对该公司、企业的破产负有个人责任的，自该公司、企业破产清算完结之日起未逾3年；（九）担任因违法被吊销营业执照、责令关闭的公司、企业的法定代表人，并负有个人责任的，自该公司、企业被吊销营业执照之日起未逾3年；（十）个人所负数额较大的债务到期未清偿；（十一）申请前1年内受到银保监会或其派出机构警告或者罚款的行政处罚；（十二）因涉嫌严重违法违规行为，正接受有关部门立案调查，尚未作出处理结论；（十三）受到境内其他行政机关重大行政处罚，执行期满未逾2年；（十四）因严重失信行为被国家有关单位确定为失信联合惩戒对象且应当在保险领域受到相应惩戒，或者最近5年内具有其他严重失信不良记录的；（十五）银保监会规定的其他情形。

第八十三条 保险公司的董事、监事、高级管理人员执行公司职务时违反法律、行政法规或者公司章程的规定，给公司造成损失的，应当承担赔偿责任。

【说明】《公司法》规定，公司董事、监事、高级管理人员应当遵守法律、行政法规和公司章程，对公司负有忠实义务和勤勉义务，并列举了相关禁止行为。忠实义务，即公司特定管理人员不应当从事通过损害公司利益谋取个人利益的行为。判断是否违反忠实义务的标准在于，其所实施的行为目的是否为了公司利益，客观上是否损害了公司利益。

第一百四十七条：董事、监事、高级管理人员应当遵守法律、行政法规和公司章程，对公司负有忠实义务和勤勉义务。董事、监事、高级管理人员不得利用职权收受贿赂或者其他非法收入，不得侵占公司的财产。

第一百四十八条：董事、高级管理人员不得有下列行为：（一）挪用公司资金；（二）将公司资金以其个人名义或者以其他个人名义开立账户存储；（三）违反公司章程的规定，未经股东会、股东大会或者董事会同意，将公司资金借贷给他人或者以公司财产为他人提供担保；（四）违反公司章程的规定或者未经股东会、股东大会同意，与本公司订立合同或者进行交易；（五）未经股东会或者股东大会同意，利用职务便利为自己或者他人谋取属于公司的商业机会，自营或者为他人经营与所任职公司同类的业务；（六）接受他人与公司交易的佣金归为己有；（七）擅自披露公司秘密；（八）违反对公司忠实义务的其他行为。董事、高级管理人员违反前款规定所得的收入应当归公司所有。

第一百四十九条：董事、监事、高级管理人员执行公司职务时违反法律、行政法规或者公司章程的规定，给公司造成损失的，应当承担赔偿责任。

第八十四条　保险公司有下列情形之一的，应当经保险监督管理机构批准：

（一）变更名称；

（二）变更注册资本；

（三）变更公司或者分支机构的营业场所；

（四）撤销分支机构；

（五）公司分立或者合并；

（六）修改公司章程；

（七）变更出资额占有限责任公司资本总额百分之五以上的股东，或者变更持有股份有限公司股份百分之五以上的股东；

（八）国务院保险监督管理机构规定的其他情形。

【**说明**】设立保险公司须经批准或审查确认的事项，在保险公司设立后予以变更的，应当经过保险监督管理机构批准，体现了政府监督管理的连续性。变更保险公司的有关事项时，若法律要求必须审批的，应当报请审批；未经保险监督管理机构审批，不发生变更的效果。关于这方面的内容，主要有以下几点。

名称。保险公司的名称是保险公司存在的标志，具有公示意义，不得随意变更；若有必要变更保险公司的名称，哪怕是改变保险公司名称中的一个文字或者符号，也应当经过保险监督管理机构批准。在保险监督管理机构批准前，保险公司不得改变其名称或者使用与其经批准的名称不符的名称。

资本。变更注册资本，涉及保险公司的偿付能力的维持，事关被保险人或者受益人的切身利益，应当经保险监督管理机构批准；保险公司增加或者减少注册资本的，都应当报经批准。未经批准，保险公司的注册资本不得予以变更。

场所。营业场所为保险公司设立和营业的必要条件，不具备相应的营业场所的，不得设立保险公司。保险公司及其分支机构有固定的营业场所，便于保险监督管理机构监督管理，营业场所的任何变更应当及时通知保险监督管理机构，并报其审批。

撤销分支机构。分支机构是保险公司的派出机构，它和总公司一样，具有开展保险业务的能力，只是不具备法人资格而已。法律规定设立分支机构要经保险监督管理机构批准，撤销分支机构同样也要经保险监督管理机构批准，以便严格管理保险市场，使分支机构的设立和撤销有利于保险业务的发展和公平竞争的需要。

分立或合并。保险公司的分立或者合并，涉及保险公司组织形式的变化以及保险公司偿付能力的维持、债务的调整等诸多方面，对保险公司的经营有重要影响。保险公司的分立或者合并，均涉及新公司的设立，应当经保险监督管理机构审批。未经审批，保险公司不得以任何形式分立或者合并。

章程。公司章程为保险公司设立和运作的基础文件，规范着保险公司的全部业务活动。公司章程，必须提交保险监督管理机构审批。在设立保险公司后修改公司章程，将改变保险公司的许多运作方式，因此，修改公司章程的，应当报经保险监督管理机构审批。

变更股东。有限责任公司资本总额百分之五以上的股东，或者持有股份有限公司股份百分之五以上的股东变更的，对保险公司的经营会产生一定的影响，因此不允许其随意变更，若要变更，应当报经保险监督管理机构批准。

其他情形。如业务范围，保险公司只能在保险监督管理机构核定的业务范围内从事保险业务。调整业务范围，应当事先报保险监督管理机构批准。保险公司的保险业务范围一经批准即有一定的限制，如保险公司应严格执行有关的分业经营规则等。

第八十五条　保险公司应当聘用专业人员，建立精算报告制度和合规报告制度。

【说明】银保监会为贯彻落实"防控金融风险"的工作部署，发布了《关于印发人身保险公司〈精算报告〉编报规则的通知》。新版《精算报告》体现了审慎监管的核心原则，能更加科学、全面、客观地反映人身保险行业负债状况，有助于进一步强化人身保险负债监管，推动行业着眼长远、稳健经营，防范风险隐患，做实"保险姓保"。

新版《精算报告》的主要内容包括总体说明责任准备金及保单相关负债报告、业务统计报告、负债与资产匹配管理报告、现金流压力测试报告等8项子报告，从责任准备金、业务发展、资产负债管理、现金流压力测试、内含价值等方面全面分析保险公司负债端情况与主要风险因素。一是完善责任准备金报告制度，强化负债监管力度，进一步优化责任准备金评估的报告框架，依据有关精算规定以及人身保险费率改革有关文件突出重点内容，增强实用性和可操作性，继续夯实责任准备金风险防范的基础。二是建立负债与资产匹配报告制度，推动负债与资产有效联动。通过久期匹配、成本收益匹配和流动性匹配，引导保险公司切实采取措施降低负债成本。三是强化现金流压力测试制度，严守流动性风险底线。重点强化负债端现金流压力测试制度，促进保险公司合理规划资产流动性，防范资产负债错配风险和利差损风险。

《保险公司合规管理办法》第三十七条：保险公司应当于每年 4 月 30 日前，向中国保监会提交公司上一年度的年度合规报告。保险公司董事会对合规报告的真实性、准确性、完整性负责。

公司年度合规报告应当包括以下内容：（一）合规管理状况概述；（二）合规政策的制订、评估和修订；（三）合规负责人和合规管理部门的情况；（四）重要业务活动的合规情况；（五）合规评估和监测机制的运行；（六）存在的主要合规风险及应对措施；（七）重大违规事件及其处理；（八）合规培训情况；（九）合规管理存在的问题和改进措施；（十）其他。中国保监会可以根据监管需要，要求保险公司报送综合或者专项的合规报告。中国保监会派出机构可以根据辖区内监管需要，要求保险公司省级分公司书面报告合规工作情况。

第八十六条 保险公司应当按照保险监督管理机构的规定，报送有关报告、报表、文件和资料。

保险公司的偿付能力报告、财务会计报告、精算报告、合规报告及其他有关报告、报表、文件和资料必须如实记录保险业务事项，不得有虚假记载、误导性陈述和重大遗漏。

【说明】关于偿付能力报告，《保险公司偿付能力管理规定》有相关规定。

第四条：保险公司应当建立健全偿付能力管理体系，有效识别管理各类风险，不断提升偿付能力风险管理水平，及时监测偿付能力状况，编报偿付能力报告，披露偿付能力相关信息，做好资本规划，确保偿付能力达标。

第十二条：保险公司应当按照保险公司偿付能力监管具体规则，定期评估公司的偿付能力充足状况，计算核心偿付能力充足率和综合偿付能力充足率，按规定要求报送偿付能力报告，并对其真实性、完整性和合规性负责。

第十六条：保险公司应当按照中国银保监会制定的保险公司偿付能力监管具体规则，每季度公开披露偿付能力季度报告摘要，并在日常经营的有关环节，向保险消费者、股东、潜在投资者、债权人等利益相关方披露和说明其偿付能力信息。

上市保险公司应当同时遵守证券监督管理机构相关信息披露规定。

2021年12月30日，中国银保监会发布《保险公司偿付能力监管规则（Ⅱ）》，标志着"偿二代二期工程"建设顺利完成。"偿二代二期工程"是银保监会贯彻落实第五次全国金融工作会议精神和打好防范、化解重大金融风险攻坚战决策部署，补齐监管制度短板的重要举措，对于防范和化解保险业风险、维护保险市场安全稳定运行、推动保险业高质量发展、保护保险消费者利益都具有重要意义。

偿二代监管规则有了全面优化升级，主要体现在以下几个方面。

一是引导保险业回归保障本源、专注主业方面。"规则Ⅱ"完善了利率风险的计量方法，优化了对冲利率风险的资产范围和评估曲线，引导保险公司加强资产负债匹配管理。针对重疾风险显著上升的情况，增设了重疾恶化因子，引导保险公司科学发展重疾产品。针对专属养老保险产品的长期性特征和风险实际，对长寿风险最低资本给予10%的折扣，以体现监管支持导向。

二是促进保险业增强服务实体经济质效方面。"规则Ⅱ"完善了长期股权投资的实际资本和最低资本计量标准，大幅提升了风险因子，对具有控制权的长期股权投资（子公司），实施资本100%全额扣除，促使保险公司专注主业，防止资本在金融领域野蛮生长。为落实碳达峰碳中和重大决策部署，对保险公司投资的绿色债券的信用风险最低资本给予10%的折扣；为贯彻科技自立自强的决策部署，对专业科技保险公司的保险风险最低资本给予10%的折扣。规定保险公司不得将投资性房地产的评估增值计入实际资本，引导保险资金更大力度支持实体经济。对农业保险业务、保险资金支持国家战略的投资资产等设置调控性特征因子，适当降低其资本要求，引导保险公司服务实体经济。

三是有效防范和化解保险业风险方面。"规则Ⅱ"完善了资本定义，增加了外生性要求；将长期寿险保单的预期未来盈余根据保单剩余期限，分别计入核心资本或附属资本，夯实了资本质量。针对保险资金运用存在的多层嵌套等问题，要求按照"全面穿透、穿透到底"的原则，识别资金最终投向，基于实际投资的底层资产计量最低资本，准确反映其风险实质。根据最近10年的数据，对所有风险因子进行全面校准。

四是落实扩大对外开放决策部署方面。"规则Ⅱ"完善了再保险交易对手违约风险的计量框架，降低了境外分保的交易对手违约风险因子，落实了扩大对外开放的决策部署。明确境外国家（地区）的偿付能力监管制度获得与中国偿付能力监管等效资格的，对其在中国境内开设的保险机构在资本要求、实际资本等方面给予适当优待，降低跨境交易成本，提升监管合作效果。

五是强化保险公司风险管控能力方面。"规则Ⅱ"对保险公司风险管理标准进行了全面修订，提供了更为明晰的标准。新增了资本规划监管规则，要求保险公司科学编制资本规划。

六是引导培育市场约束机制方面。"规则Ⅱ"进一步扩展了保险公司偿付能力信息公开披露的内容，增加了对重大事项、管理层分析与讨论等披露要求，有助于提升信息透明度，发挥市场约束作用。

银保监会发布《年度报告的内容与格式》《季度报告》等保险公司偿付能力报告编报规则，进一步提高我国保险公司偿付能力评估的科学性和偿付能力监管的效率，对我国建立以偿付能力监管为核心的保险监管体系，保险公司完善内部风险管理机制，促进保险市场又好又快发展具有深远意义。

关于财务会计报告，《公司法》中对财务会计报告有相关规定。

第一百六十四条：公司应当在每一会计年度终了时编制财务会计报告，并依法经会计师事务所审计。财务会计报告应当依照法律、行政法规和国务院财政部门的规定制作。

第一百六十五条：有限责任公司应当依照公司章程规定的期限将财务会计报告送交各股东。

股份有限公司的财务会计报告应当在召开股东大会年会的二十日前置备

于本公司，供股东查阅；公开发行股票的股份有限公司必须公告其财务会计报告。

第一百七十条：公司应当向聘用的会计师事务所提供真实、完整的会计凭证、会计账簿、财务会计报告及其他会计资料，不得拒绝、隐匿、谎报。

第二百零二条：公司在依法向有关主管部门提供的财务会计报告等材料上作虚假记载或者隐瞒重要事实的，由有关主管部门对直接负责的主管人员和其他直接责任人员处以三万元以上三十万元以下的罚款。

第八十七条　保险公司应当按照国务院保险监督管理机构的规定妥善保管业务经营活动的完整账簿、原始凭证和有关资料。

前款规定的账簿、原始凭证和有关资料的保管期限，自保险合同终止之日起计算，保险期间在一年以下的不得少于五年，保险期间超过一年的不得少于十年。

【案例 77】（2021）闽 09 民终 464 号

2010 年 6 月 28 日，王某甲与某保险公司签订一份个人保险投保单，在某保险公司购买了×宝两全保险（分红型）、生命附加定期重大疾病保险（A款），王某甲签字确认本人已阅读保险条款、产品说明书和投保提示书、了解本产品的特点和保单利益的不确定性。保险合同生效日为 2010 年 6 月 29 日，合同期满日为 2030 年 6 月 28 日。×宝两全保险（分红型）基本保险金额30 000元，每期保险费 1 476 元，缴费 20 年，缴费期满日 2030 年 6 月 28 日。生命附加定期重大疾病保险（A 款）基本保险金额 60 000 元，每期保险费876 元，缴费 20 年，缴费期满日 2030 年 6 月 28 日。上述保险受益人为王某甲儿子王某 1、王某 2。王某甲于 2015 年 10 月在某医院神经外科住院，出院诊断：1.××，2. 多发腔隙性脑梗死，3.××，4.××等。2018 年 10 月 8 日至 2018 年 10 月 19 日，王某甲再次在某医院住院治疗，入院记录现病史载明："…××，…××，××…"；体格检查载明："××，××，××，××，…××，××，××，…××…"；出院诊断：1.××，2. 脑梗死（左颞枕叶及丘脑），3. ××，4. ××，5. ××，6. ××，7. ××等。2019 年 5 月 7 日至 28 日，王某甲第 3 次在某医院住院治疗；入院记录现病史载明："××，…××，××…"；体格检查载明："…××，××，…××，××…"；出院诊断：1. ××，2. ××，3. ××，4. 脑梗死（左颞枕叶及丘脑），5. ××，6. ××，7. ××，8. ××等。王某甲因病死亡。2020 年 9 月 14 日，王某 2 向某保险公司申请保险理赔，申请项目包含疾病和身故，并将保单正本（包括保险条款）等材料交付给某保险公司。某保险公司于当日作出理赔决定通知书，赔付×宝两全保险（分红型）保险金 33 396.87 元，该保险金已汇入王某 2 银行账户。某保险公司未对生命附加定期重大疾病保险（A 款）作出书面理赔决定。王某 1、王某 2 交付给某保险公司的涉案保险条款的原始原件已被某保险公司销毁，某保险公司向王某 1、王某 2 出具了重新打印的生命附加定期重大疾病保险（A 款）条款。

一审法院认为：王某甲在某保险公司投保×宝两全保险（分红型）、生命附加定期重大疾病保险（A 款），保险合同成立并生效。王某甲病故后，王某 1、王某 2 作为保险受益人有权向某保险公司主张相关权益。本案争议焦点是某保险公司是否应赔付王某 1、王某 2 生命附加定期重大疾病保险（A 款）保险金 60 000 元。

首先，《中华人民共和国保险法》第八十七条规定："保险公司应当按照国务院保险监督管理机构的规定妥善保管业务经营活动的完整账簿、原始凭证和有关资料。前款规定的账簿、原始凭证和有关资料的保管期限，自保险合同终止之日起计算，保险期间在一年以下的不得少于五年，保险期间超过一年的不得少于十年。"《最高人民法院关于民事诉讼证据的若干规定》第四十八条规定："控制书证的当事人无正当理由拒不提交书证的，人民法院可以认定对方当事人所主张的书证内容为真实。控制书证的当事人存在《最高人民法院关于适用〈中华人民共和国民事诉讼法〉的解释》第一百一十三条规定情形的，人民法院可以认定对方当事人主张以该书证证明的事实为真实。"《最高人民法院关于适用〈中华人民共和国民事诉讼法〉的解释》第一百一十三条规定："持有书证的当事人以妨碍对方当事人使用为目的，毁灭有关书证或者实施其他致使书证不能使用行为的，人民法院可以依照民事诉讼法第一百一十一条规定，对其处以罚款、拘留。"王某1、王某2在王某甲病故后向某保险公司申请生命附加定期重大疾病保险（A款）理赔，某保险公司在未针对该保险发出拒绝赔偿或拒绝给付保险金通知书并说明理由的情况下将王某1、王某2交付的相关保险条款原始原件销毁，违反法律关于保险公司保管义务的规定，使该保险条款的原始原件无法作为本案证据使用，损害诉讼秩序的正常进行，有悖诚信诉讼的基本理念，使得一审法院具有合理理由怀疑被销毁的保险条款原始原件内容对某保险公司存有不利或其他特别的约定，某保险公司应对其行为承担不利法律后果，故依法可以认定王某1、王某2主张的相关事实成立，即王某甲因脑梗死死亡属于生命附加定期重大疾病保险（A款）的理赔范围，王某甲在保险期间身故的，保险公司一次性赔付保险金60 000元的事实成立。

其次，某保险公司打印提供给王某1、王某2的生命附加定期重大疾病保险（A款）保险条款是在中国保监会备案的条款，可以作为涉案生命附加定期重大疾病保险（A款）的保险条款使用。该保险条款中约定若被保险人于本附加合同生效日起一年后或效力恢复恢复之日起一年后，因疾病导致首次达到本附加合同定义的重大疾病之疾病状态，或者因疾病导致被确诊首次患本附加合同定义的重大疾病或进行本附加合同定义的手术，且从上述事由发生之日起第三十日二十四时仍生存，本公司将按基本保险金额给付重大疾病保险金，本附加合同终止；重大疾病包括脑中风后遗症，指因脑血管的突发病变引起脑血管出血、栓塞或梗塞，并导致神经系统永久性的功能障碍，神经系统永久性的功能障碍指疾病确诊180天后，仍遗留下列一种或一种以上障碍：（1）一肢或一肢以上肢体机能完全丧失；（2）语言能力或咀嚼吞咽能力完全丧失；（3）自主生活能力完全丧失，无法独立完成六项基本日常生活活动中的三项或三项以上。王某甲从2015年10月开始，三次在某医院住院治疗的出院诊断均存在脑梗死，结合相关病历材料"××"等内容，可认定王某甲因脑梗死等疾病造成肢体偏瘫，符合上述保险条款中"或者因疾病导致被确诊首次患本附加合同定义的重大疾病""脑中风后遗症"的约定，某保险公司亦应予以理赔。

综上所述，某保险公司应支付王某1、王某2生命附加定期重大疾病保险（A款）保险金60 000元。某保险公司关于不予赔付保险金的答辩意见不予采纳。关于王某1、王某2诉请某保险公司按基本保险金60 000元的三倍支付保险金180 000元的问题。王某甲在某保险公司投保涉案保险不属消费者权益保护法的调整范围。某保险公司销毁涉案保险条款的行为也不属欺诈行为。故王某1、王某2该部分主张依据不足，不予支持。判决：一、某保险公司于判决生效之日起十日内支付王某1、王某2生命附加定期重大疾病保险（A款）保险金60 000元；二、驳回王某1、王某2的其他诉讼请求。案件受理费4 000元，减半收取2 000元，由王某1、王某2负担1 333元，由某保险公司负担667元。

二审中，当事人未提交新证据。除某保险公司认为被保险人王某甲所患疾病不属生命附加定期重大疾病保险（A款）理赔范围，王某1、王某2认为本案保险行为属《消费者权益保护法》调整范围及某保险公司存在欺诈行为外，双方当事人对一审判决认定的其余事实无异议。对无争议事实，本院予以确认。针对当事人二审争议事项，本院分析认定如下：一、某保险公司认为王某甲所患疾病不属生命附加定期重大疾病保险（A款）理赔范围。本院认为，王某1、王某2在王某甲病故后向某保险公司提交了理赔材料，包括原始相关保险合同及保险条款，并主张依照双方原始保险条款约定王某甲所患疾病属生命附加定期重大疾病保险（A款）理赔范围。双方对王某1、王某2提交的原始保险合同及相关保险条款最终由某保险公司持有并无异议。现某保险公司在未针对该保险发出拒绝赔偿或拒绝给付保险金通知书并说明理由的情形下，无正当理由将相关保险条款原始原件销毁，导致本案关键证据保险条款如何约定无法查实。根据《最高人民法院关于民事诉讼证据的若干规定》第四十八条"控制书证的当事人无正当理由拒不提交书证的，人民法院可以认定对方当事人所主张的书证内容为真实。控制书证的当事人存在《最高人民法院关于适用〈中华人民共和国民事诉讼法〉的解释》第一百一十三条规定情形的，人民法院可以认定对方当事人主张以该书证证明的事实为真实"之规定，一审法院认定王某1、王某2关于王某甲因脑梗死死亡属于生命附加定期重大疾病保险（A款）理赔范围的主张成立并无不当。即使某保险公司后续提供给王某1、王某2的保险条款与被销毁的保险条款一致，该保险条款中约定重大疾病包括脑中风后遗症，指因脑血管的突发病变引起脑血管出血、栓塞或梗塞，并导致神经系统永久性的功能障碍，神经系统永久性的功能障碍指疾病确诊180天后，仍遗留下列一种或一种以上障碍：（1）一肢或一肢以上肢体机能完全丧失；（2）语言能力或咀嚼吞咽能力完全丧失；（3）自主生活能力完全丧失，无法独立完成六项基本日常生活活动中的三项或三项以上。对照王某甲三次出院诊断均存在脑梗死，结合病历材料"××"等内容，可认定王某甲因脑梗死等疾病造成肢体偏瘫符合保险条款中脑中风后遗症的约定。综上所述，一审法院根据实际情况判决某保险公司赔付生命附加定期重大疾病保险（A款）保险金60 000元并无不妥。某保险公司对此上诉不能成立，本院不予支持。二、王某1、王某2上诉认为某保险公司销毁保险条款原件恶意拒赔构成欺诈，应在支付保险金60 000元外，另行根据《消费者权益保护法》第五十五条规定赔偿120 000元，合计180 000元。本院认为，《消费者权益保护法》立法目的是保护整体上为弱者的消费者一方合法权益。保险公司提供的保险产品，不论是财产保险，还是人身保险，其目的是为了保障个人财产和生命健康所需，使被保险人在发生意外、损害后果后能弥补损失，具有保障、补偿功能。因此，保险公司提供的保险产品符合《消费者权益保护法》所称生活消费范畴。王某甲投保生命附加定期重大疾病保险（A款）的行为属《消费者权益保护法》规定的生活消费范畴。一审法院认定不属《消费者权益保护法》调整范围系适用法律错误，本院予以纠正。王某1、王某2对此上诉成立，予以支持。王某1、王某2未提供证据证明某保险公司在与王某甲订立保险合同时存在欺诈行为，导致王某甲作出误投等行为。某保险公司销毁王某1、王某2交付的相关保险条款原始原件行为虽违反法律关于保险公司保管义务的规定，但仅以此行为并不足以认定某保险公司在后续理赔过程中存在欺诈行为，诱使被保险一方作出错误行为。综上所述，一审法院认定某保险公司不存在欺诈行为并无不当。王某1、王某2对此上诉不能成立，本院难以支持。

综上所述，本院认为，某保险公司的上诉理由不能成立，其上诉请求予以驳回。一审判决认定本案保险行为不属《消费者权益保护法》调整范围系适用法律错误，但判决结果正确，故对王某1、王某2的上诉请求不予支持。依照《中华人民共和国民事诉讼法》第一百七十条第一款第一项、《最高人民法院关于适用〈中华人民共和国民事诉讼法〉的解释》第三百三十四条规定，判决如下：

驳回上诉，维持原判。

【说明】这是一起保险公司未妥善保管业务经营活动的原始凭证，将有关保险条款原始原件销毁，使该保险条款的原始原件无法作为案件证据使用，因此承担不利后果的案件。

2010年6月28日，王某甲投保分红、重大疾病保险，保险合同生效日为2010年6月29日，分红险基本保险金额30 000元，缴费20年，缴费期满日2030年6月28日。重大疾病险基本保险金额60 000元，缴费20年，缴费期满日2030年6月28日。保险受益人为王某甲儿子王某1、王某2。王某甲于2015年10月、2018年10月、2019年5月住院治疗，出院诊断均有脑梗死记载，后王某甲因病死亡。2020年9月14日，王某2申请理赔，申请项目包含疾病和身故，并将保单正本（包括保险条款）等材料交付给某保险公司。某保险公司于当日赔付分红险保险金33 396.87元，未对重大疾病险作出书面理赔决定，王某1、王某2交付给某保险公司保单条款的原始原件已被某保险公司销毁。一审法院判决保险公司赔付重大疾病保险金60 000元；保险公司上诉，二审法院驳回上诉，维持原判。

保单在不同的场合具有不同的作用，在保险合同关系中，是合同存在的凭据，在诉讼证据分类中，一般属于书证。书证是指以其内容来证明待证事实的有关情况的文字材料。本案中，法院援引了《保险法》第八十七条、《最高人民法院关于民事诉讼证据的若干规定》第四十八条、《最高人民法院关于适用〈中华人民共和国民事诉讼法〉的解释》第一百一十三条相关规定，证明保险公司销毁保单的行为违法。

实践中，保险公司一般会制定档案管理制度，根据保险合同的期限确定相关账簿、原始凭证和有关资料保管期限，自保险合同终止之日起计算，保险期间在一年以下的不得少于五年，保险期间超过一年的不得少于十年。如一份保险期间是 30 年的分红险，客户中途退保，保单及相关退保材料从退保之日起要再保存 10 年。因为保险相关纠纷，具有滞后性和关联性，此时没有纠纷，后续可能会有纠纷；此事没有纠纷，但其他纠纷可能会关联涉及此事。因此，保险公司要妥善安排资料保管工作。

第八十八条　保险公司聘请或者解聘会计师事务所、资产评估机构、资信评级机构等中介服务机构，应当向保险监督管理机构报告；解聘会计师事务所、资产评估机构、资信评级机构等中介服务机构，应当说明理由。

【说明】银保监会旨在建立对会计师事务所、精算咨询机构、资产评估机构、信用评级机构等与保险业审慎监管相关的第三方中介机构的考评监督机制。

《保险公司财会工作规范》中规定了保险公司聘请会计师事务所进行年度审计的相关内容。

第八十五条：保险公司聘请或者解聘会计师事务所为其提供年度审计服务，应当向中国保监会报告。

第八十六条：保险公司应当对会计师事务所的独立性、专业胜任能力和声誉进行评估，选择具有与自身业务规模、经营模式等相匹配的资源和风险承受能力的会计师事务所提供年度审计服务。

第八十七条：保险公司新聘请会计师事务所的，应当于作出聘请决定的 10 个工作日内向中国保监会报告，并提交以下材料：（一）公司聘请会计师事务所的决议；（二）会计师事务所的基本情况，包括：业务开展情况、主要服务内容、主要客户等；（三）公司项目主要负责人的简历；（四）保监会规定提交的其他材料。

第八十八条：保险公司解聘会计师事务所的，应当于作出解聘决定的10个工作日内向保监会报告，并提交以下材料：（一）公司解聘会计师事务所的决议；（二）公司解聘会计师事务所的原因；（三）保监会规定提交的其他材料。

第九十条：中国保监会有权对保险公司进行抽查，复核保险公司报送的经过会计师事务所审计的有关报告。如发现会计师事务所在审计过程中存在违规行为、重大工作疏漏或失误等，将移交有关部门进行处理，并可要求保险公司终止对该会计师事务所的委托。

《保险公司偿付能力管理规定》中相关规定。

第十八条：保险公司聘请的会计师事务所应当按照法律法规的要求，独立、客观地对保险公司偿付能力报告发表审计意见。

精算咨询机构、信用评级机构、资产评估机构、律师事务所等中介机构在保险业开展业务，应当按照法律法规和执业准则要求，发表意见或出具报告。

第三十条：精算咨询机构、信用评级机构、资产评估机构、律师事务所等中介机构在保险业开展业务时，存在重大疏漏或出具的意见、报告存在严重质量问题的，中国银保监会及其派出机构视具体情况采取责令保险公司更换中介机构、不接受报告、移交相关部门处理等措施。

第八十九条 保险公司因分立、合并需要解散，或者股东会、股东大会决议解散，或者公司章程规定的解散事由出现，经国务院保险监督管理机构批准后解散。

经营有人寿保险业务的保险公司，除因分立、合并或者被依法撤销外，不得解散。

保险公司解散，应当依法成立清算组进行清算。

【说明】保险公司的解散，是指依法设立的保险公司因为法定原因或者出现法定事由，并经主管部门批准，关闭其营业而停止从事保险业务的行为。

按照我国公司法第九章"公司合并、分立、增资、减资"的有关规定，包括保险公司在内的各种公司，经其股东大会作出决议，可以进行公司的合并或者分立。公司合并的形式，可以采取吸收合并和新设合并两种具体形式。一个公司吸收其他公司为吸收合并，被吸收的公司解散，不复存在。两个以上公司合并设立一个新的公司为新设合并，合并的各方解散，而出现一个新的法人主体。分立也有两种形式：原来的一个公司将财产全部分割为两个以上的公司，属于新设分立，原公司法人解散，而出现两个以上新的法人。如果是原公司将一部分财产分割设立一个以上新的经营主体，则构成派生分立，在这种情况下，原公司还继续存在，仅是减少了注册资本。

吸收合并情况下的被吸收方保险公司的法人资格消灭，该公司解散；新设合并时，各方保险公司的全部资产都并入新的保险公司，原各方保险公司法人资格相应消灭，也都要进行解散。保险公司分立时，新设分立情况下，原保险公司分成两个以上的新公司，因此，其法人资格丧失，也应进行解散。保险公司解散的，应当经保险监督管理机构批准。

保险公司经批准后解散的，应当依法成立清算组进行清算。对于清算组的成立，本法没有特别规定的，适用公司法的规定。保险公司解散的，应当成立清算组；依法成立的清算组，应当负责了解已解散的保险公司的债权债务。清算组在保险公司的清算期间，行使法定职权。

经营有人寿保险业务的保险公司，通过分立或者合并解散公司的，人寿保险合同并不因为保险公司的解散而受影响，分立后的各保险公司或者合并后的保险公司，应当承接尚有效的人寿保险合同；由分立后的各保险公司依照协议接受人寿保险合同和准备金，或者由合并后的保险公司接受人寿保险合同和准备金。因此，经营有人寿保险业务的保险公司，以分立或者合并的形式解散保险公司的，不受限制。凡经营有人寿保险业务的保险公司，不得以分立或者合并以外的方式解散。

第九十条　保险公司有《中华人民共和国企业破产法》第二条规定情形的，经国务院保险监督管理机构同意，保险公司或者其债权人可以依法向人民法院申请重整、和解或者破产清算；国务院保险监督管理机构也可以依法向人民法院申请对该保险公司进行重整或者破产清算。

【说明】《企业破产法》对公司重整、和解、破产清算有相关规定。

第二条规定：企业法人不能清偿到期债务，并且资产不足以清偿全部债务或者明显缺乏清偿能力的，依照本法规定清理债务。

企业法人有前款规定情形，或者有明显丧失清偿能力可能的，可以依照本法规定进行重整。

第七条规定：债务人有本法第二条规定的情形，可以向人民法院提出重整、和解或者破产清算申请。

债务人不能清偿到期债务，债权人可以向人民法院提出对债务人进行重整或者破产清算的申请。

企业法人已解散但未清算或者未清算完毕，资产不足以清偿债务的，依法负有清算责任的人应当向人民法院申请破产清算。

《保险法》对保险公司的重整、和解或者破产清算规定了一个前置条件——要经国务院保险监督管理机构同意。

即保险公司的重整、和解或者破产清算两条路径，要么经国务院保险监督管理机构同意，保险公司或者其债权人可以依法向人民法院申请重整、和解或者破产清算；要么国务院保险监督管理机构依法向人民法院申请对该保险公司进行重整或者破产清算。

第九十一条 破产财产在优先清偿破产费用和共益债务后，按照下列顺序清偿。

（一）所欠职工工资和医疗、伤残补助、抚恤费用，所欠应当划入职工个人账户的基本养老保险、基本医疗保险费用，以及法律、行政法规规定应当支付给职工的补偿金；

（二）赔偿或者给付保险金；

（三）保险公司欠缴的除第（一）项规定以外的社会保险费用和所欠

税款；

（四）普通破产债权。

破产财产不足以清偿同一顺序的清偿要求的，按照比例分配。

破产保险公司的董事、监事和高级管理人员的工资，按照该公司职工的平均工资计算。

【说明】 本条规定的是破产财产的清偿顺序。

破产费用：人民法院受理破产申请后发生的破产案件的诉讼费用；管理、变价和分配债务人财产的费用；管理人执行职务的费用、报酬和聘用工作人员的费用为破产费用。

共益债务：人民法院受理破产申请后发生的因管理人或者债务人请求对方当事人履行双方均未履行完毕的合同所产生的债务；债务人财产受无因管理所产生的债务；因债务人不当得利所产生的债务；为债务人继续营业而应支付的劳动报酬和社会保险费用以及由此产生的其他债务；管理人或者相关人员执行职务致人损害所产生的债务；债务人财产致人损害所产生的债务为共益债务。

破产费用和共益债务由债务人财产随时清偿。债务人财产不足以清偿所有破产费用和共益债务的，先行清偿破产费用。债务人财产不足以清偿所有破产费用或者共益债务的，按照比例清偿。债务人财产不足以清偿破产费用的，管理人应当提请人民法院终结破产程序。人民法院应当自收到请求之日起十五日内裁定终结破产程序，并予以公告。

破产财产在优先清偿破产费用和共益债务后，按照下列顺序清偿。

（一）所欠职工工资、各种应支付费用，应当支付的各种补偿金；此条规定与《企业破产法》一致，体现了对普通劳动者正当权益的保障。

（二）赔偿或者给付保险金；指到期应当支付给保险合同中被保险人或者受益人的保险金。

（三）税费；保险公司欠缴的社会保险费用和税款。

（四）普通债权；债务人被宣告破产后，债务人称为破产人，债务人财产称为破产财产，人民法院受理破产申请时对债务人享有的债权称为破产债权。对破产人的特定财产享有担保权的权利人，比如抵押担保、质押担保、留置权等，对该特定财产享有优先受偿的权利。享有优先受偿权利的债权人行使优先受偿权利未能完全受偿的，其未受偿的债权作为普通债权；放弃优先受偿权利的，其债权作为普通债权。普通债权就是没有优先受偿权的债权。

第九十二条 经营有人寿保险业务的保险公司被依法撤销或者被依法宣告破产的，其持有的人寿保险合同及责任准备金，必须转让给其他经营有人寿保险业务的保险公司；不能同其他保险公司达成转让协议的，由国务院保险监督管理机构指定经营有人寿保险业务的保险公司接受转让。

转让或者由国务院保险监督管理机构指定接受转让前款规定的人寿保险合同及责任准备金的，应当维护被保险人、受益人的合法权益。

【说明】人寿保险合同期限较长，对于投保人、被保险人或者受益人而言，具有储蓄性质的投资价值，因此只有对人寿保险合同的效力维持予以特别规定，才能有效保护被保险人或者受益人的利益。人寿保险合同的被保险人或者受益人在将来不确定的时候或者在合同约定的时间到来时，享有保险金请求权，是人寿保险合同赋予被保险人或者受益人的特有利益，该利益不能因为保险人的业务终止而受影响。

经营人寿保险业务的保险公司因违法被责令关闭，或者依法被宣告破产时，应当在清算和终止公司之前，将其未到期的人寿保险合同转移给其他有资格经营人寿保险业务的保险公司，以使这些未到期的保险责任有可靠的履行保证。本条规定的人寿保险合同转移的方式，分为自愿转让和指定转让。在保险公司因被责令关闭和破产的强制解散情况下，由解散的保险公司与其他经营人寿保险业务的保险公司进行协商，签订转让和接受未到期人寿保险合同的协议。如果没有保险公司自愿接受解散的保险公司持有的人寿保险合同，则由保险监督管理机构根据法律规定指定经营人寿保险业务的保险公司予以接受。

　　按照本条的规定，要求解散的保险公司将未到期的人寿保险单及相应的责任准备金一同转让给接受该人寿保险责任的公司。这里的责任准备金是指仍然有效的人寿保险单的全部净值扣除必要费用之后的净值，同时还应当提取已发生保险事故但尚未提出给付金额的未决赔款准备金。如果解散的保险公司能够转让与其持有的未到期人寿保险单相应的责任准备金，那么接受该人寿保险单的公司不会增加额外的保险责任。如果解散的保险公司因严重亏损，无能力做到上述要求的，则会发生被指定接受该转让的人寿保险单的保险公司，无力承担转让于它的人寿保险责任的情况。在这种情况下，我国保险法也专门作出规定，保险公司日常应当按照规定提存保险保障基金，集中管理，统筹使用，具体管理办法需由保险监督管理机构作出规定。本条只是在第二款规定了一个原则，转让或者由保险监督管理机构指定接受前款规定的人寿保险合同及准备金的，应当维护被保险人、受益人的合法权益。

　　人寿保险合同及其准备金的转移，应当由清算组来进行。在指定转让情形下，清算组则和保险监督管理机构指定的保险公司订立人寿保险合同及责任准备金的转让协议。

　　第九十三条　保险公司依法终止其业务活动，应当注销其经营保险业务许可证。

　　【说明】保险公司依法终止其业务活动，包括三种情况：一是在保险公司因破产而终止时，保险监督管理机构应当注销该公司的经营保险业务许可证。二是保险公司因严重违法，被保险监督管理机构吊销经营保险业务许可证，保险公司必须终止其原来的保险业务。三是在法律允许的范围内，某些经营财产保险业务的保险公司，经保险监督管理机构批准，按照公司章程规定的解散事由解散，或者进行分立、合并时，对终止保险业务的保险公司，或者变更法人名义的保险公司，由保险监督管理机构注销其经营保险业务许可证。除保险公司因被撤销而终止业务活动以外，保险公司解散或者被宣告破产的，由保险监督管理机构注销其经营保险业务许可证。注销经营保险业务许可证，是指保险公司依法终止业务活动时，由主管部门取消其经营保险业务的许可证的行政管理措施。依照本法的规定，保险公司严重违法是指超出保险监督管理机构核定的业务范围从事保险业务，或者不按规定提存保证金或违反规定动用保证金，或者不按规定提取或结转责任准备金或提取未决赔款准备金，或者不按规定提取保险保障基金、公积金，或者不按规定办理再保险分出业务，或者违反规定运用保险公司资金，情节严重的；保险监督管理机构吊销经营保险业务许可证的，应当依法撤销保险公司。

第九十四条　保险公司，除本法另有规定外，适用《中华人民共和国公司法》的规定。

【说明】根据法律规则的内容是否明确肯定，无须再援引或参照其他法律规则的内容来确定该规则的内容，可以将其分为确定性规则、委任性规则和准用性规则。准用性规则指内容本身没有规定人们具体的行为模式，而是可以援引或参照其他相应内容规定的规则。本条即是准用性规则，保险公司是公司的一种，有特殊规定从其规定，没有特殊规定的，适用《公司法》的规定。

第四章　保险经营规则

第九十五条　保险公司的业务范围。

（一）人身保险业务，包括人寿保险、健康保险、意外伤害保险等保险业务；

（二）财产保险业务，包括财产损失保险、责任保险、信用保险、保证保险等保险业务；

（三）国务院保险监督管理机构批准的与保险有关的其他业务。

保险人不得兼营人身保险业务和财产保险业务。但是，经营财产保险业务的保险公司经国务院保险监督管理机构批准，可以经营短期健康保险业务和意外伤害保险业务。

保险公司应当在国务院保险监督管理机构依法批准的业务范围内从事保险经营活动。

【案例78】（2020）渝05民终3741号

2015年5月25日，蒋某为投保人，向某保险公司投保了×个人贷款保证保险。该保险合同内容包括《×个人贷款保证保险保险单》以及《×个人贷款保证保险（B款）》。《×个人贷款保证保险保险单》载明：投保人蒋某，被保险人某银行，保险期间自个人贷款合同项下贷款发放之日起至清偿全部贷款本息之日止，每月保费率1.75%，每月保险费金额2 100.00元，每月支付保险费，投保人委托被保险人从指定的账户中扣除每月应缴保险费，投保人拖欠任一期贷款达到80天，保险人依据保险合同约定向被保险人进行理赔，保险人理赔后，投保人需向保险人归还全部理赔款项和未付保费，从保险人理赔当日开始超过 30 天，投保人仍未向保险人归还上述全部款项的，则视为投保人违约，投保人需以尚欠全部款项为基数，从保险人理赔当日开始行算，按每日千分之一向保险人缴纳违约金。投保人出现逾期或提前还款的，保险人均有权要求投保人支付未付保费，投保人还款应按照保费、被保险人规定的相应费用、利息、本金的顺序进行，保险人理赔后，保险人有权要求投保人支付未付保费、理赔款项、违约金、理赔及催收产生的其他费用等。合同还明确，未付保费是指投保人自贷款发放之日起至理赔之日止这段时间，未支付的应缴保费，即未付保费＝已欠保费＋当期应缴保费×当期实际承保天数/30，《×个人贷款保证保险（B 款）》第 4 条对保险责任进行了约定："投保人未能按照与被保险人签订的个人贷款合同的约定履行还款义务，且投保人拖欠任何一期欠款达到保险单约定的期限以上的，保险人对投保人未偿还的全部贷款本金以及相应的利息按照本合同规定负责赔偿……"，第二十七条第一款对追偿权进行了约定："发生保险责任范围内的损失，保险人自向被保险人赔偿保险金之日起，在赔偿金额范围内行使被保险人对投保人请求赔偿的权利，被保险人应当向保险人提供必要的文件和所知道的有关情况"。

2015 年 5 月 25 日，蒋某与某银行签订《小额贷款合同》，约定蒋某向某银行贷款 12 万元，贷款期限为 36 个月，年利率按中国人民银行公布的同期基准利率 5.50% 上浮 40% 执行，借款人未按约定归还贷款本金的，贷款人有权对逾期贷款计收罚息（罚息利率为本合同约定的贷款执行利率基础上上浮 50%）；采用等额还本付息方式还款，按月共分 36 期对日偿还。由此，蒋某是知晓其每月所还款金额中包含当期应付本金、当期应付利息、当期应付保费三部分以及每部分对应的具体金额。随后，某银行向蒋某支付了贷款金额 12 万元。蒋某借款后仅还款付息至 2016 年 3 月 25 日，过后未再履行归还借款本息的义务。

2016 年 7 月 14 日，某保险公司就蒋某所欠某银行借款本息 91 141.49 元（其中本金 89 278.50 元、利息 1 710.38 元、逾期罚息 152.61 元），向某银行进行了理赔。某银行向某保险公司出具《代偿债务确认书》载明，某保险公司已于 2016 年 7 月 14 日向该行代偿赔款 91 141.49 元。另载明"本行在贵公司依法向投保人追偿过程中，将依法提供必要协助，以利贵公司合法权益的实现"。此后，蒋某未将前述理赔款和保险费支付给某保险公司。

一审法院认为，本案系保证保险合同纠纷。要正确处理本案，首先需要对保证保险有一个正确的认识。保证保险是由保险人为投保人向被保险人（即债权人）提供担保的保险，当投保人不能履行与被保险人签订合同所规定的义务，给被保险人造成经济损失时，由保险人按照其对投保人的承诺向被保险人承担代为补偿的责任。因此，保证保险虽是保险人开办的一个险种，其实质是保险人对债权人的一种担保行为，保证保险所承保的是被保险人的债权因债务人不履行义务而无法实现的信用风险，投保人通过保险人为其信用承保而获取了金融机构的贷款，基于保证保险的担保属性和民法基本原则的诚信原则，某保险公司作为保险人承担了代偿的义务后，自然可以依法向主债务人进行追偿。

关于保险合同的效力问题。保证保险合同设定的目的是维护被保险人即债权人的利益，保障其债权得以实现。从案涉保证保险合同内容来看，《×个人贷款保证保险（B款)》第27条第1款以及《×个人贷款保证保险保险单》特别约定第3条均明确约定，在保险人向被保险人履行赔付义务后，在赔付范围内取得对投保人请求赔偿的权利，尽管某银行不是该保险合同当事人，但其通过《代偿债务确认书》同意将其享有的权利让与给了某保险公司。因此，某保险公司实际通过合同约定以及债权人的同意，取得了对投保人的追偿权，且该约定不属于免除一方责任或者加重对方责任的情况，不违反《中华人民共和国合同法》第五十二条、第五十三条规定。某保险公司、蒋某签订的案涉保证保险合同系双方真实意思表示，内容不违反法律、行政法规的强制性规定，合法有效，对合同当事人具有法律约束力。

关于理赔款。蒋某在庭审中称已向某银行偿还59 000.00元，该金额与某保险公司提交的扣款明细金额大体相对应，故一审法院对扣款明细的真实性予以确认。结合贷款基本信息，截至2016年3月25日，蒋某共计实际支付的金额为58 296.23元，其中包括向某银行支付的37 296.23元（本金30 721.50元、利息6 574.73元），向某保险公司支付的保费21 000.00元。故从2016年

3月25日开始，蒋某尚欠某银行贷款本金89 278.50元，该金额与某保险公司提交的代偿债务通知书、代偿债务确认书记载金额一致。虽蒋某提出某保险公司并未向某银行实际偿还贷款，但从某银行出具的《代偿债务确认书》可见，蒋某未按约定向某银行履行还款义务，某银行已经收到某保险公司为蒋某代偿的贷款本息共计91 141.49元（包括本金89 278.50元、利息1 710.38元、逾期罚息152.61元），蒋某抗辩并未举证证明其观点，故蒋某的抗辩理由不成立。蒋某应按约向某保险公司支付全部理赔款项，逾期未付，依法应承担相应民事责任。故某保险公司要求蒋某支付理赔款项91 141.49元的诉讼请求，一审法院予以支持。

关于逾期保费。《中华人民共和国保险法》第十条第二款规定："投保人是指与保险人订立保险合同，并按照合同约定负有支付保险费义务的人"，第十四条规定："保险合同成立后，投保人按照约定交付保险费，保险人按照约定的时间开始承担保险责任"。经查，中国保险监督管理委员会批准同意的《×个人贷款保证保险（B款）》费率为月基准保险费率为1.25%，同时保险公司可根据客户信用评级调整保险费率，月基准保险费率最高可调至2%，月保险费的计算方式为保险金额乘以月保险费率。本案中，蒋某系案涉保证保险合同的投保人，其应当按照约定向保险人某保险公司支付相应的保险费，根据《×个人贷款保证保险保险单》记载，案涉保险合同执行的月保险费率为1.75%，每月保险费金额为2 100.00元，蒋某辩称保险费约定过高，但本案双方约定的保险费率并未超过中国保险监督管理委员会批准的保险费率上限，故蒋某的抗辩观点不成立。根据前述查明事实和相关证据，截止理赔之日即2016年7月14日，蒋某尚欠某保险公司保费7 619.08元，某保险公司诉请蒋某支付逾期保费7 619.08元，一审法院予以支持。

关于违约金。双方签订的保险合同约定：从保险人理赔当日开始超过30天，投保人仍未向保险人归还全部理赔款项和未付保费的，视为投保人违约，需以尚欠全部款项为基数，按每日千分之一，从保险人理赔当日开始计算缴纳违约金。蒋某主张违约金条款约定过高，且属格式条款应认定无效，根据案涉违约金条款内容来看，本案的违约金条款是保险人向被保险人进行理赔后一段时间内，投保人未向保险人归还理赔款项的视为违约，并承担相应的违约责任。对于格式条款，法律没有规定都应当认定为无效，本案的违约金条款内容经蒋某签字确认，系双方当事人的真实意思表示，且不违反《中华人民共和国合同法》第五十二条、第五十三条规定，应当属于有效条款。在某保险公司理赔后，蒋某逾期超过 30 天仍未按约定归还全部理赔款并支付保险费，已构成违约，应当承担违约责任。某保险公司在起诉时，已经主动下调了违约金计算标准，请求按年利率 24% 计算违约金，加之蒋某无证据证明调整后违约金过分高于造成的损失，故某保险公司主张蒋某以代偿理赔款 91 141.49 元为基数，按年利率 24% 计算，一审法院予以支持。某保险公司请求从 2016 年 7 月 14 日（理赔当日）起计付违约金，合情合理合法，一审法院予以支持。

关于律师费。某保险公司、蒋某签订的《个人贷款保证保险保险单》中约定保险人理赔后，有权要求投保人支付未付保险费、理赔款项、违约金、理赔及催收产生的其他费用等，双方没有明确约定律师费主张的问题，且某保险公司也未举证证明其实际支付该费用，故一审法院对此请求，不予支持。

在查清事实、明确责任的基础上，依照《中华人民共和国合同法》第六十条、第一百零七条、第一百一十四条、《中华人民共和国保险法》第十条、《中华人民共和国民事诉讼法》第六十四条之规定，判决如下：一、蒋某于本判决生效后十日内支付某保险公司理赔款 91 141.49 元，并支付违约金，以 91 141.49 元为基数，按年利率 24%，从 2016 年 7 月 14 日起计算至付清之日止；二、蒋某于本判决生效后十日内支付某保险公司逾期保费 7 619.08 元；三、驳回某保险公司其余诉讼请求。一审案件受理费 1 801.00 元，由蒋某负担。

本院二审期间，双方当事人均未举示新证据。

本院对一审法院查明的事实予以确认。

本院认为，本案二审争议焦点：1. 案涉保证保险是否属于财产保险业务范围；2. 案涉的特别约定条款是否有效；3. 某保险公司是否已经完成了理赔行为；4. 某保险公司是否有权向蒋某进行追偿。本院依据已查明的案件事实与相关法律法规对争议焦点评述如下。

争议焦点之一，案涉的保证保险是否属于财产保险业务范围。蒋某上诉称按照保险法分业经营规定，某保险公司作为商业保险公司从事商业担保业务的保证保险业务无合法依据。《中华人民共和国保险法》第九十五条规定，保险公司的业务范围：（一）人身保险业务，包括人寿保险、健康保险、意外伤害保险等保险业务；（二）财产保险业务，包括财产损失保险、责任保险、信用保险、保证保险等保险业务；（三）国务院保险监督管理机构批准的与保险有关的其他业务。保险人不得兼营人身保险业务和财产保险业务。但是，经营财产保险业务的保险公司经国务院保险监督管理机构批准，可以经营短期健康保险业务和意外伤害保险业务。保险公司应当在国务院保险监督管理机构依法批准的业务范围内从事保险经营活动。原中国保监会于2014年3月10日发布的《关于某保险公司个人贷款保证保险（A款）等三个条款和费率的批复》（保监许可〔2014〕222号），明确同意某保险公司使用×个人贷款保证保险（B款）条款、费率。本院审查认为，财产保险业务包括保证保险等保险业务，保证保险属于财产保险业务范围，某保险公司开展案涉保证保险业务有合法依据。蒋某上诉称某保险公司从事保证保险业务无合法依据的上诉理由，本院不予采信。

争议焦点之二，案涉特别约定条款是否有效。蒋某上诉称，《保险单》中的特别约定条款缺乏其意思表示且违反效力性强制性规定，应视为无效。根据一审查明事实，蒋某在保险单上签名属实，应当视为与某保险公司就保险单的全部内容达成合意，当事人就开展保证保险系其真实意思表示。案涉保险单签订后没有直接交付给蒋某，但蒋某在保险单上的签名真实，故保险单特别约定的内容对蒋某依然有法律约束力。案涉保险单系某保险公司方提供的格式保险单属实，经本院审查，保险单并不存在免除某保险公司责任或加重投保人责任的情形，故一审认定《×个人贷款保证保险（B款）》以及《×个人贷款保证保险保险单》有效，保险单内容不违反法律、行政法规的强制性规定并无不当。蒋某上诉称案涉特别约定条款无效的上诉理由，无事实依据及法律依据，本院不予采信。

争议焦点之三，某保险公司是否已经完成了理赔行为。《中华人民共和国民事诉讼法》第六十四条规定，当事人对自己提出的主张，有责任提供证据。《最高人民法院关于适用〈中华人民共和国民事诉讼法〉的解释》第九十条规定，当事人对自己提出的诉讼请求所依据的事实或者反驳对方诉讼请求所依据的事实，应当提供证据加以证明，但法律另有规定的除外。在作出判决前，当事人未能提供证据或者证据不足以证明其事实主张的，由负有举证证明责任的当事人承担不利的后果。一审根据某保险公司举示的《代偿债务确认书》，确认某银行已收到代偿款 91 141.49 元，同意在某保险公司向投保人追偿过程中依法提供必要协助，且蒋某尚欠某银行贷款本金 89 278.50 元，该金额与某保险公司提交的代偿债务通知书、代偿债务确认书记载金额一致。本院经审查，一审认定并无不当。蒋某认为某保险公司没有完成理赔，应当提供相应的证据加以证实，本案庭审过程中，蒋某并未举示相应证据，故应当承担举证不能的法律后果。蒋某上诉称某保险公司未完成了理赔的上诉理由，本院不予采信。

争议焦点之四，某保险公司是否有权向蒋某进行追偿。蒋某上诉称在合同履行过程中支付保费标准为每月 1.75%，该标准已经逼近民间借贷的最高上限，某保险公司代偿系承担保险责任，故不能行使追偿权。本院审查认为，蒋某按照约定向某保险公司以每月 1.75% 标准支付保费系履行保险合同的行为，某保险公司在蒋某贷款违约代偿后有权对蒋某进行追偿，符合当事人之间的保险约定。保证保险属财产保险，保险公司行使追偿权符合保险经营的一般原则，但该追偿应当在事前保证保险合同中加以约定。本案中，×个人贷款保证保险（B 款）条款第 27 条第 1 款对追偿权进行了约定，发生保险责任范围内的损失，保险人自向被保险人赔偿保险金之日起，在赔偿金额范围内行使被保险人对投保人请求赔偿的权利，被保险人应当向保险人提供必要的文件和所知道的有关情况。且保险单特别约定第三条规定，保险人理赔后，投保人需向保险人归还全部理赔款项和未付保险。故某保险公司代偿后，向蒋某追偿有约定依据，一审法院予以支持并无不当。蒋某上诉称某保险公司无权向蒋某进行追偿的上诉理由，与查明事实不符，本院不予支持。

综上所述，蒋某的上诉请求不能成立，应予驳回；一审判决认定事实清楚，适用法律正确，应予维持。依照《中华人民共和国民事诉讼法》第一百七十条第一款第一项规定，判决如下：

驳回上诉，维持原判。

【说明】这是一起财产保险公司经营保证保险产品，保险公司理赔后行使追偿权的案件。

2015年5月25日，蒋某与某银行签订《小额贷款合同》，约定蒋某向某银行贷款12万元，贷款期限为36个月，年利率按中国人民银行公布的同期基准利率5.50%上浮40%执行，等额还本付息方式还款，按月共分36期对日偿还。同日，蒋某投保个人贷款保证保险。投保人蒋某，被保险人某银行，保险期间自个人贷款合同项下贷款发放之日起至清偿全部贷款本息之日止，每月保费率1.75%，每月保险费金额2 100.00元，并约定了理赔条件、违约金等事项。

蒋某借款后仅还款付息至2016年3月25日，过后未再履行归还借款本息的义务。2016年7月14日，某保险公司就蒋某所欠某银行借款本息91 141.49元（其中本金89 278.50元、利息1 710.38元、逾期罚息152.61元），向某银行进行了理赔。某银行向某保险公司出具《代偿债务确认书》载明，"本行在贵公司依法向投保人追偿过程中，将依法提供必要协助，以利贵公司合法权益的实现"。此后，蒋某未将前述理赔款和保险费支付给某保险公司。

保险公司起诉后，一审法院判决蒋某支付某保险公司理赔款91 141.49元，并支付违约金，以91 141.49元为基数，按年利率24%，从2016年7月14日起计算至付清之日止；蒋某支付某保险公司逾期保费7 619.08元；蒋某上诉后，二审法院驳回上诉，维持原判。

保险业务在我国保险法上分为两个基本类别，即人身保险和财产保险两大类。两种不同类别的保险，在性质上、形式上、享有权利承担责任的内容上，都具有各自的特点。我国保险法根据保险对象的不同，划分保险业务的基本类别，是一种比较科学合理的方法，它有利于规范保险活动，发展保险事业。

人身保险业务，是以人的寿命和身体为保险对象的保险业务，在本条划分为人寿保险、健康保险以及意外伤害保险等人身保险业务。（1）人寿保险业务。保险公司以被保险人在保险期限内死亡、残废或者在保险期限届满时仍生存作为给付保险金条件而从事的保险业务。人寿保险业务可以具体划分为死亡保险、生存保险、生死两全保险、简易人身保险、年金保险业务等。人寿保险的保险标的为被保险人的寿命，或者为被保险人的死亡或残废，或者为被保险人的生存，或者为被保险人的死亡和生存二者。开展人寿保险业务的期间一般较长，保险公司承担的给付保险金的责任期间相应较长，保险公司应当留存足够的人寿保险准备金。（2）健康保险业务。健康保险业务又称为疾病保险业务。保险公司对被保险人在保险期限内发生疾病、分娩或由此引起的残废、死亡承担给付保险金责任而开展的保险业务。健康保险业务为综合性保险业务，保险公司不仅承保被保险人的疾病和因疾病致残的风险，而且承保被保险人因病死亡风险。健康保险业务是有待发展的新型保险业务。健康保险具有综合附加险和短期险的特征，国外有的将其称为"第三领域"的保险，允许财险公司开展这方面的业务。（3）意外伤害保险业务。保险公司对被保险人遭受的意外伤害或者因意外伤害致残、死亡承担给付保险金责任而开展的保险业务。意外伤害保险业务，可以具体分为一般意外伤害保险、旅客意外伤害保险和职业伤害保险等三大类业务。意外伤害保险既可以作为财产综合险中的附加险，也有短期险的特征，也是所谓"第三领域"的保险。

财产保险业务，是指保险公司以财产及其有关利益为保险对象的业务。这里的财产既包括有形的财产，也包括无形的财产，前者如房屋、汽车、商品等，后者如财产权利、财产责任、预期收益等。财产保险业务，以财产及其利益作为保险对象，由投保人交付保险费，形成保险基金，当保险财产及其利益在保险事故中遭受损失时，由保险公司赔偿保险金。财产保险业务作为保险业务的两大基本类别之一，还可以进行细分，本条列举了四类：（1）财产损失保险业务。是指保险公司以有形财产为保险标的而从事的保险业务。财产损失保险业务的特点在于，投保人按照约定向保险公司支付保险费，在被保险财产发生保险事故而受到损失时，保险公司按照约定向被保险人给付保险赔偿金。（2）责任保险业务。是指保险公司以被保险人依法应当对第三人承担的赔偿责任为保险标的而从事的保险业务。责任保险业务的特点在于，投保人按照约定向保险公司支付保险费，在被保险人应当向第三人承担赔偿责任时，由保险公司按照约定向被保险人给付保险赔偿金。（3）信用保险业务。是指保险人对被保险人信用放款或信用售货，债务人拒绝履行合同或不能清偿债务时，所受到的经济损失承担赔偿责任的保险方式。信用保险的信用风险主体为履约义务人，投保人、被保险人为权利人。（4）保证保险业务。保险人为履约义务人向权利人提供担保的保险。保证保险的投保人为履约义务人，被保险人为权利人。保证保险是具有担保行为的险种，履约义务仍由义务人（被保证人）承担，保险人（保险公司）只是在义务人无法履约的情况下，才承担赔偿减损责任，风险责任并未发生转移。

关于保险公司的分业经营，就是保险法所规定的同一保险人不得同时兼营财产保险业务和人身保险业务，也就是保险业务的两大基本类别必须分开经营。其根本原因是财产保险和人身保险的保险对象不同，这两种保险业务各有其特点，在承保的手续、订立保险合同的要求、保险责任、保险费计算的基础、保险金的赔付、保险基金的管理方式以及公司的解散、清算等方面都有不少区别，因而，保险公司的分业经营就有其必要性。保险公司分业经营，有利于提高保险业务水平，维护保户的合法权益，保证有相适应的赔付能力。也有利于实行规范化经营、规范化管理，便于金融监督管理部门进行监督。

本条中的同一保险人，就是指一个具有法律资格的保险公司，只能经营财产保险业务或者是人身保险业务，而不能两者都经营。在一个保险公司中下设两个经营部门分别经营财产保险和人身保险业务，是不符合分业经营规定的。保险公司设立分公司兼营也是不允许的。但是，允许财产保险公司兼营健康保险和意外伤害保险，这是从这两种保险具有双重性质出发来作规定的。

保险公司的业务范围由保险监督管理机构核定，这要比一般公司确定经营范围严格，一般公司经营范围是由公司章程规定，依法登记；而保险公司则必须向保险监督管理机构申报，经过核定。保险公司应依照保险法核定业务范围开展活动，不得兼营人身保险业务和非人身保险业务，不得超范围经营。

本案上诉人称按照保险法分业经营规定，某保险公司作为商业保险公司从事商业担保业务的保证保险业务无合法依据。法院援引《保险法》第九十五条的规定，财产保险业务包括保证保险等保险业务，保证保险属于财产保险业务范围，某保险公司开展案涉保证保险业务有合法依据。上诉人主张不予采信。同时指出保证保险虽是保险人开办的一个险种，但其实质是保险人对债权人的一种担保行为。保证保险所承保的是被保险人的债权因债务人不履行义务而无法实现的信用风险，投保人通过保险人为其信用承保而获取了金融机构的贷款，基于保证保险的担保属性和民法基本原则的诚信原则，某保险公司作为保险人承担了代偿的义务后，自然可以依法向主债务人进行追偿。

第九十六条　经国务院保险监督管理机构批准，保险公司可以经营本法第九十五条规定的保险业务的下列再保险业务：

（一）分出保险；

（二）分入保险。

【说明】 再保险是保险人将其承担的保险业务，以分保的形式，部分转移给其他保险人来承担。这样，转移出保险业务的保险人称之为原保险人，接受原保险人所转移的保险业务的保险人被称之为再保险人。再保险为保险的保险，其作用在于减轻原保险人的责任，使其经营增强稳定性。

再保险业务应当由两部分组成，原保险人将其部分保险业务转移给其他保险公司，从原保险人来说，称之为分出保险；其他保险公司接受原保险人所转移的保险业务，从接受的这一方来说，称之为分入保险。原保险人、再保险人都是指保险公司而言，再保险分出人就是指原承保的保险公司，再保险接受人就是承担分入保险业务的保险公司。

保险公司经营再保险业务，必须依法经过保险监督管理部门批准，未经批准不得经营再保险业务。这也是对保险公司业务范围的监督管理的一项内容，或者说是对其经营再保险业务的一项规范。保险公司进行分出保险业务或者分入保险业务时都应依法进行，并应执行保险监督管理部门的有关规定。

第九十七条 保险公司应当按照其注册资本总额的百分之二十提取保证金，存入国务院保险监督管理机构指定的银行，除公司清算时用于清偿债务外，不得动用。

【案例 79】（2020）鲁 1302 民初 3403 号；（2021）鲁 1302 执异 291 号

申请人某板材厂与被申请人某财险公司北京分公司、某财险公司财产损失保险合同纠纷一案，于 2020 年 3 月 12 日向本院申请财产保全，请求冻结被申请人某财险公司、某财险公司北京分公司的银行存款 1 260 万元，已向本院提供了担保。本院于 2020 年 3 月 12 日作出（2020）鲁 1302 民初 3403 号之一民事裁定书，本院于 2020 年 3 月 19 日实际冻结了被申请人某财险公司在某银行 7071×××4356 账户内存款 1 260 万元（冻结限额 1 260 万元，实际冻结 1 260 万元）。

原告某板材厂 2020 年 3 月 11 日向本院提出诉讼请求：1. 请求法院判令被告某财险公司、某财险公司北京分公司赔偿原告 12 367 542.24 元及利息。事实和理由：2018 年 10 月，原告与被告签订财产综合险保险合同，2019 年 6 月 30 日、8 月 1 日，原告所在地两次遭遇暴雨、暴风天气，致使原告财产发生损失，原告及时通知了被告。某公估公司查勘后确认构成保险事故，2019 年 6 月 30 日事故理算赔偿金额为 6 838 907.46 元，公估费用为 151 810.00 元；2019 年 8 月 1 日事故，理算赔偿金额为 5 215 127.78 元，公估费用为 161 696.00 元。两次事故，损失总计 12 367 542.24 元，原告提供上述理赔材料后，被告至今未予以赔偿。

本院经审查认为，本案在审理过程中，被告某财险公司以保险诈骗为由，于2020年4月向公安机关报案，公安机关自2020年9月起对该案进行调查，根据公安机关的相关调查材料，某公估公司未对案涉保险标的进行实质性查勘，本案存在夸大损失程度，以骗取保险金的嫌疑。该案可能涉嫌经济犯罪。根据《最高人民法院关于在审理经济纠纷案件中涉及经济犯罪嫌疑若干问题的规定》第十一条"人民法院作为经济纠纷受理的案件，经审理认为不属于经济纠纷案件而有经济犯罪嫌疑的，应当裁定驳回起诉，将有关材料移送公安机关或检察机关"的规定，应当裁定驳回起诉。本案经审判委员会讨论决定，依照《中华人民共和国民事诉讼法》第一百一十九条、第一百五十四条第一款第（三）项，《最高人民法院关于适用〈中华人民共和国民事诉讼法〉的解释》第二百零八条第三款规定，裁定驳回原告某板材厂的起诉。后某板材厂不服该判决，向某市中级人民法院提出上诉。

某财险公司、某财险公司北京分公司对一审法院冻结其银行存款的行为不服，向二审法院提出书面异议。

异议理由：一、复议申请人有能力支付某板材厂的保险费，复议申请人是经中国保险监督管理委员会（保监许可〔2016〕371号）批准设立的全国性财产保险公司，注册资本金10亿元人民币，是由某自治区投资有限公司等十一家企业发起组建，注册地甲市，营业场所设在乙市。申请人的参股股东实力强大，涉及行业广泛，积极倡导"对股东负责、对员工负责、对客户负责、对伙伴负责、对社会负责"的经营理念，努力挖掘国内财产保险市场技术潜力，研究和开发满足客户各种保障需求的新型保险产品，是中国具有成长力和价值的创新型财产保险公司。复议申请人与某板材厂在财产保险合同纠纷一案中，复议申请人对某板材厂提出的保险费损害赔偿数额持异议，因此，尚未支付某板材厂保险费，并非没有能力支付被申请人的保险费。综合复议申请人的股东情况和财产情况可以看出，复议申请人有能力支付被申请人的保险费，因此在本案中，没有必要冻结复议申请人的资本保证金账户。二、复议申请人的资本保证金账户不应被冻结，法律法规对于保险公司的资本保证金账户监管相当严格，根据《保险公司资本保证金管理办法》（保监发

〔2015〕37号）以及中国银保监会办公厅2020年9月11日颁布，同年10月10日施行的银保监办发〔2020〕91号文件，即《中国银保监会办公厅关于规范银行业金融机构协助有权机关办理保险公司资本保证金账户查询、冻结、扣划有关事宜的通知》的规定，保险公司的资本保证金专款专用，存放、备案和监管，均应符合法律法规的要求。其中，上述第二份文件第四条明确规定："银行业金融机构……向有权机关提示账户资金仅可用于清算时清偿债务等特定用途，以及账户允许查询但不得冻结、扣划等安排。"因此，该条也明确指出资本保证金账户不得冻结。三、《保险法》对保证金的使用条件亦有限制，根据我国《保险法》第九十七条的规定："保险公司应当按照其注册资本总额的百分之二十提取保证金，存入国务院保险监督管理机构指定的银行，除公司清算时用于清偿债务外，不得动用。"也就是说，资本保证金只能用于清算时的债务，未达到清算的条件，其他债务亦不能使用。因此，即使复议申请人的资本保证金账户被冻结，如某板材厂的债务未能偿还致使复议申请人达到清算的条件，该资本保证金账户内的资金也不能用于支付某板材厂的保险费，资本保证金账户被冻结的功能和意义亦不复存在。综上所述，复议申请人有能力支付某板材厂的保险费，复议申请人请求贵院对复议申请人的资本保证金账户予以解封。

申请人某板材厂辩称，一、答辩人认为复议申请人偿付能力存疑。根据答辩人与复议申请人财产综合险保单特别约定第12条：如保险财产遭受保单项下承保责任的损失，应被保险人的要求和理算师的建议，保险人可以同意按照保险责任范围内已确定损失金额的50%预付赔款。答辩人多次要求复议申请人预先支付赔偿款，至今复议申请人未予以任何赔偿。期间反而以诉讼管辖权、注册资本金10亿元为由拖延赔偿时间，先后被贵院裁定驳回诉讼请求。现又以具备偿付保险费能力，要求贵院撤销对其账户查封冻结裁定，解封冻结的1 260万元财产，答辩人对此坚决不予认同。根据查阅的申请人自2016年至2019年企业年报、中国保监会监管函（监管函〔2018〕18号）、中国银行保险监督管理委员会财产险部监管函（财险部函〔2020〕101号）、2019年四个季度的偿付能力报告、复议申请人公司网站公示动态新闻等相关资料，复议申请人净利润连续多年处于亏损状态（该公司成立以来已累计亏损 7.28 亿元），偿付能力也是连年下滑。且据答辩人调查了解，复议申请人因此类暴雨财产保险事故出险需要赔付数额巨大，极有可能造成赔付不能。所以，复议申请人仅凭提供的 2020 年第 3 季度偿付能力季度报告，不足以证明复议申请人有赔偿能力，需要达到解除财产保全措施情形。二、冻结复议申请人某财险公司北京分公司在某银行 7071×××4356 账户内 1 260 万元财产的保全措施，并无不当。根据最高人民法院关于人民法院执行工作若干问题的规定（法释〔1998〕15 号）第 34 条、《保险公司资本保证金管理办法》（保监发〔2015〕37 号）第 7 条、18 条，《中国银保监会办公厅关于规范银行金融机构协助有权机关办理保险公司资本保证金账户查询、冻结、扣划有关事宜的通知》（银保监办发〔2020〕91 号第 4 条之观定，可以看出法律文件规定是对某财险公司在人民银行的存款准备金和备付金不得冻结和扣划，而答辩人申请查封为某财险公司北京分公司，查封主体并无不当，冻结的账户也非某财险公司在人民银行内的账户。且根据保监发〔2015〕37 号第 18 条规定，某财险公司按注册资本提存 20% 资本保证金，应向中国保监会提交备案资料，但某财险公司北京分公司存放在某银行 7071×××4356 账户内 1 260 万元财产，无证据显示是属于某财险公司的存款准备金，并向中国保监会进行了备案手续。且二复议申请人此前与 C 公司（2020）鲁 1302 执异 83 号和 D 公司（2020）鲁 1302 执异 86 号保险纠纷异议申请中，已被贵院依法分别驳回异议申请，现在又以相同理由在本案中提起异议申请，答辩人认为应按《民事诉讼法》第 108 条规定对其异议申请予以驳回。故答辩人在本案中，申请查封冻结的某财险公司北京分公司存放在某银行 7071×××4356 账户内 1 260 万元财产保全措施，并无不当，二复议申请人关于资本保证金账户不应被冻结所依据的事实与理由，不能成立，答辩人请求贵院依法驳回二复议申请人提出的诉讼保全异议申请。三、冻结某财险公司北京分公司，在某银行 7071×××4356 账户内 1 260 万元的财产，并非《保险法》第 97 条规定某财险公司的资本保证金，也未影响某财险公司的资本保证金专款专用。因《保险法》规定的保险公司资本保证金，是总公司提取注册资本 20% 资本保证金，提取主体依然是总公司（某财险公司），而非某财险公司北京分公司，其用途也是作为总公司被清算时清偿债务使用的特定用途。答辩人申请冻结的某财险公司北京分公司在某银行账户资金，与总公司某财险公司所述按《保险法》97条提存注册资本20%资本保证金，并非同一笔资金，保全措施不影响某财险公司资本保证金专款专用的特定用途。故二复议申请人依据《保险法》第97条规定要求贵院解除保全措施，属法律理解适用错误，在二复议申请人未向贵院提交任何担保情况下，解除冻结措施对答辩人请求给付保险费赔付能力构成巨大风险性。综上所述，答辩人认为二复议申请人请求贵院解封冻某银行7071×××4356账户内1260万元财产，所依据事实与理由不能成立，应予以驳回申请。如果复议申请人按照双方所签订财产综合险保单特别约定第12条的规定，预先赔付财产损失，答辩人可以申请在赔付范围内解除相应财产金额保全措施。

本院认为，《中华人民共和国民事诉讼法》第一百零八条规定，当事人对保全或者先予执行的裁定不服的，可以申请复议一次。复议期间不停止裁定的执行。复议申请人（被申请人）某财险公司、某财险公司北京分公司分别向本院提出复议申请，认为本案冻结其账户存款不符合法律规定，要求解除本案民事裁定对其查封措施，是对民事裁定书本身提出异议，故应当依照《中华人民共和国民事诉讼法》第一百零八条的规定审查。根据该法第一百条规定，人民法院对于可能因当事人一方的行为或者其他原因，使判决难以执行或者造成当事人其他损失的案件，根据对方当事人的申请，可以裁定对其财产进行保全、责令其作出一定行为或者禁止其作出一定行为；当事人没有提出申请的，人民法院在必要时也可以裁定采取保全措施。本案中，申请人某板材厂提出财产保全申请，已向本院提供了担保。复议申请人某财险公司、某财险公司北京分公司认为其具备偿付能力，但既没有向本院提供担保，也没有将相关财物交法院提存作为保证，仅以称其具备偿付能力即要求解除对其银行存款的冻结，无法征得申请人的同意和谅解，也不符合有关法律规定。复议申请人主张某银行股份有限公司账户7071×××4356系资本保证金账户，不应进行冻结，但未提供该账户系资本保证金账户的备案文件或存款协议、存单等证据。因此对该主张，本院不予支持。

综上所述，复议申请人某财险公司、某财险公司北京分公司的复议申请，无正当理由，本院对其主张不予支持。根据《中华人民共和国民事诉讼法》第一百零八条、《最高人民法院关于人民法院办理财产保全案件若干问题的规定》第二十五条的规定，裁定如下：

驳回复议申请人（被申请人）某财险公司、某财险公司北京分公司的复议申请。

【说明】 这是一起保险公司主张资本保证金不应被冻结，法院认为保险公司未提供该账户系资本保证金账户的备案文件或存款协议、存单等证据，不予支持保险公司主张的案件。

案情简述如下：2018 年 10 月，某板材厂在某保险公司投保财产综合险。2019 年 6 月 30 日、8 月 1 日，暴风雨导致某板材厂财产损失，某公估公司查勘后理算某板材厂损失总计 12 367 542.24 元，保险公司未予以赔偿。某板材厂 2020 年 3 月 12 日向法院起诉保险公司理赔，向法院申请财产保全，请求冻结保险公司的银行存款 1 260 万元，已向法院提供了担保。法院于 2020 年 3 月 19 日实际冻结了某财险公司在某银行的存款 1 260 万元。案件审理过程中，某财险公司以保险诈骗为由，于 2020 年 4 月向公安机关报案，公安机关自 2020 年 9 月起调查案件，根据公安机关的调查材料，某公估公司未对案涉保险标的进行实质性查勘，本案存在夸大损失程度以骗取保险金的嫌疑。

某财险公司对法院冻结其银行存款的行为不服，向法院提出书面异议。法院经审查认为某保险公司主张某银行账户系资本保证金账户，不应进行冻结，但未提供该账户系资本保证金账户的备案文件或存款协议、存单等证据。对该主张法院不予支持，驳回了某财险公司的复议申请。

为加强对保险公司资本保证金的监管，保护投保人利益，维护保险市场的平稳、健康发展，保险公司应当提取资本保证金。资本保证金，是指根据《保险法》的规定，保险公司成立后按照其注册资本总额的 20% 提取的，除保险公司清算时用于清偿债务外不得动用的资金。根据《保险公司资本保证金管理办法》相关规定，保险公司应当选择两家（含）以上符合条件的商业银行作为资本保证金的存放银行。保险公司应将资本保证金存放在保险公司法人机构住所地、直辖市、计划单列市或省会城市的指定银行。保险公司应当开立独立银行账户存放资本保证金。保险公司提存资本保证金，应与拟存放银行的总行或一级分行签订《资本保证金存款协议》。合同有效期内，双方不得擅自撤销协议。保险公司开业或增资提存保证金存款、到期在原存放银行续存的，应向中国保监会提交相关备案资料。

本案中，法院指出某保险公司没有提供《资本保证金存款协议》等相关证据证明某银行系资本保证金的存放银行，被冻结账户系存放资本保证金的独立银行账户，被冻结的资金系《保险法》规定的资本保证金，因此不予支持其诉求。

第九十八条 保险公司应当根据保障被保险人利益、保证偿付能力的原则，提取各项责任准备金。

保险公司提取和结转责任准备金的具体办法，由国务院保险监督管理机构制定。

【说明】本条是对保险公司提取各项责任准备金的规定。

为了确保保险公司的偿付能力，保险公司收取的保险费，必须提取各项责任准备金。保险公司的偿付能力，在一定程度上依赖于保险准备金的提取。保险准备金是为了承担未到期责任或者未决赔款等将来发生的责任而从保险费收入中提存的资金准备基金，主要有未到期责任准备金、未决赔款准备金、寿险责任准备金等。保险责任准备金从本质上说，是依照保险法所确定的一种资金准备，它的作用在于保险公司承担保险责任时，有此项资金作为保证。保险责任准备金从保险费收入中提存，这项资金不能视其为保险公司的营业收入，而要看作是保险公司的负债。在财产保险中，最常见的是未到期责任准备金，是指保险公司为了承担未了结的预期保险责任而依照法律规定从保险费收入中提取的准备资金。它是在会计年度决算时，对未到期的保险单，从保险公司自留保险费中提存一定比例的一种资金准备。这种资金准备，根源于保险业务年度与会计年度的不一致，比如，投保人于八月二十日缴付一年的保险费，则其中的四个多月属于本会计年度，其余七个多月属于下一个会计年度，这张保险单在下一个会计年度的前七个多月是继续有效的。因此，要在当年收入的保险费中提存相应的部分作为下一年度的保险费收入，使之成为对仍然有效的保险单支付赔款的额外来源。对人寿保险业务，保险公司应当按照有效的人寿保险单的全部净值提取寿险责任准备金，而且还可依规定扣除一定费用。这是由于人寿保险是一种长期保险，它的责任不是按一、二个年度来计算即可终结的，因此，它的责任准备金的提取是按照有效的人寿保险单的全部净值，也就是保险公司在这部分业务中所收入的纯保险费及利息，减去应付的保险金，扣除应支付的费用后，所结余的部分。寿险责任准备金应当属于被保险人所有，是保险公司履行今后给付保险金义务的资金保证。

本条第二款还专门规定保险公司提取和结转责任准备金的具体办法由保险监督管理机构制定，这是一个授权性的条款。因为该机构监管保险公司，也了解保险公司的具体业务情况，所以授予其责任准备金提取具体办法制定权。

第九十九条　保险公司应当依法提取公积金。

【说明】本条是对保险公司提取公积金的规定。

保险公司除了依照保险法的规定提取各项责任准备金外，还必须依法提取公积金；如果国家财务会计制度还有规定的，也应依照有关规定提取公积金。

关于保险公司提取公积金，在保险法和公司法中都作了规定。保险公司是依据保险法和公司法而设立的，有关保险公司的组织和行为，保险法未作规定的，适用公司法和其他法律、行政法规的规定。对于提取公积金，公司法作了如下规定：公司分配当年税后利润时，应当提取利润的百分之十列入公司法定公积金；公司法定公积金累计额为公司的注册资本的百分之五十以上的，可不再提取；公司的法定公积金不足以弥补上一年度公司亏损的，在提取法定公积金之前，应当先用当年利润弥补亏损；公司在从税后利润中提取法定公积金后，经股东大会决议，可以提取任意公积金；股东大会或者董事会违反规定，在公司弥补亏损和提取法定公积金之前向股东分配利润的，必须将违反规定分配的利润退还公司；公司的公积金用于弥补公司的亏损，扩大公司生产经营或者转为增加公司资本。

由上述规定可以看出，公积金是保险公司不作为股利分配，而储以备用的那部分净利润。提取公积金的目的，在于积聚这部分资金，若保险公司出现亏损时，用以进行弥补，无亏损时，则用以增强其偿付能力，发展公司的经营，提高该保险公司的信誉。公积金是保险公司的一种附加资本，它的增加也意味着公司财产的增加，所以对公司开展业务具有积极意义。

需要说明的是，保险公司所提取的公积金中，法定公积金的提取与提取比例由法律规定，具有强制性，不能由公司自行决定；任意公积金，则是由公司决定其是否提取和提取的比例，并非是强制的；当然，其设立也是有法律依据的，但公司的股东大会有决定权；提取了任意公积金之后，其用途也应按照法律规定，而不能理解为是可以任意使用的。

第一百条 保险公司应当缴纳保险保障基金。

保险保障基金应当集中管理，并在下列情形下统筹使用：

（一）在保险公司被撤销或者被宣告破产时，向投保人、被保险人或者受益人提供救济；

（二）在保险公司被撤销或者被宣告破产时，向依法接受其人寿保险合同的保险公司提供救济；

（三）国务院规定的其他情形。

保险保障基金筹集、管理和使用的具体办法，由国务院制定。

【说明】本条是对建立保险保障基金及其管理使用的规定。

保险法考虑到保险业经营的性质、保险公司经营风险的影响范围和保险事业稳定发展的需要,在本条强调建立一项保险保障制度,即提存保险保障基金,并予以妥加管理和使用。

建立保险保障基金,首先是为了保障被保险人的利益。这是因为保险公司的经营是有风险的,从整个保险业来说,这个行业的经营也是风险较大的。无论其中的哪一家保险公司在经营中遇到了风险,受其影响最大的是其偿付能力,也就是对被保险人承担保险责任的能力。而设立保险保障基金,是运用保险业的群体力量,分散保险经营的风险,尽量使其少影响或不影响保险公司的偿付能力,以维护被保险人的利益。其次,是支持保险公司稳健经营,即通过运用由各个保险公司集中起来的保险保障基金,对经营或财务上发生困难的保险公司予以支持。

保险保障基金的筹集、管理和使用,由保险监督管理机构作出规定,这是保险法所作的授权,保险监督管理机构可以规定具体的筹集、管理和使用办法。

本条还强调了保险保障基金应当集中管理、统筹使用的原则。因为只有集中管理,才能发挥基金的力量,为有困难的保险公司分担风险,否则,在力量分散的情况下,由各个保险公司分别管理这项基金,将难以发挥保险保障基金的作用。保险保障基金的使用还必须是统一筹划的,只有这样,才能使基金用于抵御经营风险,支持有困难的保险公司。

第一百零一条 保险公司应当具有与其业务规模和风险程度相适应的最低偿付能力。保险公司的认可资产减去认可负债的差额,不得低于国务院保险监督管理机构规定的数额;低于规定数额的,应当按照国务院保险监督管理机构的要求采取相应措施达到规定的数额。

【说明】本条是对保险公司应当具有最低偿付能力的规定。

保险公司的偿付能力是指保险公司在承保之后,如遇有保险事故,其承担赔偿或者给付保险金的能力。或者说,保险公司只有具备了所必需的最低偿付能力，即在保险经营中能够履行其赔付保险金的义务，才可以依法存在和经营。

保险公司偿付能力的强弱或高低，不能离开公司的经营规模一概而论，它是一个具体的要求、动态的标准。在一定的阶段或一定的时间，保险公司的经营规模要有与之相适应的最低偿付能力。如果低于这个界限，公司就必须采取措施加以补救，否则，公司将难以正常地经营下去，因为它已危及被保险人的利益。

保险公司的偿付能力，就是其偿付债务的能力。本条规定保险公司的认可资产减去认可负债的差额不得低于保险监督管理机构规定的数额。认可负债是保险公司在评估偿付能力时依据中国保监会的规定所确认的负债。认可资产是保险公司在评估偿付能力时依据中国保监会的规定所确认的资产。认可资产减去认可负债，应当存在一个余额，即资产应当大于负债；这个余额还应达到一定的数额，这个数额由保险监督管理机构依照保险法的授权来确定，它实际上是一个控制保险公司最低偿付能力的指标，具有强制力。

保险公司达不到最低偿付能力控制指标的，说明其认可资产不足，承担赔付保险责任的能力太低，因此其应当采取相应措施，补足差额，使保险公司的资产数足以保持其最低的偿付能力，得以正常地从事保险经营，承担对被保险人的赔偿或给付保险金的责任。

第一百零二条　经营财产保险业务的保险公司当年自留保险费，不得超过其实有资本金加公积金总和的四倍。

【说明】本条是对经营财产保险业务的保险公司当年自留保险费的规定。保险公司的自留保险费反映其保险费收入的实际情况，也反映其承担的保险责任的范围，或者说是其承保额度的大小。将保险公司当年自留保险费与保险公司资本金和公积金之和进行比较，并加强监管，是明确和具体的。公司实有资本金反映公司自有财产，公司的实收注册资本、未分配利润、资产重估增值等方面的实有存量；公司的公积金包括法定公积金、任意公积金以及其他按规定列入公积金项目的财产。

将保险公司的资本与其自留保费相比较，就是要求在财产保险业务方面，公司所承担的保险责任与其实有资产保持一定比例，并保持必要的偿付能力。或者反过来说，公司的资本如果是有限的，那么公司的承保额度也应受到限制，不能超出其承保能力从事业务经营。这种比例关系是必要的，本条对该具体比例作出了规定，即保险公司当年自留保险费不得超过公司实有资本金加公积金总和的四倍，这反映了中国保险业当前的实际情况。

第一百零三条　保险公司对每一危险单位，即对一次保险事故可能造成的最大损失范围所承担的责任，不得超过其实有资本金加公积金总和的百分之十；超过的部分应当办理再保险。保险公司对危险单位的划分应当符合国务院保险监督管理机构的规定。

【说明】本条是对每一危险单位的风险管理的规定。

保险公司的经营风险来自不同方面，对每一危险单位所形成的风险加以管理是一个关键的环节。对于危险单位这个概念，在本条中是指一次保险事故可能造成的最大损失所承担的责任。

比如，汽车保险中，保险对象为车身损失，保险金额为四十万元。在一次保险事故中，车身被全部毁损，保险公司所承担的赔偿责任为四十万元。假设这个保险公司的实有资本金加公积金之总和为二亿四千万元，则其对这次保险事故造成的损失是有能力承受的，不会引起公司的不稳定。另一种情况是，在船舶保险中，保险对象为内河航行的船舶，保险金额为四千万元。在一次保险事故中，此船舶全部毁损，如果仍是前述保险公司承担赔偿责任，因为其所赔数额为四千万元，占公司实有资本金加公积金总和的百分之十六点六，这将使公司遭受很大的风险。如果这个公司还承保了类似的几件业务，那公司承担的风险就更大了，当然也就会严重地危及公司的偿付能力。因此，对这种情况必须进行控制，强化管理。

本条强调，保险公司对每一危险单位承担的保险责任不得超过其实有资本金加公积金总和的百分之十，同时，超过百分之十的部分应办理再保险，即原保险人将其风险转移于其他保险人，由接受此项转移的再保险人分担保险责任。通过再保险分散保险公司的经营风险，使其不至于因为少数几起保险业务而影响自己的稳定经营。这样，通过法律的直接规定，对保险公司的偿付能力作较为稳妥的安排，显示了再保险的作用。本条通常是针对巨额保险而言的，一般的、小额的保险业务形不成影响保险公司偿付能力的压力。

第一百零四条 保险公司对危险单位的划分方法和巨灾风险安排方案，应当报国务院保险监督管理机构备案。

【说明】本条是对危险单位的计算和巨灾风险安排计划应报经备案的规定。

保险公司对危险单位的划分应当有具体方法，而不应当是任意确定的，此划分方法要经保险监督管理机构备案。

在保险业务中，要面对一些巨大的灾害，即人力难以抗拒的、无法有效控制的，造成众多人员伤亡或大量财产损失的自然灾害或意外事故。比如：气象气候灾害中的大风、暴雨、冰雹、寒潮、干旱、洪水等；地质灾害中的地震、地裂等；地貌灾害中的泥石流、雪崩、滑坡等；生物灾害中的植物病虫害、森林火灾、流行病等。对于这些巨大灾害所造成的巨大风险，保险公司如作出风险安排计划，应报经保险监督管理机构备案。

上述两项均为保险公司经营保险业务过程中所需作出的一些管理方法或安排计划，由于其与公司经营关系重大，因此本条确定要依法报经备案。这是必要的管理措施。

此外，巨灾风险安排计划往往涉及多种保险，对其承受能力难以在小范围内求得平衡，常常影响到广大区域，保险费率计算、灾害后果计算、自留额与再保险比例都比较难以确定，是一项复杂的保险业务，再加上其他的一些因素，比如要对巨灾进行深入广泛的研究、调查，进一步积累经验等，因此，需要加以管理。

第一百零五条　保险公司应当按照国务院保险监督管理机构的规定办理再保险，并审慎选择再保险接受人。

【案例80】（2019）粤1302民初8751号

两原告向某甲、周某系夫妻关系，向某乙系两原告儿子。2018年5月13日，向某乙通过大×保险APP向被告A保险公司投保一份×福定期寿险。原告向我院提交的《×福定期寿险条款》载明，向某乙在被告处投保×福定期寿险，保险金额为1 000 000元，保险期间10年，投保人与被保险人均为向某乙本人，向某乙支付首期保费630元，保险合同于2018年5月14日生效。《×福定期寿险条款》第六章一般条款，第二十条如实告知："如果您故意或者因重大过失未履行前款规定的如实告知义务，足以影响我们决定是否同意承保或者提高保险费率的，我们有权解除本合同。"被告对该段文字进行了字体加粗加黑。该保险合同载明的页码共有17页，原告仅向我院提交该合同1至12页。后被告向我院提交完整的保险合同，载明内容除上述约定外，合同第13页"告知事项：请如实告知被保险人是否有以下情形之一□是√□否（以下告知事项为'是'者，投保申请将不予接受）1.……5.您最近一年内是否在保险公司曾经或正在投保定期寿险，且合计保险金额大于等于80万元？……"第14页"投保人声明……3.本人确认在本投保单与投保有关的各份文件中，所做的声明和陈述完全无误，均可作为贵公司判断是否能够承保的依据，如有隐瞒或日后发现与事实不符，贵公司可依法解除本合同，不负给付责任。……√□本人同意并接受以上声明"。

原告向某甲称，2018年9月26—27日，收到租车公司电话称向某乙向其租了一辆车，租车时间为3天，向某乙在还车时间已到的情况下未还车，原告向某甲寻找向某乙未果，于第二天报警。2018年9月28日，某派出所发现一具无名男性尸体。2018年9月30日，原告向某甲称派出所通知其去认尸，并于当日找到向某乙的遗物。2018年10月9日，某刑事侦查大队委托某司法鉴定中心对2018年9月28日发现的无名男性尸体进行DNA鉴定，并出具鉴定文书，鉴定意见：在排除同卵多胞胎和近亲的前提下，支持AXX002、

AXX003 号检材所属个体和 AXX001 号检材所属个体符合亲生关系。2018 年 10 月 29 日，某派出所委托某司法鉴定中心进行硅藻检验。该司法鉴定中心于 2018 年 11 月 15 日作出病理检验报告书。2018 年 11 月 7 日，某刑事侦查大队委托某司法鉴定中心对常见安眠镇静药物、常见有机磷类及毒鼠强成分进行定性分析，该鉴定中心于 2018 年 11 月 27 日出具检验报告未检出。2018 年 11 月 20 日，某安局刑事侦查大队出具了向某乙符合生前溺水死亡的居民死亡医学证明（推断）书。2018 年 11 月 25 日，对向某乙遗体进行火化处理。2019 年 9 月 3 日，某派出所出具关于向某乙死亡的情况说明：死者向某乙经尸表检验未见明显伤痕，初步调查和勘验未发现他杀可疑，符合溺水死亡特征。

两原告庭审时称，向某乙没有固定工作，之前在某区原告周某店铺对面的厂上班，下班之后帮原告周某看店，2018 年职业是送快递和当搬运工，身体及精神状况很好，投保情况是从向某乙的遗物笔记本中得知。原告庭后向我院提交《向某乙投保清单》显示，2018 年 3 月 6 日至 5 月 20 日，向某乙共向 13 家保险公司投保定期寿险或意外身故、伤残保险，其中 D 人寿保险有限公司与 E 人寿相互保险社两家保险公司已向两原告赔付保险金。结合原、被告及原告的其他案件投保统计表可知：

保险公司	险种	合同生效日期	保额（元）
B 财产保险有限责任公司	意外身故、伤残保险	2018 年 3 月 6 日	50 万
C 人寿保险股份有限公司	定期寿险	2018 年 5 月 4 日	8 万
D 人寿保险有限公司	定期寿险	2018 年 5 月 9 日	100 万
E 人寿相互保险社	定期寿险	2018 年 5 月 9 日	50 万
F 人寿保险股份有限公司	定期寿险	2018 年 5 月 9 日	50 万
G 人寿保险有限公司	定期寿险	2018 年 5 月 11 日	50 万
H 人寿保险有限公司	定期寿险	2018 年 5 月 12 日	60 万
I 人寿保险股份有限公司	定期寿险	2018 年 5 月 12 日	50 万
J 人寿保险股份有限公司	定期寿险	2018 年 5 月 14 日	100 万
A 人寿保险有限公司	定期寿险	2018 年 5 月 14 日	100 万
K 人寿保险股份有限公司	定期寿险	2018 年 5 月 16 日	50 万
L 人寿保险有限公司	定期寿险	2018 年 5 月 19 日	100 万
M 人寿保险股份有限公司	定期寿险	2018 年 5 月 20 日	50 万
N 人寿保险有限公司	定期寿险	2018 年 5 月 21 日	50 万

2019年1月2日，A人寿保险有限公司契约管理部向原告向某甲出具理赔决定通知书，载明索赔申请接受日、核准日为2018年12月11日，同时载明，因被保险人向某乙隐瞒在投保该公司产品前已在近多家保险公司投保并承保，累计保额大于80万元，根据保险合同"如实告知"的约定及《中华人民共和国保险法》第十六条的规定，该公司正式声明即日起解除保单，并决定退还已缴的保险费。落款处加盖A人寿保险有限公司契约管理部业务专用章。

原告庭审时称，被告提交的告知事项是将第5项隐藏在健康告知事项里面，没有突出显示，也没有向某乙签名，无法证明向某乙已经阅读过，即使向某乙阅读了该页内容，但是从向某乙整个投保时间花费5分钟且是在手机上操作，所以不可能仔细查看其内容，特别是被告的询问事项，只是同一个勾选操作，并非在每项签名都可以选择"是"或者"否"，所以原告认为即使在投保过程中被告呈现了这一页，而向某乙选择了"否"也不能证明向某乙当时是故意或者重大过失。原告还称，被告有充分的渠道和途径了解向某乙的投保情况，但现在距离向某乙投保之时已有一年多，被告未在《中华人民共和国保险法》第十六条第三款规定的30日除斥期间要求解除合同。

被告A人寿保险有限公司提交书面答辩意见：

投保人未告知事项足以影响答辩人决定是否同意承保。首先，《保险法》第一百零五条规定"保险公司应当按照国务院保险监督管理机构的规定办理再保险，并审慎选择再保险接受人"。答辩人在与本涉案产品的再保险公司（即汉某再保险股份有限公司，以下简称"汉某再保险"）沟通涉案产品的再保险合作时，汉某再保险明确要求在投保健康告知环节增加"您最近一年内是否在其他保险公司曾经或正在投保定期寿险，且合计保险金额大于等于80万元？"这一问题。答辩人认可汉某再保险的这项意见，将该问题列入健康告知事项，并经公司内部审批后，将涉案产品的再保险事宜向原中国保险监督管理委员会书面报备。其次，答辩人在"告知事项"页面首行就提醒投保人向某乙"以下告知事项为'是'者，投保申请将不予接受"；同时，"大×保险"APP通过系统设置，对"告知事项"询问答复为"是"者直接终止其投保流程并提示"被保人不符合健康告知的要求，不能完成投保"。若投保人向某乙在投保环节如实回答，投保流程将立即终止，答辩人不可能承保。由此可见，首先"您最近一年内是否在其他保险公司曾经或正在投保定期寿险，且合计保险金额大于等于 80 万元？"是涉案产品再保险的前提，与涉案产品的保险风险承担密切相关；其次，投保人向某乙未如实告知事项"足以决定涉案保单能否投保成功"，因此，答辩人在知道解除事由之日起三十日内解除保险合同，符合法律规定。综上所述，投保人向某乙在投保时没有向答辩人履行如实告知义务且足以影响答辩人决定是否同意承保，答辩人自知道解除事由后三十日内解除涉案保险合同合法。原告请求于法无据。请法院依法驳回原告诉讼请求。

本院认为，本案系人身保险合同纠纷。向某乙于 2018 年 5 月 13 日通过大×保险 APP 向被告投保定期寿险时，被告平台罗列了 8 条告知事项告知投保人确认被保险人是否有以下情形，其中第 5 条：您最近一年内是否在保险公司曾经或正在投保定期寿险，且合计保险金额大于等于 80 万元？并提示如告知事项为"是"，投保申请将不予接受。投保人向某乙选择了"否"，并完成投保。而根据向某乙投保统计情况显示，投保人向某乙在被告处投保定期寿险之前已在 B 财产保险有限责任公司、C 人寿保险股份有限公司、D 人寿保险有限公司、E 人寿相互保险社、F 人寿保险股份有限公司、G 人寿保险有限公司、H 人寿保险有限公司、I 人寿保险股份有限公司投保了定期寿险和意外身故，合计保额为 418 万元。原告称被告对于该项告知并未突出显示，但被告与向某乙签订的《×福定期寿险条款》第六章一般条款，第二十条如实告知，被告已对该条款文字加粗加黑，已突出提示向某乙应如实告知，否则被告有权解除合同，且在如实告知勾选处，被告亦已加粗加黑提示投保人以下告知事项为"是"者，投保申请将不予接受。对此，向某乙应知晓如实告知的重要性。因此，原告主张被告不能证明向某乙当时是故意或者重大过失，不能得到支持。根据《×福定期寿险条款》第六章一般条款，第二十条如实告知的约定，如果投保人故意或者因重大过失未履行前款规定的如实告知义务，足以影响保险人决定是否同意承保或者提高保险费率的，保险人有权解除本合同。投保人向某乙在被告处投保定期寿险时，已向多家保险公司投保寿险，累计保额已超 80 万元。且向某乙在死亡前五六个月内大量密集的投保定期寿险和意外险的行为，确实有悖于普通人的正常逻辑及惯常举动。向某乙大量密集投保的原因高度存疑，若被告在承保前知悉该情形，必然着重调查承保风险，然后决定是否同意承保或提高保险费率。再者，向某乙在与被告订立合同时，违反了保险合同诚实信用原则，影响了被告订立涉案合同时的判断，对此，被告有权解除合同，被告已向原告发出理赔结果通知书，通知解除涉案保险合同，涉案保险合同已解除。综上所述，对于原告的诉讼请求，本院不予支持。

依照《中华人民共和国民法总则》第七条、《中华人民共和国保险法》第十六条、《中华人民共和国民事诉讼法》第六十四条第一款、第一百四十二条，判决如下：

驳回原告向某甲、周某的全部诉讼请求。

【说明】这是一起保险公司认为投保人投保时未如实勾选"一年内投保合计保险金额大于等于 80 万元"，此点是涉案产品再保险的前提，影响承保，保险公司在知道解除事由之日起三十日内有权解除保险合同，法院支持保险公司主张的案件。

本案案情简述如下：

2018 年 5 月 13 日，向某乙投保在某保险公司定期寿险，保险金额为 1 000 000 元，保险期间 10 年，投保人与被保险人均为向某乙本人。保险公司投保平台罗列了 8 条告知事项告知投保人确认被保险人是否有以下情形，其中第 5 条：您最近一年内是否在保险公司曾经或正在投保定期寿险，且合计保险金额大于等于 80 万元？并提示如告知事项为"是"，投保申请将不予接受。投保人向某乙选择了"否"，并完成投保。向某乙支付首期保费 630 元，保险合同于 2018 年 5 月 14 日生效。而根据向某乙投保统计情况显示，投保人向某乙在该保险公司投保定期寿险之前一周内已在多家保险公司投保，合计保额为 418 万元。保单条款第六章第二十条如实告知："如果您故意或者因重大过失未履行前款规定的如实告知义务，足以影响我们决定是否同意承保或者提高保险费率的，我们有权解除本合同。"保险对该段文字进行了字体加粗加黑。2018 年 9 月 28 日，被保险人向某乙身故，保险公司拒赔并解除保险合同。后法院判决支持了保险公司的主张。

本案涉及保险公司办理再保险的规定。

再保险的基本功能是保险公司出于控制损失，稳定业务经营，扩大承保能力，增加业务量，以改善经营的需要而形成的一种对于保险的保险机制。一般的做法是，一家保险公司将自己承保的业务或者说是承保的风险，转移一部分给另外的保险公司。转移保险业务时，采取订立合同的方式，由分出保险业务的公司向分入保险业务的公司支付再保险费，分入业务的保险公司依照合同承担保险责任，分担原保险人的风险。这样做的结果，就是把许多保险公司的承保能力集合起来，集聚了更大量的保险基金，以其为基础扩大了承保能力。这实际上也就是将某一种保险公司所承担的保险责任加以适当的分散，使被保险人的利益更有保障，保险公司的经营更趋稳定。这种分散保险责任，共同担负风险机制的实行，可以有不同的方式，有的是出于自愿协商而达成协议，有的是一种业务的联合，还有就是法定的方式。

第一百零六条 保险公司的资金运用必须稳健，遵循安全性原则。

保险公司的资金运用限于下列形式：

（一）银行存款；

（二）买卖债券、股票、证券投资基金份额等有价证券；

（三）投资不动产；

（四）国务院规定的其他资金运用形式。

保险公司资金运用的具体管理办法，由国务院保险监督管理机构依照前两款的规定制定。

【案例 81】（2020）辽 02 民初 127 号；（2021）辽民终 245 号

2019 年 4 月 17 日，原告某保险公司与被告某联供应链公司签订《借款合同》。合同第一条约定，原告向被告某联供应链公司提供的借款金额为 2 亿元。合同第 4.1 条约定，本合同项下的借款期限为 5 年，为本合同项下借款支付之日起至借款支付之日满五年对应月对应日。合同第 4.3 条约定，本合同项下借款利率为固定利率，借款按年利率 8% 计算利息。合同第 4.4 条约定，原告按季度向被告某联供应链公司收取利息，借款利息自借款支付之日起计算，借款支付之日起每自然季度末月 20 日为结息日，乙方支付利息的时间为结息日后的五个工作日内。借款当季应支付的利息金额 = 借款本金余额 ×8% × 当季实际天数/360。合同第 10.1 条约定，被告某联供应链公司不履行或者不适当履行本合同项下的任何义务，某联供应链公司明确表示或以行为表示将违反本合同项下任何约定，或发生任何可能危及原告债权情形的，即构成某联供应链公司违约，原告有权视具体情形行使下述一项或数项权利：……（8）解除本合同和/或双方之间的其他合同。合同第 10.5 条约定，若被告某联供应链公司在结息日五个工作日后，二十个工作日内支付当期借款利息，则某联供应链公司须按照本合同支付当期借款利息外，还应按 8% 的年利率向原告支付当期借款利息的资金占用费。当期借款利息实际占用天数系从当期借款利息结息日开始计算，至某联供应链公司全额支付当期借款利息之日止，实际计算天数算头不算尾。合同第 10.6 条约定，若被告某联供应链公司在结息日后二十个工作日内尚未支付当期借款利息，则某联供应链公司应承担因迟延支付而导致的违约责任，除按本合同约定支付借款利息及自结息日至结息日后二十个工作日内的借款利息资金占用费外，还应当按年利率 20% 支付当期借款利息的违约金，当期借款利息违约金公式为：当期借款利息违约金 = 当期借款利息 ×20% × 当期借款利息违约天数/360。当期借款利息违约天数系从当期借款利息结息日后第二十个工作日开始计算，至某联供应链公司全部支付当期借款利息之日止，实际占用天数算头不算尾。

同日，某联供应链公司通过《某联供应链服务有限公司股东会决议》，股东会决议涉及上述借款事项。

同日，原告与某联供应链公司签订《账户资金共管协议》。

同日，原告与某联集团公司签署《股权质押合同》，合同前序及第一条约定，被担保主债权为案涉《借款合同》项下债务。合同第二条约定，出质股权为其持有的某程国际公司的 1.4 亿股权。

同日，某联集团公司与原告签署《担保合同》。合同约定就前述《借款合同》项下债务，某联集团公司承担连带保证责任。

2019 年 7 月 31 日，某河公司与原告签订《股权质押合同》。合同前序及第一条约定，被担保主债权为案涉《借款合同》项下债务。合同第二条约定，出质股权为其持有的某联供应链公司的 77% 股权，共 1 亿股。经当事人申请，某区市场监督管理局于 2019 年 8 月 1 日出具《股权出质设立登记通知书》。

同日，某程国际公司、某联集团公司、某河公司等与原告签署《关于某联供应链服务有限公司股权维持及收购、借款之补充协议》。协议第四条约定，某程国际公司承诺作为 2 亿元借款之债的共同债务人。协议第二条、第四条约定，就《借款合同》项下 2 亿元借款之债务承担连带保证责任。

2019 年 4 月 19 日，原告向被告某联供应链公司支付 2 亿元借款。

2019 年 7 月 30 日，被告某联供应链公司向原告支付利息、罚息合计 2 795 695 元，分配函载明：计息天数 62 天（2019 年 4 月 19 日至 6 月 20 日）。之后，被告未按期给付利息及资金占用费。

法院认为，案涉《借款合同》、质押合同、担保合同均是当事人真实意思表示，且不违反法律、行政法规的效力性强制性规范，合同成立并生效。应当依照合同约定和法律规定，确定当事人间权利义务关系。本院对当事人争议焦点评析如下：

一、关于《借款合同》效力及应否解除

四被告庭审中辩称《借款合同》因违反《中华人民共和国保险法》第一百零六条"保险公司的资金运用必须稳健，遵循安全性原则。保险公司的资金运用限于下列形式：（一）银行存款；（二）买卖债券、股票、证券投资基金份额等有价证券；（三）投资不动产；（四）国务院规定的其他资金运用形式。保险公司资金运用的具体管理办法，由国务院保险监督管理机构依照前两款的规定制定"及《保险资金运用管理办法》（中国保险监督管理委员会发布）第十八条"除中国保监会另有规定以外，保险集团（控股）公司、保险公司从事保险资金运用，不得有下列行为：（一）存款于非银行金融机构；（二）买入被交易所实行"特别处理""警示存在终止上市风险的特别处理"的股票；（三）投资不符合国家产业政策的企业股权和不动产；（四）直接从事房地产开发建设；（五）将保险资金运用形成的投资资产用于向他人提供担保或者发放贷款，个人保单质押贷款除外；（六）中国保监会禁止的其他投资行为"之规定，本院认为，保险法第一百零六条是管理性规定，《保险资金运用管理办法》由中国保险监督管理委员会发布，本院无据认定案涉《借款合同》违反了法律、行政法的效力性强制性规范，故案涉合同应当有效。

在庭审中，原告明确其"诉请解除《借款合同》"的合同依据是合同第10.1条的约定，事实依据是各被告的违约行为，解除合同的时间是本案立案时间"2020年2月21日"，四被告亦明确"如本案经合议庭合议认定合同有效，同意案涉合同于2020年2月21日解除"，综上所述，案涉《借款合同》于2020年2月21日解除。

二、关于原告诉请的本金、利息、资金占用费、利息违约金

依照《中华人民共和国合同法》第九十七条"合同解除后，尚未履行的，终止履行；已经履行的，根据履行情况和合同性质，当事人可以要求恢复原状、采取其他补救措施，并有权要求赔偿损失。"及第九十八条"合同的权利义务终止，不影响合同中结算和清理条款的效力"之规定，本案应当依照借款合同约定确定合同解除后，某联供应链公司应承担的后续义务。

首先，关于原告诉请的本金。四被告对原告给付某联供应链公司借款2亿元没有异议，但抗辩主张：1. 其中1亿元，系原告出借给某信息咨询有限公司；2. 被告已偿还本金2 795 695元。经审查，本院认为，1. 现有证据可以证明，原告向某联供应链公司发放借款2亿元，至于某联供应链公司与案外人某信息咨询有限公司的资金往来本案不作审理，当事人可以另行主张；2. 分配函明确载明：计息天数62天（2019年4月19日至6月20日），其给付的2 795 695元应是利息和资金占用费等。原告主张欠付本金2亿元，应予确认。

其次，关于原告诉请的利息、资金占用费和利息违约金。基于原告在庭

审中增加诉讼请求"支付利息、资金占用费、利息违约金至还清之日止"，被告同意且进行了答辩，本案应明确利息、资金占用费、利息违约金的计算方式，不能明确具体数额。依照《借款合同约定》，本案被告某联供应链公司欠付的利息应为：自2019年6月20日起至还清之日止，以2亿元为本金，按年利率8%，给付原告利息。本案被告某联供应链公司欠付的资金占用费为：依照《借款合同》第4.4条确定"借款当季应支付的利息金额"的基础上，依照《借款合同》第10.5条的约定计付资金占用费。本案被告某联供应链公司欠付利息违约金的计算方式为：依照《借款合同》第4.4条确定"借款当季应支付的利息金额"的基础上，依照《借款合同》第10.6条的约定计付利息违约金。

三、关于原告诉请某程国际公司就案涉借款承担共同还款责任

某程国际公司等与原告签署《关于某联供应链服务有限公司股权维持及收购、借款之补充协议》。协议第四条约定，某程国际承诺作为2亿元借款之债的共同债务人。原告的该项诉请合同依据明确，应予支持。

四、关于原告诉请的质权优先权

依照《中华人民共和国担保法》第七十五条"下列权利可以质押：……（二）依法可以转让的股份、股票；……"及第七十八条"以依法可以转让的股票出质的，出质人与质权人应当订立书面合同，并向证券登记机构办理出质登记。质押合同自登记之日起生效。……以有限责任公司的股份出质的，使用公司法股份转让的有关规定。质押合同自股份出质记载于股东名册之日起生效。"之规定，当事人可以就"依法可以转让的股份"设立质押，自股份出质记载于股东名册之日起生效。本案中，（一）2019年4月17日，原告与某联集团公司签署《股权质押合同》，合同第二条约定，出质股权为其持有的某程国际公司的1.4亿股权，但原告未提交"股份出质记载于股东名册"的证据，无据认定质押合同生效，对其就该"拟出质股权"提出的诉讼请求，不予支持；（二）2019年7月31日，某河公司与原告签订《股权质押合同》。合同前序及第一条约定，被担保主债权为案涉《借款合同》项下债务。合同第二条约定，出质股权为其持有的某联供应链公司的77%股权，共1亿股。

经当事人申请，某区市场监督管理局于 2019 年 8 月 1 日出具《股权出质设立登记通知书》。基于双方当事人就"拟出质股权"签署《股权质押合同》，且办理了出质登记，符合前述担保法的规定，原告就某河公司持有的某联供应链公司的 1 亿股股份享有质权，且依法可优先受偿。

五、关于原告诉请的连带担保责任

基于"某联集团公司与原告签署《担保合同》、某联集团公司、某河公司与原告签署《关于天津锦联供应链服务有限公司股权维持及收购、借款之补充协议》"，某河公司、某联集团公司就《借款合同》项下 2 亿元借款之债务承担连带保证责任，原告的该项诉请合同依据明确，应予支持。

综上所述，原告的部分诉讼请求成立，应予支持。依照《中华人民共和国合同法》第五十二条、第一百零七条、第一百九十六条、第一百九十八条、第二百零六条、第二百零七条，《中华人民共和国担保法》第十八条、第三十一条、第七十五条、第七十八条之规定，判决如下：

一、原告某保险公司与被告某联供应链服务有限公司签署的《借款合同》于 2020 年 2 月 21 日解除；

二、被告某联供应链服务有限公司、某程国际物流集团股份有限公司于本判决生效后 10 日内偿还原告某保险公司借款本金 2 亿元，并按约定支付自 2019 年 6 月 20 日起至还清之日止的利息（以 2 亿元为本金，按照年利率 8% 计收）、资金占用费和利息违约金（以合同约定"借款当季应支付利息"为基数，依照合同相应条款计收资金占用费、利息违约金）；

三、原告某保险公司就某河房地产开发有限公司持有的某联供应链服务有限公司的 1 亿股股份享有质权，并在判项第二项确认债务范围内优先受偿；

四、被告某河房地产开发有限公司、某联控股集团有限公司对判项第二项确认债务承担连带清偿责任；承担保证责任后有权向某联供应链服务有限公司追偿；

五、驳回原告某保险公司的其他诉讼请求。

【说明】这是一起案涉公司主张其与保险公司签署的《借款合同》因违

反《保险法》第一百零六条对保险资金的使用的规定应属无效，法院审理后认定合同有效的案件。

案情简述如下：2019 年 4 月 17 日，某保险公司与某联供应链公司签订《借款合同》。某保险公司向某联供应链公司提供的借款金额 2 亿元，借款期限为 5 年，借款利率为固定利率按年利率 8% 计算利息。延期支付利息还应支付当期借款利息的资金占用费、承担因迟延支付而导致的违约责任。同日，某联供应链公司通过《某联供应链服务有限公司股东会决议》，股东会决议涉及上述借款事项。同日，某保险公司与某联供应链公司签订《账户资金共管协议》。同日，某保险公司与某联集团公司签署《股权质押合同》，以某联集团公司持有的某程国际公司的 1.4 亿股权担保《借款合同》项下债务。同日，某联集团公司与某保险公司签署《担保合同》，对前述《借款合同》项下债务，某联集团公司承担连带保证责任。

2019 年 7 月 31 日，某河公司与某保险公司签订《股权质押合同》，以其持有的某联供应链公司的 77% 股权，共 1 亿股为案涉《借款合同》项下债务提供担保。某区市场监督管理局于 2019 年 8 月 1 日出具《股权出质设立登记通知书》。同日，某程国际公司、某联集团公司、某河公司等与某保险公司签署《关于某联供应链服务有限公司股权维持及收购、借款之补充协议》，某程国际公司承诺作为 2 亿元借款之债的共同债务人，就《借款合同》项下 2 亿元借款之债务承担连带保证责任。

2019 年 4 月 19 日，某保险公司向被告某联供应链公司支付 2 亿元借款。2019 年 7 月 30 日，某联供应链公司向某保险公司支付利息、罚息合计 2 795 695 元后，被告未按期给付利息及资金占用费。

某保险公司起诉要求解除《借款合同》；某联供应链公司、某程国际公司共同偿还借款本金及借款利息、利息违约金；某河公司、某联集团公司以其出质股权对上述的借款本金及相关利息承担担保责任；某河公司、某联集团公司对上述借款本金及相关利息承担连带保证责任；法院经审理后支持了某保险公司的诉求。

本案一审四被告不服判决提起了上诉，二审法院又查明某保险公司企业信用信息公示报告载明，该公司经营范围中包括"国家法律、法规允许的保险资金运用业务"；2019 年 4 月 17 日，某联供应链公司股东会决议载明，某保险公司以 3 000 万元认缴公司的新增注册资本，某保险公司向某联供应链公司提供 2 亿元借款。同日，某保险公司与某联供应链公司签订《借款合同》，约定借款用途为"某联新经济梦工厂项目 A 地块的开发建设"。某联供应链公司企业信用信息公示报告载明，某保险公司为该公司股东。二审法院据此判决借款合同有效，驳回上诉，维持原判。

保险资金运用是指保险公司在经营过程中，将保险资金部分地用于投资，使保险资金得到增值的业务活动。在保险法实施之前，保险公司的资金可以用于发放贷款、投资房地产、买卖股票等多种形式，因没有相应的监管措施，导致许多投资收不回来，不良资产比例很高。1995 年制定保险法时，对保险公司资金的运用实行严格限制，只允许用于在银行存款、买卖政府债券、金融债券和国务院规定的其他资金运用形式，并禁止用于设立证券经营机构和向企业投资。这对于解决保险资金运用的混乱现象，防范金融风险，起到了重要作用。随着我国保险市场的发展，保险业竞争加剧，保险公司的承保利润逐步降低，保险资金的投资回报将成为保险公司利润的一个主要来源。从发达国家的情况来看，其保险资金一般都允许用于投资不动产、银行存款、买卖有价证券、贷款以及投资保险相关事业。因此，随着我国保险市场的逐步成熟和资本市场的发展，同时为了适应保险业对外开放的需要，2014 年和2015 年两次修改保险法，考虑了进一步拓宽保险资金运用渠道，允许保险资金用于银行存款、投资不动产、买卖有价证券以及国务院规定的其他资金运用形式。同时，保险公司的资金主要由广大投保人交纳的保费组成，其运用不仅与保险公司的收益有关，而且与社会公众的利益密切相关。由于目前我国各项经济体制改革正逐步深化，资本市场仍不成熟，保险公司的经营管理水平和监管机构的监管能力还有待提高，因此，保险资金在运用过程中一定要遵循安全性原则。

保险公司的资金包括股东权益及各种责任准备金。股东权益，包括保险公司的资本金、公积金及未分配盈余等，属于保险公司的自有资金；各种责任准备金是为了保证保险公司的偿付能力而由保险公司按照规定提取的以备给付保险金、履行赔偿义务的资金，属于保险公司的负债。保险资金如何运用，关系到保险业的生存和发展，关系到被保险人的权益，甚至关系到社会的安定。因此，应当在法律上对保险资金的运用的原则作出规定。根据本条规定，保险资金的运用应当遵循安全性原则。保险公司是向社会公众提供保险商业服务的机构，其商业性决定其开展业务的主要目标是追求利润最大化。为防止保险公司在追求利润最大化的同时而形成的投资风险，保险公司的资金运用首先应当保证其资金的安全，注意防范和分散风险，避免受到损失。保险资金的运用既要保证安全，又要实现一定的效益，因此需要在资金运用过程中谨慎操作，稳健运营，注意防范和分散风险，追求合理的投资回报。

根据本条的规定，保险公司的资金有以下几种运用形式：（1）银行存款。保险公司的资金用于银行存款，风险较小，安全性好，可以获得较为固定的收入，可以及时提取并用于支付保险金，是保险公司资金最常用的运用形式。（2）买卖债券、股票、证券投资基金份额等有价证券。保险资金投资的债券，应当达到中国保监会认可的信用评级机构评定的、符合规定要求的信用级别，主要包括政府债券、金融债券、企业（公司）债券、非金融企业债务融资工具以及符合规定的其他债券。保险资金投资的股票，主要包括公开发行并上市交易的股票和上市公司向特定对象非公开发行的股票。投资证券投资基金的，其基金管理人应当符合下列条件：公司治理良好、风险控制机制健全；依法履行合同，维护投资者合法权益；设立时间一年（含）以上；最近三年没有重大违法违规行为；设立未满三年的，自其成立之日起没有重大违法违规行为；建立有效的证券投资基金和特定客户资产管理业务之间的防火墙机制；投资团队稳定，历史投资业绩良好，管理资产规模或者基金份额相对稳定。（3）投资不动产。保险资金投资的不动产，是指土地、建筑物以及其他附着于土地上的定着物，具体办法由中国保监会制定。（4）国务院规定的其他资金运用形式。根据《保险资金运用管理办法》，保险资金可以投资股权、资产证券化产品、创业投资基金等私募基金等。

保险集团（控股）公司、保险公司应当按照"集中管理、统一配置、专业运作"的要求，实行保险资金的集约化、专业化管理。保险资金应当由法人机构统一管理和运用，分支机构不得从事保险资金运用业务。

第一百零七条　经国务院保险监督管理机构会同国务院证券监督管理机构批准，保险公司可以设立保险资产管理公司。

保险资产管理公司从事证券投资活动，应当遵守《中华人民共和国证券法》等法律、行政法规的规定。

保险资产管理公司的管理办法，由国务院保险监督管理机构会同国务院有关部门制定。

【说明】保险资产管理机构，是指经中国银保监会同意，依法登记注册，受托管理保险资金等资金的金融机构，包括保险资产管理公司及其子公司、其他专业保险资产管理机构。

保险集团（控股）公司、保险公司根据投资管理能力和风险管理能力，可以按照相关监管规定自行投资或者委托符合条件的投资管理人作为受托人进行投资。投资管理人，是指依法设立的，符合中国保监会规定的保险资产管理机构、证券公司、证券资产管理公司、证券投资基金管理公司等专业投资管理机构。保险集团（控股）公司、保险公司开展证券投资业务，应当遵守证券行业相关法律法规，建立健全风险隔离机制，实行相关从业人员本人及直系亲属投资信息申报制度，切实防范内幕交易、利用未公开信息交易、利益输送等违法违规行为。

第一百零八条　保险公司应当按照国务院保险监督管理机构的规定，建立对关联交易的管理和信息披露制度。

【说明】保险机构开展关联交易应当遵守法律法规和有关监管规定，健全公司治理架构，完善内部控制和风险管理，遵循诚实信用、公开公允、穿透识别、结构清晰的原则。保险机构不得通过关联交易进行利益输送或监管套利，应当采取有效措施，防止关联方利用其特殊地位，通过关联交易侵害保险机构利益。保险机构应当维护经营独立性，提高市场竞争力，控制关联交易的数量和规模，避免多层嵌套等复杂安排，重点防范向股东及其关联方进行利益输送的风险。

关联方，是指与保险机构存在一方控制另一方，或对另一方施加重大影响，以及与保险机构同受一方控制或重大影响的自然人、法人或非法人组织。保险机构关联交易是指保险机构与关联方之间发生的利益转移事项。

信息披露，是指保险公司向社会公众公开其经营管理相关信息的行为。保险公司信息披露应当遵循真实、准确、完整、及时、有效的原则，不得有虚假记载、误导性陈述和重大遗漏。保险公司信息披露应当尽可能使用通俗易懂的语言。保险公司应当按照法律、行政法规和中国银行保险监督管理委员会的规定进行信息披露。保险公司可以在法律、行政法规和中国银行保险监督管理委员会规定的基础上披露更多信息。

保险机构应当制定关联交易管理制度。关联交易管理制度包括关联交易的管理架构和相应职责分工，关联方的识别、报告、信息收集与管理，关联交易的定价、审查、回避、报告、披露、审计和责任追究等内容。

保险公司应当建立信息披露管理制度并报中国银行保险监督管理委员会。信息披露管理制度应当包括信息披露的内容和基本格式；信息的审核和发布流程；信息披露的豁免及其审核流程；信息披露事务的职责分工、承办部门和评价制度；责任追究制度。保险公司修订信息披露管理制度后，应当在修订完成之日起 10 个工作日内向中国银行保险监督管理委员会报告。

第一百零九条 保险公司的控股股东、实际控制人、董事、监事、高级管理人员，不得利用关联交易损害公司的利益。

【说明】保险公司的控股股东、实际控制人、董事、监事、高级管理人员属于保险公司的关联方。可以分为关联自然人和关联法人或非法人组织。

保险机构的关联自然人包括：保险机构的自然人控股股东、实际控制人、一致行动人、最终受益人，以及其配偶、父母、成年子女及兄弟姐妹；持有或控制保险机构5%以上股权的，或持股不足5%但对保险机构经营管理有重大影响的自然人；保险机构的董事、监事、总公司和重要分公司的高级管理人员，以及具有大额授信、资产转移、保险资金运用等核心业务审批或决策权的人员等。

保险机构的关联法人或非法人组织包括：保险机构的法人控股股东、实际控制人，及其一致行动人、最终受益人；持有或控制银行保险机构5%以上股权的，或者持股不足5%但对保险机构经营管理有重大影响的法人或非法人组织，及其控股股东、实际控制人、一致行动人、最终受益人等；

根据《银行保险机构关联交易管理办法》规定，保险机构及其股东、控股股东，保险机构的董事、监事或高级管理人员违反本办法相关规定的，银保监会或其派出机构可依照法律法规采取相关监管措施或进行处罚。涉嫌犯罪的，依法移送司法机关追究刑事责任。

第一百一十条　保险公司应当按照国务院保险监督管理机构的规定，真实、准确、完整地披露财务会计报告、风险管理状况、保险产品经营情况等重大事项。

【说明】 根据《保险公司信息披露管理办法》，保险公司应当披露下列信息：基本信息；财务会计信息；保险责任准备金信息；风险管理状况信息；保险产品经营信息；偿付能力信息；重大关联交易信息；重大事项信息；中国银行保险监督管理委员会规定的其他信息。该办法详细规定了每种信息具体包含的内容。

第一百一十一条　保险公司从事保险销售的人员应当品行良好，具有保险销售所需的专业能力。保险销售人员的行为规范和管理办法，由国务院保险监督管理机构规定。

【案例82】（2019）皖0802民初2004号

2016年4月26日，张某甲向某保险公司出具《×省人身保险销售从业人员个人承诺书》，承诺其已通过中国保监会组织的保险销售从业人员资格考试，取得《保险销售从业人员资格证书》。2016年5月1日，某保险公司与张某甲签订《某保险公司个人寿险保险委托代理合同》，约定：某保险公司为甲方，张某甲为乙方，甲方为乙方在甲方授权范围内，以甲方的名义代甲方办理个人保险业务，乙方在本合同有效期内，在甲方授权范围内从事代理业务，该业务经甲方承保后所产生的保险责任由甲方承担。甲方按本合同约定支付乙方代理业务佣金。乙方应严格遵守《中华人民共和国保险法》对寿险销售从业人员的要求，并不得有下列情况：1. 欺骗保险人、投保人、被保险人或者受益人；2. 隐瞒与保险合同有关的重要情况……；8. 利用业务便利为其他机构或个人谋取不正当利益；9. 串通投保人、被保险人或受益人，骗取保险金……。双方应严格按本合同规定履行合同义务，甲乙双方不履行合同义务或履行合同义务不符合约定，给对方造成损失的，应当承担损害赔偿、采取补救措施等责任。乙方违反以上条款者视严重违反公司制度，甲方将予以解除委托代理合同处理。乙方没有代理权限、超越代理权限或代理权终止后以甲方名义进行的保险义务，除经甲方追认以外，均由乙方自行承担责任。如果乙方给甲方造成损失，乙方应承担赔偿责任（包括但不限于保险赔偿、诉讼费用、律师费等损失），乙方拒不支付损害赔偿金的，甲方可以从应向其支付的报酬中先行予以扣除。2016年5月4日，储某通过张某甲为张某乙投保某保险公司×青重大疾病保险（2016）。2017年12月18日，张某乙因××××死亡。为此，某保险公司支付保险金150 000元、案件受理费4 950元。

经某县人民法院（2018）皖0828民初1116号民事判决书、某市中级人民法院（2018）皖08民终1761号民事判决书确认，张某甲系张某乙同胞弟弟，张某乙于2014年2月20日确诊患有××××，张某甲在储某投保时知晓张某乙患有××××。

为实现上述债权，某保险公司支付律师代理费6 000元。

另查明，张某甲的户口簿载明其系初中文化水平。张某甲的《某保险公司营销员签约手册》载明：个人寿险营销员登记表学历栏填写"高中"；张某甲的新人培训一开通表填写"增员人面试、业务组经历面试、业务部经历面试、辅导专员面试、新人岗前培训情况、营销员资格证考试及分红险考试，合格"；粘贴栏有张某甲的中专学历证书。

本院认为，原、被告签订的《某保险公司个人寿险保险委托代理合同》系双方真实意思表示，内容合法有效，不违反法律、行政法规的强制性规定，双方应按照合同约定履行各自的义务。被告作为原告的保险代理人，在明知被保险人患病的情况下，仍为投保人办理保险业务，构成违约，应承担相应的违约责任。

考虑到原告在与被告签订保险委托代理合同时，对被告从事保险代理业务专业能力的审查上存在一定过错，本院据此酌减被告20%的违约责任。结合原告的诉求，被告应依约赔偿原告由此产生的损失128 472元：（保险金150 000元＋案件受理费4 590元＋律师代理费6 000元）×80%。

关于被告向原告主张的利息损失，因缺乏事实基础及法律依据，本院不予支持。

依照《中华人民共和国合同法》第八条、第六十条第一款、第一百零七条、《中华人民共和国保险法》第一百一十一条、第一百一十六条、第二百二十二条、《中华人民共和国民事诉讼法》第六十四条第一款、第一百四十二条规定，判决如下：

一、被告张某甲于本判决生效之日起十日内赔偿原告某保险公司损失128 472元；

二、驳回原告某保险公司的其他诉讼请求。

【说明】这是一起法院援引《保险法》第一百一十一条规定，认定保险代理人在明知被保险人患病的情况下，仍为投保人办理保险业务，构成违约，应承担相应的违约责任的案件。

2016年4月26日，张某甲向某保险公司承诺其已通过中国保监会组织的保险销售从业人员资格考试，取得《保险销售从业人员资格证书》。2016年5月1日，某保险公司与张某甲签订《某保险公司个人寿险保险委托代理合同》。2016年5月4日，储某通过张某甲为张某乙投保某保险公司×青重大疾病保险（2016）。2017 年 12 月 18 日，张某乙因×××死亡。为此，某保险公司支付保险金 150 000 元、案件受理费 4 950 元。后保险公司经诉讼确认，张某甲系张某乙同胞弟弟，张某乙于 2014 年 2 月 20 日确诊患有×××，张某甲在储某投保时知晓张某乙患有×××。为实现上述债权，某保险公司支付律师代理费 6 000 元。

法院经审理认为，张某甲与某保险公司签订的《某保险公司个人寿险保险委托代理合同》内容合法有效，张某甲作为某保险公司的保险代理人，在明知被保险人患病的情况下，仍为投保人办理保险业务，构成违约，应承担相应的违约责任，保险公司在对张某甲从事保险代理业务专业能力的审查上存在一定过错，法院据此酌减张某甲 20% 的违约责任。判决张某甲应依约赔偿某保险公司由此产生的损失 128 472 元：（保险金 150 000 元 + 案件受理费 4 590 元 + 律师代理费 6 000 元）×80%。

【案例 83】（2017）沪 01 民终 6897 号

某保险公司与蒋某于 1998 年 6 月 27 日签订了保险代理合同，约定某保险公司聘请蒋某为个人寿险业务员，于上海市范围内从事宣传、推销某保险公司规定的保险商品、代理收取首期保险费、按某保险公司规定，训练、辅导、管理其他业务人员等业务。2014 年 7 月 21 日，蒋某与某保险公司签订代理合同书，约定，"第一条，甲（×人寿）乙（蒋某）双方基于本合同，形成委托代理关系；甲方委托乙方在授权范围内代理人身保险业务，承担该行为产生的法律责任，乙方从事约定的代理行为，获得甲方支付的代理费。本合同的订立并不直接或间接地构成甲乙双方之间的劳动合同关系。……第五条，本合同有效期三年。合同期满前十五天，甲乙双方任何一方未提出书面解约要求的，合同有效期自动顺延三年，可多次顺延。……"

另查明，某保险公司某处实行早、夕会。某保险公司每月 20 日左右通过×银行以转账方式发放蒋某上月全月业绩提成等费用。个人账户交易明细清单内载"摘要：×付款/×寿险代付"。2016 年 5 月 3 日，某保险公司以×保寿沪分发〔2016〕69 号文下发《关于给予×营业区×部业务主任蒋某扣 30

分等处理的决定》，内载，"各部门、营业区：×营业区×部业务主任蒋某存在销售、推荐非×的金融产品行为，对公司造成不良影响。《个人寿险业务人员品质管理办法（2015 年修订版）》品质管理办法罚则第 21 条规定：'存在销售、推荐非×的金融产品，或组织销售、推荐非×金融产品等行为的，扣30 分。'……第八条规定：'业务人员：……任意连续十二个月内累计扣分满30 分，解除保险代理合同。'……决定给予×营业区×部业务主任蒋某扣 30分，解除代理合同（的处分）……"

2016 年 6 月 15 日，蒋某就本案系争事项向上海市×区劳动人事争议仲裁委员会申请仲裁。仲裁期间，某保险公司称因蒋某存在销售、推荐非本公司金融产品，对某保险公司造成不良影响而于 2016 年 5 月 3 日解除了双方之间的委托代理关系。2016 年 7 月 29 日，该会作出闵劳人仲（2016）办字第4003 号裁决，对蒋某的仲裁请求不予支持。蒋某不服该裁决而提起本案诉讼。

关于工作状况，蒋某陈述，其于 1997 年 10 月 15 日进入某保险公司某处工作，半年试用期满后，双方于 1998 年 6 月 27 日签订合同。其工作地点在某保险公司位于××路××号的营业部，坐班制，上下班时间为 9 时至 17 时，做五休二。某保险公司某处实行指纹考勤。其工作内容为讲师，给其他业务员上课培训，课余做推销保险的业务。某保险公司则称，蒋某入职时间为1998 年 6 月 27 日；蒋某职务为业务员，无固定上下班时间，某保险公司只规定业务员必须按时参加早会及夕会，指纹考勤，早会后不要求坐班，无夕会时由业务员自行安排时间；蒋某工作范围主要是保险销售及后续服务，由于蒋某具有导师资格，故有需要时会要求蒋某培训业务员。另外蒋某称其在职期间的职务为培训讲师、业务主任兼增员工组组长；某保险公司则称蒋某职级属于业务主任，但业务主任并非实职，只是与待遇相关的头衔，实质仍为保险代理人。

关于解约一节，庭审中某保险公司陈述，2015 年 12 月接到他人举报，称蒋某存在销售其他公司金融产品的行为，而经查蒋某在微信朋友圈内发布了关于其他金融公司的内容，此足以证明蒋某有推荐其他公司金融产品的行为，某保险公司据此解约。某保险公司提交周某的情况说明、微信截屏打印件、蒋某出具的情况说明以证明上述主张。其中微信截屏中的照片系"××"的营业门面，下面配发文字内容为"凡是对百姓有利的！……我们都应大力支持！感恩！××感谢！××（原文如此）的所有伙伴们！热烈祝贺××，××地区第一家综合金融连锁加盟店开张！"2015年12月4日的情况说明内载，"本人蒋某有一位学生曹某，她老公在去年开了一家投资公司。她老公几次电话联系我，让我支持一下，投点资，故出于情面我投资了10万元一年期的产品，并在微信中转发过她们公司一名员工的关于这家公司的微信。后来，这件事我忘记了。本人申明我从来没有参于（与）过投资公司的业务！也从来没有向任何客户推荐过这家公司的业务……"2015年12月3日，周某出具的情况说明内载，"……蒋某（主任）与××理财公司现任业务员曹某（董事长）××，长期把某保险公司客户介绍到××购买理财产品。"蒋某对周某的情况说明真实性不予认可，对其余证据真实性不持异议，但称微信不能证明系蒋某自己转发的，而情况说明系在某保险公司威胁利诱的情况下出具的。

庭审中，某保险公司提交了《个人寿险业务人员品质管理办法（2015修订版）》，以证明其解除与蒋某之间合同的依据。蒋某则对该证据真实性不予认可，称从未见过该规章制度。

原审法院认为，本案争议焦点在于蒋某与某保险公司之间的法律关系是劳动关系还是保险代理关系。某保险公司提交了保险代理合同欲证明双方之间为保险代理关系，对此，原审法院认为，仅凭合同名称并不能体现法律关系的性质，而是应当通过构成要件进行分析。本案庭审中双方的陈述可证实，蒋某受某保险公司的管理约束，接受某保险公司的安排从事有报酬的劳动，蒋某提供的劳动属某保险公司的业务组成部分，并自某保险公司处领取劳动报酬，双方存在身份隶属关系，符合劳动关系的构成要件，原审法院对蒋某的主张予以采信，确认双方之间存在劳动关系。

关于蒋某要求恢复与某保险公司之间劳动关系的诉请，原审法院认为，按照相关规定，在劳动争议纠纷案件中，因用人单位作出解除劳动合同等决定而发生劳动争议的，由用人单位负举证责任。某保险公司为证明蒋某有销售、推荐其他公司产品的违规行为，提交了周某与蒋某出具的情况说明及微信截屏，但上述证据中无任何能够体现出蒋某有上述违规行为的内容，甚至某保险公司未能提交其就所称的蒋某违纪行为进行过调查的证据，某保险公司该解除行为确实不当，应当承担相应的用人单位责任。蒋某该项诉请于法有据，原审法院对此予以支持。

原审法院依照《中华人民共和国劳动合同法》第二条第一款、第四十八条的规定，于2017年3月3日作出判决：蒋某与某保险公司上海分公司之间的劳动关系自2016年5月3日起恢复，双方继续履行原合同。案件受理费10元，减半收取计5元，由某保险公司上海分公司负担。

二审中，当事人没有提交新证据。经本院审理查明，一审法院认定事实无误，本院予以确认。

本院认为，本案的争议焦点为认定双方当事人是否存在劳动合同关系。本院对此分析如下。

首先，双方于1998年6月27日签订的《人寿保险代理合同书》明确约定，某保险公司聘请蒋某为个人寿险业务员，于上海市范围内从事宣传、推销公司规定的保险商品。同时，其需按照某保险公司的规定，训练、辅导、管理其他业务人员。2014年7月21日，蒋某与××人寿签订《保险代理合同书》，该合同书第一条约定，双方基于本合同，形成委托代理关系；××人寿委托蒋某在授权范围内代理人身保险业务，承担该行为产生的法律责任，蒋某从事约定的代理行为，获得××人寿的代理费。本合同的订立并不直接或间接地构成双方之间的劳动合同关系。双方皆属于民事主体，应本着意思自治的原则签署合同，上述两份协议皆系双方当事人的真实意思表示。因此，从上述协议可知，双方的合意系签署委托代理合同，而非劳动合同，蒋某作为纳入公司外勤序列的人员的主要业务亦系代理销售保险业务。显然，本院从双方签署的协议中难以推断出存在劳动合同关系的意思表示。

其次，本院需明确的是，双方签署的协议并非系判定属于哪种法律关系的唯一依据，如若双方之间的实际履行符合劳动关系的特征，则法院亦可据此确定构成劳动合同关系。劳动关系是一种兼有人身关系和财产关系性质，是平等关系和隶属关系特征的社会关系。劳动关系一旦建立，劳动者必须将其对劳动力的支配权让渡于用人单位，接受用人单位的指挥、管理、监督。因此，判断劳动关系是否成立的核心在于认定用人单位是否对劳动者具有支配权和管理权以及劳动者是否基于该劳动取得相应的报酬。本案中，蒋某需参加某保险公司的早会、夕会，需要进行指纹的考勤，需遵守某保险公司的各项规章制度，而某保险公司在蒋某违反相应规章制度时亦可以解除与其的协议。因此，客观而言，某保险公司确实对蒋某进行了相应的管理和监督。某保险公司提出，其系根据保险行业的特殊性质以及保监会的要求对销售代理人进行的管理和监督。本院注意到，《保险法》第一百一十一条规定，保险公司从事保险销售的人员应当品行良好，具有保险销售所需的专业能力。保险销售人员的行为规范和管理办法，由国务院保险监督管理机构规定。该法第一百一十二条规定，保险公司应当建立保险代理人登记管理制度，加强对保险代理人的培训和管理，不得唆使、诱导保险代理人进行违背诚信义务的活动。保险监督管理机构亦规定了保险公司对保险代理人进行监督、管理的相关规则。因此，保险公司可依据保险法律规章和行业监管的要求制定保险业务员管理规范，其目的主要在于强化对业务员从事招揽保险行为的管控，不宜仅凭保险公司对保险业务员实施了管理和监督即直接认定具有人格上的从属性，从而构成劳动关系。当然，客观而言，这种管理与监督在外观上与劳动关系中用人单位对劳动者的指挥与管理确实具有很大的相似性，法院亦不能绝对地排除保险公司与保险销售人员之间建立劳动关系的可能性。在此情形下，法院必须结合其他要素进行分析。本院注意到，某保险公司的基本管理制度中除了对寿险销售人员的管理条款外，还规定了佣金的计算方式，其系根据保险销售人员销售保单收取保费的基础上，通过一定的计算公式确定的金额。该金额具有不确定性，系根据蒋某销售保单的情况进行计算，显见，由蒋某自行承担业务风险，此与用人单位根据劳动者在劳动场所提供劳动支付报酬的性质相异。因此，就本案而言，某保险公司系本着维护公司形象，扩大公司保费收入的目的而制定该规章制度，故而将上述监督、管理规则认定为促进双方销售代理业务的增长而设置更为合理。

最后，蒋某确实担任了某保险公司的培训教师，然而，其工作范围主要是销售保险及后续服务，由于其具有导师资格，故会根据某保险公司的需要培训业务员。蒋某主要业务系担任公司的保险销售人员，主要收入亦来源于此，获得的主要对价是自身和所带团队的保险营销收益，而非劳动报酬。虽然蒋某陈述其做了大量的培训和内勤工作，但不仅客观上对此难以量化，而且从收入结构来看，其获取的相应培训报酬金额亦很少，这其中还包括为保单销售、自身营销需要培训自身营业部人员。因此，就双方之间的本质法律属性分析，蒋某虽然获取少量培训报酬，但此与保险佣金相比，所占比例很低，无法体现劳动者与用人单位之间所反映的经济从属性。本案中，鉴于蒋某未能提供充分证据证明双方之间存在劳动合同关系，在蒋某无法提供进一步证据证明其主张前提下，本院认同某保险公司的上诉主张，确认双方之间并不存在劳动关系。关于双方之间的解约行为是否恰当、责任如何承担等事项不应通过劳动合同法律关系的途径予以解决，本院在此不予处理。原审就此认定有误，本院对此予以纠正。据此，依照《中华人民共和国劳动合同法》第二条，《中华人民共和国保险法》第一百一十一条、第一百一十二条，《中华人民共和国民事诉讼法》第一百七十条第一款第（二）项之规定，判决如下：

一、撤销某区法院（2016）沪 0112 民初 25596 号民事判决；

二、驳回蒋某的原审诉讼请求。

【说明】这是一起法院援引《保险法》第一百一十一条规定，指出保险公司对代理人进行相应的管理和监督，并不能据此认定保险公司与代理人之间存在劳动关系的案件。

某保险公司分公司与蒋某于 1998 年 6 月 27 日签订了保险代理合同，2014 年 7 月 21 日，蒋某与某保险公司签订代理合同书。2016 年 5 月 3 日，某保险公司下发《关于给予×营业区×部业务主任蒋某扣 30 分等处理的决定》，决定给予×营业区×部业务主任蒋某扣 30 分，解除代理合同（的处分）。

2016 年 6 月 15 日，蒋某申请劳动仲裁。2016 年 7 月 29 日，仲裁裁决对蒋某的仲裁请求不予支持。蒋某不服该裁决而提起诉讼要求恢复与某保险公司的劳动关系。一审法院判决蒋某与某保险公司上海分公司之间的劳动关系自 2016 年 5 月 3 日起恢复，双方继续履行原合同。保险公司不服判决，提出上诉，二审法院判决撤销了一审法院的判决并驳回了蒋某的原审诉讼请求。

二审法院指出，（1）2014 年 7 月 21 日，蒋某与 ×× 人寿签订《保险代理合同书》，该合同书第一条约定，双方基于本合同，形成委托代理关系；本合同的订立并不直接或间接地构成双方之间的劳动合同关系。双方皆属于民事主体，应本着意思自治的原则签署合同，上述两份协议皆系双方当事人的真实意思表示。因此，从上述协议可知，双方的合意系签署委托代理合同而非劳动合同。（2）双方签署的协议并非系判定属于哪种法律关系的唯一依据，如若双方之间的实际履行符合劳动关系的特征，则法院亦可据此确定构成劳动合同关系。劳动关系是一种兼有人身关系和财产关系性质，平等关系和隶属关系特征的社会关系。劳动关系一旦建立，劳动者必须将其对劳动力的支配权让渡于用人单位，接受用人单位的指挥、管理、监督。因此，判断劳动关系是否成立的核心在于认定用人单位是否对劳动者具有支配权和管理权以及劳动者是否基于该劳动取得相应的报酬。本案中，蒋某需参加某保险公司的早会、夕会，需要进行指纹的考勤，需遵守某保险公司的各项规章制度，而某保险公司在蒋某违反相应规章制度时亦可以与其解除协议。因此，平安公司确实对蒋某进行了相应的管理和监督。某保险公司指出，这是根据保险行业的特殊性质以及保监会的要求对销售代理人进行的管理和监督。法院注意到，《保险法》第一百一十一条规定，保险公司从事保险销售的人员应当品行良好，具有保险销售所需的专业能力。保险销售人员的行为规范和管理办法，由国务院保险监督管理机构规定。该法第一百一十二条规定，保险公司应当建立保险代理人登记管理制度，加强对保险代理人的培训和管理，不得唆使、诱导保险代理人进行违背诚信义务的活动。保险监督管理机构亦规定了保险公司对保险代理人进行监督、管理的相关规则。因此，保险公司可依据保险法律规章和行业监管的要求制定保险业务员管理规范，其目的主要在于强化对业务员从事招揽保险行为的管控，不宜仅凭保险公司对保险业务员实施了管理和监督即直接认定具有人格上的从属性，从而构成劳动关系。

（3）某保险公司的基本管理制度中除了对寿险销售人员的管理条款外，还规定了佣金的计算方式，其系根据保险销售人员销售保单收取保费的基础上，通过一定的计算公式确定的金额。该金额具有不确定性，系根据蒋某销售保单的情况进行计算。可见，由蒋某自行承担业务风险，与用人单位根据劳动者在劳动场所提供劳动支付报酬的性质相异。因此，就本案而言，某保险公司系本着维护公司形象，扩大公司保费收入的目的而制定该规章制度，故而将上述监督、管理规则认定为促进双方销售代理业务的增长而设置更为合理。

（4）蒋某确实担任了某保险公司的培训教师，然而，其工作范围主要是销售保险及后续服务，由于其具有导师资格，故会根据某保险公司的需要培训业务员。蒋某主要业务系担任公司的保险销售人员，主要收入亦来源于此，获得的主要对价是自身和所带团队的保险营销收益，而非劳动报酬。虽然蒋某陈述其做了大量的培训和内勤工作，但不仅客观上对此难以量化，而且从收入结构来看，其获取的相应培训报酬金额亦很少，这其中还包括为保单销售、自身营销需要培训自身营业部人员。因此，就双方之间的本质法律属性分析，蒋某虽然获取少量培训报酬，但与保险佣金相比，所占比例很低，无法体现劳动者与用人单位之间所反映的经济从属性。综上所述，鉴于蒋某未能提供充分证据证明双方之间存在劳动合同关系，在蒋某无法提供进一步证据证明其主张前提下，法院认同某保险公司的上诉主张，确认双方之间并不存在劳动关系。

《保险法》对保险公司从事保险销售的人员的要求表述为"应当品行良好，具有保险销售所需的专业能力"，简单地说就是要"德才兼备"。具有保险销售所需的专业能力是对销售人员的基本要求，要懂产品、懂条款、懂业务，客户从投保、承保、到保全、续期、到理赔、满期，整个保单"从生到死"全部流程，都需要代理人的参与。代理人业务熟练，才能完成各项服务。而所有客户与保险公司之间的沟通，基本上都要通过代理人这个"媒介"来完成，在这个过程中，对代理人的品德有着更高的要求。保险合同遵循最大诚信原则，包括投保人最大诚信原则，保险人、代理人的最大诚信原则，它作为保险法的一个核心的、特殊的、独有的规则，是保险合同当事人和关系人在保险活动中必须遵守的最基本行为准则。

第一百一十二条 保险公司应当建立保险代理人登记管理制度，加强对保险代理人的培训和管理，不得唆使、诱导保险代理人进行违背诚信义务的活动。

【案例84】（2021）鲁08民终2278号

原告王某于2020年向×市劳动人事争议仲裁委员会申请仲裁，仲裁请求：1. 确认王某与某保险公司于2016年8月至今存在劳动关系；2. 某保险公司向王某支付因未签订书面劳动合同的双倍工资11 788元；3. 某保险公司向王某支付2017年9月、11月的工资差额1 162元。该委员会于2020年9月17日出具济劳人仲案字（2020）第461号仲裁裁决书，驳回王某的仲裁申请。原告王某对该裁决书不服，法定期限内诉至一审法院。另查，2016年9月18日，被告某保险公司作为甲方（委托人），原告王某作为乙方（保险销售从业人员），签订了保险销售人员入职意向书，约定乙方代理销售甲方的保险产品，在甲方授权范围内从事保险代理活动，根据本合同约定取得代理费（佣金）及相应的奖励。乙方向甲方交存风险抵押金和提供甲方认可的保证人。2016年11月16日，原告取得保险销售从业人员执业证书。同年11月28日，被告收取原告"×营销部单证押金"5 000元。2016年11月16日，原告作为代理人（合同乙方）与被告（委托人，合同甲方）签订个人代理销售人员保险代理合同书，合同约定本合同仅构成甲乙双方的保险代理关系，在任何时候均不构成甲乙双方之间的劳动关系或者是劳务关系。甲方授权乙方在本合同授权范围内为甲方代理保险业务，授权代理期限为2016年11月16日0时起至2019年11月15日止。合同约定了代理业务范围及佣金支付标准和支付方式。原告提供的手续费结算单及中国农业银行卡活期存折交易明细清单，能够证明被告支付原告报酬注明为手续费。

一审法院认为，原被告签订的入职意向书及个人代理销售人员保险代理合同，明确约定了原被告之间的关系为委托代理关系，而非劳动关系。上述合同系双方真实意思表示，亦未违背相关法律规定，对其效力一审法院予以确认。现原告主张与被告的关系系劳动关系，未提供相应的证据予以证明，一审法院对其主张不予采纳。原告的其他请求亦不符合法律规定，一审法院依法不予支持。故依照《中华人民共和国劳动争议调解仲裁法》第二条，《中华人民共和国民事诉讼法》第六十四条之规定，判决：驳回原告王某要求确认与被告某保险公司××支公司自2016年8月至今存在劳动关系及其他诉讼请求。

二审中，当事人没有提交新证据。法院对一审查明的事实予以确认。

二审法院认为，首先，《中华人民共和国保险法》第一百一十七条规定："保险代理人是根据保险人的委托，向保险人收取佣金，并在保险人授权的范围内代为办理保险业务的机构或者个人。"根据《中国保险监督管理委员会关于个人保险代理人法律地位的复函》保监厅函（2006）265号："个人保险代理人属于保险代理人的一种，其与保险公司之间属于委托代理关系。在具体案件中，保险公司的业务人员是否属于个人保险代理人，保险公司与该业务人员之间是否属于委托代理关系，应当依据二者间订立的具体协议的法律性质确定。"本案中，王某与某保险公司签订的保险代理合同书载明"本合同仅构成甲乙双方的保险代理关系，在任何时候均不构成甲乙双方之间的劳动关系或者劳务关系"。从双方签订的保险代理合同书来看，合同是双方作为平等民事主体签订的保险代理合同，而非劳动合同，反映双方是保险代理关系，不是劳动关系。根据上述复函的精神，一审法院认定王某与某保险公司不存在劳动关系于法有据。

其次，王某每个月的报酬不是较为固定的数额，每月的数额相差较大，且附言部分为手续费而非工资，不符合劳动关系中较为稳定的薪酬特征，而更符合保险代理的佣金支付方式，即某保险公司按王某所做保险业务量以一定比例支付佣金。据此亦应认定王某与某保险公司之间为保险代理关系。

最后，根据双方对王某工作内容的陈述、打卡记录、培训记录等证据可知，王某接受某保险公司的培训与管理，依据《中华人民共和国保险法》第一百一十二条："保险公司应当建立保险代理人登记管理制度，加强对保险代理人的培训和管理，不得唆使、诱导保险代理人进行违背诚信义务的活动。"王某参加公司会议及法律法规、职业道德、业务技能等的培训，是某保险公司履行双方保险代理合同义务的表现，不能以此认定双方建立了劳动关系。

综上所述，王某的上诉请求不能成立，应予驳回；一审判决认定事实清楚，适用法律正确，应予维持。依照《中华人民共和国民事诉讼法》第一百七十条第一款第一项规定，判决如下：

驳回上诉，维持原判。

【说明】这是一起法院援引《保险法》第一百一十二条指出代理人参加保险公司会议、法律法规、职业道德、业务技能等的培训，是保险公司履行双方保险代理合同义务的表现，不能以此认定双方建立了劳动关系。

2016年9月18日，某保险公司作为甲方（委托人），王某作为乙方（保险销售从业人员），签订了保险销售人员入职意向书，约定乙方代理销售甲方的保险产品，在甲方授权范围内从事保险代理活动，根据合同约定取得代理费（佣金）及相应的奖励。乙方向甲方交存风险抵押金和提供甲方认可的保证人。2016年11月16日，王某取得保险销售从业人员执业证书。2016年11月16日，王某作为代理人（合同乙方）与某保险公司（委托人，合同甲方）签订个人代理销售人员保险代理合同书，合同约定本合同仅构成甲乙双方的保险代理关系，在任何时候均不构成甲乙双方之间的劳动关系或者是劳务关系。甲方授权乙方在本合同授权范围内为甲方代理保险业务，授权代理期限为2016年11月16日0时起至2019年11月15日止。同年11月28日，某保险公司收取王某"×营销部单证押金"5 000元。

王某于2020年向×市劳动人事争议仲裁委员会申请仲裁，仲裁请求：1. 确认王某与某保险公司于2016年8月至今存在劳动关系；2. 某保险公司向王某支付因未签订书面劳动合同的双倍工资11 788元；3. 某保险公司向王某支付2017年9月、11月的工资差额1 162元。该委员会驳回了王某的仲裁申请。王某起诉，一审法院驳回王某要求确认与某保险公司××支公司自2016年8月至今存在劳动关系及其他诉讼请求。王某上诉，二审法院驳回上诉，维持原判。

保险代理人是指根据保险公司的委托，向保险公司收取佣金，在保险公司授权的范围内代为办理保险业务的机构或者个人，包括保险专业代理机构、保险兼业代理机构及个人保险代理人。

截至 2020 年，全国共有保险专业代理法人机构 1 776 家，保险兼业代理机构 3.2 万家、网点 22 万个，个人保险代理人 900 万人，保险中介机构从业人员 300 万人。如此庞大的代理人队伍，一方面，保险代理人在普及保险知识、推动保险业快速增长、促进社会就业等方面作出了巨大贡献；另一方面，保险代理人队伍长期存在大进大出、素质参差不齐、保险专业服务能力不足、社会形象较差等问题。

保险公司应当委托品行良好的个人保险代理人。保险专业代理机构、保险兼业代理机构应当聘任品行良好的保险代理机构从业人员。保险公司、保险专业代理机构、保险兼业代理机构应当加强对个人保险代理人、保险代理机构从业人员招录工作的管理，制定规范统一的招录政策、标准和流程。个人保险代理人、保险代理机构从业人员应当具有从事保险代理业务所需的专业能力。保险公司、保险专业代理机构、保险兼业代理机构应当加强对个人保险代理人、保险代理机构从业人员的岗前培训和后续教育。培训内容至少应当包括业务知识、法律知识及职业道德。

第一百一十三条　保险公司及其分支机构应当依法使用经营保险业务许可证，不得转让、出租、出借经营保险业务许可证。

【案例85】（2015）屯民一初字第 01389 号

高某与某财险×支公司于 2012 年 2 月 4 日签订劳动合同，聘用高某担任管理人员，工作期限为 2012 年 2 月 4 日至 2015 年 2 月 3 日。2013 年 9 月 18日，某财险×分公司（甲方）与高某（乙方）签订《授权经营协议》，甲方将某财险×支公司的日常经营权利有限授权给乙方行使，有效期限为 2013 年9 月 1 日至 2016 年 12 月 31 日。双方约定：1. 2013 年 9 月 1 日至 12 月 31 日，实现某财险×支公司保费收入不低于240万元；2. 2014年全年实现某财险×支公司保费收入不低于1 000万元，历年制赔付率不超过全省平均水平；2015年度、2016年度每年保费规模增幅不低于×产险市场平均增幅，综合赔付率控制在60%以内；3. 2014年1月起，保费收入应与时间进度保持一致，考虑到市场周期性因素影响，按照时间进度，每季度末对应保费收入应达成进度不得低于80%；4. 甲方有权要求并监督乙方进行合法合规经营；5. 乙方连续两个季度未能达成第一条中的经营目标下线标准，甲方有权收回对乙方的经营授权，并不承担乙方的任何损失；6. 甲方对某财险×支公司财务负责人和客服部负责人保留录用、考核、淘汰等所有管理权利，但甲方重新核定上述人员薪酬标准时须参考乙方意见，财务负责人、理赔负责人须同时接受乙方日常经营管理和服务规范管理，如实向乙方报告某财险×支公司实际经营、财务及理赔情况，接受乙方跟踪和督导；7. 甲方应按照本协议约定的经营费用标准定期向某财险×支公司下拨经营费用，下拨频度原则上为按月支付；8. 甲方应尊重乙方对本协议第6条之外员工的用工自主权利……19. 2013年9月1日至12月31日，甲方以某财险×支公司实收总保费为基数，按照42%的比例标准核定乙方的经营费用；2014年1月1日至12月31日，甲方以某财险×支公司实收总保费为基数，按照40%的比例标准核定乙方的经营费用，2015年及2016年，核定的综合费用比例不低于当期全省机构平均水平；21. 经营管理费用按月核定划拨，扣除由甲方代扣代支付的部分后，按照甲方的财务管理制度下拨给某财险×支公司……2014年12月30日，某财险×分公司向高某送达《授权终止通知书》，载明"自2014年12月31日起，原有限授权关系终止，即我单位终止并取消你及你的相关业务团队在财险×支公司的一切工作授权（包含业务经营及其他相关工作）"。2014年度，高某向崔×、蒋×、陈×、谢×、李×、丁×、吴×、姚×、王×支付工资合计174 260.96元。高某提供的车辆使用费、业务费、福利待遇、自行赔付费用票据上显示"现金付讫"。高某具备保险销售从业人员资格。

另查明：高某在起诉时向本院提交了审计鉴定申请书，要求对其实际损失进行审计鉴定，因高某在某财险×分公司授权其经营期间的业务经营活动的完整账簿、原始凭证和有关资料由某财险×分公司持有并保管，本院在2015年9月14日的庭审中要求某财险×分公司及某财险×支公司于庭后2周内提交2013年9月18日至2014年12月30日期间的财务会计报告清单及流水，但某财险×分公司庭后仅提交其自行制作的利润表，致使本院已提起的会计审计程序因缺乏完整账簿、原始凭证和有关资料而无法完成。本院于2016年6月15日再次通知某财险×分公司于2016年6月23日前提交高某在授权经营期间的业务经营活动的完整账簿和有关资料等，并告知其逾期提交将承担举证不利的法律后果，该公司至今未提交相应材料。

本院认为：保险业务由依法设立的保险公司以及法律、行政法规规定的其他保险组织经营，其他单位和个人不得经营保险业务。保险公司及其分支机构应当依法使用经营保险业务许可证，不得转让、出租、出借经营保险业务许可证。某财险×分公司系经国务院保险监督管理机构批准设立的专业保险经营机构的分支机构，应当知晓保险法规定的保险经营规则，其通过与高某签订《授权经营协议》，将某财险×支公司2013年9月1日至2016年12月31日的日常经营权授权给高某，违反《中华人民共和国保险法》的强制性规定，该《授权经营协议》自始没有法律约束力。协议被确认无效后，某财险×分公司作为有过错的一方应赔偿对方因此所受到的损失。本院已责令某财险×分公司提交高某在授权经营期间的业务经营活动的完整账簿和有关资料等，该公司至本院作出判决前仍未提交，亦未举证证明其已向某财险×支公司下拨了员工工资，应由其承担举证不利的法律后果，故高某已支付的员工工资174 260.96元应由某财险×分公司予以返还。财险×分公司虽通过支付宝账户支付高某67 999元，但该款并未注明系公司发放给员工的工资，故不予扣除。高某主张车辆使用费、业务费、福利待遇、自行赔付费用等，其提供的票据只有复印件，票据显示"现金付讫"，说明该费用已经报销，且高某亦未举证证明其个人已支付了该费用，故本院不予支持。被告×财险公司经本院传票传唤无正当理由未到庭参加诉讼，不影响本院依据采信的证据和查明的事实依法作出缺席判决。依照《中华人民共和国合同法》第五十二条第五项、第五十六条、第五十八条，《中华人民共和国保险法》第六条、第八十七条、第一百一十三条，《中华人民共和国民事诉讼法》第六十四条第一款、第一百四十四条及《最高人民法院关于适用〈中华人民共和国民事诉讼法〉的解释》第五十二条第六项、第九十条之规定，判决如下：

一、确认原告高某与被告某财险×分公司于 2013 年 9 月 18 日签订的《授权经营协议》无效；

二、被告某财险×分公司于本判决生效后十日内返还原告高某174 260.96元；

三、驳回原告高某的其他诉讼请求。

【说明】这是一起法院判决保险公司违反《保险法》第一百一十三条规定与高某签订的《授权经营协议》自始无效，应赔偿对方因此所受到的损失的案件。

2012 年 2 月 4 日，高某与某财险×支公司签订劳动合同，聘用高某担任管理人员，工作期限为 2012 年 2 月 4 日至 2015 年 2 月 3 日。2013 年 9 月 18 日，某财险×分公司（甲方）与高某（乙方）签订《授权经营协议》，甲方将某财险×支公司的日常经营权利有限授权给乙方行使，有效期限为 2013 年 9 月 1 日至 2016 年 12 月 31 日。2014 年 12 月 30 日，某财险×分公司向高某送达《授权终止通知书》，载明"自 2014 年 12 月 31 日起，原有限授权关系终止，即我单位终止并取消你及你的相关业务团队在财险×支公司的一切工作授权（包含业务经营及其他相关工作）"。2014 年度，高某向员工支付工资合计 174 260.96 元，并有车辆使用费、业务费、福利待遇、自行赔付费用的支出。

高某起诉要求确认其与某财险×分公司签订的《授权经营协议》无效；并要求某财险×分公司、某保险公司赔偿损失。法院判决确认高某与财险×分公司签订的《授权经营协议》无效；财险×分公司返还高某174 260.96元。

《经营保险业务许可证》是保险公司及其分支机构经营保险业务的许可凭证，是中国银保监会依法颁发的准许保险机构经营保险业务的法律文件，是保险机构依法经营保险业务的证明。保险公司各分支机构应当将经营保险业务许可证件正本放置于营业场所显著位置，与工商营业执照一起实行亮证经营。经营保险业务许可证件副本应妥善保管，以备查验。

第一百一十四条 保险公司应当按照国务院保险监督管理机构的规定，公平、合理拟订保险条款和保险费率，不得损害投保人、被保险人和受益人的合法权益。

保险公司应当按照合同约定和本法规定，及时履行赔偿或者给付保险金义务。

【案例 86】（2019）粤 08 民终 2184 号

2018 年 5 月 15 日 14 时，李某 1 驾驶 K××号二轮摩托车沿 S212 省道二级公路由南往北方向行驶，涂某驾驶 04××号大中型拖拉机沿 S212 省道二级公路在 K××号车前方同方向行驶，至 S212 省道 18 公里 750 米路段，涂某驾驶车辆左转驶入西侧砖厂路口时，两车发生碰撞，造成李某 1、李某 2 受伤，两车不同程度损坏的道路交通事故。2018 年 6 月 25 日，某县公安局交通管理大队作出《道路交通事故认定书》，认定李某 1、涂某承担此事故的同等责任，李某 2 不承担事故责任。

涂某准驾车型是 B2E（大型货车和 C1、M），驾驶肇事车辆 04××号大中型拖拉机发生本次交通事故，04××号大中型拖拉机登记所有人是何某，发生事故时，何某将 04××号大中型拖拉机交给涂某驾驶，涂某为该车在某财保公司处投保了交强险。

事故发生后，李某 1 于 2018 年 11 月 19 日向某县人民法院起诉，要求判令某财保公司赔偿医疗费等经济损失共计 110 649 元，判令涂某、何某赔偿 15 809.84 元。某县人民法院于 2019 年 1 月 28 日作出（2018）桂 0922 民初 2866 号民事判决书，认定何某将 04××号大中型拖拉机交给涂某驾驶存在过错，对涂某应承担赔偿某财保公司的损失承担 30% 责任。判决某财保公司在机动车第三者责任强制保险限额范围内一次性赔偿医疗费、护理费、残疾赔偿金、交通费、精神损害抚慰金合计 105 523.79 元（已减除已支付的 10 000 元）给李某 1；涂某应一次性赔偿医疗费、住院伙食补助费、营养费、鉴定费合计 1 814.15 元给李某 1；何某应一次性赔偿医疗费、住院伙食补助费、营养费、鉴定费合计 5 406 元给李某 1。该民事判决书生效后，某财保公司依判决支付了赔偿款 105 523.79 元，包括前期已支付的 10 000 元医疗费，某财保公司共向李某 1 支付了赔偿款 115 523.79 元。为此，某财保公司诉至一审法院。

一审法院认为：本案是保险人代位求偿权纠纷，争议的焦点是涂某、何某应否返还某财保公司在交强险限额内支付给李某 1 的 115 523.79 元赔偿款，以及何某是否应当承担连带责任。

本案中，涂某准驾车型是 B2E（大型货车和 C1、M），而未取得驾驶大中型拖拉机的驾驶资格，根据《最高人民法院关于审理道路交通事故损害赔偿案件适用法律若干问题的解释》第十八条"有下列情形之一导致第三人损害，当事人请求保险公司在交强险责任限额范围内予以赔偿，人民法院应予支持：（一）驾驶人未取得驾驶资格或者未取得相应驾驶资格的……"的规定，某财保公司赔偿给案外人李某 1 115 523.79 元，合法有效。某财保公司赔偿后，根据《中华人民共和国保险法》第六十一条第一款"因第三者对保险标的的损害而造成保险事故的，保险人自向被保险人赔偿保险金之日起，在保险金范围内代为行使被保险人对第三者请求赔偿的权利。"及《机动车交通事故责任强制保险条例》第二十二条"有下列情形之一的，保险公司在机动车交通事故责任强制保险责任限额范围内垫付抢救费用，并有权向致害人追偿：驾驶人未取得驾驶资格或者醉酒的……"的规定，某财保公司已履行了（2018）桂 0922 民初 2866 号民事判决书中的赔偿义务，某财保公司可在赔偿范围内向侵权人求偿，涂某应返还赔偿款 115 523.79 元给某财保公司。某财保公司请求有理，予以支持。

关于某财保公司请求何某承担连带赔偿责任问题，因涂某未取得相应驾驶资格，何某将 04××号大中型拖拉机交给涂某驾驶，存在过错，应承担连带赔偿责任。

一审法院依照《中华人民共和国保险法》第六十二条第一款、《最高人民法院关于审理道路交通事故损害赔偿案件适用法律若干问题的解释》第十八条的规定，判决如下：一、限涂某于判决书发生法律效力之日起十日内向某财保公司支付赔偿款 115 523.79 元。二、何某对第一项判决承担连带赔偿责任。如果不按判决以上判项指定的期间履行给付金钱的义务，应当依照《中华人民共和国民事诉讼法》第二百五十三条的规定，加倍支付迟延履行期间的债务利息。本案受理费 1 305 元，由涂某、何某负担。

本院二审期间，涂某提交机动车交通事故责任强制保保险单以及保险条款。某财保公司、何某质证认为对证据的真实性、合法性、关联性均无异议。本院经审查认为，以上证据真实合法，各方当事人均无异议，本院予以采纳。

对当事人二审争议的事实，本院认定如下：原审判决查明的事实清楚，予以确认。

本院认为：本案属保险人代位求偿权纠纷。根据各方当事人在二审中的上诉、答辩理由，本案二审争议的焦点问题是：涂某应否返还某财保公司赔偿款 115 523.79 元。

某财保公司起诉主张，按照交警部门出具的《道路交通事故认定书》认定，涂某存在无证驾驶的事实。按照双方合同约定，某财保公司赔偿受害人后，涂某应将该笔赔偿费用予以返还。但某财保公司未能提供证据证明其已将保险条款送达投保人，其主张没有合同依据。一审法院未对事故当时生效的保险单进行审查不当。另外，根据二审时双方确认的保险单显示，被保险机动车为涉案肇事拖拉机，而约定的机动车种类为载货机动车、使用性质为营业货运。根据以上约定应认定某财保公司对投保车辆为拖拉机的事实知情，某财保公司亦同意将拖拉机作为营业货车进行承保。依照《中华人民共和国保险法》第一百一十四条关于"保险公司应当按照国务院保险监督管理机构的规定，公平、合理拟订保险条款和保险费率，不得损害投保人、被保险人和受益人的合法权益。保险公司应当按照合同约定和本法规定，及时履行赔偿或者给付保险金义务"的规定，某财保公司应依照合同履行给付保险金义务。某财保公司在同意拖拉机按营业货车承保并收取保费后，又以涂某只持有营业货车的驾驶证而无拖拉机驾驶资格证为由主张免赔并要求涂某返还赔偿款违反合同约定及公平原则。涂某的上诉理由成立，本院予以支持。

综上所述，涂某上诉请求成立，应予支持；一审判决认定事实清楚，但实体处理欠妥，应予改判。依照《中华人民共和国保险法》第一百一十四条、《中华人民共和国民事诉讼法》第一百七十条第一款第二项规定，判决如下：

一、撤销某市人民法院（2019）粤 0881 民初 1167 号民事判决；

二、驳回某财保公司的诉讼请求。

【说明】 这是一起法院援引《保险法》第一百一十四条，指出某财保公司在同意拖拉机按营业货车承保并收取保费后，又以涂某只持有营业货车的驾驶证而无拖拉机驾驶资格证为由主张免赔并要求涂某返还赔偿款违反合同约定及公平原则，最终判决驳回某财保公司诉求的案件。

涂某准驾车型是 B2E（大型货车和 C1、M），04××号大中型拖拉机登记所有人是何某，交给涂某驾驶，涂某为该车在某财保公司处投保了交强险。

2018 年 5 月 15 日 14 时，涂某驾驶 04××号大中型拖拉机与他车碰撞，造成李某 1、李某 2 受伤，两车不同程度损坏的道路交通事故。2018 年 6 月 25 日，某县公安局交通管理大队作出《道路交通事故认定书》，认定李某 1、涂某承担此事故的同等责任，李某 2 不承担事故责任。

事故发生后，李某 1 于 2018 年 11 月 19 日向某县人民法院起诉，要求判令某财保公司赔偿医疗费等经济损失共计 110 649 元，判令涂某、何某赔偿 15 809.84 元。某县人民法院于 2019 年 1 月 28 日作出（2018）桂 0922 民初 2866 号民事判决书，认定何某将 04××号大中型拖拉机交给涂某驾驶存在过错，对涂某应承担赔偿某财保公司的损失承担 30% 责任。判决某财保公司在机动车第三者责任强制保险限额范围内一次性赔偿医疗费、护理费、残疾赔偿金、交通费、精神损害抚慰金合计 105 523.79 元（已减除已支付的 10 000 元）给李某 1；涂某应一次性赔偿医疗费、住院伙食补助费、营养费、鉴定费合计 1 814.15 元给李某 1；何某应一次性赔偿医疗费、住院伙食补助费、营养费、鉴定费合计 5 406 元给李某 1。

某财保公司诉至一审法院，以涂某准驾车型是 B2E（大型货车和 C1、

M），而未取得驾驶大中型拖拉机的驾驶资格为由，向涂某、何某行使代位求偿权，一审法院支持了某财保公司的诉求。二审法院经审理查明，保险单显示，被保险机动车为涉案肇事拖拉机，而约定的机动车种类为载货机动车、使用性质为营业货运。根据以上约定应认定某财保公司对投保车辆为拖拉机的事实知情，某财保公司亦同意将拖拉机作为营业货车进行承保。二审法院指出，依照《中华人民共和国保险法》第一百一十四条关于"保险公司应当按照国务院保险监督管理机构的规定，公平、合理拟订保险条款和保险费率，不得损害投保人、被保险人和受益人的合法权益。保险公司应当按照合同约定和本法规定，及时履行赔偿或者给付保险金义务"。的规定，某财保公司应依照合同履行给付保险金义务。某财保公司在同意拖拉机按营业货车承保并收取保费后，又以涂某只持有营业货车的驾驶证而无拖拉机驾驶资格证为由，主张免赔并要求涂某返还赔偿款违反合同约定及公平原则。二审判决撤销一审判决，并驳回某财保公司诉求。

保险监督管理机构审批保险条款和费率，应当遵循保护社会公众利益和防止不正当竞争的原则。保险是分散危险，防范损失，保障社会经济安定的一种措施。须报经保险监督管理机构审批的保险险种，与社会公众的利益更为密切，影响的范围更大，保险监督管理机构在审批时应当重点审查保险条款和费率是否公平、合理，是否存在欺骗、误导投保人，损害投保人利益的内容。同时，为了维护保险市场公平的竞争秩序，促进保险业的健康发展，保险监督管理机构在审批时还应当遵循防止不正当竞争的原则，审查保险条款和费率是否存在以排挤竞争对手为目的，非正常降低保险费率或扩大保险责任范围开展保险业务，进行恶性竞争的内容。

对于必须报经保险监督管理机构审批的保险险种以外的保险险种，其保险条款和保险费率应当报保险监督管理机构备案，以对其进行必要的监督管理。备案制度，是保险监督管理机构对保险条款和费率进行监督管理的一种重要手段。保险公司报备的保险条款和保险费率如果存在违反法律、法规或行政规章的禁止性规定，损害社会公共利益，内容显失公平，侵害投保人、被保险人或受益人的合法权益，构成不正当竞争，条款设计或厘定费率不当，可能危及保险公司偿付能力等情形时，保险监督管理机构应当根据《保险法》和有关法律、行政法规的规定进行处理。

第一百一十五条 保险公司开展业务，应当遵循公平竞争的原则，不得从事不正当竞争。

【案例87】（2019）云29民终1336号

某汽车公司属于开展汽车维修、工程机械维修、汽车零配件销售、保险兼业代理等业务的企业。2015年，某汽车公司（甲方）与某财保公司（乙方）签订《保险合作协议》，约定在合作期（1～3年），某汽车公司在某财保公司提供的保险产品和费率条件下，在开展自身业务过程中，利用自身优势，积极向某财保公司投保机动车辆保险，某财保公司将利用自身资源特点，在承保的所有机动车辆保险中，在核保流程和费率上尽可能予以便利。某财保公司指定公司职工李某与某汽车公司相关业务沟通及办理，负责相应新单业务及续保业务操作，同时负责手续费结算及支付。某财保公司按照某汽车公司投保保险产品为其支付相应手续费用，一年保险费（含税）不低于100万元、家用车营业用车投保交强险手续费为某财保公司实收保费的4%进行支付，家用车营业用车投保商业险附加险手续费为某财保公司实收保费的30%进行支付。特种车辆交强险的手续费以某财保公司实收保费的4%进行支付，特种车辆投保商业险附加险的手续费按15%进行支付。机动车辆保险手续费中，税金不计入手续费。手续费于次月16日前支付，某财保公司指定人员不得无故拖延。手续费采取每月一结方式，双方每月10日前核对上月手续费，某汽车公司、某财保公司双方指定人员书面交接支付手续费金额确认后、于本月16日前支付到账。该协议还对双方的其他权利义务等内容进行了约定。协议签订后至2017年4月11日，某汽车公司共促成案外人向某财保公司投保交强险及商业险附加险200单。2018年3月，经某财保公司业务经办人李某、业务分管负责人张某、部门经理姚某签字确认，2015年某财保公司应付某汽车公司手续费517 778.78元、2016年应付手续费148 882.50元、2017年应付手续费4 034.45元。庭审中，某汽车公司自认截至2015年8月1日，某财保公司共计已向其支付"手续费"407 687.94元。

一审法院认为，某汽车公司、某财保公司之间签订的《保险合作协议》，某汽车公司在开展业务过程中兼业代理某财保公司保险业务，促成案外人向某财保公司投保机动车辆保险，由某财保公司为某汽车公司提供保险产品和费率，某财保公司按案外人投保的保险险种向某汽车公司支付协议的手续费，某汽车公司、某财保公司之间形成保险代理合同关系，故本案应为保险代理合同纠纷。《保险合作协议》是双方当事人的真实意思表示，没有违反法律、法规的禁止性规定，是有效合同，对双方均有法律约束力。某汽车公司已代理了某财保公司的保险业务，某财保公司应当按约定支付相关的代理费。至于某财保公司辩解某汽车公司、某财保公司约定的手续费按累进比例式计算，即超出年计划任务的部分，才按上浮的百分比计算和某财保公司已将手续费足额结算给某汽车公司以及某汽车公司、某财保公司账务已结清的辩解意见未提交有效证据证实，故对某财保公司的该项辩解意见不予采纳。根据一审法院采信的有效证据载明，某财保公司尚欠某汽车公司手续费263 007.79元（517 778.78元 + 148 882.50元 + 4 034.45元 – 407 687.94元），某财保公司未按约支付手续费，其行为构成违约。某财保公司应当支付手续费以及承担某汽车公司利息损失。对于某汽车公司的利息请求，某汽车公司为某财保公司促成的最后一份保单时间是2017年4月11日，根据某汽车公司、某财保公司签订的《保险合作协议》载明手续费采取每月一结方式，双方每月10日前核对上月手续费，双方指定人员书面认可后于本月16日前支付到账的约定，一审法院确定某汽车公司的资金占用费从2017年5月17日起计算至款项还清之日止，按照中国人民银行同期贷款利率计算。综上所述，依据《中华人民共和国合同法》第八条、第六十条、第一百零七条、第一百零九条之规定，判决：一、某财保公司于判决生效之日起十日内向某汽车公司支付手续费263 007.79元以及该款自2017年5月17日起至款项还清之日止，按照中国人民银行同期贷款利率计算的资金占用费。二、驳回某汽车公司的其他诉讼请求。案件受理费5 245元，由某财保公司负担。

某财保公司上诉请求：一、依法撤销（2019）云2901民初1178号民事判决，并依法改判驳回某汽车公司的全部诉讼请求。二、本案全部诉讼费用均由某汽车公司承担。事实和理由：第一，关于涉案合同的真实性和效力性问题。某财保公司与某汽车公司间就保险合作事宜签订《保险合作协议》，双方就权利、义务作了相关明确约定，同时，双方约定的手续费系按累进比例式计算，即某汽车公司完成计划任务内的部分，按跟单百分比费率计算，超出部分按跟单百分比上浮5个点计算。同时，从该协议的内容和形式来看，虽对于合同的相对性而言，系双方经平等、自愿、协商一致的意思表示，但上述约定部分违反了法律的禁止性规定，该协议的内容应部分无效。依据《中华人民共和国保险法》第115条"保险公司开展业务，应当遵循公平竞争的原则，不得从事不正当竞争"，第116条"保险公司及其工作人员在保险业务活动中不得有下列行为：（九）利用开展保险业务为其他机构或者个人谋取不正当利益"的规定，因涉案合同涉及给付手续费，且采用累进比例式计算，属于"回扣"，这一约定已扰乱保险行业经营秩序，应属无效。对于无效合同的处理，依据合同法的规定处理，故双方约定的超过跟单百分比的对应手续费的约定依法应无效，因此，某汽车公司的诉请无法律依据，依法应予驳回。第二，关于手续费的结算。退一步讲，即便涉案合同合法、有效，根据涉案合同的约定，某财保公司与某汽车公司间约定的手续费按累进比例式计算，即超出年计划任务的部分，才按上浮的百分比计算。就本案而言，某财保公司已严格依照涉案合同的约定，将手续费足额结算予某汽车公司：对于2015年2月26日起至2016年11月13日间超出跟单部分的手续费，在某汽车公司依法取得保险兼业代理资格（2016年5月11日）后，与某财保公司签订案涉合同《保险合作协议》前已进行了相关结算，并在合同中明确：双方从2015年2月26日开始至合同签订之日的财务已结清，不存在欠付情况；对于2016年11月13日后的手续费，某财保公司也已严格依照跟单比例向某汽车公司全额支付了相关手续费。涉案合同系附条件合同，即只有在某汽车公司完成的年度任务超过计划100万元之后，某财保公司才须支付超过跟单比例的手续费。就本案而言，某汽车公司在2016年、2017年间所完成的保费均不满足涉案合同约定的"计划任务"这一条件，故对于超出跟单部分的手续费，并无事实和法律依据，依法应予驳回。第三，关于违约责任。就本案而言，某财保公司已严格依照涉案合同的约定即跟单比例向某汽车公司全额支付了相关手续费，不存在欠付情况。双方对于合同部分效力及相应手续费的结算和解读是明显存在争议的，也进而导致本案诉讼的存在，并非某财保公司过错导致，某财保公司不存在违约情形。同时，涉案合同也未就违约责任予以明确约定，一审法院认定的违约责任并无事实和法律依据，依法应予改判。综上所述，一审法院认定事实不清，适用法律错误，为维护某财保公司的合法权益和法律的尊严，现依据《民事诉讼法》的相关规定，特提起上诉，请求依法支持某财保公司的上诉请求。

二审中，双方当事人均未向本院提交新证据，同时，也对一审认定的案件事实均无异议，故本院对一审认定的案件事实予以确认。

本案二审的争议焦点为案涉合同是否存在无效的情形及某财保公司应否支付某汽车公司手续费。

本院认为，就某财保公司对某汽车公司在合作时是否未取得保险代理资格提出异议的问题。在本案中，某汽车公司所提交的《保险合同协议》中并未明确签订合同的时间，经审查，某汽车公司的经营范围：一类汽车维修（大中型货车维修）（按道路运输经营许可证核定的范围和时限开展经营活动）；工程机械维修；中国重汽品牌车辆、汽车零配件的销售；货物进出口、技术进出口业务；保险兼业代理；停车场服务；汽车信息咨询（依法须经批准的项目，经相关部门批准后方开展经营活动）。故该公司具备保险业务代理的经营资质。

关于案涉合同是否存在无效的情形。某财保公司提出案涉合同部分内容不符合相关法律规定，应属无效，对此上诉观点，某财保公司作为一家专业的保险机构，应知晓相关的保险知识及保险法律条款，但在案证据未显示其在合同签订时或签订后，对合同的内容提出异议，且案涉合同约定某汽车公司完成计划任务内的部分，按跟单百分比费率计算，超出部分按跟单业务收费再加5个百分点，该内容实际上是某财保公司直接给某汽车公司的一种返利，并未违反相关的法律规定。故一审法院认定案涉合同为有效合同，处理正确，本院予以维持。

关于某财保公司应否支付某汽车公司手续费的问题。从某汽车公司提交的《保险合同协议》《某汽车公司2015手续费确认表》《某汽车公司2016手续费确认表》及《某汽车公司2017手续费确认表》，能够证明至2017年9月19日，某汽车公司共促成案外人向某财保公司投保交强险及商业险附加险200单，一审根据双方签订的合同计算出某财保公司尚欠某汽车公司手续费2 630 007.79元，处理正确，本院予以维持。某财保公司虽主张一审对手续费计算错误及其已向某汽车公司全额支付了相关手续费，但并未提供有效证据证明其主张，故对某财保公司的该主张，本院不予采信。综上所述，某财保公司应当支付某汽车公司手续费并赔偿其相应损失。

综上所述，上诉人某财保公司的上诉理由不能成立，本院不予支持。一审认定事实清楚，适用法律正确，审判程序合法，二审应予以维持。据此，依照《中华人民共和国民事诉讼法》第一百七十条第一款第一项规定，判决如下：

驳回上诉，维持原判。

【说明】这是一起保险公司援引《保险法》第一百一十五条规定，主张案涉合同涉及给付手续费属于"回扣"应属无效，法院未予以支持的案件。

2015年，某汽车公司（甲方）与某财保公司（乙方）签订《保险合作协议》，约定在合作期（1至3年），某汽车公司在某财保公司提供的保险产品和费率条件下，在开展自身业务过程中向某财保公司投保机动车辆保险，某财保公司在承保的所有机动车辆保险中，在核保流程和费率上予以便利，某财保公司按照某汽车公司投保保险产品为其支付相应手续费用。某汽车公司属于开展汽车维修、工程机械维修、汽车零配件销售、保险兼业代理等业务的企业。

协议签订后至2017年4月11日，某汽车公司共促成案外人向某财保公司投保交强险及商业险附加险200单。双方确认，2015年某财保公司应付某汽车公司手续费 517 778.78 元、2016 年应付手续费 148 882.50 元、2017 年应付手续费 4 034.45 元。截至 2015 年 8 月 1 日，某财保公司共计已向某汽车公司支付"手续费"407 687.94 元。

某汽车公司起诉要求某财保公司支付剩余手续费，一审法院判决某财保公司向某汽车公司支付手续费 263 007.79 元（517 778.78 元 + 148 882.50 元 + 4 034.45 元 － 407 687.94 元）。某财保公司上诉主张依据《中华人民共和国保险法》第一百一十五条"保险公司开展业务，应当遵循公平竞争的原则，不得从事不正当竞争"，第一百一十六条"保险公司及其工作人员在保险业务活动中不得有下列行为：（九）利用开展保险业务为其他机构或者个人谋取不正当利益"的规定，双方签订的《保险合作协议》涉及的手续费，采用累进比例式计算，属于"回扣"，部分违反了法律的禁止性规定，该协议的内容应部分无效。二审法院指出，协议涉及手续费，实际上是某财保公司直接给某汽车公司的一种返利，并未违反相关的法律规定。判决驳回上诉，维持原判。

在市场经济条件下，市场主体为了实现自身的经济利益和既定的目标，在市场上展开持续不断的较量，这种较量的形式通常表现为市场竞争，因此，竞争是必然存在的，有其内在的动力和外界的压力。公平的竞争既能使市场主体获得最大的收益，又能符合社会的最大利益，从而促进生产力的发展。在保险市场上也同样存在着竞争。保险公司开展业务，一方面同投保人、被保险人以及受益人发生权利、义务关系，另一方面同其他保险公司处于竞争之中，都会采取一些竞争手段以获得更多的保单，争取更多的客户。由于保险业行业经营的特殊性，要求保险公司开展业务应当遵循公平竞争的原则，反对各种不正当竞争行为，以促进保险业的稳健发展，保障和维护投保人、被保险人和受益人的合法权益。

根据公平竞争的原则，保险公司在保险市场上，应当在法律、行政法规许可的范围内开展业务活动，通过改进和完善服务，提高经营管理水平，搞好产品和服务创新，以满足投保人的多种需求，使被保险人及时获得满意的保险保障，坚持诚信原则，提高自身的竞争能力，在竞争中求得发展和壮大。具体来讲，保险竞争的主要内容包括费率的竞争和服务的竞争。公平的费率竞争要求保险公司费率不能订得过高，否则将形成垄断费率，损害投保人利益；也不能订得过低，否则将难以保障保险公司稳定经营；更不能有不公正的歧视性费率，应当遵循充分性、合理性、公正性和稳定性的原则。至于服务的竞争则要求保险公司提供市场有需求、核算有效益的产品，要为投保人提供高层次、全方位的优质服务，要逐步扩大销售渠道、改革销售方式，尽量方便客户投保，最后还要限制靠攀比提高佣金来竞争业务。

根据我国反不正当竞争法的有关规定，在市场交易中损害竞争对手的下列行为属于不正当竞争行为：一是混淆行为，引诱他人产生误认；二是利用财物或者其他手段贿赂交易相对方的相关工作人员；三是以虚假广告或其他类似方法，对商品或服务作虚假宣传；四是侵犯他人的商业秘密；五是采用高额的有奖销售手段，诱骗消费者和客户；六是捏造、散布虚伪事实，损害竞争对手的商业信誉或商品、服务声誉。保险公司开展业务活动时，必须严格遵守法律规定，不得有上述不正当竞争的行为，不得从事不正当竞争。

第一百一十六条 保险公司及其工作人员在保险业务活动中不得有下列行为：

（一）欺骗投保人、被保险人或者受益人；

（二）对投保人隐瞒与保险合同有关的重要情况；

（三）阻碍投保人履行本法规定的如实告知义务，或者诱导其不履行本法规定的如实告知义务；

（四）给予或者承诺给予投保人、被保险人、受益人保险合同约定以外的保险费回扣或者其他利益；

（五）拒不依法履行保险合同约定的赔偿或者给付保险金义务；

（六）故意编造未曾发生的保险事故、虚构保险合同或者故意夸大已经发生的保险事故的损失程度进行虚假理赔，骗取保险金或者牟取其他不正当利益；

（七）挪用、截留、侵占保险费；

（八）委托未取得合法资格的机构从事保险销售活动；

（九）利用开展保险业务为其他机构或者个人牟取不正当利益；

（十）利用保险代理人、保险经纪人或者保险评估机构，从事以虚构保险中介业务或者编造退保等方式套取费用等违法活动；

（十一）以捏造、散布虚假事实等方式损害竞争对手的商业信誉，或者以其他不正当竞争行为扰乱保险市场秩序；

（十二）泄露在业务活动中知悉的投保人、被保险人的商业秘密；

（十三）违反法律、行政法规和国务院保险监督管理机构规定的其他行为。

【案例88】（2021）辽0212民初2965号

2018年1月26日，被告张某为原告俞某出具欠条一张，内容为："2018年1月26日，张某欠俞某保费返点费用，11月金额74 443.75元、12月金额38 998.19元，现已归还12月10 000元。12月余下金额28 998.19元，还款日期欠12月余下金额需在2018年2月10日前结清。如未结清，需支付10 000元违约金，欠11月金额需在5月31日前结清，如未结清，需支付20 000元违约金。"俞某起诉请求：一、判令被告张某立即退还原告俞某购买汽车商业保险时被告承诺补偿给原告的64 441.93元；二、判令被告张某立即支付原告俞某违约金20 000元（以上合计为84 441.93元）。

另查明，原告俞某自认12月费用已结，现主张的费用为11月所欠，该费用涉及96辆车的返点费。经法庭询问，原告无法提供保险单等保险手续。

法院认为，当事人对自己提出的主张，有责任提供证据予以证明。首先，原告主张保险返点的事实产生于其将96辆车投保于被告代理的保险公司，但经庭审询问，原告既无法提供车辆的所有权归属情况，也无法提供其投保的保险单，亦未提供其支付保险费的凭证，依照《最高人民法院关于适用〈中华人民共和国保险法〉的解释》第九十条的规定，原告所主张的保险合同无法查实。而原告主张的保险返点费用是基于保险合同的成立，在原告无法证明保险合同成立的情况下主张保险返点费用，缺乏证据和法律基础。其次，即使如原告所述，存在保险合同关系，但依据《中华人民共和国保险法》第一百一十六条第四款规定："保险公司及其工作人员在保险业务活动中不得以给予或者承诺给予投保人、被保险人、受益人保险合同约定以外的保险费、回扣或者其他利益。"原告所主张与被告协议关于保险费返点的事实已经违反保险法的该条规定，依据《最高人民法院关于适用〈中华人民共和国民法典〉时间效力的若干规定》第一条、《中华人民共和国合同法》第五十二条的规定，该保险费返点协议行为因违反法律的强制性规定而无效。

综上所述，对原告的诉讼请求不能予以支持。依照《最高人民法院关于适用〈中华人民共和国民法典〉时间效力的若干规定》第一条、《中华人民共和国保险法》第一百一十六条第四款、《中华人民共和国合同法》第五十二条、《最高人民法院关于适用〈中华人民共和国民事诉讼法〉的解释》第九十条、《中华人民共和国民事诉讼法》第一百四十四条之规定，判决如下：

驳回原告俞某的诉讼请求。

【说明】 这是一起法院判决保险费返点协议行为因违反法律的强制性规定而无效的案件。

回扣是商业贿赂的一种形式，是卖方从买方支付的商品款项中按一定比例返还给买方的价款。承诺向投保人、被保险人或者受益人给予保险合同规定以外的保险费回扣或者其他利益，不仅可能误导投保人，而且可能造成保险公司之间的不正当竞争，扰乱保险业经营管理秩序，应当予以禁止。由此产生的争议，涉及追索回扣费的诉求，法院也不予支持。

【案例89】（2019）冀 0433 民初 1659 号

2018 年 4 月 9 日，原告张某作为投保人在被告×人寿投保有×人寿爱×终身重大疾病保险和×人寿附加爱×两全保险，保险金额分别为 300 000 元，保险期间为终身，交费期间为 30 年，保险合同生效日期为 2018 年 4 月 10 日，办理该笔保险业务员为宋某。保险合同签订后，原告张某按照合同约定交纳了保险费。

原告张某于 2018 年 2 月 23 日在甲医院门诊检查为甲状腺结节，当时并未住院确诊治疗。2018 年 11 月，原告张某在乙医院检查的结果是甲状腺癌，在乙医院做了手术。2019 年 1 月，被告×人寿按照保险合同约定赔付了原告张某 30 万元保险金。

2019 年 9 月 19 日，原告张某请求确认保险合同中责任免除条款无效，为此诉至本院。原告张某自愿承担诉讼费用。

本院认为，原告张某作为投保人在被告×人寿投保有×人寿爱×终身重大疾病保险和×人寿附加爱×两全保险，原告张某按期交纳了保险费，原告和被告双方签订的保险合同依法成立并生效。被告×人寿在确认原告患有是甲状腺癌后，按照保险合同约定已赔付原告 30 万元保险金。现原告主张保险合同中的责任免除条款无效，提供了签订合同前的医院检查结果和办理该笔保险业务的业务员宋某的证言和视频证据，被告的业务员宋某证明在签订该保险合同前，其不知道需要询问原告张某有无病史，当时在场的负责人和内勤并未对原告张某的身体状况提出异议。故本院认定原告张某在投保时，被告×人寿未就保险合同中的责任免除条款对原告进行明确告知，该责任免除条款对原告不发生效力。被告虽提交证据证明就免责条款对原告进行了告知，但根据中国保监会《保险销售行为可回溯管理暂行办法》的规定，保险公司在销售时应当对销售的过程实施现场同步录音录像，被告并未提交该证据证实其主张，故对于被告就免责条款已经告知原告的主张，不予认定。且被告在确认知晓原告患有甲状腺癌后，按照保险合同约定已赔付原告 30 万元保险金，由此更能证明被告在保险合同中应当承担责任。原告张某自愿承担诉讼费用，符合规定，予以准许。

综上所述，依照《中华人民共和国保险法》第十二条、第十六条、第十七条、第一百一十六条、第一百三十一条，《最高人民法院关于适用〈中华人民共和国保险法〉若干问题的解释（二）》第三条、第六条、第十三条和《中华人民共和国民事诉讼法》第一百四十二条的规定，判决如下：

确认原告张某与被告×人寿保险股份有限公司××支公司于 2019 年 4 月 9 日签订的×人寿爱×终身重大疾病保险和×人寿附加爱×两全保险保险合同

中关于免除保险人责任的条款无效。

【说明】这是一起法院援引《保险法》第一百一十六条规定，指出保险公司业务员及其他工作人员在签订保险合同前，不知道需要询问被保险人有无病史，也没有对被保险人的身体状况提出异议，判决保险公司承担不利后果的案件。

2018年2月23日，张某在甲医院门诊检查为甲状腺结节，但未住院确诊治疗。2018年4月9日，张某作为投保人在保险公司投保重大疾病保险和附加两全保险，保险金额分别为300 000元，业务员为宋某。2018年11月，张某在乙医院检查的结果是甲状腺癌，在乙医院做了手术。2019年1月，被告×人寿按照保险合同约定赔付了原告张某30万元保险金。

2019年9月19日，原告张某起诉请求确认保险合同中责任免除条款无效。法院查明：张某主张保险合同中的责任免除条款无效，提供了签订合同前的医院检查结果和办理该笔保险业务的业务员宋某的证言和视频证据，业务员宋某证明在签订该保险合同前，其不知道需要询问原告张某有无病史，当时在场的负责人和内勤并未对原告张某的身体状况提出异议。法院认定张某在投保时，保险公司未就保险合同中的责任免除条款对原告进行明确告知，该责任免除条款对原告不发生效力。判决确认原告张某与被告×人寿保险股份有限公司××支公司于2019年4月9日签订的×人寿爱×终身重大疾病保险和×人寿附加爱×两全保险保险合同中关于免除保险人责任的条款无效。

阻碍投保人履行本法规定的如实告知义务，或者诱导其不履行本法规定的如实告知义务。根据本法的有关规定，投保人故意隐瞒事实，不履行如实告知义务的，或者因过失未履行如实告知义务，足以影响保险人决定是否同意承保或者提高保险费率的，保险人有权解除保险合同。投保人故意不履行如实告知义务的，保险人对于保险合同解除前发生的保险事故，不承担赔偿或者给付保险金的责任，并不退还保险费。投保人因过失未履行如实告知义务，对保险事故的发生有严重影响的，保险人对于保险合同解除前发生的保险事故，不承担赔偿或者给付保险金的责任，但可以退还保险费。由此可见，投保人是否履行如实告知义务，对于保险合同的效力、保险人的责任以及投保人、被保险人及受益人的利益具有重要影响。保险公司及其工作人员不得利用这些规定，采取不正当手段，阻碍投保人履行如实告知义务，或者诱导其不履行本法规定的如实告知义务，逃避或者减轻所应承担的保险责任，损害投保人的利益。

【案例 90】（2019）苏 0305 刑初 220 号

××市××区人民检察院以贾检诉刑诉〔2019〕188 号起诉书指控被告人张某犯保险诈骗罪、合同诈骗罪，于 2019 年 8 月 20 日向本院提起公诉。本院受理后，依法组成合议庭，公开开庭审理了本案。××市××区人民检察院指派检察员杨某出庭支持公诉，被告人张某及辩护人王某到庭参加诉讼。本案经合议庭评议，现已审理终结。

经审理查明：

一、保险诈骗

2016 年 1 月 19 日，××市××区紫××庄镇××庄村×组村民王某某在××市某人寿保险公司购买人身意外保险一份。2017 年 7 月 29 日，王某某在××省××市××区自服农药自杀，后经抢救无效死亡。2017 年 8 月，王某某 2、杜某某、赵某（以上三人另案处理）为骗取保险金，在××区××镇商量以王某某误服农药为由向保险公司索赔，由王某某 2 准备理赔材料，通过赵某、杜某某将理赔材料交给被告人张某，并许以好处。被告人张某将杜某某等人提供的死者王某某病史资料上的记录由"自服农药死亡"改为"误服农药死亡"，并在保险理赔调查报告中记录死者王某某系误服农药死亡，骗取××市某人寿保险公司保险赔偿金 11 万元。事后，杜某某付给被告人张某 5 000 元，杜某某分得赃款 4 万元，赵某分得 5 000 元，王某某 2 分得 6 万元。

二、合同诈骗

2014 年 10 月 30 日，××市×县××镇××村村民卢某某 1 在××市某人寿保险公司购买人身意外险一份。2016 年 5 月 20 日 23 时左右，卢某某 1 驾驶无号牌二轮摩托车行驶至××县×至×路段菜园时，与对向行驶的电动车相撞，卢某某1当场死亡。因卢某某1驾驶的摩托车无号牌，按照规定无法获得保险理赔金，2016年5月下旬，某人寿保险公司×县分公司工作人员吕某某、张某某与卢某某2（以上三人另案处理）为骗取保险理赔金，在卢某某2家中预谋以卢某某1驾驶电动自行车发生交通事故意外死亡为由，向××市某人寿保险公司索赔。卢某某2按照张某某、吕某某的要求准备好理赔材料后交给二人，并提供1万元给张某某、吕某某用于疏通关系。后由吕某某、张某某将保险理赔材料和1万元现金交给某人寿保险公司×县分公司经理宋某某（另案处理），让其协调办理保险理赔。宋某某又将保险理赔材料交给在××市某人寿保险公司工作的被告人张某，让其在办理理赔过程中提供帮忙，并给其好处费5000元。张某明知不符合理赔条件，在没有到交警部门和事发现场调查的情况下，仍在保险理赔调查报告中将事故经过伪造为死者卢某某1驾驶电动车不慎撞到电线杆当场死亡，帮助卢某某2骗取保险理赔金6.4万元。

被告人张某到案后，自愿如实供述自己的罪行，退还全部违法所得。

上述事实，被告人张某当庭亦能自愿供认，并有证人杜某某、赵某、王某某2、宋某某、张某某、吕某某、卢某某2等人的证言、保险理赔材料、银行交易记录、病历、事故责任认定书等书证，摩托车等物证照片，辨认笔录，发案、破案报告，到案经过等证据证实，证据确实、充分，足以认定。

本院认为，被告人张某与他人结伙，对发生的保险事故编造虚假原因，骗取保险金，数额巨大；在合同履行过程中，骗取他人财物，数额较大，其行为已构成保险诈骗罪、合同诈骗罪。被告人张某与他人结伙，共同故意犯罪，系共同犯罪，在共同犯罪中，被告人张某均起辅助作用，系从犯。被告人张某到案后，如实供述第一起犯罪事实，具有坦白情节，又如实供述司法机关未掌握的第二起犯罪事实，具有自首情节。

辩护人认为，王某某2、杜某某、赵某、张某均非保险合同的投保人、被保险人和受益人，不构成保险诈骗罪的意见。经查认为，在案证据证实，王某某2系法定受益人，符合保险诈骗罪的主体要件，故对该辩护意见不予采纳。

辩护人认为现有证据不能证明王某某是自杀的意见。经查认为，证人于某的证言证实，发现王某某时，王某某坐在主驾驶座上口吐白沫，只有一人，从车窗就闻到刺鼻的农药味；证人殷某的证言证实，王某某说来就是为了见其一面的；医生赵×的证言证实，敌敌畏有刺鼻气味，对皮肤有刺激作用，一般人喝一口就不会再喝了。结合住院病案资料等证据，足以认定王某某是自服农药死亡，故对该辩护意见不予采纳。

辩护人认为张某不知道宋某某虚构交通事故发生经过的意见。经查认为，在案证据证实，被告人张某在收到宋某某交来的理赔资料和5 000元后，发现车辆损坏程度不太严重，就觉得理赔有问题，因宋某某给张某5 000元，张某未到交警部门和事故现场核实，并伪造了证人证言、事故调查报告等。结合被告人张某的职业身份，足以认定张某对宋某某虚构交通事故经过是明知的，故对该辩护意见不予采纳。

鉴于被告人张某系从犯，有坦白、自首情节，自愿认罪认罚，积极退赃，分别予以从轻、减轻处罚。被告人张某一人犯数罪，予以数罪并罚。依照《中华人民共和国刑法》第一百九十八条、第二百二十四条、第二十五条、第二十七条、第六十七条、第六十九条等规定，判决如下：

一、被告人张某犯保险诈骗罪，判处有期徒刑三年，并处罚金人民币二万元；犯合同诈骗罪，判处有期徒刑六个月，并处罚金人民币三千元，决定执行有期徒刑三年六个月，并处罚金人民币二万三千元。

（刑期从判决执行之日起计算。判决执行以前先行羁押的，羁押一日折抵刑期一日。先行羁押36天予以扣除，即从2020年4月22日起至2023年3月17日止。）

二、被告人张某退缴的赃款，发还被害人。

【说明】这是一起保险公司工作人员故意编造未曾发生的保险事故、虚构保险合同或者故意夸大已经发生的保险事故的损失程度进行虚假理赔，骗取保险金或者牟取其他不正当利益的案件。

张某系某保险公司客服部主管，其收受他人好处，将客户病史资料上的记录由"自服农药死亡"改为"误服农药死亡"，并在保险理赔调查报告中记录客户系误服农药死亡，骗取××市某人寿保险公司保险赔偿金11万元；在保险理赔调查报告中将事故经过伪造为客户驾驶电动车不慎撞到电线杆当场死亡，帮助他人骗取保险理赔金6.4万元。其行为违反了《保险法》第一百一十六条的规定，也触犯了《刑法》，构成保险诈骗罪和合同诈骗罪，受到法律的严惩。

【案例91】（2020）苏0104刑初241号

A市×区人民检察院指控，2016年9月，被告人周某与被告人刘某等人共谋制造保险事故骗取保险金。2016年9月11日，在×省B市×区，被告人周某驾驶牌照为C×的指南者牌越野客车，被告人刘某驾驶牌照为C××的宝马牌轿车，故意与丁某（另案处理）驾驶的牌照为C×××的宝马牌轿车发生碰撞，制造三车相撞的假事故。事故发生后，被告人周某以假事故向某财险××分公司申请理赔，被告人刘某利用其查勘定损岗主管的职务便利，由丁某完成对事故现场的查勘、定损等工作，被告人周某、刘某提供虚假的车辆事故维修发票，被告人周某利用其在人寿财险××分公司理赔管理部工作的职务便利，顺利完成对该起事故的后续核损理赔，骗取某财险××分公司理赔款人民币11.48万元。

2019年10月29日，被告人周某、刘某被公安机关抓获归案，后均如实供述了上述犯罪事实。案发后，被告人周某、刘某及其家属退赔被害单位经济损失人民币11.48万元。

上述事实，被告人周某、刘某在开庭审理过程中亦无异议，且有证人丁某、董某、王某1、关某、苏某、王某2、刘某等人的证言；被告人周某、刘某的供述与辩解；保险单、道路交通事故认定书等保险理赔材料；工商登记资料、某财险××分公司理赔管理部出具的证明；收款证明、银行业务凭证；受案登记表、立案决定书；抓获经过、户籍资料等证据予以证实，足以认定。

本院认为，被告人周某、刘某身为公司人员，利用职务上的便利，将本单位财物非法占为己有，数额较大，其行为已构成职务侵占罪，依法应予惩处。公诉机关指控被告人周某、刘某犯职务侵占罪的事实清楚，证据确实、充分，指控罪名成立，应予采纳。被告人周某、刘某共同实施职务侵占行为，系共同犯罪。被告人周某、刘某归案后如实供述犯罪事实，愿意接受处罚，依法可以从轻处罚。被告人周某、刘某已退出全部违法所得，可酌情从轻处罚。根据被告人周某、刘某的犯罪情节、悔罪表现及落实社区矫正等情况，可以对其宣告缓刑。对被告人周某、刘某的辩护人提出的从轻处罚并适用缓刑的辩护意见，予以采纳。

依照《中华人民共和国刑法》第二百七十一条第一款、第二十五条第一款、第六十七条第三款、第七十二条第一款、第七十三条第二款、第三款之规定，判决如下：

被告人周某犯职务侵占罪，判处有期徒刑一年，缓刑一年六个月。

（缓刑考验期限，自判决确定之日起计算。）

被告人刘某犯职务侵占罪，判处有期徒刑一年，缓刑一年六个月。

【说明】这是一起犯罪嫌疑人利用职务上的便利，将单位财务占为己有，被判处职务侵占罪的案件。

本案中，三名被告人均为某财险公司的工作人员，在工作职能上存在业务合作关系，三人共谋制造了三车相撞的假事故，提供虚假的车辆事故维修发票，并利用职务之便进行查勘定损、核损理赔，骗取保险公司理赔款11.48万元。最后被判处职务侵占罪。

实践中，保险公司需要实施岗位隔离制度，对核心关键岗位加强管理，并且开展合规管理工作，保险公司合规管理部门应当对重要的内部规章制度和业务规程、重要的业务行为、财务行为、资金运用行为和机构管理行为进行合规审核。保险公司各部门和分支机构应当主动进行日常的合规管控，定期进行合规自查，并向合规管理部门或者合规岗位提供合规风险信息或者风险点，支持并配合合规管理部门或者合规岗位的合规风险监测和评估。合规管理部门和合规岗位应当向公司各部门和分支机构的业务活动提供合规支持，组织、协调、监督各部门和分支机构开展合规管理各项工作。保险公司内部审计部门履行合规管理的第三道防线职责，定期对公司的合规管理情况进行独立审计。

第五章　保险代理人和保险经纪人

第一百一十七条　保险代理人是根据保险人的委托，向保险人收取佣金，并在保险人授权的范围内代为办理保险业务的机构或者个人。

保险代理机构包括专门从事保险代理业务的保险专业代理机构和兼营保险代理业务的保险兼业代理机构。

【案例92】（2021）湘0981民初1015号

原告胡某向本院提出诉讼请求：1. 请求法院判令被告保险公司赔付轻症保险金2万元，被告肖某对此承担连带责任；2. 要求被告承担诉讼费用。事实与理由：2018年12月19日，原告的女儿张某1通过被告泛×保险代理公司的业务员肖某想在泛×保险代理公司×江营业部为原告胡某购买×久健康保险，因保险公司和肖某的过错，导致保险单未形成，当时张某1作为投保人与公司及肖某交涉要求撤单，重新购买，但公司业务员肖某告诉不能撤单，导致原告于2019年6月12日得病无法得到保险保障，这个损失是既得利益的损失，符合《合同法》第42条缔约过失责任的情形。因此，原告的损失应根据×久健康终身重大疾病保险（2017）版条款中的相关规定确认，由被告承担赔偿责任，但双方多次协商未果，故原告特诉至法院。

被告泛×保险代理公司、泛×保险代理公司×江营业部辩称：1. 被告系保险代理销售公司，以居间人身份向原告推荐、销售保险产品，并非保险合同主体，不存在缔约过失责任。2. 被告及其员工在向原告提交保险销售服务过程中已完全履行居间人义务，原告系其自身原因未投保×久健康终身重大疾病保险，与被告无关，被告无须承担任何责任。3. 原告以事实上未订立的保险合同要求被告承担保险赔偿责任，赔付其客观上根本就不存在的损失，既违背基本逻辑，也毫无法律依据。综上所述，请求法院驳回原告的诉讼请求。

法院认定的事实如下：张某1系原告胡某之女。2018年12月19日，张某1作为投保人通过被告泛×保险代理公司×江营业部处业务员肖某在被告处为原告购买×久健康终身重大疾病保险（2017年版），代理人为张某2（系张某1的弟弟）。被告泛×保险代理公司×江营业部为原告录入的订单信息为缴费期限20年、保险期间终身、缴费方式年缴，保额12万元，保费5 096.4元。原告及张某1在该订单详情后签字确认。

另查明，×久健康终身重大疾病保险（2017年版）对51~55岁被保险人要求体检的保额为20万元，原告在被告处办理上述保险业务时年满53周岁，且张某1曾于2018年12月19日之前通过其他保险代理公司为原告投保了订单号为6×××、基本保险金额为10万元的×久健康终身重大疾病保险（2017年版），因此，原告作为被保险人投保×久健康终身重大疾病保险的总计保额已超20万元，需进行体检。根据原告提供的订单轨迹，原告于投保当天已收到"转线下支付""人工核保""支付失败"的通知，其中载明"被保险人胡某，累计重疾险保额220 000元，需体检项目A＋B＋C。核保失败，自核不通过，走人核流程"的内容。后因原告未进行体检，2019年6月27日，原告收到"核销投保"及"已撤销订单"的通知。

原告于2019年6月12日至26日在×市人民医院住院治疗，属于×久健康终身重大疾病保险轻症赔偿范围。6×××保单下的×久健康终身重大疾病保险（2017年版）已为原告理赔，豁免保费80 693元，理赔给付2万元。

再查明，投保人张某1系A人寿保险股份有限公司×中心支公司的保险销售从业人员。被告泛×保险代理公司×江营业部系被告泛×保险代理公司的分支机构。

本院认为，被告泛×保险代理公司系根据保险公司的委托，向保险公司收取佣金，在保险公司授权的范围内专门代为办理保险业务的保险代理机构。原告在被告泛×保险代理公司分支机构即被告泛×保险代理公司×江营业部处投保 B 人寿保险公司×分公司的×久健康终身重大疾病保险（2017 年版），与被告保险代理公司之间成立的系居间合同关系。原告投保失败后，要求保险代理公司承担缔约过失责任，应当提供证据证实被告保险代理公司存在《中华人民共和国合同法》第四十二条所规定的情形。原告主张被告未经投保人及被保险人同意擅自将保额提至 12 万元，但投保人张某 1 系对保险订单具有一定的基础专业知识的保险从业人员，保单代理人系张某 1 弟弟，原告及张某 1 亦在被告保险代理公司录入的 12 万元保额的订单后签字确认，应视为对录入订单信息的认可，原告提供的证据无法证明被告在合同订立的过程中存在故意隐瞒与订立合同有关的重要事实或者提供虚假情况等违背诚实信用原则的行为。同时，关于原告主张被告未及时撤单并告知撤单情况的主张，一方面，原告并未提供证据证实其向被告提出了撤单申请；另一方面，原告投保当天已收到支付失败、转人工核保以及需体检的通知，张某 1 后亦向肖某询问了体检的事宜，应认定原告知晓体检的必要性，其因未体检导致投保失败，并不能认定系被告未及时告知的过错。据此，原告应当承担举证不能的不利后果。

综上所述，依据《中华人民共和国合同法》第四十二条，《中华人民共和国保险法》第一百一十七条，《最高人民法院关于适用的解释》第九十条及《最高人民法院关于适用时间效力的若干规定》第一条之规定，判决如下：

驳回原告胡某的诉讼请求。

【说明】 这是一起法院援引《保险法》第一百一十七条规定，用以说明保险代理人及保险代理机构性质的案件。

张某 1 系 A 保险公司代理人，2018 年 12 月 19 日，张某 1 作为投保人通过泛×保险代理公司×江营业部处业务员肖某在为其母亲胡某投保 B 保险公司的×久健康终身重疾险，代理人为张某 1 的弟弟张某 2。泛×保险代理公司录入的订单信息保额为 12 万元。投保人张某 1 被保险人胡某在该订单详情后签字确认。

×久健康终身重疾险对 51～55 岁被保险人要求体检的保额为 20 万元，

张某 1 曾于 2018 年 12 月 19 日之前通过其他保险代理公司为胡某投保×久健康终身重疾险，基本保险金额 10 万元。因此，原告作为被保险人投保×久健康终身重疾险的总计保额已超 20 万元，须进行体检。而胡某未进行体检，2019 年 6 月 27 日，胡某收到"核销投保"及"已撤销订单"的通知。

2019 年 6 月 12 日至 26 日，胡某住院治疗，属于×久健康终身重疾险轻症赔偿范围。其前期投保的 10 万保额×久健康终身重疾险已为胡某理赔，豁免保费 80 693 元，理赔给付 2 万元。胡某起诉要求泛×保险代理公司承担缔约过失责任，向其赔付 2 万元，法院驳回了其诉讼请求。

本案中，法院指出投保人与保险代理公司之间成立居间合同关系。原告投保失败后，要求保险代理公司承担缔约过失责任，应当提供证据证实泛×保险代理公司存在《合同法》第四十二条所规定的情形。原告提供的证据无法证明泛×保险代理公司在合同订立的过程中存在故意隐瞒与订立合同有关的重要事实或者提供虚假情况等违背诚实信用原则的行为，最终不予支持其诉求。

本条规定了保险代理人和保险代理机构的相关内容。

关于保险代理人包含以下内容：（1）保险代理人是保险人的代理人。所谓代理人是指在代理权限内，以被代理人的名义实施民事法律行为之人。保险代理人是代理人的一种，其接受保险人的委托，代表保险人的利益，以保险人的名义，在保险人授权的范围内代保险人办理保险业务。（2）保险代理人必须与保险人订立委托代理协议。保险代理人接受保险人的委托代为办理保险业务，应当与保险人签订委托代理协议，依法约定双方的权利和义务及其他代理事项。（3）保险代理人向保险人收取佣金。佣金是保险代理人代保险人办理保险业务所应当获得的报酬。保险代理人代保险人办理保险事务，保险人应当按照委托代理协议的规定支付报酬。（4）保险代理人以保险人的名义，在保险人的授权范围内代为办理保险业务的行为，由保险人承担责任。即由于保险代理人的有效代理行为，使得相对人与保险人之间形成保险法律关系，其法律后果由保险人承担，保险代理人不承担责任。（5）保险代理人可以是单位，也可以是个人。从目前的情况来看，保险代理人包括三类：第一类是专业保险代理机构，是指经保险监督管理机构批准设立并办理工商登记的，根据保险人的委托，在保险人授权的范围内专门办理保险业务的企业；第二类是兼营保险代理机构，是指经保险监督管理机构核准，接受保险人的委托，在从事自身业务的同时，为保险人代办保险业务的企业；第三类是个人保险代理人，是指接受保险人委托，代为办理保险业务的自然人。

保险代理机构应当具备保险监督管理机构规定的资格条件，并取得保险监督管理机构颁发的经营保险代理业务许可证，向工商行政管理机关办理登记，领取营业执照。

第一百一十八条 保险经纪人是基于投保人的利益，为投保人与保险人订立保险合同提供中介服务，并依法收取佣金的机构。

【案例93】（2021）冀民终263号

中×公司是具有经营保险经纪业务许可的法人。2016年7月18日，×港口集团（甲方、委托方）与中×公司（乙方、受托方）签订《风险管理与保险经纪服务协议书》，约定：甲方应本着平等自愿、诚实信用的原则，根据《中华人民共和国合同法》《中华人民共和国保险法》《保险经纪机构监管规定》以及其他相关法律法规，经友好协商，乙方作为甲方唯一授权风险管理及保险经纪服务机构，协助甲方开展风险管理与保险经纪服务。甲方无须向乙方支付任何费用。本协议生效后，甲方应按照乙方招投标方案进行投标（或按乙方专家拟订的投保方案执行），甲方的保险业务视为在乙方保险经纪服务下的风险管理、风险转移等投保活动，乙方协助甲方选定承保的保险公司。本协议自双方签章之日起生效，有效期五年，自2016年7月18日起至2021年7月17日止。双方公司加盖公章，法定代表人签字。协议书还约定了其他事项。

2016年7月19日，×港口集团（委托方）与中×公司（受托方）《授权委托书》，载明：今授权中×公司为×港口集团及所属各法人公司的风险管理与保险经纪顾问，对×港口集团及所属各法人公司的财产风险、仓储风险及其损坏风险、税务风险、建筑施工风险、船舶风险、货物运输风险、机动车辆风险、公众责任风险等与生产业务和财产类相关风险进行评估，风险转移，全权处理保险相关事宜。有效期五年，自2016年7月19日起至2021年7月18日止。×港口集团加盖公章，邢录珍签字。

2016年12月29日，×港公司（甲方、委托方）与中×公司（乙方、受托方）签订《风险管理与保险经纪服务协议书》，约定：一、甲方应本着平等自愿、诚实信用的原则，根据《中华人民共和国合同法》《中华人民共和国保险法》《保险经纪机构监管规定》以及其他相关法律法规，经友好协商，乙方作为甲方唯一授权风险管理及保险经纪服务机构，协助甲方开展风险管理与保险经纪服务。甲方无须向乙方支付任何费用。二、乙方权利和义务：3. 完成实施甲方安全风险核查的全部事宜，风险标的包括建设设施、机械设备、车船风险造成的财产一切险、机器损坏险、公众责任险、特种设备三者险、船舶一切险、车辆保险。所有涉及作为风险转移措施的保险方案，由乙方设计并提供书面建议书，经甲方同意后，协助甲方办理投保手续并办理相应的保险合同，确保使用保险手段转移风险的有效性。6. 根据保险合同约定的投保险种及中标价格审核保单，出具确认函，如有差错，及时督促保险公司纠正并书面报告甲方。本协议自双方签章之日起生效，自2016年8月17日起至2017年8月16日止。双方公司加盖公章，法定代表人签字。协议书还约定了其他事项。

2016年12月15日，×财险×分公司向中×公司出具《承诺函》，项目名称为×港公司一揽子保险项目，承保方在此作如下承诺：（1）完全理解和接受贵方制定的一揽子保险方案的条款及约定。（2）在×港公司一揽子保险项目中关于对承保条件、理赔服务承诺陈述均是真实的。若有违背，我公司承担由此而产生的一切法律后果。（3）承保后，我方将按照一揽子承保方案约定的内容与贵方签订保险服务协议书，严格按照承保方案招竞标结果的条款、费率、理赔服务承诺等约定执行，出具各险种保单，按约定制作好承保服务手册，并在保费到账5日后支付经纪费。（4）在对×港公司一揽子保险项目承保服务期内，我方不提出承保服务改变。在对项目承保、理赔过程中，如我公司未按招竞标结果、理赔服务承诺及相关合作协议约定执行，我公司按总保费每日 0.5% 作为违约金支付给贵方。（5）本承诺函与保险合同具有同等的法律效力。

2016 年 12 月 15 日，×财险×分公司向中×公司出具《经纪费确认函》，载明我公司确认对于×港公司一揽子保险（×港公司及所属各分公司）各险种保险经纪费比例。财产保险：财产一切险、机器损坏险、船舶险等各类财产保险给予贵公司的经纪费为实收保费的 30%。责任保险：公众责任险、特种设备第三者责任险、供电责任险等各类责任保险给予贵公司的经纪费为实收保费的 30%。人身意外险：团体人身意外伤害保险、交通工具人员意外伤害保险等各类人身意外保险给予贵公司的经纪费为实收保费的 30%。机动车辆保险：交强险经纪费为保费收入的 4%，商业险经纪费为保费收入的 25%。我公司承诺，在保费到账后 5 日内向贵公司支付保险经纪费；如未按经纪费确认约定执行，我方按照经纪费 0.5% 每日给付贵方违约金。本函中的实收保费是指：扣除代缴增值税后的净保费。

2016 年 12 月 15 日，中×公司（甲方）与×财险×分公司（乙方）签订《×港公司一揽子保险项目合作协议》，约定：为促进双方业务发展，依照《中华人民共和国保险法》《保险公司管理规定》《保险经纪监管规定》《保险公司中介业务违法行为处罚办法》《中华人民共和国反洗钱法》等法律法规，就×港公司一揽子保险项目承保责任、理赔服务等各项保险服务合作事项，签立本协议。第一章　合作范围：1. 甲乙双方针对×港公司的各项保险项目进行全面合作，按照相关招竞标结果执行×港公司一揽子保险项目及理赔服务等相关事宜。2. 乙方依据本协议的约定，接受甲方代表×港公司制定的《×港公司一揽子保险方案》，按照《×港公司一揽子保险方案招竞标结果报告书》及《一揽子保险方案实施细则》列明的具体方案进行相关保险项目的承保、出单、理赔等相关服务。乙方有义务对相关保险项目提供优质、高效、便捷的各项保险服务。3. 本协议有效期一年，起止日期以×港公司与中×公司当年签订的委托协议起止日期为准。第二章　承保险种及经纪费的确定：

1. 甲乙双方商定×港公司各险种经纪费费率为财产一切险、建筑/安装工程一切险、家庭财产险、机器损坏险、沿海内河船舶一切险、雇主责任险、安全生产责任险、公众责任险、特种设备第三者责任险、货运一切险、团体人身意外伤害保险、供电责任险、利润损失险、道路危险货物承运人责任险、交通工具人员意外伤害险、高管职业责任险、产品质量责任险环境污染责任险、现金综合险、机动车交强险为30%，机动车商业险为25%，机动车交强险为4%。2. 乙方按照协议各项要求，严格履行自己的义务。乙方及其工作人员在协议履行期间内，因乙方违约行为或过错造成甲方及客户方损失的，由乙方承担赔偿责任，同时甲方有权终止乙方承保资格并对其进行处罚。3. 乙方在收到客户缴付的保险保费后，应立即通知甲方所收保费金额并确认后5日内支付甲方经纪费。4. 甲方按监管要求，在结算经纪费时向乙方开具国家税务机关统一的经纪业务专用发票。5. 甲乙双方应建立日常业务台账，逐笔记录并核对客户名称、合作的险种、保费的收付、经纪费给付的金额和时间。

6. 因客户退保造成保险合同的终止或无效，导致乙方退还客户已缴保费，甲方应将该合同已领取的经纪费退还乙方；因乙方未按竞标结果承保或因乙方过错造成客户退保，甲方不负责退还经纪费。7. 法律责任：（1）乙方保费到账后，乙方未按合同第3条约定支付甲方经纪费，乙方按经纪费0.5%每日给付甲方违约金。双方公司加盖公章，乙方标注本协议中的保费是指扣除代缴增值税后的净保费。

中×公司与×财险×分公司均认可2016—2017年度×财险×分公司收到保险费后，已按协议约定向中×公司支付保险经纪费。

2018年10月31日，×港公司与中×公司签订《风险管理与保险经纪服务协议书》，中×公司作为×港公司唯一授权风险管理及保险经纪服务机构，协助甲方开展风险管理与保险经纪服务。中×公司完成实施×港公司安全风险核查的全部事宜，风险标的包括建设设施、机械设备、车船风险造成的财产一切险、机器损坏险、公众责任险、特种设备三者险、船舶一切险、车辆保险。所有涉及作为风险转移措施的保险方案，由中×公司设计并提供书面建议书，经×港公司同意后，协助×港公司办理投保手续并办理相应的保险合同，确保使用保险手段转移风险的有效性。协议自双方签章之日起生效，自 2018 年 11 月 1 日起至 2019 年 10 月 31 日止。中×公司、×港公司对上述事实均表示认可。

2018 年 11 月 23 日，×财险 A 分公司向中×公司出具《承诺函》，项目名称为×港公司 2018—2019 年度一揽子保险方案招竞标项目，承保方在此作如下承诺：（1）完全响应和接受贵方制定的一切规定和要求。（2）在×港公司 2018—2019 年度一揽子保险方案招竞标项目中关于对承保条件、费率厘定、理赔服务承诺陈述均是真实的、准确的。若有违背，我公司承担由此而产生的一切法律后果。（3）中标后，我方将按照×港公司 2018—2019 年度一揽子保险方案招竞标结果与贵方签订保险服务协议书，严格按照一揽子保险方案招竞标结果的条款、费率、理赔服务承诺等约定执行，并按各项约定出具保单。（4）在对×港公司 2018—2019 年度一揽子保险方案招竞标项目承保服务期内，我方严格按照招竞标结果报告书约定的费率及条款出单承保，如未按招竞标结果约定的保险费率、理赔条款及理赔时限执行，我方承诺每日按保费总额的 5‰支付违约金。（5）本承诺函与保险合同具有同等的法律效力。

2018 年 11 月 23 日，×财险 A 分公司向中×公司出具《佣金经纪费确认函》，载明×财险 A 分公司确认对于×港公司 2018—2019 年度一揽子保险项目（财产一切险、机器损坏保险、船舶一切险、公众责任保险、家庭财产综合保险、供电责任保险、吊装责任保险、特种设备第三者责任保险、道路危险货物承运人责任保险、团体人身意外伤害保险、交通工具人员意外伤害保险、机动车辆保险的交强险、商业险）支付给中×公司佣金经纪费费率进行列表及×财险 A 分公司在收到保费后 5 日内向中×公司支付佣金经纪费。如未按规定执行，按照佣金经纪费总金额的 0.5％ 每日支付违约金。中×公司提交的 2018 年 11 月 23 日《佣金经纪费确认函》原件上经纪费费率显示财产一切险、机器损坏保险、船舶一切险、公众责任保险、家庭财产综合保险、供电责任保险、吊装责任保险、特种设备第三者责任保险、道路危险货物承运人责任保险、团体人身意外伤害保险、交通工具人员意外伤害保险均为税后净保费的 32%（含专项培训及咨询基金）、机动车辆保险其中交强险：税后净保费的 4%（含专项培训及咨询基金）；商业险：税后净保费的 30%（含专项培训及咨询基金）。《佣金经纪费确认函》上，"32%" 和 "30%" 有涂改的痕迹。×财险×分公司提交的 2018 年 11 月 23 日《佣金经纪费确认函》的影印件经纪费费率显示：财产一切险、机器损坏保险、船舶一切险、公众责任保险、家庭财产综合保险、供电责任保险、吊装责任保险、特种设备第三者责任保险、道路危险货物承运人责任保险、团体人身意外伤害保险、交通工具人员意外伤害保险，均为税后净保费的 5%（含专项培训及咨询基金）；机动车辆保险交强险：税后净保费的 4%（含专项培训及咨询基金）；商业险：税后净保费的 25%（含专项培训及咨询基金）。

中×公司（甲方）与×财险 A 分公司（乙方）签订《×港公司 2018—2019 年度一揽子保险项目合作协议》，约定：为促进双方业务发展，依照《中华人民共和国保险法》《保险公司管理规定》《保险经纪监管规定》《保险公司中介业务违法行为处罚办法》《中华人民共和国反洗钱法》等法律法规，就×港公司 2018—2019 年度一揽子保险项目承保责任及理赔服务等各项保险服务合作事项，签立本协议。第一章　合作范围：1. 甲乙双方针对×港公司 2018—2019 年度一揽子保险项目进行业务合作，按照招竞标结果承保×港公司 2018—2019 年度一揽子保险项目及出单、理赔服务等相关事宜。2. 乙方依据本协议的约定接受甲方代表×港公司制定的《×港公司 2018—2019 年度一揽子保险方案》，按照《×港公司 2018—2019 年度一揽子保险方案招竞标结果报告书》及《×港公司一揽子保险方案实施细则》列明的具体承保方案做好×港公司 2018—2019 年度一揽子保险项目的承保、出单、理赔等相关服务。乙方有义务对相关保险项目提供优质、高效、便捷的各项保险服务。3. 本协议有效期一年，自签订之日起生效。第二章　承保险种及经纪费的确定：1. 甲乙双方商定×港公司各险种经纪费费率进行了约定。2. 在经纪费用的基础上，乙方另设立专项培训及咨询基金为保费收入总额的 2%。3. 乙方按照协议各项要求，严格履行自己的义务。乙方及其工作人员在协议履行期间内，因乙方违约行为或过错造成甲方及客户方损失的，由乙方承担赔偿责任，同时，甲方有权终止乙方承保资格并对其进行经济追偿。4. 乙方在收到客户缴付的保险保费后，应立即通知甲方所收保费金额并确认后 5 个工作日内支付甲方经纪费。5. 甲方按监管要求，在结算经纪费时向乙方开具国家税务机关统一的经纪业务专用发票。6. 甲乙双方应建立日常业务台账，逐笔记录并核对客户名称、合作的险种、保费的收付、经纪费给付的金额和时间。7. 因甲方过错造成保险合同终止或无效，导致乙方退还客户已缴保费，甲方应将该合同已领取的经纪费退还乙方；因乙方未按竞标结果承保或因乙方过错造成客户退保，甲方不负责退还经纪费。8. 法律责任保费到账后，乙方未按合同第 4 条约定支付甲方佣金经纪费的，乙方应按佣金经纪费总金额 0.5% 每日给付甲方违约金。双方公司加盖公章。中×公司提交的《×港公司 2018—2019 年度一揽子保险项目合作协议》原件中，中×公司落款日期为 2018 年 11 月 18 日，×财险×分公司落款日期为 2018 年 11 月 23 日。合作协议第三页关于各险种保险佣金经纪费费率显示：财产一切险、机器损坏保险、船舶一切险、公众责任保险、家庭财产综合保险、供电责任保险、吊装责任保险、特种设备第三者责任保险、道路危险货物承运人责任保险、团体人身意外伤害保险、交通工具人员意外伤害保险，均为税后净保费的 32%（含专项培训及咨询基金）；机动车辆保险交强险：税后净保费的 4%（含专项培训及咨询基金）；商业险：税后净保费的 10%（含专项培训及咨询基金）。合作协议中"32%"有涂改的痕迹。×财险×分公司提交的《×港公司 2018—2019 年度一揽子保险项目合作协议》原件中，中×公司落款日期空白，×财险×分公司落款日期为 2018 年 11 月 23 日。合作协议第三页，关于各险种保险佣金经纪费费率显示：财产一切险、机器损坏保险、船舶一切险、公众责任保险、家庭财产综合保险、供电责任保险、吊装责任保险、特种设备第三者责任保险、道路危险货物承运人责任保险、团体人身意外伤害保险、交通工具人员意外伤害保险，均为税后净保费的 5%（含专项培训及咨询基金）；机动车辆保险交强险：税后净保费的 4%（含专项培训及咨询基金）；商业险：税后净保费的 10%（含专项培训及咨询基金）。

2018 年 11 月 23 日至 2019 年 11 月 22 日，×港公司在×财险×分公司投保一揽子保险的税后净保费为财产一切险 2 062 041.73 元、机器损坏保险 3 262 725.39 元、现金险 6 792.46 元、现金险项下的雇主责任险 11 320.75 元、家庭财产综合保险 579 719.15 元、船舶一切险 3 052 159.27 元、公众责任保险 683 820.75 元、供电责任保险 72 641.51 元、特种设备第三者责任保险 697 462.47 元、机动车辆交强险 74 480.29 元、机动车商业险 197 848.03 元，合计 10 701 011.80 元。

2018—2019 年度，×港公司最后缴纳保险时间为 2019 年 11 月 21 日。×港公司缴纳保费后，×财险×分公司未向中×公司支付佣金经纪费。2020 年 7 月 16 日，中×公司委托北京市安理律师事务所向×财险×分公司发送《关于敦促偿还经纪费、交纳违约金以及按照招竞标结果报告书履行义务等事宜之律师函》，要求×财险×分公司在收到律师函后 5 日内向中×公司支付经纪费、违约金、按照招竞标结果报告书出具保单等义务。

另查明，×港口集团系国有独资公司，×港公司系国有控股公司、上市公司，×港口集团持有×港公司的股权。

以上事实有起诉状、答辩状、当事人陈述、2016 年 7 月 18 日×港口集团《风险管理与保险经纪服务协议书》、2016 年 7 月 19 日×港口集团《授权委托书》、2016 年 12 月 29 日×港公司《风险管理与保险经纪服务协议书》、2016 年 12 月 15 日《×港公司一揽子保险项目合作协议》、2016 年 12 月 15 日《承诺函》《经纪费确认函》、中×公司与×财险×分公司提交的《×港公司 2018—2019 年度一揽子保险项目合作协议》、2018 年 11 月 23 日《承诺函》、2018 年 11 月 23 日《佣金经纪费确认函》、《2017 年 8 月 16 日 ~ 2018 年 8 月 15 日×港公司一揽子保险业务清单》《2018 年 8 月 16 日 ~ 2019 年 8 月 15 日×港公司一揽子保险业务清单》《2019 年 8 月 16 日 ~ 2020 年 8 月 15 日×港公司一揽子保险业务清单》《关于敦促偿还经纪费、交纳违约金以及按照招竞标结果报告书履行义务等事宜之律师函》、2018 年 11 月 1 日 ~ 2019 年 10 月 31 日人保财险投保汇总表、庭审笔录等证据在卷佐证。

一审法院认为，关于本案争议的焦点是：（一）中×公司与×财险×分公司之间是否形成保险经纪合同法律关系；（二）×财险×分公司是否向中×公司支付经纪费，支付的数额；（三）×财险×分公司是否向中×公司支付因未按时支付经纪费产生的违约金，违约金如何计算；（四）×财险×分公司是否向中×公司支付因未按招竞标结果报告书出具保单的违约金；（五）×财险×分公司是否继续严格按照招竞标结果报告书出具保单，对于之前未按招竞标结果报告书出具保单的行为是否予以更正。

（一）中×公司与×财险×分公司之间形成保险经纪合同法律关系。2016年12月29日、2018年10月31日，×港公司与中×公司签订《风险管理与保险经纪服务协议书》，约定中×公司作为×港公司唯一授权风险管理及保险经纪服务机构，协助开展风险管理与保险经纪服务。2016年，×财险×分公司向中×公司出具《承诺函》《经纪费确认函》，中×公司与×财险×分公司签订《×港公司一揽子保险项目合作协议》，承诺向中×公司支付保险经纪费。2018年，×财险A分公司向中×公司出具《承诺函》《佣金经纪费确认函》，中×公司与×财险A分公司签订《×港公司2018—2019年度一揽子保险项目合作协议》，承诺向中×公司支付保险经纪费。×财险×分公司系×财险A分公司的分公司，《×港公司2018—2019年度一揽子保险项目合作协议》是由×财险×分公司实际履行，×财险×分公司认可作为该合作协议的权利义务主体。综上所述，中×公司与×财险×分公司之间已形成了保险经纪合同法律关系。《×港公司一揽子保险项目合作协议》《×港公司2018—2019年度一揽子保险项目合作协议》《承诺函》《经纪费确认函》《佣金经纪费确认函》系当事人真实意思表示，不违反法律、行政法规的强制性规定，合法有效。双方均应按照上述协议、《承诺函》《经纪费确认函》《佣金经纪费确认函》约定，履行自己的义务。

（二）×财险×分公司应当按照合同的约定向中×公司支付经纪费。2016年7月18日，中×公司与×港口集团签订《风险管理与保险经纪服务协议书》，2016年7月19日，×港口集团出具《授权委托书》授权中×公司为×港口集团及所属各法人公司的风险管理和保险经纪顾问，有效期为五年，自2016年7月19日起至2021年7月18日止。中×公司主张作为×港口集团所属的法人公司的×港公司的保险项目招标、竞标、中标以及投保和风险管理从属于该五年期授权，自 2017 年 8 月 16 日起，×财险×分公司未支付经纪费，×财险×分公司应向中×公司支付 2017—2018 年度、2018—2019 年度、2019—2020 年度经纪费。经查，×港公司系国有控股公司、上市公司，×港口集团、×港公司系两家独立法人公司。×港口集团于 2016 年 7 月 19 日出具的《授权委托书》对×港公司不具有约束力。×港公司明确表示不认可《授权委托书》的内容。×港公司陈述，自 2017 年 8 月 16 日起，中×公司为×港公司提供保险经纪服务的期间为 2018—2019 年度。×财险×分公司辩称，2017—2018 年度、2019—2020 年度，其与中×公司不存在保险经纪合同关系。中×公司亦未提供充分证据证实 2017—2018 年度、2019—2020 年度，中×公司为×港公司提供保险经纪服务，并与×财险×分公司就×港公司一揽子保险项目达成合作的合意，故中×公司关于×财险×分公司应支付 2017—2018 年度、2019—2020 年度保险经纪费的主张，一审法院不予支持。

《×港公司 2018—2019 年度一揽子保险项目合作协议》约定，协议的有效期为一年，自签订之日起生效，即自 2018 年 11 月 23 日起至 2019 年 11 月 22 日止。2018 年 11 月 23 日至 2019 年 11 月 22 日，×财险×分公司实收一揽子保险的税后净保费为财产一切险 2 062 041.73 元、机器损坏保险 3 262 725.39 元、现金险 6 792.46 元、现金险项下的雇主责任险 11 320.75 元、家庭财产综合保险 579 719.15 元、船舶一切险 3 052 159.27 元、公众责任保险 683 820.75 元、供电责任保险 72 641.51 元、特种设备第三者责任保险 697 462.47 元、机动车辆交强险 74 480.29 元、机动车商业险 197 848.03 元，合计 10 701 011.80 元。2018 年 11 月 23 日，《佣金经纪费确认函》和《×港公司 2018—2019 年度一揽子保险项目合作协议》对保险佣金经纪费的费率进行了具体约定。但中×公司与×财险×分公司对《佣金经纪费确认函》和《×港公司 2018—2019 年度一揽子保险项目合作协议》中的佣金经纪费费率存在争议。中×公司提交的《佣金经纪费确认函》原件、《×港公司 2018—2019 年度一揽子保险项目合作协议》原件中，经纪费费率存在涂改的痕迹，中×公司与×财险×分公司均称系对方涂改。×财险×分公司对于涂改变更后的经纪费费率不予认可。中×公司未提供充分证据证实中×公司与×财险×分公司对《佣金经纪费确认函》《×港公司2018—2019年度一揽子保险项目合作协议》上涂改变更后的经纪费费率已达成合意。故中×公司主张应按涂改变更后的经纪费费率计算经纪费，理据不足，不予支持。故×财险×分公司向中×公司支付佣金经纪费费率为财产一切险、机器损坏保险、船舶一切险、公众责任保险、雇主责任险、家庭财产综合保险、供电责任保险、特种设备第三者责任保险、道路危险货运承运人责任保险、团体人身意外伤害保险、交通工具乘客意外伤害保险为税后净保费的5%（含专项培训及咨询基金），机动车辆交强险为税后净保费的4%（含专项培训及咨询基金）、机动车商业险为税后净保费的10%（含专项培训及咨询基金）。《佣金经纪费确认函》和《×港公司2018—2019年度一揽子保险项目合作协议》对现金险不存在经纪费费率约定。综上所述，2018—2019年度×财险×分公司向中×公司支付财产一切险、机器损坏保险、雇主责任险、家庭财产综合保险、船舶一切险、公众责任保险、供电责任保险、特种设备第三者责任保险经纪费为人民币521 094.55元（10 421 891.02元×5% = 521 094.55元），机动车辆交强险保险经纪费为2 979.21元（74 480.29元×4% = 2 979.21元），机动车商业险保险经纪费为19 784.80元（197 848.03元×10% = 19 784.80元）。×财险×分公司向中×公司支付经纪费共计543 858.56元（521 094.55元 + 2 979.21元 + 19 784.80元 = 543 858.56元）。

（三）×财险×分公司应当向中×公司支付因未按时支付经纪费产生的违约金。2018年11月23日，《佣金经纪费确认函》约定，×财险×分公司在收到保费后5日内向中×公司支付佣金经纪费。如未按规定执行，按照佣金经纪费总金额的0.5%每日支付违约金。×财险×分公司收取保险费最后到账时间为2019年11月21日。在中×公司催要后至今未支付佣金，已构成违约。中×公司主张×财险×分公司在收到保费后5日内未向中×公司支付佣金经纪费，应该按合同约定的佣金经纪费总金额的0.5%每日支付违约金，即违约一年的违约金约为合同约定的佣金经纪费总金额的182.5%。在本案审理过程中，×财险×分公司认为，根据双方约定的违约金计付标准计算的违约金数额过高，提出调整的请求。在中×公司未举证证明其因×财险×分公司逾期支付经纪费而造成的其他损失的情况下，一审法院认为中×公司所主张的逾期支付经纪费的违约金，主要系因×财险×分公司逾期支付使相应经纪费资金被占用所造成的损失。根据公平原则和诚实信用原则，结合案涉协议的履行情况，当事人的过错程度以及逾期利益等综合因素，对违约金标准酌定为按同期全国银行间同业拆借中心公布的贷款市场报价利率的1.3倍计算。故×财险×分公司向中×公司支付违约金为以×财险×分公司未支付的经纪费543 858.56元为基数，自2019年11月27日起至实际付清之日止，按同期全国银行间同业拆借中心公布的贷款市场报价利率的1.3倍计算。

（四）×财险×分公司不应当向中×公司支付因未按招竞标结果报告书出具保单的违约金。×财险A分公司向中×公司出具《承诺函》承诺，在对×港公司2018—2019年度一揽子保险方案招竞标项目承保服务期内，×财险A分公司严格按照招竞标结果报告书约定的费率及条款出单承保，如未按招竞标结果约定的保险费率、理赔条款及理赔时限执行，×财险A分公司承诺每日按保费总额的5‰支付违约金。中×公司与×港公司签订的《风险管理与保险经纪服务协议书》约定，所有涉及作为风险转移措施的保险方案，由中×公司设计并提供书面建议书，经×港公司同意后，协助×港公司办理投保手续并办理相应的保险合同。×港公司作为投保人2018—2019年度已办理投保手续，与×财险×分公司签订保险合同，并已实际履行。×港公司并未提出异议，中×公司亦未提供证据证实其存在实际损失，一审法院综合协议的履行情况、当事人是否具有过错以及预期利益，根据公平原则和诚实信用原则，对于中×公司主张×财险×分公司未按招竞标结果报告书出具保单的违约金不予支持。

（五）×财险×分公司不具备继续严格按照招竞标结果报告书出具保单的条件。如前所述，×港口集团于2016年7月19日出具的《授权委托书》对×港公司不具有约束力。中×公司未提供充分证据证实2017—2018年度、2019—2020年度中×公司为×港公司提供保险经纪服务，并与×财险×分公司就×港公司一揽子保险项目达成合作的合意，故中×公司关于×财险×分公司关于继续严格按照招竞标结果报告书出具保单，对于之前未按招竞标结果报告书出具保单的行为予以更正的主张，理据不足，不予支持。

综上所述，一审法院依照《中华人民共和国合同法》第六十条、第七十七条、第七十八条、第一百零七条、第一百零九条、第一百一十四条第二款、《中华人民共和国保险法》第一百一十八条、第一百一十九条，最高人民法院《关于适用〈中华人民共和国合同法〉若干问题的解释（二）》第二十九条之规定，遂判决：一、×财险×分公司于判决生效之日起十五日内支付中×公司保险经纪费人民币 543 858.56 元；二、×财险×分公司于判决生效之日起十五日内支付中×公司逾期支付违约金（以人民币 543 858.56 元为基数，自 2019 年 11 月 27 日起至实际付清之日止，按同期全国银行间同业拆借中心公布的贷款市场报价利率的 1.3 倍计算）；三、驳回中×公司其他诉讼请求。如果未按判决指定的期间履行给付金钱义务，应当依照《中华人民共和国民事诉讼法》第二百五十三条之规定，加倍支付迟延履行期间的债务利息。案件受理费人民币 915 276 元，由中×公司负担 912 276 元，由×财险×分公司负担 3 000 元，于判决生效后十五日内交纳。

二审期间，当事人未提交新的证据，本院对一审查明事实予以确认。

本院认为，案涉 2016 年度、2018 年度《风险管理与保险经纪服务协议》《×港公司一揽子保险项目合作协议》《×港公司 2018—2019 年度一揽子保险项目合作协议》《承诺函》《经纪费确认函》《佣金经纪费确认函》系当事人真实意思表示，不违反法律、行政法规的强制性规定，合法有效。双方均应按照上述协议、函件的约定，履行各自的合同义务。基于上述相关文件及各方认可的交易习惯，在 2016 年度和 2018 年度，双方签订了相关合同并就经纪费进行了确认，中×公司与×财险×分公司履行了合同义务，×港公司作为投保人对此也不持异议。故应认定在该两年度中×公司与×财险×分公司之间已形成了保险经纪合同法律关系，×财险×分公司应支付经纪费。

在双方无争议且已实际履行完毕的 2016 年度，中×公司与×财险×分公司签订了《×港公司一揽子保险项目合作协议》，对双方的合同义务、承保险种及经纪费比例进行了约定；同时，×财险×分公司向中×公司出具《承诺函》及《经纪费确认函》，双方再次对各险种保险经纪费的比例进行了确认；

最后，双方签订《风险管理与保险经纪服务协议》，明确约定所涉及的保险方案由中×公司设计并提供书面建议书，经×港公司同意后由中×公司协助×港公司办理投保手续并办理相应的保险合同，并约定协议的有效期为一年。基于上述相关协议及函件，中×公司为×港公司设计了保险方案并协助其与×财险×分公司签订保险合同，×财险×分公司收到保险费后，按协议约定向中×公司支付了经纪费。

《中华人民共和国保险法》第一百一十八条规定："保险经纪人是基于投保人的利益，为投保人与保险人订立保险合同提供中介服务，并依法收取佣金的机构。"《保险经纪公司管理规定》第三条规定："本规定所称保险经纪包括直接保险经纪和再保险经纪。直接保险经纪是指保险经纪公司与投保人签订委托合同，基于投保人或被保险人的利益，为投保人与保险人订立保险合同提供中介服务，并按约定收取中介费用的经纪行为。"第四十一条规定："经中国保监会批准，保险经纪公司可以经营下列业务：1.为投保人拟订投保方案、选择保险人、办理投保手续；2.协助被保险人或受益人进行索赔；3.再保险经纪业务；4.为委托人提供防灾、防损或风险评估、风险管理咨询服务。"×港公司系国有控股公司、上市公司，×港口集团、×港公司系两个独立法人公司，在×港公司明确表示对×港口集团《授权委托书》的内容不认可的情况下，中×公司主张该《授权委托书》对×港公司具有约束力，本院不予采信。退一步讲，即使该《授权委托书》对×港公司具有约束力，但该《授权委托书》只是授权中×公司全权处理×港口集团及所属法人公司相关保险事宜，中×公司主张保险经纪费的前提是要为委托人提供了保险经纪服务，即与×港公司签订保险经纪合同，取得×港公司的授权，为投保人设计保险计划；与×财险×分公司签订保险经纪合作协议，与×财险×分公司就经纪费达成合意。以2016—2017年度、2018—2019年度为例，双方均签署了一系列相关文件，×财险×分公司向×港公司出具保单，×港公司支付了保费。但2017—2018年度及2019—2020年度，中×公司不仅缺少相关的合同，而且不能提供充分证据证明履行了相应的合同义务，提供了保险经纪服务，仅依据×财险×分公司与×港公司签署了保险合同这一结果向×财险

×分公司主张经纪费事实和合同依据不充分，原审不予支持并无不妥。如有相应的证据可另行主张。

关于2018—2019年度经纪费的支付比例，中×公司所提交的《佣金经纪费确认函》《×港公司2018—2019年度一揽子保险项目合作协议》原件上经纪费费率存在涂改的痕迹，在中×公司不能提供充分证据证实双方对《佣金经纪费确认函》《×港公司2018—2019年度一揽子保险项目合作协议》上涂改变更后的经纪费费率已达成一致的情况下，原审以×财险×分公司提交的《佣金经纪费确认函》《×港公司2018—2019年度一揽子保险项目合作协议》作为依据，确定了经纪费的支付比例，并无不当。对于该年度欠付经纪费的违约金，原审结合协议的履行情况及当事人过错程度依法进行调整亦有法律依据。

关于中×公司所主张的×财险×分公司应按竞标结果出具保单并支付违约金的问题。鉴于×港公司对×港口集团与中×公司的《授权委托书》不予认可，2018年度×财险×分公司虽未按竞标结果出具保单，但其与×港公司实际签署了保险合同并已实际履行，在×港公司对此不持异议的情况下，原审基于公平原则对中×公司主张的该年度的违约金不予支持并无不当。2017年度及2019年度，在中×公司就×港公司的保险计划与人保财险秦皇岛公司达成合意并取得×港公司同意的情况下，中×公司亦不能提供充分有效的证据证明为×港公司提供了保险经纪服务，不能认定双方存在保险经纪合同法律关系，×财险×分公司不存在按竞标结果出具保单并支付违约金的问题，中×公司的上述主张无合同与事实依据，本院不予支持。

综上所述，中×公司的上诉请求不能成立，一审判决认定事实清楚，适用法律正确。本院依照《中华人民共和国民事诉讼法》第一百七十条第一款第一项规定，判决如下：

驳回上诉，维持原判。

【说明】这是一起法院援引《保险法》第一百一十八条规定，用以说明保险经纪人性质的案件。

本案案情较为复杂，简述如下：中×公司是具有经营保险经纪业务许可的法人，其与×港口集团、×港公司分别签订保险经纪合同，为投保人设计保险计划，提供风险管理与保险经纪服务。中×公司再与×财险×分公司签订了一揽子保险项目合作协议，对双方的合同义务、承保险种及经纪费比例进行了约定。

在2016—2017年度、2018—2019年度，中×公司与×财险×分公司履行了合同义务，×港公司作为投保人对此亦不持异议。但2017—2018年度及2019—2020年度，中×公司缺少相关的合同，而且不能提供充分证据证明履行了相应的合同义务，提供了保险经纪服务，法院不予认可中×公司仅依据×财险×分公司与×港公司签署了保险合同这一结果向×财险×分公司主张经纪费事实和合同依据。

2018—2019年度经纪费的支付比例，中×公司所提交的《佣金经纪费确认函》《×港公司2018—2019年度一揽子保险项目合作协议》原件上经纪费费率数字较高，并存在涂改的痕迹，×财险×分公司提交的《佣金经纪费确认函》《×港公司2018—2019年度一揽子保险项目合作协议》上经纪费费率数字较低，法院以×财险×分公司提供的相关合同作为依据确定了经纪费的支付比例及欠付经纪费的违约金。最终法院支持了中×公司诉请的×财险×分公司向其支付经纪费及欠付经纪费的违约金，但没有支持中×公司诉请的金额。

"保险经纪人"的含义应当从以下几个方面来理解。

（1）保险经纪人代表投保人的利益。与保险代理人不同的是，保险经纪人是接受投保人的委托，其代表的是投保人的利益，应当按照投保人的指示和要求行事，在为投保人与保险人订立保险合同提供中介服务的过程中反映和坚持投保人的利益和要求。（2）保险经纪人是为投保人与保险人订立保险合同提供中介服务之人。保险经纪人虽然接受投保人的委托，代表投保人的利益，但他只是向投保人报告订立保险合同的机会、信息，或者促成投保人与保险人订立保险合同，起介绍、协助作用，并不以自己的名义或者投保人的名义与保险人订立保险合同。（3）保险经纪人可以依法收取佣金。佣金是保险经纪人为投保人与保险人订立保险合同提供中介服务的报酬。一般来讲，经纪合同的委托人应当向经纪人给付报酬，作为对经纪人提供中介服务的补偿。但是实践中，保险经纪虽然是接受投保人的委托并代表投保人的利益，为其与保险人订立保险合同提供中介服务，但其佣金一般由保险人支付。如果保险经纪人与投保人约定，投保人应当为保险经纪人的中介服务支付佣金，投保人应当按照合同约定予以支付。（4）保险经纪人必须是单位。根据目前我国的实践，保险经纪人是符合规定条件，经保险监督管理机构批准并办理工商登记的经营保险经纪业务的保险经纪公司，个人不得作为保险经纪人。

第一百一十九条　保险代理机构、保险经纪人应当具备国务院保险监督管理机构规定的条件，取得保险监督管理机构颁发的经营保险代理业务许可证、保险经纪业务许可证。

【案例94】（2018）黔01民终5823号

2016年5月11日，原告华×商务公司（甲方）与被告×人寿保险公司（乙方）签订《合作框架协议》，约定双方在人寿保险、意外保险和健康保险等领域开展全面保险业务合作。本协议有效期内，甲方同意视乙方为与甲方开展保险业务合作优先选择的寿险公司。乙方成立专项服务小组为甲方提供包括咨询、承保、理赔、风险管理等多方位的保险服务，建立绿色服务通道，为特定人群制定个性化服务方案，等等。乙方在寿险方面为甲方提供全面技术支持，包括为甲方提供保险知识讲座及保险产品推介，健康保障咨询建议及医疗服务调查，为专业人员提供风险培训，等等。在保险费率符合赔付风险，乙方承诺将向甲方提供最优惠和经济便利的保险服务，甲方将与乙方就×省老年人保险业务进行合作，首年保费规模预计200万元。双方就×省老年人在意外保险、人寿保险和健康保险拟定初步保障方案如下：定期寿险及意外伤害保额为1万元，意外伤害医疗保额为3 000元，三者保费均为120元/年（60～70岁）、150元/年（70岁以上）。协议有效期为五年。合作期间，若有一方希望终止合作的，该方应在终止合同前至少提前10个工作日通知对方，则协议到期终止。合作期满后可自动延续 1 年，若一方希望不再续约的，该方应在本协议到期前至少提前 30 个自然日书面通知对方，则协议到期终止。甲方是乙方本保险方案的优先合作方，未经双方同意，乙方不与其他第三方合作同一款保险方案。甲方有权要求乙方对提供专业培训等技术支持。甲方有义务如实提供被保险人的完整信息，不得隐瞒、捏造。乙方有权利要求甲方配合乙方的工作。乙方对甲方提供的信息有权进行核查。乙方有义务为甲方提供专业技术支持。该《合作框架协议》还就协议效力和解释、争议处理、保密条款等其他事项进行了约定。《合作框架协议》签订后，原告在 ×省 A 县、B 县、C 县等地就与被告所合作保险产品开展推广并进行了销售。原告就收取的所销售保险产品的保费向被告予以交付，被告则按相应保险产品的费率向原告支付代理手续费，至 2016 年 9 月，尚有 72 452 元代理手续费被告未向原告支付。被告在履行原告销售的保险产品过程中，发现存在投保人信息不完整的情形，遂要求原告配合退还有关投保人的保费，在退保费过程中，原告垫付了 23 130 元。本案审理中，原、被告均认可《合作框架协议》自 2016 年 9 月 30 日起就未再履行。

　　一审法院认为，《合作框架协议》系原、被告双方真实意思表示，内容未违反法律法规强制性规定，为有效协议，双方均应按协议约定履行自己的义务。根据原、被告陈述，《合作框架协议》自 2016 年 9 月 30 日后就并未予以履行，虽原告并未同意解除协议，但该协议实际上已无法继续履行，如该协议继续存续，则让双方陷于协议既无法履行，而又受协议约束的境地，如此并不利于经济运转效率和法律关系的稳定，故该协议依法应予解除，对被告请求解除《合作框架协议》的诉请，予以支持。原告诉请被告支付房租、水电及员工工资费用，但在双方协议当中并未约定被告应当对原告租房、水电及雇佣员工的费用予以承担，且原告租房使用、雇佣员工并非仅只为被告开展业务，而是还在开展与被告无关的业务，故原告诉请被告支付房租、水电及员工工资并无依据，对原告该诉请，本院不予支持。对于原告请求被告支付垫付的退保费 23 130 元，由于保费确系被告收取，退保也系基于被告意思，而原告既未收取保费，亦未有垫付之义务，故原告所垫付退还的保费应由被告予以承担，原告该诉请于法有据，本院予以支持。对于原告诉请被告支付代理手续费 72 452 元，根据《合作框架协议》的约定，被告应向原告支付代理手续费，而该金额系在《合作框架协议》未实际履行后被告工作人员统计得出，则被告应将该费用向原告予以支付，故原告诉请被告支付代理手续费 72 452 元于法有据，应予以支持。由于本案系基于合同履行产生的纠纷，并不适用赔礼道歉、消除影响等因侵权而产生的民事责任的承担方式，故原告诉主被告赔礼道歉、消除影响的诉请于法无据，不予支持。对于被告诉请原告赔偿经济损失 250 330 元，被告陈述该费用系由于原告未能尽到合同义务，没有如实核实投保人是否符合投保条件，造成了被告理赔。虽在《合作框架协议》中约定原告有义务如实提供被保险人的完整信息，不得隐瞒、捏造，但对于完整信息的程度并未予以详细明确约定，从被告所述及所举证据这一方面看，原告在提供被保险人信息时并未存在隐瞒、捏造，已如实地提供了信息，只不过是原告认为完整的信息，而因双方并未对完整信息所包括的内容予以详细明确约定，故被告认为原告没有提供完整信息并不能成立。从另一方面看，被告作为专业的保险公司，在订立保险合同之时完全有能力对是否存在可能的理赔风险作出预判与评估，并不可能只依赖于原告所提交的信息，所以，被告请求原告赔偿经济损失的诉请并无依据，不予支持。综上所述，对原告诉请及被告反诉符合法律规定部分，应予以支持。依照《中华人民共和国合同法》第九十四条第（二）项、第九十七条、《中华人民共和国民事诉讼法》第六十四条第一款、《最高人民法院关于适用〈中华人民共和国民事诉讼法〉的解释》第九十条第二款规定，判决：一、解除原告华×商务公司与被告×人寿保险公司于 2016 年 5 月 11 日签订的《×省老年人保险业务合作框架协议》；二、被告×人寿保险公司于本判决生效之日起十日内支付原告华×商务公司垫付的退保费 23 130 元及代理手续费 72 452 元，共计 95 582 元；三、驳回原告华×商务公司的其余诉讼请求；四、驳回被告×人寿保险公司的其余反诉请求。如果未按本判决指定的期间履行给付金钱义务，应当依照《中华人民共和国民事诉讼法》第二百五十三条规定，加倍支付迟延履行期间的债务利息。本诉案件受理费 6 606 元，减半收取 3 303 元，由原告华×商务公司负担2 411元，被告×人寿保险公司负担892元；反诉案件受理费5 055元，减半收取2 527.5元，由被告×人寿保险公司负担。

本院二审中，双方当事人围绕上诉请求提交了证据，本院组织当事人进行了证据交换和质证。二审审理查明：华×商务公司未取得经营保险代理业务许可证，不具有从事保险专业代理的资格条件。二审审理查明的其他事实与原判查明的事实一致，本院予以认可。

本院认为，华×商务公司与×人寿保险公司签订的《合作框架协议》实为保险业务代理合同，依据《中华人民共和国保险法》第一百一十九条"保险代理机构、保险经纪人应当具备国务院保险监督管理机构规定的条件，取得保险监督管理机构颁发的经营保险代理业务许可证、保险经纪业务许可证"、《保险专业代理机构监管规定》第二条"本规定所称保险专业代理机构是指根据保险公司的委托，向保险公司收取佣金，在保险公司授权的范围内专门代为办理保险业务的机构，包括保险专业代理公司及其分支机构。在中华人民共和国境内设立保险专业代理公司，应当符合中国保险监督管理委员会规定的资格条件，取得经营保险代理业务许可证"之规定。因华×商务公司未取得经营保险代理业务许可证，不具有从事保险专业代理的资格条件，双方之间《合作框架协议》因违反法律法规的强制性规定，属于《中华人民共和国合同法》第五十二条规定的合同无效之情形。故×人寿保险公司请求解除该合同，本院不予支持，一审法院对合同效力认定错误，本院予以纠正，并撤销相应判项。

对于华×商务公司与×人寿保险公司诉请对方赔偿损失的部分，应依据《中华人民共和国合同法》第五十八条"合同无效或者被撤销后，因该合同取得的财产，应当予以返还；不能返还或者没有必要返还的，应当折价补偿。有过错的一方应当赔偿对方因此所受到的损失，双方都有过错的，应当各自承担相应的责任"之规定进行处理。对于双方导致签订无效合同的过错，×人寿保险公司作为专业保险业务经营公司，寻求保险专业代理机构应按照法律法规的规定进行，且应尽到对代理机构谨慎审查是否具有代理资格的义务，现×人寿保险公司明知华×商务公司未取得经营保险代理业务许可证，不具有从事保险专业代理的资格条件，还与之签订名为合作、实为开展保险代理业务的合同，存在主要过错，应对双方损失承担主要责任。

对于华×商务公司诉请×人寿保险公司支付的佣金，属于其履行合同产生的收益，因合同被认定无效，其主张获取收益无事实依据，本院不予支持。

对于华×商务公司诉请×人寿保险公司支付的垫付退保费，因华×商务公司诉请×人寿保险公司之间仅为代理人与委托人的关系，与投保人订立保险合同的系×人寿保险公司，华×商务公司并非保险合同关系的相对人，故应由×人寿保险公司对被保险人的条件进行审查，×人寿保险公司未尽谨慎审查被保险人条件的义务，应由其自行承担退保费的损失，华×商务公司代付退还保费后，向×人寿保险公司追偿不违反法律规定，应予以支持。一审法院依据查实的垫付退保费数额，判决×人寿保险公司返还 23 130 元并无不当。×人寿保险公司二审提交的其退还被保险人 21 840 元保费的证据仅能证明其自行退还的数额，并不能否认华×商务公司为其垫付的事实。同理，×人寿保险公司诉请华×商务公司赔偿 250 300 元系基于同一理由，亦不应支持。故对×人寿保险公司相应上诉及辩解理由，本院不予采纳。

对于华×商务公司诉请×人寿保险公司支付的经营损失，包括房租损失及水电费、人工工资及平塘、长顺分公司损失，本院逐一分析如下。

对于房租损失，华×商务公司提供了房屋租赁合同、出租人对收取房租的说明及照片等证据，证明租赁房屋系用于开展代理×人寿保险公司保险产品业务，支付租金共计 31 920 元 + 21 120 元 + 11 460 元 = 64 500 元，属于因合同无效产生的损失，如上所述，×人寿保险公司对签订无效合同存在主要过错，应对双方损失承担主要责任，故本院判决该损失的 80% 即 51 600 元由×人寿保险公司承担，向华×商务公司予以赔偿。

对于水电费，华×商务公司提供的证据仅为既无供水、供电部门盖章又不知出处的收条，该证据既不能证明水电费实际产生的数额，也不能证明华×商务公司支付了相应费用，故对水电费，本院不予支持。

对于人工工资，华×商务公司提供了一系列人员工资发放单，但未提交任何证据，如劳动合同书、聘用合同等证明工资发放单上的人员确系其员工或雇工，故华×商务公司不能证明其真实的工作人员身份，本院对人工工资不予支持。

对于××、××分公司损失，应由适格民事主体主张权利，华×商务公司主张的该部分损失，本院不予支持。

综上所述，双方上诉人各自的上诉请求均不成立，本院均不予支持。一审判决对合同效力事实认定错误，本院依法予以纠正。据此，依照《中华人民共和国保险法》第一百一十九条、《保险专业代理机构监管规定》第二条、《中华人民共和国合同法》第五十二条、第五十八条、《中华人民共和国民事诉讼法》第六十四条、第一百七十条第一款第一项之规定，判决如下：

一、撤销某法院（2018）黔0103民初3217号民事判决第一项、第三项、第四项；

二、变更某法院（2018）黔0103民初3217号民事判决第二项为：×人寿保险公司于本判决生效之日起十日内支付华×商务公司垫付的退保费23 130元，并赔偿华×商务公司损失51 600元；

三、驳回华×商务公司的其余诉讼请求；

四、驳回×人寿保险公司的反诉请求。

【说明】这是一起法院援引《保险法》第一百一十九条规定，认定华×商务公司未取得保险监督管理机构颁发的经营保险代理业务许可证，签订的实为保险业务代理合同的《合作框架协议》属于无效合同的案件。

2016年5月11日，原告华×商务公司（甲方）与被告×人寿保险公司（乙方）签订《合作框架协议》，双方开展保险业务合作，原告就收取的所销售保险产品的保费向被告予以交付，被告则按相应保险产品的费率向原告支付代理手续费。至2016年9月，被告尚有72 452元代理手续费未向原告支付。保险产品销售过程中存在投保人信息不完整的情形，须退还有关投保人的保费，退保费过程中，原告垫付23 130元。《合作框架协议》自2016年9月30日起就未再履行。原告起诉追索相关费用。

一审法院判决：一、解除原告华×商务公司与被告×人寿保险公司于

2016 年 5 月 11 日签订的《×省老年人保险业务合作框架协议》；二、被告×人寿保险公司支付原告华×商务公司垫付的退保费 23 130 元及代理手续费 72 452 元，共计 95 582 元；三、驳回原告华×商务公司的其余诉讼请求；四、驳回被告×人寿保险公司的其余反诉请求。华×商务公司不服判决，提出上诉。

二审法院审理查明：华×商务公司未取得经营保险代理业务许可证，不具有从事保险专业代理的资格条件。判决如下：一、撤销某法院（2018）黔 0103 民初 3217 号民事判决第一项、第三项、第四项；二、变更某法院（2018）黔 0103 民初 3217 号民事判决第二项为：×人寿保险公司于本判决生效之日起十日内支付华×商务公司垫付的退保费 23 130 元，并赔偿华×商务公司损失 51 600 元；三、驳回华×商务公司的其余诉讼请求；四、驳回×人寿保险公司的反诉请求。

保险代理人是根据保险人的委托，向保险人收取代理手续费，并在保险人授权的范围内代为办理保险业务的单位或者个人。保险经纪人是基于投保人的利益，为投保人与保险人订立保险合同提供中介服务，并依法收取佣金的单位。虽然保险代理人与保险经纪人的性质不同，但是二者扮演的角色都是"保险中介"。保险代理人根据保险人的委托，代为办理保险业务，需要向投保人宣传保险产品；保险经纪人基于投保人的利益，为投保人与保险人订立保险合同提供中介服务，需要帮助投保人选择保险人和保险产品。保险代理人和保险经纪人各自所从事的保险中介业务都要求他们必须具备必要的保险专业知识和良好的职业道德，以防止出现误导投保人、被保险人或者发生道德危险，如为了获取代理手续费或者经纪人佣金向投保人夸大宣传保险产品的保险保障功能，或者向保险人隐瞒保险标的存在的瑕疵，等等。

为了维护保险中介市场秩序，保护保险合同当事人的合法权益，本条规定，对保险代理人和保险经纪人的资格条件及从业许可必须实行严格管理。（1）应当具备保险监督管理机构规定的资格条件。包括专营机构和兼营机构的条件，高级管理人员的条件及个人从事保险代理业务的条件，如从业人员行为能力条件、专业知识和专业技能条件、道德品质或职业道德条件等。

（2）要取得保险监督管理机构颁发的经营保险代理业务许可证或者经纪业务许可证。前提是要已具备保险监督管理机构规定的资格条件，不具备保险监督管理机构规定的资格条件的，保险监督管理机构不得发给其经营保险代理业务许可证或者经纪业务许可证。

第一百二十条　以公司形式设立保险专业代理机构、保险经纪人，其注册资本最低限额适用《中华人民共和国公司法》的规定。

国务院保险监督管理机构根据保险专业代理机构、保险经纪人的业务范围和经营规模，可以调整其注册资本的最低限额，但不得低于《中华人民共和国公司法》规定的限额。

保险专业代理机构、保险经纪人的注册资本或者出资额必须为实缴货币资本。

【案例 95】（2020）京 03 民终 12951 号

安某某起诉称：2015 年 5 月 1 日，东方××公司和全方××公司作为发起股东委托安某某成立×安公司筹备组。2016 年 3 月 1 日，×安公司注册成立。2016 年 8 月 12 日，安某某负责的筹备组又申请注册了×心公司，并领取了营业执照，登记在册的发起股东为东方××装饰工程有限公司（以下简称东方××工程公司）和×安物业公司。公司筹备期间，安某某垫付员工工资、五险一金、购买固定资产、广东分公司押金、业务招待费、住宿费用、汽车租赁费、其他费用共计 1 211 088.67 元。要求判令×安公司、东方××公司、×心公司、全方××公司、×安物业公司，向安某某支付×安公司筹建期间垫付款 1 211 088.67 元。

四被告称：×安公司成立于 2016 年 3 月 31 日，东方××公司持股 80%，全方××公司持股 20%。全方××公司成立于 2015 年 9 月 22 日，成立时，安某某持股 75%、王卫×持股 25%。2016 年 12 月 25 日，安某某、王卫×退出全方××公司。安某某是×安公司的投资人，因公司无法获得保险经纪业务的牌照而退出×安公司。

经审理查明：一、安某某向王某1付款情况。

2015年9月9日、9月17日、10月8日、10月20日、11月9日、11月20日、12月16日、12月22日，安某某分别向王某1转账96 973.05元、110 740.02元、147 473.43元、148 523.19元、139 261.34元、161 586.44元、25 971.31元、176 576.27元。王某1针对上述款项出具了收条。

二、王某1向职工发放工资情况。

2015年9月9日，王某1向张某1汇款5 602.2元，向聂某1汇款3 494元、向曹某1汇款4 577元、向王某2汇款10 889元、向屈某1汇款8 577元、向高某1汇款8 555元、向翁某1汇款5 443元、向王某3汇款8 555元、向陈某1汇款21 423.36元、向朱某1汇款2 585.87元、向杨某1汇款4 759.08元、向王某4汇款6 074.02元，汇款摘要部分写明"工资"。

2015年10月8日，王某1向张某1账户汇款13 067.4元、向聂某1汇款5 054元、向曹某1汇款5 412.8元、向王某2汇款10 889元、向屈某1汇款8 577元、向高某1汇款8 555元、向翁某1汇款5 443元、向于某1汇款8 555元、向陈某1汇款11 736元、向朱某1汇款3 913元、向王某4汇款9 340.98元、向杨某1汇款9 410元、向张某2汇款91 891.72元、向吴某1汇款5 638.62元、向杨某2汇款1 448.28元、向王某5汇款2 109.91元。其中向张某2、吴某1、杨某2、王某5的汇款摘要为"工资"。

2015年11月9日，王某1向张某1汇款13 067.4元、向聂某1汇款5 054元、向曹某1汇款5 412.08元、向王某2汇款10 899元、向屈某1汇款8 577元、向高某1汇款8 555元、向翁某1汇款5 443元、向于某1汇款8 555元、向陈某1汇款12 786元、向朱某1汇款3 913元、向王某4汇款9 340.98元、向杨某2汇款3 507元、向张某2汇款16 872.32元、向吴某1汇款11 954元、向王某5汇款8 897.12元、向石某1汇款7 271.3元，以上汇款摘要部分均注明"工资"。

2015年12月，王某1账户以工资为由向张某3汇款14 218.74元、向沈某1汇款7 621.84元、向吴某2汇款34 080.34元、向曹某2汇款6 797.24元、向杨某3汇款2 275.86元。

2016年1月，王某1账户以工资为由向张某3汇款12010元、向沈某1汇款6980元、向吴某2汇款20170元、向曹某2汇款9240元、向杨某3汇款4500元。

三、王某1向×众（北京）人力资源管理有限公司（以下简称×众公司）支付社保及住房公积金，以及×众公司代缴款情况。

2015年7月21日，甲方×安公司与乙方×众公司签订《社保托管协议》，约定：甲方委托乙方提供人事代理相关服务，服务项目为社会保险、住房公积金；服务费为社会保险按照每人每月70元（3人以下），每人每月50元（8人以下），每人每月40元（9人以下），每人每月20元（100人以下）。公积金服务费每人每月10元。补缴社会保险、公积金的，补缴服务费按照每人每月50元标准计算；乙方需在当月15～17日将本月缴费明细发至甲方，甲方在20日前将本月应付社保款项汇至乙方账户。未按规定时间支付，乙方将做自动减员处理。合同尾部由王某1作为甲方代表签字。自2015年7月至2017年9月，×众公司为×安公司提供代缴服务。

2015年9月，×众公司为高某1、翁某1、于某1、张某1、王某1、曹某1、王某2、屈某1、聂某1、安某某、陈某1、朱某1代缴8月社保及公积金合计114893.44元、滞纳金247元。高某1、翁某1、于某1、张某1、王某1、曹某1、王某2、屈某1、聂某1、安某某、陈某1、朱某1缴纳基数分别为：11000元、7000元、11000元、16800元、8280元、6960元、14000元、11000元、6500元、19389元、15050元、5020元。

2015年9月18日，王某1账户向×众公司汇款110740.02元，汇款摘要为9月五险一金。2015年9月，×众公司为高某1、翁某1、于某1、张某1、王某1、曹某1、王某2、屈某1、聂某1、安某某、陈某1、朱某1、王为民、王某4代缴当月社保和公积金共计108640.02元，服务费2100元。高某1、翁某1、于某1、张某1、王某1、曹某1、王某2、屈某1、聂某1、安某某、陈某1、朱某1、王为民、王某4缴纳基数分别为11000元、7000元、11000元、16800元、8280元、6960元、14000元、11000元、6500元、19389元、15050元、5020元、19389元、12010元。

2015 年 10 月 20 日，王某 1 账户向×众公司汇款 148 523.19 元，汇款摘要为 10 月社保公积金。2015 年 10 月，×众公司为高某 1、翁某 1、于某 1、张某 1、王某 1、曹某 1、王某 2、屈某 1、聂某 1、安某某、陈某 1、朱某 1、王为民、王某 4、王某 5、杨某 2、张某 2、吴某 1、牛某 1 代缴当月社保和公积金共计 148 523.09 元。高某 1、翁某 1、于某 1、张某 1、王某 1、曹某 1、王某 2、屈某 1、聂某 1、安某某、陈某 1、朱某 1、王某民、王某 4、王某 5、杨某 2、张某 2、吴某 1、牛某 1 缴纳基数分别为 11 000 元、7 000 元、11 000 元、16 800 元、8 280 元、6 960 元、14 000 元、11 000 元、6 500 元、19 389 元、15 050 元、5 020 元、19 389 元、12 010 元、11 440 元、4 500 元、19 389 元、15 330 元、9 350 元。

2015 年 11 月 20 日，王某 1 账户向×众公司汇款 161 586.44 元，汇款摘要为 11 月社保公积金。2015 年 11 月，×众公司为高某 1、翁某 1、于某 1、张某 1、王某 1、曹某 1、王某 2、屈某 1、聂某 1、安某某、陈某 1、朱某 1、王某民、王某 4、王某 5、杨某 2、张某 2、吴某 1、牛某 1、张某 4 代缴当月社保和公积金共计 158 056.44 元、服务费 3 530 元，合计 161 586.44 元。高某 1、翁某 1、于某 1、张某 1、王某 1、曹某 1、王某 2、屈某 1、聂某 1、安某某、陈某 1、朱某 1、王某民、王某 4、王某 5、杨某 2、张某 2、吴某 1、牛某 1、张某 4 缴纳基数分别为 11 000 元、7 000 元、11 000 元、16 800 元、8 280元、6 960 元、14 000 元、11 000 元、6 500 元、19 389 元、15 050 元、5 020元、19 389 元、12 010 元、11 440 元、4 500 元、19 389 元、15 330 元、9 350 元、14 330 元。

2015 年 12 月 22 日，王某 1 账户向×众公司汇款 176 576.27 元，汇款摘要为 12 月，社保公积金。2015 年 12 月，×众公司为高某 1、翁某 1、于某 1、张某 1、王某 1、曹某 1、王某 2、屈某 1、聂某 1、安某某、陈某 1、朱某 1、王某民、王某 4、王某 5、杨某 2、张某 2、吴某 1、牛某 1、张某 4、陈某 2、周某 1、胡某 1、徐某 1 代缴当月社保和公积金共计 176 576.27 元。高某 1、翁某 1、于某 1、张某 1、王某 1、曹某 1、王某 2、屈某 1、聂某 1、安某某、陈某 1、朱某 1、王某民、王某 4、王某 5、杨某 2、张某 2、吴某 1、牛某 1、张某 4、陈某 2、周某 1、胡某 1、徐某 1 缴纳基数分别为 11 000 元、7 000元、11 000 元、16 800 元、8 280 元、6 960 元、14 000 元、11 000 元、6 500元、19 389 元、15 050 元、5 020 元、19 389 元、12 010 元、4 500 元、19 389元、15 330 元、9 350 元、14 330 元、19 389 元、10 900 元、4 500 元、4 500元。

四、×安公司注册及重组情况。

2016 年 3 月 31 日，×安公司成立，公司发起人为全方××公司和东方××公司，注册资本 5 100 万元，法定代表人为安某某。东方××公司认缴出资 4 080 万元，出资期限为 2046 年 3 月 10 日；全方××公司认缴出资 1 020万元，出资期限为 2046 年 3 月 10 日。原名称为×安保险销售股份有限公司，2016 年 6 月 16 日变更为×安保险代理股份有限公司，2019 年 1 月 11 日变更为现用名。

2016 年 11 月 14 日，×安公司与×心公司签订《×安公司暨×心公司重组方案》，约定：自 2015 年 5 月 1 日公司筹备组成立以来，先后筹建了×安公司和×心公司两家公司，并完成了工商注册，其中×心公司已向保险监管部门提交了许可证申领材料，等待审批。现公司按照东方××公司董事长郭某某女士的指示，拟对两家公司予以重组，为顺利完成该项工作，公司筹备组对前期工作的开展、财务收支情况进行总结，并结合公司现实情况制定了重组方案，请审核。

第一，原则。（一）实事求是原则。以事实为依据，确保资产登记与实物相吻合、费用发生与票据相统一。（二）公平公正原则。依据《公司法》《劳动合同法》等法律法规，切实维护公司股东、员工及债权人的合法权益。（三）平稳过渡原则。稳步推进公司重组工作，保障各项工作顺利完成，最大限度地减少损失及降低负面影响。

第二，公司筹建基本情况。受美×投资公司、东方××公司委托，由安某某、王卫×作为筹备组负责人，于 2015 年 6 月 1 日成立了公司筹备工作组，主要职责是招聘员工、准备审批材料、制订制度、开发信息系统等。（一）办公职场装修。2015 年 6 月 11 日，由发起股东美×投资公司代为租赁了位于

××路176号的写字楼2层作为办公场地，总面积2 400平方米，按照监管部门、公安消防部门的要求，筹备组协助配合股东对职场进行了装修，于2016年1月装修完毕交付使用。（二）开发业务平台系统。2015年7月，公司委托斯××信息技术公司开发业务平台系统，系统集合产品销售、客户管理、人员管理、保单管理、佣金发放、在线商城等功能，将成为衔接公司线上和线下作业的一站式服务平台。截至目前，系统平台尚未开发完毕。（三）组建专业骨干队伍。筹备组公开选聘了一批业务、运营、财务、IT等核心岗位的专业技术人才，并筹建了北京、广东、河北、江西、黑龙江5家分公司，同时储备了8～10名分公司负责人。（四）制定内控管理制度。按照监管要求，筹备组起草了公司章程、可行性研究报告、内部基本管理制度等，并整理汇编形成《管理制度汇编》。《管理制度汇编》基本涵盖了目前公司所有职能部门的规章制度，涵盖销售管理、行政管理、财务管理、人力资源管理、信息技术管理、业务运营管理和风控审计等方面。（五）办理工商及保监审批。2016年3月31日办理完毕"×安保险代理股份有限公司"工商注册登记，领取了营业执照，根据保监会的新规要求，保险中介公司股东不得为投资类、咨询类等非实业公司，为此筹备组办理了股东变更，但由于《公司法》要求股份公司在一年内不得变更发起股东。因此，原×安公司的资质不符合监管审批要求。8月12日，筹备组申请注册了×心公司并领取了工商营业执照，按照监管要求，已将申报材料报送监管部门审批。（六）财务收支情况。1.资产状况。截至2016年10月31日，资产总额742 364.54元，其中银行存款10 536.71元，其他应收款64 760.27元，固定资产净值667 067.56元（固定资产原价740 036.50元，累计折旧72 968.94元）。（1）银行存款期末余额10 536.71元，为×心公司建设银行基本存款账户余额。（2）其他应收款期末余额64 760.27元，明细如下：应收员工款聂某215 919.13元，翁某19 011元，桶装水押金400元，广东分公司房租押金37 400元（坏账，无法收回）。全方××公司1 320元（往来借款），×安物业公司710.14元（往来借款）。（3）固定资产净值期末余额667 067.56元（固定资产原价740 036.5元，累计折旧72 968.94元），明细如下：办公家具366 330元，燃气设备64 000元，投影设备 38 000 元，空调 13 220 元，电脑 5 台 13 872.87 元，电脑 9 台 35 820.7 元，投影仪 2 969 元，机房建设 205 824 元。2. 负债状况。截至 2016 年 10 月 31 日，负债总额 17 250 706.2 元，其中应付职工薪酬 4 349 155.21 元，应交税费 14 263.61 元，其他 12 915 814.6 元。（1）应付职工薪酬期末余额 4 349 155.21 元，扣除五险一金及个税后实发工资金额为 4 101 448.09 元，明细如下：应付安某某 2015 年 6 月至 2016 年 10 月工资 2 087 430 元，实发税前工资应为 2 021 156.13 元；应付王卫某 2015 年 7 月至 2016 年 10 月工资 1 305 440 元，实发税前工资应为 1 243 473.82 元；应付员工补发工资 388 649.70 元，实发税前工资应为 388 649.7 元；应付员工 2016 年 7 月、8 月、10 月工资 567 635.51 元，实发税后工资应为 448 168.44 元，另未缴纳 10 月个人所得税 12 162.60 元。（2）应交税费期末余额 − 14 263.61 元，为应交个人所得税 − 14 263.61 元。包括：已缴纳 7 月个税 14 377.01 元，已代扣部分工资个税 60 元，其余未实发；已缴纳 8 月个税 12 109.20 元，未实发工资；未缴纳 9 月个税 12 162.6 元，已全部实发工资。（3）其他应付款期末余额 12 915 814.6 元（详见附表 3），明细如下：1）应付安某某垫付款 1 211 088.67 元，其中发放员工工资 409 679.13 元，员工五险一金 597 425.92 元，购买固定资产 52 009.7 元，广东分公司押金 37 400 元，业务招待费 52 781 元，住宿费用 17 000 元，汽车租赁费 22 500 元，其他费用 11 000 元，垫付个别员工 9 月保险 11 292.92 元；2）应付郭某某垫付款及借款 5 622 946.21 元，其中员工工资及五险一金借款 4 141 418.21 元，购买办公家具 356 330 元，机房建设费 20 524 元，软件开发费 800 000 元，其他费用 119 374 元；3）应付王卫×垫付款 973.50 元；4）应付张某 1 垫付款 97 562.84 元；5）应付聂某 2 垫付款 35 805.92 元；6）应付曹某 1 垫付款 40 268.38 元；7）应付王某 1 垫付款 7 445 元；8）应付于某 1 垫付款 1 830 元；9）应付市政物业房租款 3 450 000 元；10）应付斯××软件开发费 2 400 000 元；11）应付广东分公司垫付款 39 872 元；12）应付河北分公司垫付款 8 902.5 元；13）应付黑龙江分公司垫付款 11 493.6 元；14）应付江西分公司垫付款 19 078.68 元；15）应付郭某 1 垫付款 9 767.58 元；16）应付员工个人垫付 9 月保险 41 241.72 元；17）应付东方××公司垫付款 6 640 元；18）应付北京×华投资管理有限公司垫付款 28 585 元；19）五险一金个人缴纳部分 -117 687 元。3. 利润状况。截至 2016 年 10 月 31 日，累计实现净利润 -16 508 341.66 元，其中：（1）管理费用累计支出 16 504 457.41 元；包括工资 7 341 379.58 元，五险一金 1 820 046.44 元，职场租赁费 3 461 200 元，软件开发费 32 000 000 元，福利费 33 117.3 元，办公费 145 553.88 元，折旧 72 968.94 元，业务招待费 130 461.68 元，差旅费 69 050 元，交通费 32 248.28 元，培训费 97 023.7 元，车辆租赁费 53 000 元，会议费 9 900 元，劳保 12 950 元，水电费 14 468.41 元，其他 11 089.2 元。（2）财务费用累计支出 1 653.09 元，包括手续费 1 655 元，利息收入 -1.91 元。（3）营业外支出累计 2 231.16 元，全部为个税滞纳金。4. 存在的其他主要问题及建议。（1）部分工资及五险一金未申报个税，不能入账。2015 年 7 月至 2016 年 3 月累计实发员工工资 1 955 805.75 元，期间公司尚未成立，未代扣员工个税，所发工资全部为税前工资，未向税务局申报个人所得税，为防止税务稽查，所以这部分工资不能入账。2015 年 7 月至 2016 年 3 月，累计支出员工五险一金 1 311 782.67 元，期间由于未申报个人所得税，所以五险一金部分也不能入账。（2）广东分公司房租押金支出 37 400 元，此款为安某某垫付，因违约，此押金无法收回，应为坏账。（3）部分实际发生的支出，财务部门未取得正规发票。2016 年 3 月 5 日，支出机房建设费 205 824 元，2016 年 1 月 14 日，支出培训费 70 000 元，2015 年 11 月 18 日，支出软件开发费预付款 800 000 元，合计支出 1 075 824 元，全部为郭某某垫付，其中 800 000 元软件开发费为郭某某通过全方××公司预付给斯××科技公司，以上费用财务部门均未取得正规发票，已合并到财务报表中，建议尽快补齐手续交由财务部入账。（4）我公司为全方××公司垫付税金等 1 320 元，为×安物业公司垫付残保金 652 元及银行 U 盾 58.14 元，已记入往来借款，需补齐相关借款手续。（5）审批报销手续不齐全，跨度时间长，应尽快补齐审批报销手续，以后做到事前审批事后报销，当月发生当月报销，及时入账。（6）职场装修费用具体金额不确定，未记入合并报表中。（7）北京×华投资有限公司共计垫付支出 45 391.61 元，其中已交接我公司相关原始凭证票据 2 885 元，已合并入财务报表，其余垫付费用包括物业房租押金 288 000 元，装修押金 50 000 元，杂项费 20 000 元，装修管理费 10 000 元，差旅费借款 10 000 元，开办费 5 000 元，购置电脑费用 37 586.61 元，丰联停车费 4200 元，制作名片费 120 元，合计支出 424 906.61 元，以上费用支出未交付于公司任何相关原始凭证，无法入账。

第三，公司重组方案。公司筹备工作已进行一年半的时间，虽然开业申请文件已报请监管部门，但审批的不确定性仍然存在，持续筹建将会给投资人带来巨大压力与风险，按照投资人的意愿，现拟对两家公司予以重组。（一）股权及法人变更。在重组方案确认生效后，由安某某和王卫×配合股权受让人及其他股东办理×安公司、×心经纪公司、×安物业公司、全方××公司四家公司所涉及的股权及法人变更手续。（因×安物业公司、全方××公司分别持有的×安公司、×心经纪公司 20% 股份属于公司股东无偿赠予安某某、王卫×，建议公司重组时安某某、王卫×无偿转让给受让人。）（二）员工安排。在公司债权债务清算完毕后，按照《劳动合同法》，继续履行劳动合同的，由重组后的公司与员工重新签订劳动合同，解除劳动合同的按照劳动法执行。（三）工作交接，由股东方派出清算人员进行资产及工作交接。（四）争议处理。本方案一式三份，由股东签字盖章及公司法人签字盖章予以生效，方案生效后十日内股东消偿公司员工个人垫付的款项、未付的员工工资及相关费用，其他债务由受让人、公司股东与债权人沟通协商，本方案不作具体规定。未尽事宜，协商解决，协商不成或一方在规定时间内未履行的，通过法律程序解决。

2016 年 12 月 8 日，安某某向张某 5 交接物品，有×安公司的公章、财务章、法人章、发票专用章、合同专用章、营业执照、银行开户许可证、企业机构信用代码张；×心公司公章、财务章、法人章、发票专用章、合同专用章、营业执照、开户许可证、组织机构代码证；全方××公司公章、财务章、法人章、营业执照、税务登记证、组织机构代码证、银行开户许可证、企业信用代码证；×安物业公司的公章、财务章、法人章、合同专用章、营业执照、银行开户许可证、企业信用代码证。

2017 年 1 月 10 日，王某 7 在《关于×安公司、×心经纪公司、×安物业公司、全方××公司法人变更及股权变更实施方案》（以下简称《变更实施方案》）上签字，确认按照 2016 年 12 月 5 日的审计报告，安某某垫付款项共 1 211 088.67 元，新股东承诺于 2017 年 5 月底前一次性归还全部垫款。安某某税前工资 2 021 156.13 元，经协商后按 180 万元总额份三次支付，待股权变更完毕三日内支付第一笔工资 30 万元，2017 年 3 月底支付第二笔工资 50 万元，2017 年 5 月底支付剩余工资 100 万元。收到第一笔款项时此方案生效。

2017 年 2 月 10 日，×安公司召开股东会，免去安某某董事长的职务，选举×昕为董事。同日，×安公司召开董事会，同意聘任×昕为经理，免去安某某经理职务，选举×昕为董事长，免去安某某董事长职务。同日，×安公司召开职工代表大会，免去王某 1 监事职务，选举张某 5 为监事。职工代表大会决议中，由张某 1、翁某 1、石某 1、朱某 1、周某 1 签字。2017 年 3 月 1 日，公司法定代表人由安某某变更为×昕。

2017 年 5 月 3 日，×安公司向安某某转账 20 万元。2017 年 12 月 5 日，张某 5 向安某某转账 30 万元，备注为代×安支付第一笔款项。

五、×安公司职工申请劳动仲裁情况。

2018 年，安某某在一审法院向×安公司提出劳动争议诉讼，要求×安公司支付 2015 年 6 月 1 日至 2017 年 4 月 26 日的工资 2 824 170 元，一审法院作出（2018）京 0105 民初 8157 号判决书，认定：×安公司于 2016 年 3 月 31 日成立，成立前尚不具备用工主体资格，且安某某未就筹备前双方已对劳动报酬的支付有过约定进行举证，故对 2016 年 3 月 31 日前的工资请求不予支持。一审法院判决×安公司支付安某某自 2017 年 3 月 1 日至 4 月 26 日的工资 218 764 元，安某某上诉后，本院维持原判。诉讼中，安某某未曾认可收到过 2 824 170 元中的工资。

2018 年，王某 6 向北京市朝阳区劳动人事争议仲裁委员会（以下简称朝阳劳动仲裁委）申请仲裁，要求×安公司支付工资及补偿金。朝阳劳动仲裁委裁定×安公司支付 2016 年 3 月 31 日至 2018 年 2 月 2 日的工资 1 724 432.41

元及补偿款 50 586 元。×安公司向一审法院提出诉讼,一审法院判决×安公司支付 2016 年 3 月 31 日至 2018 年 2 月 2 日的工资 1 724 432.41 元及补偿款 50 586 元。×安公司上诉后,本院维持原判。

2018 年,张某 2 在一审法院起诉×安公司,要求确认与×安公司之间存在劳动关系;要求×安公司支付未签订劳动合同的双倍工资 171 600 元及赔偿金 21 450 元。一审法院判决:确认张某 2 与×安公司自 2016 年 4 月 1 日至 11 月 30 日存在劳动关系;×安公司支付未签订劳动合同的双倍工资差额 150 150 元。×安公司上诉后,二审法院维持原判。

2018 年,刘某 1 在一审法院起诉×安公司,要求确认与×安公司之间存在劳动关系;要求×安公司支付未签劳动合同的双倍工资差额 4 万元及赔偿金 5 000 元。一审法院判决确认刘某 1 与×安公司自 2016 年 4 月 1 日至 11 月 30 日存在劳动关系;×安公司向刘某 1 支付 2016 年 5 月 1 日至 11 月 30 日未签订劳动合同的双倍工资差额 35 000 元。×安公司上诉后,二审法院维持原判。

诉讼中,安某某提交了张某 1 与×安公司的劳动合同,合同约定双方合同期限自 2016 年 4 月 1 日起至 2019 年 3 月 31 日终止,工资为每月 20 170 元。翁某 1 与×安公司的劳动合同,合同约定双方合同期限自 2016 年 4 月 1 日起至 2019 年 3 月 31 日止,工资为每月 12 010 元。

庭审中,安某某申请证人张某 1 出庭作证称:其于 2015 年 7 月至 2016 年年初在×安公司就职,负责工商、行政、人事管理。2015 年 5 月至 2016 年 3 月公司筹备组大约有 20 人,分公司大约有 30 人,都没有签订劳动合同,工资由安某某和郭某某将钱打给王某 1,王某 1 向职工发放工资。公司成立之后,自 2016 年 4 月开始与员工签订劳动合同。当时安某某曾经向张某 1 转账 9 万多元,用于购买办公用品。证人张某 2、石某 1、王某 2 出庭作证,证明其曾为×安公司工作,工资是由个人打入其账户。

六、安某某主张的垫付公司日常开支。

安某某称,自 2015 年 7 月至 2016 年 3 月,安某某垫付了公司的日常开支,其中大部分是现金支付的,另有安某某向张某 1 汇款 56 020 元,用于公司购买计算机。安某某向陈某 1 汇款 37 400 元，用于支付广州分公司的押金。安某某提供了支付的发票及部分费用报销单，报销单少部分有王某 7 签字，大部分并无批签，亦未说明用途，且未能提供原件。其中一张费用支出单中有杨某 1 签字，但安某某未能提供原件。

一审法院认为，《中华人民共和国民法总则》第七十五条规定：设立人为设立法人从事的民事活动，其法律后果由法人承受。安某某为发起设立 × 安公司垫付的费用，应该由 × 安公司负担。安某某在本案中主张了三部分费用，第一部分为垫付的工资，第二部分为垫付的员工社保及公积金，第三部分为公司的日常开支。

关于第一部分费用。安某某主张为 × 安公司员工垫付了 2015 年 8～11 月的工资。安某某作为主张权利一方，负有举证责任，应证明其已经支付了工资，工资的支付对象为 × 安公司的员工。安某某向一审法院提交了其向王某 1 汇款的银行流水、王某 1 向员工发放工资银行流水，该证明已经能够证明安某某通过王某 1 实际向员工发放了工资，但是其仍需要证明其发放工资的对象为 × 安公司的员工。结合安某某提供了 × 安公司委托 × 众公司缴纳社保的清单、法院就劳动争议的判决书，可以证明王某 1 支付工资的大部分人为 × 安公司的员工。在王某 1 发放工资时存在不同月份向同一人支付费用多少不一的情况，安某某解释为 × 安公司按照工作时长支付工资，其解释具有合理性，一审法院予以采信。其中杨某 1，安某某提交了杨某 1 签字的财务支出单的复印件，虽为复印件，但与王某 1 的账户流水相印证，一审法院对杨某 1 的员工身份予以确认。安某某账户多次以工资为由向张某 3、沈某 1、吴某 2、曹某 2、杨某 3 打款，故对其员工身份一审法院亦予以确认。

关于第二部分费用。安某某称为公司垫付了社保费用，其负有举证责任，应该证明其已经实际支付了社保费用。根据安某某提供的向王某 1 付款凭证、王某 1 向 × 众公司的付款，王某 1 代 × 安公司与 × 众公司签订的《社保托管协议》，已经形成了一个完整的证据链，可以证明安某某为 × 安公司垫付了员工的社保和公积金，× 安公司成立后应该向安某某返还。安某某要求 × 安公司支付此部分费用的请求，于法有据，一审法院予以支持。

570

关于第三部分费用。安某某提交了其向张某1、陈某1付款的凭证，但是无法证明该款项的使用用途。即便该款项如安某某所述用于购买电脑、交付房租，但是安某某在与公司交接时并未将电脑交付给公司，亦未向一审法院提交租赁协议。安某某称用现金支付了公司的其他费用，但是其提供的报销单和发票均为复印件，一审法院无法采信。综上所述，安某某要求×安公司支付费用的诉讼请求，缺乏事实依据，一审法院不予支持。

虽然安某某提交的《×安公司暨×心公司重组方案》中有×安公司盖章，但是由于《×安公司暨×心公司重组方案》产生于2016年11月14日，此时安某某掌握×安公司等公司的公章，故《×安公司暨×心公司重组方案》不能作为安某某向×安公司主张权利的依据。

王某7出具《变更实施方案》表明其自愿加入×安公司对安某某的债务，但是安某某并未放弃对×安公司主张债权的权利。故王某7出具的《变更实施方案》并不能免除×安公司的责任。

关于×安公司应支付的费用。安某某用于向员工支付工资及代垫社保和公积金费用合计1 007 105.05元，×安公司应该向安某某返还款项。在安某某与×安公司交接后，×安公司已经向安某某返还了50万元。在劳动争议案件中，安某某并未认可×安公司支付50万元为工资，则此50万元应作为×安公司向安某某返还的代垫费用。×安公司还应该向安某某返还507 105.05元。

关于东方××公司、全方××公司、×心公司、×安物业公司的责任问题。安某某称，×安公司为保险代理公司，按照《保险法》的要求，保险代理公司的注册资本应该实缴，故要求×安公司的二股东东方××公司、全方××公司承担责任。《保险法》第一百二十条规定：以公司形式设立保险专业代理机构、保险经纪人，其注册资本最低限额适用《中华人民共和国公司法》的规定。国务院保险监督管理机构根据保险专业代理机构、保险经纪人的业务范围和经营规模，可以调整其注册资本的最低限额，但不得低于《中华人民共和国公司法》规定的限额。保险专业代理机构、保险经纪人的注册资本或者出资额必须为实缴货币资本。该规定是保险经纪公司取得牌照的条件，并非公司设立的条件。×安公司已经设立，但是并未取得保险经纪公司牌照。

在×安公司的工商档案中，东方××公司、全方××公司的出资期限未满。现安某某要求东方××公司、全方××公司对×安公司的债务承担责任诉讼请求，缺乏法律依据，一审法院不予支持。安某某主张的费用为成立×安公司的代垫付费用，与×心公司、×安物业公司无关，其要求×心公司、×安物业公司承担责任的诉讼请求，缺乏事实和法律依据，一审法院不予支持。

综上所述，一审法院判决：一、×安保险代理有限公司于判决生效之日起十日内向安某某返还代垫费用 507 105.05 元；二、驳回安某某的其他诉讼请求。如果未按判决指定的期间履行给付金钱义务，应当依照《中华人民共和国民事诉讼法》第二百五十三条之规定，加倍支付迟延履行期间的债务利息。

二审中，当事人没有提交新证据。二审法院经审理查明的事实和一审法院查明的事实一致，本院予以确认。

二审法院认为，结合各方诉辩意见，本院作如下分析。

首先，安某某提交的《×安保险代理暨×心保险经纪公司重组方案》中虽有×安公司、×心公司盖章，但该方案的形成时间在 2016 年 11 月 14 日，此时安某某掌握并控制×安公司等公司的公章，在缺乏其他证据印证而×安公司等又予以否认的情况下，一审法院认定仅凭《×安保险代理暨×心保险经纪公司重组方案》不足以作为安某某向×安公司主张权利的依据并无不当，本院不持异议。

其次，关于是否应扣除×安公司已给付安某某的 50 万元一节，在劳动争议案件中，安某某并未认可×安公司支付 50 万元为工资，一审法院认定该 50 万元作为×安公司向安某某返还的代垫费用并无不当，本院予以确认。一审法院核算的应返还费用金额无误，本院予以维持。

最后，关于东方××公司、全方××公司是否应承担连带责任一节。安某某上诉主张东方××公司、全方××公司应依据《公司法》第九十四条的规定，在公司不能成立时对设立行为所产生的债务和费用负连带责任。但公司设立和取得相应经营许可是两个不同维度的问题。事实上，×安公司已经设立，且在×安公司的工商档案中，东方××公司、全方××公司的出资期限未满。虽然×安公司尚未取得保险经纪公司牌照，但并非阻止公司设立的事由。安某某要求东方××公司、全方××公司对×安公司的债务承担责任，缺乏法律依据，一审法院未予支持是正确的。

综上所述，安某某的上诉请求不能成立，应予驳回；一审判决认定事实清楚，适用法律正确，应予维持。依照《中华人民共和国民事诉讼法》第一百七十条第一款第一项规定，判决如下：

驳回上诉，维持原判。

【说明】这是一起法院指出《保险法》第一百二十条规定，保险专业代理机构、保险经纪人的注册资本或者出资额必须为实缴货币资本，该规定是保险经纪公司取得牌照的条件，并非公司设立的条件的案件。

本案案情简述如下：2015年5月1日，东方××公司和全方××公司作为发起股东，委托安某某成立×安公司筹备组。2016年3月1日，×安公司注册成立。安某某主张公司筹备期间安某某垫付员工工资、五险一金、购买固定资产、广东分公司押金、业务招待费、住宿费用、汽车租赁费、其他费用共计1 211 088.67元。要求判令东方××公司、全方××公司向安某某支付×安公司筹建期间垫付款1 211 088.67元。一审法院经审理后判决：一、×安公司于判决生效之日起10日内向安某某返还代垫费用507 105.05元；二、驳回安某某的其他诉讼请求。安某某不服一审判决，提起上诉，二审法院判决驳回上诉，维持原判。

本案中，安某某认为×安公司为保险代理公司，按照《保险法》第一百二十条的要求，保险代理公司的注册资本应该实缴，故要求×安公司的两个股东东方××公司、全方××公司对其在公司筹建期间的垫付款承担责任。法院指出，保险专业代理机构、保险经纪人的注册资本或者出资额必须为实缴货币资本。该规定是保险经纪公司取得牌照的条件，并非公司设立的条件。×安公司已经设立，但是并未取得保险经纪公司牌照。在×安公司的工商档案中，×安公司注册资本5 100万元，东方××公司认缴出资4 080万元，出资期限为2046年3月10日；全方××公司认缴出资1 020万元，出资期限为

2046 年 3 月 10 日。东方××公司、全方××公司的出资期限未满。所以，×安公司已经设立，而股东认缴出资期限未满，安某某在公司筹备期间的垫付款只能由×安公司承担，而不能由两个股东承担。

　　我国《公司法》规定有限责任公司的股东和股份有限公司的发起人可以用货币出资，也可以用实物、工业产权、非专利技术、土地使用权作价出资。即有限责任公司和股份有限公司的注册资本可以由货币和非货币形式折价后两部分组成，所以其注册资本的最低限额也可以由这两部分组成。认缴制又称注册资本认缴登记制，工商局的营业执照只登记公司所有股东认缴的注册资本总额，不强制要求提交验资报告，注册公司时将认定的注册资本设定一个期限分段缴清，不需要一开始就缴全。实缴制是指公司营业执照上的注册资本数额是多少，银行的验资账户上就必须存有这个数目的资金。也就是说，一开始就需要将注册资本缴全，不可以缺缴。

　　本条对保险专业代理机构、保险经纪人的设立有三款规定。首先，以公司形式设立保险专业代理机构、保险经纪人，其注册资本最低限额适用《中华人民共和国公司法》的规定。而设立保险公司，其注册资本的最低限额为人民币二亿元。这是设立保险专业代理机构、保险经纪人与设立保险公司的不同之处，其注册资本远低于设立保险公司注册资本。其次，国务院保险监督管理机构根据保险专业代理机构、保险经纪人的业务范围和经营规模，可以调整其注册资本的最低限额，但不得低于《中华人民共和国公司法》规定的限额。这里对设立保险专业代理机构、保险经纪人的注册资本规定了一个下限，就是不能低于《公司法》对设立公司要求的注册资本的最低限额。最后，保险专业代理机构、保险经纪人的注册资本或者出资额必须为实缴货币资本。这里要求保险专业代理机构、保险经纪人的注册资本必须满足两个条件：出资形式必须为实缴；出资种类必须为货币出资。这一点与对保险公司的注册资本的要求一致。

　　由前条规定可知，保险代理机构、保险经纪人应当具备国务院保险监督管理机构规定的条件，取得保险监督管理机构颁发的经营保险代理业务许可证、保险经纪业务许可证。这就会出现本案中的情况，保险代理公司设立了但不能取得相应经营许可，这是两个不同维度的问题。所以，对于保险代理公司营业开展业务来说，取得保险监督管理机构颁发的经营保险代理业务许可证是必要条件，而要取得业务许可证则必须实缴货币资本。但对于公司的债务来说，公司已经设立完成，公司作为一个独立法人以其财产承担债务。所以本案法院判决×安公司筹备期间的垫付款由×安公司承担。

第一百二十一条　保险专业代理机构、保险经纪人的高级管理人员，应当品行良好，熟悉保险法律、行政法规，具有履行职责所需的经营管理能力，并在任职前取得保险监督管理机构核准的任职资格。

【案例96】（2020）粤06民终1997号

2018年10月28日，唐某醉酒驾驶×＊＊号车辆行驶至S15沈海高速广州支线南往北39公里700米路段时，与李某驾驶的A＊＊车辆、陈某1驾驶的E＊＊车辆、陈某2驾驶的J＊＊车辆发生碰撞，导致四车损坏的交通事故。经交警部门认定唐某承担事故全部责任，李某、陈某1、陈某2不承担事故责任。

×＊＊号车的损失经×价格事务所公司评估，结论为受损维修费157 826元。

唐某2（唐某之兄）为×＊＊号车向某保险公司投了交强险，保险限额为1 000 000元的商业第三者责任保险及保险限额为214 122元的机动车损失险（含不计免赔特约险），被保险人为唐某2，事故发生在保险期限内。

另查明，涉案交通事故中的伤者陈某1，就其损失向某保险公司及唐某提起诉讼，×市南×区人民法院经审理，作出（2018）粤0605民初22702号民事判决，认定：虽然唐某饮酒后驾驶机动车发生交通事故的行为属保险合同的免责条款所约定的驾驶行为，但该免责条款仍属于格式条款，且某保险公司未能提供书面证据证明其已经就饮酒后驾驶机动车发生交通事故的免赔条款进行了提示，故该免责条款不生效，某保险公司对于超出交强险赔偿范围的损失仍应当在100万元商业第三者责任保险限额范围内予以赔偿。

某保险公司不服，提起上诉，×市中级人民法院作出（2019）粤06民终

1901 号民事判决，判决驳回上诉、维持原判。该判决于 2019 年 3 月 28 日发生法律效力。

一审法院认为：唐某 2、某保险公司之间保险合同关系合法有效，应受法律保护，双方应按保险条款及保险法律法规的规定行使各自权利并履行相关义务。

保险车辆在保险期间发生保险事故，保险车辆为此损失 157 826 元，唐某醉酒后驾驶×＊＊号车发生涉案交通事故，某保险公司作为×＊＊号车的保险公司应否承担赔偿责任的问题，已经生效的民事判决认定，法院予以确认。故某保险公司的抗辩意见，法院不予采纳，唐某 2 要求某保险公司在机动车损失险限额内承担本案责任，没有违反法律规定，法院予以支持。

唐某 2 提供的由×价格事务所公司出具关于保险车辆损失的评估结论书，因该鉴定机构作为具备价格评估资格的社会机构，其确定的损失价格并不引发其自身给付义务，因而车物损失价格鉴定结果在证据的客观性、真实性及证明力方面较为中立、公平，故法院采信唐某 2 提交的评估结论书，对某保险公司申请重新鉴定不予采纳。

评估费 6 300 元属于为查明保险标的损失程度所支付的必要的、合理的费用，应由某保险公司承担。

综上所述，唐某 2 因本起交通事故损失合计 164 126 元，没有超出其所购买保险的赔偿限额，且唐某 2 购买了相应的不计免赔，某保险公司应全额赔偿予唐某 2。依照《中华人民共和国保险法》第十条、第六十四条的规定，判决：某保险公司应于判决发生法律效力之日起十日内支付保险理赔款 164 126 元给唐某 2。如果未按判决指定的期间履行给付金钱义务，应当依照《中华人民共和国民事诉讼法》第二百五十三条之规定，加倍支付迟延履行期间的债务利息。本案案件受理费减半收取 1 791.26 元（唐某 2 已预交），由某保险公司负担。经唐某 2 同意，某保险公司应于给付上述款项时一并支付给唐某 2，法院不另收取。

某保险公司上诉请求：1. 撤销一审判决，改判某保险公司在机动车损失保险不承担赔偿责任；2. 本案一审、二审诉讼费由唐某 2 承担。

　　事实与理由：原审判决认定事实不清，适用法律错误，判决不合理。根据×市公安局交通交警支队高速公路一大队出具的第440＊＊＊＊＊＊＊＊＊＊＊＊706号《道路交通事故认定书》显示，唐某酒后（经检验，其血液中的乙醇含量为70mg/100ml）驾驶×＊＊号车。根据机动车损失保险条款的约定，商业险不承担赔偿责任。首先，"喝酒不开车，开车不喝酒"已经是普通公民皆知的一个生活常识，且相关法律法规有明确规定和处罚措施。即使保险公司没有提示这个免责条款，难道被保险人、驾驶员就可以说其不知"喝酒不可以开车"这一生活常识？就能说其未曾听保险公司说过，故不知道这一违法行为会带来不利影响？法院如此判决实在有失偏颇，也违背了民法的公序良俗原则，等于鼓励公民饮酒驾车，这会带来交通安全隐患，更会错误引导社会价值观念和公民行为。一个错误的判例对社会的负面影响往往超越案件本身，请法官切实考虑案件基本事实，作出公平、公正的判决，让当事人在每个案件中感受到公平正义，更要引导社会和公民遵法守法。其次，据调查了解，从某保险公司所提供唐某2的名片可知，唐某2是某汽车服务有限公司的总经理。经查询，某汽车服务有限公司的经营范围为汽车修理与维护；保险兼业代理等业务。根据《中华人民共和国保险法》第一百二十一条"保险专业代理机构、保险经纪人的高级管理人员，应当品行良好，熟悉保险法律、行政法规，具有履行职责所需的经营管理能力，并在任职前取得保险监督管理机构核准的任职资格"、第一百二十二条"个人保险代理人、保险代理机构的代理从业人员、保险经纪人的经纪从业人员，应当品行良好，具有从事保险代理业务或者保险经纪业务所需的专业能力"之规定，唐某2作为有保险代理资格的公司员工，从事保险代理工作，具有专业的保险业务能力，应当比普通人更加知道机动车损失险保险合同第八条约定"下列情况下，不论任何原因造成的人身伤亡、财产损失和费用，保险人均不负责赔偿：（二）驾驶人有下列情形之一者：1. 饮酒、吸食或者注射毒品、服用国家管制的精神……"的免责条款，并且作为保险代理人，应当知道客户购买保险，应当向客户提供保险单以及条款作为购买保险的凭证，但是唐某2一直否认收到某保险公司的保险单以及保险条款，在出险前也未告知某保险公司业务员没有收到保险单以及保险条款，明显不符合常理。故唐某 2 作为一名保险代理公司的员工，具有专业的保险业务能力，对保险的免责条款应当是明知的，无须对其再次作出明确的提示义务，因此请法院支持某保险公司在机动车损失险内不承担赔偿责任。综上所述，一审法院未查明事实，认定事实不清，涉案车辆×＊＊号驾驶员饮酒驾驶，增加了危险发生的可能性，加重了某保险公司的责任承担，根据商业险条款，某保险公司不承担赔偿责任。请求二审法院查明事实，依法改判。

唐某 2 答辩称：（2018）粤 0605 民初 22702、22564 号民事判决认定某保险公司未就免责条款进行提示，故该免责条款不生效。某保险公司仍应在第三者责任险内赔偿。（2019）粤 06 民终 1901、1920 号民事判决认为，某保险公司不能举证证明其已向投保人提供附有格式条款的投保单且已对免责条款履行了提示义务，其应承担举证不能的不利后果，相应的免责条款依法不能产生法律效力，维持原判。唐某 2 依据上述判决认定结果提出理赔诉讼，并无不妥。某保险公司上诉认为一审认定事实不清，适用法律错误，缺乏理据。另外，唐某 2 虽是某汽车服务有限公司的总经理，但其只是某汽车服务有限公司的承包人之一，而非保险机构专业代理人，其本人也没有取得保险监督管理机构核准的任职资格，且某汽车服务有限公司只是大×下属企业，保险兼业属于另外一部门。某保险公司上诉所提的《中华人民共和国保险法》第一百二十一条、第一百二十二条，并不适用本案。上述法律规定并没有规定经营范围为汽车修理厂与维护人员投保时保险人可以就免责条款不履行告知义务。某保险公司未能举证其履行了相应的提示义务。某保险公司上诉认为唐某 2 知道或应当知道为由，主张免除其法定义务，缺乏依据。

某保险公司在二审期间向本院提交了某汽车服务有限公司的营业执照及唐某 2 名片复印件各一份，拟证明唐某 2 作为有保险代理资格的公司员工，从事保险代理工作，具有专业的保险业务能力，应当比普通人更加清楚知道机动车损失险保险合同第八条约定的免责条款，并且作为保险代理人，应当知道客户购买保险需向客户提供保险单以及条款作为购买保险的凭证，但是唐某 2 一直否认收到某保险公司的保险单以及保险条款，在出险前也未告知某保险公司的业务员没有收到保险单以及保险条款，明显不符合常理。

经质证，唐某2认为某保险公司的证据属实，但该证据只能证明唐某2是某汽车服务有限公司的总经理，但唐某2并没有取得保险公司经管机构核准的任职资格，也不是保险机构专业人员，保险监理是其他公司负责，本案应适用《中华人民共和国保险法》第四章规定，某保险公司适用法律错误，合同条款也未规定保险人可以就免责条款不履行说明义务。

经审核，唐某2对某保险公司举示的证据的真实性无异议，故本院对该证据的真实性予以确认。

唐某2在二审期间未向本院提交新的证据。

一审认定事实清楚，本院对一审查明的事实予以确认。另查明：就涉案交通事故中受害方之一向某保险公司、唐某等机动车交通事故责任纠纷一案（即×市中级人民法院（2019）粤06民终1901号案）中，某保险公司提交了被保险人为"唐某2"的神行车保机动车保险单（副本），被保险人为"某保险公司"的同类型保险单（正本）各一份。已生效的该案民事判决认为，某保险公司二审提交的案涉保险单副本未附加格式条款，他人的保险单正本与本案并无关联性，不足以证明其已向投保人提供了商业三者险格式条款并履行了对免责条款的提示义务，故对该证据不予采信。某保险公司不能举证证明其已向投保人提供附有格式条款的投保单且已对免责条款履行了提示义务，依法应承担举证不能的不利后果，相应的免责条款依法不产生法律效力。

本院认为，双方当事人对一审认定因案涉交通事故产生保险车辆维修费及评估费的数额均未提出异议，本院对此予以确认。

《中华人民共和国保险法》第十七条规定，对保险合同中免除保险人责任的条款，保险人在订立合同时应当在投保单、保险单或者其他保险凭证上作出足以引起投保人注意的提示，并对该条款的内容以书面或者口头形式向投保人作出明确说明；未作提示或者明确说明的，该条款不产生效力。就涉案交通事故中受害方之一向某保险公司、唐某等机动车交通事故责任纠纷一案，某保险公司援引案涉保险条款主张酒后驾驶属于商业险约定的免责范围。对此，（2019）粤06民终1901号生效民事判决认为，某保险公司不能举证证明其已向投保人提供附有格式条款的投保单且已对免责条款履行了提示义务，依法应承担举证不能的不利后果，相应的免责条款依法不产生法律效力。本案中，某保险公司二审举示的某汽车服务有限公司的营业执照及唐某2名片复印件亦不足以证实其就案涉保险条款已向投保人或被保险人履行了提示义务。因此，一审对某保险公司关于其不承担保险责任的主张不予采纳，并判令某保险公司在车损险范围内向唐某2赔付涉案损失，符合保险法的上述规定，本院予以维持。

综上所述，一审判决认定事实清楚，适用法律正确，应予维持。依照《中华人民共和国民事诉讼法》第一百七十条第一款第（一）项的规定，判决如下：

驳回上诉，维持原判。

【说明】这是一起保险公司援引《保险法》第一百二十一条，主张被保险人系有保险代理资格的公司员工，从事保险代理工作，具有专业的保险业务能力，应当比普通人更加清楚知道机动车损失险保险合同约定的免责条款，法院未予支持的案件。

2018年10月28日，唐某2的弟弟唐某醉酒驾驶唐某2的×**号车，导致四车损坏，经交警部门认定唐某承担事故全部责任。×**号车的损失157 826元。唐某2为×**号车投保了交强险，保险限额为1 000 000元的商业第三者责任保险及保险限额为214 122元的机动车损失险（含不计免赔特约险），被保险人为唐某2，事故发生在保险期限内。

涉案交通事故中的伤者陈某1，就其损失向某保险公司及唐某提起诉讼，法院作出（2018）粤0605民初22702号民事判决，认定：虽然唐某饮酒后驾驶机动车发生交通事故的行为属保险合同的免责条款所约定的驾驶行为，但该免责条款仍属于格式条款，且某保险公司未能提供书面证据证明其已经就饮酒后驾驶机动车发生交通事故的免赔条款进行了提示，故该免责条款不生效，某保险公司对于超出交强险赔偿范围的损失仍应当在100万元商业第三者责任保险限额范围内予以赔偿。

唐某2起诉主张保险公司赔偿车辆损失，一审二审法院均支持了其诉求。

本案中，保险公司曾提出抗辩：1. 醉酒驾车行为相关法律法规有明确规定和处罚措施，属于生活常识。2. 从唐某2的名片可知，唐某2是某汽车服务有限公司的总经理。该公司经营范围为汽车修理与维护，保险兼业代理等业务。根据《保险法》第一百二十一条、第一百二十二条之规定，唐某2作为有保险代理资格的公司员工，从事保险代理工作，具有专业的保险业务能力，应当比普通人更加知道机动车损失险保险合同约定的免责条款，并且作为保险代理人，其否认收到某保险公司的保险单以及保险条款，明显不符合常理。

对此，法院指出：1. 唐某醉酒后驾驶×××号车发生交通事故，某保险公司作为×××号车的保险公司应否承担赔偿责任的问题，已经生效的民事判决认定，法院予以确认。唐某2要求某保险公司在机动车损失险限额内承担本案责任，没有违反法律规定，法院予以支持。2. 某保险公司不能举证证明其已向投保人提供附有格式条款的投保单且已对免责条款履行了提示义务，依法应承担举证不能的不利后果，相应的免责条款依法不产生法律效力。某保险公司二审举示的某汽车服务有限公司的营业执照及唐某2名片复印件亦不足以证实其就案涉保险条款已向投保人或被保险人履行了提示义务。最终法院未予支持保险公司诉求。

保险专业代理机构、保险经纪人的高级管理人员除了在能力条件、专业知识和专业技能条件、道德品质或职业道德条件符合法律的规定，还需要在任职前取得保险监督管理机构核准的任职资格。

第一百二十二条　个人保险代理人、保险代理机构的代理从业人员、保险经纪人的经纪从业人员，应当品行良好，具有从事保险代理业务或者保险经纪业务所需的专业能力。

【案例97】（2020）辽02民终7880号

2018年11月28日，原告某人寿保险公司与被告李某签订《保险委托代理合同》一份，约定双方之间建立委托代理关系，原告委托被告在原告许可的经营区域内，以原告的名义开展约定的保险营销活动，原告按合同约定支付手续费（佣金）。12 月 21 日，双方再次签订《某人寿保险公司团队加盟协议书》，约定被告申请营销经理的职级，并享受筹备津贴及财务补贴。双方具体约定了筹备津贴及财务补贴的计算方式，并约定：若被告方团队的 13 个月继续率不足 85%、25 个月继续率不足 88% 者，则公司有权追偿所有发放的筹备津贴及财务补贴，对于继续率的计算方式，合同中有明确约定。

合同签订后，被告作为原告的营销经理，组织团队进行保险销售。2019年 1 月 31 日起至 9 月 27 日止，原告向被告支付了 2018 年 12 月至 2019 年 8月的佣金及其他收入、财务补贴及筹备津贴，其中发放的财务补贴及筹备津贴合计 152 750 元。至 2019 年 10 月，被告团队的 13 个月继续率未达到双方合同约定的标准。

一审法院认为，本案原告某人寿保险公司与被告李某之间订立的《保险委托代理合同》《某人寿保险公司团队加盟协议书》均系当事人的真实意思表示，内容不违反法律及行政法规的禁止性规定，原告、被告之间的保险代理合同关系依法成立，合法有效，双方均应按照合同约定履行义务。经由庭审中核对的计算方式及数额，依据被告的销售业绩计算相关数据所得的结果，符合双方约定的追偿筹备津贴及财务补贴的标准，故原告主张返还该部分费用的诉讼请求，于法有据，予以支持。关于被告抗辩其签署合同时对于内容并不知情一节，其作为完全民事行为能力人，应有能力充分认知自己在合同中签字的效力，尤其是作为保险业从业人员，日常负责向被保险人讲解较为复杂的保险合同内容、明确合同条款释义，较一般人更具有从业常识，其于本案中抗辩因对于包括继续率计算、津贴返还等在内的合同条款并不知晓而不应承担责任，不符合常理，其相关抗辩不予支持。综上所述，一审法院依据《中华人民共和国合同法》第一百零七条之规定，判决如下：被告李某于判决发生法律效力之日起十日内返还原告某人寿保险公司筹备津贴及财务补贴合计人民币 152 750 元。若被告逾期给付，则应当依照《中华人民共和国民事诉讼法》第二百五十三条之规定，加倍支付迟延履行期间的债务利息。案件受理费3 360元，减半收取1 680元，由被告李某负担，于判决生效之日起十日内一并支付。

本院二审期间，上诉人对一审的"至2019年10月，被告团队的13个月继续率未达到双方合同约定的标准"一节事实有异议，认为截至目前，尚有部分保单未达到13个月，13个月继续率尚无法计算，同时认为一审遗漏了《补充协议》中关于财务补贴金逐月扣除的约定，并提交了11份投保人出具的书面证言，拟证明未交保费系因疫情；被上诉人未提交新证据，且对一审认定的事实没有异议。本院组织当事人进行了证据交换和质证。对当事人二审争议的事实，本院认定如下：关于11份投保人出具的书面证言，因证人未出庭接受询问，且被上诉人不予认可，本院不予采信这些证据。由于双方于2018年12月21日才签订《补充协议》，至2019年10月尚未满13个月，一审认定"至2019年10月"13个月继续率确实表述不妥，对此，本院予以纠正，但截至一审开庭之时已超过13个月，且上诉人在一审庭审中已经自认了13个月继续率未达到合同约定的85%，而二审中其又未提交投保人已交保费证明13个月继续率已超过85%。也就是说，上诉人未提交足以推翻其自认的证据，因此，一审依据李某的自认认定"被告团队的13个月继续率未达到双方合同约定的标准"一节事实并无不当。至于上诉人所称的逐月扣款一节，因《补充协议》第七条中约定逐月扣款的款项系处罚性的罚款，与筹备津贴、财务补贴均不是同一款项，因此，该项约定内容与本案无关，一审未作为案件事实予以认定并无不妥，本院二审亦不予补充。综上所述，本院除对"至2019年10月，被告团队的13个月继续率未达到双方合同约定的标准"更正为"截至目前，被告团队的13个月继续率未达到双方合同约定的标准"外，对一审认定的其他事实予以确认。另外，根据一审已经庭审质证的证据，本院二审补充查明：案涉《保险委托代理合同》封面背面系由黑体加粗三号字体文字书写的《重要事项确认书》，该《重要事项确认书》载明"本人已认真阅读过本合同全部内容，完全理解本合同的内容及后果，对于涉及本人权益的重要事项某人寿保险股份有限公司也已当面明确说明告知，本人对合同内容无异议，并确认以下事项……"，上诉人李某在《重要事项确认书》页签字。《某人寿保险公司团队加盟协议书》又名《××分公司保险代理合同补充协议（分区经理）》，该《团队加盟协议书》中载明"本协议作为《保险代理合同》的组成部分，具有同等法律效力"。

本院认为，案涉《保险委托代理合同》及其补充协议《某人寿保险公司团队加盟协议书》虽系被上诉人为了重复使用而预先拟定的格式合同，但上诉人李某在《重要事项确认书》上签字确认"本人已认真阅读过本合同全部内容，完全理解本合同的内容及法律后果，对于涉及本人权益的重要事项某人寿保险公司也已当面明确说明告知，本人对合同内容无异议"。由此可见，被上诉人在签订合同时已经对合同中涉及的概念、合同内容及法律后果向上诉人作出了解释说明，履行了格式合同提供者的解释说明义务，上诉人也完全理解合同的内容及法律后果，况且从补充协议第六条第二款第七项的约定内容上看，"乙方团队的13个月继续率不足85%"时"公司有权追偿"，并没有明显加重上诉人责任，双方的权利义务基本对等，不具备《中华人民共和国合同法》第四十条规定的格式条款无效的构成要件，案涉《保险委托代理合同》及其补充协议并不因为系格式合同而无效。另外，《中华人民共和国保险法》第一百二十二条规定"个人保险代理人、保险代理机构的代理从业人员、保险经纪人的经纪从业人员，应当品行良好，具有从事保险代理业务或者保险经纪业务所需的专业能力"，可见，法律并不禁止个人代理保险业务，上诉人作为《保险委托代理合同》的主体资格适格。因此，一审认定案涉《保险委托代理合同》及其补充协议《某人寿保险公司团队加盟协议书》有效正确，上诉人关于格式合同无效、应撤销或不成为合同内容的上诉理由均不成立。

既然案涉合同有效，该合同就对双方当事人具有法律约束力。根据已经查明的事实，上诉人的团队13个月继续率确实未达到双方合同约定的85%，按照《某人寿保险公司团队加盟协议书》第六条第二款第七项关于"乙方（上诉人）团队的13个月继续率不足85%、25个月继续率不足88%者，公司（被上诉人）有权追偿所有发放的筹备津贴及财务补贴"的约定，上诉人应将被上诉人发放有关筹备津贴及财务补贴予以返还，一审判决李某返款 152 750 元并无不当。至于上诉人提出的"未到达团队 13 个月继续率系因受新冠肺炎疫情影响"一节，因上诉人团队办理的保险合同的投保人并非案涉合同的合同当事人，系合同外的第三人，根据合同相对性原则，投保人是否受疫情影响收入减少而未缴保费并不能免除上诉人的责任，上诉人该项抗辩理由没有法律依据。另外，筹备津贴及财务补贴系处理委托事务的费用，既不是违约金，也不是《补充协议》第七条中约定的处罚性罚款，因此，不存在过高或过低予以调整的问题，也不适用《补充协议》第七条关于逐月扣减的约定。

综上所述，上诉人李某的上诉请求不成立。依照《中华人民共和国民事诉讼法》第一百七十条第一款第一项之规定，判决如下：

驳回上诉，维持原判。

【说明】这是一起法院援引《保险法》第一百二十二条规定，指出个人保险代理人应当具有从事保险代理业务所需的专业能力，对其签订的协议应予以遵守的案件。

2018 年 11 月 28 日，原告某人寿保险公司与被告李某签订《保险委托代理合同》，约定双方之间建立委托代理关系，原告委托被告以原告的名义开展保险营销活动，原告按合同约定支付手续费（佣金）。12 月 21 日，双方再次签订《某人寿保险公司团队加盟协议书》，约定被告申请营销经理的职级，并享受筹备津贴及财务补贴。双方具体约定了筹备津贴及财务补贴的计算方式，并约定：若被告方团队的 13 个月继续率不足 85%、25 个月继续率不足 88% 者，则公司有权追偿所有发放的筹备津贴及财务补贴，对于继续率的计算方式，合同中有明确约定。

2019 年 1 月 31 日起至 9 月 27 日止，原告向被告支付了 2018 年 12 月至 2019 年 8 月的佣金及其他收入、财务补贴及筹备津贴，其中发放的财务补贴及筹备津贴合计 152 750 元。至 2019 年 10 月，被告团队的 13 个月继续率未达到双方合同约定的标准。

某保险公司起诉要求李某返还筹备津贴及财务补贴，一审法院判决如下：

被告李某返还原告某人寿保险公司筹备津贴及财务补贴合计人民币 152 750 元。李某不服一审判决，提起上诉，二审法院判决驳回上诉，维持原判。

13 个月继续率是指业务员考察期承保的保单在 13 月后已实收第二年保费的保费比率，用来反映期缴新契约的品质。25 个月的继续率是保费从承保开始后的 25 个月续保的百分比。这两个考核指标主要体现客户维持保单生效的意愿，反映产品与客户实际需求的匹配度，匹配度越高，在销售时发生误导的可能性越低。

本案中，代理人与保险公司签订的协议明确约定代理人可以享受筹备津贴及财务补贴。但代理人的团队若 13 个月继续率不足 85%、25 个月继续率不足 88% 者，则公司有权追偿所有发放的筹备津贴及财务补贴。该协议是有效合同，涉及的是筹备津贴及财务补贴，并非销售产品的佣金，双方的权利义务基本对等，并没有明显加重代理人的责任，所以一审、二审法院均支持了保险公司的诉求。

第一百二十三条 保险代理机构、保险经纪人应当有自己的经营场所，设立专门账簿记载保险代理业务、经纪业务的收支情况。

【说明】本条是对保险代理人和保险经纪人经营场所的相关规定。

保险代理人和保险经纪人办理保险代理业务或者保险经纪业务应当有自己的经营场所，这是必须具备的基本的物质条件。所谓经营场所，是保险代理人和保险经纪人对办理保险代理业务或者保险经纪业务与保险人、投保人或者被保险人保持业务联系的场所，也是各种法律文书送达的场所。保险代理人和保险经纪人要取信于保险人、投保人、被保险人，必须有自己的经营场所。保险代理人和保险经纪人的经营场所依法经批准，向工商行政管理机关办理注册登记后，不得随意变更。如要变更，则必须依法办理变更登记，予以公告，并接受保险监督管理机构的监督。

保险代理人和保险经纪人办理保险代理业务或者保险经纪业务应当设立专门账簿。专门账簿，既是记载保险代理人和保险经纪人办理保险业务收支情况的会计账簿，也是保险代理人和保险经纪人办理保险业务情况的资料和证据。它不仅可以为保险代理人和保险经纪人扩展业务提供参考，也可以为查核保险代理人和保险经纪人办理保险业务是否有违法、违规行为提供证据。保险代理人和保险经纪人办理保险业务，必须依照保险法和会计法的规定以及保险监督管理机构的要求设立会计账簿，如实记录办理保险代理业务或者保险经纪业务的收支情况，并接受保险监督管理机构的监督。

第一百二十四条　保险代理机构、保险经纪人应当按照国务院保险监督管理机构的规定缴存保证金或者投保职业责任保险。

【案例98】（2020）苏 0102 执异 60 号

陈某、郑某与福×集团公司民间借贷纠纷一案，陈某、郑某诉请要求：福×集团偿还借款 1 440 万元，支付利息 1 861.4 万元。2018 年 2 月 7 日，一审法院作出（2017）苏 0102 民初 178 号民事判决：驳回陈某、郑某的诉讼请求。一审宣判后，陈某、郑某以及福×集团公司均不服判决，上诉至×市中级人民法院（以下简称×中院）。2018 年 9 月 12 日，×中院作出（2018）苏 01 民终 3432 号民事判决：1. 撤销一审法院（2017）苏 0102 民初 178 号民事判决及诉讼费用的负担；2. 福×集团公司于本判决生效之日起十日内偿还陈某、郑某借款本金 11 370 205.48 元并支付利息；3. 福×集团公司于本判决生效之日起十日内支付陈某、郑某律师费 40 万元。4. 驳回陈某、郑某的其他诉讼请求。×中院审理上述案件期间，2018 年 9 月 21 日向××银行出具了协助冻结存款通知书：冻结华×保险销售公司在××银行的存款 500 万元。

2019 年 7 月 13 日，华×保险销售公司、福×集团公司共同向×中院、一审法院及××银行出具"配合执行承诺书"：关于郑某等人申请执行福×集团民间借贷一案，按照执行和解协议第一条约定，福×集团应于 2019 年 7 月 15 日配合执行局交付被×中院冻结的华×公司保证金 500 万元（系华×公司的担保行为），现自愿按照约定将这 500 万元用于履行上述执行案件的第一笔款，请×法院执行局与×中院、××银行联系办理相关法律手续，福×集团公司及华×保险销售公司将按照执行局的要求办理该笔付款手续，如消极配合，则视为违反和解协议。

2020年4月2日，一审法院向中国银行保险监督管理委员会××监管局（以下简称××银保监局）去函征询意见，主要内容为：1. 500万元属何种性质款项？2. 法院能否执行该笔款项？2020年4月21日，××银保监局向一审法院函复上述征询意见函，主要内容：2016年9月29日，中国保险监督管理委员会发布的《中国保监会关于做好保险专业中介业务许可工作的通知》（保监〔2016〕82号）（以下简称《通知》）规定："申请保险代理、经纪业务许可的保险专业中介机构应在大行商业银行或股份制商业银行等具有托管经验的银行中选择1家，签订托管协议，开立托管账户，将全部注册资本存入托管账户。保险专业中介机构在向保险监管部门提交业务许可申请材料时，应一并提交托管协议复印件。"对注册资本金的使用用途有如下规定，"取得许可证后，注册资本应在许可证有效期间处于持续托管状态，用途如下：（一）投资大额协议存款、定期存款的资金不少于注册资本的10%，且不得质押；（二）购置不动产，支出总额不高于注册资本的40%；（三）向基本户转账，用于与业务相关、经营规模相符的日常运营等开支；（四）其他资金运用。注册资本不得以虚构债权债务关系等任何手段抽逃"。华×保险销售公司注册资本金为5000万元，在上述规定发布前已取得许可证且许可证至今处于有效状态。该公司在××银行存入的500万元为托管的注册本金，使用用途为履行《通知》规定第一款的使用用途：投资大额协议存款、定期存款的资金不少于注册资本的10%，且不得质押。

2020年5月13日，一审法院工作人员至××银保监局了解情况，据××银保监局陈述：1. 华×保险销售公司的基本情况。华×公司在全国16个地区拥有30个左右的分支机构，工作人员众多。2. 关于500万元的性质。华×保险销售公司的注册资本为5000万元，存于××银行的500万元属于按规定托管的注册资本金，用途为投资大额协议存款、定期存款。按照上述《通知》的规定，投资大额协议存款、定期存款不能低于注册资本的10%，具体到本案中即500万元。大额存单不能质押。3. 2020年7月，华×保险销售公司的保险代理、经纪业务许可证即将到期，如果华×保险销售公司在××银行用于投资大额协议存款、定期存款的托管注册资本被扣划，则可能导致华×保险销售公司丧失保险代理、经纪业务的资格。4. 华×保险销售公司是保险中介机构，其销售出去的保险产品的相应保险责任应由保险公司承担。但华×保险销售公司销售保险合同过程中出现的风险及责任，应由其自身承担，例如保险销售人员的不实陈述造成的风险及责任应由华×公司自己承担。

一审法院认为，一审法院扣划案外人华×保险销售公司在××银行托管的注册资本金498万元并不违反法律规定。理由如下：1.《保险法》第一百二十四条规定："保险代理机构、保险经纪人应当按照国务院保险监督管理机构的规定缴存保证金或者投保职业责任保险"，一审法院扣划系华×保险销售公司注册资本金，而非该规定中保证金；2. 虽然《通知》要求保险中介机构取得许可证后，注册资本应在许可证有效期间处于持续托管状态，其中，投资大额协议存款、定期存款的资金不少于注册资本的10%，且不得质押，但该规定系保监会为规范保险中介市场，而设定的条件，并非保证金性质。3. 案涉款项系案外人华×保险销售公司为福×集团公司债务主动提供担保，并承诺作为执行款项，现因福×集团公司未履行法律文书确定的义务，本院依法扣划，并无不妥。4. 案外人华×保险销售公司注册资本金被本院扣划后，应按照《通知》规定补足注册资本金，而非要求人民法院退回××银行账户。综上所述，案外人华×保险销售公司的异议请求理由不成立，本院不予支持。据此，依据《中华人民共和国民事诉讼法》第二百二十四条、二百二十五条之规定，判决如下：

驳回案外人华×保险销售有限公司的异议请求。

【说明】这是一起法院认定执行的资金并非《保险法》第一百二十四条规定缴存的保证金的案件。

陈某、郑某与福×集团公司民间存在借贷纠纷，陈某、郑某起诉要求福×集团偿还借款1 440万元，支付利息1 861.4万元。法院判决福×集团公司偿还陈某、郑某借款本金11 370 205.48元并支付利息。华×保险销售公司为福×集团公司债务提供了担保，×中院审理上述案件期间，在 2018 年 9 月 21 日向××银行出具了协助冻结存款通知书：冻结华×保险销售公司在××银行的存款 500 万元。

华×保险销售公司提出执行异议，称扣划的 500 万元银行存款是华×公司依法缴存的保证金。执行法院经核实认定华×保险销售公司存于××银行的 500 万元属于按规定托管的注册资本金，用途为投资大额协议存款、定期存款。其性质并非《保险法》第一百二十四条规定的保证金，法院依法扣划，并无不妥，故驳回案外人华×保险销售有限公司的异议请求。

任何单位或个人从事保险代理业务或者保险经纪业务，都必须遵守本条规定，依法取得从业资格，办理执业许可和工商登记，领取营业执照，缴存保证金或者投保职业责任保险。保险监督管理机构和工商行政管理机关应当依照本条规定履行审核发证和办理工商登记的职责。

第一百二十五条 个人保险代理人在代为办理人寿保险业务时，不得同时接受两个以上保险人的委托。

【案例 99】（2016）晋 04 民终 437 号

被告陈某系 A 人寿公司员工，2013 年 6 月 27 日，因引进高级经理任××部（该部门情况为：9 月 30 日所辖 4 个组，直辖组 3 人，直辖部 15 人，现所辖 5 个组、直辖组 3 人、直辖部 14 人），被告作为推荐人 7 月至 9 月三个月业绩为 12 501.13 元（大于 6 000 元标准），故 A 人寿公司向省公司申请为推荐人陈某发放推荐人奖励 2 万元。经公司承办人及相关领导批准同意后，2013年 12 月，省公司将 2 万元奖励打到被告个人账户上。2013 年 7 月 3 日，原告李某、王某二人作为乙方与甲方被告陈某签订协议书一份，载明："甲方和乙方在 A 人寿公司筹备工作中因业务需要，就推荐高级经理一事达成以下协议：一、甲方在乙方筹备成功后 3 个月内累计标保达 6 000 元；二、乙方在筹备成功 3 个月内，人员架构需达成公司标准，3 个月末活动人力达 10 人；三、甲、乙双方均按自己要求标准完成后，公司奖励甲方 2 万元，甲方自愿将 2 万元奖金给乙方用于筹备工作使用（以税后实收为准）。如有违背，甲方自愿承担相关责任以及带来的经济损失。"另查明，被告推荐的高级经理任××，身份证号为××××，于2013年6月27日与A人寿保险有限公司××分公司签订了保险代理合同。被告基于推荐任××成功上岗后获得省公司的奖励2万元。庭审后，本院对任××本人进行调查了解，其表示从未在A人寿公司上过班，只是在该公司考资格时用过身份证，对于高级经理一事及该公司的事情都不知道。又查明，二原告借任××名义在A人寿公司工作的事实存在。以上事实，有原告、被告提供的2013年7月2日协议书一份，法院依原告申请到A人寿公司调取的推荐关系表、陈某工资条、保险代理合同、推荐人奖励申请工作签报表及当事人陈述在案为凭，经庭审举证、质证，一审法院对上述证据予以认定。

一审法院认为，原告和被告于2013年7月3日所签订协议书虽系双方真实意思表示，但在协议履行过程中，对于被告，其作为A人寿保险有限公司的职员，为了获得省公司奖励，不惜虚构任××等假身份欺骗省公司，以假身份与A人寿××省公司签订保险代理合同，且承诺获得奖励后支付给二原告，其行为违反了《中华人民共和国保险法》第一百三十一条"个人保险代理人不得欺骗保险人"的诚实信用义务。原告二人明知上述情况，在与其他保险公司未解约的情况下，借用他人身份在A人寿公司工作，其行为违反了《中华人民共和国保险法》第一百二十五条关于"个人保险代理人在代为办理人寿保险业务时，不得同时接受两个以上保险人的委托"。故根据合同法第五十二条第五款的规定，违反法律强制性规定的，应认定原、被告于2013年7月3日所签订协议无效。故对二原告基于该无效协议提出的诉讼请求不予支持。综上所述，依照《中华人民共和国合同法》第五十二条第五款，《中华人民共和国保险法》第一百二十五条、第一百三十一条之规定，判决：驳回原告李某、王某的诉讼请求；案件受理费200元，由原告李某、王某承担。

二审经审理查明的事实与一审一致。

二审法院认为，上诉人与被上诉人于2013年7月3日所签订协议书虽系双方真实意思表示，但在协议履行过程中，被上诉人作为A人寿保险有限公司的职员，为了获得省公司奖励，不惜虚构任××等假身份欺骗省公司，以假身份与 A 人寿××省公司签订保险代理合同，且承诺获得奖励后支付给二上诉人，其行为违反了《中华人民共和国保险法》第一百三十一条"个人保险代理人不得欺骗保险人"的诚实信用义务。上诉人明知上述情况，在与其他保险公司未解约的情况下，借用他人身份在 A 人寿公司工作，其行为违反了《中华人民共和国保险法》第一百二十五条"个人保险代理人在代为办理人寿保险业务时，不得同时接受两个以上保险人的委托"。故一审法院根据《中华人民共和国合同法》第五十二条第（五）项之规定违反法律强制性规定的合同无效，认定当事人于 2013 年 7 月 3 日所签订的协议无效并无不当，本院予以确认。鉴于此，上诉人的上诉理由无事实及法律依据，本院不予采纳。

综上所述，二上诉人的上诉请求不能成立，应予驳回；一审判决认定事实清楚，适用法律正确，应予维持。依照《中华人民共和国民事诉讼法》第一百七十条第一款第（一）项之规定，判决如下：

驳回上诉，维持原判。

【说明】这是一起法院认定代理人以假身份欺骗保险公司，同时接受两个以上保险人的委托，所签订的相关协议无效的案件。

陈某系 A 人寿公司员工，2013 年 6 月 27 日向公司引进高级经理任××。运营部考核人力达标，陈某考核业绩达标，故 A 人寿公司向省公司申请为推荐人陈某发放推荐人奖励 2 万元。2013 年 12 月，省公司将 2 万元奖励打到被告个人账户上。2013 年 7 月 3 日，甲方的陈某和乙方的李某、王某签订协议书一份，约定："甲方在乙方筹备运营部成功后 3 个月内累计标保达 6 000 元；乙方在筹备成功 3 个月内，人员架构需达成公司标准，3 个月末活动人力达10 人；甲乙双方均按自己要求标准完成后，公司奖励甲方 2 万元，甲方自愿将 2 万元奖金给乙方用于筹备工作使用（以税后实收为准）。如有违背，甲方自愿承担相关责任以及带来的经济损失。"经查明，被告推荐的高级经理任××，其表示从未在 A 人寿公司上过班，只是在该公司考资格时用过身份证，对于高级经理一事及该公司的事情都不知道。又查明，李某、王某系借任××名义在 A 人寿公司工作，且工作期间与其他保险公司未解除代理合同。

后李某、王某起诉陈某要求兑现协议，索要推荐奖金，法院审理认为陈某为了获得省公司奖励，虚构任××等假身份欺骗省公司，其行为违反了《中华人民共和国保险法》第一百三十一条"个人保险代理人不得欺骗保险人"的诚实信用义务；李某、王某在与其他保险公司未解约的情况下，借用他人身份在 A 人寿公司工作，其行为违反了《中华人民共和国保险法》第一百二十五条"个人保险代理人在代为办理人寿保险业务时，不得同时接受两个以上保险人的委托"。双方签订的协议属于无效合同，不予支持相关诉求。

本条是对个人保险代理人办理人寿保险业务接受委托的限制的规定。

原《保险法》第一百二十四条第二款规定，经营人寿保险代理业务的保险代理人，不得同时接受两个以上保险人的委托。人寿保险与财产保险不同，财产保险的标的是财产，财产的保险金额可以按照财产的实际价值确定。人寿保险的标的是人的生命，人的生命价值无法用金钱来衡量，只能由保险合同当事人根据对保险保障的要求和投保人交付保费的能力确定。此外，人寿保险的保险期限长，保费还具有储蓄性和给付性等特点。随着我国经济的发展，人民生活水平的提高，人寿保险市场不断扩大，人寿保险领域的竞争也更加激烈。如果不采取措施依法对人寿保险代理业务进行规范，可能发生道德危险。为此，修改后的《保险法》规定，经营人寿保险业务的保险代理人，不得同时接受两个以上保险人的委托。这对于维护公平竞争，规范人寿保险代理行为，强化对投保人、被保险人合法权益的保护，具有重要意义。一方面，随着我国保险业的发展，保险代理市场主体也在不断完善，专业保险代理公司和银行等兼业保险代理机构的数量和业务都有较大发展，已成为保险产品特别是寿险产品的重要销售渠道。而原保险法第一百二十四条第二款的规定，使专业代理公司和兼业代理机构难以充分发挥优势，也不利于保险代理市场的竞争。另一方面，目前我国个人保险代理人市场秩序较为混乱，为了更有效地维护投保人的利益，防止不正当竞争，对个人保险代理仍然需要进行比较严格的监管，对其不宜放松代理数量限制。因此，修改后的保险法，仅要求个人保险代理人在代为办理人寿保险业务时，不得同时接受两个以上保险人的委托。

第一百二十六条 保险人委托保险代理人代为办理保险业务，应当与保险代理人签订委托代理协议，依法约定双方的权利和义务。

【案例100】（2016）晋行终295号

2015年5月，某保险公司××中心支公司开展以扩大保险代理人团队为目的的"猎鹰行动"。原告宋某于2015年5月14日加入保险公司的保险代理人团队，2015年5月15日，原告向保险公司缴纳单证保证金500元。2015年5月、6月，保险公司向原告共计支付1 600元佣金。同年7月，某保险公司认为原告来公司工作2个月就因为工作过错离职，并不再向原告发放佣金。2015年11月4日，原告宋某向被告某省人力资源和社会保障厅举报保险公司，请求被告责令保险公司给其补发工资3 260元，退还保证金500元；责令保险公司支付其双倍工资4 860元，经济补偿810元，支付保证金利息25元。庭审中，保险公司同意退还原告500元保证金。被告某省人力资源和社会保障厅经审查认为，原告宋某2015年5月开始被雇佣时，其年龄已经超出法定退休年龄，其与被反映单位之间不属于劳动关系，且通过××市新型农村社会养老保险信息系统查实，原告已从2012年6月起，享受新型农村社会养老保险待遇。被告某省人力资源和社会保障厅于2015年11月6日作出某省人社监不受字〔2015〕第5号《劳动保障监察不予受理投诉决定书》。原告不服，提起本诉。

一审法院认为，劳动关系是基于劳动合同所产生，但在双方未订立劳动合同的情况下，其主要实体符合法律、法规规定的劳动关系即可确认为事实劳动关系。本案中，原告宋某1952年5月20日出生，2015年5月14日加入保险公司的保险代理人团队，并未签订劳动合同，且其已从2012年6月起享受新型农村社会养老保险待遇。被告省人社厅作为劳动保障行政部门，其认

为原告宋某不符合建立劳动关系的主体资格，与第三人保险公司不属于劳动
关系，遂于 2015 年 11 月 6 日作出的某省人社监不受字〔2015〕第 5 号《劳
动保障监察不予受理投诉决定书》并无不妥。《劳动保障监察条例》规定了劳
动保障行政部门实施劳动保障监察的事项，原告宋某与保险公司之间的纠纷，
不属于劳动保障监察职权范围。故原告宋某诉请的理由不足，法院不予支持。
依据《中华人民共和国行政诉讼法》第六十九条之规定，判决驳回原告宋某
的诉讼请求。

宋某上诉称：一、原审认定上诉人和第三人之间不属于劳动关系，是错
误的。1. 超过法定退休年龄的不属于劳动关系没有法律依据。《劳动法》第
50 条规定，禁某某未成年人，没有禁某某老年人。2.《劳动部关于实行劳动
合同制度若干问题的通知》第 13 条规定，"以享受养老保险待遇的离退休人
员被再次聘用时，用人单位应与其签订书面协议，明确聘用期间内的工作内
容、报酬、医疗、劳动保险待遇权利和义务"。该条明确指出已经享受了退休
待遇，也需要签订明确劳动关系的协议，应当享受劳动法的保护。3. 所谓被
上诉人单位调查核实，是事后补办的。调查报告没有载明承办人姓名，性别
等基本情况。不能确认其承办人有执法资格，因此是一份无效证据。二、上
诉人去保险公司工作，口头协商好是底薪加提成，根本不存在代理关系。
1. 没有签订代理合同明确双方的权利和义务，没有证据，就存在劳动关系。
2.《保险代理人员管理规定（试行）》第五十条 "凡持有《资格证书》并申
请从事个人代理业务者，都必须与保险公司签订《保险代理合同书》，持有所
代理保险公司核发的《展业证书》，并由所代理保险公司报经其所在地的中国
人民银行分行备案后，方可从事保险代理业务"。3. 上诉人既没有相关证书，
也没有与保险公司签订任何合同，因此根本不存在代理关系。三、被上诉人
既没有认真调查核实上诉人反映的事实，也没有负责任地答复（或者协调）
上诉人反映的问题。1. 被上诉人答复中引用的《关于实施〈劳动保障监察条
例〉若干问题规定》第十八条，只是说明应当给予答复，根本没有具体内容。
被上诉人在答辩状中说，超过法定退休年龄不予受理，却没有说到 "超过法
定退休年龄不予受理" 的法律依据。2.（部令 25 号）属于《劳动法》的下

位法，不能和《劳动法》相抵触。3. 被上诉人在答辩状中才提到保险代理问题，充分说明被上诉人在作出《不予受理决定书》以前根本没有调查核实。综上所述，原审法院判决驳回上诉人的诉讼请求，认定事实不清，适用法律错误，请求二审法院依法支持上诉人的合理诉求。

二审法院经审理查明的事实与一审判决认定的事实一致，本院予以确认。

本院认为，关于上诉人宋某与保险公司之间是否存在劳动关系的问题。某省人社厅认为，宋某与保险公司之间构成保险代理关系，但宋某与保险公司之间并没有按照《保险法》第一百二十六条的规定，签订委托代理协议。说明二者之间并不是保险代理关系。且本案第三人保险公司辩称，宋某并没有取得保险代理人资格，与保险公司之间并不构成保险代理关系。本案原审第三人保险公司虽然是以保险代理人的名义招聘的宋某，但从宋某应聘到保险公司后从事的工作来看，并不是保险代理人的工作，而是一些发放传单、联系客户等具体工作，且从 2015 年 5 月、6 月，保险公司给宋某发放的工资报酬来看，是按月发放，且相对固定。所以宋某与保险公司之间，应该是构成事实上的劳动关系。被上诉人某省人社厅主张上诉人宋某应聘时超过了法定退休年龄，原审法院认为上诉人已从 2012 年起享受新型农村社会养老保险待遇，故上诉人与保险公司之间不能形成劳动关系。本院认为，上诉人宋某应聘时超过法定退休年龄及从 2012 年起享受新型农村社会养老保险待遇，并不能成为否定其与保险公司之间形成劳动关系的法定事由，也没有违反法律的强制性规定。本院对被上诉人的主张不予认可。关于上诉人宋某投诉的问题是否属于劳动监察范围。《劳动保障监察条例》第九条规定，任何组织或者个人对违反劳动保障法律、法规或者规章的行为，有权向劳动保障行政部门举报。劳动者认为用人单位侵犯其劳动保障合法权益的，有权向劳动保障行政部门投诉。上诉人宋某与保险公司之间形成了事实上的劳动关系，其认为用人单位侵犯其劳动保障合法权益，有权向劳动保障行政部门投诉。上诉人宋某投诉内容是请求被上诉人责令被上诉人保险公司补发及支付其工资，符合《劳动保障监察条例》第十一条第（六）项之规定，属于劳动保险监察内容。被上诉人依据劳动部《关于实施〈劳动保障监察条例〉若干规定》第十八条的规定，作出某省人社监不受字〔2015〕第 5 号《劳动保障监察不予受理投诉决定书》，适用法律错误，应予撤销。综上所述，原审判决认定事实不清，适用法律错误，应予撤销。依据《中华人民共和国行政诉讼法》第八十九条第一款第（二）项之规定，判决如下：

一、撤销某市中级人民法院（2015）并行初字第 210 号行政判决；

二、撤销某省人力资源和社会保障厅某省人社监不受字〔2015〕第 5 号《劳动保障监察不予受理投诉决定书》；

三、责令某省人力资源和社会保障厅重新作出行政行为。

【说明】这是一起法院援引《保险法》第一百二十六条，指出当事人保险公司之间并没有签订委托代理协议，说明二者之间不是保险代理关系的案件。

原告宋某于 2015 年 5 月 14 日加入某保险公司的保险代理人团队并缴纳单证保证金 500 元。2015 年 5 月、6 月，保险公司向原告共计支付 1 600 元佣金。同年 7 月，原告宋某离职，保险公司不再向原告发放佣金。

2015 年 11 月 4 日，原告宋某向被告某省人力资源和社会保障厅举报保险公司，请求被告责令保险公司给其补发工资、退还保证金、支付其双倍工资、经济补偿等。某省人社厅认为原告宋某从 2012 年 6 月起，即享受新型农村社会养老保险待遇，在 2015 年 5 月开始被保险公司雇用时，其年龄已经超出法定退休年龄，其与保险公司之间不属于劳动关系。遂于 2015 年 11 月 6 日作出《不予受理投诉决定书》。

宋某不服，提起行政诉讼。一审法院认为，某省人社厅作出《不予受理投诉决定书》并无不妥，判决驳回原告宋某的诉讼请求。

宋某不服一审判决，提起上诉，二审法院指出，（1）宋某与保险公司之间并没有按照《保险法》第一百二十六条的规定，签订委托代理协议。说明二者之间并不是保险代理关系。且保险公司辩称，宋某并没有取得保险代理人资格，与保险公司之间并不构成保险代理关系。保险公司虽然是以保险代理人的名义招聘的宋某，但从宋某入司后从事的工作并不是保险代理人的工作，而是一些发放传单、联系客户等具体工作，且从 2015 年 5 月、6 月，保险公司给宋某发放的工资报酬来看，是按月发放，且相对固定。所以宋某与保险公司之间，应该是构成事实上的劳动关系。（2）宋某应聘时超过法定退休年龄及从 2012 年起享受新型农村社会养老保险待遇，并不能成为否定其与保险公司之间形成劳动关系的法定事由，也没有违反法律的强制性规定。（3）宋某与保险公司之间形成了事实上的劳动关系，其认为用人单位侵犯其劳动保障合法权益，有权向劳动保障行政部门投诉。宋某投诉内容属于劳动保险监察内容。最终判决：撤销一审判决；撤销某省人社厅《不予受理投诉决定书》；责令某省人社厅重新作出行政行为。

我国保险代理人市场中存在有的保险公司委托代理人办理保险业务不与其签订委托协议，有的协议授权不明确，在出现保险纠纷后还有推脱责任给保险代理人的现象。为了更有效地规范保险代理活动，保护投保人、被保险人、受益人的利益，促进保险代理业务和保险业的发展，要求保险人委托保险代理人代为办理保险业务，应当与保险代理人签订委托代理协议，约定保险代理事项和双方的权利、义务。

保险委托代理协议是保险人与保险代理人订立的记载委托代理事项及双方权利、义务的合同。保险委托代理协议的订立不仅要有委托人即保险人的委托的意思表示，还要有受托人即保险代理人接受委托的意思表示。保险委托代理协议通常应当采用书面形式，并应当载明保险代理人的姓名或者名称、代理事项、代理权限、双方的权利和义务、代理期间，并由保险人、保险代理人签名或者盖章。

第一百二十七条 保险代理人根据保险人的授权代为办理保险业务的行为，由保险人承担责任。

保险代理人没有代理权、超越代理权或者代理权终止后以保险人名义订立合同，使投保人有理由相信其有代理权的，该代理行为有效。保险人可以依法追究越权的保险代理人的责任。

【案例 101】（2015）淮烈民二初字第 00263 号

原告思×物流公司向被告×财保公司××市分公司的保险代理公司威×保险代理公司投保货物运输保险，被告于 2014 年 8 月 29 日签发 P×××号保险单，保险单载明：投保人为原告思×物流公司，保险人为被告×财保公司××市分公司，被保险人为委托原告的客户；每次赔偿限额：运输中的普通货物 1 000 000 元/每一运输工具，累计赔偿限额 2 000 000 元；预计年保险总额 80 000 000 元；本协议最低收费 40 000 元；预计年保险费 40 000 元；免赔额/率：主险：普通货物每次事故绝对免赔额 5 000 元或损失金额的 15%，两者以高者为准，其中"5 000 元和 15%"字样上加黑标注。双方还约定：被保险人于双方盖章确认本协议后的 15 个工作日内缴纳预计年保险费的 100%，如逾期未能全额缴纳，一旦发生赔案事故，保险人不承担保险责任；协议有效期为 2014 年 8 月 31 日 0 时至 2015 年 8 月 30 日 24 时；本协议有效期为一年，协议期间双方均可解除本协议条款，但必须提前十五天书面通知对方；在协议有效期内，未经双方协商同意，任何一方不得变更本协议，本协议另有约定的除外。在保险条款的结尾处还载明：保险人已对本协议所附保险条款（包括责任免除条款）履行了明确说明义务，投保人已经知悉该保险条款（包括责任免除条款）的内容。2015 年 5 月 8 日，原告向威×保险代理公司缴纳保险费 20 000 元。

2015 年 6 月 19 日 5 时 15 分，原告运送货物的 L××重型半挂牵引车、L5××挂车在合徐高速合肥至徐州方向 769 公里处发生火灾。2015 年 7 月 6 日，××市××区公安消防大队作出淮烈公消火认字（2015）第 0004 号火灾事故认定书，认定火灾过火面积 39 平方米，无人员伤亡，造成直接财产损失 493 500 元。

2015 年 6 月 19 日 14 时 11 分和 12 分，原告分两次向威×保险代理公司缴纳剩余的 20 000 元保险费，当日威×保险代理公司将原告缴纳的 40 000 元保险费汇至被告公司账户。2015 年 11 月 23 日，威×保险代理公司出具了一份情况说明，主要内容为：原告于 2015 年 5 月 8 日向其公司业务员宋×缴纳保险费 20 000 元用于支付原告与被告签订的货运险（保险期间为 2014 年 8 月 31 日至 2015 年 8 月 30 日）保险费，由于保险人不支持分期付款，故宋×通知原告尽快补齐保险费，原告于 2015 年 6 月 19 日支付了剩余的 20 000 元保险费，当日威×保险代理公司把 40 000 元保险费转至被告账户。

事故发生后，××生物科技有限公司等原告的 13 家客户将其向被告的保险金索赔权转让给原告。原告委托×源保险公估公司对火灾事故造成的货物损失价值进行评估。2015 年 10 月 23 日，该公司作出价值咨询意见书，认定如果原告提供的资料真实，L××重型半挂牵引车、L5××挂车因火灾事故造成车上货物损失价值为 802 475 元。庭后，被告向本院提出评估申请，要求对此次火灾事故造成的货物损失价值进行重新评估，后又撤回了评估申请。

本院认为：原告、被告之间签订的货物运输保险合同，系双方真实意思表示，内容不违反法律规定，属有效合同。根据双方当事人的举证、质证及诉辩意见，归纳本案争议焦点为：原告主体是否适格，是否有权向被告主张保险赔偿；原告未按照保险单载明的缴费期限缴纳保险费，被告是否应承担保险责任；双方在投保单中关于免赔额/率约定的条款是否属于免责条款，是否有效；此次火灾事故造成的货物损失价值。

1. 关于原告主体是否适格，是否有权向被告主张保险赔偿的问题。由于保险金请求权属于债权，《中华人民共和国合同法》第七十九条规定，债务人可以将合同的权利全部或者部分转让给第三人，第八十条规定，债权人转让权利的，应当通知债务人，未经通知，该转让对债务人不发生效力。通知系单方的法律行为，只要债权人实施了有效的通知行为，债权转让就应对债务人发生法律效力。本案中，原告的 13 家客户作为被保险人自愿将保险金请求权转让给原告，原告通过诉讼途径起诉被告应视为对被告尽了通知义务，故原告主体适格，其有权向被告主张保险赔偿。

2. 关于原告未按照保险单载明的缴费期限缴纳保险费，被告是否应承担保险责任的问题。被告辩称原告至今未缴纳保险费，原告向法庭提交的威×保险代理公司出具的情况说明可以证明原告于 2015 年 5 月 8 日向该公司缴纳保险费 20 000 元，剩余 20 000 元保险费于事故发生的当日下午交付威×保险代理公司，当日威×保险代理公司把原告缴纳的 40 000 元保险费交给被告，故本院对被告关于原告至今未缴纳保险费的辩称不予采纳。

双方在保险单中约定：被保险人于双方盖章确认本协议后的 15 个工作日内缴纳预计年保险费的 100%，如逾期未能全额缴纳，一旦发生赔案事故，保险人不承担保险责任。被告辩称原告未依该约定缴纳保险费，且至今未缴纳，因此依据该约定被告不应承担保险责任。《中华人民共和国保险法》第十四条规定，保险合同成立后，投保人按照约定交付保险费，保险人按照约定的时间开始承担保险责任。保险人承担保险责任的时间是按合同约定，即以保险单上载明的合同生效时间为准，并非以投保人交付保险费为前提条件，保险费的交付不必然对保险合同的效力产生影响。本案中，原告在被告处投保货物运输保险，双方约定保险合同有效期自 2014 年 8 月 31 日 0 时至 2015 年 8 月 30 日 24 时，火灾事故发生于 2015 年 6 月 19 日，发生在保险期间内，故被告应承担保险责任。

2015 年 5 月 8 日，原告向威×保险代理公司缴纳保险费 20 000 元，威×保险代理公司接受了该款并通知原告尽快补齐剩余保险费，威×保险代理公司的这一行为应视为对双方在保险单中约定的保险费交付期限进行了变更，即保险费的交付期限不再限定于保险合同签订后的 15 个工作日内，威×保险代理公司虽通知原告尽快补齐剩余保险费，但并没有明确具体的期限，原告在事故发生后缴纳了剩余的 20 000 元保险费，且威×保险代理公司接受了该款，应认为原告按照威×保险代理公司的要求履行了缴纳保险费的义务。

《中华人民共和国保险法》第一百二十七条第一款规定，保险代理人根据保险人的授权代为办理保险业务的行为，由保险人承担责任。威×保险代理公司的上述行为是代理被告的行为，故被告应承担保险责任。

综合上述两点意见，被告应承担保险责任。

3. 关于双方在投保单中关于免赔额/率约定的条款是否属于免责条款，是否有效的问题。双方在保险单中约定"免赔额/率：主险，普通货物每次事故绝对免赔额 5 000 元或损失金额的 15%，两者以高者为准"。《最高人民法院关于适用〈中华人民共和国保险法〉若干问题的解释（二）》第九条规定，保险人提供的格式合同文本中的责任免除条款、免赔额、免赔率、比例赔付或者给付等免除或者减轻保险人责任的条款，可以认定为保险法第十七条第二款规定的"免除保险人责任的条款"。故双方约定的上述关于免赔额/率的条款属于"免除保险人责任的条款"。《中华人民共和国保险法》第十七条第二款规定，对保险合同中免除责任的条款，保险人在订立合同时应当在投保单、保险单或者其他保险凭证上作出足以引起投保人注意的提示，并对该条款的内容以书面或口头形式向投保人作出明确说明；未作提示或者明确说明的，该条款不产生效力。根据最高人民法院研究室对甘肃省高级人民法院《关于对保险法第十七条规定的"明确说明"应如何理解的问题的答复》，所谓"明确说明"，是指保险人与投保人签订保险合同之前或者签订保险合同之时，对于保险合同所约定的免责条款，除了在保险单上提示投保人注意，还应当对有关免责条款的概念、内容及其法律后果等以书面或者口头形式向投保人或其代理人作出解释，以使投保人明了该条款的真实含义和法律后果。本案中，被告虽然在免赔额 5 000 元或损失金额 15% 的免赔率的保险合同文本中在"5 000 元和 15%"字样上加黑，在保险条款的结尾处载明双方对保险条款包括责任免除条款进行声明，但仅是尽到了提醒投保人注意的义务，不能认定被告已经履行了就免责条款的概念、内容及其法律后果等以书面或者口头形式向投保人作出解释，以使投保人明了该条款的真实含义和法律后果的明确说明义务。因此，双方在保险单中关于免赔额/率约定的条款无效，该免责条款对原告不产生约束力。

4. 关于此次火灾事故造成的货物损失价值的问题。原告不认可其向法庭提交的火灾事故认定书认定的 493 500 元的货物损失价值，但 × 源保险公估公司的价值咨询意见书因不具有客观真实性不被本院认定，该价值咨询意见书确定的评估意见本院不予采信。《最高人民法院关于适用〈中华人民共和国保险法〉若干问题的解释（二）》第十八条规定，行政管理部门依据法律规定制作的交通事故认定书、火灾事故认定书等，人民法院应当依法审查并确认其相应的证明力，但有相反证据能够推翻的除外。本案中，××市××区公安消防大队作出的火灾事故认定书具有法定效力，原告无有效的相反证据能够推翻该证据，故本院依据该事故认定书认定此次火灾事故造成直接经济损失 493 500 元。

综上所述，被告应支付原告保险赔偿金 493 500 元。本案经审判委员会讨论决定，依照《中华人民共和国合同法》第七十九条、第八十条，《中华人民共和国保险法》第十四条、第十七条、第一百二十七条，《最高人民法院关于适用〈中华人民共和国保险法〉若干问题的解释（二）》第九条、第十三条、第十八条及《最高人民法院关于适用〈中华人民共和国民事诉讼法〉的解释》第九十条之规定，判决如下：

一、被告×财保公司××市分公司于本判决生效之日起十日内支付原告思×物流公司保险赔偿金 493 500 元；

二、驳回原告思×物流公司的其他诉讼请求。

【说明】这是一起法院援引《保险法》第一百二十七条第一款规定，认定保险代理公司的行为是代理保险公司的行为，保险公司应承担保险责任的案件。

×物流公司向×财保公司的保险代理公司威×保险代理公司投保货物运输保险，×财保公司 2014 年 8 月 29 日签发 P××× 号保险单，保险单载明：投保人为思×物流公司，保险人为×财保公司，被保险人为委托原告的客户；本协议最低收费 40 000 元；预计年保险费 40 000 元；免赔额/率：主险，普通货物每次事故绝对免赔额 5 000 元或损失金额的 15%，两者以高者为准，其中"5 000 元和 15%"字样上加黑标注。双方还约定：被保险人于双方盖章确认本协议后的 15 个工作日内缴纳预计年保险费的 100%，如逾期未能全额缴纳，一旦发生赔案事故，则保险人不承担保险责任；协议有效期为 2014 年 8 月 31 日 0 时至 2015 年 8 月 30 日 24 时；2015 年 5 月 8 日，×物流公司向威×保险代理公司缴纳保险费 20 000 元。

2015 年 6 月 19 日 5 时 15 分，×物流公司运送货物的车辆发生火灾。2015 年 7 月 6 日，某消防大队出具事故认定书，认定造成直接财产损失 493 500 元。2015 年 6 月 19 日 14 时 11 分和 12 分，原告分两次向威×保险代理公司缴纳剩余的 20 000 元保险费，当日，威×保险代理公司将原告缴纳的

40 000 元保险费汇至×财保公司账户。

×物流公司的 13 家客户将其向被告的保险金索赔权转让给×物流公司。×物流公司委托×源保险公估公司对火灾事故造成的货物损失价值进行评估，评估车上货物损失价值为 802 475 元。

×物流公司向法院起诉要求保险公司承担保险责任，法院判决×财保公司支付思×物流公司保险赔偿金 493 500 元。

本案中，保险公司主张物流公司未缴纳保险费，根据双方在保险单中约定：被保险人于双方盖章确认本协议后的 15 个工作日内缴纳预计年保险费的 100%，如逾期未能全额缴纳，一旦发生赔案事故，则保险人不承担保险责任。对此，法院指出《保险法》第十四条规定，保险合同成立后，投保人按照约定交付保险费，保险人按照约定的时间开始承担保险责任。保险人承担保险责任的时间是按合同约定，即以保险单上载明的合同生效时间为准，并非以投保人交付保险费为前提条件，保险费的交付不必然对保险合同的效力产生影响。本案中，原告物流公司在被告财保公司处投保货物运输保险，双方约定保险合同有效期自 2014 年 8 月 31 日 0 时至 2015 年 8 月 30 日 24 时。火灾事故发生于 2015 年 6 月 19 日，发生在保险期间内，故被告应承担保险责任。另外，2015 年 5 月 8 日，原告物流公司向威×保险代理公司缴纳保险费 20 000 元，威×保险代理公司接受了该款并通知原告尽快补齐剩余保险费，威×保险代理公司的这一行为应视为对双方在保险单中约定的保险费交付期限进行了变更，即保险费的交付期限不再限定于保险合同签订后的 15 个工作日内，威×保险代理公司虽通知原告尽快补齐剩余保险费，但并没有明确具体的期限，原告在事故发生后缴纳了剩余的 20 000 元保险费，且威×保险代理公司接受了该款，应认为原告按照威×保险代理公司的要求履行了缴纳保险费的义务。根据《保险法》第一百二十七条第一款规定，保险代理人根据保险人的授权代为办理保险业务的行为，由保险人承担责任。威×保险代理公司的上述行为是代理被告的行为，故被告财保公司应承担保险责任。

关于保险代理责任的承担，保险代理行为的法律责任由保险人承担。保险代理人在保险人的授权范围内代为办理保险业务的行为一旦生效，即在相对人与保险人之间形成一定的法律关系，由此而产生的法律后果即责任，由保险人承担，这一行为的相对人就可以向保险人主张该行为的效力，并要求保险人受该行为的约束，承担该行为产生的义务和责任。这是因为保险人为使其能够借助他人即保险代理人的力量来实现自己的利益，而委托保险代理人代为办理保险业务，保险代理人虽然可以在保险人的授权范围内自由地办理保险代理业务，但是他必须受到维护保险人利益这一原则的制约。因保险代理人的行为产生的利益归属于保险人，伴随利益而来的责任也应当由保险人承担。而保险代理人不享有因在保险人授权范围内办理保险业务而产生的权利和利益，也不应承担由此而产生的责任。

保险人通常只对保险代理人在其授权范围内的业务活动所产生的法律后果承担责任，对保险代理人超越代理权的行为不承担责任。但是，保险代理人为保险人代为办理保险业务，有超越代理权行为，投保人有理由相信其有代理权，已订立保险合同的，保险人应当承担保险责任。保险人在保险代理人超越代理权的情况下仍需承担责任的重要条件是，投保人有理由相信保险代理人有代理权。这里所说的"有理由相信"，是指投保人不知道或者不应当知道保险代理人超越了代理权，而且投保人尽了必要的注意义务，即投保人不存在疏忽大意的过失。同时，根据合同法的有关规定，除超越代理权这种情形外，保险代理人没有代理权或者代理权终止后以保险人的名义订立保险合同，投保人有理由相信保险代理人有代理权的，该代理行为也有效，由此产生的保险责任由保险人承担。当然，保险代理人应当对自己超越代理权的行为承担相应的责任。如果保险代理人超越职权的行为，造成保险人多承担了责任，或者给保险人造成了其他损害，保险人可以就该损害要求保险代理人予以赔偿。

第一百二十八条　保险经纪人因过错给投保人、被保险人造成损失的，依法承担赔偿责任。

【案例102】（2015）沪高民四（海）终字第57号

江某某系"平达×"轮船舶所有人。2013年5月，江某某委托×德公司与陈某甲代为办理"平达×"轮船舶险投保事宜，×德公司与陈某甲委托×乔公司作为保险经纪人办理上述投保事宜。同年5月20日，×德公司与陈某甲通过×乔公司向大×保险提交了"平达×"轮远洋船舶保险投保单，并在投保单上签字盖章。次日，大×保险签发了"平达×"轮远洋船舶保险单。投保单与保险单均记载：船名为"平达×"轮、被保险人系船舶所有人江某某、船舶经营人×德公司与船舶承租方 HongKong Run Jiu Shipping Company Limited，保险金额为1 200万元人民币，航行范围为向西不超过东经60度，向东不超过东经150度，向南不超过南纬20度，向北不超过北纬60度，保险期限自2013年5月21日起至2014年5月20日止，责任范围及适用条款为"86条款一切险"，免赔额为每次事故免赔50 000元人民币或10%，全损以及推定全损免赔率10%。江某某收到保险单后未提出异议。

2013年12月11日，"平达×"轮于西太平洋密克罗尼西亚联邦波纳佩港发生搁浅事故，搁浅位置的经度为东经158度14.357分。此后，万×保险公估公司受大×保险及江某某的委托，就涉案搁浅事故进行检验并出具公估报告，公估报告认为"平达×"轮应被认定为推定全损。大×打捞工程公司为"平达×"轮脱浅及拖航工程设计了施工方案，报价为1 620万元人民币。同年12月26日，大×保险向江某某发送了"关于解除'平达×'轮船舶保险合同的通知"，通知称"平达×"轮发生搁浅事故的地点已超出保险单列明的航行范围，江某某违反了保险合同约定的航行范围的保证条款，故自"平达×"轮超航区航行之时起解除该保险合同。江某某起诉认为，因×乔公司在船舶险保险经纪合同履行中的违约行为导致其不能获得保险赔偿，请求判令×乔公司赔偿损失1 080万元人民币及相应利息损失。

一审法院认为：本案系保险经纪合同纠纷。江某某系被保险船舶的所有人，×乔公司在接受保险经纪委托时，应当根据船舶证书记载知晓江某某系实际投保人，保险合同最终记载江某某为被保险人，亦说明×乔公司知晓江某某为保险经纪合同的实际相对方，故应认定江某某系通过其代理人×德公司和陈某甲就"平达×"轮船舶险投保事宜与×乔公司建立保险经纪合同关系，江某某的诉讼主体适格。

关于江某某的损失金额。根据已查明的事实，"平达×"轮被推定全损，损失金额为保险金额1 200万元人民币扣除免赔率10%，即1 080万元人民币。×乔公司虽辩称江某某已从大×保险处获得赔付，但其未提供证据证明江某某的损失得到了弥补或接受了赔偿，故认定江某某的损失金额为1 080万元人民币。

根据《中华人民共和国保险法》第一百二十八条的规定，保险经纪人因过错给投保人、被保险人造成损失的，依法承担赔偿责任。现江某某主张×乔公司在投保时将涉案船舶的航行范围写错，但江某某未提供其要求投保的航行范围的证据，相反，江某某的代理人×德公司与陈某甲在投保单上签字盖章，对投保单记载的航行范围进行了确认，说明江某某及其代理人对保险经纪人投保的航行范围并无异议，江某某亦无证据证明其在保险合同成立后对其中的航行范围提出过异议，故江某某现有证据无法证明×乔公司存在过错。江某某遭保险人拒赔，系由于其超越了保险合同对航行范围的约定，其所受损失系自身过错导致，与×乔公司无涉。至于江某某所称，×乔公司未经其同意将航行范围约定为保证条款，因江某某代理人对投保单内容进行确认，其前述主张不能成立，故对江某某要求×乔公司赔偿其损失的诉讼请求不予支持。

一审法院依据《中华人民共和国合同法》第四百零二条、《中华人民共和国保险法》第一百二十八条和《中华人民共和国民事诉讼法》第六十四条第一款的规定，判决：对江某某的诉讼请求不予支持。一审案件受理费86 600元人民币，由江某某负担。

江某某对一审判决不服，提起上诉认为：一审判决认定事实不清，适用法律错误。1. 江某某在一审中提交了证据10，即×乔公司于2014年1月1日发给案外人陈某乙律师的邮件，以证明江某某的投保要求是航行范围为"向东不超过西经150度"，是×乔公司在投保过程中打单或者核单时的过失造成保单上记载的航行范围为"向东不超过东经150度"。但一审法院仅以该证据系电子邮件形式，未经公证且无其他证据相互印证为由，不确认其证据效力，缺乏法律依据。2. ×乔公司作为提供专业服务的保险经纪人，应该比委托人具有更高的谨慎和注意义务，其应当保证保险单证打印、核对的正确，陈某甲在对投保单签章及核单时未注意核对，系对×乔公司的信任，但×乔公司已经过错在先。3. ×乔公司在投保船舶险时，机械地照抄保赔险保险单中的航区，延续了此前的错误，并无端地将航区设置为国内船舶险保险人一般不作要求的保证条款，违反国内保险业务实践的常规。据此，请求二审法院撤销一审判决，依法改判支持江某某在一审中的诉讼请求。

×乔公司在答辩期内没有提交书面答辩意见，其在二审庭审中答辩认为：一审认定事实清楚，适用法律正确。1. 江某某在一审中提交的证据 10 在证据形式上不合法，是江某某未尽到适当的举证责任，一审法院依法没有采信是正确的。2. 本案系船舶险下引发的纠纷，在船舶险投保过程中，×乔公司完全按照江某某的要求投保，江某某审核后盖章确认的投保单上记载的航区，与最终保险单上记载的一致。3. 即使在保赔险的投保过程中，对航行范围的设定也是"向东不超过东经 150 度"，保赔险的投保单上记载的航行范围也是"向东不超过东经 150 度"，保赔险的保险人据此制单，不存在制单错误。据此，请求二审法院驳回上诉，维持原判。

江某某在二审中提交了一组新的证据材料：×乔公司于 2014 年 1 月 8 日发送给江某某的委托代理人张××律师的两封电子邮件，内容是咨询"平达×"轮的保险事宜，据此证明江某某在一审中提交的证据 10 的真实性，即在涉案船舶保赔险的打单过程中出现错误。江某某将这两封电子邮件与一审中提交的证据 10 一起进行了公证。

×乔公司对江某某提交的证据材料质证认为：确认这些电子邮件的形式真实性，但对内容真实性以及与本案的关联性不予认可。其认为这些邮件是"平达×"轮出险后，围绕保赔险与保险公司协商过程中，×乔公司作为江某某的保险经纪人为了争取保赔险的保险人通融赔付而产生的，其内容不真实，也不能证明×乔公司在涉案船舶险的投保过程中有何过错。

本院认证认为，江某某提交的两封电子邮件形式上经过公证，×乔公司对邮件的形式真实性也予认可，故本院确认该组证据材料的形式真实性。江某某在一审中提交的证据 10，即×乔公司于 2014 年 1 月 1 日发给案外人陈某乙律师的邮件，因在一审中未进行公证，一审法院对其证据效力不予确认，因二审中江某某对该封电子邮件也进行了公证，故本院对该电子邮件的形式真实性也予确认。江某某在二审中提交的这两封电子邮件，反映的是×乔公司的法定代表人乔某向江某某的委托代理人张××律师转发涉案船舶保赔险保险人的电子邮件的内容，而江某某在一审中提交的×乔公司发给案外人陈某乙律师的电子邮件所涉及的亦是在保赔险制单过程中保险人是否出现差错的问题。综合这三封电子邮件的内容，无法体现江某某所要证明的在涉案船舶险的投保过程中，×乔公司存在过错的证明目的，故本院对这三封电子邮件与本案的关联性不予认可。

×乔公司在二审中亦提交了一份新的证据材料："平达×"轮保赔险报价确认单的复印件，其上由江某某签字、×德公司盖章。据此证明在为"平达×"轮投保保赔险时，江某某要求的航行范围也是"向西不超过东经60度，向东不超过东经150度，向南不超过南纬20度，向北不超过北纬60度"，保赔险的保险人据此制作保单，不存在制单错误的情形。

江某某对×乔公司提交的证据材料质证认为，对形式真实性予以确认，但这份报价确认单形成于×乔公司与保赔险的保险人传递信息发生错误之后，且这份材料从内容到文字都不是一个普通的船东能够识别的，×乔公司却没有对江某某进行专业指导。总之，这份材料不能证明×乔公司在保赔险和船舶险的投保过程中没有过错，对其证明力不予认可。

本院认证认为：虽然×乔公司提交的这份涉案船舶保赔险报价确认单形式上是复印件，但江某某对该份材料的形式真实性予以认可，故本院对其真实性亦予以确认。该材料的内容显示，在×乔公司为涉案船舶投保保赔险时，江某某签字认可的保赔险报价确认单上显示的航行范围是"向西不超过东经60度，向东不超过东经150度，向南不超过南纬20度，向北不超过北纬60度"，与涉案船舶险保险人大×保险签发的保险单记载的航行范围一致。×乔公司欲据此证明涉案船舶的保赔险的保险人在制作保赔险保单时不存在制单错误，但本案中江某某系以×乔公司为其投保船舶险过程中存在过错为由提起诉讼，保赔险的投保情况并非本案审理范围，故本院对这份船舶保赔险报价确认单与本案的关联性不予认可。

一审法院查明的事实，有相关证据予以佐证，江某某虽然对一审法院查明的事实有异议，但其未能提供充分的证据予以证明，其异议不能成立，本院不予支持，本院对一审法院查明的事实予以确认。

本院另查明：根据江某某在一审中提交的证据2，即陈某甲（×德公司）与江某某、×乔公司之间的往来电子邮件内容显示：2013年5月8日15时21分，陈某甲发送邮件至江某某，并附×乔公司发送给陈某甲的邮件，内容为"平达×"轮的船壳险（即船舶险）报价，其中记载的船舶航行区域为：东南亚及太平洋、印度洋航区；2013年5月14日20时，陈某甲发送邮件至江某某，并附×乔公司发送给陈某甲的邮件，内容为经协商后的"平达×"轮的船壳险报价，其中记载的船舶航行范围为不允许往来于美国、大西洋和/或太平洋航区，航区为向西不超过东经90度，向东不超过东经180度，向南不超过南纬15度，向北不超过北纬60度；2013年5月15日9时1分，陈某甲发送邮件至江某某，并附×乔公司发送给陈某甲的邮件，内容为"平达×"轮的航区拓展已得到保险公司批复，但保费相应提高，并引用保险公司的英文回复，关于航行区域的表述为"Not West of 60 Degrees East and not East of 150 Degrees East, not South of 20 Degrees South and not North of 60 Degrees North"（"向西不超过东经60度，向东不超过东经150度，向南不超过南纬20度，向北不超过北纬60度"）；2013年5月15日10时42分，陈某甲发送邮件至江某某，并附×乔公司发送给陈某甲的邮件，内容为经修正后的"平达×"轮的船壳险报价，其中记载的船舶航行范围为：不允许往来于美国、大西洋和/或太平洋航区，航区为向西不超过东经60度，向东不超过东经150度，向南不超过南纬20度，向北不超过北纬60度；2013年5月15日11时11分，陈某甲发送邮件至江某某，并附×乔公司发送给陈某甲的邮件，内容为最新的"平达×"轮的船壳险报价，其中记载的船舶航行范围与前述当日10时42分发送的邮件内容一致。

本院认为：本案系保险经纪合同纠纷。江某某系涉案船舶"平达×"轮的船舶所有人，其委托×德公司与陈某甲代为办理该轮的船舶险投保事宜，

×德公司与陈某甲又委托保险经纪人×乔公司向大×保险投保船舶险，故一审法院关于江某某与×乔公司之间成立了保险经纪合同关系的认定正确。

江某某主张，其要求×乔公司为"平达×"轮投保船舶险时的航行范围为"向西不超过东经60度，向东不超过西经150度，向南不超过南纬20度，向北不超过北纬60度"，但×乔公司在向船舶险保险人大×保险投保时，将航行范围的信息误写成了"向西不超过东经60度，向东不超过东经150度，向南不超过南纬20度，向北不超过北纬60度"，并擅自与大×保险约定将前述航行区域作为保险合同的保证条款，因此，当"平达×"轮在东经158度14分35秒的位置发生搁浅并被推定全损时，大×保险以江某某违反了保险合同中航行区域保证条款为由解除了涉案保险合同，致使江某某遭受1 080万元人民币及相应利息的损失，前述损失应当由×乔公司予以赔偿。×乔公司则认为，在为"平达×"轮投保船舶险的过程中，其系严格按照江某某的指令向大×保险提供涉案船舶航行区域的信息，航行范围记载为向西不超过东经60度，向东不超过东经150度，向南不超过南纬20度，向北不超过北纬60度的投保单，亦由陈某甲与×德公司代表江某某签字盖章确认，故×乔公司在履行涉案保险经纪合同过程中不存在违约行为，与江某某所称的经济损失无因果关系。

本院认为，首先，江某某没有提交证据证明其曾要求×乔公司为"平达×"轮投保船舶险时的航行范围为"向西不超过东经60度，向东不超过西经150度，向南不超过南纬20度，向北不超过北纬60度"。其次，根据2013年5月8日至5月15日，陈某甲（×德公司）与江某某、×乔公司之间的往来电子邮件内容显示，涉案"平达×"轮船舶航行区域从前期的"东南亚及太平洋、印度洋航区"，变更为"不允许往来于美国、大西洋和/或太平洋航区，航区为向西不超过东经90度，向东不超过东经180度，向南不超过南纬15度，向北不超过北纬60度"，再应投保人要求变更为"不允许往来于美国、大西洋和/或太平洋航区，航区为向西不超过东经60度，向东不超过东经150度，向南不超过南纬20度，向北不超过北纬60度"的整个过程，江某某与陈某甲（×德公司）全都参与。再次，由陈某甲与×德公司代表江某某签字盖章确认的最终的投保单上，记载的航行区域也是"Not West of 60 Degrees East and not East of 150 Degrees East，not South of 20 Degrees South and not North of 60 Degrees North"（"向西不超过东经60度，向东不超过东经150度，向南不超过南纬20度，向北不超过北纬60度"），与保险单正本记载一致。最后，至于大×保险在出具船舶保险单正本时，将涉案船舶的允许航行区域记载在保单正面，还是记载在特别约定清单页上的"特别约定"栏内，并无实质性区别。据此，江某某关于×乔公司在为"平达×"轮投保涉案船舶险的过程中，存在向保险人错误提供航行区域信息的上诉理由，缺乏事实依据，本院不予采纳。

综上所述，在涉案船舶险保险经纪合同项下，委托人江某某关于保险经纪人×乔公司存在违约行为，以及该违约行为与江某某因"平达×"轮搁浅遭受的损失之间存在因果关系的主张缺乏证据佐证，不能成立，本院对其上诉请求不予支持。一审法院判决结果正确，应予维持。据此，依照《中华人民共和国民事诉讼法》第一百七十条第一款第（一）项、第一百七十五条之规定，判决如下：

驳回上诉，维持原判。

【说明】这是一起投保人援引《保险法》第一百二十八条，认为保险经纪人因过错给投保人、被保险人造成了损失，应承担赔偿责任，但法院认为证据不足未予以支持的案件。

2013年5月，江某某委托×德公司与陈某甲代为办理其所有的"平达×"轮船舶险投保事宜，×德公司与陈某甲委托×乔公司作为保险经纪人办理上述投保事宜。同年5月20日，×德公司与陈某甲通过×乔公司向大×保险投保。次日，大×保险签发了"平达×"轮远洋船舶保险单。投保单与保险单均记载：船名为"平达×"轮，被保险人系船舶所有人江某某、船舶经营人×德公司，保险金额为1200万元人民币，航行范围为向西不超过东经60度，向东不超过东经150度，向南不超过南纬20度，向北不超过北纬60度，保险期限自2013年5月21日起至2014年5月20日止，责任范围及适用条款为"86条款一切险"，免赔额为每次事故免赔50 000元人民币或10%，全损以及推定全损免赔率10%。江某某收到保险单后未提出异议。

2013年12月11日，"平达×"发生搁浅事故，搁浅位置的经度为东经158度14.357分。此后，万×保险公估公司受大×保险及江某某的委托，就涉案搁浅事故进行检验并出具公估报告，认为"平达×"轮应被认定为推定全损。大×打捞工程公司为"平达×"轮脱浅及拖航工程设计了施工方案，报价为1 620万元人民币。同年12月26日，大×保险向江某某发送了"关于解除'平达×'轮船舶保险合同的通知"，通知称"平达×"轮发生搁浅事故的地点已超出保险单列明的航行范围，江某某违反了保险合同约定的航行范围的保证条款，故自"平达×"轮超航区航行之时起解除该保险合同。

江某某起诉，要求×乔公司为"平达×"轮投保船舶险时的航行范围为"向西不超过东经60度，向东不超过西经150度，向南不超过南纬20度，向北不超过北纬60度"，但×乔公司在向船舶险保险人大×保险投保时，将航行范围的信息误写成了"向西不超过东经60度，向东不超过东经150度，向南不超过南纬20度，向北不超过北纬60度"，并擅自与大×保险约定将前述航行区域作为保险合同的保证条款。因此，当"平达×"轮在东经158度14.357分的位置发生搁浅并被推定全损时，大×保险以江某某违反了保险合同中航行区域保证条款为由解除了涉案保险合同，致使江某某遭受1 080万元人民币及相应利息的损失，前述损失应当由×乔公司予以赔偿。一审、二审法院经审理后以认为江某某没有提供足够的证据证明×乔公司存在过错，均未支持江某某的诉求。

保险经纪人对其过错行为承担赔偿责任，应当符合以下几个条件：（一）保险经纪人必须具有主观上的过错。过错指的是保险经纪人在从事保险经纪业务中的一种主观状态，包括故意和过失两个方面。故意指的是保险经纪人知道或者应当知道其行为会给投保人造成损害，而希望或者放任这种损害后果的发生。过失指的是保险经纪人对其行为会给投保人造成损害的后果应当预见而没有预见，或者虽然已经预见但轻信该后果能够避免。（二）保险经纪人的过错行为给投保人、被保险人或者受益人造成了损失。这种损失在保险经纪业务中一般是经济上的损失，包括直接损失和间接损失。直接损失是指投保人、被保险人或者受益人现有财产和利益的减少。间接损失是指投保人、被保险人或者受益人应当得到或者能够得到的利益而没有得到。

（三）投保人、被保险人、受益人的损失与保险经纪人的过错行为之间存在因果关系。因果关系是一定的事实与一定的行为之间存在的客观的、必然的联系。如果投保人、被保险人或者受益人的损失不是由于保险经纪人的过错行为造成的，保险经纪人就不存在承担赔偿责任的问题。

保险经纪人只对其过错行为给投保人、被保险人或者受益人造成的损失承担赔偿责任，对因保险经纪人的行为而产生的法律后果，并不承担责任。即保险经纪人根据投保人的利益，为投保人提供订立保险合同的机会及其他中介服务，投保人与保险人订立保险合同的，保险经纪人并不是合同的一方当事人，因此他并不对该合同的效力、履行及其后果承担责任。

第一百二十九条 保险活动当事人可以委托保险公估机构等依法设立的独立评估机构或者具有相关专业知识的人员，对保险事故进行评估和鉴定。

接受委托对保险事故进行评估和鉴定的机构和人员，应当依法、独立、客观、公正地进行评估和鉴定，任何单位和个人不得干涉。

前款规定的机构和人员，因故意或者过失给保险人或者被保险人造成损失的，依法承担赔偿责任。

【案例 103】（2018）鲁 13 民终 9194 号

2018 年 3 月 23 日，陈某以×县×远运输公司名义为 Q××号重型仓栅式货车投保一份交强险和一份商业险，其中车辆损失保险限额为 320 000 元。2018 年 4 月 26 日 21 时 20 分许，陈某驾驶该车沿京沪高速由天津方向至北京方向行驶至京沪高速出京方向 40.1 公里处时，与王某 1 驾驶的 J××号、J××号重型半挂牵引车发生相撞后，王某 1 驾驶的 J××号、J××号重型半挂牵引车又与前方王某 2 驾驶的 B××号、B××号重型半挂牵引车发生相撞，造成三车不同程度损坏及陈某受伤的交通事故。该事故经××市公安局交通警察支队三大队认定，陈某承担此次事故的全部责任，王某 1、王某 2 无责任。

Q×× 号重型仓栅式货车登记所有人为 × 县 × 远运输公司，× 县 × 远运输公司出具证据证明实际所有人为陈某。2018 年 6 月 13 日，经 × 安价格评估公司评估，Q×× 号重型仓栅式货车车辆损失价格评估为 179 280 元，陈某为此支出评估费 3 000 元。庭审中，保险公司对该评估结论有异议，申请重新评估，一审法院依法定程序委托天 × 价格鉴定评估公司对 Q×× 号车辆损失价值进行评估，天 × 价格鉴定评估公司于 2018 年 7 月 26 日作出临天润价评字（2018）第 0286 号评估报告书，评估结果为：Q×× 号车辆在评估基准日的损失价值为 168 400 元。陈某在本次事故中支出施救费 12 800 元、邮寄费 35 元。

一审法院认为，陈某所有的 Q×× 号车辆在保险公司投保了交强险及商业险，约定的保险标的发生保险事故，保险公司应当在保险合同约定的范围内承担赔偿责任。保险公司抗辩不承担本案评估费用，根据保险法规定，保险人、被保险人为查明和确定保险事故的性质、原因和保险标的损失程度所支付的必要的、合理的费用，由保险人承担，故本案评估费应由保险公司承担；保险公司对天 × 价格鉴定评估公司作出的临天润价评字（2018）第 0286 号评估报告书中更换配件的价格有异议，并提供东 × 汽车销售服务公司出具的报价单佐证，该报价单系保险公司单方提供的证据，原告对此不予认可。天 × 价格鉴定评估公司是具有评估资质的评估公司，原、被告在选定评估机构时共同选定的，评估时保险公司也派员到场，评估程序符合法律规定，因此对其作出的临天润价评字（2018）第 0286 号评估报告书予以认定。根据《中华人民共和国保险法》第十条、第十四条、第五十七条、第六十四条、第六十六条之规定，判决如下：一、被告 × 财保公司 × 市分公司在商业车损险保险限额内向原告陈某支付车损理赔款 168 400 元；二、被告 × 财保公司 × 市分公司向原告陈某支付施救费 12 800 元、评估费 3 000 元、送达费 35 元，共计 15 835 元；三、驳回原告陈某的其他诉讼请求。

本院二审期间，当事人围绕上诉请求依法提交了证据。本院组织当事人进行了证据交换和质证。被上诉人陈某提交了 × 诚贸易汽车公司出具的增值税普通发票两张及车辆损失清单明细两份，证明其车发生交通事故后已经维修，支出维修费 168 400 元。上诉人保险公司质证意见：对发票需验证后确认发票真伪；对维修项目及金额未经保险公司认可，对其自行支付的维修费用中不合理部分，要求被上诉人自行承担。维修费中高于 4S 店的部分应当提供进货单，要求评估机构提供市场询价评估档案。上诉人保险公司庭后未在指定时间向本院反馈发票真伪验证情况。

根据上诉人保险公司关于评估机构提供市场询价情况的请求，天×价格鉴定评估公司于 2018 年 12 月 26 日向本院出具《评估说明》一份，内容如下："我公司于 2018 年 7 月 23 日接到×县人民法院的司法鉴定委托书，后于 2018 年 7 月 24 日，会同车方、×财保公司×市分公司的相关人员到达车辆承修单位：×诚贸易汽车公司服务站。我们三方对车辆维修项目、更换旧部件进行了一一核实，三方一致认可维修项目及部件。我公司对该车更换的汽车配件价格先后咨询了×县新×汽车销售服务有限公司维修站及临沂汽车配件市场专业人士，并与我公司收集的汽车配件市场价格进行了比对。因该车为东风牌 DFH5310CCYAl 车型，是近期投入市场的新型车辆，市场配件较少，故市场价格较高，综合分析，最终确定评估结果为 168 400 元（人民币壹拾陆万捌仟肆佰元整）。这一评估结果未出报告前，我公司已和×财保公司×市分公司的有关人员沟通过。保险公司支付了评估费用。"上诉人保险公司质证意见：对该评估说明内容不认可，评估公司应当提供市场询价报告及市场价格对比报告，评估公司应提供维修项目的进货单，仅该评估说明不能够证明评估报告书中金额高于市场价格的原因。被上诉人陈某质证意见：对该评估说明"三性"均无异议，该评估说明能够证实评估报告是在三方均到场的情况下对车辆维修项目更换旧部件等一一核实，三方一致认可并在评估结果未出报告前，评估公司和保险公司进行沟通后且保险公司支付了评估费用的基础上才出具的评估报告，该评估报告能客观真实地反映车辆损失情况。

对上述证据的认证将在"本院认为"部分一并阐述。

本院对一审查明的事实予以确认。

本院认为，根据《最高人民法院关于适用〈中华人民共和国民事诉讼法〉

的解释》第三百二十三条关于"第二审人民法院应当围绕当事人的上诉请求进行审理"的规定，本院二审诉讼过程中仅针对上诉人保险公司上诉请求的范围进行审查，无争议的问题不予审查。本案争议焦点为："临天润价评字（2018）第 0286 号"评估报告书能否可以作为认定车损的依据。

关于评估方法是否存在瑕疵、评估程序是否严重违法问题。《最高人民法院关于民事诉讼证据的若干规定》第二十九条规定："审判人员对鉴定人出具的鉴定书，应当审查是否具有下列内容：（一）委托人姓名或者名称、委托鉴定的内容；（二）委托鉴定的材料；（三）鉴定的依据及使用的科学技术手段；（四）对鉴定过程的说明；（五）明确的鉴定结论；（六）对鉴定人鉴定资格的说明；（七）鉴定人员及鉴定机构签名盖章。"第二十七条规定："当事人对人民法院委托的鉴定部门作出的鉴定结论有异议申请重新鉴定，提出证据证明存在下列情形之一的，人民法院应予准许：（一）鉴定机构或者鉴定人员不具备相关的鉴定资格的；（二）鉴定程序严重违法的；（三）鉴定结论明显依据不足的；（四）经过质证认定不能作为证据使用的其他情形。对有缺陷的鉴定结论，可以通过补充鉴定、重新质证或者补充质证等方法解决的，不予重新鉴定。"《中华人民共和国资产评估法》第二条规定："本法所称资产评估（以下称评估），是指评估机构及其评估专业人员根据委托对不动产、动产、无形资产、企业价值、资产损失或者其他经济权益进行评定、估算，并出具评估报告的专业服务行为。"第二十六条规定："评估专业人员应当恰当选择评估方法，除依据评估执业准则只能选择一种评估方法的外，应当选择两种以上评估方法，经综合分析，形成评估结论，编制评估报告。"上诉人保险公司主张天×价格鉴定评估公司在评估中只采用了修复费用加和法一种方法对车辆损失进行评估，违反了《中华人民共和国资产评估法》第二十六条的规定。本院认为，"临天润价评字（2018）第 0286 号"评估报告书"评估方法"一栏虽只列明"修复费用加和法"一种评估方法，但是鉴定人员在一审庭审中出庭接受质询的陈述及二审期间出具的《评估说明》足以证明，其在评估时还采用了重置成本法、现行市价法等评估方法，上诉人保险公司在一审、二审质证中虽有异议，但未提出足以反驳的理由与依据。"临天润价评字（2018）第0286号"评估报告书虽有瑕疵，但通过质询质证、补充说明已经对该瑕疵作出说明，故不宜认定该评估程序严重违法，争议评估报告书仍然可以作为证据使用。关于上诉人保险公司认为评估依据不足问题，上述《评估说明》已经对争议配件价格调查对象及过程作出解释，上诉人保险公司虽仍有异议，但未提供充分理由和证据支持其主张，本院不予采信。

关于上诉人一审出具的《××东×报价单》能否足以推翻"临天润价评字（2018）第0286号"评估报告书问题。《中华人民共和国保险法》第一百二十九条规定："保险活动当事人可以委托保险公估机构等依法设立的独立评估机构或者具有相关专业知识的人员，对保险事故进行评估和鉴定。接受委托对保险事故进行评估和鉴定的机构和人员，应当依法、独立、客观、公正地进行评估和鉴定，任何单位和个人不得干涉。前款规定的机构和人员，因故意或者过失给保险人或者被保险人造成损失的，依法承担赔偿责任。"《最高人民法院关于民事诉讼证据的若干规定》第七十一条规定："人民法院委托鉴定部门作出的鉴定结论，当事人没有足以反驳的相反证据和理由的，可以认定其证明力。"第七十三条"双方当事人对同一事实分别举出相反的证据，但都没有足够的依据否定对方证据的，人民法院应当结合案件情况，判断一方提供证据的证明力是否明显大于另一方提供证据的证明力，并对证明力较大的证据予以确认。因证据的证明力无法判断导致争议事实难以认定的，人民法院应当依据举证责任分配的规则作出裁判。"上诉人保险公司一审期间提交的《××东×报价单》从证据类型上属于单位证明性质，但是该报价单未加盖单位公章，只盖有其公司业务专用章，且未有负责人及经办人签字，亦未有明确出具对象，故难以判断该证据的真实性、关联性。关于本案争议车损问题，经上诉人保险公司申请，一审法院依法委托有评估资质的评估机构进行了评估。二审期间，被上诉人提交了车辆维修单位出具的增值税普通发票及车辆损失清单明细，该证据能够与评估报告相互印证。上诉人保险公司提交的证据不足以反驳评估机构出具的评估报告及被上诉人陈某提交的证据，根据《最高人民法院关于民事诉讼证据的若干规定》第七十一条、第七十三条的规定，应当确认"临天润价评字（2018）第0286号"评估报告书的证明力。委托有评估资质的第三方对车损价值进行评估，目的在于解决保险人与被保险人的车损价值争议问题，故保险人以己方定损结论抗辩评估机构作出的评估报告，其理由不能成立。上诉人保险公司申请重新评估，目的在于解决车损价值争议问题，确定车损价值。评估机构作出评估报告后，上诉人保险公司又认为"评估报告只是对车辆损失的预估，其实际损失应以其实际维修费用为准"，属于自相矛盾，循环论证，本院不予支持。

综上所述，上诉人×财保公司×市分公司的上诉请求不能成立，应予驳回；一审判决认定事实清楚，适用法律正确，应予维持。依照《中华人民共和国民事诉讼法》第一百七十条第一款第一项规定，判决如下：

驳回上诉，维持原判。

【说明】这是一起法院援引《保险法》第一百二十九条确认保险公估机构评估报告书具有证明力的案件。

2018年3月23日，陈某为其货车投保交强险和商业险，车辆损失保险限额为320 000元。2018年4月26日21时20分许，陈某驾车与他人车辆相撞造成车损。陈某承担此次事故的全部责任。2018年6月13日，经×安价格评估公司评估，车辆损失价格评估为179 280元，陈某为此支出评估费3 000元。保险公司对该评估结论有异议，重新委托天×价格鉴定评估公司评估，2018年7月26日作出"临天润价评字（2018）第0286号"评估报告书，评估结果为：Q××号车辆在评估基准日的损失价值为168 400元。陈某在本次事故中支出施救费12 800元、邮寄费35元。

一审法院判决：一、×财保公司向陈某支付车损理赔款168 400元；二、×财保公司向陈某支付施救费12 800元、评估费3 000元、送达费35元，共计15 835元；三、驳回原告陈某的其他诉讼请求。保险公司不服，提起上诉，认为"临天润价评字（2018）第0286号"评估报告书不能作为认定车损的依据。二审法院指出，"临天润价评字（2018）第0286号"评估报告书虽有瑕疵，但通过质询质证、补充说明已经对该瑕疵作出说明，故不宜认定该评估程序严重违法，争议评估报告书仍然可以作为证据使用。关于上诉人保险公司认为评估依据不足问题，上述《评估说明》已经对争议配件价格调查对象及过程作出解释，上诉人保险公司虽仍有异议，但未提供充分理由和证据支持其主张，法院不予采信。上诉人保险公司提交的证据不足以反驳评估机构出具的评估报告及被上诉人陈某提交的证据，根据《最高人民法院关于民事诉讼证据的若干规定》第七十一条、第七十三条的规定，应当确认"临天润价评字（2018）第0286号"评估报告书的证明力。委托有评估资质的第三方对车损价值进行评估，目的在于解决保险人与被保险人的车损价值争议问题，故保险人以已方定损结论抗辩评估机构作出的评估报告，其理由不能成立。上诉人保险公司申请重新评估，目的在于解决车损价值争议问题，确定车损价值。评估机构作出评估报告后，上诉人保险公司又认为"评估报告只是对车辆损失的预估，其实际损失应以其实际维修费用为准"，属于自相矛盾，循环论证，本院不予支持。最终二审法院判决驳回上诉，维持原判。

保险公估人是接受保险人或者被保险人的委托，办理保险事故的勘验、鉴定、评估以及赔款理算的中介机构或者个人。在保险经营过程中，保险公司所承保的风险是多种多样的，从经营成本考虑，保险公司不可能配备门类齐全的专业人员，仅靠保险公司自己所有的专业人才难以完成保险事故的评估、鉴定任务，而且由保险公司自己的工作人员进行事故评估和鉴定是否公正，很难使人信服，于是从事保险事故勘验、鉴定、评估的保险公估人应运而生。保险公估人是依法设立的独立的从事保险事故评估、鉴定业务的机构以及具有法定资格的从事保险事故评估、鉴定工作的专家，是协助保险理赔的独立第三人，接受保险人或者被保险人的委托为其提供保险事故评估、鉴定服务。

由于保险公估人的评估、鉴定结果事关保险人和被保险人的合法权益能否得到切实保护，保险法对保险事故的评估和鉴定制度作出了明确的规定：1. 保险人和被保险人都有权聘请独立的评估机构或者专家，对保险事故进行评估或者鉴定。2. 受聘进行评估和鉴定保险公估人可以是机构，也可以是个人。3. 受聘进行保险事故评估和鉴定的机构必须是依法设立的独立的专业机构，受聘进行保险事故评估和鉴定的个人必须是具有法定资格的专家。根据国家有关规定，保险公估机构的从业人员及个人保险公估人必须通过专门的资格考试，取得资格证书；必须经保险监督管理机构审核批准并办理有关登记，方可开展业务；必须交存一定数额的保证金或者投保职业责任保险。4.保险公估人应当依法公正地执行业务，对保险事故的评估、鉴定要有科学依据，以事实和证据作为评估鉴定的基础，遵循评估鉴定程序，运用科学的评估鉴定手段和方法，作出评估、鉴定报告。评估、鉴定报告的内容必须真实、准确、完整。

保险公估人对其过错行为应当依法承担赔偿责任。保险公估人承担过错赔偿责任应当具备下列条件：一是保险公估人必须具有主观上的过错。过错指的是保险公估人在从事保险事故评估、鉴定业务中的一种主观状态，包括故意和过失两个方面。故意指的是保险公估人知道或者应当知道其行为会给保险人或者被保险人造成损害，而希望或者放任这种损害后果的发生。过失指的是保险公估人对其行为会给保险人或者被保险人造成损害的后果应当预见而没有预见，或者虽然已经预见但轻信该后果能够避免。二是保险公估人的过错行为给保险人或者被保险人造成了损失。这种损失在保险评估、鉴定业务中一般是经济上的损失，包括直接损失和间接损失。直接损失是指保险人或者被保险人现有财产和利益的减少。间接损失是指保险人或者被保险人应当得到或者能够得到的利益而没有得到。三是保险人或者被保险人的损失与保险公估人的过错行为之间存在因果关系。因果关系是指一定的事实与一定的行为之间存在的客观的、必然的联系。如果保险人、被保险人的损失不是由于保险公估人的过错行为造成的，保险公估人就不存在承担赔偿责任的问题。

保险公估机构接受保险人或者被保险人的委托，从事保险事故的评估和鉴定业务，可以收取一定的费用，作为其业务活动的报酬。保险公估机构收取的费用由保险人或者被保险人与保险公估机构订立的委托或者聘用合同约定，同时应当遵守本法及有关法律、行政法规的规定，比如，价格法、有关财产评估方面的行政法规的规定等。

第一百三十条 保险佣金只限于向保险代理人、保险经纪人支付，不得向其他人支付。

【案例104】（2020）鄂08民终914号

1996年5月8日，陈某经原××县劳动局同意招工至某寿险××支公司（原某人寿保险有限公司××县支公司）处工作，双方签订《劳动合同书》，约定双方的合同期限为10年，某寿险××支公司需安排陈某从事寿险代理工作，按时支付陈某劳动报酬、提供保险福利待遇等；在劳动合同订立时所依据的客观情况发生重大变化，致使原劳动合同无法履行，经双方协商不能就变更劳动合同达成协议的，某寿险××支公司可以解除劳动合同等内容。陈某与某寿险××支公司在合同上签字、盖章，××县劳动局盖章确认后向陈某出具录用合同制工人通知单，同意陈某由某寿险××支公司录用，并通知陈某于1996年5月10日持通知单到某寿险××支公司报到。

陈某自1996年5月10日至今一直在某寿险××支公司从事保险代理工作，其具有保险代理人资格证，某寿险××支公司以佣金形式向陈某发放薪酬。某寿险××支公司未为陈某办理社会养老保险手续。

陈某自2008年以来多次为劳动合同及社会保险待遇等问题向某寿险××支公司及相关部门反映情况，并要求予以解决。后陈某向××市劳动人事争议仲裁委员会提起申请，要求确认劳动关系，该仲裁委作出京劳人仲裁字〔2020〕10-1号裁决书，认定双方自1996年5月8日至2002年12月31日存在劳动关系，2003年1月1日至今不存在劳动关系。双方均不服该裁决，先后向一审法院提起诉讼，一审法院裁定后受理的某寿险××支公司起诉陈某的案件，案号：（2020）鄂0821民初782号，并入本案审理。

一审法院认为，关于陈某与某寿险××支公司是否建立劳动关系。陈某于1996年5月8日经原××县劳动局批准招录为劳动合同制工人，并与某寿险××支公司签订有劳动合同书，某寿险××支公司在新招劳动合同制工人登记表及劳动合同书上均加盖有公章，对劳动关系的建立予以确认，且陈某在招工手续办理后即到某寿险××支公司工作，双方的劳动关系应当自用工之日（1996 年 5 月 10 日）起建立。对于某寿险××支公司辩称劳动合同书上并非陈某本人签字、陈某在某寿险××支公司从事保险代理业务，双方不能成立劳动关系的意见，根据一审庭审查明，陈某认可该劳动合同，事实上也以劳动合同约定及招工材料手续到某寿险××支公司提供劳动；至于陈某就职时从事的保险代理工作，系双方所签订合同约定的岗位，且在 2003 年《中华人民共和国保险法》（以下简称《保险法》）实施之前并无禁止保险公司职工从事保险代理工作的相关规定。因此，在某寿险××支公司没有明确与陈某终止劳动合同的前提下，不能据此认定陈某从事的保险代理工作系一般委托代理行为而否认其劳动关系，故某寿险××支公司的理由不成立，一审法院不予支持。

　　劳动者与用人单位应当遵循双方约定履行劳动合同，但同时必须在法律规定范围内履行，不得突破法律、法规的强制性规定。本案陈某与某寿险××支公司所从事的保险行业受《保险法》规范，双方劳动关系的履行亦应当受该法的规范。我国自 1995 年制订并通过《保险法》后，多次对该法进行了修订，其中 2002 年修正的《保险法》第一百三十四条首次规定，保险代理手续费和经纪人佣金，只限于向具有合法资格的保险代理人、保险经纪人支付，不得向其他人支付；2009 年修订的《保险法》第一百三十条进一步规定，保险佣金只限于向有合法资格的保险代理人、保险经纪人支付，不得向其他人支付；之后，该法在修订过程中均对该条款进行了保留。根据某寿险××支公司提交的《某人寿保险股份有限公司××省分公司保险营销员管理办法》（2006 年版）规定，"保险营销员"指根据公司委托，向公司收取代理手续费，并在公司授权范围内代为办理个人人身保险业务的个人，而该办法及相关文件内容，均不直接或间接构成公司与保险营销员之间存在劳动合同关系的依据。以上表明，自 2002 年修正的《保险法》于 2003 年 1 月 1 日正式实施以来，保险佣金应当仅限于向专门从事保险代理活动的保险代理人、保险经纪人支付，保险公司员工从事相关保险销售代理岗位、领取保险佣金的情形为法律所禁止。陈某作为之前专门从事保险代理工作的保险公司员工，应当对法律的相关规定是明知的，其在法律对保险代理佣金领取人员进行限定性规范后，应就是否与单位继续履行劳动合同还是继续从事保险代理问题协商处理，其仍选择继续从事保险代理并领取保险佣金时，应当认定其身份已从劳动合同制工人转变为保险代理人，陈某与某寿险××支公司之间的关系自此也从劳动关系转变为保险代理关系，双方劳动合同的终止符合《中华人民共和国劳动合同法》第四十四条第（六）项的规定。综上所述，陈某与某寿险××支公司自 1996 年 5 月 10 日至 2002 年 12 月 31 日存在劳动关系，2003 年 1 月 1 日至今不存在劳动关系。

关于某寿险××支公司辩称陈某的请求超过了仲裁时效的意见，经查，在陈某向××市劳动人事争议仲裁委员会申请仲裁时，某寿险××支公司并未就陈某的请求是否超过仲裁时效进行抗辩，故某寿险××支公司在诉讼中才对陈某的请求提出仲裁时效抗辩，其请求不符合法律规定，一审法院对该抗辩意见不予采纳。

综上所述，根据《中华人民共和国劳动合同法》第三条、第七条、第十条、第四十四条，《中华人民共和国保险法》第一百一十七条、第一百三十条，《最高人民法院关于审理劳动争议案件适用法律若干问题的解释》第九条、《最高人民法院关于审理劳动争议案件适用法律若干问题的解释（二）》第十一条之规定，判决：一、陈某与某人寿保险股份有限公司××市支公司自 1996 年 5 月 10 日至 2002 年 12 月 31 日存在劳动关系，2003 年 1 月 1 日至今不存在劳动关系；二、驳回陈某的其他诉讼请求；三、驳回某人寿保险股份有限公司××市支公司的诉讼请求。

二审中，陈某向本院提交新证据。第一组证据：A1.《关于个人提供非法有形商品推销、代理等服务活动取得收入征收营业税和个人所得税有关问题的通知》财税字（1997）103 号复印件一份，拟证明佣金即工资，雇员不该收营业税；A2.《中国保险监督管理委员会关于个人保险代理人法律地位的复函》（2006）复印件一份，拟证明保险销售业务员的法律地位由业务员与保险公司签订的具体协议决定；A3.《某人寿保险股份有限公司销售人员违规行业处理规定》，拟证明某人寿保险存在三种销售人员：签订劳动合同的、签订代理合同的、劳务派遣的；A4. 中国银行保险监督管理委员会银保监办（2020）

41 号《关于落实保险公司主体责任加强保险销售人员管理的通知》复印件一份，拟证明保险公司员工为保险销售人员一直到目前都是国家认可的。第二组证据：A5. 某人寿保险股份有限公司《保险营销员保险代理合同 A 类》样本一份，拟证明陈某签订的劳动合同与个人保险代理人签订的保险代理合同完全不同，身份也完全不同。第三组证据：A6. 2007 年、2009 年工资表复印件各一份，拟证明佣金与领取者身份无关。

某寿险××支公司质证称，证据 A1 与本案无关，该规定并没有将保险代理人纳入通知之内，并且该通知主要处理的是雇员和非雇员的个人推销，与保险公司、保险代理人之间的委托代理关系无关，不能证明佣金即工资，雇员不收营业税。证据 A2 具有真实性，该复函已充分肯定了个人保险代理人与保险公司之间是委托代理关系，而不是劳动关系。且 2006 年某寿险××支公司的段启明与陈某之间签订了一份协议书，该协议书对陈某在保险公司从事的工作、权利、义务及奖励、佣金等问题予以了确定，该协议书已将双方的关系定性为保险代理人，即委托代理关系。证据 A3、证据 A4 是 2017 年之后的文件，不适用本案 1996 年双方法律关系的定性。第一组证据 A1～A4 正好从法律依据方面充分说明保监会对保险代理人身份地位、佣金支付及法律关系地位等都予以明确规定，即保险公司与保险代理人之间系委托代理关系，而非劳动关系。证据 A5 系空白合同，该合同是某寿险××支公司 2006 年之后印制的标准的保险代理合同版本，与陈某无关联，与 1996 年陈某参加资格考试成为保险代理人这一事实无关联，不能以该空白合同就认定陈某签订的劳动合同与保险代理人身份完全不同。对证据 A6 的真实性、合法性、关联性有异议，该证据不属于新证据。该佣金发放表中没有陈某的名字，与陈某无关。保险公司在 2006 年规范保险代理人之前，确实存在公司员工也做保险并领取佣金的情况，但公司员工必定还要从公司领取工资。这与陈某从保险公司只领取佣金的性质不一样，陈某的身份也是严格区别于保险公司的正式员工。

经审核，证据 A1～A6 与本案陈某、某寿险××支公司之间是否存在劳动关系无关，本院不予采纳。

二审中，某寿险××支公司向本院提交新证据：B1.《关于××人寿保险公司保险代理人再就业减免税年审情况的通知》一份，拟证明2006年陈某曾以保险代理人身份向税务部门申请减免各种税费。这些税种都只有保险代理人交纳，公司员工并不需交纳这些税，并且在办理减免税时保险公司配合陈某提交了当年签订的保险代理合同以及下岗再就业证等文件，但因保险公司人员退休、变更，就未找到相关文件原件。B2. 1995年《保险法》，拟证明1995年的保险法第一百二十二条规定了保险代理人与保险公司之间是委托代理关系，保险代理人从保险公司处领取的是佣金。

陈某质证称，对证据B1不清楚，保险公司应提交双方签订的委托代理合同来证明双方是委托代理关系。陈某在劳动合同中约定的工种是寿险代理，属于劳动合同关系。保险法是规范保险公司经营行为的，对于佣金的支付方式是用劳动法来调整的，故保险公司支付佣金是否合法，应属于行政监管。证据B2中保险代理人的范围限定为既可以是单位也可以是个人，故其不能证明陈某与保险公司之间是委托代理关系。

经审核，证据B1、B2与本案陈某、某寿险××支公司之间是否存在劳动关系无关，本院不予采纳。

二审中，关于事实争议：陈某主张其于1996年3月就在某寿险××支公司试用期工作。其于1996年4月办理工作证，于1996年5月8日与某寿险××支公司签订《劳动合同书》，后一直在该公司上班。

某寿险××支公司反驳，陈某是从1996年12月开始在公司上班，只发放佣金。陈某工作证上的出生年月与其身份证上的出生年月不一致，《劳动合同书》也不是陈某本人签名。

经审核，陈某工作证上的出生年月与其身份证上的出生年月不一致，且签发日期为"1996.4"有明显的修改痕迹。故陈某工作证不能证明其于1996年3月就已在某寿险××支公司试用期工作。《劳动合同书》上陈某的签名虽不是陈某本人签名，但陈某作出了合理解释，是由其哥哥陈某2代签。且《劳动合同书》签订后，陈某一直在某寿险××支公司工作。故该《劳动合同书》应是双方的真实意思表示。即1996年5月8日，陈某与某寿险××支公司（原中保人寿保险有限公司××县支公司）签订了《劳动合同书》。因双方对陈某上班的起始时间认识不一致，且录用合同制工人通知单通知陈某于1996年5月10日前持通知单到某寿险××支公司报到。故一审法院认定陈某从1996年5月10日至今一直在某寿险××支公司从事保险代理工作，并无不妥。

二审查明，除"通知陈某于1996年5月10日持通知单到某寿险××支公司报到"外，本院对一审法院查明的其他事实都予以确认。

二审另查明，录用合同制工人通知单通知陈某于1996年5月10日前持通知单到某寿险××支公司报到。

本院认为，二审的争议在于：一、陈某与某寿险××支公司自1996年5月8日至今是否存在劳动关系；二、陈某的请求是否超过了仲裁时效。

本案中，1996年5月8日陈某与某寿险××支公司签订《劳动合同书》，合同期限为10年（1998年1月1日至2007年12月31日）。陈某自1996年5月10日至今一直在某寿险××支公司从事保险代理工作。

一、关于劳动关系。本院认为，（一）依据《中华人民共和国劳动法》第十六条第一款，《中华人民共和国劳动合同法》第十七条的规定，劳动合同是劳动者与用人单位确立劳动关系、明确双方权利和义务的协议。本案中，1996年5月8日，陈某与某寿险××支公司签订的《劳动合同书》，具备了劳动合同应当具备的主要条款，对劳动权利、义务进行了约定，双方形成了订立劳动合同的合意。故本案中的《劳动合同书》符合劳动合同的法律特征，陈某与某寿险××支公司成立劳动关系。（二）关于劳动关系存续期间，陈某主张其与某寿险××支公司从1996年5月8日至今一直存在劳动关系。某寿险××支公司反驳其与陈某不存在劳动关系，陈某一直都是从事保险代理工作，双方是委托代理关系。本院认为，1. 关于起始时间，《劳动合同书》的签订时间虽然是1996年5月8日，但陈某实际用工之日应是从1996年5月10日开始。依照《中华人民共和国劳动合同法》第七条、第十条第三款的规定，劳动关系自用工之日起建立。故劳动关系的起始时间应为陈某的实际用工之日1996年5月10日。2. 关于终止时间，《劳动合同书》中约定了合同期限为

10 年（1998 年 1 月 1 日至 2007 年 12 月 31 日）。劳动合同到期后，双方未续订劳动合同。故劳动关系的终止时间应为 2007 年 12 月 31 日。2008 年 1 月 1 日之后，双方对陈某的保险代理工作是属于劳动关系还是委托代理关系，未进行明确约定。依据 2002 年修正的《中华人民共和国保险法》第一百三十四条、2009 年修订的《中华人民共和国保险法》第一百三十条，2015 年修正的《中华人民共和国保险法》第一百一十七条、第一百三十条的规定，保险代理人是根据保险人的委托，向保险人收取佣金，并在保险人授权的范围内代为办理保险业务的机构或者个人。保险佣金只限于向保险代理人、保险经纪人支付，不得向其他人支付。故领取佣金的保险代理人与保险公司在双方没有另行约定的情况下，应属于委托代理关系，而非劳动关系。本案中，陈某虽然一直领取的都是佣金，但在 2007 年 12 月 31 日之前，双方对其保险代理工作明确约定为劳动关系，在 2008 年 1 月 1 日之后，双方对其保险代理工作属于何种法律关系未进行明确约定。故依照上述法律规定，陈某与某寿险×× 支公司在 2008 年 1 月 1 日之后应为委托代理关系，而非劳动关系。综上所述，陈某与某寿险×× 支公司自 1996 年 5 月 10 日至 2007 年 12 月 31 日存在劳动关系，2008 年 1 月 1 日至今不存在劳动关系。

二、关于仲裁时效。本院认为，《中华人民共和国劳动法》第七十九条规定："劳动争议发生后，当事人可以向本单位劳动争议调解委员会申请调解；调解不成，当事人一方要求仲裁的，可以向劳动争议仲裁委员会申请仲裁。当事人另一方也可以直接向劳动争议仲裁委员会申请仲裁。对仲裁裁决不服的，可以向人民法院提起诉讼。"根据上述规定，在司法实务中，人民法院受理劳动争议案件以是否经劳动争议仲裁委员会裁决为前提，即劳动争议仲裁前置程序。基于仲裁请求应与诉讼请求的一致性或不可分性，当事人在仲裁阶段对于仲裁请求的抗辩效力及于诉讼阶段。由于某寿险×× 支公司在本案仲裁阶段没有对陈某的仲裁请求提出时效抗辩，且劳动仲裁机构已对本案作出了实体裁决，故该公司在诉讼阶段对陈某的诉请再以超过仲裁时效期间为由进行抗辩，该意见本院不予采纳。

综上所述，陈某的上诉请求部分成立，某寿险×× 支公司的上诉请求不能成立。依照《中华人民共和国劳动法》第十六条第一款，《中华人民共和国劳动合同法》第七条、第十条第三款、第十七条，《中华人民共和国保险法》第一百一十七条、第一百三十条，《最高人民法院关于适用〈中华人民共和国民事诉讼法〉的解释》第九十条，《中华人民共和国民事诉讼法》第一百七十条第一款第二项规定，判决如下：

一、撤销××法院（2020）鄂 0821 民初 775 号民事判决；

二、陈某与某人寿保险股份有限公司××市支公司自 1996 年 5 月 10 日至 2007 年 12 月 31 日存在劳动关系，2008 年 1 月 1 日至今不存在劳动关系；

三、驳回陈某的其他诉讼请求；

四、驳回某人寿保险股份有限公司××市支公司的其他诉讼请求。

【说明】这是一起法院援引《保险法》第一百三十条的规定，指出领取佣金的保险代理人与保险公司在双方没有另行约定的情况下，应属于委托代理关系，而非劳动关系的案件。

1996 年 5 月 8 日，陈某至某寿险××支公司工作，双方签订《劳动合同书》约定双方的合同期限为 10 年，某寿险××支公司安排陈某从事寿险代理工作，陈某于 1996 年 5 月 10 日持通知单到某寿险××支公司报到。陈某从 1996 年 5 月 10 日至今一直在某寿险××支公司从事保险代理工作，其具有保险代理人资格证，某寿险××支公司以佣金形式向陈某发放薪酬。某寿险××支公司未为陈某办理社会养老保险手续。

自 2008 年开始，陈某多次为劳动合同及社会保险待遇等问题向某寿险××支公司及相关部门反映情况。后陈某向××市劳动人事争议仲裁委员会提起申请，要求确认劳动关系，该仲裁委作出裁决书认定双方自 1996 年 5 月 8 日至 2002 年 12 月 31 日存在劳动关系，2003 年 1 月 1 日至今不存在劳动关系。

陈某与某寿险公司均不服该裁决，先后向一审法院提起诉讼，一审法院认为，陈某与某寿险××支公司所从事的保险行业受《保险法》规范，双方劳动关系的履行亦应当受该法的规范。2002 年修正的《保险法》第一百三十四条首次规定，保险代理手续费和经纪人佣金，只限于向具有合法资格的保险代理人、保险经纪人支付，不得向其他人支付；2009 年修订的《保险法》第一百三十条进一步规定，保险佣金只限于向有合法资格的保险代理人、保险经纪人支付，不得向其他人支付；之后，该法在修订过程中均对该条款进行了保留。判决陈某与某人寿保险股份有限公司××市支公司自 1996 年 5 月 10 日至 2002 年 12 月 31 日存在劳动关系，2003 年 1 月 1 日至今不存在劳动关系。

陈某不服一审判决，提起上诉。二审法院认为：本案中的《劳动合同书》符合劳动合同的法律特征，陈某与某寿险××支公司成立劳动关系。陈某实际用工之日是从 1996 年 5 月 10 日开始，故劳动关系的起始时间应为 1996 年 5 月 10 日；《劳动合同书》中约定了合同期限为 10 年（1998 年 1 月 1 日至 2007 年 12 月 31 日）。故劳动关系的终止时间应为 2007 年 12 月 31 日。2008 年 1 月 1 日之后，双方对陈某的保险代理工作是属于劳动关系还是委托代理关系，未进行明确约定。根据《保险法》第一百一十七条、第一百三十条的规定，保险代理人是根据保险人的委托，向保险人收取佣金，并在保险人授权的范围内代为办理保险业务的机构或者个人。保险佣金只限于向保险代理人、保险经纪人支付，不得向其他人支付。故领取佣金的保险代理人与保险公司在双方没有另行约定的情况下，应属于委托代理关系，而非劳动关系。故依照上述法律规定，陈某与某寿险××支公司在 2008 年 1 月 1 日之后应为委托代理关系，而非劳动关系。二审判决：一、撤销××法院（2020）鄂0821 民初 775 号民事判决；二、陈某与某人寿保险股份有限公司××市支公司自 1996 年 5 月 10 日至 2007 年 12 月 31 日存在劳动关系，2008 年 1 月 1 日至今不存在劳动关系。

保险代理佣金是保险代理人通过为保险人代理各项业务而向保险人收取的酬金。保险经纪人佣金是保险经纪人为投保人与保险人订立保险合同提供经纪服务的报酬。佣金是保险人（保险公司）用于展业的经营支出，依法可以计入成本在税前列支。有些保险公司为了小团体的利益搞假代理，对其自行办理的保险业务，也以代理人名义或者经纪人名义支取代理手续费或者经纪人佣金，以增加保险公司税前列支的数额，开设小金库。这是违反会计法、税收征收管理法和国家统一财务会计制度的违法违规行为，应当予以禁止。为了规范保险公司的经营行为，维护保险市场秩序，促进保险业健康发展，本条规定，保险佣金只限于向保险代理人、保险经纪人支付，不得向其他人支付。保险公司应当依照本条规定加强本公司财务管理，严守财经纪律，杜绝上述违法、违规行为。

第一百三十一条　保险代理人、保险经纪人及其从业人员在办理保险业务活动中不得有下列行为：

（一）欺骗保险人、投保人、被保险人或者受益人；

（二）隐瞒与保险合同有关的重要情况；

（三）阻碍投保人履行本法规定的如实告知义务，或者诱导其不履行本法规定的如实告知义务；

（四）给予或者承诺给予投保人、被保险人或者受益人保险合同约定以外的利益；

（五）利用行政权力、职务或者职业便利以及其他不正当手段强迫、引诱或者限制投保人订立保险合同；

（六）伪造、擅自变更保险合同，或者为保险合同当事人提供虚假证明材料；

（七）挪用、截留、侵占保险费或者保险金；

（八）利用业务便利为其他机构或者个人牟取不正当利益；

（九）串通投保人、被保险人或者受益人，骗取保险金；

（十）泄露在业务活动中知悉的保险人、投保人、被保险人的商业秘密。

【案例 105】（2021）鲁 11 民终 3046 号

王某某是某财险公司的正式员工，已于 2015 年 10 月份办理退休，退休后，王某某仍在某财险公司从事保险代理业务，某财险公司根据王某某代理的保险业务为其发放提成工资。

2020 年 1 月 10 日，×生物流为其员工司机、随车人员 135 人在某财险公司处投保雇主责任险。2020 年 7 月 9 日，某财险公司根据×生物流出具的"雇主责任险业务批改申请书"对涉案保险作出批改，将投保人员增加了 21 名，包括盛某的雇员刘某。

2021 年 4 月 9 日，盛某将某财险公司诉至一审法院，一审法院（2021）鲁 1122 民初 2324 号民事判决书查明："盛某系刘某的实际雇主，盛某通过某财险公司的员工王某某购买的雇主责任险，后经王某某联系将包括涉案司机刘某在内的多名司机以×县×生物流有限公司雇员的名义在某财险公司购买雇主责任险，并经被保险人×县×生物流有限公司提出申请，被告将上述保单于 2020 年 7 月 9 日作出批改，人数由 97 人变更为 118 人，本次新增的 21 名雇员包括刘某"。该判决书认定："因盛某作为事故驾驶员刘某的实际雇主，系通过某财险公司的员工，借用×县×生物流公司的名义投保雇主责任险，刘某并非投保人×县×生物流公司的实际雇员，×县×生物流有限公司不具有保险利益，……本案中，某财险公司明知刘某并非×县×生物流有限公司的实际雇员而承保，该部分保险合同归于无效的过错应主要在保险人，结合本案实际，以某财险公司承担 90% 的过错为宜"，判决某财险公司赔偿盛某 270 000 元，承担诉讼费 2 610 元。2021 年 6 月 16 日，某财险公司根据（2021）鲁 1122 民初 2324 号民事判决书，向盛某履行赔偿义务，赔偿损失共计 272 610 元。

王某某在该案中出庭作证称："我在某保险公司工作，2015 年退休后又返聘回公司从事保险代理。2020 年 7 月，盛某找我投保雇主责任险，我跟×生物流说有个驾驶员想投保大车司机保险，×生物流说行，我说需要盖章，他说盖上吧，业务员有单后就交给内勤，内勤核实后能出单就出单。"

一审法院认为，王某某是某财险公司的正式员工，在 2015 年退休后，王某某虽未与某财险公司另行签订保险代理合同，但王某某在已生效判决文书中认可其在退休后继续在某财险公司处从事保险代理业务，双方之间存在事实上的保险代理关系，其代理行为应当遵循《中华人民共和国保险法》中关于保险代理人的规定，以及遵守《中华人民共和国民法总则》中关于代理的规定。

《中华人民共和国保险法》第一百三十条规定：保险代理人、保险经纪人及其从业人员在办理保险业务活动中不得有下列行为：（一）欺骗保险人、投保人、被保险人或者受益人；（二）隐瞒与保险合同有关的重要情况⋯⋯。《中华人民共和国民法总则》第一百六十四条规定：代理人不履行或者不完全履行职责，造成被代理人损害的，应当承担民事责任。本案中，根据王某某在（2021）鲁1122民初2324号案中庭审时的陈述及判决书认定的事实，盛某找王某某为其员工投保雇主责任险，王某某明知盛某作为个人无法投保该险种，主动联系×生物流出具盖章的"批改申请书"，将盛某的雇员刘某纳入×生物流投保的雇主责任险被保险人名单内，王某某的故意行为属于《中华人民共和国保险法》规定的保险代理人禁止从事的行为，×生物流为不属于自己雇员的人员向某财险公司出具"批改申请书"亦具有一定过错，某财险公司的其他工作人员应当对提交的资料进行审查核实，其未尽到合理审慎义务，也存在一定过错。综合本案实际，一审法院酌情认定王某某承担40%的过错责任为宜，故王某某应当赔偿某财险公司损失109 044元，对某财险公司请求有理部分一审法院予以支持。综上所述，依照《中华人民共和国保险法》第一百一十七条、第一百二十二条、第一百二十六条、第一百二十七条、第一百三十一条，《中华人民共和国民法总则》第一百六十四条、《最高人民法院关于适用〈中华人民共和国民法典〉时间效力若干规定》第二条，《中华人民共和国民事诉讼法》第六十四条的规定，一审法院判决：一、王某某于判决生效后十日内赔付给某财险公司损失109 044元；二、驳回某财险公司的其他诉讼请求。如果未按判决指定的期间履行给付金钱义务，应当依照《中华人民共和国民事诉讼法》第二百五十三条的规定，加倍支付迟延履行期间的债务利息。一审案件受理费2 695元，由某财险公司负担1 617元，王某某负担1 078元。

本院审理过程中，当事人提交了新的证据，本院依法组织双方当事人进行了证据交换和质证。

王某某提交如下证据：

第一组证据，证明王某某不是涉案保险业务的代理人，不应当适用《中华人民共和国保险法》第一百三十条判定其承担责任。

1. 提交王某某与马某的微信聊天记录并出示原始载体手机，证实王某某将增员名单及保费8 820.01元通过微信转给了马某。依据某财险公司在一审中关于代收代缴保费为判断业务员的依据的主张，可以证明马某系涉案保险业务的业务员，由其促成了涉案保险业务合同的订立，该笔业务与王某某无关。王某某作为某财险公司的返聘人员，其返聘合同于2017年已经到期，基于其长期在某财险公司工作，其与内勤有联系属正常。马某在一审中作为被告出庭，后来某财险公司以"本案业务员就是王某某与马某无关"为由申请撤回对马某的起诉，因此，马某的身份不宜再作为证人出庭。

2. 提交王某某从保险公司内部系统调取的《7月×县清单明细表》截图1份，自从案件发生之后，王某某就无法登录这个系统，这是在案件刚开始的时候，王某某进入系统进行截取的一个截图。清单中编号标注为20的一栏显示涉案保单业务的业务员是马某，代理人为盛某，保费是8 820.01元，该笔业务及涉案保险业务与马某在一审中提交的保单号为10××的雇主责任险保险单抄本打印件记载的经办人盛某是一致的。

3. 提交盛某银行卡交易截图一份，税后金额统计表截图一份，依据《7月×县清单》显示包含涉案保险业务在内的手续费金额为4 278.69元，本组证据显示该费用于2020年8月5日支付至盛某账户中，同日转至马某账户中没有支付给王某某，王某某与涉案保险业务没有关联性，该笔业务的保险代理人就是马某。该银行转账流水是马某提供给王某某的，因为盛某本身不在保险公司担任任何职务，盛某的该银行账户实际由马某控制，马某将该银行流水的截图转给王某某之后受到了保险公司的威胁。王某某在上诉时已要求保险公司提交涉案保险合同业务的提成明细表，实际上王某某提交的证据2和证据3就是保险业务的提成明细。

第二组证据，提交×生物流监事信息一份，该信息与某财险公司在一审起诉状中所列的马某身份证号一致，证明马某作为公司的监事，清楚知道涉案保险业务的来龙去脉，并促使双方订立涉案保险合同，因此相应的赔偿责任应当由马某承担，而不应当由王某某承担。

某财险公司质证称，对于王某某提供的上述证据除了×县行政审批服务局加盖公章的工商登记信息没有异议，对其他证据的真实性与合法性均有异议。

1. 关于微信聊天记录，因为牵扯第三人马某，王某某仅仅提供微信聊天记录的照片打印件，无法证实该微信聊天记录的真实性，王某某应当让马某到庭接受法庭询问，某财险公司不申请马某出庭接受调查，对于该证据的真实性，请求法庭依法认定。首先，从微信聊天记录可以看出，王某某从盛某处收取了保费再转给×生物流的监事及实际控制人马某，而×生物流、马某和缴纳保费的盛某之间并不认识，恰恰可以证实涉案保险的业务正是由王某某所做。其次，在聊天记录中，王某某发给了马某保单批改的申请截图，该截图是由王某某联系了保险公司内勤人员，由内勤人员发给王某某，王某某再发给马某的。由此可以看出，保费的收取、联系保险公司进行批改以及保费的代缴都是由王某某进行操作，所以可以确定王某某是保险代理人。

2. 王某某提供的《7月×县清单》以及税后金额统计表无法确认本案的保险代理人就是案外人马某。在（2021）鲁1122民初735号民事案件中，王某某本人亲自到庭作为证人身份进行作证，明确承认自己是涉案保险业务的保险代理人，并且主张马某是王某某的业务团队成员之一，保费由盛某转给了王某某，王某某再转给了马某，用×生物流名义投保，也是王某某主动提出，生效的（2021）鲁1122民初2324号民事判决书已经确认涉案保险业务的代理人就是王某某。

3. 从王某某提交的转款记录照片打印件无法看出该笔费用是由谁转给谁，也无法看出该笔费用与涉案保险之间存在任何关系，无法证实王某某的主张。关于业务转账提成，有的业务有业务提成，有的业务没有业务提成。保险公司并不是针对每笔业务单独算账、单独支付。王某某在2015年退休之后就返聘到某财险公司，直到2020年12月。在一审中，某财险公司已经提供了2020年度1月到12月支付给王某某保费业务佣金的支付凭证。

某财险公司提交本案所涉保险合同的批单、×生物流支付保险费的明细，以证实批单中所显示的增加人数及保费数额与王某某手机聊天记录中王某某发给马某的批单一致，而王某某发给马某的批单是王某某联系了保险公司的内勤索要的。也就是说，本次业务是王某某和某财险公司的内勤进行了直接对接，并不是王某某所说仅仅把业务介绍给马某。

王某某质证称，对两份证据的真实性无异议，但对证据的证明目的有异议。依据批单记载的收款确认，收款时间是 2020 年 7 月 8 日 18 时（18:53:46），支付明细上显示的交易时间是 2020 年 7 月 8 日 18 时（18:52:15），但是根据王某某与马某的聊天记录，马某收取保费的时间是 2020 年 7 月 11 日18 时 13 分（18:13），晚于保费实际交纳时间。因此，保险公司主张的王某某代收代缴了保费与事实不符，代缴保费的是马某，王某某只是履行了一个代缴行为。

本院认证认为，对于王某某提交的微信聊天记录，因王某某当庭出示了微信聊天记录的原始载体，且某财险公司对于聊天当事人系王某某与马某并未提出异议，故本院对该聊天记录予以采信。对于王某某提交的《7 月 × 县清单》表格截图和税后金额统计表，因无某财险公司的有效标识且某财险公司不予认可，故本院不予采信。对于王某某提交的银行卡转账截图，因无法显示与本案的关联性且某财险公司不予认可，本院不予采信。对于王某某提交的 × 生物流高管信息，因加盖 × 县行政审批服务局档案查询专用章且某财险公司予以认可，故本院予以采信。对于某财险公司提交的批单和包含 × 生物流支付明细的表格截图，因王某某予以认可，故本院予以采信。

结合双方当事人的陈述，本院查明的案件事实与一审相同。另外，根据已生效的（2021）鲁 1121 民初 2324 号民事判决书，本院查明事实如下：

× 生物流与某财险公司签订的关于雇员刘某的雇主责任险合同部分无效，因某财险公司明知刘某并非 × 生物流雇员仍然接受投保，故应承担 90% 过错责任。

本院认为，本案争议焦点为王某某是否应对某财险公司的损失承担赔偿责任以及应当承担多少赔偿责任。

王某某上诉主张，涉案保险合同合法有效，某财险公司本身应向刘某家属进行理赔，即使存在可撤销事由，也是某财险公司自愿放弃撤销权，某财险公司在涉案保险合同的理赔过程中不存在损失，同时王某某对于涉案保险合同的签订没有任何决定权，与涉案保险合同无关，其与盛某已共同承担（2021）鲁1121民初2324号民事判决书认定的10%责任，不应再在本案中承担责任。某财险公司上诉主张，王某某应当承担本案全部赔偿责任，一审仅认定40%不当。

首先，已生效的（2021）鲁1121民初2324号民事判决书已认定×生物流与某财险公司签订的关于雇员刘某的雇主责任险合同部分无效，不存在某财险公司可行使撤销权的前提。

其次，在涉案保险合同无效、某财险公司本来不应当赔偿的前提下，已生效的（2021）鲁1121民初2324号民事判决书仍然认定某财险公司应当承担90%的过错责任，是因为某财险公司明知刘某并非×生物流员工仍然接受投保。而生效的（2021）鲁1121民初2324号民事判决对某财险公司明知的认定，来自王某某在该案中自称其系某财险公司在该案的保险业务员，故应当认定王某某系本案所涉保险合同的保险代理人，系与某财险公司一体，而非与盛某一体。

最后，王某某作为涉案保险合同的业务员，在明知刘某并非×生物流的雇员的情况下仍然替刘某借用×生物流名义投保，其对于某财险公司的对外赔付负有责任。但如王某某所主张，涉案保险合同的投保成功并非王某某一人所能决定，其中还涉及其他流程工作人员，故其不应承担对某财险公司损失的全部赔偿责任。虽然某财险公司在一审撤回了对马某的起诉，但一审审理过程中马某曾经作为被告到庭陈述，一审法院在全面审查之后作出王某某仅需承担40%责任的判断，并无不当，王某某关于其无须承担任何责任的上诉意见，和某财险公司关于王某某应当承担全部责任的上诉意见，均不能成立。

综上所述，王某某和某财险公司的上诉请求均不能成立，应予驳回；一审判决认定事实清楚，适用法律正确，应予维持。依照《中华人民共和国民事诉讼法》第一百七十条第一款第一项规定，判决如下：

驳回上诉，维持原判。

【说明】这是一起法院援引《保险法》第一百三十条，认定保险代理人存在欺骗保险人、投保人、被保险人或者受益人，隐瞒与保险合同有关的重要情况的行为，造成被代理人损害，应当承担民事责任的案件。

2020 年 1 月 10 日，×生物流为其员工司机、随车人员 135 人在某财险公司处投保雇主责任险，保险代理人王某某。2020 年 7 月，盛某通过保险代理人王某某，借用×生物流公司的名义投保雇主责任险。2020 年 7 月 9 日，某财险公司根据×生物流出具的"雇主责任险业务批改申请书"对涉案保险作出批改，将投保人员增加了 21 名，包括盛某的雇员刘某。刘某发生事故，2021 年 4 月 9 日，盛某起诉某财险公司要求承担保险责任，法院认为某财险公司明知刘某并非×生物流有限公司的实际雇员而承保，该部分保险合同归于无效的过错应主要在保险人，结合本案实际，以某财险公司承担 90% 的过错为宜，判决某财险公司赔偿盛某 270 000 元，承担诉讼费 2 610 元，赔偿损失共计 272 610 元。

某财险公司向法院起诉要求王某某赔偿某财险公司损失 272 610 元。法院认为，王某某与某财险公司存在保险代理关系，《保险法》第一百三十条规定：保险代理人、保险经纪人及其从业人员在办理保险业务活动中不得有下列行为：（一）欺骗保险人、投保人、被保险人或者受益人；（二）隐瞒与保险合同有关的重要情况……《中华人民共和国民法总则》第一百六十四条规定：代理人不履行或者不完全履行职责，造成被代理人损害的，应当承担民事责任。根据王某某在（2021）鲁 1122 民初 2324 号案中庭审时的陈述及判决书认定的事实，王某某明知盛某作为个人无法投保该险种，主动联系×生物流出具盖章的"批改申请书"，将盛某的雇员刘某纳入×生物流投保的雇主责任险被保险人名单内，王某某的故意行为属于《保险法》规定的保险代理人禁止从事的行为，×生物流为不属于自己雇员的人员向某财险公司出具"批改申请书"亦具有一定过错，某财险公司的其他工作人员应当对提交的资料进行审查核实，其未尽到合理审慎义务也存在一定过错。综合本案实际，法院酌情认定王某某承担 40% 的过错责任为宜，故王某某应当赔偿某财险公司损失 109 044 元。判决：一、王某某于判决生效后十日内赔付给某财险公司损失 109 044 元；二、驳回某财险公司的其他诉讼请求。

王某某与某财险公司不服，均提起上诉，并在二审中举证、质证，二审法院审理后判决驳回上诉，维持原判。

保险代理人、保险经纪人作为保险活动的重要参与人，应当在保险代理和经纪业务中忠实履行诚实信用义务。保险代理人作为保险人的代理人，应当按照委托人即保险人的要求，报告委托事务的处理情况。同时，应当在代为办理保险业务活动中，代保险人向投保人履行说明义务，如实说明保险条款的内容，特别是责任免除条款的内容。保险经纪人接受投保人的委托，为投保人与保险人订立保险合同提供中介服务，更应当代表投保人的利益，如实向投保人说明保险条款的内容以及与保险合同订立、履行有关的情况。同时，也应当向保险人如实提供其委托人即投保人与订立保险合同的有关情况。保险代理人、保险经纪人在办理保险业务活动中，不得违背诚实信用原则，不得欺骗保险人、投保人、被保险人或者受益人。保险代理人、保险经纪人在保险合同订立及履行过程中，不得违背诚实信用义务，不得编造并向保险人、投保人、被保险人或者受益人提供与保险合同内容及与其他事实不符的情况，不得给保险人、投保人、被保险人或者受益人以错误信息，不得使其在违背自己真实意志的情况下订立保险合同、接受保险合同的额外义务或者接受有损其利益的保险理赔。

不得隐瞒与保险合同有关的重要情况。保险代理人、保险经纪人在保险合同订立及履行过程中，不仅不能编造虚假情况欺骗保险人、投保人、被保险人、受益人，也不能对自己知道而且应当向保险人、投保人、被保险人、受益人说明的与保险合同有关的重要情况不予说明。这些情况主要包括：与订立、履行保险合同有关的投保人、被保险人、受益人的情况，保险公司的责任及责任的免除，保险金额，保险费及其支付方式，保险责任期间，保险金赔偿或者给付办法，违约责任及其处理，等等。

【案例106】（2020）苏 0282 民初 5514 号

2011 年开始，陆某陆续向 A 寿险公司投保 4 份不同种类的保险，其中一份为 2011 年 8 月份投保的"真×两全保险"及附加险，每年保费交纳金额为 3 755 元 + 875 元，就该险种陆某连续足额交纳 9 年即共计交纳保险费 41 670 元。2019 年 9 月 5 日，陆某就该保险险种申请保单贷款 15 000 元，A 寿险公司按约交付了贷款 15 000 元（代扣印花税 0.75 元）。2019 年 10 月，陆某向 A 寿险公司申请解除在 A 寿险公司的四份保险合同（即退保），并退得部分保费现金，其中上述险种的保险费退还情况为：退保金额为 23 744.68 元 + 4 917.88 元（主险和附加险），自动偿还贷款本金 15 000 元及利息 68.07 元，实际退还保费 13 594.49 元。

2019 年 9 月开始，陆某在 B 寿险公司投保有乐×终身寿险及国寿如悦×医疗保险，分别支付保险费 11 000 元及 1 228 元。2019 年 11 月 25 日，陆某在 C 财保公司投保有个人综合意外伤害险，支付保费 440 元，保险期间截至 2020 年 11 月 24 日。2020 年 5 月 28 日，陆某向 B 寿险公司申请解除上述两份保险合同。据陆某陈述，B 寿险公司的两份保险合同项下的保险费已经全部退回，C 财保公司的尚未退保。

审理中，陆某就其财产损害相关过程陈述如下：2011 年开始，其在 A 寿险公司投保有保险，因为都是电话保险，往来均是电话沟通，但是不知道对方是否为顾某。2018 年，顾某曾打电话询问陆某要不要升级保险，陆某没有同意。2019 年 9 月 5 日，顾某打电话说老客户回访，然后下午就赶到陆某家中，向其介绍了 605 万元额度的保险，陆某表示没有钱，且退保有损失，顾某说 A 寿险公司的钱可以直接拿出来，保单也可以直接转，当天就在顾某的操作下拿到了 15 000 元并向 B 寿险公司支付了保费 11 000 元。陆某当时不知道这 15 000 元是贷款，后来去退保时才知道。顾某让陆某去 A 寿险公司退保，退得现金 43 000 多元，对于差额，顾某说可以直接转到 B 寿险公司的保费里，不需要另外交钱。陆某拿到新保单之后，发现要交 20 年，而陆某只要求保 5 年，于是联系了顾某，顾某说会帮忙改保单，帮其交清，差额部分折算下来算 4 年的保费。陆某交了剩余的钱，5 年的保费算交清了。2020 年 4 月 29 日，陆某要去无锡，顺便打电话说去顾某办公室看看，顾某微信发了地址，陆某打电话到公司，公司人说好久不见顾某了。陆某第二天去公司的时候，得知顾某已经退了工号。陆某随即向公安机关报警，同时向银保监会投诉。此后，B 寿险公司退还了陆某交纳的所有保费。A 寿险公司的四份保单，经过协调恢复了三份，另一份即"真×两全保险"及附加险因为有保单贷款，所以不能恢复。

审理中，陆某提供以下证据：1. 与顾某的微信聊天记录，其中顾某多次提到转保金额，并向陆某出示了书写的计算方式，显示"退保金额为 47 644 元，转保金额为 50 712 元，其中新保险交纳 5 年为 63 390 元，扣除转保金额后还需交 12 678 元，退保金额扣除 15 000 元（贷款）后，实际拿到 32 644 元"，顾某要求陆某去 A 寿险公司退保，告知陆某说合同原件丢失，需携带身份证、银行卡等证件。2019 年 11 月 21 日，顾某说代付了 440 元，陆某微信转账给了顾某 440 元。2. 陆某在××农村商业银行及中国邮政储蓄银行的定期存单数 100 000 元，证明其经济能力不需要 15 000 元的贷款；3. 陆某向保监会投诉书复印件；4. 陆某与顾某的电话录音。陆某主张的损失为 A 寿险公司案涉一份保单不能恢复的损失 13 075.51 元及另一份没有退保的保单保费损失 440 元。对于交通费，陆某认为是保险公司造成的，但是未提供证据予以证明。

审理中，本院依法向 A 寿险公司××电销中心曹经理进行调查。据曹经理陈述，陆某在 A 寿险公司的 4 份保险以前可能不是顾某经办的，顾某在 2019 年 8 月已经离职；对于陆某退保的事宜顾某起初不知道，后来陆某向保监会投诉后，经过调查核实，系顾某个人以 A 寿险公司业务员身份联系陆某，让陆某把 A 寿险公司的保险退掉，购买 B 寿险公司的保险，A 寿险公司退保的损失可以通过 B 寿险公司的保单进行补偿，根据保险公司从业规则是不可能存在这种情况的；后期为了挽回陆某的损失，通过和 A 寿险公司总部沟通，对其中退保的 3 份保险合同进行恢复，另一份即本案涉及的那份因为存在贷款记录，系统无法恢复，本案涉及的保险抄件等单据都是 A 寿险公司提供给陆某的；本案涉及的保险合同，陆某已经按照保单载明的金额如期支付了9年的保险费用。

本院认为：行为人因过错侵害他人民事权益的，应当承担侵权责任。保险代理人或者从业人员在办理保险业务过程中，不得欺骗投保人或者隐瞒与保险合同有关的重要情况。本案中，通过微信聊天记录、投保退保事实及相关人员的陈述可以确认，顾某通过虚构不同保险公司之间转保可以弥补退保损失的事实，同时隐瞒存在贷款的情形而帮助陆某操作提取15 000元，使得陆某在违背真实意思表示的前提下作出了错误的行为，导致陆某产生损失。顾某的上述行为存在过错，应当对陆某的损失承担全部责任。因顾某经本院合法传唤无正当理由未到庭参加诉讼，也未在举证期限内提供证据反驳陆某的主张，视为放弃自身的民事权益，因此本院对上述事实予以确认。

关于损失的计算，对于A寿险公司的另外三份保单已经进行恢复，B寿险公司的两份保单陆某已经退保并收到了交纳的全部保费，陆某也未在本案中主张，对此本院不再理涉；陆某就"真×两全保险"及附加险共计交纳了保费41 670元，在陆某退保时根据合同约定扣除相应的费用后应得23 744.68元＋4 917.88元即28 662.56元，扣除贷款本金15 000元及利息68.07元，实际取得13 594.49元。因陆某实际得到贷款15 000元，最终就该份保险合同无法恢复的情况下，按照交纳的保费计算保险价值，陆某共损失13 075.51元，该笔费用应当由顾某予以赔偿；关于陆某主张的C财保公司的个人综合意外伤害险保费440元，因该保险合同尚在有效期限内，陆某就该份保险合同尚享有保险利益，因此本案中尚不能作为损失进行主张。

综上所述，顾某应赔偿陆某损失共计13 075.51元。

依照《中华人民共和国侵权责任法》第六条、第十五条、第十九条，《中华人民共和国保险法》第一百三十一条，《中华人民共和国民事诉讼法》第一百四十四条之规定，判决如下：

一、顾某于本判决发生法律效力之日起10日内赔偿陆某损失13 075.51元。

二、驳回陆某的其他诉讼请求。

【说明】这是一起法院认定代理人欺骗投保人或者隐瞒与保险合同有关的重要情况,其过错侵害了投保人民事权益,应当承担侵权责任的案件。

案情简述如下:2011年年初,陆某通过电话销售方式陆续向A寿险公司投保4份不同种类的保险,其中2011年8月份投保的"真×两全保险"及附加险,每年保费交纳金额为3 755元+875元,就该险种,陆某连续足额交纳9年即共计交纳保险费41 670元。2019年9月5日,顾某劝说陆某购买新险种,并称A寿险公司的钱可以直接拿出来,保单也可以直接转入其他公司,当天为陆某操作"真×两全保险"保单贷款15 000元。2019年10月,陆某将其在A寿险公司的四份保险合同退保,其中"真×两全保险"保险费退还情况为:退保金额为23 744.68元+4 917.88元(主险和附加险),自动偿还贷款本金15 000元及利息68.07元,实际退还保费13 594.49元。

2019年9月,经顾某推介,陆某在B寿险公司投保有乐×终身寿险及国寿如悦×医疗保险,分别支付保险费11 000元及1 228元。2019年11月25日,陆某在C财保公司投保有个人综合意外伤害险,支付保费440元,保险期间至2020年11月24日止。2020年4月29日,陆某发现顾某已经从A公司离职,随即向公安机关报警,同时向银保监会投诉。2020年5月28日,陆某向B寿险公司申请解除上述两份保险合同。据陆某陈述,B寿险公司的两份保险合同项下的保险费已经全部退回,C财保公司的尚未退保。A寿险公司的四份保单,经过协调恢复了3份,另一份即"真×两全保险"及附加险因为有过保单贷款,不能恢复。

陆某起诉顾某要求赔偿损失,法院经审理确认,顾某通过虚构不同保险公司之间转保可以弥补退保损失的事实,同时隐瞒存在贷款的情形而帮助陆某操作提取15 000元,使得陆某在违背真实意思表示的前提下作出了错误的行为,导致陆某产生损失,顾某的上述行为存在过错,应当对陆某的损失承担全部责任。最终判决顾某赔偿陆某损失13 075.51元。

实践中,保险销售市场竞争十分激烈,开拓新市场、开发新客户的难度非常大,有不少代理人打起存量客户的主意,对老客户进行二次开发,这种行为无可厚非。但客户的投保资金预算有限,这时就有极个别的代理人以回馈老客户、保单升级或新产品收益更高为由，劝说客户将已生效未满期的保险退保后，改投其他保险产品，更有甚者，通过贬损原代理人来劝说客户退保。对客户来说，退保要承担退保损失，保单承保时间越短，现金价值越低，分红型、投资理财型险种也是前期投资收益低。一般客户年龄越大保费越高，年龄越大患有的疾病越多，疾病增多可能面临加费、除外责任等，这样，客户可能要承担更高的保费更少的保障。最极端的情况是客户购买的新旧保单其实是同一种产品，区别只是产品名称更新，代理人不同。退旧投新对代理人来说核心之处在于佣金收入，但如果为获取佣金收入不当行为损害了客户利益，则会如同本案一样构成侵权，需要承担赔偿责任。

对客户来说，投保如同种树，今日种下梧桐以求遮阴，阴凉未成又改种桃李以求赏目，未闻花香又改种柿枣以求其果实，不能长期持有保单，也就无法享受保单给予的确定性的利益。一棵树木无法满足人们全部的需求，一张保单也无法承载客户全部的愿望。

保险代理人、保险经纪人及其从业人员的禁止行为还包括阻碍投保人履行本法规定的如实告知义务，或者诱导其不履行本法规定的如实告知义务。投保人是否履行如实告知义务，直接影响到保险合同的效力、保险人的责任、投保人、被保险人及受益人的利益。保险代理人、保险经纪人不得采取阻碍投保人履行本法规定的如实告知义务，不得诱导其不履行本法规定的如实告知义务的手段，以减轻或者免除保险人所应承担的保险责任，或者为自己牟取非法利益。

承诺向投保人、被保险人或者受益人给予保险合同规定以外的其他利益。保险代理人、保险经纪人违反法律规定，承诺向投保人、被保险人或者受益人给予保险合同规定以外的其他利益，不仅可能误导投保人、被保险人或者受益人，而且会造成保险代理人、保险经纪人通过不正当竞争手段开展业务，扰乱保险业经营管理秩序，所以应当予以禁止。

利用行政权力、职务或者职业便利以及其他不正当手段强迫、引诱或者限制投保人订立保险合同。保险代理人、保险经纪人在业务活动中应当遵循自愿、平等、诚实信用原则，依法开展公平竞争，不得利用行政权力、职务或者职业便利以及其他不正当手段强迫、引诱或者限制投保人订立保险合同。

伪造、擅自变更保险合同，或者为保险合同当事人提供虚假证明材料。在投保、新契约核保、理赔、办理保全的过程中，代理人和经纪人不得为了追求效率或不正当利益，向投保人、被保险人或者保险公司提供虚假的证明材料。

挪用、截留、侵占保险费或者保险金。代理人和经纪人在客户缴纳保费或者领取保险金过程中，不得侵占或者截留客户或者保险公司的资金，不得擅自改变资金的用途、将资金挪作他用。

利用业务便利为其他机构或者个人牟取不正当利益。代理人和经纪人不得利用业务便利为其他机构或者个人牟取不正当利益。实践中一般是委托无相关资质的机构或未持有资格证书的人员从事保险销售。

串通投保人、被保险人或者受益人，骗取保险金。代理人和经纪人不得以骗取保险金为目的，采用虚构保险标的、故意制造人身或者财产保险事故等欺骗手段，进行保险欺诈活动。否则，不仅损害保险公司的利益，也会损害社会公共利益。保险欺诈还常伴有其他暴力犯罪，构成犯罪的，依法追究行为人的刑事责任。

泄露在业务活动中知悉的保险人、投保人、被保险人的商业秘密。代理人和经纪人在开展业务活动的过程中，可能获悉保险公司或者客户的商业秘密，对此应当保守商业秘密，对相关信息合法谨慎使用，不得擅自打印、保留、使用、复制、分发或透露秘密内容给其他人。

第一百三十二条 本法第八十六条第一款、第一百一十三条的规定，适用于保险代理机构和保险经纪人。

【说明】《保险法》第八十六条第一款：保险公司应当按照保险监督管理机构的规定，报送有关报告、报表、文件和资料。第一百一十三条：保险公司及其分支机构应当依法使用经营保险业务许可证，不得转让、出租、出借经营保险业务许可证。上述规定是对保险公司的要求，也适用于保险代理机构和保险经纪人。

第六章 保险业监督管理

第一百三十三条 保险监督管理机构依照本法和国务院规定的职责，遵循依法、公开、公正的原则，对保险业实施监督管理，维护保险市场秩序，保护投保人、被保险人和受益人的合法权益。

【案例107】（2017）最高法行申9161号

2015年1月19日，刘某以邮寄方式向某保监局提交了"申述书"，称其于2009年5月22日在某银行××储蓄所办理储蓄业务时，被该行工作人员诱骗购买了某寿险公司的"×富两全保险（分红型）"人身保险，要求某保监局对某银行××储蓄所、某寿险公司及其业务员的违法违规行为进行严肃查处。2015年2月4日，某保监局以《投诉告知书》（甘保监投诉〔2015〕第54号）告知刘某：1. 对其投诉某银行××储蓄所、某寿险公司在经营保险业务过程中存在违法违规行为等事项予以受理；2. 对其提出的某银行××储蓄所、某寿险公司分别赔偿经济损失三倍本金的赔偿事项，因属于民事纠纷，告知其应通过其他途径解决，并告知已将其投诉材料转交某寿险公司。同日，某保监局向某寿险公司发出《投诉转办单》（甘保监投诉〔2015〕第54号），将刘某的保险消费投诉件转送该公司，要求按照《保险消费投诉处理管理办法》有关规定办理，直接向投诉人答复办理结果，并将办理结果于2015年2月17日之前报告某保监局。其后，某保监局对刘某的投诉事项在某寿险公司及某银行××储蓄所进行了现场检查，调取了原始材料，并对相关业务人员进行了调查询问。在此基础上，于2015年3月26日作出《保险消费投诉处理决定告知书》（甘保监消费投诉〔2015〕第6号，以下简称6号投诉处理告知书），对刘某投诉的"《投保单》里的保险人和被保险人手写内容和签字都是银行人签的，我作为投保人和被保险人没有签过字，并且该产品纯粹是演示描述型"等问题分五项逐一进行了答复，并就调查中发现的某寿险公司"委托未取得《资格证书》和《展业证》的人员李某从事保险营销活动"和"未向投保人寄送 2010 年度和 2011 年度的《红利通知书》"等两项违法行为，告知投诉人刘某：由于违法行为已超过二年时间，根据《中华人民共和国行政处罚法》第二十九条"违法行为在二年内未被发现的，不再给予行政处罚"之规定，该局不能给予行政处罚，将向某寿险公司下发《监管函》，责令该公司就上述问题限期整改。2015 年 4 月 3 日，某保监局向某寿险公司下发《中国保监会某保监局监管函》（甘保监消保〔2015〕5 号）。刘某接到某保监局寄送的 6 号投诉处理告知书后，于同年 5 月向中国保监会提出行政复议申请。2015 年 6 月 1 日，中国保监会收到行政复议申请，于同年 6 月 3 日通知刘某补正行政复议申请材料，6 月 9 日向某保监局发送《行政复议申请书》副本和《行政复议答复通知书》。某保监局于 2015 年 6 月 19 日向中国保监会复议机构提交《行政复议答复书》及作出投诉处理决定的证据和依据。2015 年 7 月 22 日，中国保监会作出《行政复议决定书》（保监复议〔2015〕136 - 3 号，以下简称 136 - 3 号复议决定），认为：刘某要求相关保险机构及其人员赔偿损失问题属于民事赔偿问题，不属于复议审查范围；刘某所称投诉所涉投保单上没有用黑体字印刷"本人已认真阅读并理解产品说明书"字样等问题，其在 2015 年 1 月的投诉中并未提出，也不属于该案审查范围；某保监局在收到刘某投诉事项后，依照《保险消费投诉处理管理办法》相关规定，准确区分了投诉履职事项和民事纠纷，针对保险违法违规投诉事项依法进行了调查并答复，因此决定维持某保监局作出的 6 号投诉处理告知书。刘某不服，向某中级人民法院提起行政诉讼，请求撤销某保监局作出的 6 号投诉处理告知书和中国保监会作出的 136 - 3 号复议决定。

一审法院认为，某保监局作为中国保监会的派出机构，对刘某提出的保险消费投诉具有实施监督处理的法定职责。某保监局收到刘某的投诉后，对其投诉的事项依法受理并及时组织调查核实，在法定期限内作出处理决定，书面告知了刘某。该行政行为符合《保险消费投诉处理管理办法》的相关程序规定。刘某主张某保监局行政不作为的理由不能成立。关于刘某投诉未寄送红利通知书的问题。某保监局已通过告知处理决定并下发《监管函》等方式履行了其法定职责，且某保监局对保险公司是否实施行政处罚，对刘某的权利义务并不产生实际影响。综上所述，某保监局对刘某的投诉事项在其监管职责范围内依法履行了法定职责，其作出的6号投诉处理告知书认定事实清楚，证据确凿，适用法律正确，程序合法。中国保监会作为复议机关，对刘某的复议申请进行审查后依法作出维持原行政行为的复议决定。刘某在诉讼中也未提出中国保监会复议程序违法的事实和理由。刘某的诉讼请求事实和法律依据不足，该院不予支持。某中级人民法院依照《中华人民共和国行政诉讼法》第六十九条之规定，作出（2015）兰行初字第75号行政判决，驳回刘某的诉讼请求。刘某不服，提起上诉。

二审法院认为，2015年1月，刘某作为保险消费者以银行与保险公司联合销售保险过程中存在违法、违规为由，向某保监局提交"申述书"，请求对某银行××储蓄所、某寿险公司及其业务员的违法违规行为进行严肃查处。某保监局在收到刘某的投诉后，作出了投诉告知书，决定受理刘某投诉，并就其反映的民事纠纷告知了解决途径。某保监局在投诉转办、现场检查、调查询问等基础上对刘某提出的投诉事项进行了核实，后作出6号投诉处理告知书，并对保险公司存在的问题下发了《监管函》。至此，某保监局在法定监管职责范围内，对刘某已履行保护保险消费者合法权益的职责。某保监局作出的6号投诉处理告知书及中国保监会作出的复议决定并无不当。关于刘某提出的某保监局对保险公司未给予行政处罚的问题。《中华人民共和国行政处罚法》第二十九条规定："违法行为在两年内未被发现的，不再给予行政处罚。法律另有规定的除外。前款规定的期限，从违法行为发生之日起计算；违法行为有连续或者继续状态的，从行为终了之日起计算。"刘某投诉的违法行为于2009年其购买保险产品时即已发生，2015年投诉时已超过上述法律规定的处罚期限。下发《监管函》和给予行政处罚均为法律赋予保险监督管理机构的法定职权。行政处罚应当贯彻教育与惩罚相结合原则，某保监局在调查核实投诉事项时，发现保险公司存在违法违规问题，采取下发《监管函》的方式同样可以达到监管的目的。刘某认为不给予保险公司行政处罚即为不履行监管法定职责的理由缺乏法律依据。至于刘某认为保险公司侵害其合法权益的问题，其可以依法通过民事诉讼途径解决。综上所述，一审判决结果正确，刘某的上诉理由不能成立。某高级人民法院依照《中华人民共和国行政诉讼法》第八十九条第一款第一项之规定，作出行政判决（甘行终〔2016〕106号），驳回上诉，维持原判。刘某不服，向本院申请再审。

刘某申请再审称：1. 其投诉时明确说明"本人从未收到过保险公司的《红利通知书》"，但某保监局和一审、二审法院只查明了保险公司未寄送2010年度和2011年度《红利通知书》，而回避了2013年度和2014年度未寄送《红利通知书》的事实。事实上，该违法违规行为从2009年到2015年一直处于继续状态当中，在其2015年投诉时并未超过《中华人民共和国行政处罚法》第二十九条规定的二年的处罚期限，某保监局作出不予行政处罚的处理决定，属于适用法律错误。2. 二审审判程序违法。在二审某省高级人民法院寄发应诉通知书后，其因家中母亲脑出血重病住院，向某省高级人民法院邮寄了书面信件说明情况，要求延期开庭，但某高级人民法院迳行作出缺席判决。请求撤销一审、二审行政判决，予以再审。

某保监局提交意见称：1. 因刘某始终未向保险公司交纳第3期保险费，保险合同已于2011年7月22日中止，刘某不享有红利分配权，保险公司无须向其提供合同中止以后各年度的《红利通知书》。因此，刘某申请再审主张保险公司应当向其提供2012年及之后年份《红利通知书》于法无据。2. 保险公司经查实的违法行为，一是委托未取得《资格证书》和《展业证》的人员李某从事保险营销活动，二是未寄送2010年度和2011年度《红利通知书》，上述两项违法行为均不存在连续或继续发生的事实，已经超过行政处罚追诉时效。3. 二审法院依法书面审查本案，符合法律规定。

本院经审查认为，《中华人民共和国保险法》第一百三十三条规定，保险监督管理机构依照本法和国务院规定的职责，遵循依法、公开、公正的原则，对保险业实施监督管理，维护保险市场秩序，保护投保人、被保险人和受益人的合法权益。《保险消费投诉处理管理办法》第二条第三款规定，保险消费者向中国保监会及其派出机构提出保险消费投诉，是指保险消费者认为在保险消费活动中，因保险机构、保险中介机构、保险从业人员存在违反有关保险监管的法律、行政法规和中国保监会规定的情形，使其合法权益受到损害，向中国保监会及其派出机构反映情况，申请其履行法定监管职责的行为。本案中，某保监局在收到刘某的投诉材料后，对刘某提出的保险消费投诉予以受理并进行告知，经过调查询问等程序认定相关事实，在法定期限内作出6号投诉处理告知书，对刘某的投诉事项逐一进行了答复和处理，并就存在的问题对保险公司下发了监管函。某保监局作出的6号投诉处理告知书认定事实清楚，适用法律正确，程序合法。中国保监会依法受理刘某的行政复议申请，经审查作出维持6号投诉处理告知书的行政复议决定，复议程序合法，处理并无不当。

关于刘某主张的保险公司相关违法行为未超过法定的处罚期限的问题。根据《中华人民共和国行政处罚法》第二十九条"违法行为在二年内未被发现的，不再给予行政处罚。法律另有规定的除外。前款规定的期限，从违法行为发生之日起计算；违法行为有连续或者继续状态的，从行为终了之日起计算"的规定，行政处罚追诉时效的起算点从违法行为发生之日开始计算；经投诉后被认定属实的，应以投诉时间为违法行为被发现的时间点。本案中，某保监局认定某寿险公司存在两项违法行为，一是委托未取得《资格证书》和《展业证》的人员李某从事保险营销活动，该违法行为发生在保险合同销售时，即2009年5月22日；二是未寄送2010年度和2011年度红利通知书，该违法行为分别发生在应当履行寄送义务的对应年度。刘某就上述两项违法行为向某保监局投诉的时间是2015年1月26日，已经超过二年的处罚期限。关于刘某在再审申请中称其从2009年到2015年从未收到过红利通知书，而不仅仅是2010年度和2011年度，由此主张未寄送红利通知书的违法行为处于连续或者继续状态的问题。《人身保险新型产品信息披露管理办法》（中国保险监督管理委员会令2009年第3号）第三十二条规定："保险公司应当在保险合同条款中约定每年至少向投保人提供一份红利通知书。"经核实，刘某于 2009 年 5 月 22 日通过银行代理保险业务的销售渠道购买 ×富两全保险（分红型），保险合同次日生效，保险期间为 6 年，交费方式为 3 年分期交纳，交费金额为人民币 10 000 元/年。刘某至 2010 年 5 月 22 日保单对应日，共按期足额交纳了 2 期保险费，其后未按时交纳第 3 期保险费。《中华人民共和国保险法》第三十六条第一款规定："合同约定分期支付保险费，投保人支付首期保险费后，除合同另有约定外，投保人自保险人催告之日起超过三十日未支付当期保险费，或者超过约定的期限六十日未支付当期保险费的，合同效力中止，或者由保险人按照合同约定的条件减少保险金额。"据此，该保险合同已于 2011 年 7 月 22 日效力中止，直至 2014 年 6 月 11 日刘某与保险公司协商退保，保险合同解除。某寿险公司与刘某签订的《中国人寿保险股份有限公司 ×富两全保险（分红型）利益条款》第六条"红利事项"第三项约定："本合同在效力中止期间不享有本公司红利的分配。"因该保险合同在上述效力中止期间不享有红利分配，某寿险公司在此期间即不负有向刘某提供红利通知书的义务。某保监局认定某寿险公司未寄送红利通知书的违法行为发生于 2010 年度和 2011 年度，以此计算行政处罚追诉时效，认定事实清楚，符合法律规定。刘某的该项主张，本院不予支持。

关于刘某主张的二审未开庭违反法定诉讼程序的问题。《中华人民共和国行政诉讼法》第八十六条规定："人民法院对上诉案件，应当组成合议庭，开庭审理。经过阅卷、调查和询问当事人，对没有提出新的事实、证据或者理由，合议庭认为不需要开庭审理的，也可以不开庭审理。"本案中，刘某经传票传唤后有正当理由未到庭，但其申请二审法院调取证据未获准许，也没有提出新的事实、证据或者理由，因此，二审法院不开庭审理符合法律规定。

综上所述，刘某的再审申请不符合《中华人民共和国行政诉讼法》第九十一条规定的情形。依照《中华人民共和国行政诉讼法》第一百零一条、《中华人民共和国民事诉讼法》第二百零四条第一款的规定，裁定如下：

驳回刘某的再审申请。

【说明】这是一起保监会和保监局依照《保险法》和国务院规定的职责，

遵循依法、公开、公正的原则，对保险业实施监督管理，维护保险市场秩序，保护投保人、被保险人和受益人的合法权益的案件。

2015年1月19日，刘某向某保监局提交"申述书"，称其于2009年5月22日在某银行××储蓄所办理储蓄业务时，被该行工作人员诱骗购买了某寿险公司的"×富两全保险（分红型）"人身保险，要求某保监局对某银行××储蓄所、某寿险公司及其业务员的违法违规行为进行严肃查处。

2015年2月4日，某保监局以《投诉告知书》（甘保监投诉〔2015〕第54号）告知刘某：1. 对其投诉某银行××储蓄所、某寿险公司在经营保险业务过程中存在违法违规行为等事项予以受理；2. 对其提出的某银行××储蓄所、某寿险公司分别赔偿经济损失三倍本金的赔偿事项，因属于民事纠纷，告知其应通过其他途径解决，并告知已将其投诉材料转交某寿险公司。

2015年3月26日作出《保险消费投诉处理决定告知书》（甘保监消费投诉〔2015〕第6号，以下简称6号投诉处理告知书），对刘某投诉的"《投保单》里的保险人和被保险人手写内容和签字都是银行人签的，我作为投保人和被保险人没有签过字，并且该产品纯粹是演示描述型"等问题分五项逐一进行了答复，并就调查中发现的某寿险公司"委托未取得《资格证书》和《展业证》的人员李某从事保险营销活动"和"未向投保人寄送2010年度和2011年度的《红利通知书》"等两项违法行为，告知投诉人刘某：由于违法行为已超过二年时间，根据《中华人民共和国行政处罚法》第二十九条"违法行为在二年内未被发现的，不再给予行政处罚"之规定，该局不能给予行政处罚，将向某寿险公司下发《监管函》，责令该公司就上述问题限期整改。

刘某接到某保监局寄送的6号投诉处理告知书后，于同年5月向中国保监会提出行政复议申请。2015年7月22日，中国保监会作出《行政复议决定书》（保监复议〔2015〕136-3号，以下简称136-3号复议决定），认为某保监局在收到刘某投诉事项后，依照《保险消费投诉处理管理办法》相关规定，准确区分了投诉履职事项和民事纠纷，针对保险违法违规投诉事项依法进行了调查并答复，因此决定维持某保监局作出的6号投诉处理告知书。

刘某不服，向某中级人民法院提起行政诉讼，请求撤销某保监局作出的6

号投诉处理告知书和中国保监会作出的 136 - 3 号复议决定。

一审法院认为，某保监局对刘某的投诉事项在其监管职责范围内依法履行了法定职责，其作出的 6 号投诉处理告知书认定事实清楚，证据确凿，适用法律正确，程序合法。中国保监会作为复议机关，对刘某的复议申请进行审查后依法作出维持原行政行为的复议决定。判决驳回刘某的诉讼请求。刘某不服，提起上诉。

二审法院认为，某保监局在法定监管职责范围内，对刘某已履行保护保险消费者合法权益的职责。某保监局作出的 6 号投诉处理告知书及中国保监会作出的复议决定并无不当。关于刘某提出的某保监局对保险公司未给予行政处罚的问题。《中华人民共和国行政处罚法》第二十九条规定："违法行为在两年内未被发现的，不再给予行政处罚。"刘某认为不给予保险公司行政处罚即为不履行监管法定职责的理由缺乏法律依据。至于刘某认为保险公司侵害其合法权益的问题，其可以依法通过民事诉讼途径解决。判决驳回上诉，维持原判。刘某不服，申请再审。

再审法院援引《保险法》第一百三十三条规定，指出某保监局作出的 6 号投诉处理告知书认定事实清楚，适用法律正确，程序合法。中国保监会依法受理刘某的行政复议申请，经审查作出维持 6 号投诉处理告知书的行政复议决定，复议程序合法，处理并无不当。某保监局认定某寿险公司未寄送红利通知书的违法行为发生于 2010 年度和 2011 年度，以此计算行政处罚追诉时效，认定事实清楚，符合法律规定。最终裁定驳回刘某的再审申请。

本案中，投保人的核心诉求在于要求某银行××储蓄所、某寿险公司分别赔偿经济损失三倍本金的赔偿事项。保险监督管理机构对保险公司行使监督管理职能，是通过监管保险公司依法、规范经营来保护投保人、被保险人和受益人的合法权益，而不能直接介入投保人与保险公司的纠纷充当法院的角色、要求保险公司对客户赔偿。涉及两条路径：1. 客户认为保险公司欺骗，要求赔偿，实际是要求保险公司承担侵权赔偿责任，需要向法院提起民事诉讼主张其诉求；2. 客户认为保险公司存在违法行为，要求处罚，实际是要求监管机构行使监管职能，对保险公司的违法行为进行处罚，是否处罚、何种处罚、处罚的力度，是由《行政处罚法》和《保险法》来规定的，属于行政管理的范畴，罚金也不能作为对客户的侵权赔偿。

保险业是国民经济的重要组成部分，是重要的金融服务行业，在国民经济和社会生活中发挥着巨大作用。只有依法促进保险业的健康发展，才能增强整个社会抵御风险的能力，减少社会财富的损失，保证人民生活安定，保障社会再生产持续稳定地进行。因此，国家必须对保险业实施严格的监督管理，以规范保险活动，保护保险活动当事人的合法权益，保护合法经营，制止违法经营，维护公平竞争的保险市场秩序。目前，市场经济发达国家一般对保险业都采取实体性监管原则，即通过法律授予政府中的专门机构对保险业进行实体性监督和管理的权利，政府主管部门不仅依法律规定的条件对保险公司的设立进行审批，而且对成立后的保险公司的市场行为和偿付能力进行监管。

我国对保险业一直实行严格的行政监督管理，早在 1985 年国务院发布的《保险企业管理暂行条例》中就明确规定，国家保险管理机关是中国人民银行。1995 年制定的保险法中进一步规定，国务院金融监督管理部门依照本法负责对保险业实施监督管理。在立法当时，保险法中所称的"金融监督管理部门"实际上就是指当时履行保险监管职责的中国人民银行。中国人民银行是集银行监管和保险监管于一身的专业金融监督管理机构。随着我国金融市场的细分和银行、证券、保险分业经营的完成，国家确立了分业监管的金融监管体制。1998 年，国务院成立了中国保险监督管理委员会，作为独立的专业监管机构，履行对商业保险市场的监管职责，中国人民银行不再行使保险监管职能。2018 年 3 月，第十三届全国人民代表大会第一次会议批准了《国务院机构改革方案》，组建中国银行保险监督管理委员会，不再保留中国保险监督管理委员会。

按照本条规定，国务院保险监督管理机构依照本法负责对保险业实施监督管理。具体来讲，中国银行保险监督管理委员会是全国商业保险的主管部门，是国务院直属事业单位，根据国务院授权，依法对保险业实施监督管理，其主要职责包括：审批和管理保险机构的设立、变更和终止；制定、修改或备案保险条款和保险费率；监督、检查保险业务经营活动；查处和取缔擅自设立的保险机构及非法经营或变相经营保险业务的行为。保险监督管理机构应当认真履行法定职责，根据我国国民经济发展状况及趋势，拟定保险业中长期发展规划，制定与保险业相关的产业政策及对外开放政策；建立健全与保险业相关的法律、法规，依法对保险机构的经营活动进行监督管理和必要的业务指导，引导保险业向法制化、规范化、科学化发展；在抓紧市场行为监管的同时，加大偿付能力监管的力度，并逐步转向以偿付能力为核心的监管方式上来；整顿和规范保险市场秩序，查处保险违法违规行为，促进我国保险事业的健康发展。

第一百三十四条　国务院保险监督管理机构依照法律、行政法规制定并发布有关保险业监督管理的规章。

【案例 108】（2021）豫 11 行终 1 号

2020 年 6 月 1 日，徐某向××银保监局以邮寄方式进行投诉。2020 年 6 月 2 日，××银保监局收到徐某对某保险公司××分公司的投诉信，投诉请求为：一、依法确认被投诉人保险合同条款内容缺少保险金额，合同不全面、不完整，存在产品缺陷；责令停止该批次合同现金价值的使用；限期修改，召回自 2006 年至今采用格式条款与所有投保人签订的合同。二、依法责令被投诉人在法定期限内对投保人徐某该保险合同现金价值计算方法作出书面答复。2020 年 6 月 3 日，××银保监局作出漯银保监保险消费投诉〔2020〕第 3 号《银行业保险业消费投诉转送函》，将徐某的投诉件转交给被投诉人某保险公司××分公司予以办理。某保险公司××分公司分别于 2020 年 6 月 15 日、2020 年 7 月 9 日作出《某保险公司××分公司客户徐某投诉处理报告》《某保险公司××分公司客户徐某委托投诉情况报告》回复××银保监局，××银保监局又将上述两份报告回复徐某，徐某对该回复不服，诉至法院。

一审法院认为，中国银行保险监督管理委员会令（2020 年第 3 号）《银行业保险业消费投诉处理管理办法》第六条规定："中国银行保险监督管理委员会（以下简称中国银保监会）是全国银行业保险业消费投诉处理工作的监督单位，对全国银行业保险业消费投诉处理工作进行监督指导。中国银保监会各级派出机构应当对辖区内银行业保险业消费投诉处理工作进行监督指导，推动辖区内建立完善消费纠纷多元化解机制。"××银保监局作为中国银保监会在××市的派出机构，依照法律、法规的有关规定对辖区内银行业保险业消费投诉处理工作进行监督指导是其法定职责。《银行业保险业消费投诉处理管理办法》第二条规定："本办法所称银行业保险业消费投诉（以下简称消费投诉），是指消费者因购买银行、保险产品或者接受银行、保险相关服务与银行保险机构或者其从业人员产生纠纷（以下简称消费纠纷），并向银行保险机构主张其民事权益的行为。"第四条规定："银行保险机构是维护消费者合法权益、处理消费投诉的责任主体，负责对本单位及其分支机构消费投诉处理工作的管理、指导和考核，协调、督促其分支机构妥善处理各类消费投诉。"第十一条规定："银行保险机构应当负责处理因购买其产品或者接受其服务产生的消费投诉。"由上述规定可以看出，徐某的消费投诉事项应当由保险机构，即某保险公司××分公司负责处理。《银行业保险业消费投诉处理管理办法》第三十三条规定："银行保险监督管理机构的消费投诉处理监督管理部门应当自收到辖区内消费投诉之日起7个工作日内，将消费投诉转送被投诉银行机构并告知投诉人，投诉人无法联系的除外。"第三十四条规定："银行保险监督管理机构应当对银行保险机构消费投诉处理情况进行监督检查。"本案中，××银保监局在收到徐某的消费投诉后，在法定期限内将投诉材料转交某保险公司××分公司处理并告知徐某，后又将某保险公司××分公司向其报送的《某保险公司××分公司客户徐某投诉处理报告》《某保险公司××分公司客户徐某委托投诉情况报告》及时回复徐某，已履行了法定职责，徐某的主张不成立。综上所述，根据《中华人民共和国行政诉讼法》第六十九条之规定，判决驳回徐某的诉讼请求。

上诉人徐某不服原判，向本院提起上诉称，一审法院认为被上诉人收到投诉后在法定期限内将投诉材料转交保险公司，将保险公司作出的投诉处理情况报告回复上诉人，已经履行法定职责错误，该认定缺乏事实依据。一审判决认定事实不清，适用法律错误，导致判决错误，特上诉请求：一、依法撤销（2020）豫1103行初72号行政判决，发回重审或改判；二、本案一审、二审诉讼费由被上诉人承担。

被上诉人××银保监局答辩称：一、上诉人徐某投诉事项为消费投诉，依法应由保险机构负责处理；二、我局按照规定向保险机构转送了上诉人的消费投诉事项，履行了法定职责。综上所述，上诉人诉讼请求不能成立，依法应予驳回。

本院二审查明的事实与一审查明的事实相同。

本院认为，《中华人民共和国保险法》第一百三十三条规定，保险监督管理机构依照本法和国务院规定的职责，遵循依法、公开、公正的原则，对保险业实施监督管理，维护保险市场秩序，保护投保人、被保险人和受益人的合法权益。第一百三十四条规定，国务院保险监督管理机构依照法律、行政法规制定并发布有关保险业监督管理的规章。为此，中国银行保险监督管理委员会作为国务院保险监督管理机构制定了《银行保险违法行为举报处理办法》和《银行业保险业消费投诉处理管理办法》。其中，《银行保险违法行为举报处理办法》第二条规定，对于自然人、法人或者其他组织对银行保险监督管理机构负责监管的主体违反相关保险监管法律、行政法规、部门规章和其他规范性文件的违法行为的举报由银行保险监督管理机构负责处理。但是上述规章第九条第一款第（四）项规定，依法应当通过诉讼、仲裁、行政复议等法定途径予以解决的事项或诉求，银行保险监督管理机构不予受理。《银行业保险业消费投诉处理管理办法》第二条、第四条规定，银行保险业消费投诉是指消费者因购买银行、保险产品或者接受银行、保险相关服务与银行保险机构或其从业人员产生的纠纷，并向银行保险机构主张其他民事权益的行为。银行保险机构是维护消费者合法权益，处理消费投诉的责任主体。

本案中，徐某向××银保监局邮寄投诉信中提出的两项请求是其对与保险公司所签订保险合同的合同条款及保险合同现金价值计算方法不同理解所产生的合同纠纷，依法可通过诉讼或仲裁等途径解决，其就此提出投诉属于保险消费投诉，依据上述规章规定，应由保险机构负责处理。××银保监局收到徐某的消费投诉后，根据《银行业保险业消费投诉处理管理办法》第三十三条的规定，将消费投诉转送由保险机构处理并告知徐某的代理人，后又将保险机构处理结果及时回复徐某，一审判决认定××银保监局已履行职责，并无不当。徐某如对处理结果有异议，可依照《银行业保险业消费投诉处理管理办法》第二十条的规定向保险机构分支机构的上级机构书面申请核查或者直接通过申请仲裁、诉讼等渠道解决合同纠纷。其要求××银保监局履行不属于该机关权限范围的职责，没有事实和法律依据，对其上诉理由和请求，本院不予支持。综上所述，一审法院判决认定事实清楚，适用法律正确，并无不当，本院予以维持。依照《中华人民共和国行政诉讼法》第八十九条第一款第（一）项之规定，判决如下：

驳回上诉，维持原判。

【说明】这是一起法院援引《保险法》第一百三十四条规定，指出银保监会依法制定并发布有关保险业监督管理的规章，制定了《银行保险违法行为举报处理办法》和《银行业保险业消费投诉处理管理办法》，按照规章履行职责并无不当的案件。

规章通常称行政规章，是国家行政机关依照行政职权所制定、发布的针对某一类事件或某一类人的一般性规定，是抽象行政行为的一种。规章包括部门规章（也称部委规章）和地方人民政府规章。我国行政管理活动中，规章作为法律、法规的补充形式，发挥着重要作用。《立法法》规定国务院各部、委员会、中国人民银行、审计署和具有行政管理职能的直属机构，可以根据法律和国务院的行政法规、决定、命令，在本部门的权限范围内，制定规章。

部门规章规定的事项应当属于执行法律或者国务院的行政法规、决定、命令的事项。部门规章是指国务院各部门根据法律和国务院的行政法规、决定、命令在本部门的权限内按照规定的程序所制定的规定、办法、规则等规范性文件的总称。国务院下设各部、委员会。国务院部门的工作存在区别，有的是单项的行政管理，例如，商业、农业、林业等，这些部门的工作是由本部门单独承担的，其他部门的工作没有这一部门工作的内容；有的是综合性行政管理，例如，计划、财政等，这些部门的工作除了由国家发展计划委员会、财政部进行综合管理，其他各个部门也有相应的内容，例如商业、农业、林业管理中，也有计划、财政的内容，因而综合性行政管理工作往往需要其他部门更多的支持，有时甚至是建立在其他部门工作的基础上的。中国银行保险监督管理委员会是国务院直属事业单位，其主要职责是依照法律法规统一监督管理银行业和保险业，维护银行业和保险业合法、稳健运行，防范和化解金融风险，保护金融消费者合法权益，维护金融稳定。国务院各直属机构基本担负着与部、委相同的职能，为行使职权，部、委与直属机构共同制定规定已是很普遍的现象。同时，法律和行政法规也经常授权直属机构制定实施细则和实施办法。如《保险法》规定，国务院保险监督管理机构依照法律、行政法规制定并发布有关保险业监督管理的规章。由此可见，现行的实际作法已经把规章制定权给予了国务院直属机构。它们制定的一般规定应属规章。

部门规章规定的事项应当属于执行法律或者国务院的行政法规、决定、命令的事项。这就是说，法律、行政法规、国务院决定、命令的规定，国务院各部门是要严格执行的，但在执行过程中，如果需要具体化，或作出专门规定，才能付诸实施，就可以制定规章。如果法律、法规的规定比较具体，不必再做规定就可以执行的，可以不再制定规章。部门规章的制定和发布必须在其权限范围之内，在内容上必须是本部门业务范围的事项，凡不属于本部门管理的事项，不要在本部门规章中规定，即便是本部门权限内的事项，制定的规章也只能在法律、行政法规、决定、命令规定的幅度内加以具体化，不能越权和与法律、法规相抵触。

关于行政规章设定处罚的问题，《行政处罚法》对这个问题作了结论，即规章可以在法律、法规规定的给予行政处罚的行为、种类和幅度的范围内作具体规定，尚未制定法律、法规的，可以设定警告或者一定数量罚款的行政处罚。

第一百三十五条 关系社会公众利益的保险险种、依法实行强制保险的险种和新开发的人寿保险险种等的保险条款和保险费率，应当报国务院保险监督管理机构批准。国务院保险监督管理机构审批时，应当遵循保护社会公众利益和防止不正当竞争的原则。其他保险险种的保险条款和保险费率，应当报保险监督管理机构备案。

保险条款和保险费率审批、备案的具体办法，由国务院保险监督管理机构依照前款规定制定。

【案例 109】（2021）新 71 民终 43 号

2014 年 5 月 29 日，中建×局有限公司为在其承建的××广场工程项目中施工的尚某等人向某养老保险×分公司投保了团体人身保险，保险期间自 2014 年 5 月 29 日 0 时起至 2018 年 2 月 27 日 24 时止。投保险种包括《×建筑工程意外身故团体定期寿险（2013 版）》（P1411），保险金额 60 万元；《×建筑工程团体意外伤害医疗保险》（P0510），保险金额 5 万元；《×附加建工残疾团体意外伤害保险（2013 年版）（B 款）》（P1465），保险金额 60 万元。投保单中载有手工填写的"特别约定"：1. 施工单位资质特级；2. 本保单意外伤害身故或残障理赔时须提供客户单位或监理单位出具的相关证明资料、出险当月所有员工的工资名册或出险员工的劳动合同；3. 意外伤害医疗承担被保险人每次意外事故发生的合理医疗费用，保险人在扣除 100 元免赔额后，按照 80% 比例支付；4. 被保险人遭受意外事故，造成国家《劳动能力鉴定职工工伤与职业病致残等级》（GB/T16180－2006）确定的伤残的，本公司按照一级 100%、二级 75%、三级 50%、四级 30%、五级 20%、六级 15%、七级 10%、八级到十级 0% 的给付比例乘以其保险金额给付意外伤残保险金；5. 其他事项按条款规定履行。无其他特别约定。投保单上在"团体投保人声明书"处载明"我单位已就保险事宜与全部被保险人进行了宣导和沟通，凡参与该保险的全部被保险人均符合险种条款所约定的投保条件，并了解保障内容且同意由我单位统一办理投保事项；我单位确认已收到投保险种条款，且保险人对投保险种条款进行了说明，尤其是对保险责任条款、免除保险人责任的条款、合同解除条款进行了明确说明；对投保险种条款尤其是保险责任条款、免除保险人责任的条款、合同解除条款以及产品说明书（如有）、投保须知、特别约定等，我单位均已认真阅读，理解并同意遵守"。投保人中建×局有限公司在此处加盖了公章予以确认。《×附加建工残疾团体意外伤害保险（2013 年版）（B 款)》第四条约定"在本附加合同有效期内，被保险人在从事建筑施工或从事与建筑施工相关的工作以及在施工现场或在指定的生活区，因遭受意外事故，并自事故发生之日起 180 天内（含）因该事故造成国家《劳动能力鉴定职工工伤与职业病致残等级》（GB/T16180－2006）确定的伤残的，除另有约定外，本公司按本附加合同所附《工伤伤残程度与给付比例表》规定的给付比例乘以其保险金额给付意外伤残保险金"。所附《工伤伤残程度与给付比例表》载明的伤残等级相对应的保险金给付比例分为十档，伤残等级一级对应的保险金给付比例为 100%，伤残等级十级对应的保险金给付比例为 10%，每级相差 10%，其中，四级伤残的保险金给付比例为 70%。2014 年 6 月 6 日，某养老保险×分公司向中建×局有限公司出具了保单合同号码为 GP××× 的团体人身保险保险单。2014 年 7 月 4 日，中建×局有限公司在某养老保险×分公司的送达回执上盖章确认已收到涉案保险合同及保险费发票。

2015 年 9 月 17 日，尚某在××广场工程项目施工过程中意外坠入电梯井受伤，经某医院救治被诊断为"××骨折并全瘫，××骨折"。2016 年 9 月 28 日，××市劳动能力鉴定委员会作出××市劳鉴 2016 年 9 伤 127 号《初次（复查）鉴定结论书》，尚某被鉴定为伤残四级。2018 年 5 月，尚某将某养老保险×分公司诉至法院，要求某养老保险×分公司按照保险合同约定支付四级伤残 30% 相应保险金 18 万元，该案审理中，某养老保险×分公司未提交涉案保险合同条款，尚某表示保留按照某养老保险×分公司在保监会备案的保险合同条款进一步索赔的权利。至此，法院于 2018 年 8 月 10 日作出（2018）新 7101 民初 203 号民事判决，判决某养老保险×分公司一次性支付尚某意外伤害保险金 18 万元。对此判决双方均未上诉，某养老保险×分公司已经履行了判决确定的义务。此后尚某发现某养老保险×分公司在保监会备案的

《×附加建工残疾团体意外伤害保险（2013年版）（B款）》中载明的四级伤残对应的保险金给付比例为70%，按照该比例，某养老保险×分公司应支付意外伤害保险金42万元。据此，尚某于2020年5月12日再次将某养老保险×分公司诉至法院，要求某养老保险×分公司按照70%比例再支付尚某人身意外伤害保险金24万元。法院以尚某提起的诉讼属于重复诉讼为由，于2020年5月30日作出（2020）新7101民初319号民事裁定，驳回了尚某的起诉。尚某对该裁定不服，提出上诉。××铁路运输中级法院于2020年9月14日作出（2020）新71民终64号民事裁定，撤销（2019）新7101民初319号民事裁定，指令××铁路运输法院审理。

一审法院认为，中建×局有限公司作为投保人为在其工程项目中施工的尚某等人向某养老保险×分公司投保的保单合同号GP×××团体人身保险，系双方真实意思表示，其内容不违反国家法律、行政法规的相关规定，双方之间形成保险合同关系，且该合同关系依法成立有效。本案双方当事人争议焦点为：一、涉案"特别约定"是否为格式条款；二、涉案"特别约定"中的伤残保险金给付比例条款是否有效；三、尚某主张的意外伤害保险金24万元是否应予支持。

关于争议焦点一，本案中，涉案《×附加建工残疾团体意外伤害保险（2013年版）（B款）》第四条约定，被保险人因遭受意外事故造成国家《劳动能力鉴定职工工伤与职业病致残等级》（GB/T16180－2006）确定的伤残的，除另有约定外，本公司按本附加合同所附《工伤伤残程度与给付比例表》规定的给付比例乘以其保险金额给付意外伤残保险金。所附《工伤伤残程度与给付比例表》载明的伤残等级相对应的保险金给付比例分为十档，伤残等级一级对应的保险金给付比例为100%，伤残等级十级对应的保险金给付比例为10%，每级相差10%，其中，四级伤残的保险金给付比例为70%。而投保单中"特别约定"载明，被保险人因遭受意外事故造成国家《劳动能力鉴定职工工伤与职业病致残等级》（GB/T16180－2006）确定的伤残的，本公司按照一级100%、二级75%、三级50%、四级30%、五级20%、六级15%、七级10%、八级到十级0%的给付比例乘以其保险金额给付意外伤残保险金。

由此可见，涉案保险条款第四条及"特别约定"中均约定了伤残保险金给付比例条款，但特别约定对保险条款中的伤残保险金给付比例作出了变更，其从伤残二级到十级均相应降低了伤残保险金的给付比例。该"特别约定"条款是否为格式条款。《中华人民共和国合同法》第三十九条第二款规定"格式条款是当事人为了重复使用而预先拟定，并在订立合同时未与对方协商的条款。"本案投保单中的特别约定系投保人中建×局有限公司与保险人某养老保险×分公司在签订保险合同时经协商后手动填写，明显区别于预先制定、可重复使用、不经磋商的格式条款。因此，该"特别约定"条款应认定为非格式条款。

关于争议焦点二，首先，根据《中华人民共和国保险法》第二十条关于"投保人和保险人可以协商变更合同内容"的规定，某养老保险×分公司有权与投保人中建×局有限公司通过协商后变更合同内容。其次，涉案保险条款第四条约定"除另有约定外，本公司按本附加合同所附《工伤伤残程度与给付比例表》规定的给付比例乘以其保险金额给付意外伤残保险金"。据此，某养老保险×分公司有权与投保人中建×局有限公司通过协商后对伤残保险金给付比例条款另行约定。本案中，涉案投保单中载有手动填写的《特别约定》，该约定对涉案保险条款中的伤残保险金给付比例作出了变更，其从伤残二级到十级均相应降低了伤残保险金的给付比例。投保人中建×局有限公司在投保单"团体投保人声明书"处加盖公章确认"我单位已就保险事宜与全部被保险人进行了宣导和沟通，凡参与该保险的全部被保险人均符合险种条款所约定的投保条件，并了解保障内容且同意由我单位统一办理投保事项；我单位确认已收到投保险种条款，且保险人对投保险种条款进行了说明，尤其是对保险责任条款、免除保险人责任的条款、合同解除条款进行了明确说明；对投保险种条款尤其是保险责任条款、免除保险人责任的条款、合同解除条款以及产品说明书（如有）、投保须知、特别约定等，我单位均已认真阅读，理解并同意遵守"。虽然在投保单"特别约定"处没有投保人的签章，但投保单系完整的整体，投保人的意思表示应结合投保单的全文进行整体理解。投保人在"团体投保人声明书"处加盖公章的行为应视为对"特别约定"条款的确认。由此，某养老保险×分公司与投保人中建×局有限公司在投保单中以特别约定的方式，对保险条款中的伤残保险金给付比例条款作出的变更，系双方通过协商后对自身民事权益的处置，其内容未损害社会公众利益，亦不属于《中华人民共和国合同法》第五十二条规定的合同无效情形。因此，该"特别约定"条款应属有效。

关于争议焦点三，本案中，尚某于2015年9月17日在××广场工程项目施工过程中意外坠入电梯井受伤，经原某医院救治被诊断为"××骨折并全瘫，××骨折"。2016年9月28日，××市劳动能力鉴定委员会作出乌鲁木齐市劳鉴2016年9伤127号《初次（复查）鉴定结论书》，尚某被鉴定为伤残四级。2018年5月，尚某将某养老保险×分公司诉至法院，要求某养老保险×分公司按照保险合同约定支付四级伤残30%对应的保险金18万元，该案经法院审理，确认了"特别约定"中载明的伤残保险金给付比例条款的效力，并据此按照四级伤残对应的保险金给付比例30%。判决某养老保险×分公司一次性支付尚某意外伤害保险金18万元。对此判决双方均未上诉，某养老保险×分公司已经履行了判决确定的义务。虽然该案在开庭审理中，某养老保险×分公司未提交涉案保险合同条款，但并不能由此认定"特别约定"条款对尚某不产生法律效力。《中华人民共和国保险法》第十七条第一款规定"订立保险合同，采用保险人提供的格式条款的，保险人向投保人提供的投保单应当附格式条款。保险人应当向投保人说明保险合同的条款内容"。《最高人民法院关于适用〈中华人民共和国保险法〉若干问题的解释（二）》第十一条规定"保险合同订立时，保险人在投保单或者保险单等其他保险凭证上，对保险合同中免除保险人责任的条款，以足以引起投保人注意的文字、字体、符号或者其他明显标志作出提示的，人民法院应当认定其履行了保险法第十七条第二款规定的提示义务。保险人对保险合同中有关免除保险人责任条款的概念、内容及其法律后果以书面或者口头形式向投保人作出常人能够理解的解释说明的，人民法院应当认定保险人履行了保险法第十七条第二款规定的明确说明义务"。

由上述规定可以看出，在保险合同中，保险人提供保险合同条款、并对保险合同条款、免除保险人责任的条款履行明确说明义务的对象应为投保人，因保险合同仍属于合同法的范畴，仍应遵守合同相对性的基本原则。如果要求保险公司对保险合同条款、免除保险人责任条款的提示和明确说明义务对象还包括被保险人或受益人，显然加重了保险公司的责任，有违公平原则。尤其是团体险中，有的投保单位仅仅提供了被保险人的名单及总数，保险公司对每个被保险人进行逐一提示说明显然不具有操作性。本案保险合同为团体人身保险，其投保人为中建×局有限公司，该公司在投保单"团体投保人声明书"处盖章确认，并在某养老保险×分公司的送达回执上盖章确认已收到涉案保险合同及保险费发票。已证明某养老保险×分公司已向投保人中建×局有限公司提交了保险合同条款、并对保险合同条款、免除保险人责任的条款履行了明确说明义务。因此，涉案"特别约定"中载明的伤残保险金给付比例条款对被保险人尚某产生法律效力。按照该"特别约定"，尚某的伤残等级为四级，其相对应的伤残保险金给付比例为30%，而按照该比例所应获得的意外伤害保险金18万元，某养老保险×分公司已依照法院于2018年8月10日作出的（2018）新7101民初203号民事判决向尚某予以了赔付。《中华人民共和国保险法》第十一条规定"订立保险合同，应当协商一致，遵循公平原则确定各方的权利和义务"。法律不仅应当保护投保人、被保险人的利益，也应公平地保护保险人的利益。投保单中的特别约定，是保险人某养老保险×分公司根据投保人中建×局有限公司的不同需求经双方协商后对赔付比例重新作出的约定，属于双方的意思自治，各方应当按照公平原则及诚实信用原则予以遵守。

综上所述，尚某主张某养老保险×分公司应按照《×附加建工残疾团体意外伤害保险（2013年版）（B款）》中载明的四级伤残保险金给付比例70%再支付尚某意外伤害保险金24万元的诉讼请求，无事实与法律依据，一审法院不予支持。判决：驳回尚某的全部诉讼请求。

二审中，当事人没有提交新证据。本院二审查明的事实与一审查明事实一致，本院对一审查明的事实予以确认。

本院认为，本案的争议焦点为涉案保险合同"特别约定"的伤残保险金给付比例条款是否有效。涉案保险系团体人身意外保险，属商业保险，尚某认为涉案保险系依法实行的强制保险系自身对该险种理解有误。人民法院应当尊重订立商业保险合同双方的真实意思表示。涉案保险合同发生保险事故后发生纠纷的主要原因系保险合同的格式条款与特别约定条款中对三级伤残赔付比例约定不一致，格式条款中约定赔付比例为70%，特别约定条款赔付比例为30%，导致被保险人与保险人对保险合同特别约定条款的效力发生争议。本案中，保险凭证中所载特别约定内容与在《团体人身险投保单》上手写并经投保人在投保单上盖章确认的内容一致，为投保人与保险人订立案涉保险合同时协商后对伤残保险金给付比例条款的约定内容，非格式条款，该约定内容不违反国家法律、行政法规的相关规定，合法有效，该特别约定内容与通用格式条款内容不一致，应以该特别约定条款为准，保险合同的各方当事人均应遵守该约定。涉案保险合同约定的保险事故发生后，保险人应按照此特别约定进行赔付，即按照四级伤残对应的保险金给付比例30%赔付18万元。本案保险人某养老保险×分公司已经按照特别约定的赔付比例向被保险人尚某赔付18万元，对尚某依照格式条款"四级伤残的保险金给付比例为70%"的约定，要求某养老保险×分公司支付剩余40%的保险金的主张，本院不予支持。

关于案涉保险合同中特别约定条款内容是否系保险合同变更的问题，涉案投保单中载有手工填写的"特别约定"，该约定对涉案保险格式条款中的伤残保险金给付比例作出了变更，从伤残二级到十级均相应降低了伤残保险金的给付比例，该特别约定条款系投保人中建×局有限公司与保险人某养老保险×分公司在订立案涉保险合同过程中，对保险合同中关于被保险人构成残疾的保险金赔付比例内容的约定，不属于《中华人民共和国保险法》第二十条"投保人和保险人可以协商变更合同内容。变更保险合同的，应当由保险人在保险单或者其他保险凭证上批注或者附贴批单，或者由投保人和保险人订立变更的书面协议。"规定的保险合同变更的情形，一审法院认为该特别约定系对保险合同的变更有误，本院予以纠正，本案不适用《中华人民共和国保险法》第二十条的相关规定。

综上所述，一审判决认定事实清楚，适用法律虽有瑕疵，但裁判结果正确，故对尚某的上诉请求不予支持。依照《中华人民共和国民事诉讼法》第一百七十条第一款第一项、《最高人民法院关于适用〈中华人民共和国民事诉讼法〉的解释》第三百三十四条规定，判决如下：

驳回上诉，维持原判。

【说明】这是一起当事人援引《保险法》第一百三十五条规定，主张保险公司应当按照保监会批准或者备案的合同条款执行的案件。

2014 年 5 月 29 日，中建×局有限公司为尚某等人向某养老保险×分公司投保了团体人身保险。投保险种包括《×建筑工程意外身故团体定期寿险（2013版）》（P1411），保险金额 60 万元、《×建筑工程团体意外伤害医疗保险》（P0510），保险金额 5 万元、《×附加建工残疾团体意外伤害保险（2013 年版）（B 款）》（P1465），保险金额 60 万元。投保单中手工填写的"特别约定"：4. 被保险人遭受意外事故，造成国家《劳动能力鉴定职工工伤与职业病致残等级》（GB/T16180 - 2006）确定的伤残的，本公司按照一级 100%、二级 75%、三级 50%、四级 30%、五级 20%、六级 15%、七级 10%、八级到十级零的给付比例乘以其保险金额给付意外伤残保险金。《×附加建工残疾团体意外伤害保险（2013 版）（B 款）》第四条约定"在本附加合同有效期内，被保险人在从事建筑施工或从事与建筑施工相关的工作以及在施工现场或在指定的生活区，因遭受意外事故，并自事故发生之日起 180 天内（含）因该事故造成国家《劳动能力鉴定职工工伤与职业病致残等级》（GB/T16180 - 2006）确定的伤残的，除另有约定外，本公司按本附加合同所附《工伤伤残程度与给付比例表》规定的给付比例乘以其保险金额给付意外伤残保险金"。所附《工伤伤残程度与给付比例表》载明的伤残等级相对应的保险金给付比例分为十档，伤残等级一级对应的保险金给付比例为 100%，伤残等级十级对应的保险金给付比例为 10%，每级相差 10%，其中，四级伤残的保险金给付比例为 70%。

2015 年 9 月 17 日，尚某在施工过程中意外受伤，鉴定为伤残四级。2018年 5 月，尚某起诉要求某养老保险×分公司按照保险合同约定支付四级伤残

30%相应保险金18万元，表示保留按照某养老保险×分公司在保监会备案的保险合同条款进一步索赔的权利。法院判决某养老保险×分公司一次性支付尚某意外伤害保险金18万元。

此后尚某发现某养老保险×分公司在保监会备案的《×附加建工残疾团体意外伤害保险（2013年版）（B款）》中载明的四级伤残对应的保险金给付比例为70%，按照该比例，某养老保险×分公司应支付意外伤害保险金42万元，据此，尚某于2020年5月12日再次将某养老保险×分公司诉至法院，要求某养老保险×分公司按照70%比例再支付尚某人身意外伤害保险金24万元。

一审法院指出，投保单中"特别约定"对保险条款中的伤残保险金给付比例作出了变更，其从伤残二级到十级均相应降低了伤残保险金的给付比例，系投保人与保险公司协商后的约定，明显区别于预先制定、可重复使用、不经磋商的格式条款，应认定为非格式条款。故判决驳回尚某的全部诉讼请求。尚某不服，提起上诉，二审法院驳回上诉，维持原判。

保险基本条款和保险费率需报经保险监督管理机构审批的保险险种包括：（1）关系社会公众利益的保险险种。从本质上说，大多数保险险种都与社会公众利益有关，这里所说的关系社会公众利益的保险险种主要是指与社会公众利益联系密切，影响面较大的保险险种，具体范围由保险监督管理机构规定。（2）强制保险险种，又称法定保险，是指保险标的或者保险对象的范围直接由法律、法规规定，对于规定范围内的保险标的或者对象必须向保险人投保的保险。（3）新开发的人寿保险险种。本条对必须报经审批的保险险种的规定较为原则，其具体范围和审批办法授权保险监督管理机构制定。

保险监督管理机构审批保险条款和费率，应当遵循保护社会公众利益和防止不正当竞争的原则。保险是分散危险，防范损失，保障社会经济安定的一种措施。须报经保险监督管理机构审批的保险险种，与社会公众的利益更为密切，影响的范围更大，保险监督管理机构在审批时应当重点审查保险条款和费率是否公平、合理，是否存在欺骗、误导投保人，损害投保人利益的内容。同时，为了维护保险市场公平的竞争秩序，促进保险业的健康发展，保险监督管理机构在审批时还应当遵循防止不正当竞争的原则，审查保险条款和费率是否存在以排挤竞争对手为目的，非正常降低保险费率或扩大保险责任范围开展保险业务，进行恶性竞争的内容。

保险条款和保险费率的备案。对于必须报经保险监督管理机构审批的保险险种以外的保险险种，其保险条款和保险费率应当报保险监督管理机构备案，以对其进行必要的监督管理。备案制度，是保险监督管理机构对保险条款和费率进行监督管理的一种重要手段。保险公司报备的保险条款和保险费率如果存在违反法律、法规或行政规章的禁止性规定，损害社会公共利益，内容显失公平，侵害投保人、被保险人或受益人的合法权益，构成不正当竞争，条款设计或厘定费率不当，可能危及保险公司偿付能力等情形时，保险监督管理机构应当根据本法和有关法律、行政法规的规定进行处理。

【案例110】（2017）豫 09 民终 2825 号

2016 年 7 月 1 日，徐某为 J×× 号车辆在某财险公司处投保有机动车损失保险（保险金额为 38 400 元）、机动车第三者责任保险（保险金额 300 000）、不计免赔险、机动车损失保险无法找到第三方特约险，保险期间自 2016 年 7 月 5 日 0 分起至 2017 年 7 月 4 日 24 时止。某财险公司收取徐某保险费合计 1 773.49 元。2016 年 7 月 5 日至 2017 年 7 月 4 日，徐某车辆发生过一次保险事故，已经过某财险公司理赔。2017 年 7 月 3 日，徐某再次为 J×× 号车辆在某财险公司处投保机动车损失险（保险金额为 34 080 元）、机动车第三者责任保险（保险金额 300 000）、不计免赔险、机动车损失保险无法找到第三方特约险，保险期间自 2017 年 7 月 5 日 0 分起至 2018 年 7 月 4 日 24 时止。某财险公司收取保险费合计 2 730.08 元。徐某以两次同一车辆投保的险种相同而某财险公司第二年收取的保险费比第一年多 956.59 元，属于不当得利要求退还，某财险公司不允，双方产生纠纷。

原审另查明，两年保险费发生变化的部分为车损险基准保费由 1 593.31 元变更为 1 646.44 元、不计免赔 452.15 元变为 460.12 元，无法找到第三方特约险 39.83 变更为 41.16 元，自主渠道系数由 0.85 变为 0.95，无忧赔付系数由 0.7 变为 1。

原审又查明，中国保监会关于深化商业车险条款费率管理制度改革的意见（保监发〔2015〕18 号）第三条第一款，中国保险行业协会应按照大数法则要求，建立财产保险行业商业车险损失数据的收集、测算、调整机制，动态发布商业车险基准纯风险保费表，为财产保险公司科学厘定商业车险费率提供参考……第二款，赋予财产保险公司一定的商业车险费率厘定自主权，由市场主体根据自身实际情况科学测算基准附加保费，合理确定自主费率调整系数及其调整标准。×省保险行业协会发布《深化商业车险条款费率管理制度改革试点工作方案》第二条，中国保险行业协会的工作任务第（一）项第 2 款方案，保费 = 基准保费 × 费率调整系数。其中基准保费 = 基准纯风险保费/（1 - 附加费用率）。2015 年 12 月 22 日，中国保险监督管理委员会下发保监许可（2015）1237 号文件对"关于××财产保险股份有限公司机动车综合商业保险等调控和费率的批复"，该批复显示：同意该公司按照以下规则计算保费：商业车险保费 = 基准纯风险保费/（1 - 附加费用率）× 无赔款优待系数 × 自主核保系数 × 自主渠道系数，其中基准纯风险保费和无赔款优待系数费率调整方案参照中国保险行业协会拟定的费率基准（费率基准编号为F2015103）执行。附加费用率预定为 35%，该公司拟定的自主核保系数费率调整方案和自主渠道系数费率调整方案均可在 0.85 ~ 1.15 范围内使用。该公司商业车险条款和费率的使用范围为天津、内蒙古、吉林、安徽、河南、湖北、湖南、广东、四川、青海、宁夏、新疆等 12 个地区。

原审认为，本案争议焦点为某财险公司两次收取的保费差额 956.59 元是否属于不当得利而由某财险公司返还徐某。而两次保险费的变化的原因是由于基准纯风险保费和自主渠道系数、无忧赔付系数的变化导致的。根据我国保险法第一百三十六条，关系社会公众利益的保险险种、依法实行强制保险的险种和新开发的人寿保险险种等的保险条款和保险费率，应当报国务院保险监督管理机构批准。国务院保险监督管理机构审批时，应当遵循保护社会公众利益和防止不正当竞争的原则。其他保险险种的保险条款和保险费率，应当报保险监督管理机构备案。本案中，机动车商业保险条款和保险费率报中国保监会备案。保险费率由中国保险行业协会按照大数法则要求发布商业车险基准纯风险保费表，即表明基准纯风险保费每年都会根据中国保险行业协会发布的保费表而发生变化。而自主渠道系数、无忧赔付系数的变化也是经过中国保监会关于深化商业车险条款费率管理制度改革的意见（保监发〔2015〕18号）及中国保险监督管理委员会下发保监许可（2015）1237号文件的许可在一定范围内由保险公司根据市场情况进行自主调整。因此，某财险公司两年收取徐某保险费数额差距，是某财险公司根据相应的法律、法规和行业规范，根据市场情况进行的适当调整所致。该调整在其法律和行业规范之内，保险费增加的部分并不属于不当得利，故徐某要求某财险公司因取得不当得利要求退还保险费956.59元的请求，原审不予支持。根据《中华人民共和国保险法》第一百三十六条，《中华人民共和国民事诉讼法》第六十四条第一款之规定，原审判决："驳回原告徐某的诉讼请求。如果未按本判决指定的期间履行给付金钱义务，应当依照《中华人民共和国民事诉讼法》第二百五十三条之规定，加倍支付迟延履行期间的债务利息。本案受理费25元，由原告负担。"

徐某上诉称，1.原审判决又查明部分，某财险公司提交的中国保险监督管理委员会下发保监许可（2015）1237号文件，以此来证明自己的保费计算方法合法是不对的。首先，该份证据在法庭辩论终结前，某财险公司并未提交；其次，该文件是否有效，某财险公司未提供证据证明。2.某财险公司并未提交影响保费数额且有某财险公司决定的系数变化所依据的标准和方案。3.徐某在购买保险时，某财险公司并未向其进行解释和提醒，对格式合同产生的不同意见，应作出不利于格式合同提供方的解释。4.徐某主张某财险公司多收956元保险费是不当得利，因为2016年和2017年的险种是一样的，作为格式条款合同，在某财险公司事前未明确告知合同变更的情况下，一审判决不能以某财险公司的系数调整符合有关法规政策支持某财险公司的主张，徐某认为某财险公司多收的保费应当退还徐某。请求撤销原审判决，改判支持徐某的诉讼请求，一审、二审诉讼费用由某财险公司承担。

某财险公司答辩称，2016 年徐某缴纳保费是在 2014/2015 年没有出险的情况下对此进行优惠缴纳的数额。2016 年，徐某车辆出现保险事故，2017 年徐某投保时缴纳的数额不再进行优惠，所以说 2017 年缴纳的保费数额不存在不当得利情形。徐某投保时签订了投保单，并且按照投保单及保单显示的数额缴纳的保费，故不存在事前没有告知的情况。一审判决认定事实清楚，证据确实充分，适用法律正确，请求依法驳回徐某的上诉请求，维持一审判决。

本案二审审理查明的事实与原审查明事实一致。

本院认为，本案中徐某 2016 年与 2017 年两年保费的差额，系某财险公司根据市场情况自主调整基准纯风险保费、自主渠道系数、无忧赔付系数所致，某财险公司对于自主渠道系数、无忧赔付系数的调整经过中国保监会关于深化商业车险条款费率管理制度改革的意见（保监发〔2015〕18 号）及中国保险监督管理委员会下发保监许可（2015）1237 号文件的许可，基准纯风险保费每年亦会根据中国保险行业协会发布的保费表而发生变化。徐某 2017 年缴纳保费时保费差额已经产生，徐某按照保单显示的数额缴纳了保费，对于徐某主张某财险公司未告知保险合同变更的理由本院亦不予支持。综上所述，原审判决并无不当。依照《中华人民共和国民事诉讼法》第一百七十条第一款第（一）项之规定，判决如下：

驳回上诉，维持原判。

【说明】这是一起车辆出险后保费增加，投保人主张保险公司不当得利，法院不予支持的案件。

2016 年 7 月 1 日，徐某为其车辆投保有机动车损失保险（保险金额为 38 400 元）、机动车第三者责任保险（保险金额 300 000 元）、不计免赔险、机动车损失保险无法找到第三方特约险，保险费合计 1 773.49 元。2016 年 7 月 5 日至 2017 年 7 月 4 日，徐某车辆发生一次保险事故已经理赔。2017 年 7 月 3 日，徐某再次为其车辆在某财险公司处投保机动车损失险（保险金额为 34 080 元）、机动车第三者责任保险（保险金额 300 000 元）、不计免赔险、机动车损失保险无法找到第三方特约险，某财险公司收取保险费合计 2 730.08 元。

徐某以两次同一车辆投保的险种相同而某财险公司第二年收取的保险费比第一年多956.59元，属于不当得利起诉要求保险公司退还，一审二审法院均未支持其诉求。

本案中，徐某投保保费增加的原因在于其车辆在没有出险的情况下享受保费优惠缴纳的数额。2016年，徐某车辆出现保险事故，所以2017年徐某投保时缴纳的数额不再进行优惠，保费有所增加。徐某投保的车险保费计算规则：商业车险保费＝基准纯风险保费／（1－附加费用率）×无赔款优待系数×自主核保系数×自主渠道系数，其中基准纯风险保费和无赔款优待系数费率调整方案参照中国保险行业协会拟定的费率基准（费率基准编号为F2015103）执行。附加费用率预定为35%，自主渠道系数由0.85变为0.95，无忧赔付系数由0.7变为1。自主渠道系数和无忧赔付系数的变大，导致其缴纳的车损险基准保费由1593.31元变更为1646.44元、不计免赔452.15元变为460.12元，无法找到第三方特约险39.83变更为41.16元。

本案中，案涉险种的保险费率由中国保险行业协会按照大数法则要求发布商业车险基准纯风险保费表，即基准纯风险保费每年都会根据中国保险行业协会发布的保费表而发生变化。而自主渠道系数、无忧赔付系数的变化也是经过中国保监会关于深化商业车险条款费率管理制度改革的意见（保监发〔2015〕18号）及中国保险监督管理委员会下发保监许可（2015）1237号文件的许可在一定范围内由保险公司根据市场情况进行自主调整。因此，某财险公司两年收取徐某保险费数额差距，是某财险公司根据相应的法律、法规和行业规范，根据市场情况进行的适当调整所致，该调整在法律和行业规范之内，所以案涉险种保险费增加的部分不属于不当得利。

第一百三十六条　保险公司使用的保险条款和保险费率违反法律、行政法规或者国务院保险监督管理机构的有关规定的，由保险监督管理机构责令停止使用，限期修改；情节严重的，可以在一定期限内禁止申报新的保险条款和保险费率。

【说明】报经保险监督管理机构审批的保险险种，保险监督管理机构在审批时应当重点审查保险条款和费率是否公平、合理，是否存在欺骗、误导投保人，损害投保人利益的内容。同时，保险监督管理机构在审批时还应当遵循防止不正当竞争的原则，审查保险条款和费率是否存在以排挤竞争对手为目的，非正常降低保险费率或扩大保险责任范围开展保险业务，进行恶性竞争的内容。保险公司报经备案的保险条款和保险费率需要核实是否存在违反法律、法规或行政规章的禁止性规定，损害社会公共利益，内容显失公平，侵害投保人、被保险人或受益人的合法权益，构成不正当竞争，条款设计或厘定费率不当，可能危及保险公司偿付能力等情形。

通过审批及完成备案的保险条款和保险费率违反法律、行政法规或者国务院保险监督管理机构的有关规定的，由保险监督管理机构可以处以处罚，责令停止使用，限期修改；情节严重的，可以在一定期限内禁止申报新的保险条款和保险费率。

第一百三十七条 国务院保险监督管理机构应当建立健全保险公司偿付能力监管体系，对保险公司的偿付能力实施监控。

【说明】对保险公司的偿付能力实施监管，是保护投保人、被保险人和受益人利益，促进保险业健康发展，防范保险业经营风险的重要手段。偿付能力，是保险公司对保单持有人履行赔付义务的能力。偿付能力监管指标包括：核心偿付能力充足率，即核心资本与最低资本的比值，衡量保险公司高质量资本的充足状况；综合偿付能力充足率，即实际资本与最低资本的比值，衡量保险公司资本的总体充足状况；风险综合评级，即对保险公司偿付能力综合风险的评价，衡量保险公司总体偿付能力风险的大小。

核心资本，是指保险公司在持续经营和破产清算状态下均可以吸收损失的资本。实际资本，是指保险公司在持续经营或破产清算状态下可以吸收损失的财务资源。最低资本，是指基于审慎监管目的，为使保险公司具有适当的财务资源应对各类可量化为资本要求的风险对偿付能力的不利影响，所要求保险公司应当具有的资本数额。核心资本、实际资本、最低资本的计量标准等监管具体规则由中国银保监会另行规定。

保险公司同时符合以下三项监管要求的，为偿付能力达标公司：核心偿付能力充足率不低于50%；综合偿付能力充足率不低于100%；风险综合评级在B类及以上。不符合上述任意一项要求的，为偿付能力不达标公司。

保险公司董事会和高级管理层对本公司的偿付能力管理工作负责。保险公司应当建立健全偿付能力风险管理的组织架构，明确董事会及其相关专业委员会、高级管理层和相关部门的职责与权限，并指定一名高级管理人员作为首席风险官负责偿付能力风险管理工作。保险公司应当通过聘用协议、书面承诺等方式，明确对于造成公司偿付能力风险和损失的董事和高级管理人员，公司有权追回已发的薪酬。

保险公司应当建立完备的偿付能力风险管理制度和机制，加强对保险风险、市场风险、信用风险、操作风险、战略风险、声誉风险和流动性风险等固有风险的管理，以有效降低公司的控制风险。固有风险，是指在现有的正常的保险行业物质技术条件和生产组织方式下，保险公司在经营和管理活动中必然存在的客观的偿付能力相关风险。控制风险，是指因保险公司内部管理和控制不完善或无效，导致固有风险未被及时识别和控制的偿付能力相关风险。

保险公司应当按照保险公司偿付能力监管具体规则，定期评估公司的偿付能力充足状况，计算核心偿付能力充足率和综合偿付能力充足率，按规定要求报送偿付能力报告，并对其真实性、完整性和合规性负责。保险公司应当按照中国银保监会的规定开展偿付能力压力测试，对未来一定时间内不同情景下的偿付能力状况及趋势进行预测和预警，并采取相应的预防措施。保险公司应当建立偿付能力数据管理制度，明确职责分工，完善管理机制，强化数据管控，确保各项偿付能力数据真实、准确、完整。保险公司应当按年度滚动编制公司三年资本规划，经公司董事会批准后，报送中国银保监会及其派出机构。保险公司应建立发展战略、经营规划、机构设立、产品设计、资金运用与资本规划联动的管理决策机制，通过优化业务结构、资产结构，提升内生资本的能力，运用适当的外部资本工具补充资本，保持偿付能力充足。

第一百三十八条 对偿付能力不足的保险公司，国务院保险监督管理机构应当将其列为重点监管对象，并可以根据具体情况采取下列措施：

（一）责令增加资本金、办理再保险；

（二）限制业务范围；

（三）限制向股东分红；

（四）限制固定资产购置或者经营费用规模；

（五）限制资金运用的形式、比例；

（六）限制增设分支机构；

（七）责令拍卖不良资产、转让保险业务；

（八）限制董事、监事、高级管理人员的薪酬水平；

（九）限制商业性广告；

（十）责令停止接受新业务。

【说明】 中国银保监会及其派出机构通过偿付能力风险管理能力评估、风险综合评级等监管工具，分析和评估保险公司的风险状况。中国银保监会及其派出机构定期对保险公司偿付能力风险管理能力进行监管评估，识别保险公司的控制风险。保险公司根据评估结果计量控制风险的资本要求，并将其计入公司的最低资本。

中国银保监会及其派出机构通过评估保险公司操作风险、战略风险、声誉风险和流动性风险，结合其核心偿付能力充足率和综合偿付能力充足率，对保险公司总体风险进行评价，确定其风险综合评级，分为 A 类、B 类、C 类和 D 类，并采取差别化监管措施。风险综合评级具体评价标准和程序由中国银保监会另行规定。中国银保监会可以根据保险业发展情况和监管需要，细化风险综合评级的类别。

中国银保监会及其派出机构建立以下偿付能力数据核查机制，包括：

（1）每季度对保险公司报送的季度偿付能力报告的真实性、完整性和合规性进行核查；（2）每季度对保险公司公开披露的偿付能力季度报告摘要的真实性、完整性和合规性进行核查；（3）对保险公司报送的其他偿付能力信息和数据进行核查。核心偿付能力充足率低于 60% 或综合偿付能力充足率低于 120% 的保险公司为重点核查对象。

中国银保监会及其派出机构对保险公司偿付能力管理实施现场检查，包括：（1）偿付能力管理的合规性和有效性；（2）偿付能力报告的真实性、完整性和合规性；（3）风险综合评级数据的真实性、完整性和合规性；（4）偿付能力信息公开披露的真实性、完整性和合规性；（5）对中国银保监会及其派出机构监管措施的落实情况；（6）中国银保监会及其派出机构认为需要检查的其他方面。

中国银保监会及其派出机构将根据保险公司的风险成因和风险程度，依法采取针对性的监管措施，以督促保险公司恢复偿付能力或在难以持续经营的状态下维护保单持有人的利益。对于核心偿付能力充足率低于 50% 或综合偿付能力充足率低于 100% 的保险公司，中国银保监会应当采取以下第（1）项至第（4）项的全部措施：（1）监管谈话；（2）要求保险公司提交预防偿付能力充足率恶化或完善风险管理的计划；（3）限制董事、监事、高级管理人员的薪酬水平；（4）限制向股东分红。中国银保监会还可以根据其偿付能力充足率下降的具体原因，采取以下第（5）项至第（12）项的措施：（5）责令增加资本金；（6）责令停止部分或全部新业务；（7）责令调整业务结构，限制增设分支机构，限制商业性广告；（8）限制业务范围、责令转让保险业务或责令办理分出业务；（9）责令调整资产结构，限制投资形式或比例；（10）对风险和损失负有责任的董事和高级管理人员，责令保险公司根据聘用协议、书面承诺等追回其薪酬；（11）依法责令调整公司负责人及有关管理人员；（12）中国银保监会依法根据保险公司的风险成因和风险程度认为必要的其他监管措施。对于采取上述措施后偿付能力未明显改善或进一步恶化的，由中国银保监会依法采取接管、申请破产等监管措施。中国银保监会可以视具体情况，依法授权其派出机构实施必要的监管措施。

对于核心偿付能力充足率和综合偿付能力充足率达标，但操作风险、战略风险、声誉风险、流动性风险中某一类或某几类风险较大或严重的 C 类和 D 类保险公司，中国银保监会及其派出机构应根据风险成因和风险程度，采取针对性的监管措施。

保险公司未按规定报送偿付能力报告或公开披露偿付能力信息的，以及报送和披露虚假偿付能力信息的，中国银保监会及其派出机构依据《中华人民共和国保险法》等进行处罚。保险公司聘请的会计师事务所的审计质量存在问题的，中国银保监会及其派出机构视具体情况采取责令保险公司更换会计师事务所、行业通报、向社会公众公布、不接受审计报告等措施，并移交注册会计师行业行政主管部门处理。精算咨询机构、信用评级机构、资产评估机构、律师事务所等中介机构在保险业开展业务时，存在重大疏漏或出具的意见、报告存在严重质量问题的，中国银保监会及其派出机构视具体情况采取责令保险公司更换中介机构、不接受报告、移交相关部门处理等措施。

第一百三十九条 保险公司未依照本法规定提取或者结转各项责任准备金，或者未依照本法规定办理再保险，或者严重违反本法关于资金运用的规定的，由保险监督管理机构责令限期改正，并可以责令调整负责人及有关管理人员。

【说明】保险责任准备金是依照保险法所确定的一种资金准备，它的作用在于保险公司承担保险责任时，有此项资金作为保证。保险责任准备金从保险费收入中提存，这项资金不能视其为保险公司的营业收入，而要看作是保险公司的负债。在财产保险中，最常见的是未到期责任准备金，是指保险公司为了承担未了结的预期保险责任而依照法律规定从保险费收入中提取的准备资金。它是在会计年度决算时，对未到期的保险单，从保险公司自留保险费中提存一定比例的一种资金准备。这种资金准备，根源于保险业务年度与会计年度的不一致，比如，投保人于 8 月 20 日缴付一年的保险费，则其中的四个多月属于本会计年度，而还有七个多月是属于下一个会计年度，这张保险单在下一个会计年度的前七个多月是继续有效的。因此，要在当年收入的保险费中提存相应的部分作为下一年度的保险费收入，使之成为对仍然有效的保险单支付赔款的额外来源。对人寿保险业务，保险公司应当按照有效的人寿保险单的全部净值提取寿险责任准备金，而且还可依规定扣除一定费用。这是由于人寿保险是一种长期保险，它的责任不是按一、二个年度来计算即可终结的，因此，它的责任准备金的提取是按照有效的人寿保险单的全部净值，也就是保险公司在这部分业务中所收入的纯保险费及利息，减去应付的保险金，扣除应支付的费用后，所结余的部分。寿险责任准备金应当属于被保险人所有，是保险公司履行今后给付保险金义务的资金保证。

再保险的基本功能是保险公司出于控制损失，稳定业务经营，扩大承保能力，增加业务量，以改善经营的需要，而形成的一种对于保险的保险机制。一般的做法是一个保险公司将自己承保的业务或者说是承保的风险，转移一部分给另外的保险公司。转移保险业务时，采取订立合同的方式，由分出保险业务的公司向分入保险业务的公司支付再保险费，分入业务的保险公司依照合同承担保险责任，分担原保险人的风险。这样做的结果，就是把许多保险公司的承保能力集合了起来，集聚了更大量的保险基金，以其为基础扩大了承保能力。这实际上是将某一种保险公司所承担的保险责任加以适当的分散，使被保险人的利益更有保障，保险公司的经营更趋稳定。

提取或者结转各项责任准备金、办理再保险，都是保障被保险人利益的规则，具体办法和实施细则由保险监督管理机构制定，如果保险公司不予遵守，根据此条，保险监督管理机构可以责令保险公司限期改正，并可以责令调整负责人及有关管理人员。

第一百四十条　保险监督管理机构依照本法第一百三十九条的规定作出限期改正的决定后，保险公司逾期未改正的，国务院保险监督管理机构可以决定选派保险专业人员和指定该保险公司的有关人员组成整顿组，对公司进行整顿。

整顿决定应当载明被整顿公司的名称、整顿理由、整顿组成员和整顿期限，并予以公告。

【说明】保险资金运用必须以服务保险业为主要目标，坚持稳健审慎和安全性原则，符合偿付能力监管要求，根据保险资金性质实行资产负债管理和全面风险管理，实现集约化、专业化、规范化和市场化。保险资金运用应当坚持独立运作。保险集团（控股）公司、保险公司的股东不得违法违规干预保险资金运用工作。中国银行保险监督管理委员会依法对保险资金运用活动进行监督管理。

保险监督管理机构对有前条规定的违法行为且在限期内不予改正的保险公司，依法进行整顿，是法律赋予保险监督管理机构的一项重要职责，是制止保险公司的违法行为，保护社会公众利益，维护保险业健康发展的有效手段，目的是帮助被整顿公司纠正违法行为，消除可能危害公司赔付能力和损害被保险人利益的隐患和问题，恢复保险公司正常的经营秩序。保险监督管理机构对保险公司进行整顿，必须符合以下条件：一是保险公司必须实施了以下违法行为，包括：未按照本法规定提取或者结转各项准备金，未按照本法规定办理再保险，严重违反本法关于资金运用的规定；二是保险监督管理机构对有上述违法行为的保险公司已采取了责令限期改正的措施；三是有上述违法行为的保险公司在规定的期限内未予改正，即未在保险监督管理机构规定的期限内依法提取或者结转各项准备金，或者未依法办理再保险，或者未纠正违法运用资金的行为，或者未调整负责人及有关管理人员。只有在这三项条件都具备的情况下，保险监督管理机构才能对其进行整顿。

保险监督管理机构对保险公司进行整顿，应当成立整顿组织。整顿组织的组成人员由保险监督管理机构选派和指定。整顿组织的组成人员来源于两个方面：一是由保险监督管理机构从该保险公司的外部选派，选派的人员必须是保险专业人员，例如其他保险公司的专业人员、从事保险教学研究的专业人员、保险精算人员、从事保险业务的律师、会计师、保险监督管理机构的专业人员等；二是由保险监督管理机构从该保险公司指定符合条件的人员，该指定的人员应当是保险业务专业人员，且与保险公司的违法行为不存在利害关系。

保险监督管理机构对保险公司进行整顿，应当制作整顿决定并予以公告。保险监督管理机构对保险公司进行整顿，不仅涉及该保险公司的利益，而且涉及该保险公司的客户及社会公共利益。因此，保险监督管理机构在对保险公司进行整顿时，应当作出整顿决定，并及时在公共媒体上进行公告。保险监督管理机构制作并公告的整顿决定应当载明被整顿公司的名称、整顿理由、整顿组织和整顿期限。

第一百四十一条 整顿组织有权监督被整顿保险公司的日常业务。被整顿公司的负责人及有关管理人员应当在整顿组织的监督下行使职权。

【说明】整顿组织通过行使法律赋予的监督权，在对保险公司进行整顿的过程中起着重要作用。整顿组织的监督是对保险公司日常业务的监督，是直接的、现场的监督，这些日常业务主要包括：（1）精算业务。包括保险费率的制定、各项责任准备金的计算及其他精算业务。整顿组织主要是监督保险公司对保险费的精算是否公平合理，是否能够充分维护投保人的利益，是否存在不公平竞争的现象，监督保险公司对各项责任准备金的精算是否能够满足最低偿付能力监管的要求。（2）展业业务。主要是指保险公司的保险产品推销业务。整顿组织主要是监督保险公司的保单是否符合法律规定，推销保单过程中是否存在欺骗、误导投保人及不正当竞争的情形。（3）财务会计业务。包括保险公司开具、填制会计凭证、设置、登记会计账簿、编制财务会计报告的行为。整顿组织主要是监督保险公司的财务会计业务是否符合国家统一的会计制度的规定及有关对保险公司财务会计管理的特殊规定。（4）理赔业务。包括保险事故的评估、鉴定、理赔及保险金的给付等业务。整顿组织主要是监督保险公司核定保险事故责任和给付金额的工作是否按照法定程序进行，是否存在损害保户利益的情形。（5）保险资金运用情况。整顿组织主要监督保险公司的资金运用是否坚持稳健审慎和安全性原则，是否符合偿付能力监管要求，是否根据保险资金性质实行资产负债管理和全面风险管理，是否实现集约化、专业化、规范化和市场化。（6）内部审计、控制工作情况。主要是监督保险公司的内部风险控制及财务审计制度是否完善，保险公司特别是保险公司的董事、监事、经理及其他高级管理人员是否遵守这些制度。

被整顿的保险公司的负责人及有关管理人员，应当在整顿组织的监督下行使自己的职权。整顿组织是根据保险监督管理机构的决定和授权，行使对保险公司日常业务的监督及其他职权的组织。整顿组织执行职务，依法实施监督，保险公司的负责人及有关管理人员应当予以配合、协助，并在整顿组织的监督下行使职权。对于整顿组织已经作出决定、方案或者指示的事项，保险公司的负责人及有关管理人员应当依照执行，对于整顿组织未作出决定的事项，保险公司的负责人及有关管理人员应当根据工作的实际情况定期或者不定期地向整顿组织进行请示或者汇报。保险公司的负责人及有关管理人员不得拒绝整顿组织依法实施的监督，或者以其他方式进行阻挠。

第一百四十二条 整顿过程中，被整顿保险公司的原有业务继续进行。但是，国务院保险监督管理机构可以责令被整顿公司停止部分原有业务、停止接受新业务，调整资金运用。

【说明】 保险监督管理机构对保险公司进行整顿，不是责令保险公司停业整顿，而是监督保险公司在纠正违法行为的同时，继续正常经营其原有的合法的业务。保险公司应当按照保险合同的约定，对责任范围内的保险事故，及时进行查验、理赔，对于保险标的物的安全进行检查，依法吸收新的投保，依法进行相关的保险资金运用活动。但是，当保险监督管理机构认为被整顿的保险公司在整顿过程中，因为开展新的业务或者继续经营原有的业务，会造成保险公司的亏损增加或财产损失，影响保险公司的赔付能力时，保险监督管理机构有权决定该保险公司不得开展新的保险业务，或者责令该保险公司停止已经开展的部分业务，同时可以责令其调整保险资金的运用方式或者运用比例，以保证该保险公司资金的安全和增值，维护投保人、被保险人、受益人的利益。

第一百四十三条　被整顿的保险公司经整顿已纠正其违反本法规定的行为，恢复正常经营状况的，由整顿组织提出报告，经国务院保险监督管理机构批准，结束整顿，并由国务院保险监督管理机构予以公告。

【说明】结束对保险公司的整顿的前提条件是被整顿的保险公司已纠正其违反本法规定的行为，且恢复正常经营状况。已纠正违法行为，指的是被整顿的保险公司未依法提取或者结转各项准备金的，已经依法进行了提取或者结转；未按照本法规定办理再保险的，已经依法进行了办理；违反关于资金运用的规定的，其资金运用的方式及比例已符合本法及有关法律、行政法规的规定。所谓恢复正常经营状况，是指可能危害公司赔付能力和损害被保险人利益的隐患和问题已得到解决，各项业务已正常开展，各项管理制度已得到执行。当被整顿的保险公司已纠正其违法行为，恢复正常经营状况时，不需要外部的监督管理就能够正常开展业务，这时有必要结束对该公司的整顿，由该公司的股东及其经营管理人员对其业务负责，以保障该公司及其股东的权益。

结束对保险公司的整顿应当按照本条规定的程序办理。被整顿的保险公司结束整顿，首先，应当由整顿组织提出报告，说明整顿组织在整顿过程中所做的工作，被整顿的保险公司纠正违法行为、恢复正常经营状况所采取的措施，整顿后的保险公司的经营状况、财务状况、资金运用状况及其偿付能力状况等，并提出结束整顿的申请。其次，整顿组织的报告需提请国务院保险监督管理机构批准。保险监督管理机构应当在收到整顿组织的报告后，在合理的时间内对被整顿的保险公司纠正违法行为的情况及实际经营状况进行检查，对整顿报告的内容及结论进行审查核实，作出批准或者不批准结束整顿的决定。保险监督管理机构批准结束整顿的，整顿组织即可解散，保险公司由其经营管理人员经营管理。

第一百四十四条 保险公司有下列情形之一的，国务院保险监督管理机构可以对其实行接管：

（一）公司的偿付能力严重不足的；

（二）违反本法规定，损害社会公共利益，可能严重危及或者已经严重危及公司的偿付能力的。

被接管的保险公司的债权债务关系不因接管而变化。

【说明】接管保险公司，是指由保险监督管理机构指派接管组织直接介入保险公司的日常经营管理，并由接管组织负责保险公司的全部经营活动的监管活动。对保险公司实施接管是一种比较严厉的行政监管措施，它与保险公司的整顿不同。保险公司的整顿是保险监督管理机构纠正保险公司的违法行为，恢复其正常经营状况的一种较温和的措施。整顿组织并不直接介入保险公司的日常经营，而是监督该保险公司的日常业务。该保险公司的负责人及有关管理人员，在整顿组织的监督下行使职权。保险监督管理机构对保险公司实施监管一般不采用接管的方式，只有当保险公司严重违反保险法的有关规定，损害社会公共利益，可能严重危及或者已经危及保险公司的偿付能力，发生信用危机，不接管不足以扭转保险公司的经营状况时，保险监督管理机构才会决定对保险公司实行接管。保险监督管理机构对保险公司实行接管，应当指派人员成立接管组织，由该接管组织接替原经营管理机构和人员行使保险公司的经营管理权。保险监督管理机构决定接管保险公司的，保险公司应当向接管组织办理财产和事务的移交手续，并协助接管组织清理保险公司的财产、账目和债权债务。

保险监督管理机构对保险公司实行接管，其目的不是要强行占有或者强令解散被接管的保险公司，而是通过接管组织全面掌握和支配保险公司的财产和经营事务，并采取必要措施，以恢复该保险公司的正常经营和偿付能力，最终实现对投保人、被保险人利益的保护，维护社会公众利益及保险业经营秩序。

保险监督管理机构对保险公司实行接管，只是保险监督管理机构对保险公司采取的一种比较严厉的监管措施，并不改变被接管的保险公司的独立民事主体资格。在接管期间，被接管的保险公司原有的债权债务关系，以及新发生的债权债务关系并不因接管而改变。

第一百四十五条　接管组织的组成和接管的实施办法，由国务院保险监督管理机构决定，并予以公告。

【说明】保险公司的接管是一项十分复杂、操作性很强的工作，需要针对每一个被接管的保险公司的具体情况决定接管组织的人员构成、需要采取的措施及其实施办法等事项。因此，本条授权保险监督管理机构决定接管组织的组成和接管的实施办法，以保证接管的顺利进行，实现恢复保险公司正常经营的目的，并且同时要求保险监督管理机构对接管组织的组成和接管的实施办法通过公共媒体予以公告，以接受社会公众的监督，维护广大投保人的利益。

第一百四十六条　接管期限届满，国务院保险监督管理机构可以决定延长接管期限，但接管期限最长不得超过二年。

【说明】国务院保险监督管理机构在决定接管保险公司时，应当确定接管期限。接管期限应当与被接管的保险公司恢复正常经营所需要的时间相适应，由保险监督管理机构根据保险公司的经营状况、财务状况、偿付能力状况等实际情况予以确定。接管期限届满后，保险公司经过接管仍然不能恢复正常经营，又有必要继续采取接管措施的，保险监督管理机构可以决定延长接管期限。但是，保险公司接管的性质和目的决定了接管组织不可能长期取代被接管的保险公司的经营管理机构和人员从事日常经营管理活动。因此，保险法规定，保险公司的接管期限最长不得超过二年。

第一百四十七条　接管期限届满，被接管的保险公司已恢复正常经营能力的，由国务院保险监督管理机构决定终止接管，并予以公告。

【说明】保险公司接管的终止。保险公司接管期限届满，接管组织认为通过采取接管措施，被接管的保险公司确已恢复正常的经营能力的，可以向国务院保险监督管理机构提出终止接管的申请。保险监督管理机构经复核和审查，特别是对保险公司偿付能力进行考核后，认为被接管的保险公司已纠正其违法行为，危及保险公司偿付能力的隐患已消除，已经恢复了正常的经营能力的，应当作出终止接管的决定，解散并撤出接管组织，终止对保险公司的接管，由保险公司自己负责其日常经营管理活动。

第一百四十八条 被整顿、被接管的保险公司有《中华人民共和国企业破产法》第二条规定情形的，国务院保险监督管理机构可以依法向人民法院申请对该保险公司进行重整或者破产清算。

【说明】接管期限届满，接管组织认为被接管的保险公司的财产已不足以清偿所负债务的，经保险监督管理机构批准，依法向人民法院申请进行重整或破产清算。人民法院应当自裁定受理破产申请之日起二十五日内通知已知债权人，并予以公告。人民法院受理破产申请后，应当确定债权人申报债权的期限。债权申报期限自人民法院发布受理破产申请公告之日起计算，最短不得少于三十日，最长不得超过三个月。依法申报债权的债权人为债权人会议的成员，有权参加债权人会议，享有表决权。债权人会议行使下列职权：核查债权；申请人民法院更换管理人；审查管理人的费用和报酬；监督管理人；选任和更换债权人委员会成员；决定继续或者停止债务人的营业；通过重整计划；通过和解协议；通过债务人财产的管理方案；通过破产财产的变价方案；通过破产财产的分配方案；协助人民法院组织有关机关和有关人员成立清算组。清算组负责破产财产的保管、清理、估价、处理和分配。清算组对人民法院负责并报告工作。债权人会议通过破产财产分配方案后，由管理人将该方案提请人民法院裁定认可。破产财产分配方案经人民法院裁定认可后，由管理人执行。管理人按照破产财产分配方案实施多次分配的，应当公告本次分配的财产额和债权额。

保险公司的破产财产由下列财产构成：（1）宣告破产时破产的保险公司经营管理的全部财产；（2）破产的保险公司在破产宣告后至破产程序终结前所取得的财产；（3）应当由破产的保险公司行使的其他财产权利。破产财产在优先清偿破产费用和共益债务后，按照下列顺序清偿：（1）所欠职工工资和医疗、伤残补助、抚恤费用，所欠应当划入职工个人账户的基本养老保险、基本医疗保险费用，以及法律、行政法规规定应当支付给职工的补偿金；（2）赔偿或者给付保险金；（3）保险公司欠缴的除第（1）项规定以外的社会保险费用和所欠税款；（4）普通破产债权。破产财产不足以清偿同一顺序的清偿要求的，按照比例分配。破产保险公司的董事、监事和高级管理人员的工资，按照该公司职工的平均工资计算。

第一百四十九条　保险公司因违法经营被依法吊销经营保险业务许可证的，或者偿付能力低于国务院保险监督管理机构规定标准，不予撤销将严重危害保险市场秩序、损害公共利益的，由国务院保险监督管理机构予以撤销并公告，依法及时组织清算组进行清算。

【说明】保险公司的撤销，是指保险公司违法经营，或者偿付能力低于国务院保险监督管理机构规定标准，不予撤销将严重危害保险市场秩序、损害公共利益的，保险监督管理机构经吊销保险公司的经营保险业务许可证而强制关闭保险公司的行为。保险公司被撤销的，应当成立清算组，进行清算。依法撤销保险公司的原因，是保险公司违反法律、行政法规，包括违反《保险法》、其他有关法律以及国务院依照《保险法》而制定的实施条例或者细则，或者偿付能力低于国务院保险监督管理机构规定标准，不予撤销将严重危害保险市场秩序、损害公共利益的。例如，依照《保险法》的规定，保险公司超出保险监督管理机构核定的业务范围从事保险业务，或者不按规定提存保证金或者违反规定动用保证金，或者不按规定提取或结转责任准备金或提取未决赔款准备金，或者不按规定提取保险保障基金、公积金，或者不按规定办理再保险分出业务，或者违反规定运用保险公司资金，情节严重的，由保险监督管理机构吊销其经营保险业务许可证。吊销经营保险业务许可证，是指保险监督管理机构对于违法经营保险业务情节严重的保险公司，依法取消其经营保险业务资格的一种行政处罚。保险监督管理机构吊销经营保险业务许可证的，应当依法撤销保险公司。

保险监督管理机构依法撤销保险公司的，应当指定人员组成清算组，对保险公司进行清算。保险监督管理机构指定成立的清算组，在清算期间行使清算组职权。

第一百五十条 国务院保险监督管理机构有权要求保险公司股东、实际控制人在指定的期限内提供有关信息和资料。

【说明】 保险监督管理机构是依照法律规定负责对保险业实施监督管理的机构。为了保证保险监督管理机构有效履行监督管理职责，查处保险违法违规行为，保险监督管理机构有权要求保险公司股东、实际控制人在指定的期限内提供有关信息和资料。保险监督管理机构有权根据实际需要，要求保险公司在一定的期限内提供能够反映保险公司的业务状况、财务状况、资金运用状况的书面报告及有关资料。保险监督管理机构依照法定职权对保险公司实施监督检查，保险公司应当予以协助、配合，如实提供有关情况和资料，不得以任何理由拒绝，更不得以暴力、威胁或者其他手段阻挠保险监督管理机构依法行使职权。

第一百五十一条 保险公司的股东利用关联交易严重损害公司利益，危及公司偿付能力的，由国务院保险监督管理机构责令改正。在按照要求改正前，国务院保险监督管理机构可以限制其股东权利；拒不改正的，可以责令其转让所持的保险公司股权。

【说明】 根据《银行保险机构关联交易管理办法》相关规定，第五条：银行保险机构的关联方，是指与银行保险机构存在一方控制另一方，或对另一方施加重大影响，以及与银行保险机构同受一方控制或重大影响的自然人、法人或非法人组织。

第六条：银行保险机构的关联自然人包括：（一）银行保险机构的自然人控股股东、实际控制人，及其一致行动人、最终受益人；（二）持有或控制银行保险机构5%以上股权的，或持股不足5%但对银行保险机构经营管理有重大影响的自然人；（三）银行保险机构的董事、监事、总行（总公司）和重要分行（分公司）的高级管理人员，以及具有大额授信、资产转移、保险资金运用等核心业务审批或决策权的人员；（四）本条第（一）至（三）项所列关联方的配偶、父母、成年子女及兄弟姐妹；（五）本办法第七条第（一）（二）项所列关联方的董事、监事、高级管理人员。

第七条：银行保险机构的关联法人或非法人组织包括：（一）银行保险机构的法人控股股东、实际控制人，及其一致行动人、最终受益人；（二）持有或控制银行保险机构5%以上股权的，或者持股不足5%但对银行保险机构经营管理有重大影响的法人或非法人组织，及其控股股东、实际控制人、一致行动人、最终受益人；（三）本条第（一）项所列关联方控制或施加重大影响的法人或非法人组织，本条第（二）项所列关联方控制的法人或非法人组织；（四）银行保险机构控制或施加重大影响的法人或非法人组织；（五）本办法第六条第（一）项所列关联方控制或施加重大影响的法人或非法人组织，第六条第（二）至（四）项所列关联方控制的法人或非法人组织。第八条：银行保险机构按照实质重于形式和穿透的原则，可以认定以下自然人、法人或非法人组织为关联方：（一）在过去十二个月内或者根据相关协议安排在未来十二个月内存在本办法第六条、第七条规定情形之一的；（二）本办法第六条第（一）至（三）项所列关联方的其他关系密切的家庭成员；（三）银行保险机构内部工作人员及其控制的法人或其他组织；（四）本办法第六条第（二）（三）项，以及第七条第（二）项所列关联方可施加重大影响的法人或非法人组织；（五）对银行保险机构有影响，与银行保险机构发生或可能发生未遵守商业原则、有失公允的交易行为，并可据以从交易中获取利益的自然人、法人或非法人组织。

第九条：银保监会或其派出机构可以根据实质重于形式和穿透的原则，

认定可能导致银行保险机构利益转移的自然人、法人或非法人组织为关联方。

银行保险机构关联交易是指银行保险机构与关联方之间发生的利益转移事项。

保险机构的关联交易包括以下类型。（1）资金运用类关联交易：在关联方办理银行存款；直接或间接买卖债券、股票等有价证券，投资关联方的股权、不动产及其他资产；直接或间接投资关联方发行的金融产品，或投资基础资产包含关联方资产的金融产品等。（2）服务类关联交易：审计服务、精算服务、法律服务、咨询顾问服务、资产评估、技术和基础设施服务、委托或受托管理资产、租赁资产等。（3）利益转移类关联交易：赠与、给予或接受财务资助，权利转让，担保，债权债务转移，放弃优先受让权、同比例增资权或其他权利等。（4）保险业务和其他类型关联交易，以及根据实质重于形式原则认定的可能引致保险机构利益转移的事项。

保险机构关联交易分为重大关联交易和一般关联交易。保险机构重大关联交易是指保险机构与单个关联方之间单笔或年度累计交易金额达到 3 000 万元以上，且占保险机构上一年度末经审计的净资产的1%以上的交易。一个年度内保险机构与单个关联方的累计交易金额达到前款标准后，其后发生的关联交易再次累计达到前款标准，应当重新认定为重大关联交易。保险机构一般关联交易是指除重大关联交易以外的其他关联交易。

保险公司的股东利用关联交易严重损害公司利益，危及公司偿付能力的，由国务院保险监督管理机构责令改正。在按照要求改正前，国务院保险监督管理机构可以限制其股东权利；拒不改正的，可以责令其转让所持的保险公司股权。

第一百五十二条 保险监督管理机构根据履行监督管理职责的需要，可以与保险公司董事、监事和高级管理人员进行监督管理谈话，要求其就公司的业务活动和风险管理的重大事项作出说明。

【说明】监督管理谈话一般是指监督管理部门对被监管对象的违规或者涉

嫌违规行为进行规劝或者批评的行为。中国保监会有权根据监管需要，对保险机构董事、监事、高级管理人员进行监管谈话，要求其就保险业务经营、风险控制、内部管理等有关重大事项作出说明。

监督管理谈话属于监管措施的一种，可以和其他措施配合使用，比如《保险公司管理规定》第六十四条规定：保险机构出现频繁撤销分支机构、频繁变更分支机构营业场所等情形，可能或者已经对保险公司经营造成不利影响的，中国保监会有权根据监管需要采取下列措施：（1）要求保险机构在指定时间内完善分支机构管理的相关制度；（2）询问保险机构负责人、其他相关人员，了解变更、撤销的有关情况；（3）要求保险机构提供其内部对变更、撤销行为进行决策的相关文件和资料；（4）出示重大风险提示函，或者对有关人员进行监管谈话；（5）依法采取的其他措施。保险机构应当按照中国保监会的要求进行整改，并及时将整改情况书面报告中国保监会。

第一百五十三条　保险公司在整顿、接管、撤销清算期间，或者出现重大风险时，国务院保险监督管理机构可以对该公司直接负责的董事、监事、高级管理人员和其他直接责任人员采取以下措施：

（一）通知出境管理机关依法阻止其出境；

（二）申请司法机关禁止其转移、转让或者以其他方式处分财产，或者在财产上设定其他权利。

【说明】整顿，是保险公司未依照规定提取或者结转各项责任准备金，或者未依照《保险法》规定办理再保险，或者严重违反《保险法》关于资金运用的规定，且逾期未改正的情况下采取的措施；接管，是保险公司的偿付能力严重不足的、或违反《保险法》规定，损害社会公共利益，可能严重危及或者已经严重危及公司的偿付能力的情况下采取的措施；撤销清算，是保险公司因违法经营被依法吊销经营保险业务许可证的，或者偿付能力低于国务院保险监督管理机构规定标准，不予撤销将严重危害保险市场秩序、损害公共利益的情况下采取的措施，其表现的风险可能是偿付能力严重不足、损害公共利益等，但其原因往往是保险公司的董事、监事、高级管理人员和其他直接责任人的严重违法甚至犯罪行为。因此，在保险公司出现上述严重情形时，监督管理机构可以采取必要措施控制保险公司相关人员的人身及财产，以备后续可能进行的人员追责和资金追回等措施。

《中国保监会关于规范阻止保险领域案件责任人员出境工作的通知》中规定：根据《中华人民共和国保险法》第一百五十四条的规定，保监会可以通知出入境管理机关，依法对保险领域案件责任人员采取阻止出境措施。案件责任人员是指保险公司（包括保险集团〔控股〕公司）处于整顿、接管、撤销清算期间，或出现重大风险时，对该公司直接负责的董事、监事、高级管理人员和其他直接责任人员。对案件责任人员采取阻止出境措施前，保险监管机构应认真调查核实，做到事实清楚，证据充分。原则上只有在案件责任人员对所任职保险公司的重大风险负有直接责任，且其出境可能对风险处置工作造成重大影响的，方可对其采取阻止出境措施。案件责任人员属保险公司法人机构或该案件由保监会调查处理的，由保监会直接决定是否采取阻止出境措施。保监局在处置重大风险时，需对案件责任人员采取阻止出境措施的，应向保监会申请，由保监会决定是否对其采取阻止出境措施。在阻止案件责任人员出境期间，保险监管机构应依法调查核实有关问题，明确并追究案件责任人员应承担的相应责任。被阻止出境的案件责任人员所在保险公司已经整顿、接管、撤销清算完毕，或重大风险事项已经处置完毕，案件责任人员已承担相应的责任后，保险监管机构应及时解除阻止出境措施。对保险领域重大风险负有直接责任的其他人员，以及对出现重大风险的保险中介公司负有直接责任的董事、监事、高级管理人员和其他直接责任人员，需采取阻止出境措施的，保监会可通过出入境管理机关阻止其出境。

关于申请司法机关禁止其转移、转让或者以其他方式处分财产，或者在财产上设定其他权利，一般是指《民事诉讼法》中第九章保全和先予执行中规定的相关程序。

第一百五十四条 保险监督管理机构依法履行职责，可以采取下列措施。

（一）对保险公司、保险代理人、保险经纪人、保险资产管理公司、外国保险机构的代表机构进行现场检查。

（二）进入涉嫌违法行为发生场所调查取证。

（三）询问当事人及与被调查事件有关的单位和个人，要求其对与被调查事件有关的事项作出说明。

（四）查阅、复制与被调查事件有关的财产权登记等资料。

（五）查阅、复制保险公司、保险代理人、保险经纪人、保险资产管理公司、外国保险机构的代表机构以及与被调查事件有关的单位和个人的财务会计资料及其他相关文件和资料；对可能被转移、隐匿或者毁损的文件和资料予以封存。

（六）查询涉嫌违法经营的保险公司、保险代理人、保险经纪人、保险资产管理公司、外国保险机构的代表机构以及与涉嫌违法事项有关的单位和个人的银行账户。

（七）对有证据证明已经或者可能转移、隐匿违法资金等涉案财产或者隐匿、伪造、毁损重要证据的，经保险监督管理机构主要负责人批准，申请人民法院予以冻结或者查封。

保险监督管理机构采取前款第（一）项、第（二）项、第（五）项措施的，应当经保险监督管理机构负责人批准；采取第（六）项措施的，应当经国务院保险监督管理机构负责人批准。

保险监督管理机构依法进行监督检查或者调查，其监督检查、调查的人员不得少于二人，并应当出示合法证件和监督检查、调查通知书；监督检查、调查的人员少于二人或者未出示合法证件和监督检查、调查通知书的，被检查、调查的单位和个人有权拒绝。

【说明】现场检查是银保监会及其派出机构监督管理的重要组成部分，通过发挥查错纠弊、校验核实、评价指导、警示威慑等作用，督促银行业和保险业机构贯彻落实国家宏观政策及监管政策，提高经营管理水平、合法稳健经营，落实银行业和保险业机构风险防控的主体责任，维护银行业和保险业安全，更好服务实体经济发展。现场检查包括常规检查、临时检查和稽核调查等。

保险监督管理机构对保险机构的现场检查包括但不限于下列事项：（1）机构设立、变更是否依法经批准或者向中国银保监会报告；（2）董事、监事、高级管理人员任职资格是否依法经核准；（3）行政许可的申报材料是否真实；（4）资本金、各项准备金是否真实、充足；（5）公司治理和内控制度建设是否符合中国保监会的规定；（6）偿付能力是否充足；（7）资金运用是否合法；（8）业务经营和财务情况是否合法，报告、报表、文件、资料是否及时、完整、真实；（9）是否按规定对使用的保险条款和保险费率报经审批或者备案；（10）与保险中介的业务往来是否合法；（11）信息化建设工作是否符合规定；（12）需要事后报告的其他事项是否按照规定报告；（13）中国银保监会依法检查的其他事项。

检查过程中，检查人员有权查阅与检查事项有关的文件资料和信息系统、查看经营管理场所、采集数据信息、测试有关系统设备设施、访谈或询问相关人员，并可以根据需要，收集原件、原物，进行复制、记录、录音、录像、照相等。对可能被转移、隐匿或者毁损的文件、资料，可以按照有关法律法规进行封存。

根据工作需要，可以采取线上检查、函询稽核等新型检查方法。线上检查是运用信息技术和网络技术分析筛查疑点业务和机构并实施的穿透式检查。函询稽核是对重大风险或问题通过下发质询函等方式检查核实的活动。

保险监督管理机构可以根据实际需要，检查保险公司在银行及其他金融机构开立的各种存款账户内的存款。在保险监管工作中，保险监督管理机构对保险公司的业务、财务及资金运用状况进行检查，经常涉及保险公司在银行等金融机构的各类存款的情况，有必要赋予保险监督管理机构这项权力。

银保监会及其派出机构依法组织实施现场检查时，检查人员不得少于二人，并应当出示执法证或工作证等合法证件和检查通知书。检查人员少于二人或未出示合法证件和检查通知书的，被检查单位和个人有权拒绝检查。

第一百五十五条 保险监督管理机构依法履行职责，被检查、调查的单位和个人应当配合。

【说明】 保险监督管理机构检查组应当提前或进场时向被查机构发出书面检查通知，组织召开进点会谈，并向被查机构提出配合检查工作的要求。同时由检查组组长或负责人宣布现场检查工作纪律和有关规定，告知被查机构对检查人员履行监管职责和执行工作纪律、廉政纪律情况进行监督。

银保监会及其派出机构依法开展现场检查，被查机构及其工作人员应当配合，保证提供的有关文件资料及相关情况真实、准确、完整、及时。对于被查机构及其工作人员存在不配合检查、不如实反映情况或拒绝、阻碍检查等行为的，银保监会及其派出机构可以根据情节轻重，对相关机构和个人依法采取监管措施和行政处罚。

调查人员依法开展相关调查时，被调查单位和个人应当配合，如实说明有关情况，并提供有关文件、资料，不得拒绝、阻碍和隐瞒。阻碍银保监会及其派出机构工作人员依法执行调查任务的，由银保监会及其派出机构提请公安机关依法给予治安管理处罚，涉嫌构成犯罪的，依法移送司法监察机关等部门。

第一百五十六条 保险监督管理机构工作人员应当忠于职守，依法办事，公正廉洁，不得利用职务便利牟取不正当利益，不得泄露所知悉的有关单位和个人的商业秘密。

【说明】 银保监会及其派出机构有权按照规定披露相关检查情况，但涉及国家秘密、商业秘密、个人隐私以及公布后可能危及国家安全、公共安全、经济安全和社会稳定的除外。

保险监督管理机构工作人员应当忠于职守，依法办事，公正廉洁，不得利用职务便利牟取不正当利益，不得泄露所知悉的有关单位和个人的商业秘密。对于滥用职权、徇私舞弊、玩忽职守、泄露所知悉的被查机构商业秘密等严重违反现场检查纪律的人员，依法给予纪律处分；涉嫌构成犯罪的，依法移送司法监察机关等部门。

第一百五十七条　国务院保险监督管理机构应当与中国人民银行、国务院其他金融监督管理机构建立监督管理信息共享机制。

保险监督管理机构依法履行职责，进行监督检查、调查时，有关部门应当予以配合。

【说明】银保监会及其派出机构应当加强与政府相关部门的工作联动，沟通检查情况，依法共享检查信息，积极探索利用征信信息、工商登记信息、纳税信息等外部数据辅助现场检查工作。配合建立跨部门双随机联合抽查工作机制，必要时可以联合其他部门开展对银行业和保险业机构相关业务领域的现场检查。保险监督管理机构依法履行职责，进行监督检查、调查时，有关部门应当予以配合。

第七章　法律责任

第一百五十八条　违反《保险法》规定，擅自设立保险公司、保险资产管理公司或者非法经营商业保险业务的，由保险监督管理机构予以取缔，没收违法所得，并处违法所得一倍以上五倍以下的罚款；没有违法所得或者违法所得不足二十万元的，处二十万元以上一百万元以下的罚款。

【说明】擅自设立保险公司、保险资产管理公司或者非法经营商业保险业务可以并称为非法保险活动，《关于取缔非法商业保险机构和非法商业保险业务活动有关问题的通知》中对相关问题进行了规定。

非法商业保险机构是指未经保险监督管理机构批准，擅自设立从事或者变相从事商业保险业务活动的下列机构：任何单位或者个人擅自设立的以保险公司或者保险公司分支机构为名的非法机构；任何单位或者个人擅自设立的，不以保险机构为名，但实质从事或者变相从事商业保险业务活动的机构；保险监督管理机构认定的其他非法商业保险机构；非法商业保险机构的筹备组织，视为非法商业保险机构。

非法从事商业保险业务活动，是指未经保险监督管理机构批准，任何单位或者个人擅自从事下列活动：向社会公众收取保险费，并承诺按合同约定承担保险金赔偿或者给付责任的保险业务活动；以保险费以外的名义向社会公众收取费用，但承诺履行的义务中含有保险金赔偿、给付责任或者其他类似风险保障责任的活动；保险监督管理机构认定的其他非法商业保险业务活动。

非法商业保险中介机构是指未经保险监督管理机构批准，从事或者变相从事保险中介业务的机构。非法保险中介机构的筹备组织，视为非法保险中介机构。

非法商业保险中介业务活动，是指未经保险监督管理机构批准，擅自从事的下列活动：直接或者间接向保险公司收取手续费、佣金或者其他类似费用，为保险公司销售保险产品或者代为办理其他保险业务；以促成保险合同订立为目的，为投保人与保险公司订立保险合同提供中介服务，并收取费用。但不以促成保险合同订立为目的，在其他职业活动中提供与本职业有关的保险合同免费咨询除外；以保险公估机构为名，从事保险标的的评估、勘验、鉴定、估损、理算等业务；或不以保险公估机构为名，但专门从事保险标的的评估、勘验、鉴定、估损、理算等业务；为境外保险机构或者其他机构销售或者促成销售保险产品，包括：安排或者组织境外保险机构在境内开产品说明会或者推介会，安排或者组织境外保险机构人员到境内推销保险单，安排或者组织境内居民在境内或者到境外办理投保手续等；保险监督管理机构认定的其他非法保险中介业务活动。

对于上述组织和活动，由保险监督管理机构予以取缔，没收违法所得，并处违法所得一倍以上五倍以下的罚款；没有违法所得或者违法所得不足二十万元的，处二十万元以上一百万元以下的罚款。

第一百五十九条 违反本法规定，擅自设立保险专业代理机构、保险经纪人，或者未取得经营保险代理业务许可证、保险经纪业务许可证从事保险代理业务、保险经纪业务的，由保险监督管理机构予以取缔，没收违法所得，并处违法所得一倍以上五倍以下的罚款；没有违法所得或者违法所得不足五万元的，处五万元以上三十万元以下的罚款。

【案例 111】（2015）朝民（商）初字第 18356 号

原告 CHIA 某起诉称：2010 年 12 月 1 日，CHIA 某与欧×公司签订了《客户协议业务条款》，约定欧×公司提供保险中介服务，CHIA 某通过欧×公司购买英国 RL360 保险公司的保险产品，截至 2014 年底，CHIA 某已经累计投入 20 250 美元。2014 年 8 月，CHIA 某要求退保，欧×公司拒绝办理退保手续，并称如果坚持退保将收取巨额罚金。欧×公司在未依法取得经营保险经纪业务许可证的情况下，违法提供保险经纪服务，通过收取高额罚金限制退保，严重损害了 CHIA 某的权利。依据《民事诉讼法》第 23 条、《合同法》《保险法》的有关规定，双方签订的合同应属无效。现 CHIA 某诉至法院，要求确认与欧×公司签订的《客户协议业务条款》无效；要求欧×公司赔偿投入的本金 20 250 美元，折合人民币为 124 326.9 元；要求欧×公司承担本案诉讼费。

被告欧×公司答辩称：CHIA 某向英国 RL360 公司购买保险是有收益的，不存在损失。CHIA 某自己购买的保险，不是欧×公司销售的，故不同意 CHIA 某的诉讼请求。

经审理查明：2010 年 12 月 1 日，CHIA 某与欧×公司签订了《客户协议业务条款》，约定：推荐产品为 RL360 量子，原因为退休、长期储蓄成本效益计划灵活；CHIA 某确定欧×公司已经执行了详细的事实认定程序，以确定 CHIA 某目前的财务状况；执行"生命线"程序，以评估未来可能的需求；必要时，对投资组合执行标准检查程序，以帮助 CHIA 某确定未来的投资期望；提供相关产品的手册、说明书供本人阅读和保留，用作未来参考；完整地以令本人满意的方式为本人解释推荐产品的类型，并特意关注了本人对"风险预测"、收费结构（包括首次收费机制）以及本人可能承担的任何取消违约金的态度；提醒本人阅读"风险披露声明"手册，请本人自愿提出一些问题并接受独立的建议；告诉本人可以选择通过签署相关独立协议，获得欧×在线服务，跟踪本人的投资表现。对于本人来说，本人理解、同意并接受本人收到的建议（包括上述建议），并同意以下内容：该公司担当本人的代理，从受理业务的金融机构收取佣金，并有权自行持有该佣金。本人将直接与相关机构签订合同，本人可在任何时候停止使用该公司的服务。在本人已经接受或本人可能在任何时候接受的上述推荐产品或服务牵涉公司管理的任何全权委托账户的情况下，本人再次广泛地授权公司或公司雇佣的任何经注册的人员，在无须获得本人的特定授权的情况下为本人处理交易。本人理解，本人可在任何时候，向公司发送通知，撤回该授权。撤回将不会影响任何在公司收到通知前委托的交易。未来表现的预测已向本人出示，年化增长率为9%。然而，公司或相关个人代表不对推荐投资的实际表现作出任何保证。向我推荐的投资为中长期投资，并不适合短期交易，如果必须提供的信息有任何实质性的改变，公司同意根据"准则"对我进行告知；同样，如果我的个人信息有所变更，我也应相应进行告知。对于"个人数据（隐私）条例"，公司有权为公司执业声明（本人确认，本人已经阅读并理解该声明）中所载的目的，或者在公司不时根据该条例向客户发布的任何声明中告知的目的，向其中所载的或告知的人员披露信息。我的个人财务顾问已经向我提供了书面推荐产品说明的一份副本。

合同签订之后，CHIA 某在境外银行向 RL360 公司支付保费。

2014 年 6 月 23 日，欧×公司的工作人员向 CHIA 某发出电子邮件，载明 CHIA 某自 2010 年起合计支付保费 20 250 美元。

2014 年 8 月，CHIA 某提出退保申请。欧×公司向 CHIA 某发出电子邮件，称截至 2014 年 8 月 26 日投资的保费 20 250 美元，保单的价值为 20 733.16 美元，预计提前退保罚金 16 258.23 美元，预计退保价值 4 474.93 美元。

诉讼中，CHIA 某称在中国有固定的住所并已经在中国居住五年。

另查，RL360 公司是一家注册在英国马恩岛的保险公司。

上述事实，有当事人提交的《客户协议业务条款》、网页查询、邮件、公证书和庭审笔录等证据在案佐证。

本院认为：本案原告 CHIA 某为马来西亚国籍，按照《最高人民法院关于适用〈中华人民共和国民事诉讼法〉若干问题的解释》第一条的规定，本案为涉外案件。双方当事人同意适用中国法律审理本案，故本案的准据法为我国法律。

本案争议的焦点问题在于双方签订的《客户协议业务条款》是否有效。欧×公司接受境外保险公司的委托，为境外保险公司在国内开展业务提供服务，负责与投保人进行沟通，并向境外保险公司收取费用。

我国《保险法》第一百一十九条规定：保险代理机构、保险经纪人应当具备国务院保险监督管理机构规定的条件，取得保险监督管理机构颁发的经营保险代理业务许可证、保险经纪业务许可证。第一百五十九条规定：违反本法规定，擅自设立保险专业代理机构、保险经纪人，或者未取得经营保险代理业务许可证、保险经纪业务许可证从事保险代理业务、保险经纪业务的，由保险监督管理机构予以取缔，没收违法所得，并处违法所得一倍以上五倍以下的罚款；没有违法所得或者违法所得不足五万元的，处五万元以上三十万元以下的罚款。《中华人民共和国合同法》第五十二条规定："有下列情形之一的，合同无效：（一）一方以欺诈、胁迫的手段订立合同，损害国家利益；（二）恶意串通，损害国家、集体或者第三人利益；（三）以合法形式掩盖非法目的；（四）损害社会公共利益；（五）违反法律、行政法规的强制性规定。"本案中，现并无证据证明《客户协议业务条款》存在违反《合同法》第五十二条前四项的情形。《最高人民法院关于适用〈中华人民共和国合同法〉若干问题的解释（二）》第十四条规定：《合同法》第五十二条第（五）项规定的强制性规定，是指效力性强制性规定。《保险法》第一百一十九条属于管理性规定或者效力性规定直接涉及《客户协议业务条款》效力问题，但是法律、法规、司法解释并无如何区分效力性规范和管理性规范的规定。按照学理解释区分效力性规范和管理性规范的标准：一是法律、法规明确规定违反强制性规定将导致合同无效或者不成立的，该规定属于效力性规定。二是法律、法规虽没有明确规定违反强制性规定将导致合同无效或者不成立的，但违反该规定以后若使合同继续有效，将损害国家利益或者社会公共利益，也应当认定该规范为效力性规范。三是法律、法规没有明确规定违反强制性规定将导致合同无效或不成立，违反该规定以后若使合同继续有效并不损害国家利益和社会公共利益，而只是损害当事人的利益，该规范就不属于效力性规范，而是管理性规范。首先，《保险法》并未规定违反第一百一十九条的合同无效。其次，违反《保险法》并未对公共利益造成直接、现实性的损害。最后，该规定规制的只是市场准入资格而非某种类型的合同行为。欧×公司无保险代理业务许可证，与客户签订《客户协议业务条款》代售保险，其行为违反了《保险法》的规定，应该由行政机关依法予以处罚，但并不影响其实施民事行为的效力。综上，CHIA 某提出《客户协议业务条款》无效并要求赔偿损失的诉讼请求，缺乏法律依据，本院不予支持。

综上所述，依照《中华人民共和国涉外民事关系法律适用法》第四十一条，《最高人民法院关于适用〈中华人民共和国民事诉讼法〉若干问题的解释》第一条，《中华人民共和国合同法》第五十二条，《最高人民法院关于适用〈中华人民共和国合同法〉若干问题的解释（二）》第十四条之规定，判决如下：

驳回原告 CHIA 某的诉讼请求。

【说明】这是一起法院援引了《保险法》第一百五十九条的规定，指出欧×公司无保险代理业务许可证代售保险，其行为违反了《保险法》的规定，应该由行政机关依法予以处罚，但并不影响其实施民事行为的效力的案件。

2010 年 12 月 1 日，CHIA 某与欧×公司签订了《客户协议业务条款》，约定：推荐代理投保境外某保险公司产品，同意欧×公司担当 CHIA 某的代理，从受理业务的金融机构收取佣金，并有权自行持有该佣金。合同签订之后，CHIA 某在境外银行向保险公司支付保费。

2014 年 6 月 23 日，欧×公司的工作人员向 CHIA 某发出电子邮件，载明 CHIA 某自 2010 年起合计支付保费 20 250 美元。

2014 年 8 月，CHIA 某提出退保申请。欧×公司向 CHIA 某发出电子邮件，称截至 2014 年 8 月 26 日投资的保费 20 250 美元，保单的价值为 20 733.16 美元，预计提前退保罚金 16 258.23 美元，预计退保价值 4 474.93 美元。CHIA 某起诉称欧×公司在未依法取得经营保险经纪业务许可证的情况下，违法提供保险经纪服务，通过收取高额罚金限制退保，严重损害了 CHIA 某的权利，双方签订的合同应属无效。要求法院确认与欧×公司签订的《客户协议业务条款》无效；要求欧×公司赔偿投入的本金 20 250 美元折合人民币为 124 326.9 元。

法院指出欧×公司无保险代理业务许可证，与客户签订《客户协议业务条款》代售保险，其行为违反了《保险法》的规定，应该由行政机关依法予以处罚，但并不影响其实施民事行为的效力。判决驳回原告 CHIA 某的诉讼请求。

第一百六十条 保险公司违反《保险法》规定，超出批准的业务范围经营的，由保险监督管理机构责令限期改正，没收违法所得，并处违法所得一倍以上五倍以下的罚款；没有违法所得或者违法所得不足十万元的，处十万元以上五十万元以下的罚款。逾期不改正或者造成严重后果的，责令停业整顿或者吊销业务许可证。

【案例112】银保监罚决字〔2019〕10号

依据《中华人民共和国保险法》（以下简称《保险法》）的有关规定，银保监会对华×财险违法案进行了调查、审理，并依法向当事人告知了作出行政处罚的事实、理由、依据以及当事人依法享有的权利。在法定期限内，华×财险、姜某、于某向银保监会提出听证申请，姜某、于某另提交了陈述申辩意见。银保监会依法公开举行了听证会，对当事人陈述申辩及听证申辩意见进行了复核。本案现已审理终结。

经查，华×财险存在下列违法行为：……

三、违规销售投资型保险产品华×盈

华×盈产品标准全称为"附加个人生活质量保障津贴保险"，该产品的销售期间为2016年5月至12月，保费收入3.19亿元。根据条款规定及理赔规则，公司应对所有保单给予"保费＋固定比例收益"全额赔付，且实务中，华×财险对上述几乎所有的附加险都进行了赔付。因此，该附加险具有明显的投资属性，应认定为投资型保险产品。《关于进一步加强财产保险公司投资型保险业务管理的通知》（保监发〔2012〕40号）第三条对财产保险公司经营投资型产品的资质条件作出了规定，华×财险不符合"公司持续经营3个以上完整的会计年度，最近3个会计年度盈利和亏损相抵后为净盈利"的要求，不具备经营投资型保险产品的资质条件。华×财险上述行为属于超出批准的业务范围经营的行为。时任华×财险总经理姜某、时任华×财险意健险部负责人李某、时任华×财险营销管理部负责人马某、时任华×财险客服部意外及健康险理赔处经理王某，对上述违法行为负有直接责任。

上述事实有现场检查事实确认书、相关人员调查笔录及任职文件等证据证明，足以认定。

针对上述第三项违法行为，华×财险、姜某提出申辩及听证，请求从轻或减轻处罚：一是其对华×盈产品的销售管理存在疏漏，并非有意经营投资型保险产品。二是销售的华×盈产品已向监管部门备案并取得备案号，在检查前已主动停售和注销，且未设定专用账户运用华×盈产品保费收入，社会危害性较小，符合从轻或减轻处罚的情形。三是认定违法情节严重的事实不清，予以从重处罚的裁量依据不明确。

关于华×财险、姜某对第三项违法行为的申辩意见，银保监会经复核认为：一是从华×盈产品的设计、理赔及固定收益看，属于投资型产品，但公司不具有销售投资型保险产品资格，属于超出批准的业务范围经营。二是投资型保险产品需报送监管部门严格审批，公司未按规定报送审批，而以备案方式规避对审批类产品的严格监管。公司停售和注销华×盈并未消除影响，不构成对违法违规行为的纠正，未设立保险收入专有账户与本案违法事实无直接关系。三是涉案金额巨大，严重危害保险市场秩序，性质恶劣，姜某作为分管华×盈产品销售工作的总经理，负有直接责任，应予从重处罚。综上所述，对华×财险、姜某的申辩意见不予采纳。

银保监会决定作出如下处罚：

华×财险违规销售华×盈投资型产品的行为，违反《保险法》第九十五条，根据该法第一百六十条，对华×财险罚款50万元；根据该法第一百七十一条，对姜某警告并罚款10万元，同时撤销其任职资格；对李某警告并罚款10万元，对马某警告并罚款10万元，对王某警告并罚款10万元。

当事人应当在接到本处罚决定书之日起15日内持缴款码（缴款码将在处罚决定书送达时告知）到财政部指定的12家代理银行中的任一银行进行同行缴款。逾期，将每日按罚款数额的3%加处罚款。

当事人如对本处罚决定不服，可在收到本处罚决定书之日起60日内向中国银行保险监督管理委员会申请行政复议，也可在收到本处罚决定书之日起6个月内直接向有管辖权的人民法院提起行政诉讼。复议和诉讼期间，上述决定不停止执行。

【说明】这是一起银保监会对保险公司违法行为调查后，认定保险公司超出批准的业务范围经营，对保险公司罚款、对相关责任人处罚的案件。

保险公司的业务范围：（一）人身保险业务，包括人寿保险、健康保险、意外伤害保险等保险业务；（二）财产保险业务，包括财产损失保险、责任保险、信用保险、保证保险等保险业务；（三）国务院保险监督管理机构批准的与保险有关的其他业务。保险人不得兼营人身保险业务和财产保险业务。但是，经营财产保险业务的保险公司经国务院保险监督管理机构批准，可以经营短期健康保险业务和意外伤害保险业务。保险公司应当在国务院保险监督管理机构依法批准的业务范围内从事保险经营活动。

保险公司只能在核定的业务范围内从事保险经营活动。保险公司违反《保险法》规定，超出批准的业务范围经营的，由保险监督管理机构责令限期改正，没收违法所得，并处违法所得一倍以上五倍以下的罚款；没有违法所得或者违法所得不足十万元的，处十万元以上五十万元以下的罚款。逾期不改正或者造成严重后果的，责令停业整顿或者吊销业务许可证。

第一百六十一条　保险公司有本法第一百一十六条规定行为之一的，由保险监督管理机构责令改正，处五万元以上三十万元以下的罚款；情节严重的，限制其业务范围、责令停止接受新业务或者吊销业务许可证。

【案例113】银保监罚决字〔2022〕4号

根据《中华人民共和国保险法》和《中华人民共和国行政处罚法》等有关规定，银保监会对某人寿保险公司涉嫌违法一案进行了立案调查、审理，并依法向当事人告知了作出行政处罚的事实、理由、依据及当事人依法享有的权利。在法定陈述申辩期内，当事人未提出陈述申辩意见。本案现已审理终结。

经查，某人寿保险公司存在以下违法行为：……

二、电话销售中心销售时存在夸大保险责任等行为

某人寿保险公司多家自建电销中心外呼业务存在保险责任表述不清晰、

夸大保险责任等误导消费者的行为，共涉及业务 166 笔，保费 57.62 万元。其中，北京第一电话销售中心、北京第二电话销售中心涉及业务 56 笔，保费 13.09 万元；广州第一电话销售中心涉及业务 23 笔，保费 3.06 万元；深圳第一电话销售中心涉及业务 14 笔，保费 2.51 万元；沈阳财富电话销售中心涉及业务 22 笔，保费 11.87 万元；上海电话销售中心涉及业务 28 笔，保费 25.62 万元；重庆第一电话销售中心、重庆第二电话销售中心涉及业务 23 笔，保费 1.47 万元。

2015 年 5 月至 2019 年 6 月，时任副总经理兼直效行销与数字营销渠道运营官李某，是对上述违法行为直接负责的主管人员；2019 年 7 月至检查日，时任首席直效行销及数字营销运营官连某，是对上述违法行为直接负责的主管人员。

时任北京第一、第二电话销售中心临时负责人刘某、李某 2，时任广州第一销售中心、深圳第一电话销售中心总经理丁某，时任深圳第一电话销售中心临时负责人施某，时任沈阳财富电话销售中心临时负责人田某，时任上海电话销售中心负责人金某，时任上海电话销售中心总经理张某，时任重庆第一、第二电话销售中心负责人李某 3，分别负责各电销中心的团队管理、话术管理及业务培训，是上述违法行为直接责任人员。

上述事实有各电话销售中心电话销售问题数据表、电话销售问题保单明细表、当事人调查笔录、事实确认书等证据资料证明。

综上所述，银保监会决定作出如下行政处罚：

上述某人寿保险公司多家电话销售中心开展电话销售夸大保险责任事项，违反了《中华人民共和国保险法》第一百一十六条。根据该法第一百六十一条，对某人寿保险公司总公司罚款 30 万元；对北京第一电话销售中心罚款 12 万元；对北京第二电话销售中心罚款 5 万元；对广州第一电话销售中心罚款 5 万元；对深圳第一电话销售中心罚款 5 万元；对沈阳财富电话销售中心罚款 12 万元；对上海电话销售中心罚款 12 万元；对重庆第一电话销售中心罚款 5 万元；对重庆第二电话销售中心罚款 5 万元。根据该法第一百七十一条，对李某警告并罚款 8 万元，对连某警告并罚款 5 万元，对刘某警告并罚款 1 万元，对李某 2 警告并罚款 1 万元，对丁某警告并罚款 2 万元，对施某警告并罚款 1 万元，对田某警告并罚款 1 万元，对金某警告并罚款 5 万元，对张某警告并罚款 1 万元，对李某 3 警告并罚款 2 万元。

当事人应当在接到本处罚决定书之日起十五日内持缴款码到财政部指定的代理银行进行缴款。逾期，将每日按罚款数额的百分之三加处罚款。

当事人如不服本行政处罚决定，可以在收到本处罚决定书之日起六十日内向中国银行保险监督管理委员会申请行政复议，也可以在收到本处罚决定书之日起六个月内向有管辖权的人民法院提起诉讼。复议、诉讼期间本决定不停止执行。

【说明】这是一起银保监会对保险公司违法行为调查后，认定保险公司违反《保险法》第一百一十六条规定，夸大保险责任，依据《保险法》第一百六十一条规定进行处罚的案例。

《保险法》第一百一十六条规定，保险公司及其工作人员在保险业务活动中不得有下列行为：（一）欺骗投保人、被保险人或者受益人；（二）对投保人隐瞒与保险合同有关的重要情况；（三）阻碍投保人履行本法规定的如实告知义务，或者诱导其不履行本法规定的如实告知义务；（四）给予或者承诺给予投保人、被保险人、受益人保险合同约定以外的保险费回扣或者其他利益；（五）拒不依法履行保险合同约定的赔偿或者给付保险金义务；（六）故意编造未曾发生的保险事故、虚构保险合同或者故意夸大已经发生的保险事故的损失程度进行虚假理赔，骗取保险金或者牟取其他不正当利益；（七）挪用、截留、侵占保险费；（八）委托未取得合法资格的机构从事保险销售活动；（九）利用开展保险业务为其他机构或者个人牟取不正当利益；（十）利用保险代理人、保险经纪人或者保险评估机构，从事以虚构保险中介业务或者编造退保等方式套取费用等违法活动；（十一）以捏造、散布虚假事实等方式损害竞争对手的商业信誉，或者以其他不正当竞争行为扰乱保险市场秩序；（十二）泄露在业务活动中知悉的投保人、被保险人的商业秘密；（十三）违反法律、行政法规和国务院保险监督管理机构规定的其他行为。

《保险法》第一百一十六条规定了保险公司及其工作人员的禁止行为，第一百六十一条规定了对上述违法行为的处罚措施。保险监督管理机构责令改正，处五万元以上三十万元以下的罚款；情节严重的，限制其业务范围、责令停止接受新业务或者吊销业务许可证。

第一百六十二条 保险公司违反《保险法》第八十四条规定的，由保险监督管理机构责令改正，处一万元以上十万元以下的罚款。

【案例114】银保监罚决字〔2021〕4号

根据《中华人民共和国保险法》（以下简称《保险法》）和《中华人民共和国行政处罚法》等有关规定，银保监会对某财险涉嫌违法一案进行了立案调查、审理，并依法向当事人告知了作出行政处罚的事实、理由、依据及当事人依法享有的权利。在法定期限内，当事人未提出陈述申辩意见，也未提出听证申请。本案现已审理终结。

经查，某财险存在以下违法行为：

一、未经批准搬迁公司营业场所

某财险2016年3月开业时批复的公司住所（营业场所）为广东省横琴新区金融产业基地12号楼A-2单元。2018年1月1日，某财险将运营中心迁至广东省横琴新区金融产业基地17号楼E区（以下简称珠海17号楼职场）。2018年底，某财险将运营中心由珠海迁至广州市海珠区琶醍澜创空间。2019年1月1日，某财险将全部人员和部门迁至广州市海珠区阅江中路832号保利天幕广场17层09-10单元（以下简称广州天幕职场）。某财险运营中心所在职场实际是公司提供承保、理赔等保险服务的营业场所。截至2019年10月31日，珠海17号楼职场、广州天幕职场作为某财险营业场所均未经监管部门批准，广州天幕职场正常办公且对外开放。

时任公司总经理徐某全面负责公司管理，对该违法行为负有直接责任。

上述事实有租赁协议、租赁费支付凭证及内部审批文件、现场勘验笔录、调查笔录、公司对相关情况的说明、监管部门对于开业的批复及修改章程的批复等证据证明。

综上所述，银保监会决定作出如下行政处罚：

上述未经批准搬迁公司营业场所的行为，违反了《保险法》第八十四条的规定。根据该法第一百六十二条，对某财险罚款 6 万元；根据该法第一百七十一条，对徐某警告并罚款 6 万元。

当事人应当在接到本处罚决定书之日起十五日内持缴款码到财政部指定的代理银行进行缴款。逾期，将每日按罚款数额的百分之三加处罚款。

当事人如不服本行政处罚决定，可以在收到本处罚决定书之日起六十日内向中国银行保险监督管理委员会申请行政复议，也可以在收到本处罚决定书之日起 6 个月内向有管辖权的人民法院提起诉讼。复议、诉讼期间本决定不停止执行。

【说明】这是一起银保监会对保险公司违法行为调查后，认定保险公司违反《保险法》第八十四条规定，未经批准搬迁公司营业场所，依据《保险法》第一百六十二条规定进行处罚的案例。

《保险法》第八十四条规定，保险公司有下列情形之一的，应当经保险监督管理机构批准：（一）变更名称；（二）变更注册资本；（三）变更公司或者分支机构的营业场所；（四）撤销分支机构；（五）公司分立或者合并；（六）修改公司章程；（七）变更出资额占有限责任公司资本总额百分之五以上的股东，或者变更持有股份有限公司股份百分之五以上的股东；（八）国务院保险监督管理机构规定的其他情形。

《保险法》第八十四条规定了保险公司相关的变更情形应当经保险监督管理机构批准，第一百六十二条规定了对上述未经批准的违法行为的处罚措施。

第一百六十三条　保险公司违反本法规定，有下列行为之一的，由保险监督管理机构责令改正，处五万元以上三十万元以下的罚款：

（一）超额承保，情节严重的；

（二）为无民事行为能力人承保以死亡为给付保险金条件的保险的。

【案例115】保监罚〔2017〕25号

2016年11月至12月，银保监会对×人寿开展了"两个加强、两个遏制"回头看专项现场检查。依据《中华人民共和国保险法》（以下简称《保险法》）的有关规定，银保监会对×人寿涉嫌违法违规问题进行了调查、审理，并依法向当事人告知了作出行政处罚的事实、理由、依据以及当事人依法享有的权利。当事人未提出陈述申辩意见。本案现已审理终结。

检查发现，×人寿存在以下违法违规行为：

一、未成年人超额承保

（一）2015年7月至2016年10月，×人寿的已售保单中，共有8个10岁以下的未成年人和1个16岁的未成年人，作为被保险人的保险金额超过《中国保监会关于父母为其未成年子女投保以死亡为给付保险金条件人身保险有关问题的通知》第一条规定的上限，违反《保险法》（2015年修正）第三十三条第二款。

（二）2015年7月至2016年10月，×人寿共有5份保单存在被保险人未满10岁但投保人非被保险人父母的情况，违反《保险法》（2015年修正）第三十三条第一款。

时任运营部副总经理朱某负责管理承保和核保等工作，在进行核保系统设置时，未将未成年人承保和核保规则完整纳入系统管控；同时，相关保单进入人工核保后，未及时发现问题，对未成年人超额承保和10岁以下未成年人保单投保人非被保险人父母问题负有直接责任。

上述事实，有投保单明细表、投资明细表、相关人员谈话记录等证据证明，足以认定，且公司未在"两个加强、两个遏制"回头看自查中发现并报告上述问题。

综上所述，银保监会决定作出如下处罚：

上述未成年人超额承保和10岁以下未成年人保单投保人非被保险人父母行为，违反了《保险法》第三十三条的规定，根据《保险法》第一百六十三条，银保监会决定对×人寿予以10万元罚款；根据《保险法》第一百七十一条，银保监会决定对朱某予以警告并处罚款 3 万元。

当事人应当在接到本处罚决定书之日起 15 日内持缴款码到财政部指定的 12 家代理银行中的任一银行进行同行缴款。逾期，将每日按罚款数额的 3% 加处罚款（缴款码将在处罚决定书送达时告知）。

当事人如对本处罚决定不服，可在收到本处罚决定书之日起 60 日内向中国保险监督管理委员会申请行政复议，也可在收到本处罚决定书之日起 6 个月内直接向有管辖权的人民法院提起行政诉讼。复议和诉讼期间，上述决定不停止执行。

【说明】这是一起银保监会对保险公司违法行为调查后，认定保险公司违反《保险法》第一百六十三条规定，超额承保，对保险公司及相关责任人进行处罚的案例。

超额保险简单来讲是指保险金额超过保险价值的保险。超额保险的发生是由保险金额与保险价值两个因素决定的。在理论上，超额保险发生的原因有以下几种：一是保险合同订立后，保险标的之价值下降，导致保险金额超过保险价值。二是投保人恶意超额投保，投保人为了在发生保险事故时获得超过保险标的实际价值的赔偿，故意谎报保险标的的价值。然而在保险实务中，投保人处于劣势地位，发生保险事故时，保险公司会以保险标的实际损失为基础计算保险赔偿金，投保人并不能如其所愿获得额外利益。由此可见，原则上，超额保险对被保险人而言并无利可图，唯多付保费而已。三是保险公司故意超额承保，即保险公司在订立合同过程中，故意使保险金额超过保险价值进行承保。主要包括两种情形：一种情形是保险公司在接受保险申请时明知道投保人超额保险，使其可能获得超过实际价值的赔偿，但当时不提出异议；另一种情形为保险公司本身故意确定保险金额高于保险价值。分析保险公司超额承保的动机考量：保险公司在承保过程中，故意确定一个高于保险标的价值的保险金额超额承保。因为保险费是以保险金额确定的，因此可以收取较高的保费。积少成多，这将成为保险公司一项不菲的收入。如果发生保险事故，保险公司就主张保险金额超过保险价值的部分无效，按照被保险人的实际损失给付保险金；如果未发生保险事故，保险公司则将多收的保费装进自己口袋。

在实践中，保险公司承保审核流程一般都是通过线上作业完成的，各个分支机构将客户投保的相关信息及资料录入并上传系统，经层层审核后完成承保。对于相关险种标的的保险额度限制、对未成年人保额限制、是否具有保险利益的判断等，需要在承保系统中设置的校验功能，将相关的承保和核保规则纳入系统管控，并应随时关注监管要求，根据监管要求的变化迭代、更新系统设置。

财产保险是以补偿因保险事故造成的财产损失为原则的保险，其保险金额不得超过保险价值，而超额承保直接违反补偿原则，极易引发道德危险。同样，由于无民事行为能力人没有辨别自己行为的能力，违法为无民事行为能力人承保以死亡为给付保险金条件的人身保险，也极易引发道德危险。如投保人为了获得超额利益，故意纵火（制造保险事故），烧毁保险财产；或者为了取得高额保险金给付，故意放纵犯罪，造成被保险人死亡等。为了防止道德危险的发生，《保险法》规定，财产保险的"保险金额不得超过保险价值；超过保险价值的，超过部分无效"。"重复保险的保险金额总和超过保险价值的，各保险人的赔偿金额总和不得超过保险价值。""投保人不得为无民事行为能力人投保以死亡为给付保险金条件的人身保险，保险人也不得承保。"只有父母为其未成年子女投保的人身保险，不受此规定限制，但是死亡给付保险金额总和不得超过保险监督管理机构规定的限额。

第一百六十四条 违反《保险法》规定，有下列行为之一的，由保险监督管理机构责令改正，处五万元以上三十万元以下的罚款；情节严重的，可以限制其业务范围、责令停止接受新业务或者吊销业务许可证。

（一）未按照规定提存保证金或者违反规定动用保证金的；

（二）未按照规定提取或者结转各项责任准备金的；

（三）未按照规定缴纳保险保障基金或者提取公积金的；

（四）未按照规定办理再保险的；

（五）未按照规定运用保险公司资金的；

（六）未经批准设立分支机构的；

（七）未按照规定申请批准保险条款、保险费率的。

【案例116】银保监罚决字〔2020〕55号

根据《中华人民共和国保险法》（以下简称《保险法》）、《中华人民共和国行政处罚法》等有关规定，我会对×人寿涉嫌违法一案进行了立案调查、审理，并依法向当事人告知了作出行政处罚的事实、理由、依据及当事人依法享有的权利。当事人×人寿及张某、郭某、李某、府某提出了陈述申辩意见，我会对陈述申辩意见进行了复核。本案现已审理终结。

经查，×人寿存在以下违法行为：

一、×人寿于2017年9月在甲银行办理协议存款5 000万元，该笔业务从发起、询价、谈判到合同签订，均由财务管理部完成，违反了《保险资金运用管理暂行办法》（保监会令2010年第9号颁布，保监会令2014年第3号修改）第三十一条的规定。时任×人寿总经理张某、时任×人寿财务负责人郭某对上述违法行为负有直接责任。

二、×人寿于2018年3月在乙农村商业银行办理协议存款3亿元，乙农村商业银行没有外部信用评级，不符合《保险资金运用管理暂行办法》第七条以及《中国保监会关于规范保险资金银行存款业务的通知》（保监发〔2014〕18号）规定的保险资金存款银行的资质条件。时任×人寿总经理李某、时任×人寿投资业务部权益类及固定收益类业务实际负责人府某对上述违法行为负有直接责任。

上述事实，有投资审批及信用评级相关资料、×人寿关于存款相关情况的说明、协议存款档案、调查笔录、相关人员任职情况及岗位职责等证据证明。

当事人×人寿及张某、郭某、李某、府某提出了陈述申辩意见。

对于第一项违法行为，×人寿和张某认为《行政处罚事先告知书》事实认定不清、法律适用错误，请求从轻、减轻或免除处罚。郭某提出其主观没有违规故意、未造成社会危害，请求减轻或免除处罚。

对于第二项违法行为，×人寿请求从轻、减轻或免除处罚，提出：一是处罚尺度过重；二是公司已进行整改，未造成任何损失。李某请求减轻或免除处罚，除上述×人寿提出的理由外，还提出没有违规故意、不存在利益输送、未造成社会危害等。府某请求免除处罚，提出其未履行过相关协议存款业务职责，不应承担责任。

关于×人寿及张某、郭某对第一项违法行为的陈述申辩意见，我会经复核认为：一是《行政处罚事先告知书》事实认定清楚，法律适用准确；二是×人寿、张某、郭某等当事人的其他主张不构成法定从轻、减轻或免予处罚的条件。

关于×人寿及李某对第二项违法行为的陈述申辩意见，我会经复核认为：一是处罚尺度适当；二是×人寿、李某等当事人的其他主张不构成法定从轻、减轻或免予处罚的条件。关于府某对第二项违法行为的陈述申辩意见，我会经复核认为，府某在系统和相关文件中履行了负责人的审批职责。

我会对×人寿及张某、郭某、李某及府某的陈述申辩意见不予采纳。

综上所述，我会决定作出如下行政处罚：

上述两项行为均违反了《保险法》第一百零六条的规定，根据《保险法》第一百六十四条，对×人寿两项行为分别罚款 30 万元，合计罚款 60 万元；根据《保险法》第一百七十一条，对张某警告并罚款 10 万元，对郭某警告并罚款 4 万元，对李某警告并罚款 10 万元，对府某警告并罚款 4 万元。

当事人应当在接到本处罚决定书之日起 15 日内持缴款码（将在处罚决定书送达时告知）到财政部指定的 12 家代理银行中的任一银行进行同行缴款。逾期，将每日按罚款数额的百分之三加处罚款。

当事人如不服本行政处罚决定，可以在收到本处罚决定书之日起六十日内向中国银行保险监督管理委员会申请行政复议，也可以在收到本处罚决定书之日起六个月内向有管辖权的人民法院提起诉讼。复议、诉讼期间本决定不停止执行。

【说明】这是一起银保监会对保险公司违法行为调查后，认定保险公司违反《保险法》第一百六十四条规定，未按照规定运用保险公司资金，对保险公司及相关责任人进行处罚的案例。

本条是对保险公司违反保险法关于保险业务规则和保险组织机构管理规定，应承担的法律责任的规定。根据保险法的规定，保险公司的下列行为属于违反保险法关于保险业务规则和保险组织机构管理规定的行为。

未按照规定提取保证金或者违反规定动用保证金的。根据保险法规定，保险公司应当按照其注册资本总额的百分之二十提取保证金，存入国务院保险监督管理机构指定的银行，除公司清算时用于清偿债务外，不得动用。保险公司不按照规定提取或者不足额提取保证金，或者将保证金用于保险公司清算时清偿债务以外的其他目的，即构成违法。

未按照规定提取或者结转各项责任准备金的。根据保险法有关规定，保险公司应当根据保障被保险人利益、保证偿付能力的原则，提取各项责任准备金。保险公司提取和结转责任准备金的具体办法由保险监督管理机构制定。保险公司不按照保险法及保险监督管理机构制定的办法提取和结转各项责任准备金即构成违法。

未按照规定缴纳保险保障基金或者提取公积金的。根据保险法规定，为了保障被保险人的利益，支持保险公司稳健经营，保险公司应当按照保险监督管理机构的规定提存保险保障基金。保险公司应当依照有关法律、行政法规及国家财务会计制度的规定提取公积金。保险公司不履行上述义务，即构成违法。

未按照规定办理再保险的。根据保险法规定，保险公司应当按照保险监督管理机构的有关规定办理再保险。保险公司需要办理再保险业务的，应当优先向中国境内的保险公司办理。保险公司对每一危险单位，即对一次保险事故可能造成的最大损失范围所承担的责任，不得超过其实有资本金加公积金总和的百分之十；超过的部分应当办理再保险。保险公司对危险单位的划分应当符合国务院保险监督管理机构的规定。应再保险接受人的要求，再保险分出人应当将其自负责任及原保险的有关情况告知再保险接受人。再保分出人不得以再保险接受人未履行再保险责任为由，拒绝履行或者迟延履行其原保险责任。保险公司不履行上述义务，即构成违法。

未按照规定运用保险公司资金的。保险公司的资金运用必须稳健，遵循安全性原则。保险公司的资金运用限于下列形式：银行存款；买卖债券、股票、证券投资基金份额等有价证券；投资不动产；国务院规定的其他资金运用形式。保险公司资金运用的具体管理办法，由国务院保险监督管理机构依照前两款的规定制定。保险公司运用的资金和具体项目的资金占其资金总额的具体比例应当符合保险监督管理机构的规定。保险公司不履行上述义务，即构成违法。

未经批准设立分支机构的。根据保险法规定，保险公司在我国境内外设立分支机构，须经保险监督管理机构批准，取得分支机构经营保险业务许可证。

未按照规定申请批准保险条款、保险费率的。根据保险法规定，关系社会公众利益的保险险种、依法实行强制保险的险种和新开发的人寿保险险种等的保险条款和保险费率，应当报保险监督管理机构审批。保险公司应当依法履行上述保险条款和保险费率的报批义务，否则，即构成违法。

保险公司有上述违法行为之一的，由保险监督管理机构责令改正，并处以五万元以上三十万元以下的罚款；情节严重的，可以限制其业务范围，责令其停止接受新业务或者吊销其经营保险业务许可证。

第一百六十五条　保险代理机构、保险经纪人有本法第一百三十一条规定行为之一的，由保险监督管理机构责令改正，处五万元以上三十万元以下的罚款；情节严重的，吊销业务许可证。

【案例117】（2016）苏行终1433号

2014年10月16日，江苏保监局检查发现万×汽车公司代理销售的保险业务中，大量投保单的投保人联系方式统一填写为万×汽车公司电话"5262×××6"。另外，代理销售的甲财产保险股份有限公司和乙财产保险股份有限公司业务中，存在部分投保单所载投保人手机号码与万×汽车公司手工台账记录不一致的情况。2014 年 10 月 22 日，江苏保监局立案调查。2015 年 3 月 27 日，江苏保监局作出苏保监罚告〔2015〕23 号《行政处罚事先告知书》（以下简称 23 号《行政处罚事先告知书》），并向万×汽车公司直接送达，告知万×汽车公司拟作出行政处罚的事实、理由及依据，并告知其依法享有陈述申辩的权利。2015 年 4 月 9 日，万×汽车公司向江苏保监局提交行政处罚陈述申辩书。经复核，江苏保监局认为万×汽车公司陈述申辩理由不成立，决定按照 23 号《行政处罚事先告知书》拟处罚措施实施处罚。2015 年 5 月 6 日，江苏保监局作出了苏保监罚〔2015〕20 号行政处罚决定。万×汽车公司不服，向保监会申请行政复议。2015 年 7 月 20 日，保监会作出保监复议〔2015〕133 - 2 号行政复议决定，撤销江苏保监局作出的上述行政处罚决定。2015 年 11 月 7 日，江苏保监局重新作出苏保监罚告〔2015〕77 号《行政处罚事先告知书》（以下简称 77 号《行政处罚事先告知书》），向万×汽车公司送达了该告知书，告知万×汽车公司拟作出行政处罚的事实、理由及依据，并告知其依法享有陈述申辩的权利。2015 年 11 月 13 日，万×汽车公司向江苏保监局提交行政处罚陈述申辩书。经复核，江苏保监局认为万×汽车公司陈述申辩理由不成立，决定按照 77 号《行政处罚事先告知书》拟处罚措施实施处罚。江苏保监局考虑到万×汽车公司已认识到自身违法行为并予以整改的情节，予以从轻处罚，于 2015 年 12 月 23 日作出苏保监罚〔2015〕79 号行政处罚决定（以下简称 79 号行政处罚决定）。

万×汽车公司不服，向保监会申请行政复议。2016 年 1 月 8 日，保监会收到万×汽车公司提交的行政复议申请。2016 年 1 月 12 日，保监会复议机构向江苏保监局作出《行政复议答复通知书》，并于 1 月 18 日连同《行政复议申请书》一并向其发送。2016 年 1 月 26 日，江苏保监局向保监会复议机构提交《行政复议答辩书》，及作出原行政行为的证据和依据。2016 年 3 月 1 日，鉴于案件情况复杂，保监会决定延期审理，并于 3 月 2 日向万×汽车公司寄送《行政复议决定延期通知书》。2016 年 3 月 22 日，保监会作出保监复议〔2016〕3 - 3 号行政复议决定（以下简称 3 - 3 号行政复议决定）。2016 年 3

月24日，保监会向万×汽车公司寄送3-3号行政复议决定。万×汽车公司仍不服，提起本案行政诉讼。

原审法院认为：根据《中华人民共和国保险法》（以下简称《保险法》）第九条、《中国保险监督管理委员会派出机构监管职责规定》第四条第（四）项、第三十条的规定，江苏保监局作为国务院保险监督管理机构在江苏省的设立派出机构，具有按照国务院保险监督管理机构的授权履行对辖区内从事保险代理业务的中介机构万×汽车公司从事的保险经营活动进行监管的职责及予以行政处罚的职权。

根据《保险法》第一百三十一条第（二）项、第一百六十六条的规定，万×汽车公司代理销售的保险业务中，大量存在将投保单的投保人联系方式填写为万×汽车公司电话号码，将致保险公司无法与真正投保人进行沟通，也无法对万×汽车公司代理保险销售行为进行监管，故江苏保监局认定该行为属于隐瞒与保险合同有关的重要情况，并无不当。万×汽车公司称其将投保单的投保人联系方式统一填写为万×汽车公司电话应投保人的要求保护其隐私，防止投保人被电话营销骚扰，但未能提供证据予以证实，原审法院不予采纳。据此，江苏保监局依照《保险法》第一百六十五条规定对万×汽车公司从轻处以8万元罚款，并无不当。江苏保监局经现场检查，发现万×汽车公司存在涉嫌违法行为，遂予以立案受理，依法履行了询问、调查、核实程序，在违法事实调查清楚后对万×汽车公司进行了处罚前的告知，告知当事人拟作出行政处罚决定的事实、理由及依据，并告知当事人有权进行陈述和申辩。在万×汽车公司提出陈述和申辩后，江苏保监局充分听取当事人的意见，对当事人提出的事实、理由和证据，认真进行复核，后作出行政处罚决定，并依法进行了送达。江苏保监局所作行政处罚行政程序合法。

根据《中华人民共和国行政复议法》（以下简称《行政复议法》）第十五条第一款第（二）项的规定，江苏保监局系保监会依法设立的派出机构，万×汽车公司对江苏保监局作出的行政行为不服，申请行政复议，保监会负有进行行政复议的法定职责。

根据《行政复议法》第二十三条、第二十七条、第三十一条第一款的规定，保监会于 2016 年 1 月 8 日受理万×汽车公司行政复议申请后，向江苏保监局发出了行政复议答复书，因案情复杂，保监会于 2016 年 3 月 1 日决定延期，并于 3 月 2 日向万邦汽车公司邮寄送达《行政复议决定延期通知书》。2016 年 3 月 22 日，保监会作出 3 – 3 号行政复议决定。并于 2016 年 3 月 24 日向万×汽车公司邮寄送达 3 – 3 号行政复议决定。江苏保监局作出的涉案行政行为认定事实清楚，适用法律正确，行政程序合法。保监会的行政复议程序合法。原审法院依照《中华人民共和国行政诉讼法》第六十九条的规定，判决驳回万邦汽车公司的诉讼请求。

上诉人万邦汽车公司上诉称：1. 根据《保险法》第十八条的规定，投保人的联系方式并非保险合同的必备事项，故投保人的联系方式不属于与保险合同有关的重要情况。万×汽车公司将投保单的投保人联系方式填写为万×汽车公司电话号码未违反《保险法》第一百三十一条的规定，故原审判决适用法律错误。2. 万×汽车公司将投保单的投保人联系方式填写为万×汽车公司电话号码未造成危害结果。3. 万×汽车公司及时按照江苏保监局的要求进行了整改，即使存在违法行为，也属于行为显著轻微的情形。请求本院撤销原审判决，并依法改判。

被上诉人江苏保监局答辩称，江苏保监局作出的 79 号行政处罚决定认定事实清楚，适用法律正确，行政程序合法。原审判决认定事实清楚，适用法律正确，审判程序合法。请求本院驳回上诉，维持原判。

被上诉人保监会未向本院提交书面的答辩意见，其在庭审中答辩称，江苏保监局作出的 79 号行政处罚决定合法。保监会作出的 3 – 3 号行政复议决定认定事实清楚，适用法律正确，行政程序合法。请求本院驳回上诉，维持原判。

本院经审理查明的事实与原审判决认定的事实一致，本院予以确认。

本院认为：

《保险法》第九条第二款规定，国务院保险监督管理机构根据履行职责的需要设立派出机构。派出机构按照国务院保险监督管理机构的授权履行监督管理职责。《中国保险监督管理委员会派出机构监管职责规定》第三十条规定，派出机构负责对辖区内下列机构及其从业人员的保险违法、违规行为予以行政处罚：（一）保险公司分支机构；（二）保险中介机构。本案中，江苏保监局作为国务院保险监督管理机构设立在江苏省的派出机构，有权对辖区内保险中介机构万×汽车公司的保险违法行为予以行政处罚。

《保险法》第一百三十一条第（二）项规定，保险代理人、保险经纪人及其从业人员在办理保险业务活动中不得隐瞒与保险合同有关的重要情况。第一百六十五条规定，保险代理机构、保险经纪人有本法第一百三十一条规定行为之一的，由保险监督管理机构责令改正，处五万元以上三十万元以下的罚款；情节严重的，吊销业务许可证。本案中，上诉人万×汽车公司在代理销售保险业务时将大量投保单的投保人联系方式填写为万×汽车公司的电话号码，该行为导致保险公司无法与投保人进行沟通，也阻碍了保险监督管理机构对万×汽车公司代理保险销售行为进行监管，故被上诉人江苏保监局认定该行为属于隐瞒与保险合同有关的重要情况并无不当。江苏保监局在立案，询问、调查、告知万×汽车公司处罚的事实、理由和依据，以及万×汽车公司享有陈述、申辩等权利后，作出 79 号行政处罚决定，责令万×汽车公司改正并处 8 万元罚款并无不当。

《行政复议法》第二十三条第一款规定，行政复议机关负责法制工作的机构应当自行政复议申请受理之日起七日内，将行政复议申请书副本或者行政复议申请笔录复印件发送被申请人。被申请人应当自收到申请书副本或者申请笔录复印件之日起十日内，提出书面答复，并提交当初作出具体行政行为的证据、依据和其他有关材料。第三十一条第一款规定，行政复议机关应当自受理申请之日起六十日内作出行政复议决定；但是法律规定的行政复议期限少于六十日的除外。情况复杂，不能在规定期限内作出行政复议决定的，经行政复议机关的负责人批准，可以适当延长，并告知申请人和被申请人；但是延长期限最多不超过三十日。

本案中，保监会于 2016 年 1 月 8 日受理万×汽车公司行政复议申请后，于 2016 年 1 月 12 日向江苏保监局作出《行政复议答复通知书》，并于 1 月 18 日连同《行政复议申请书》一并向其发送。2016 年 3 月 1 日，鉴于案件情况复杂，保监会决定延期审理，并于 3 月 2 日向万×汽车公司寄送《行政复议决定延期通知书》。2016 年 3 月 22 日，保监会作出 3 - 3 号行政复议决定，并于 2016 年 3 月 24 日向万×汽车公司邮寄送达。保监会的行政复议程序合法。

综上所述，万×汽车公司的上诉理由和请求依法不能成立，本院不予支持。原审法院判决驳回万邦汽车公司的诉讼请求并无不当，依法应予维持。依照《中华人民共和国行政诉讼法》第八十九条第一款第（一）项的规定，判决如下：

驳回上诉，维持原判。

【说明】这是一起法院认为保险代理机构存在隐瞒与保险合同有关的重要情况的行为，银保监局依据《保险法》第一百六十五条进行处罚并无不当的案件。

2014 年 10 月 16 日，江苏保监局检查发现万×汽车公司代理销售的保险业务中，大量投保单的投保人联系方式统一填写为万×汽车公司电话，还存在部分投保单所载投保人手机号码与万×汽车公司手工台账记录不一致的情况。2014 年 10 月 22 日，江苏保监局立案调查。2015 年 3 月 27 日，江苏保监局作出 23 号《行政处罚事先告知书》，2015 年 4 月 9 日，万×汽车公司向江苏保监局提交行政处罚陈述申辩书。2015 年 5 月 6 日，江苏保监局作出了苏保监罚〔2015〕20 号行政处罚决定。万×汽车公司不服，向保监会申请行政复议。2015 年 7 月 20 日，保监会作出保监复议〔2015〕133 - 2 号行政复议决定，撤销江苏保监局作出的上述行政处罚决定。2015 年 11 月 7 日，江苏保监局重新作出 77 号《行政处罚事先告知书》，2015 年 11 月 13 日，万×汽车公司向江苏保监局提交行政处罚陈述申辩书。江苏保监局考虑到万×汽车公司已认识到自身违法行为并予以整改的情节，予以从轻处罚，于 2015 年 12 月 23 日作出 79 号行政处罚决定。万×汽车公司不服，向保监会申请行政复议。2016 年 1 月 8 日，保监会收到万×汽车公司提交的行政复议申请。2016 年 3 月 22 日，保监会作出 3 - 3 号行政复议决定。2016 年 3 月 24 日，保监会向万×汽车公司寄送 3 - 3 号行政复议决定。万×汽车公司仍不服，提起行政诉讼。

一审、二审法院均未支持万×汽车公司诉求。

法院指出，万×汽车公司代理销售的保险业务中，大量存在将投保单的投保人联系方式填写为万×汽车公司电话号码，将致保险公司无法与真正投保人进行沟通，也无法对万×汽车公司代理保险销售行为进行监管，故江苏保监局认定该行为属于隐瞒与保险合同有关的重要情况，并无不当。江苏保监局依照《保险法》第一百六十五条规定对万×汽车公司从轻处以 8 万元罚款，并无不当。

《保险法》第一百三十一条规定，保险代理人、保险经纪人及其从业人员在办理保险业务活动中不得有下列行为：（一）欺骗保险人、投保人、被保险人或者受益人；（二）隐瞒与保险合同有关的重要情况；（三）阻碍投保人履行本法规定的如实告知义务，或者诱导其不履行本法规定的如实告知义务；（四）给予或者承诺给予投保人、被保险人或者受益人保险合同约定以外的利益；（五）利用行政权力、职务或者职业便利以及其他不正当手段强迫、引诱或者限制投保人订立保险合同；（六）伪造、擅自变更保险合同，或者为保险合同当事人提供虚假证明材料；（七）挪用、截留、侵占保险费或者保险金；（八）利用业务便利为其他机构或者个人牟取不正当利益；（九）串通投保人、被保险人或者受益人，骗取保险金；（十）泄露在业务活动中知悉的保险人、投保人、被保险人的商业秘密。

第一百六十五条规定：保险代理机构、保险经纪人有本法第一百三十一条规定行为之一的，由保险监督管理机构责令改正，处五万元以上三十万元以下的罚款；情节严重的，吊销业务许可证。

【案例 118】（2021）粤 19 民终 891 号

陈某作为投保人和被保险人，在×人保东莞中心支公司处投保了×福终身寿险，保险合同号码为 P040××××××7136。陈某共向×人保东莞中心支公司交付了保险费 29 889.08 元。

陈某为其诉求的主张提交了 QQ 聊天记录截图（陈某主张"艳"是×人

保东莞中心支公司的保险代理人王某，聊天对象是陈某与×人保东莞中心支公司工作人员王某）及光盘、银行流水、微信聊天记录截图（陈某主张聊天对象中字体头像的人是王某，另一个是陈某）、通话录音（从 2019 年 11 月 5 日至 26 日）、短信截图（时间 2019 年 10 月 22 日，是另案中的刘某收到的）、发票丢失投诉图片、人身保险合同、监管函、银保监办发〔2018〕19 号文件、中国银行保险监督管理委员会东莞监管分局保险消费投诉告知书、保险费发票、通话记录、递交东莞保监会的投诉材料理解错误部分打印件、录音 U 盘（×虎门销服柜面）、人身保险合同佐证。×人保东莞中心支公司对 QQ 聊天记录截图、银行流水、录音 U 盘、微信聊天记录截图、通话录音、发票丢失投诉图片、监管函、递交东莞保监会的投诉材料理解错误部分打印件不予确认，对其他证据的真实性予以确认。

　　×人保东莞中心支公司为其辩称提交了人身保险投保书、电子投保申请书、投保提示书、回访录音光盘及文字翻译、人身险保费缴纳对账单、现金价值测算金额、陈某信息变更保全资料、陈某申请新增×福特疾 15（1159）及豁免 C 特疾（1162）保全资料、回执、合同条款备案回执/清单表佐证。陈某对上述证据均予以确认。

　　双方确认陈某在案涉保险合同有效期内没有发生过保险事故，也未向×人保东莞中心支公司申请过理赔。陈某主张×人保东莞中心支公司在签订合同前做了虚假陈述、加以利诱，达到签订合同的目的，该合同并非陈某必须的商品，陈某购买保险的行为是在×人保东莞中心支公司的欺骗诱导下购买的，造成陈某的金钱损失，多交了保费，且无法返还。×人保东莞中心支公司辩称陈某在合同成立后于 2016 年 3 月新增×福特疾险种，也做过身份证信息的变更，说明陈某对其所持有的案涉合同是很了解的，这些行为都是陈某主动操作完成的，且在投保时对整个投保的相关资料做了确认，证明陈某对案涉合同的相关险种及内容都是明知的。

　　一审法院认为，陈某在一审庭审中明确本案以人身保险合同纠纷起诉×人保东莞中心支公司，并主张不申请解除案涉合同。因此，本案为人身保险合同纠纷。根据《中华人民共和国保险法》第十四条"保险合同成立后，投保人按照约定交付保险费，保险人按照约定的时间开始承担保险责任。"的规定，陈某向×人保东莞中心支公司交付了相应的保险费，×人保东莞中心支公司向陈某出具的对应的保险合同，陈某未主张案涉合同无效或要求解除合同，本案中的证据不能证明案涉合同存在违反我国强制法律法规的情况。因此，一审法院认为案涉合同合法有效。×人保东莞中心支公司应当按案涉合同约定承担保险责任。陈某诉求的赔偿保险费损失 29 889.08 元，并非因为案涉保险合同约定的保险事故发生而产生，因此，陈某的诉求不符合合同约定，一审法院不予支持。

根据《中华人民共和国合同法》第一百二十二条"因当事人一方的违约行为，侵害对方人身、财产权益的，受损害方有权选择依照本法要求其承担违约责任或者依照其他法律要求其承担侵权责任"的规定，结合前述理由，陈某已选择以合同纠纷起诉×人保东莞中心支公司。因此，一审法院依照《中华人民共和国合同法》的规定审查×人保东莞中心支公司是否应当承担违约责任。陈某诉求三倍赔偿金不符合《中华人民共和国合同法》的规定，因此，一审法院对陈某该诉求不予支持。

综上所述，一审法院依照《中华人民共和国保险法》第十四条，《中华人民共和国合同法》第一百二十二条，《中华人民共和国民事诉讼法》第十四条、第六十四条规定，判决如下：驳回陈某的全部诉讼请求。案件一审受理费 1 346.21 元（陈某已预交），由陈某负担 1 346.21 元。

二审期间，陈某提交如下证据：1. 粤银保监信〔2020〕B0808 号《信访事项答复意见书》，拟证明×人保东莞中心支公司的从业人员在销售案涉保险产品中存在违背诚信，欺骗、引诱陈某订立保险合同等违法行为。2.《证明书》，拟证明 QQ 号码为 81252424 和电话号码为 158××××956 的使用者为×人保东莞中心支公司的销售人员王某，王某通过欺骗、引诱投保人签订保险合同的违法行为是职务行为，由此造成的法律责任由×人保东莞中心支公司承担。3.（2020）粤 1971 诉前民调 233 号传票、（2020）粤 1971 民初 12599 号传票，拟证明本案在 2020 年 6 月 3 日开庭时，仅有书记员在场进行询问及组织双方质证，并通过自问自记的方式完成开庭审理，全程没有法官在场主持审理，违反程序。×人保东莞中心支公司经质证认为：1. 陈某提交的证据均不属于法律规定的新证据。2. 东莞银保监会已对陈某的投诉事项进行处理，陈某在一审时已提交东莞银保监会投诉处理告知书，并且已经质证，发表质证意见，本次答复意见书仅是对同一事项的重复。3. 陈某提供的《证明书》证明人的身份不明，关系不明，不能证明其所证的内容。4. 一审法院首次开庭仅是做了证据交换及质证，并没有组织法庭调查及辩论，在第二次开庭时，法官已经进行充分的法庭调查，双方也行使了法庭答辩的权利，一审的程序合法。

　　本院经审理，对一审认定的事实予以确认。另查明，陈某于一审庭审中明确本案是以人身保险合同纠纷起诉×人保东莞中心支公司；二审法庭调查期间陈某则主张本案为金融保险服务合同纠纷，主张本案案由应为合同纠纷，×人保东莞中心支公司存在缔约过失责任，是欺诈；二审法庭调查之后，陈某又书面主张其请求权基础包括民法典（合同法）、保险法、消费者权益保护法，认为其无须选择本案法律关系所适用的法律。陈某于二审期间提出调查取证申请，请求本院调取一审证据交换时的庭审录像。东莞市第一人民法院南城法庭于 2021 年 2 月 20 日出具情况说明，证实：该院于 2020 年 5 月 27 日立案后，向双方当事人送达了传票，第一次传票开庭时间为 2020 年 6 月 3 日上午 9 时。经办法官经庭前审阅案件，发现当事人提交的证据比较多且混乱，遂交代跟案书记员在 2020 年 6 月 3 日上午开庭前先做庭前准备，如引导当事人将证据按顺序整理，对证据原件进行庭前交换核对，并将当事人的相关意见记录下来，等等。由于案涉证据较多，直至中午 12 点仍未完成庭前证据交换工作，经办法官到庭了解证据交换情况，并询问双方当事人有无其他补充意见，同时亦口头告知双方当事人本次到庭因时间问题仅做庭前证据交换，正式开庭时间将另行通知各方当事人。双方当事人均无异议并核对了笔录后签名离开。2020 年 8 月 12 日，本案正式开庭，庭审中，法官询问了双方当事人有无新的证据提交，对陈某后来补充提交的证据进行了质证，并围绕陈某的诉求进行充分的调查，双方当事人均有平等的发言机会和时间。相关庭审监控录像，因时间过去有半年多，已被后来的庭审记录覆盖，无法调取。经本院向双方当事人出示该情况说明，陈某当庭表示由于其对诉讼程序不熟悉，传票显示2020年6月3日开庭，其当天去到现场被告知是庭前证据交换，其以为是开庭，一审是否程序违法由法院认定。×人保东莞中心支公司确认情况说明所述事实属实，并认为2020年8月12日开庭时，陈某也补充提交了证据，也已经充分质证，一审程序合法。

以上事实，有情况说明、一审开庭笔录，以及本院法庭调查笔录等附卷为证。

本院认为，本案陈某投保的×福终身寿险，保险范围涵盖身故、疾病、意外等内容，是以人的寿命和身体作为保险标的保险，为人身保险。现双方基于该保险关系产生了民事纠纷，本案属于保险纠纷，故本案为人身保险合同纠纷。依照《中华人民共和国民事诉讼法》第一百六十八条的规定，本案仅针对陈某上诉请求的有关事实和适用法律进行审查。归纳本案的争议焦点：一、案涉保险合同的性质应如何认定？二、×人保东莞中心支公司是否应向陈某全额退还保费及3倍赔偿金？三、一审是否程序违法？对此，本院二审分析如下：

关于焦点一。如上所述，案涉保险为人身保险，并非财产保险。陈某作为人身保险合同的投保人，其身份也不具备金融消费者权益保护纠纷中金融消费者的身份特性。陈某主张案涉保险合同为金融服务合同，主张应按金融消费者权益保护的法律关系审理本案，于法无据，本院不予采纳。本案应按照人身保险合同的相关法律规定进行审理。

关于焦点二。陈某于一审明确表示不解除合同，二审则认为×人保东莞中心支公司的保险代理人王某欺骗、引诱陈某作出错误意思表示，×人保东莞中心支公司应负缔约过失责任。依照《中华人民共和国合同法》第四十二条的规定："当事人在订立合同过程中有下列情形之一，给对方造成损失的，应当承担损害赔偿责任：（一）假借订立合同，恶意进行磋商；（二）故意隐瞒与订立合同有关的重要事实或者提供虚假情况；（三）有其他违背诚实信用原则的行为。"本案中，首先，案涉×福终身寿险的合同条款详细列明了保险责任、保险赔付、退还全额保费、投保人解除合同的条件等内容。×人保东莞中心支公司提交了陈某的人身保险投保书、投保提示书、电子投保申请确认书、回访录音、陈某新增附加险申请批单、身份信息变更确认等证据，陈某对此无异议，×人保东莞中心支公司并没有隐瞒保险条款的重要事实或提供虚假情况。陈某作为完全民事行为能力人，理应知晓保险合同条款内容以及了解合同的权利义务，并且陈某在合同履行过程中曾办理新增附加险业务以及变更身份信息，均显示陈某知晓以及履行过合同的权利义务。现陈某主张其不清楚案涉保险功能及内容，本院对此不予采信。陈某主张×人保东莞中心支公司存在缔约过失责任，缺乏理据，本院不予支持。其次，×人保东莞中心支公司所售卖的案涉保险是经中国保险监督管理委员会备案的合法保险产品，并非弄虚作假，投保人陈某一直享有人身保险权益，×人保东莞中心支公司没有欺诈陈某的故意。依照《中华人民共和国保险法》第一百三十一条、第一百六十五条的规定，保险代理机构、保险经纪人如有该法第一百三十一条的规定的行为，由保险监督管理机构责令改正。可见，若陈某认为其保险代理人在销售保险过程中存在违规行为，所产生的法律后果应是保险监督管理机构对该保险代理人的行为作出认定及处理，而非保险公司向投保人退还全额保费。保险代理人的不当推销行为不等同于×人保东莞中心支公司对投保人作出了欺诈行为。陈某主张×人保东莞中心支公司欺诈，要求全额退还保费及三倍赔偿，缺乏事实和法律依据，本院不予支持。

关于焦点三。首先，根据一审卷宗材料显示，2020 年 6 月 3 日仅为庭前证据交换，并非开庭。依据《最高人民法院关于民事诉讼证据的若干规定》第五十七条第一款的规定："证据交换应当在审判人员的主持下进行。"该条规定只要求审判人员在场，并未要求法官必须全程在场，故一审法官未全程参与庭前准备工作，并未违反相关法律程序。其次，2020 年 6 月 3 日当天未能如期开庭的原因，乃系由于当事人未做好庭前证据整理导致。双方当事人对于法官要求先做好庭前准备工作再开庭的意见未提出异议，并在庭前证据交换笔录上签名确认。最后，庭前证据交换笔录记录完整，法官亦有到庭询问双方的质证意见，并且在第二次开庭时，一审法院亦给予双方再次提交证据以及质证的权利，一审程序保障了双方当事人充分地行使诉讼权利，未损害任何一方当事人诉讼权益，程序合法。陈某主张一审程序违法，缺乏理据，本院不予采纳。

综上所述，上诉人陈某的上诉请求不能成立，应予驳回。一审判决认定事实清楚，适用法律正确，应予维持。依照《中华人民共和国民事诉讼法》第一百六十八条、第一百六十九条、第一百七十条第一款第一项、第一百七十五条，以及前述援引法律之规定，判决如下：

驳回上诉，维持原判。

【说明】这是一起法院援引《保险法》第一百六十五条规定，指出保险代理机构人如有该法第一百三十一条的规定的行为，由保险监督管理机构责令改正，而非保险公司向投保人退还全额保费的案件。

陈某作为投保人和被保险人，在×人保东莞中心支公司处投保了×福终身寿险，共交付保险费 29 889.08 元。陈某称×人保东莞中心支公司的从业人员在销售案涉保险产品中存在违背诚信、欺骗、引诱其订立保险合同等违法行为。主张×人保东莞中心支公司在签订合同前做了虚假陈述、加以利诱，达到签订合同的目的，该合同并非陈某必须的商品，陈某购买保险的行为是在×人保东莞中心支公司的欺骗诱导下购买的，造成陈某的金钱损失，多交了保费，且无法返还。陈某诉求为赔偿保险费损失 29 889.08 元及三倍赔偿。

法院指出，案涉×福终身寿险的合同条款详细列明了保险责任、保险赔付、退还全额保费、投保人解除合同的条件等内容。×人保东莞中心支公司提交了陈某的人身保险投保书、投保提示书、电子投保申请确认书、回访录音、陈某新增附加险申请批单、身份信息变更确认等证据，陈某对此无异议，×人保东莞中心支公司并没有隐瞒保险条款的重要事实或提供虚假情况。首先，陈某作为完全民事行为能力人，理应知晓保险合同条款内容以及了解合同的权利义务，并且陈某在合同履行过程中曾办理新增附加险业务以及变更身份信息，均显示陈某知晓以及履行过合同的权利义务。现陈某主张其不清楚案涉保险功能及内容，法院对此不予采信。陈某主张×人保东莞中心支公司存在缔约过失责任，缺乏理据，法院不予支持。其次，×人保东莞中心支公司所售卖的案涉保险是经中国保险监督管理委员会备案的合法保险产品，并非弄虚作假，投保人陈某一直享有人身保险权益，×人保东莞中心支公司没有欺诈陈某的故意。依照《中华人民共和国保险法》第一百三十一条、第一百六十五条的规定，保险代理机构、保险经纪人如有该法第一百三十一条的规定的行为，由保险监督管理机构责令改正。可见，若陈某认为其保险代理人在销售保险过程中存在违规行为，所产生的法律后果应是保险监督管理机构对该保险代理人的行为作出认定及处理，而非保险公司向投保人退还全额保费。保险代理人的不当推销行为不等同于×人保东莞中心支公司对投保人作出了欺诈行为。陈某主张×人保东莞中心支公司欺诈，要求全额退还保费及三倍赔偿，缺乏事实和法律依据，本院不予支持。

在实践中，对于此类客户主张代理人欺诈事件，保险公司在处理中也会综合考虑相关证据的指向。例如本案中人身保险投保书、投保提示书、电子投保申请确认书、回访录音、新增附加险申请批单、身份信息变更确认等证据，均指向保险合同的有效成立及投保人对该份保险合同的认可或追认，一般会对保险合同做有效存续处理。假如客户出具例如销售误导录音、手写误导材料、代签字等证据证明，则证据指向于销售误导成立，保险公司一般倾向按投诉处理规则，为客户处理保险合同。

第一百六十六条　保险代理机构、保险经纪人违反本法规定，有下列行为之一的，由保险监督管理机构责令改正，处二万元以上十万元以下的罚款；情节严重的，责令停业整顿或者吊销业务许可证。

（一）未按照规定缴存保证金或者投保职业责任保险的；

（二）未按照规定设立专门账簿记载业务收支情况的。

【案例119】吉银保监罚决字〔2021〕30号

根据《中华人民共和国保险法》等有关规定，某银保监局对某代理××分公司涉嫌违法违规行为进行了调查、审理，并依法向当事人告知了作出行政处罚的事实、理由、依据及当事人依法享有的权利，当事人未提出陈述申辩意见和听证申请。本案现已审理终结。

经查，某代理××分公司存在未设立专门账簿记载保险代理业务收支情况的行为。2019 年，某代理××分公司未设立专门账簿记载保险代理业务收支情况，无法提供财务原始凭证等相关财务资料，佣金、经营费用的收支情况无法核实。

上述事实，有某代理××分公司工商营业执照复印件、现场检查通知书、现场检查事实确认书、现场检查事实与评价等证据证明。

上述行为，违反了《中华人民共和国保险法》第一百二十三条"保险代理机构、保险经纪人应当有自己的经营场所，设立专门账簿记载保险代理业务、经纪业务的收支情况"的规定，根据《中华人民共和国保险法》第一百六十六条"保险代理机构、保险经纪人违反本法规定，有下列行为之一的，由保险监督管理机构责令改正，处二万元以上十万元以下的罚款；情节严重的，责令停业整顿或者吊销业务许可证：……（二）未按照规定设立专门账簿记载业务收支情况的"……之规定，某银保监局决定对某代理××分公司处以责令停业整顿一年的行政处罚。

当事人如不服本行政处罚决定，可以在收到本处罚决定书之日起六十日内向中国银行保险监督管理委员会申请行政复议，也可以在收到本处罚决定书之日起六个月内向有管辖权的人民法院提起诉讼。复议、诉讼期间本处罚决定不停止执行。

【说明】这是一起保险代理公司未按照规定设立专门账簿记载业务收支情况，当地银保监局依据《保险法》第一百六十六条予以处罚的案件。

《保险法》第一百二十三条规定：保险代理机构、保险经纪人应当有自己的经营场所，设立专门账簿记载保险代理业务、经纪业务的收支情况。第一百二十四条规定：保险代理机构、保险经纪人应当按照国务院保险监督管理机构的规定缴存保证金或者投保职业责任保险。

对于违反上述两条规定的保险代理机构、保险经纪人，《保险法》第一百六十六条规定：保险代理机构、保险经纪人违反本法规定，有下列行为之一的，由保险监督管理机构责令改正，处二万元以上十万元以下的罚款；情节严重的，责令停业整顿或者吊销业务许可证：（一）未按照规定缴存保证金或者投保职业责任保险的；（二）未按照规定设立专门账簿记载业务收支情况的。

专门账簿，既是记载保险代理人和保险经纪人办理保险业务收支情况的会计账簿，也是保险代理人和保险经纪人办理保险业务情况的资料和证据。它不仅可以为保险代理人和保险经纪人扩展业务提供参考，也可以为查核保险代理人和保险经纪人办理保险业务是否有违法、违规行为提供证据。保险代理人和保险经纪人办理保险业务，必须依照保险法和会计法的规定以及保险监督管理机构的要求设立会计账簿，如实记录办理保险代理业务或者保险经纪业务的收支情况，并接受保险监督管理机构的监督。

【案例120】陕保监罚〔2017〕10号

依据《中华人民共和国保险法》的有关规定，某银保监局对西×保险经纪公司涉嫌违法一案进行了调查、审理，并于2017年11月7日依法向当事人告知了作出行政处罚的事实、理由、依据以及当事人依法享有的权利，当事人未提出陈述、申辩意见。本案现已审理终结。

经查，西×保险经纪公司存在以下违法行为：

二、2015年3月28日至2017年1月22日，西×保险经纪公司未投保职业责任保险。西×保险经纪公司执行董事张某对上述违法行为负有直接责任。

上述事实，有西×保险经纪公司提交的《关于〈经营保险经纪业务许可证有效期延续〉的请示》（西京发〔2016〕20号）、《关于任某等同志职务任免的通知》（陕鸿盛集团发〔2015〕19号）、检查事实确认书及西×保险经纪公司出具的购买职业责任保险情况说明及整改报告、西×保险经纪公司执行董事张某谈话笔录等证据证明，足以认定。

综上所述，某银保监局决定作出如下处罚：

二、2015年3月28日至2017年1月22日，西×保险经纪公司未按规定投保职业责任保险的行为违反了《保险法》第一百六十六条"保险代理机构、保险经纪人违反本法规定，有下列行为之一的，由保险监督管理机构责令改正，处二万元以上十万元以下的罚款；情节严重的，责令停业整顿或者吊销业务许可证：（一）未按照规定缴存保证金或者投保职业责任保险的；（二）未按照规定设立专门账簿记载业务收支情况的"的规定，依据《保险法》第一百六十六条的规定，决定给予西×保险经纪公司罚款五万元的行政处罚；依据《保险法》第一百七十一条的规定，决定给予西×保险经纪公司执行董事张某警告，罚款四万元的行政处罚。

当事人应当在接到本处罚决定书之日起十五日内持缴款码到财政部指定的十二家代理银行中的任一银行进行同行缴款。逾期，将每日按罚款数额的百分之三加处罚款（缴款码将在处罚决定书送达时告知）。

当事人如对本处罚决定不服，可在收到本处罚决定书之日起六十日内向中国保险监督管理委员会申请行政复议，也可在收到本处罚决定书之日起六个月内直接向有管辖权的人民法院提起行政诉讼。复议和诉讼期间，上述决定不停止执行。

【说明】这是一起保险经纪公司未投保职业责任保险，当地银保监局依据《保险法》第一百六十六条予以处罚的案件。

职业责任保险制度和保证金制度是保险专业中介机构风险保障机制的重要组成部分，是防范保险专业中介机构经营风险的重要手段。职业责任保险承保保险公司董监高人员履职过程中由于不当行为，造成的任何被保险人依法应承担的全部损失。保险专业代理（经纪、公估）公司应当自办理工商登记之日起二十日内投保职业责任保险或者缴存保证金。投保职业责任保险的，应当确保该保险持续有效。任何单位或个人从事保险代理业务或者保险经纪业务，都必须遵守本条规定，依法取得从业资格，办理执业许可和工商登记，领取营业执照，缴存保证金或者投保职业责任保险。保险监督管理机构和工商行政管理机关应当依照本条规定履行审核发证和办理工商登记的职责。

第一百六十七条　违反《保险法》规定，聘任不具有任职资格的人员的，由保险监督管理机构责令改正，处二万元以上十万元以下的罚款。

【案例121】（2020）京01行初43号

2019年6月26日，被告银保监会作出被诉处罚决定，对原告于某的违法行为认定如下：华×财险股份公司（以下简称华×公司）拟任副总经理于某（2015年11月6日印发分工文件，2017年6月30日免职）、拟任总经理助理唐某某（2017年6月28日印发分工文件），截至检查日均未获得银保监会的相关批复，但在实际工作中履行相关职务。时任华×公司董事长赵某某、时任华×公司总经理姜某、时任华×公司董事会秘书于某、时任华×公司有关负责人唐某某对上述违法行为负有直接责任。被告决定作出如下处罚：华×公司聘任不具有任职资格人员担任公司高管的行为，违反《中华人民共和国保险法》（以下简称保险法）第八十一条，根据该法第一百六十七条，对华×公司罚款十万元；根据该法第一百七十一条，对赵某某警告并罚款十万元，对姜某警告并罚款十万元，对于某警告并罚款五万元，对唐某某警告并罚款二万元。

法院经审理查明：2017年8月3日，财险部作出《关于委托对华×财险开展有关现场检查的函》，委托山东监管局对华×公司"车险虚列费用、虚挂中介业务、财务业务数据不真实问题；异地收取车船税，涉嫌违反税法；违规销售理财产品华×康盈等问题；擅自任命高管问题"开展现场检查，并告知山东监管局于2017年8月21日前将案件调查报告报送财险部。山东监管局于2017年8月24日对华×公司作出《现场检查通知书》（鲁保监检〔2017〕62号），委派检查人员于2017年8月28日对华×公司及其分支机构进行现场检查，检查期暂定为90天，检查范围和内容主要是2017年以来的经营管理情况，必要时向前追溯。2017年9月7日，山东监管局对华×公司作出《现场检查事实确认书》，华×公司时任总经理姜某于2017年9月8日签字确认。2017年9月1日，山东监管局检查人员就华×公司班子成员任职履职情况及开发区财政支持情况向时任董事长赵某某进行询问。2018年1月16日，山东监管局检查人员对时任华×公司非车和再保险部总经理唐某某就其在华×公司任职履职情况进行询问。2018年2月8日，山东监管局检查人员通过电话对原告就其在华×公司任职履职情况及华×康盈产品有关情况进行询问。同日，山东监管局检查人员在华×公司就高管任职及分工情况向时任总经理姜某进行询问。2018年9月19日，原告收到《行政处罚事先告知书》，其中告知拟对其进行行政处罚的内容及其享有的陈述申辩、听证等权利。应原告申请，被告于2018年11月13日举行听证会，山东监管局调查人员、原告及其代理人参加了听证会。

原告向被告提出申辩意见如下：一是调查程序违法，包括委托派出机构进行现场检查、未向其出示调查通知书及现场检查事实确认书、未让其提供有关证明材料、检查时间和检查项目超出现场检查通知书规定的期限和范围等。二是处罚事实依据不清，其履行的是董事和董秘职责，从未履行副总经理职务和享有副总经理的福利待遇，认定其在实际工作中履行副总经理职务与事实不符。三是其非直接责任人员，对其处罚适用法律错误。四是其已被免职，未造成危害后果，应当免于处罚。被告经复核认为：一是委托派出机构进行现场检查符合相关查处程序规定。对原告进行电话调查征得其同意，向公司出具了现场检查通知书，并由公司主要负责人对现场检查事实确认书予以确认。对于证明材料，可以根据检查情况要求当事人提供。调取的相关电子证据均与原件核对无误，经公司认可并加盖公章。现场检查通知书明确检查期限为"暂定90天"，检查时间可根据检查情况适当延长。检查范围为"经营管理情况"，包含违规任命高管等问题。二是原告在未取得副总经理任职资格核准的情况下，分管多个核心业务部门或经营单位，并以分管领导身份对相关经营管理事项进行审批，超出董事会秘书的职责范畴，实际履行了副总经理的职责。原告是否享受副总经理的福利待遇不影响对其不具备相应任职资格情况下实际履职行为的认定。三是根据公司的领导分工文件，自2015年11月起，原告违规履职时间长达20个月，事实清楚，其对违法行为负有直接责任。综上所述，被告对原告的申辩意见不予采纳。

2019年6月26日，被告作出被诉处罚决定，并于同年7月3日向原告送达。原告不服，于同年 12 月 12 日向本院提起诉讼。

另查，原告在华×公司任职分工情况如下：

2015 年 3 月 3 日，华×公司印发《华×财险股份公司关于公司领导工作分工的通知》（华海〔2015〕×ד号），向总公司各部门、营业总部通知公司领导工作分工，其中，原告协助赵某某工作，负责公司治理等方面工作，分管董事会办公室、监事会办公室等部门，牵头组织协调公司有关重大项目。

2015 年 6 月 24 日，原保监会对华×公司作出《关于于某任职资格的批复》（保监许可〔2015〕×ד号），核准原告担任华×公司董事会秘书的任职资格。

2015 年 7 月 1 日，原保监会对华×公司作出《关于赵某某等人任职资格的批复》（保监许可〔2015〕×ד号），核准赵某某担任华×公司董事长的任职资格，核准原告担任华×公司董事的任职资格。

2015 年 11 月 6 日，华×公司印发《华×财险股份公司关于公司领导工作分工的通知》（华海〔2015〕×ד号），向总公司各部门、各分支机构通知公司领导工作分工，其中，原告协助赵某某工作，负责公司治理结构和海洋与互联网特色等方面的工作，分管董事会办公室、监事会办公室、海洋保险事业部、创新事业部等部门。

2016 年 2 月 2 日，华×公司印发《华×财险股份公司关于公司领导工作分工的通知》（华海〔2016〕×ד号），向华×公司各分支机构、总公司各部门通知公司领导工作分工，其中，于某董事、董事会秘书（拟任副总经理）协助董事长和总经理工作，分管董事会办公室、监事会办公室、财产险部、再保险部、海洋保险事业部、创新事业部、重客渠道事业部、上海办事处等部门。

2016 年 4 月 18 日，华×公司作出《第一届董事会第五次会议关于选聘公司副总经理、总经理助理的决议》，其中决定聘任原告担任华×公司副总经理，在原保监会核准任职资格后，正式任命。

2016 年 4 月 21 日，华×公司作出《华×财险股份公司关于核准公司高级管理人员任职资格的请示》（华海〔2016〕×ד号），向原保监会报送申请材料，拟聘原告担任华×公司副总经理职务。

2016年5月9日，华×公司作出《华×财险股份公司关于补正史某任职资格材料和撤回于某等同志任职资格材料的请示》（华海〔2016〕×××号），申请撤回拟任公司副总经理于某任职资格申请材料。

2016年11月25日，华×公司印发《关于调整公司领导工作分工的通知》（华海〔2016〕×××号），向华×公司各分支机构、总公司各部门通知公司领导工作分工调整，其中，于某董事、董事会秘书（拟任副总经理）分管董事会办公室、监事会办公室、财产险部（海洋保险事业部）、再保险部、意外和健康险部、创新事业部、公司业务部、重客渠道部、上海办事处（国际业务部）。

2017年6月28日，华×公司印发《华×财险股份公司关于调整公司领导工作分工的通知》（华海〔2017〕×××号），向华×公司各分支机构、总公司各部门、各子公司通知公司领导工作分工，其中将公司业务部、重客渠道部调整为时任华海财险总经理姜某分管；将董事会办公室、监事会办公室调整为时任华×公司审计责任人、合规负责人、拟任总经理助理冯某某分管；将再保险部、海洋保险事业部（国际业务部）调整为时任拟任总经理助理唐某某分管。

2017年6月28日，华×公司印发《华×财险股份公司关于暂停于某职务的通知》（华海〔2017〕×××号），向华×公司各分支机构、总公司各部门、各子公司通知即日起暂停原告华×公司董事会秘书职务及拟任副总经理职务，待提交董事会审议批准后免职。

2017年6月30日，华×公司印发《关于于某免职的通知》（华海〔2017〕×××号），向总公司各部门、各分支机构、各子公司通知，经公司第一届董事会第十二次会议批准，免去原告华×公司董事会秘书职务及拟任副总经理职务。

再查，被告于庭审中明确：被告对原告作出被诉处罚决定所针对的违法行为系原告在不具备华×公司副总经理任职资格的情况下，实际履行了副总经理的职责。原告作为直接参与者，未对此提出异议并实际履职，属于保险法第一百七十一条规定的"其他直接责任人员"，须基于此承担责任。原告的时任华×公司董事长秘书职务与此无关。

本院认为：根据保险法第一百三十三条、第一百六十七条、第一百七十一条之规定，被告具有查处本案原告违法行为的法定职权。

结合原告、被告的诉辩主张，本案的争议焦点为：1. 被诉处罚决定作出程序是否合法；2. 被诉处罚决定对华×公司违法聘任原告的行为认定是否正确；3. 被诉处罚决定对原告的处罚幅度是否适当。

1. 关于争议焦点一

《中国保险监督管理委员会行政处罚程序规定》第十四条第二款规定，中国保监会可以委托派出机构负责中国保监会管辖的保险违法行为的调查和处罚文书送达等工作，派出机构应当将有关情况及时向中国保监会报告。第二十三条第一款规定，调查人员调查取证时，不得少于两人，并应当向当事人或者有关人员出示中国保监会或者派出机构合法证件和监督检查、调查通知书。第三十五条规定，委托相关派出机构协助调查、取证的，必须出具书面委托证明，受委托的派出机构应当积极予以协助。本案中，财险部系具体承担华×公司监管工作的被告内设机构，其在委托山东监管局对华×公司开展现场检查时，向山东监管局出具了《关于委托对华×财险开展有关现场检查的函》，履行了出具书面委托证明的职责，并无违法之处。山东监管局根据委托，在对华×公司进行现场检查时，向该公司出具了《现场检查通知书》，并告知了检查期、检查人员以及检查范围和内容等。根据在案调查笔录可知，检查人员在对被询问人员进行调查时，告知了在调查中享有的权利，并出示了执法检查证件，被调查人员亦签字确认。由于原告拒绝面谈，检查人员在电话询问中向其告知了检查人员的身份，原告并未对检查人员的身份及调查权限表示异议，并就调查询问内容进行了签字确认。被告在对原告进行行政处罚事先告知之后，应原告要求举行了听证会，亦依法保障了原告的陈述申辩及听证的权利。故在行政调查阶段，被告履行了必要的法定程序，并无明显违法之处。

原告主张被告以财险部而未以自己的名义进行委托，故山东监管局调查职权不合法。考虑到该问题属于行政委托内部程序问题，且并无相关规定对委托函的形式明确作出规定，被告对委托函亦予认可，故并不能据此否定山东监管局经委托获取的现场调查职权。关于现场调查的具体事项、期限问题，结合相关证据分析，现场调查的具体事项能够包含原告被处罚的违法行为，对原告进行电话询问的期限仍处于整个行政调查期限之内，并无违法之处。另外，参照保监发〔2009〕115号《中国保监会现场检查工作规程》第二条第一款、第三十条等规定，现场检查的直接对象应当为被检查单位，而非被检查单位的工作人员。现场检查事实确认书无须向每一位接受调查的被检查单位的工作人员现场反馈意见。故原告主张被告对其进行电话询问后应将现场检查事实确认书向其出示并签字确认缺乏法律依据，本院不予支持。

综上所述，被告作出被诉处罚决定前履行了委托、现场检查、电话询问、事先告知、听证等程序，且合法有效。原告有关被诉处罚决定程序违法的主张缺乏事实及法律依据，本院不予支持。

2. 关于争议焦点二

根据保险法第八十一条第一款并参照《保险公司董事、监事和高级管理人员任职资格管理规定》（2014年修改）第四条第一项、第五条、第三十一条的规定，保险公司总公司的副总经理，应该在任职前取得中国保监会核准的任职资格。根据保险法第一百六十七条的规定，违反本法规定，聘任不具有任职资格的人员的，由保险监督管理机构责令改正，处二万元以上十万元以下的罚款。该条款所指"聘任"，包括保险公司内部出具并执行任命文件，由不具备监管部门核准的任职资格的相关人员实际履行相当于某职位职责的情形。对于实际履职情况的认定，需结合保险公司经营管理的具体状况综合判断。

本案中，被诉处罚决定认定原告实际履行副总经理职责具备事实基础。根据庭审查明的事实，自华×公司于2015年11月6日印发《华×财险股份公司关于公司领导工作分工的通知》（华×〔2015〕×××号）后，原告分管的部门从"董事会办公室、监事会办公室、海洋保险事业部、创新事业部等"，逐步调整为"再保险部、意外和健康险部、创新事业部、公司业务部、重客渠道部、上海办事处（国际业务部）"。结合华×公司创新事业部于2015

年11月9日在OA系统发起的签报文件（华×签报201500×××号）等文件分析，原告作为公司分管领导，参与审签或最终审签了相关业务部门的具体事项，系这些事项的决策参与者或最终决策者。参照保监发〔2008〕58号《保险公司董事会运作指引》第三十九条第二款、第八十三条等规定，原告的上述行为明显超出其时任董事及董事会秘书的职责范畴。上述签报事项系华×公司严格按公司内部管理流程进行，说明公司实际上已经执行了对原告职务的调整文件。又据华×公司《第一届董事会第五次会议关于选聘公司副总经理、总经理助理的决议》内容可知，华×公司于2016年4月18日通过董事会会议决定聘任原告担任华×公司副总经理职务。上述决议系华×公司董事会的正式决议，原告亦在此会议决议上签字，足以证明原告对被华×公司实际任命为副总经理一事知情。此外，华×公司时任董事长、总经理的调查笔录内容亦与公司上述职务调整文件中有关原告"拟任副总经理"的具体规定相对应，足以证明原告实际上履行了副总经理的职责。故被诉处罚决定对此认定符合原告实际履职的发展逻辑，并无明显不当之处。

另外，被告关于原告违规任职起始时间的认定并无不当。2015年11月6日，华×公司印发《华×财险股份公司关于公司领导工作分工的通知》（华×〔2015〕×××号），原告开始分管"海洋保险事业部、创新事业部"，在此时点，原告时任董事、董事长秘书工作已经发生实质性变动。此后，原告分管的部门又陆续增加。华×公司于2017年6月30日印发《关于于某免职的通知》（华×〔2017〕×××号）文件，原告被免去董事长秘书及拟任副总经理职务，此时点系公司层面终止原告拟任副总经理职责的时点，原告此时已无法实际履行副总经理职务。故被诉处罚决定对此问题认定正确。原告以相关任免职文件未经公司合法程序审批及其未享受副总经理待遇为由，主张其未实际履行副总经理的职责。结合上述分析，本院认为，相关任免职文件是否合法以及原告是否享受副总经理待遇，与原告实际履职的情况无关，对原告的该项主张，本院不予支持。

综上所述，原告在明知其本人未经监管部门核准任职资格的情况下，仍然实际履行副总经理职责长达20个月，对其作为拟任副总经理分管的多个部门进行管理，违法履职行为事实清楚。被诉处罚决定对此认定正确。

3. 关于争议焦点三

本院认为，被告根据原告违法行为的性质、情节、危害程度等，对原告作出警告并处罚款五万元的处罚，符合《保险法》第一百七十一条的规定，并无不当之处。被告对唐某某的处罚与本案无关，原告对该焦点问题的主张均缺乏事实及法律依据，本院不予支持。

综上所述，被诉处罚决定中针对原告的处罚，认定事实清楚，适用法律正确，行政程序合法。原告的诉讼理由均缺乏事实及法律依据，对其诉讼请求本院不予支持。依照《中华人民共和国行政诉讼法》第六十九条之规定，判决如下：

驳回原告于某的诉讼请求。

【说明】这是一起银保监会依据《保险法》第一百六十七条规定，对保险公司及相关责任人进行处罚后，相关人员不服、提起行政诉讼，法院驳回相关人员诉求的案件。

2015 年 3 月 3 日，华×公司印发公司领导工作分工的通知，于某协助赵某某工作，负责公司治理等方面工作，分管董事会办公室、监事会办公室等部门，牵头组织协调公司有关重大项目。

2015 年 6 月 24 日，原保监会对华×公司作出《关于于某任职资格的批复》（保监许可〔2015〕×××号），核准原告担任华×公司董事会秘书的任职资格。

2015 年 11 月 6 日，华×公司印发公司领导工作分工的通知，于某协助赵某某工作，负责公司治理结构和海洋与互联网特色等方面的工作，分管董事会办公室、监事会办公室、海洋保险事业部、创新事业部等部门。

2016 年 2 月 2 日，华×公司印发公司领导工作分工的通知，于某董事、董事会秘书（拟任副总经理）协助董事长和总经理工作，分管董事会办公室、监事会办公室、财产险部、再保险部、海洋保险事业部、创新事业部、重客渠道事业部、上海办事处等部门。

2016年4月18日，华×公司作出《第一届董事会第五次会议关于选聘公司副总经理、总经理助理的决议》，其中决定聘任于某担任华×公司副总经理，在原保监会核准任职资格后，正式任命。

2016年4月21日，华×公司作出《华×财险股份公司关于核准公司高级管理人员任职资格的请示》（华海〔2016〕×××号），向原保监会报送申请材料，拟聘原告担任华×公司副总经理职务。

2016年5月9日，华×公司作出《华×财险股份公司关于补正史某任职资格材料和撤回于某等同志任职资格材料的请示》（华海〔2016〕×××号），申请撤回拟任公司副总经理于某任职资格申请材料。

2016年11月25日，华×公司印发公司领导工作分工的通知，于某董事、董事会秘书（拟任副总经理）分管董事会办公室、监事会办公室、财产险部（海洋保险事业部）、再保险部、意外和健康险部、创新事业部、公司业务部、重客渠道部、上海办事处（国际业务部）。

2017年6月28日，华×公司印发关于暂停于某职务的通知，通知即日起暂停原告华×公司董事会秘书职务及拟任副总经理职务，待提交董事会审议批准后免职。

2017年6月30日，华×公司印发《关于于某免职的通知》，通知经公司第一届董事会第十二次会议批准，免去原告华×公司董事会秘书职务及拟任副总经理职务。

由上可见，于某担任华×公司董事会秘书的任职资格经过了银保监会的核准，自从2015年11月6日，于某开始分管"海洋保险事业部、创新事业部"，在此时点，原告时任董事、董事长秘书工作已经发生实质性变动。此后，原告分管的部门又陆续增加。直至华×公司于2017年6月30日印发《关于于某免职的通知》，于某被免去董事长秘书及拟任副总经理职务，此时点系公司层面终止于某履行副总经理职责的时点。在此期间，于某的任职资格未经监管部门核准，仍然实际履行副总经理职责。法院指出，《保险法》中规定聘任不具有任职资格的人员的，由保险监督管理机构责令改正，处二万元以上十万元以下的罚款。该条款所指"聘任"，包括保险公司内部出具并执行任命文件，由不具备监管部门核准的任职资格的相关人员实际履行相当于某职位职责的情形。故于某在不具备华×公司副总经理任职资格的情况下，实际履行了副总经理的职责。银保监会的处罚并无不当。

保险公司高级管理人员，是指对保险公司经营管理活动和风险控制具有决策权或者重大影响的下列人员：（1）总公司总经理、副总经理和总经理助理；（2）总公司董事会秘书、总精算师、合规负责人、财务负责人和审计责任人；（3）省级分公司总经理、副总经理和总经理助理；（4）其他分公司、中心支公司总经理；（5）与上述高级管理人员具有相同职权的管理人员。保险公司董事、监事和高级管理人员，应当在任职前取得银保监会或其派出机构核准的任职资格。

保险公司董事、监事和高级管理人员应当符合以下基本条件：（1）具有完全民事行为能力；（2）具有诚实信用的品行、良好的守法合规记录；（3）具有履行职务必需的知识、经验与能力，并具备在中国境内正常履行职务必需的时间和条件；（4）具有担任董事、监事和高级管理人员职务所需的独立性。保险公司董事、监事和高级管理人员应当具有大学本科以上学历或者学士以上学位。其中保险公司副总经理、总经理助理应当从事金融工作8年以上或者从事经济工作10年以上。保险公司董事会秘书应当从事金融工作5年以上或者从事经济工作8年以上。

保险公司董事、监事和高级管理人员需要进行任职资格核准的，保险公司应当在内部选用程序完成后，及时按要求向银保监会或其派出机构提交任职资格申请材料。保险公司及其拟任董事、监事和高级管理人员应当对材料的真实性、完整性负责，不得有虚假记载、误导性陈述和重大遗漏。保险公司在决定聘任董事、监事和高级管理人员前，应对拟任人员进行必要的履职调查，确保拟任人员符合相关规定。保险公司董事、监事和高级管理人员需要进行任职资格核准的，保险公司应当向银保监会或其派出机构提交下列申请材料：（1）任职资格核准申请文件；（2）银保监会统一制作的任职资格申请表；（3）拟任董事、监事或者高级管理人员身份证、学历证书等有关证书的复印件；（4）接受反洗钱培训情况报告及本人签字的履行反洗钱、反恐怖融资义务承诺书；（5）拟任人最近三年曾任金融机构董事长或高级管理人员的，应当提交其最近一次离任审计报告或经济责任审计报告；（6）银保监会规定的其他材料。

银保监会或其派出机构可以对保险公司拟任董事、监事和高级管理人员进行任职考察，包括下列内容：（1）进行保险法规及相关知识测试；（2）通过谈话方式，了解拟任人员的基本情况和业务素质，如对公司治理、业务发展、法律合规、风险管控等问题的理解把握，对拟任人员需要重点关注的问题进行提示；（3）银保监会或其派出机构认为应当考察的其他内容。任职考察谈话应当制作书面记录，由考察人和拟任人员签字。银保监会及其派出机构应当自受理任职资格申请之日起 20 日内，作出核准或者不予核准的决定。20 日内不能作出决定的，经本机关负责人批准，可以延长 10 日，并应当将延长期限的理由告知申请人。决定核准任职资格的，应当颁发核准文件；决定不予核准的，应当作出书面决定并说明理由。

第一百六十八条　违反《保险法》规定，转让、出租、出借业务许可证的，由保险监督管理机构处一万元以上十万元以下的罚款；情节严重的，责令停业整顿或者吊销业务许可证。

【说明】许可证是指中国银行保险监督管理委员会（以下简称银保监会）依法颁发的特许银行保险机构经营金融业务的法律文件。许可证的颁发、换发、收缴等由银保监会及其授权的派出机构依法行使，其他任何单位和个人不得行使上述职权。

根据《银行保险机构许可证管理办法》，银保监会对银行保险机构许可证实行分级管理。银保监会负责其直接监管的政策性银行、大型银行、股份制银行、外资银行，保险集团（控股）公司、保险公司、保险资产管理公司、保险代理集团（控股）公司、保险经纪集团（控股）公司，金融资产管理公司、银行理财公司、金融资产投资公司、保险兼业代理机构等银行保险机构许可证的颁发与管理。银保监会派出机构根据上级管理单位授权，负责辖内银行保险机构许可证的颁发与管理。银保监会及其派出机构根据行政许可决定或备案、报告信息向银行保险机构颁发、换发、收缴许可证。

许可证载明下列内容：（1）机构编码；（2）机构名称；（3）业务范围；（4）批准日期；（5）机构住所；（6）颁发许可证日期；（7）发证机关。机构编码按照银保监会有关编码规则确定。银行保险机构应当在营业场所的显著位置公示许可证原件。保险中介机构分支机构应当在营业场所的显著位置公示加盖法人机构公章的许可证复印件。银行保险机构应当依据行政许可决定文件和上级管理单位授权文件，在营业场所的显著位置以适当方式公示其业务范围、经营区域、主要负责人。通过网络平台开展业务的，应当在相关网络页面及功能模块以清晰、醒目的方式展示上述内容。

银行保险机构违反本办法，有下列情形之一的，依照《中华人民共和国银行业监督管理法》《中华人民共和国商业银行法》《中华人民共和国保险法》有关规定进行处罚；法律、行政法规没有规定的，由银保监会及其派出机构责令改正，予以警告，对有违法所得的处以违法所得一倍以上三倍以下罚款，但最高不超过三万元，对没有违法所得的处以一万元以下罚款；构成犯罪的，依法追究刑事责任：（一）转让、出租、出借、伪造、变造许可证；（二）未按规定新领、换领、缴回许可证；（三）损坏许可证；（四）因管理不善导致许可证遗失；（五）遗失许可证未按规定向发证机关报告；（六）未按规定公示许可证、业务范围、经营区域、主要负责人；（七）新领、换领许可证等未按规定进行公告；（八）新领、换领许可证后未按规定向市场监督管理部门办理登记，领取、换领营业执照。

第一百六十九条 违反《保险法》规定，有下列行为之一的，由保险监督管理机构责令限期改正；逾期不改正的，处一万元以上十万元以下的罚款。

（一）未按照规定报送或者保管报告、报表、文件、资料的，或者未按照规定提供有关信息、资料的；

（二）未按照规定报送保险条款、保险费率备案的；

（三）未按照规定披露信息的。

【案例 122】苏银保监罚决字〔2020〕57 号

根据《中华人民共和国保险法》《中华人民共和国行政处罚法》等有关法律规定，××银保监局对顺×保险代理有限公司（以下简称顺×代理公司）未按规定报送有关报告、报表、文件和资料一案进行了调查、审理，并依法向当事人告知了作出行政处罚的事实、理由、依据以及当事人依法享有的权利。在法定陈述申辩期内，当事人未提出陈述申辩意见。本案现已审理终结。

经查，2019 年 1 月至 6 月，××银保监局对顺×代理公司及其徐州分公司进行了现场检查，并要求其报送记载相关业务情况的专门账簿，顺×代理公司及其徐州分公司未能按要求提供。检查组通过口头和书面形式责令顺×代理公司限期整改，但顺×代理公司于 2019 年 3 月 14 日、2019 年 5 月 8 日和 2020 年 8 月 13 日向检查组提供的报告显示该公司仍然无法报送上述账簿。顺×代理公司徐州分公司的业务实际由顺×代理公司操作，徐州分公司并未参与。

上述事实，有现场检查事实确认书、顺×代理公司提供的有关情况说明、有关保险业务明细、有关往来凭证、责令整改通知书、相关人员谈话笔录等证据证明。

综上所述，××银保监局决定作出如下处罚：

上述未按规定报送有关报告、报表、文件和资料的行为，违反了《中华人民共和国保险法》第八十六条第一款和第一百三十二条的规定，根据《中华人民共和国保险法》第一百六十九条第（一）项，对顺×保险代理有限公司处六万元罚款。

当事人应当在接到本处罚决定书之日起十五日内持缴款码（缴款码将在处罚决定书送达时告知）到财政部指定的代理银行进行缴款。逾期，将每日按罚款数额的百分之三加处罚款。

当事人如对本处罚决定不服，可在收到本处罚决定书之日起六十日内向中国银行保险监督管理委员会申请行政复议，也可在收到本处罚决定书之日起六个月内直接向有管辖权的人民法院提起行政诉讼。复议和诉讼期间，上述决定不停止执行。

【说明】这是一起保险代理公司未按规定报送有关报告、报表、文件和资料的行为，当地银保监局依据《保险法》第一百六十九条予以处罚的案件。

《保险法》第八十六条规定，保险公司应当按照保险监督管理机构的规定，报送有关报告、报表、文件和资料。保险公司的偿付能力报告、财务会计报告、精算报告、合规报告及其他有关报告、报表、文件和资料必须如实记录保险业务事项，不得有虚假记载、误导性陈述和重大遗漏。

保险条款和保险费率的备案。对于必须报经保险监督管理机构审批的保险险种以外的保险险种，其保险条款和保险费率应当报保险监督管理机构备案，以对其进行必要的监督管理。备案制度，是保险监督管理机构对保险条款和费率进行监督管理的一种重要手段。保险公司报备的保险条款和保险费率如果存在违反法律、法规或行政规章的禁止性规定，损害社会公共利益，内容显失公平，侵害投保人、被保险人或受益人的合法权益，构成不正当竞争，条款设计或厘定费率不当，可能危及保险公司偿付能力等情形时，保险监督管理机构应当根据本法和有关法律、行政法规的规定进行处理。

信息披露，是指保险公司向社会公众公开其经营管理相关信息的行为。根据《保险公司信息披露管理办法》保险公司应当披露下列信息：（一）基本信息；（二）财务会计信息；（三）保险责任准备金信息；（四）风险管理状况信息；（五）保险产品经营信息；（六）偿付能力信息；（七）重大关联交易信息；（八）重大事项信息；（九）中国银行保险监督管理委员会规定的其他信息。保险公司披露的基本信息应当包括公司概况、公司治理概要和产品基本信息。保险公司披露的公司概况应当包括下列内容：（一）公司名称；（二）注册资本；（三）公司住所和营业场所；（四）成立时间；（五）经营范围和经营区域；（六）法定代表人；（七）客服电话、投诉渠道和投诉处理程序；（八）各分支机构营业场所和联系电话。保险公司披露的公司治理概要应当包括下列内容：（一）实际控制人及其控制本公司情况的简要说明；（二）持股比例在5%以上的股东及其持股情况；（三）近三年股东大会（股东会）主要决议，至少包括会议召开的时间、地点、出席情况、主要议题以及表决情况等；（四）董事和监事简历；（五）高级管理人员简历、职责及其履职情况；（六）公司部门设置情况。保险公司披露的产品基本信息应当包括下列内容：（一）审批或者备案的保险产品目录、条款；（二）人身保险新型产品说明书；（三）中国银行保险监督管理委员会规定的其他产品基本信息。

第一百七十条 违反《保险法》规定，有下列行为之一的，由保险监督管理机构责令改正，处十万元以上五十万元以下的罚款；情节严重的，可以限制其业务范围、责令停止接受新业务或者吊销业务许可证：

（一）编制或者提供虚假的报告、报表、文件、资料的；

（二）拒绝或者妨碍依法监督检查的；

（三）未按照规定使用经批准或者备案的保险条款、保险费率的。

【案例 123】荆门银保监罚决字〔2022〕4 号

根据《中华人民共和国保险法》和《中华人民共和国行政处罚法》等有关规定，中国银保监会荆门监管分局对××寿保险股份有限公司荆门中心支公司（以下简称"××人寿荆门中支"）违法一案进行了立案调查、审理，并依法向当事人告知了作出行政处罚的事实、理由、依据及当事人依法享有的权利。当事人未提出陈述申辩意见。本案现已审理终结。

经查，××人寿荆门中支存在财务数据不真实等违法行为。

（一）2021 年 4 月，××人寿荆门中支先后向荆门市掇刀区××超市（以下简称"××超市"）账户支付 7 632 元、18 700 元、19 200 元、48 880 元共 4 笔合计 94 412 元，财务凭证显示用于××人寿荆门中支银保业务部购买记事本、拉边袋、大米、食用油、四件套等物资。××人寿荆门中支实际采购 73 000 元物资，××超市将剩余 21412 元扣除 10 个点费用后返现 19 300 元给××人寿荆门中支，用于公司其他费用支出。

（二）2021 年 7 月至 10 月，××人寿荆门中支先后向××超市账户支付 4 680 元、1 900 元、3 243 元、4 500 元、18 480 元共 5 笔合计 32 803 元，财

务凭证显示用于银保业务部购买红酒、茶叶、食用油、口罩、电水壶等物资。××人寿荆门中支实际仅向××超市购买口罩花费810元，××超市及其关联方何××在扣除10个点费用后将剩余28 760元分两笔（12 160元和16 600元）转入××人寿荆门中支银保业务部员工陈××账户，用于公司其他费用支出。

上述9笔费用支出均由银保业务部发起预算申请、采购申请和财务报销流程，时任××人寿荆门中支副总经理刘某分管银保业务部，对该违法行为负有直接和管理责任。

上述事实，有银行资金往来明细、询问笔录、事实确认书、财务凭证、调查笔录及任职文件等证据证明。

综上所述，我分局决定作出如下行政处罚：

上述财务数据不真实的行为，违反了《中华人民共和国保险法》第八十六条"……保险公司的偿付能力报告、财务会计报告、精算报告、合规报告及其他有关报告、报表、文件和资料必须如实记录保险业务事项，不得有虚假记载、误导性陈述和重大遗漏"的规定。

根据《中华人民共和国保险法》第一百七十条"违反本法规定，有下列行为之一的，由保险监督管理机构责令改正，处十万元以上五十万元以下的罚款；情节严重的，可以限制其业务范围、责令停止接受新业务或者吊销业务许可证：（一）编制或者提供虚假的报告、报表、文件、资料的……"的规定，我分局决定对××人寿荆门中支予以罚款十二万元。

根据《中华人民共和国保险法》第一百七十一条"保险公司、保险资产管理公司、保险专业代理机构、保险经纪人违反本法规定的，保险监督管理机构除分别依照本法第一百六十条至第一百七十条的规定，对该单位给予处罚外，对其直接负责的主管人员和其他直接责任人员给予警告，并处一万元以上十万元以下的罚款；情节严重的，撤销任职资格"的规定，我分局决定对刘某予以警告并处罚款一万元。

当事人应当在收到本处罚决定之日起十五日内持缴款码到财政部指定的代理银行进行缴款。逾期，将每日按罚款数额的百分之三加处罚款。

当事人如不服本行政处罚决定，可以在收到本处罚决定书之日起六十日内向中国银行保险监督管理委员会湖北监管局申请行政复议，也可以在收到本处罚决定书之日起六个月内向有管辖权的人民法院提起诉讼。复议、诉讼期间本处罚决定不停止执行。

【说明】这是一起银保监分局对保险公司违法行为调查后，认定保险公司违反《保险法》第一百七十条规定，编制或者提供虚假的报告、报表、文件、资料，对保险公司及相关责任人进行处罚的案例。

第一百六十九条和第一百七十条规定的事项有所类似，但处罚力度不同，第一百六十九条规定的是责令限期改正；逾期不改正的，处一万元以上十万元以下的罚款。即先责令限期改正，在规定的期限内不改正的，再处以罚款，罚款金额在一万元以上十万元以下。第一百七十条规定的处罚是责令改正及处十万元以上五十万元以下的罚款；情节严重的，可以限制其业务范围、责令停止接受新业务或者吊销业务许可证，处罚措施大大强于第一百六十九条。因为第一百七十条的行为里包含了行为人主观的故意，恶性更大。第一百六十九条针对的行为是未按照规定报送、保管、提供、披露相关材料或信息，是一些消极的不作为行为；第一百七十条针对的行为是造假、拒绝或者妨碍监督检查、违规使用等积极的作为行为。恶意越大，则打击力度越大，处罚越加严厉。

编制或者提供虚假的报告、报表、文件、资料，监管机构无法了解保险公司真实的经营情况，可能存在偿付能力不足等较大的风险隐患。个人或者组织通过保险产品来管理自身生活或者经营中的风险，而保险监管部门通过相关的管理制度、办法来管理保险公司的经营风险。无法掌握保险公司真实的经营数据，意味着对其风险的监管失控，所以编制或者提供虚假的报告、报表、文件、资料的行为恶劣，需要严惩。同样道理，相关的报告、报表、文件、资料可以在一定意义上反映保险公司的经营情况，但还需要对保险公司的实际经营情况进行现场验证，现场蕴含着第一手的信息。通过现场的检查测试来验证评价相关的报告、报表、文件、资料的真实客观性，是监督管理保险公司非常重要的手段和途径。拒绝或者妨碍依法监督检查，监管部门无法完成既定的检查动作，或者检查获取的信息不真实、不客观，则监管部门无法掌握保险公司真实的风险状况，故拒绝或者妨碍依法监督检查的行为需要严惩。未按照规定使用经批准或者备案的保险条款、保险费率，意味着监管机构对保险公司的监管失控，保险公司履行了将保险条款、费率申报批准或备案的程序，但在实际运营中不按照规定使用，则报批、备案的程序形同虚设。

上述三种行为，都属于行为人主动为之的行为，主观上有故意，客观上影响恶劣，后果严重，所以，《保险法》对这三种行为有较重的处罚措施。

第一百七十一条 保险公司、保险资产管理公司、保险专业代理机构、保险经纪人违反《保险法》规定的，保险监督管理机构除分别依照本法第一百六十条至第一百七十条的规定对该单位给予处罚外，对其直接负责的主管人员和其他直接责任人员给予警告，并处一万元以上十万元以下的罚款；情节严重的，撤销任职资格。

【案例124】银保监罚决字〔2022〕7号

根据《中华人民共和国保险法》和《中华人民共和国行政处罚法》等有关规定，我会对×信保涉嫌违法违规一案进行了立案调查、审理，并依法向当事人告知了作出行政处罚的事实、理由、依据及当事人依法享有的权利。在法定陈述申辩期内，当事人未提出陈述申辩意见。本案现已审理终结。

经查，×信保存在以下违法行为：

一、准备金计提错误

×信保由于信息系统规则和设置存在缺陷，造成两个保单首次责任生效日抓取错误、保单责任余额计算错误，对财务数据真实性产生重大影响。此外，系统中还存在保费及保险金额人工填写错误等。

上述准备金提取不准确主要源于信息技术部系统规则缺陷，且信息技术部2020年1月发现基础数据错误后未按照公司规定报告风险管理部及计划财务部，导致公司未及时调整 2019 年财务报表。孔某自 2019 年 7 月起担任信息技术部总经理，全面主持信息技术部工作，对该问题负直接责任。

上述事实，有×信保承保档案、公司系统中提取的数据信息、公司对相关情况的说明、当事人调查笔录、事实确认书等证据资料证明。

二、保险费率执行管控不严格

×信保 4 款保险产品未将报备的费率计算公式嵌入业务系统。保险费率测算和厘定以业务人员经验调节为主，无法通过系统进行严格管控。

上述事实，有×信保相关产品条款费率报备档案、承保档案、业务清单、费率测算回溯表、内部管理规定、公司对相关情况的说明、当事人调查笔录、事实确认书等证据资料证明。

综上，我会决定作出如下行政处罚：

上述准备金计提错误事项，违反《中华人民共和国保险法》第八十六条，根据该法第一百七十条和第一百七十一条的规定，对×信保罚款五十万元，对孔某警告并罚款七万元。

上述保险费率执行管控不严格事项，违反了《保险公司管理规定》（中国保险监督管理委员会令 2015 年第 3 号）第五十五条。根据该规定第六十九条，对×信保警告并罚款一万元。

当事人应当在接到本处罚决定书之日起十五日内持缴款码到财政部指定的代理银行进行缴款。逾期，将每日按罚款数额的百分之三加处罚款。

当事人如不服本行政处罚决定，可以在收到本处罚决定书之日起六十日内向中国银行保险监督管理委员会申请行政复议，也可以在收到本处罚决定书之日起六个月内向有管辖权的人民法院提起诉讼。复议、诉讼期间本决定不停止执行。

【说明】这是一起银保监会对保险公司违法行为依照《保险法》第一百六十条至第一百七十条的规定给予处罚后，对其直接负责的主管人员同时进行处罚的案例。

在刑法理论中有双罚制规则，即单位犯罪中既对单位判处罚金，又对其直接负责的主管人员和其他直接责任人员判处刑罚。在行政处罚实践中，传统上对单位违法的行政处罚主要针对单位本身，不涉及决定或实施违法行为的单位成员。这在一定程度上导致违法责任主体与行为主体分离，对此，现代法律在处罚单位的基础上，将负有责任的单位成员一并处罚，这是行政处罚范畴的"双罚制"。保险公司的相关管理动作和违法行为是由具体的人决策执行的，现代公司管理中经营权和所有权分离，在某些情况下，经营管理者的利益和公司（股东）的利益并不一致。出现违法行为如果仅对公司处罚，那么处罚带来的损失要么公司内部消化，要么通过压缩成本、提高产品价格来转嫁。在某种意义上罚款成了企业违法行为的许可费用，甚至直接把罚款纳入成本收益核算，这样就失去了罚款的意义。罚款需要起到惩戒和剥夺收益的作用，即实施相关的违法行为是为了追求利益，罚款需要将获得的收益变为损失，还需要管理者引以为戒。公司是虚化的，而管理者是具体的，通过双罚制这一规则对管理者的行为进行预期管理，引导其向着合法合规的方向前进，从而规范公司的经营管理。

第一百七十二条 个人保险代理人违反《保险法》规定的，由保险监督管理机构给予警告，可以并处二万元以下的罚款；情节严重的，处二万元以上十万元以下的罚款。

【案例 125】（2022）辽 01 民终 216 号

黎某向一审法院起诉郭某：1. 请求法院判令郭某向黎某支付车险返款及加油卡金额共计 80 330 元；2. 本案的诉讼费、保全费全部费用由郭某承担。

一审法院认定事实：2021 年 4 月黎某与郭某达成口头协议，双方约定黎某通过郭某的渠道为其客户（投保人）办理机动车商业险、交强险、个人意外伤害和短期健康险，郭某向黎某承诺在投保人与保险公司签订保险合同并支付保险费后，将按保费的一定比例为投保人返还费用，并赠送加油卡作为吸引客户投保的优惠条件，该笔费用先由郭某转给黎某，之后黎某再将该笔费用退还给相应的投保人。据此，黎某按照郭某承诺的优惠条件向投保人介绍保险产品，经郭某之手陆续为王某等 30 名投保人办理保险业务，郭某通过微信转账给付黎某 24 440 元。一审法院认为：民事主体从事民事活动，不得违反法律，不得违背公序良俗。《中华人民共和国保险法》明确规定保险代理人、保险经纪人及其从业人员在办理保险业务活动中不得给予或者承诺给予投保人、被保险人或者受益人保险合同约定以外的利益。本案黎某在庭审中自称其系某保险公司的保险代理人，其行为应受《中华人民共和国保险法》相关规定的约束，其向投保人承诺并实际向投保人返还车险保险费及给予投保人加油卡的行为，显然违反了法律规定，故对于黎某的诉讼请求，不予支持。综上所述，依照《中华人民共和国民法典》第八条、第一百四十三条、《中华人民共和国保险法》第一百三十一条规定，判决：驳回原告黎某的诉讼请求。案件受理费 1 808 元，保全费 823 元，由原告黎某负担。

黎某上诉请求：请求撤销一审判决，改判被上诉人向上诉人支付返现款 80 330 元；本案一审、二审诉讼费、保全费由被上诉人承担。事实与理由：一、一审适用法律错误，本案不属于《保险法》第一百三十一条第四款规定的情形。《保险法》第一百三十一条规定："保险代理人、保险经纪人及其从业人员在办理保险业务活动中不得有下列行为，（四）给予或者承诺给予投保人、被保险人或者受益人保险合同约定以外的利益。"在本案中，上诉人与被上诉人达成口头约定，约定上诉人给被上诉人介绍保单，在上诉人将车险业务介绍给被上诉人并承保后，被上诉人在 15～20 个工作日内给上诉人结算佣金作为好处费。本案的上诉人与被上诉人均系保险公司的业务员（个人保险代理人），而《保险法》第一百三十一条是规范保险代理人、保险经纪人等从业人员不得给予或者承诺给予投保人、被保险人或者受益人保险合同约定以外的利益。因此，上诉人给被上诉人介绍车险业务的行为不受《保险法》第一百三十一条约束。二、《保险法》第一百三十一条规定属于管理性强制性规范，而非效力性强制性规范，上诉人与被上诉人之间的口头约定合法有效。首先，《保险法》并未明确规定保险代理人、保险经纪人及其从业人员在办理保险业务过程中给予或者承诺给予投保人、被保险人或者受益人保险合同约定以外的利益，将导致保险合同无效或者不成立。其次，在保险代理人承诺给予投保人返利的前提下，交易行为包含保险合同本身以及保险代理人的单方允诺行为，即使单方允诺违反保险法的规定，但保险合同以及单方允诺行为并不损害国家利益和社会公共利益，因此，保险合同仍然有效，单方允诺自表意人作出承诺，相对人予以接受时同样发生法律效力。再次，《保险法》第一百七十二条规定"个人保险代理人违反本法规定的，由保险监督管理机构给予警告，可以并处二万元以下的罚款；情节严重的，处二万元以上十万元以下的罚款。"由此可知，保险代理人、保险经纪人及其从业人员在办理保险业务过程中违反《保险法》规定的，将会受到行政处罚。《保险法》禁止的重心是行为手段或方式，绝非禁止合同本身。因此，《保险法》第一百三十一条规定属于管理性强制性规范，违反上述规定订立的保险合同以及保险代理人的单方允诺行为依然有效。综上所述，在上诉人与被上诉人存在事实合同法律关系的前提下，按照双方的约定，被上诉人应当履行向上诉人返现的合同义务。但被上诉人至今仍未向上诉人支付返现款项，违背民事法律活动诚实信用原则。本案不符合《保险法》第一百三十一条规定的情形，一审法院适用法律错误，同时该条文属于管理性强制性规定，不属于效力性强制性规定，因此，上诉人与被上诉人交易活动下订立的保险合同以及被上诉人单方允诺行为并不违反法律、行政法规效力性强制性规定，法律行为有效，双方当事人应严格恪守约定，履行合同义务。同时，根据合同相对性原则，也应当是被上诉人向上诉人履行合同义务。

郭某辩称：一、一审法院认定事实正确，上诉人主张"佣金、好处费"超出本案审理范围，且无事实依据。上诉人主张的佣金、好处费超出本案审理范围，一审只字未提，也未进行举证质证"佣金、好处费"，故二审法院不应予以审理。另外，一审诉请系承诺向投保人支付的返款以及加油卡，双方当事人对该事实均无异议，并已由一审某区人民法院审理确认，故（2021）辽0111民初4467号民事判决无论是认定事实部分还是上诉人诉请部分，均能够确认案涉争议焦点款项系"向投保人返款的费用"，而非上诉状中主张的"佣金"和"好处费"。现上诉人又主张"佣金、好处费"，无任何证据证明及事实依据。二、一审法院适用法律正确。"承诺返款"被相关法律规定明令禁止，如履行则将严重影响金融安全、市场秩序，故给付返款的约定无效。根据《中华人民共和国保险法》第一百三十一条之规定，保险代理人、保险经纪人及其从业人员在办理保险业务活动中不得承诺给予投保人、被保险人或者受益人保险合同约定以外的利益，该条款保护的法益系为保护金融安全及市场秩序，如有违反则应当以违背公序良俗而认定为无效。而非上诉人仅以处罚方式机械地理解为"管理性法律规定"。举重以明轻，有资质的人员尚不能实施该行为，更何况没有资质的人员。本案中，双方的约定是由被上诉人支付返款，再由上诉人将返款向投保人支付，该约定不具有履行的合法性，故不应得到支持。三、上诉人未先行垫付任何一笔返款及加油卡，有投保人陆续退保，故上诉人无任何损失，亦无权要求被上诉人支付。一审审理过程中，双方已对退保情况予以核对，且被上诉人已向其支付 24 440 元返款费用，故上诉人也未垫付任何一笔费用，不存在损失，无权要求被上诉人再向其支付费用。另外，被上诉人也将保留向上诉人主张返还已支付的 24 440 元不当得利的权利。综上所述，一审法院认定事实清楚，适用法律正确，上诉人上诉主张无事实与法律依据。

本院二审期间，当事人围绕上诉请求依法提交了证据。本院组织当事人进行了证据交换和质证。上诉人黎某提交微信聊天记录截图，证明佣金结算并非给投保人，而是给保险从业人员。郭某质证意见：上诉人提供的微信聊天截图中与除郭某外，五人的聊天记录与本案无关，无法证明其与郭某之间关于返款的约定，另与郭某的聊天记录一审已提交，属于重复提交，恰证明一审及一审过程中黎某自述事实。本院综合全案情况对上述证据进行认定。本院二审查明的事实与一审法院查明的事实一致。

本院认为，本案双方当事人均自认为保险从业人员，对于保险行业法律法规、部门规章制度等应明知并严格遵守，而本案中双方所约定的将投保人所缴保费按比例返还并赠送加油卡等，属于保险返佣行为，该行为为《中华人民共和国保险法》第一百三十一条以及银保监会相关规定所明确禁止，因此属于违反法律，违背公序良俗，虽不至于必然造成保险合同无效，但该保险返佣行为不能得到法律支持和保护，原审处理正确合理。

综上所述，上诉人黎某的上诉请求不能成立，应予驳回；一审认定事实清楚，适用法律正确，应予维持。依照《中华人民共和国民事诉讼法》第一百七十七条第一款第一项的规定，判决如下：

驳回上诉，维持原判。

【说明】 这是一起上诉人援引《保险法》第一百七十二条，认为《保险法》禁止的重心是行为手段或方式，绝非禁止合同本身，法院未予支持其主张的案件。

《保险法》第一百三十一条规定了保险代理人、保险经纪人及其从业人员在办理保险业务活动中的禁止行为：（一）欺骗保险人、投保人、被保险人或者受益人；（二）隐瞒与保险合同有关的重要情况；（三）阻碍投保人履行本法规定的如实告知义务，或者诱导其不履行本法规定的如实告知义务；（四）给予或者承诺给予投保人、被保险人或者受益人保险合同约定以外的利益；（五）利用行政权力、职务或者职业便利以及其他不正当手段强迫、引诱或者限制投保人订立保险合同；（六）伪造、擅自变更保险合同，或者为保险合同当事人提供虚假证明材料；（七）挪用、截留、侵占保险费或者保险金；（八）利用业务便利为其他机构或者个人牟取不正当利益；（九）串通投保人、被保险人或者受益人，骗取保险金；（十）泄露在业务活动中知悉的保险人、投保人、被保险人的商业秘密。《保险法》第一百七十二条规定了违法行为的责任后果：个人保险代理人违反本法规定的，由保险监督管理机构给予警告，可以并处二万元以下的罚款；情节严重的，处二万元以上十万元以下的罚款。

本案是两个保险从业人员的返佣纠纷，被告郭某向原告黎某承诺在投保人与保险公司签订保险合同并支付保险费后，将按保费的一定比例为投保人返还费用，并赠送加油卡作为吸引客户投保的优惠条件，该笔费用先由被告转给原告，原告再将该笔费用退还给相应的投保人。原告黎某起诉被告郭某即为索要之前承诺的返还费用。

黎某上诉后援引《保险法》第一百七十二条，认为《保险法》禁止的重心是行为手段或方式，绝非禁止合同本身。法院指出双方当事人均自认为保险从业人员，对于保险行业法律法规、部门规章制度等应明知并严格遵守，而本案中双方所约定的将投保人所缴保费按比例返还并赠送加油卡等，属于保险返佣行为，《保险法》第一百三十一条以及银保监会相关规定明确禁止该行为。因此，属于违反法律，违背公序良俗，虽不至于必然造成保险合同无效，但该保险返佣行为不能得到法律支持和保护。

保险代理人、保险经纪人及其从业人员违法行为的责任后果由轻到重排列如下：（1）保险公司内部管理处罚责任，保险公司一般通过基本法对代理人进行全方位管理，其中有对业务员违规行为的处罚规定，不同的违规行为，对应扣品质分、罚款、追回佣金、降级、开除等处罚措施；（2）民事责任，保险代理人、保险经纪人及其从业人员行为构成侵权的，被侵权人可以通过仲裁诉讼程序主张其承担相应的侵权责任，构成违约的，可以主张其承担违约责任；（3）行政责任，如《保险法》第一百七十二条之规定，个人保险代理人违反本法规定的，由保险监督管理机构给予警告，可以并处二万元以下的罚款；情节严重的，处二万元以上十万元以下的罚款；（4）刑事责任，根据《刑法》第二百六十六条的规定，保险代理人或者保险经纪人在其业务中欺骗保险人、投保人、被保险人或受益人，诈骗公私财物，数额较大的，处三年以下有期徒刑、拘役或者管制，并处或者单处罚金；数额巨大或者有其他严重情节的，处三年以上十年以下有期徒刑，并处罚金；数额特别巨大或者有其他特别严重情节的，处十年以上有期徒刑或者无期徒刑，并处罚金或者没收财产。刑法另有规定的，依照规定。构成其他犯罪的，依照刑法的有关规定追究刑事责任。

第一百七十三条　外国保险机构未经国务院保险监督管理机构批准，擅自在中华人民共和国境内设立代表机构的，由国务院保险监督管理机构予以取缔，处五万元以上三十万元以下的罚款。

外国保险机构在中华人民共和国境内设立的代表机构从事保险经营活动的，由保险监督管理机构责令改正，没收违法所得，并处违法所得一倍以上五倍以下的罚款；没有违法所得或者违法所得不足二十万元的，处二十万元以上一百万元以下的罚款；对其首席代表可以责令撤换；情节严重的，撤销其代表机构。

【说明】保险公司代表机构是总公司设立的非直接从事保险经营活动的机构。代表机构的职能是调查研究，搜集信息，为总公司提供驻在地有关保险方面的情况，起到总公司与驻在地的沟通、联络作用。总公司一般是在没有设立分支机构的地区设立代表机构，由代表机构摸情况，打基础，待条件成熟后，再设立分支机构，开展保险业务。代表机构与分支机构同是总公司的派出机构，但这两个机构的性质不同。分支机构可以依法直接从事经营活动，其应依法注册登记，取得非法人营业执照，在核准的经营范围内开展保险业务。而代表机构只能从事非直接的经营活动，取得登记证，不能直接开展保险业务，其规模要比分支机构小。

外国保险公司在中华人民共和国境内设立代表机构，必须经过保险监督管理机构批准，体现了国家对保险业的严格监管。虽然这种代表机构不直接从事保险业务，但是其活动与保险业务有密切的联系，因而需要保险监督管理机构从总体上把握代表机构的设立情况，以便对其日常活动进行监管。

如果外国保险机构在中国境内设立的代表机构从事保险经营活动，由保险监督管理机构责令改正，没收违法所得，并处违法所得一倍以上五倍以下的罚款；没有违法所得或者违法所得不足二十万元的，处二十万元以上一百万元以下的罚款；对其首席代表可以责令撤换；情节严重的，撤销其代表机构。

第一百七十四条 投保人、被保险人或者受益人有下列行为之一，进行保险诈骗活动，尚不构成犯罪的，依法给予行政处罚。

（一）投保人故意虚构保险标的，骗取保险金的；

（二）编造未曾发生的保险事故，或者编造虚假的事故原因或者夸大损失程度，骗取保险金的；

（三）故意造成保险事故，骗取保险金的。

保险事故的鉴定人、评估人、证明人故意提供虚假的证明文件，为投保人、被保险人或者受益人进行保险诈骗提供条件的，依照前款规定给予处罚。

【说明】 投保人、被保险人或者受益人以骗取保险金为目的，采用虚构保险标的、编造未曾发生的保险事故或故意造成保险事故等欺骗手段，进行保险诈骗活动，不仅损害保险公司的利益，也会损害社会公共利益。

投保人故意虚构保险标的，骗取保险金的。是指投保人在与保险人订立保险合同时，故意虚构不存在的保险标的而与保险人订立保险合同，以骗取保险金的行为。比如，投保人没有相关货物，而向保险人提供伪造的仓单或者其他证明文件，与保险人订立保险合同，骗取保险金。

编造未曾发生的保险事故，或者编造虚假的事故原因或者夸大损失程度，骗取保险金的。是指在未曾发生保险事故的情况下，向保险人提供编造的事实；隐瞒真实的事故原因，编造虚假的事故原因或者夸大损失程度，以骗取保险金的行为。如某仓库投保企业财产险后，没有发生仓库被盗事件，而故意制造仓库被盗的假现场，骗取保险金。

故意造成保险事故，骗取保险金的。是指在保险合同有效期内，故意造成保险事故，使所投保的财产灭失、损毁，以骗取保险金的行为。如某人购买了一辆二手车，以高于该车的实际价值投保财产损失险后，故意制造交通事故，骗取保险金。

《刑法》第一百九十八条规定：有下列情形之一，进行保险诈骗活动，数额较大的，处五年以下有期徒刑或者拘役，并处一万元以上十万元以下罚金；数额巨大或者有其他严重情节的，处五年以上十年以下有期徒刑，并处二万元以上二十万元以下罚金；数额特别巨大或者有其他特别严重情节的，处十年以上有期徒刑，并处二万元以上二十万元以下罚金或者没收财产。

（一）投保人故意虚构保险标的，骗取保险金的；

（二）投保人、被保险人或者受益人对发生的保险事故编造虚假的原因或者夸大损失的程度，骗取保险金的；

（三）投保人、被保险人或者受益人编造未曾发生的保险事故，骗取保险金的；

（四）投保人、被保险人故意造成财产损失的保险事故，骗取保险金的；

（五）投保人、受益人故意造成被保险人死亡、伤残或者疾病，骗取保险金的。

有前款第四项、第五项所列行为，同时构成其他犯罪的，依照数罪并罚的规定处罚。

单位犯第一款罪的，对单位判处罚金，并对其直接负责的主管人员和其他直接责任人员，处五年以下有期徒刑或者拘役；数额巨大或者有其他严重情节的，处五年以上十年以下有期徒刑；数额特别巨大或者有其他特别严重情节的，处十年以上有期徒刑。

保险事故的鉴定人、证明人、财产评估人故意提供虚假的证明文件，为他人诈骗提供条件的，以保险诈骗的共犯论处。

投保人、被保险人或者受益人有本条所列行为之一，进行保险诈骗活动，尚不构成犯罪的，依照国家有关规定给予行政处罚。根据全国人大常委会《关于惩治破坏金融秩序犯罪的决定》第二十一条的规定，情节轻微不构成犯罪的，可以由公安机关处以十五日以下拘留、五千元以下罚款。

第一百七十五条 违反《保险法》规定，给他人造成损害的，依法承担民事责任。

【案例126】（2018）冀0204民初1362号

原告薄某与被告某保险公司财产保险合同纠纷一案，本院于2018年8月23日立案后，依法适用简易程序，公开开庭进行了审理。

原告薄某向本院提出诉讼请求：1. 依法判令被告向原告支付本金70 000元，2015年10月15日至2016年10月14日的收益4 340元，以70 000元为基数按照6.2%/年标准自2016年10月15日起至实际付清之日止支付资金占用费。2. 判令被告承担本案全部诉讼费用。事实与理由：2015年10月14日，

在被告的经营场所，原告向被告投保投资型家庭财产组合保险，约定保险费
为 70 000 元，年收益率为 6.2%，保险期间自 2015 年 10 月 15 日至 2016 年 10
月 14 日，经办人为霍某，系被告业务经理。同日，原告以现金方式向被告交
付保险费 70 000 元。被告收到上述保险费后，向原告开具等额发票。上述保
险期届满后，被告未履行付款义务，经原告多次催要，一直以各种理由推脱，
被告拖延付款行为，给原告造成了严重的经济损失，无奈之下，原告为维护
自身合法权益，特向贵院提起诉讼。

被告保险公司辩称，按照《合同法》规定，这是用合法方式掩盖非法目
的，《合同法》第五十二条有明确规定，霍某因为诈骗罪已经被路北法院判刑
13 年，认定她是伪造保单诈骗，所以原告方的保单是霍某诈骗的工具，合同
是无效的。在霍某 2017 年 1 月 1 日被公安机关逮捕后，本案原告薄某和母亲
杨某到我公司，我公司出具了答复函，主张原告报案，不知何种原因原告没
有报案。诉状中，被告的经营场所，原告所说并不明确，营业大厅都有录像，
2011 年起我们都是刷卡，不收现金了，原告没有证据证明将现金交给霍某，
更没有交到保险公司。

本院经审理认定事实如下：对于当事人双方没有争议的事实，本院予以
确认。1. 原告提交被告企业信用信息公示报告一份，证明被告系依法成立的
保险公司分支机构，是适格主体。被告对该证据的真实性无异议，但是证明
目的不认可，被告认为原告应当起诉霍某个人。经审查，本院对该证据的真
实性予以采信。2. 原告提交 2015 年 10 月 14 日原告和被告之间签订的投资保
障保险单一份，2015 年 10 月 14 日被告向原告出具的发票一张，证明原、被
告之间保险关系成立且合法有效，保险费为 70 000 元，年收益 6.2%，保险
期间自 2015 年 10 月 15 日起至 2016 年 10 月 14 日止，且被告收到了原告交付
的保险费。被告认为该保单号经调查是霍某盗用的被告家全宝的批单，保单
内容被告从未有过且被告从未收到原告缴纳的保费，发票号码经查是某机械
制造责任有限公司投的船货险的发票号。经审查，被告认可原告提交的保单、
发票系被告的批单、发票，本院对此事实予以确认。3. 被告提交答复暨承诺
函，证明原告第一时间已经知道涉及刑事案件，被告也建议原告去报案，但

是原告没有采取这一措施。原告对该证据的真实性、合法性、关联性及证明目的均不认可，从形式上看原告并未签字，无法证明原告知情，答复内容仅是被告单方陈述，不能作为证据使用，内容中被告明确认可霍某系被告公司员工，因此霍某从事的相关行为产生的法律后果应由被告承担。经审查，该证据仅为被告单方出具且原告不予认可，本院对该证据不予采信。4. 被告提交某市路北区人民法院关于霍某犯诈骗罪案件的刑事判决书，证明纯属霍某个人诈骗行为造成原告损失，与被告无关。原告对该证据的真实性无异议，但是对证明目的和关联性不予认可，该份判决书只是涉及陶某等55人举报霍某涉嫌诈骗，与本案并无关系。经审查，原、被告均认可原告并不在该判决书中55名受害人之列，本院对该证据的真实性予以采信，但与本案的关联性不予确认。5. 被告提交某市路南区人民法院民事裁定书一份，证明案件正在审理中，建议原告先行报案。原告对该证据的真实性无异议，但是该裁定书涉及的案件正在二审审理中，该裁定书并未生效且与本案无关联性。经审查，本院对该证据与本案的关联性不予确认。6. 被告提交涉案的虚假发票号码对应的真实发票情况，证明发票确系霍某伪造的，被告并未收到原告的钱款。原告对该证据的真实性、合法性、关联性均有异议，上面只是一个表格，且只是被告单方陈述，属于被告内部管理行为，原告交款给被告后，被告出具加盖该公司印章的发票，属于正常交易，原告已尽到了合理的审查义务。经审查，该证据原告不予认可，且被告辩称自2011年起，其都是刷卡不收现金了，但被告未能提交2015年10月14日（原告所持保险费发票上的日期）其公司账号的银行交易明细清单来证明其未收到此笔保费，故本院对该证据的真实性不予采信。7. 被告于举证期后提交鉴定申请书，申请对涉案保单上加盖的承保业务专用章的真伪进行鉴定。原告认为本案没有必要对印章进行鉴定，原告有充分理由认为构成表见代理，根据相关法律规定，可以认定本案被告承担相应责任；根据《最高人民法院关于在审理经济纠纷案件中涉及经济犯罪嫌疑若干问题的规定》第五条第二款的规定，本案印章即使为霍某私刻，被告依然承担相应责任。经审查，被告已承认保险单和保险费发票系被告单位所有，但其内容为霍某伪造，原告对此未予反驳，故被告再行申请鉴定保险单和保险费发票上加盖印章的真伪，对于被告欲证明霍某伪造保险单和保险费发票的事实已无意义，根据《最高人民法院关于适用〈中华人民共和国民事诉讼法〉的解释》第一百二十一条第一款的规定，本院对该申请不予准许。

根据当事人的陈述和经审查确认的证据，本院认定事实如下：2015 年 10 月 14 日，原告薄某作为投保人向被告保险公司投保投资保障型保险，保险单载明：保险期间为 1 年，每份保险投资金为 70 000 元，年收益率为 6.2%，每份收益金为 4 340 元，每份满期给付金为 74 340 元，投保份数为 1 份，保险投资金总额为 70 000 元。被告于当日为原告开具了发票。保险单、发票的经办人均为被告公司销售经理霍某。该保险单到期后，被告未向原告支付满期给付金。2018 年 5 月 31 日，某市路北区人民法院作出（2017）冀 0203 刑初 338 号刑事判决书，判决：一、被告人霍某犯诈骗罪，判处有期徒刑十三年，并处罚金人民币二百万元；二、继续追缴尚未退还的赃款，发还给 56 名被害人。本案原告薄某未在上述案件的 56 名被害人之列。

本院认为，被告保险公司认为原告薄某提交的保险单和保险费发票系霍某伪造，经被告调查该保单号是霍某盗用的被告家全宝险种的批单、发票号码是某机械制造责任有限公司投保的船货险的发票号，但被告的此抗辩意见却证明了保险单和保险费发票确系被告保险公司的真实材质，二者具备正常保单、发票的外观形式和内容并加盖印文为保险公司承保业务专用章、发票专用章的印章，且经办人是被告保险公司的销售经理。原告作为不知情的善意投保人据上述纸质材料的外观和经办人员的身份有理由相信其购买的保险是真实的，其并无能力辨别此保单、发票系彼保单、发票，该险种是否为被告的经营范围以及加盖公章的真伪。我国《保险法》第一百二十七条第二款规定"保险代理人没有代理权、超越代理权或者代理权终止后以保险人名义订立合同，使投保人有理由相信其有代理权的，该代理行为有效。保险人可以依法追究越权的保险代理人的责任。"该款是规定保险代理人无权代理的情形和法律后果，举轻以明重，本案经办人霍某是被告保险公司的销售经理，其虽有伪造行为，但使作为投保人的原告有理由相信其购买的保险是真实的，故经办人霍某向原告销售保险的行为应当视为被告保险公司的行为，原、被告之间形成有效的保险合同关系，被告应向原告承担民事责任。对于经办人霍某，被告保险公司可以依法追究其责任。因此，对原告诉请的支付涉案保险金74 340元的诉讼请求，本院予以支持。对于原告诉请的被告以70 000元为基数按照6.2%/年标准自2016年10月15日起至实际付清之日止支付资金占用费，参照《最高人民法院关于审理民间借贷案件适用法律若干问题的规定》第二十九条第二款第二项"约定了借期内的利率但未约定逾期利率，出借人主张借款人自逾期还款之日起按照借期内的利率支付资金占用期间利息的，人民法院应予支持"以及利率上限的规定，本院对原告的该项诉讼请求予以支持。此外，对于《最高人民法院关于在审理经济纠纷案件中涉及经济犯罪嫌疑若干问题的规定》第五条的适用问题，原告认为应当适用第二款，但被告认为应当适用第一款。该第五条规定单位是否有明显过错及因果关系应否赔偿的内容是关于侵权责任的条款，但在本案中，原告是诉请被告按照保险合同履行给付义务，而非要求被告因侵权行为承担赔偿责任，故本院对双方的意见均不予采纳。

综上所述，依照《中华人民共和国保险法》第十四条、第一百一十六条第一项、第一百七十五条，《最高人民法院关于适用〈中华人民共和国民事诉讼法〉的解释》第一百二十一条第一款规定，判决如下：

一、被告某保险公司于本判决生效之日起十五日内给付原告薄某保险金74 340元；

二、被告某保险公司于本判决生效之日起十五日内以70 000元为基数按照6.2%/年为标准支付原告薄某自2016年10月15日起至实际付款之日止的资金占用费。

【说明】 这是一起法院援引《保险法》第一百七十五条规定，判决保险公司依法承担民事责任的案件。

2015年10月14日，原告薄某作为投保人向被告保险公司投保投资保障型保险，保险单载明：保险期间为1年，每份保险投资金为70 000元，年收益率为6.2%，每份收益金为4 340元，每份满期给付金为74 340元，投保份数为1份，保险投资金总额为70 000元。保险公司销售经理霍某使用真实的单据，伪造了单据上的内容，为原告开具了发票并出具保单。2018年5月31日，某法院作出（2017）冀0203刑初338号刑事判决书，判决：一、被告人霍某犯诈骗罪，判处有期徒刑十三年，并处罚金人民币二百万元；二、继续追缴尚未退还的赃款，发还给56名被害人。本案原告薄某未在上述案件的56名被害人之列。原告薄某保险单到期后，被告保险公司未向原告支付满期给付金。薄某起诉后法院支持了其诉求。

本案的关键点有二：（1）保险单和保险费发票确系被告保险公司的真实材质，二者具备正常保单、发票的外观形式和内容并加盖印文为保险公司承保业务专用章、发票专用章的印章，且经办人是被告保险公司的销售经理。（2）被告保险公司未能提交2015年10月14日（原告所持保险费发票上的日期）其公司账号的银行交易明细清单来证明其未收到此笔保费。

据此，法院认为原告作为不知情的善意投保人根据上述纸质材料的外观和经办人员的身份，有理由相信其购买的保险是真实的，其并无能力辨别保单、发票真伪，该险种是否为被告的经营范围以及加盖公章的真伪。根据《保险法》第一百二十七条第二款规定"保险代理人没有代理权、超越代理权或者代理权终止后以保险人名义订立合同，使投保人有理由相信其有代理权的，该代理行为有效。保险人可以依法追究越权的保险代理人的责任。"该款是规定保险代理人无权代理的情形和法律后果，举轻以明重，本案经办人霍某是被告保险公司的销售经理，其虽有伪造行为，但使作为投保人的原告有理由相信其购买的保险是真实的，故经办人霍某向原告销售保险的行为应当视为被告保险公司的行为，原、被告之间形成有效的保险合同关系，被告应向原告承担民事责任。对于经办人霍某，被告保险公司可以依法追究其责任。

在实践中，保险公司的空白保单、发票、批单等单证一般有严格的登记管理制度，不同单证由特定岗位职责的人员使用，单证上都有唯一编号，按照编号顺序使用，并在登记簿上登记领用数量、领用人、领用时间单证编号等信息，如果打印错误或者污损，要将单证销毁并登记记录该编号单证作废，过期未使用的或者改版的，也要收回集中销毁，并登记记录。本案发生的根源在于保险公司的单证管理出现漏洞，代理人获取了保险公司的真实单证，并私刻公章、伪造单证内容诈骗客户。保险公司应该实施严格的岗位隔离制度，代理人和一般工作人员正常情况下是接触不到重要的空白单证的。

民事责任是民事法律关系的当事人不依法履行民事法律义务，应当承担的法律后果。如保险代理人或者保险经纪人在其业务活动中欺骗投保人、被保险人或者受益人，给投保人、被保险人或者受益人造成损害的，应当依法承担赔偿责任。民事责任根据具体责任性质不同可以分为两大类：一类是违约的民事责任；另一类是侵权的民事责任。违约的民事责任是指合同关系的当事人不依法履行合同约定的义务而应当承担的责任。侵权的民事责任是指民事法律关系的当事人由于自身的过错，给他人的人身权利或者财产权利造成损害应当承担的责任。民事责任具有以下特点：一是以财产责任为主；二是以等价、补偿为原则；三是向相对特定的权利人或者受害人承担责任。由于违反保险法规定，给他人造成损害的情况比较复杂，法律不可能将所有的违法行为一一列举出来，因此，本条只原则规定，违反保险法，"给他人造成损害的，应当依法承担民事责任"。这样规定有三个好处：一是可以避免法律条文过于烦琐；二是可以防止挂一漏万；三是可以给受到损害的当事人提供全面保护。依照本条规定，凡是违反保险法规定，给他人造成损害的，都要依法承担相应的民事责任。

本案法院在判决保险公司承担责任后也指出，对于经办人霍某，保险公司可以依法追究其责任。

第一百七十六条 拒绝、阻碍保险监督管理机构及其工作人员依法行使监督检查、调查职权，未使用暴力、威胁方法的，依法给予治安管理处罚。

【说明】《治安管理处罚法》第五十条规定：有下列行为之一的，处警告或者二百元以下罚款；情节严重的，处五日以上十日以下拘留，可以并处五百元以下罚款：……（二）阻碍国家机关工作人员依法执行职务的。

调查人员依法开展相关调查时，被调查单位和个人应当配合，如实说明有关情况，并提供有关文件、资料，不得拒绝、阻碍和隐瞒。阻碍银保监会及其派出机构工作人员依法执行调查任务的，由银保监会及其派出机构提请公安机关依法给予治安管理处罚，涉嫌构成犯罪的，依法移送司法监察机关等部门。

第一百七十七条 违反法律、行政法规的规定，情节严重的，国务院保险监督管理机构可以禁止有关责任人员一定期限直至终身进入保险业。

【案例127】晋银保监罚决字〔2022〕27号

根据《中华人民共和国保险法》《中华人民共和国行政处罚法》等有关规定，某银保监局对张某涉嫌违法一案进行了立案调查、审理，并依法向当事人告知了作出行政处罚的事实、理由、依据及当事人依法享有的权利。本案现已审理终结。

经查，张某存在以下违法行为：

张某骗取3名客户的身份证、银行卡（及密码），在客户不知情的情况下代客户签署授权委托书，办理保单贷款，并将贷款据为己用。涉及保单5笔，保费45.27万元，贷款金额23.4万元。2020年11月26日，张某因贷款诈骗罪、诈骗罪被某区人民法院判决。

上述事实，有现场检查事实确认书、某区人民法院刑事判决书〔（2020）晋0108刑初13号〕、张某劳动合同及入离司文件、某中支文件等证据证明。

综上所述，某保监局决定作出如下行政处罚：

上述欺骗投保人、被保险人行为，违反了《中华人民共和国保险法》第一百一十六条的规定。根据《中华人民共和国保险法》第一百七十七条"违反法律、行政法规的规定，情节严重的，国务院保险监督管理机构可以禁止有关责任人员一定期限直至终身进入保险业"的规定，经中国银保监会授权，某保监局决定禁止张某终身进入保险业。

当事人如不服本行政处罚决定，可以在收到本处罚决定书之日起六十日内向中国银行保险监督管理委员会申请行政复议，也可以在收到本处罚决定书之日起六个月内向有管辖权的人民法院提起诉讼。复议、诉讼期间本决定不停止执行。

【说明】行业禁入制度，是指对于那些违反法律、法规，情节严重的有关责任人员，银保监会依法采取的禁止其在一定期限内或终身不得进入保险行业的一种监督管理措施。

保险行业是高风险、高利益、专业性比较强的行业，也是一个非常强调规范、重视秩序、讲求诚信的行业。在保险行业设立行业禁入制度，目的在于规范保险活动，保护保险活动当事人的合法权益，加强对保险业的监督管理，维护社会经济秩序和社会公共利益。

在实践中，个别的保险营销员存在违背保险诚信原则、丧失职业道德的情况，不仅严重损害保险合同当事人中客户方的利益，也会大大损害保险公司的经济利益及声誉和行业形象，甚至可能影响当地的保险行业生态。针对这样的情况，各地的保险行业协会可以联合各会员公司，制定《保险销售违法违规人员行业禁入自律公约》，由各公司总经理共同审定签署生效。针对一系列严重违法违规行为，包括向客户给予或者承诺给予投保人、被保险人或者受益人保险合同约定以外的利益；唆使、诱导投保人终止、放弃有效的保险合同，购买新的保险产品，损害保险消费者利益。凡发生这些严重违法违规行为之一的保险销售违法违规人员，均实行行业禁入，视情节严重程度，实施行业禁入 1 年至 5 年。对于违法违规需实施行业禁入的人员，由当地行业协会进行信息备案登记并在业内通报，如被通报人员为在职代理制保险销售人员，其所在公司必须与当事人员解除代理合同或劳动合同，同时其他会员公司在禁入期内不得录用从事保险销售活动；如为离职人员，则各会员公司在禁入期内禁止录用。

第一百七十八条 保险监督管理机构从事监督管理工作的人员有下列情

形之一的，依法给予处分：

（一）违反规定批准机构的设立的；

（二）违反规定进行保险条款、保险费率审批的；

（三）违反规定进行现场检查的；

（四）违反规定查询账户或者冻结资金的；

（五）泄露其知悉的有关单位和个人的商业秘密的；

（六）违反规定实施行政处罚的；

（七）滥用职权、玩忽职守的其他行为。

【说明】 这是一条针对保险监督管理机构及其工作人员的自律性条款。

保险监督管理机构是国家对保险业实施监督管理的机关，其工作人员是国家公务员，应当珍重国家和人民赋予的权力，依法维护保险市场秩序，保护保险活动当事人的合法权益，促进保险业健康发展。保险监督管理机构对保险公司的监督管理工作贯穿始终，涉及各个方面，从机构的设立，业务的开展，日常管理经营，到违规处罚，整顿接管撤销清算，都处在银保监会的监督管理之下。在这种全方位监管的情况下，会产生一个问题，就是对监管者的监管。在保险理论中有一个俘获理论，即被监管者可以通过俘获监管者，使其按照自己的利益行事。实践中，中共中央组织部、人力资源和社会保障部、国家工商行政管理总局、国家公务员局联合下发了《关于规范公务员辞去公职后从业行为的意见》及银保监会下发的《关于进一步做好任职资格审批相关工作的通知》，对监管人员离职后任职审批进行管理。另外，增加监管活动的透明度，加大对监管者贿赂活动的查处力度都可以起到对监管者监管的作用。

保险监督管理机构及其工作人员应当依法履行职责，秉公执法。保险监督管理机构及其工作人员违反保险法规定，对不符合法定条件的设立保险公司的申请予以批准，或者对不符合保险条款、保险费率审批条件的申请予以批准，或者有滥用职权、玩忽职守的其他行为的，如故意刁难当事人，或者对所任职工作严重不负责任，敷衍塞责，不履行或者不认真履行法定职责等，即构成违法失职，尚不构成犯罪的，由保险监督管理机构或者行政监察部门对其直接负责的主管人员或者其他直接责任人员，给予行政处分，包括警告、记过、记大过、降级、降职、撤职、开除留用察看或者开除的处分。

第一百七十九条 违反《保险法》规定，构成犯罪的，依法追究刑事责任。

【案例 128】（2022）京 03 刑终 158 号

某区人民法院审理某区人民检察院指控原审被告人张某犯保险诈骗罪一案，于 2022 年 1 月 26 日作出（2021）京 0105 刑初 3195 号刑事判决。宣判后，原审被告人张某不服，提出上诉。本院依法组成合议庭，经过阅卷，讯问上诉人张某，听取辩护人的辩护意见，认为案件事实清楚，决定不开庭审理。现已审理终结。

某区人民法院刑事判决认定：

一、2009 年 4 月 5 日，刘某 1 虚报其名下捷达牌轿车（车牌号：京 M9×967）在某区京通快速路与京 GLW×70 蒙迪欧牌轿车、京 N85×81 酷派发生交通事故，后刘某 1 作为被保险人向×财产保险公司申请理赔，以此骗取保险理赔款 20 669 元。

二、2014 年 1 月 4 日，被告人张某伙同谢某 1（已判决），使用谢某 1 名下的蒙迪欧牌汽车（车牌号：京 Q81×90），在×市×区×桥下伪造与京 LB×513 奔驰牌汽车的交通事故，后谢某 1 作为被保险人向×财产保险公司申请理赔，以此骗取保险理赔款 102 836 元。

三、2014 年 6 月 15 日，被告人张某伙同谢某 1，使用谢某 1 名下的蒙迪欧牌汽车（车牌号：京 Q81×90），伪造在×市×区与京 J3×167 帕萨特牌汽车、京 NV6×06 本田牌汽车的三方交通事故，后谢某 1 作为被保险人向×财产保险公司申请理赔，以此骗取保险理赔款 35 105 元。

四、2015 年 7 月 3 日，被告人张某伙同谢某 1，使用谢某 1 名下的蒙迪欧牌汽车（车牌号：京 Q81×90），伪造在×市×区×路与京 NN8×61 酷派牌汽车的交通事故，后谢某 1 作为被保险人向 × 财产保险公司申请理赔，以此骗取保险理赔款 23 254 元。

被告人张某于 2021 年 7 月 3 日被抓获归案。上述款项已退赔至被害单位。

一审法院认定上述事实的证据有：报案人刘某 2 的证言、证人刘某 1、孙某 1、李某 1、夏某 1、树某 1、胡某 1、王某 1 的证言、《车辆理赔调查委托书》《× 保险公估有限公司委托书》、营业执照、× 保险公估有限公司出具的涉案四起事故的保险索赔书、机动车交通事故快速处理协议书、谢某 1、刘某 1 办理理赔时所拍照片、维修发票、银行卡及身份证照片等理赔材料、谢某 1、姜某 1、王某 1 名下邮政储蓄银行账户交易明细、到案经过、户籍材料、刑事判决书、同案行为人谢某 1 的供述、被告人张某的供述与辩解等。

根据上述事实及证据，某区人民法院认为，被告人张某伙同他人，编造未曾发生的保险事故，利用他人被保险人的身份骗取保险金，数额巨大，该行为已构成保险诈骗罪，依法应予惩处。某区人民检察院指控被告人张某犯保险诈骗罪的部分事实清楚，证据确实、充分，指控罪名成立；但指控张某伙同刘某 1 实施保险诈骗的事实证据不足，不予认定。在共同犯罪中，张某系主犯；鉴于张某当庭对部分事实予以认可，被害单位的经济损失已得到挽回，对张某所犯罪行酌予从轻处罚。故判决：被告人张某犯保险诈骗罪，判处有期徒刑五年，罚金人民币五万元。

上诉人张某的主要上诉理由：其认可 2014 年 6 月 15 日那起保险诈骗，其他两起不认可；其不是主犯，只是配合谢某 1 实施保险诈骗；谢某 1 转账 5 万元，系结算修车费用；一审量刑过重。

张某的辩护人的主要辩护意见是：张某不具有犯罪主体身份，无共同犯意及行为，不构成本罪；本案涉嫌单位犯罪。

二审审理期间，上诉人张某的辩护人向法庭提交证人出庭申请书，申请王某 1、姜某 1 出庭接受质询；并提交王某 1、姜某 1 名下银行账户流水，拟证实：一审遗漏了本案应属于单位犯罪的事实。

经二审审理查明的事实与一审相同。一审判决所据证据，经审查，证据的收集及质证符合法定程序，能够证明认定的事实，本院予以确认。

对于上诉人张某及其辩护人所提相关上诉理由、辩护意见及辩护人提交的证据材料、提出的证人出庭申请，经查，在案银行账户明细、证人证言、同案人谢某1的供述能够证明，张某利用谢某1被保险人的身份，起意并策划三起虚假的保险事故，通过谢某1骗取的保险金亦流入张某的关联人账户，张某与谢某1构成共同犯罪，且张某在共同犯罪中起到主要作用，系主犯。在案并无证据证明谢某1转入王某1账户的5万元系结算修车费用。在案并无证据证明犯罪事实系经单位决议、出于单位意志、以单位名义实施，不应认定为单位犯罪。一审法院考虑到张某当庭对部分事实予以认可，被害单位的经济损失已得到挽回等量刑情节，已对其酌予从轻处罚，量刑并无不当。故对于张某及其辩护人所提上诉理由、辩护意见及提交的证据材料所拟证明目的，本院不予采纳。对于证人出庭申请，本院不予支持。

本院认为，上诉人张某伙同他人编造未曾发生的保险事故，利用他人被保险人的身份骗取保险金，数额巨大，其行为已构成保险诈骗罪，依法应予惩处。某区人民法院根据张某犯罪的事实，犯罪的性质、情节及对于社会的危害程度所作出的判决，事实清楚，证据确实、充分，定罪及适用法律正确，量刑适当，审判程序合法，应予维持。据此，本院依照《中华人民共和国刑事诉讼法》第二百三十六条第一款第（一）项之规定，裁定如下：

驳回张某的上诉，维持原判。

本裁定为终审裁定。

【说明】这是一起被告人伙同他人编造未曾发生的保险事故，利用他人被保险人的身份骗取保险金，法院判决构成保险诈骗罪定罪处罚的案件。

违反《保险法》规定，构成犯罪的，依法追究刑事责任。本条涵盖了参与保险活动的各方当事人，构成犯罪的，都要依法追究刑事责任。

《刑法》第一百七十四条规定：未经国家有关主管部门批准，擅自设立商业银行、证券交易所、期货交易所、证券公司、期货经纪公司、保险公司或者其他金融机构的，处三年以下有期徒刑或者拘役，并处或者单处二万元以上二十万元以下罚金；情节严重的，处三年以上十年以下有期徒刑，并处五万元以上五十万元以下罚金。

伪造、变造、转让商业银行、证券交易所、期货交易所、证券公司、期货经纪公司、保险公司或者其他金融机构的经营许可证或者批准文件的，依照前款的规定处罚。

单位犯前两款罪的，对单位判处罚金，并对其直接负责的主管人员和其他直接责任人员，依照第一款的规定处罚。

第一百八十条规定：证券、期货交易内幕信息的知情人员或者非法获取证券、期货交易内幕信息的人员，在涉及证券的发行，证券、期货交易或者其他对证券、期货交易价格有重大影响的信息尚未公开前，买入或者卖出该证券，或者从事与该内幕信息有关的期货交易，或者泄露该信息，或者明示、暗示他人从事上述交易活动，情节严重的，处五年以下有期徒刑或者拘役，并处或者单处违法所得一倍以上五倍以下罚金；情节特别严重的，处五年以上十年以下有期徒刑，并处违法所得一倍以上五倍以下罚金。

单位犯前款罪的，对单位判处罚金，并对其直接负责的主管人员和其他直接责任人员，处五年以下有期徒刑或者拘役。

内幕信息、知情人员的范围，依照法律、行政法规的规定确定。

证券交易所、期货交易所、证券公司、期货经纪公司、基金管理公司、商业银行、保险公司等金融机构的从业人员以及有关监管部门或者行业协会的工作人员，利用因职务便利获取的内幕信息以外的其他未公开的信息，违反规定，从事与该信息相关的证券、期货交易活动，或者明示、暗示他人从事相关交易活动，情节严重的，依照第一款的规定处罚。

第一百八十三条规定：保险公司的工作人员利用职务上的便利，故意编造未曾发生的保险事故进行虚假理赔，骗取保险金归自己所有的，依照本法第二百七十一条的规定定罪处罚。

国有保险公司工作人员和国有保险公司委派到非国有保险公司从事公务的人员有前款行为的，依照本法第三百八十二条、第三百八十三条的规定定罪处罚（第三百八十二条、第三百八十三条是贪污罪的相关处罚规定）。

第一百八十五条规定：商业银行、证券交易所、期货交易所、证券公司、期货经纪公司、保险公司或者其他金融机构的工作人员利用职务上的便利，挪用本单位或者客户资金的，依照本法第二百七十二条的规定定罪处罚（第二百七十二条是挪用资金罪的相关处罚规定）。

国有商业银行、证券交易所、期货交易所、证券公司、期货经纪公司、保险公司或者其他国有金融机构的工作人员和国有商业银行、证券交易所、期货交易所、证券公司、期货经纪公司、保险公司或者其他国有金融机构委派到前款规定中的非国有机构从事公务的人员有前款行为的，依照本法第三百八十四条的规定定罪处罚（第三百八十四条是挪用公款罪的相关处罚规定）。

第一百八十五条之一规定：商业银行、证券交易所、期货交易所、证券公司、期货经纪公司、保险公司或者其他金融机构，违背受托义务，擅自运用客户资金或者其他委托、信托的财产，情节严重的，对单位判处罚金，并对其直接负责的主管人员和其他直接责任人员，处三年以下有期徒刑或者拘役，并处三万元以上三十万元以下罚金；情节特别严重的，处三年以上十年以下有期徒刑，并处五万元以上五十万元以下罚金。

社会保障基金管理机构、住房公积金管理机构等公众资金管理机构，以及保险公司、保险资产管理公司、证券投资基金管理公司，违反国家规定运用资金的，对其直接负责的主管人员和其他直接责任人员，依照前款的规定处罚。

第一百九十八条规定：有下列情形之一，进行保险诈骗活动，数额较大的，处五年以下有期徒刑或者拘役，并处一万元以上十万元以下罚金；数额巨大或者有其他严重情节的，处五年以上十年以下有期徒刑，并处二万元以上二十万元以下罚金；数额特别巨大或者有其他特别严重情节的，处十年以上有期徒刑，并处二万元以上二十万元以下罚金或者没收财产。

（一）投保人故意虚构保险标的，骗取保险金的；

（二）投保人、被保险人或者受益人对发生的保险事故编造虚假的原因或者夸大损失的程度，骗取保险金的；

（三）投保人、被保险人或者受益人编造未曾发生的保险事故，骗取保险金的；

（四）投保人、被保险人故意造成财产损失的保险事故，骗取保险金的；

（五）投保人、受益人故意造成被保险人死亡、伤残或者疾病，骗取保险金的。

有前款第四项、第五项所列行为，同时构成其他犯罪的，依照数罪并罚的规定处罚。

单位犯第一款罪的，对单位判处罚金，并对其直接负责的主管人员和其他直接责任人员，处五年以下有期徒刑或者拘役；数额巨大或者有其他严重情节的，处五年以上十年以下有期徒刑；数额特别巨大或者有其他特别严重情节的，处十年以上有期徒刑。

保险事故的鉴定人、证明人、财产评估人故意提供虚假的证明文件，为他人诈骗提供条件的，以保险诈骗的共犯论处。

第二百二十五条规定：违反国家规定，有下列非法经营行为之一，扰乱市场秩序，情节严重的，处五年以下有期徒刑或者拘役，并处或者单处违法所得一倍以上五倍以下罚金；情节特别严重的，处五年以上有期徒刑，并处违法所得一倍以上五倍以下罚金或者没收财产：……

（三）未经国家有关主管部门批准非法经营证券、期货、保险业务的，或者非法从事资金支付结算业务的；

另外，根据《刑法》第三百九十七条相关处罚规定，保险监督管理机构的工作人员对不符合法定条件的设立保险公司的申请予以批准，或者有滥用职权、玩忽职守的其他行为，致使公共财产、国家和人民利益遭受重大损失的，处三年以下有期徒刑或者拘役；情节特别严重的，处三年以上七年以下有期徒刑。保险监督管理机构的工作人员徇私舞弊，犯上述罪的，处五年以下有期徒刑或者拘役；情节特别严重的，处五年以上十年以下有期徒刑。

第八章 附 则

第一百八十条 保险公司应当加入保险行业协会。保险代理人、保险经纪人、保险公估机构可以加入保险行业协会。

保险行业协会是保险业的自律性组织，是社会团体法人。

【说明】中国保险行业协会是经中国保险监督管理委员会审查同意并在中华人民共和国民政部登记注册的中国保险业的全国性自律组织，是非营利性社会团体法人。接受业务主管单位中国银保监会和社团登记管理机关民政部的业务指导和监督管理。协会的宗旨是依据《中华人民共和国保险法》，配合保险监管部门督促会员自律，维护行业利益，促进行业发展，为会员提供服务，促进市场公开、公平、公正，全面提高保险业服务社会主义和谐社会的能力。

保险行业协会的职责范围包括行业自律职责、行业维权职责、行业服务职责、行业交流职责、行业宣传职责。

行业自律职责：（1）督促会员依法合规经营。组织会员签订自律公约，制定自律规则，约束不正当竞争行为，维护公平有序的市场环境；（2）组织制定行业标准。受政府有关部门委托，依据有关法律法规和保险业发展情况，组织制定行业的质量标准、技术规范、服务标准和行规行约；（3）积极推进保险业信用体系建设。建立健全保险业诚信制度、保险机构及从业人员信用信息体系，探索建立行业信用评价体系；（4）开展会员自律管理。对于违反协会章程、自律公约、自律规则和管理制度、损害投保人和被保险人合法权益、参与不正当竞争等致使行业利益和行业形象受损的会员，可按章程、自律公约和自律规则的有关规定，实施自律性惩罚，涉嫌违法的可提请监管部门或其他执法部门予以处理；（5）其他与行业自律有关的事项。

行业维权职责：（1）参与决策论证。代表行业参与同行业改革发展、行业利益相关的决策论证，提出相关建议；（2）维护行业合法权益。加强与监管部门、政府有关部门及其他行业的联络沟通，争取有利于行业发展的外部环境；（3）维护会员合法权益。当会员合法权益受损时，代表会员与有关方面协调沟通；（4）指导建立行业保险纠纷调解机制，加强保险消费者权益协调沟通机制的构建与维护；（5）接受和办理监管部门、政府有关部门委托办理的事项；（6）其他与行业维权有关的事项。

行业服务职责：（1）主动开展调查研究，及时向监管部门和政府有关部门反映保险市场存在的风险与问题，并提出意见和建议；（2）协调会员之间、会员与从业人员之间的关系，调处矛盾，营造健康和谐的行业氛围；（3）协调会员与保险消费者、社会公众之间的关系，维护保险活动当事人的合法权益；（4）构建行业教育培训体系，开展从业人员资格认证管理和培训工作；（5）组织会员间的业务、数据、技术和经验交流，促进资源共享、共同发展；（6）其他与行业服务有关的事项。

行业交流职责：（1）建立会员间信息通联工作机制，促进业内交流。经批准，依照相关规定创办信息刊物、开办网站。根据授权，汇总保险市场信息，提供行业数据服务，实现信息共享。（2）加强与其他相关行业协会的沟通与协调，促进行业对外交流。（3）搭建国际交流平台，积极参加国际保险组织，引导行业拓宽国际视野，拓展对外合作领域和空间。（4）组织参加国际会议和有关活动，服务行业走出去，学习、借鉴国外先进技术和经验。（5）其他与行业交流有关的事项。

行业宣传职责：（1）整合宣传资源，制定宣传规划，组织开展行业性的宣传和咨询活动；（2）组织落实"守信用、担风险、重服务、合规范"的保险行业核心价值理念，推动行业文化建设；（3）关注保险业热点、焦点问题，正面引导舆论宣传；（4）普及保险知识，利用多种载体开展保险公众宣传；（5）经政府有关部门批准，表彰先进典型，树立行业正气，营造良好形象；（6）其他与行业宣传有关的事项。

第一百八十一条 保险公司以外的其他依法设立的保险组织经营的商业保险业务，适用本法。

【案例 129】（2018）陕 05 民终 1735 号；（2019）陕民申 2196 号

2018 年 5 月 30 日 6 时许，被告樊某无证驾驶无牌嘉陵 - 125 型普通两轮摩托车，沿 365 乡道由东向西行驶到 365 乡道 16KM + 964.4M 处超车时（西寨村八组生产路口），与前方同方向右侧向南左转弯王某持"C1"型驾驶证驾驶的陕 05 - 303××号雷沃谷神牌方向盘自走式谷物联合收割机相刮擦，造成樊某及摩托车乘坐人姚某受伤，姚某经抢救无效于次日死亡，两车受损，酿成死亡交通事故。2018 年 6 月 26 日，该事故经某县公安局交通管理大队道路交通事故认定书认定，樊某、王某均负本次事故的同等责任，姚某不负本次事故责任。事故发生后，死者姚某被送往某县医院抢救治疗，花费医疗费 3 882.21 元，被告王某全额垫付，还垫付 30 000 元丧葬费。被告王某驾驶的陕 05 - 303××号雷沃谷神牌方向盘自走式谷物联合收割机在被告×省农业机械安全协会投保有农机互助保险，限额为：身故 100 000 元、医疗费 10 000 元、财产损失 2 000 元，且投有不计免赔，事故发生在保险期内。

一审法院认为，机动车发生交通事故造成人身伤亡的，由保险公司在机动车第三者责任强制保险责任限额范围内予以赔偿，未投保交强险的应在交强险范围内先于赔偿，不足部分由承保商业险的保险公司根据保险合同予以赔偿，仍有不足的按照事故责任由有过错的一方承担赔偿责任。被告×省农业机械安全协会辩称被告王某驾驶的车辆与其驾驶证不符，不予赔偿。因其未提供双方签订的保险合同，仅提供了×省农机安全协会互助会员手册，责任免除不能约束投保人王某，故被告×省农业机械安全协会的辩称意见不予支持。某县公安局交通管理大队作出交通事故认定书认定，樊某、王某均负本次事故的同等责任，姚某不负本次事故责任。被告樊某虽对事故责任提出异议，但没有证据佐证，本院对该事故认定书予以认定。对于原告的损失，根据某省统计局公布的相关数额以及本案案情确认为，医疗费××元、死亡赔偿金××元、被抚养人生活费××元、精神抚慰金酌定为××元，以上共

计 854 120. 21 元。首先由被告樊某与被告王某各在交强险医疗费项目下赔偿
1 941. 1 元，在伤残赔偿金项目下赔偿 110 000 元，剩余损失 630 238 元
（854 120. 21 元 - 111 941. 1 元 - 111 941. 1 元），由被告樊某按事故责任赔偿
原告 315 119 元（630 238. 01 元 × 50%），被告 × 省农业机械安全协会在互助
险范围内赔偿原告 100 000 元，剩余损失 215 119 元（630 238 元 - 315 119
元 - 100 000 元），由被告王某承担。被告王某垫付的 33 882. 21 元应予扣减。
依照中华人民共和国交通安全法》第七十六条、《最高人民法院关于审理人身
损害赔偿适用若干问题的解释》第十七条、第十八条、第十九条、第二十七
条、第二十八条、第二十九条、第三十五条之规定，判决：一、由被告 × 省
农业机械安全协会赔偿原告因姚某死亡的损失 100 000 元；二、由被告樊某赔
偿原告因姚某死亡的损失 427 060. 1 元；三、由被告王某赔偿原告因姚某死亡
的损失 293 177. 89 元。案件受理费 12 602 元，减半收取，由被告樊某与被告
王某各承担一半。

二审经审理查明的事实与一审认定的事实相同，本院予以确认。

本院认为，本案当事人争议的焦点是：上诉人 × 省农业机械安全协会主
张的免责条款是否有效。本案中被上诉人王某驾驶的车辆与其驾驶证准许的
驾驶范围不符，构成无证驾驶。上诉人 × 省农业机械安全协会主张免责，不
予进行保险赔偿，依据《中华人民共和国保险法》第十七条的规定，订立保
险合同，采用保险人提供的格式条款的，保险人向投保人提供的投保单应当
附格式条款，保险人应当向投保人说明合同的内容。对保险合同中免除保险
人责任的条款，保险人在订立合同时应当在投保单、保险单或者其他保险凭
证上作出足以引起投保人注意的提示，并对该条款的内容以书面或者口头形
式向投保人作出明确说明；未作提示或者明确说明的，该条款不产生效力。
上诉人 × 省农业机械安全协会还应当举证证明就其主张的免责条款已向投保
人进行了提示和说明义务，才能产生法律效力，但上诉人 × 省农业机械安全
协会不能提供双方签订的保险合同，其提供的保险单上也没有该内容，仅提
供了 × 省农机安全协会互助会员手册，故不能证明其已经就免责条款向投保
人王某进行了提示和说明义务，该免责条款不发生法律效力。涉保车辆陕

05-303××号雷沃谷神牌方向盘自走式谷物联合收割机在保险期内发生交通事故，保险人×省农业机械安全协会应当依据法律规定向被上诉人承担赔偿责任，涉案车辆保险限额为：身故100 000元、医疗费10 000元、财产损失2 000元，且投有不计免赔险。一审判决×省农业机械安全协会赔偿原告因姚某死亡的损失100 000元，是正确的。

综上所述，上诉人×省农业机械安全协会的上诉理由不能成立，应予驳回；原审判决认定事实清楚，适用法律正确，应予维持。依照《中华人民共和国民事诉讼法》第一百七十条第一款第一项的规定，判决如下：

驳回上诉，维持原判。

×省农业机械安全协会申请再审称：一、申请人为非营利性社会组织，互助保单（合同）是会员之间发生意外后从互助金中得到相应的补偿，不是保险合同。二、申请人尽到了免责条款的说明义务，被申请人××持C1准驾车型驾驶证不能驾驶收割机，其应承担收割机一方的全部赔偿责任。一、二审判决认定事实不清，适用法律错误。请求：撤销一、二审判决，改判申请人不承担赔偿责任。

本院经审查认为，《中华人民共和国保险法》第一百八十一条规定"保险公司以外的其他依法设立的保险组织经营的商业保险业务，适用本法"。本案中，王某为陕05-30313号雷沃谷神牌方向盘走式谷物联合收割机在×省农业机械安全协会投保了农机互助保险。×省农业机械安全协会作为依法设立的开展农机互助保险的组织，应适用《中华人民共和国保险法》。×省农业机械安全协会关于其系非营利组织，不适用《中华人民共和国保险法》的主张不能成立。

《中华人民共和国保险法》第十七条规定："订立保险合同，采用保险人提供的格式条款的，保险人向投保人提供的投保单应当附格式条款，保险人应当向投保人说明合同的内容。对保险合同中免除保险人责任的条款，保险人在订立合同时应当在投保单、保险单或者其他保险凭证上作出足以引起投保人注意的提示，并对该条款的内容以书面或口头形式向投保人作出明确说明；未做提示或者明确说明的，该条款不产生效力。"《最高人民法院关于适用《中华人民共和国保险法》若干问题的解释（二）》第十三条规定"保险人对其履行了明确说明义务负举证责任。"本案中，×省农业机械安全协会未提交双方签订的保险合同，其提交的互助手册不能证明已就免责条款向王某进行了提示和说明义务。×省农业机械安全协会主张其不应承担赔偿责任的理由不能成立，本院不予支持。

依照《中华人民共和国民事诉讼法》第二百零四条第一款，《最高人民法院关于适用〈中华人民共和国民事诉讼法〉的解释》第三百九十五条第二款的规定，裁定如下：

驳回×省农业机械安全协会的再审申请。

【说明】这是一起农业机械安全协会主张互助合同不是保险合同，法院援引《保险法》第一百八十一条规定未予支持其主张的案件。

王某为其方向盘自走式谷物联合收割机在×省农业机械安全协会投保有农机互助保险，限额为：身故 100 000 元、医疗费 10 000 元、财产损失 2 000 元，且投有不计免赔。2018 年 5 月 30 日 6 时许，被告樊某无证驾驶无牌摩托车与王某持"C1"型驾驶证驾驶的方向盘自走式谷物联合收割机发生刮擦事故，造成摩托车乘坐人姚某死亡，两车受损。2018 年 6 月 26 日，交通事故认定书认定，樊某、王某均负本次事故的同等责任，姚某不负本次事故责任。

×省农业机械安全协会辩称王某驾驶的车辆与其驾驶证不符，不予赔偿。但其未提供双方签订的保险合同，仅提供了×省农机安全协会互助会员手册，法院认为责任免除不能约束投保人王某，一审判决由被告×省农业机械安全协会赔偿原告因姚某死亡的损失 100 000 元。

×省农业机械安全协会上诉，主张王某驾驶的车辆与其驾驶证准许的驾驶范围不符，构成无证驾驶，主张免责条款有效，不予进行保险赔偿。二审法院援引《保险法》第十七条的规定，认为×省农业机械安全协会不能提供双方签订的保险合同，其提供的保险单上也没有该内容，仅提供了×省农机安全协会互助会员手册，故不能证明其已经就免责条款向投保人王某进行了提示和说明义务，该免责条款不发生法律效力。判决维持原判。

×省农业机械安全协会申请再审，称其为非营利性社会组织，互助保单（合同）是会员之间发生意外后从互助金中得到相应的补偿，不是保险合同。其尽到了免责条款的说明义务，王某持 C1 准驾车型驾驶证不能驾驶收割机，其应承担收割机一方的全部赔偿责任。请求撤销原判，改判其不承担赔偿责任。再审法院认为，《保险法》第一百八十一条规定"保险公司以外的其他依法设立的保险组织经营的商业保险业务，适用本法"。×省农业机械安全协会作为依法设立的开展农机互助保险的组织，应适用《保险法》。×省农业机械安全协会未提交双方签订的保险合同，其提交的互助手册不能证明已就免责条款向王某进行了提示和说明义务。驳回了×省农业机械安全协会的再审申请。

关于保险公司以外的其他性质的保险组织，一般还有相互保险组织、保险合作社等。这类保险组织的设置及运作都与保险公司有所区别。例如，相互保险组织是基于其成员之间相互保障的原则设立的社团法人。该保险组织出资人即保单持有人，也是被保险人。出资人之间形成相互保险关系。保险组织只为本组织的成员提供保险服务。保单持有人的地位类似公司的股东，由他们选举经营机构负责经营。被保险人既可以受到保险组织的保险保障，又有权获得保险经营带来的盈余分红。如有亏损，用摊缴保险费的方式，由保单持有人予以弥补。又如保险合作社，这是一种合作性质的保险组织。它既非公司，也非合伙。合作社由社员或社员代表大会选举决策机构，聘任理事经营保险业务。每一社员应交的保费是其同意分摊的预期损失加经营费用的总和。盈余可以分到每一成员的账户中，亏损则由成员就其分摊部分补交。退社时，可以退还全部应得盈余金。这种保险合作社通过成员之间的利益结合，实现相互监督，有利于基层农民互助共济。

本案中的农业机械安全协会，一般是各省民政厅、农业厅、农机局业务领导，保监部门业务指导，组织全省农机专业合作组织和农民机手开展农机安全互助保险试点工作。基本做法是协会搭台、农民唱戏、互助互保，同舟共济，筹集的安全互助会费，按照"有灾（事故）补偿会员，结余滚动积累，盈余归会员所有"的原则使用，集千家之力解一家之难，不以盈利为目的。

故本条对适用《保险法》的业务，前置条件为：一、保险公司以外的保险组织，即该保险组织并非保险公司；二、需依法设立；三、经营的业务需为商业保险业务。满足这三个前置条件的，适用本法。

第一百八十二条　海上保险适用《中华人民共和国海商法》的有关规定；《中华人民共和国海商法》未规定的，适用本法的有关规定。

【案例130】（2019）浙72民初1356号

"宝迪X1"轮系宝×公司所有并经营，管理人为舟山振×船舶管理有限公司，钢质干货船，近海航区，总吨2747，总长94.03米，型宽15.00米，型深6.50米，主机功率735千瓦，建成日期2009年4月30日，船籍港舟山，持有舟山海事局签发的船舶国籍证书、最低配员证书和浙江省船舶检验局舟山检验处签发的海上船舶检验证书，证书均在有效期内。第三人×保险公司系"宝迪X1"轮的船舶保险人，保险险别为船舶一切险。

"华X99"轮系葛某所有并实际经营，钢质干货船，内河A级航区，总吨4 019，总长99.80米，型宽17.60米，型深7.80米，主机功率1 396千瓦，建成日期2014年1月9日，船籍港宣城，持有安徽省宣城市地方海事局签发的船舶国籍证书、最低配员证书和安徽省船舶检验局（宣城）签发的内河船舶检验证书，船舶最低安全配员证书要求至少配备各类职务船员8名。宣城华×航运有限责任公司于2018年1月9日与葛某签订船舶委托经营管理合同、船舶安全管理责任书和不违法参与海上运输承诺书，并于2018年10月16日下发关于2018年违法参与海上运输召回函，对葛某进行约谈，针对非法从事海上运输船舶给出处理意见并向其宣传内河船舶参与海上运输的危害性。根据船方陈述及核对AIS，"华X99"轮多次从事由福建平潭载运黄砂至上海的运输业务。

2018年12月10日22时左右，"宝迪X1"轮从东营广利装载约1 861吨隔水管开航，驶往海口。12月14日23时30分左右，船位北线29度6分4秒，东经122度5分5秒，航迹向176度，航速8.9节，二副张某国和水手乐某土上驾驶台接班，自动舵，航行灯正常开启，雷达开启一台，3 海里量程，偏心显示，AIS 开启，两台 VHF 守听 16 频道，计划航向 190 度。15 日 0 时 55 分左右，船位北线 28 度 53 分 7 秒，东经 122 度 3 分 6 秒，航迹向 190 度，航速 9.0 节，通过雷达首次发现前方来船，AIS 显示航向 5 度至 10 度，位于前方偏右约 5.2 海里，确认为"HUA LUN HAO"轮（即"华 X99"轮）。10 时 4 分左右，船位北线 28 度 52 分 8 秒，东经 122 度 3 分 3 秒，航迹向 195 度，航速 8.9 节，二副张某国视觉看到"华 X99"轮红绿舷灯，位于前方约 3 海里处，转手操舵，下舵令"向左转向 10 度"，同时 VHF16 频道呼叫"HUA LUN HAO, HUA LUN HAO"，并用激光灯照射对方船舶驾驶台。10 时 6 分左右，船位北线 28 度 52 分 1 秒，东经 122 度 3 分 3 秒，航迹向 190 度，航速 8.9 节；10 时 8 分左右，船位北线 28 度 51 分 8 秒，东经 122 度 3 分 2 秒，航迹向 190 度，航速 8.8 节；11 时 1 分左右，船位北线 28 度 51 分 3 秒，东经 122 度 3 分 1 秒，航迹向 188 度，航速 9 节；11 时 5 分左右，船位北线 28 度 50 分 6 秒东经 122 度 2 分 9 秒，航迹向 190 度，航速 9 节。二副张某国使用激光灯照射"华 X99"轮，并下令"向左转 30 度"，此时，"华 X99"轮位于前方约 0.4 海里处。11 时 7 分左右，航迹向 149 度，航速 8 节，概位北线 28 度 50 分 4 秒，东经 122 度 3 分 0 秒，船艏与"华 X99"轮左舷前舱舱体发生碰撞。11 时 8 分左右，船长上驾驶台，立即采取停车，指令轮机长前往机舱核查进水情况，大副前往船艏检查受损情况，同时 VHF16 频道呼叫"华 X99"轮并播发船舶安全信息，提醒过往船舶注意避让，打开失控信号灯。1 时 25 分，船长向宁波海事局报告碰撞情况，随后电话将碰撞事故报宝×公司。1 时 32 分，大副核实船艏水线以上有破损，人员无伤亡，慢车驶往"华 X99"轮沉船位置，计划搜寻落水人员。2 时 27 分，该轮驶往象山石浦港，7 时 20 分抵达石浦港锚地。事故造成"宝迪 X1"轮船艏局部凹陷破损。"宝迪 X1"轮本航次配备船员 13 名，均持有有效船员职务证书，满足船舶最低安全配员证书要求。

2018 年 12 月 13 日，"华 X99"轮从福建平潭装载约 6 000 吨黄砂开航，计划驶往上海。14 日 23 时 50 分左右，船位北线 28 度 43 分 9 秒，东经 122 度

2 分，航迹向 23 度，航速 4.7 节，驾驶人员刘某富和水手李某上驾驶台值班，刘某富操纵船舶，李某协助瞭望，手操舵，一台雷达开启，2 海里量程，偏心显示，航行灯正常开启，VHF16 频道和 89 频道守听，AIS 正常开启，船名显示为"HUA LUN HAO"。15 日 0 时 55 分左右，船位北线 28 度 48 分 7 秒，东经 122 度 1 分 9 秒，航迹向 19 度，航速 5.1 节，"宝迪 X1"轮位于前方约 5.2 海里处。0 时 58 分左右，船位北线 28 度 49 分，东经 122 度 2 分，航迹向 20 度，航速 5.1 节，"宝迪 X1"轮位于前方约 4.5 海里处。10 时 5 分左右，船位北线 28 度 49 分 6 秒，东经 122 度 2 分 4 秒，航迹向 23 度，航速 5.3 节，通过雷达首次发现"宝迪 X1"轮，雷达显示两船航向接近平行，并视觉看到对方红绿舷灯和桅灯，VHF16 频道呼叫"宝迪 X1"两次，无应答，判断两船无碰撞危险，此时"宝迪 X1"轮位于前方约 2.6 海里处。11 时 1 分左右，船位北线 28 度 49 分 9 秒，东经 122 度 2 分 9 秒，航迹向 30 度，航速 5.2 节，采取小角度右转避让，同时 VHF16 频道呼叫"宝迪 X1"，无应答，此时"宝迪 X1"轮位于前方约 1.5 海里处。11 时 5 分左右，视觉看到来船照射的绿色激光灯灯光，此时"宝迪 X1"轮位于前方约 0.4 海里处。11 时 6 分左右，发现"宝迪 X1"轮大角度左转向，采取停车、右满舵避让措施，此时"宝迪 X1"轮位于左前方约 0.2 海里处。1 时 17 分左右，左舷前舱舱体与"宝迪 X1"轮船艏发生碰撞，刘某富离开驾驶台叫醒赵某寿、葛某银，后至船艉释放救生艇，李某前往左舷主甲板核实受损情况，发现船舶破损进水。1 时 21 分，电话告知葛某碰撞情况；1 时 27 分，水手李某核实破损情况后，回驾驶台使用 VHF 向周围船舶求救。船舶侧翻后，船上四名人员落水爬上救生艇逃生。1 时 48 分，葛某拨打 0576110 报案；2 时 5 分，四名落水人员被宁波海事局协调的航经船"联合 23"轮救起。2 时 34 分，葛某拨打 0574 - 12395 向宁波市海上搜救中心报案。4 时 6 分，落水人员被"海巡 0717"轮接回石浦港。事故造成"华 X99"轮左舷前舱局部破损进水后沉没。"华 X99"轮本航次船上共 4 名人员，均未持有有效的船员职务证书，且不满足船舶最低安全配员证书要求。

事故海域位于象山南，海图水深约 13 米。事发时，该海域能见度良好，晴，东北风 5 - 6 级；涨潮流，流向西北，流速约 0.4 节。

事故经宁波象山海事处调查认定：一、"宝迪 X1"轮的过失。1. 瞭望疏忽，未对局面和碰撞危险作出充分估计。该轮于 0 时 55 分发现位于本船右前方的"华 X99"轮，未及时进行系统观察，在 1 时 4 分视觉看到"华 X99"轮红绿舷灯后仅采取小角度左转避让，没有对来船保持持续观测，进而也未发现"华 X99"轮所采取的右转避让措施，直到碰撞发生前 2 分钟才在本船前方再次发现了正在右转且快速接近本船的"华 X99"轮，未能对两船不断变化的局面切实掌握。2. 未采取安全航速行驶。该轮自两船构成对遇局面开始至碰撞发生，航速始终保持在 9 节左右，导致其发现碰撞危险后难以采取适当而有效的避碰行动，并能在适合当时环境和情况的距离以内把船停住。3. 未及早采取有效的避让行动，且错误地采取向左转向。该轮自首次发现"华 X99"轮至碰撞发生，始终未采取减速避让行动；1 时左右，采取向左转向 10 度，在两船接近至 0.4 海里时错误地采取左转 30 度避让措施。二、"华 X99"轮的过失。1. 超航区航行，船员不适任且配备不足。该轮航区为内河 A 级。事发水域为浙江象山沿海，该轮该航次超航区航行，船舶处于不适航状态。船舶最低安全配员证书要求至少配备各类职务船员 8 名，但事故航次实际配备 4 名人员，均未持有有效船员职务证书，且均未接受过海上航行的专业培训，船员不适任且配备不足。2. 瞭望疏忽，未能对局面和碰撞危险作出充分估计。该轮驾驶人员未使用适合当时环境和情况的一切有效手段保持正规瞭望，致使两船相距 2.6 海里左右才首次通过雷达发现"宝迪 X1"轮，在发现来船雷达回波后，未对该轮进行系统观察，未对两船局面和碰撞危险作出充分估计。3. 未及早采取有效的避让行动。该轮通过雷达发现"宝迪 X1"轮后，航速保持在 5 节左右，始终未采取减速避让行动，仅在两船相距 1.5 海里左右时采取了小角度右转避让措施，该措施不易使他船察觉。本起事故属当事双方互有过失引起的责任事故，"宝迪 X1"轮与"华 X99"轮过失相当，应承担事故的同等责任。

2019 年 1 月，康×公司编制出具了"华 X99"轮沉船整体打捞工程施工方案和清障打捞工程施工方案，报价分别为整体打捞费 820 万元，清障打捞费 80 万元。但"华 X99"轮沉船至今未实际打捞或清障，双方庭审中均确认已无残值。

2019 年 5 月 8 日，宝×公司向本院申请设立海事赔偿责任限制基金。本院于 2019 年 7 月 8 日作出（2019）浙 72 民特 252 号民事裁定，准许宝×公司提出的设立海事赔偿责任限制基金的申请，海事赔偿责任限制数额为 271 124.5 特别提款权及其利息（利息自 2018 年 12 月 15 日起至基金设立之日止，按中国人民银行确定的金融机构同期一年期贷款基准利率计算）。2019 年 7 月 20 日，某财产保险公司舟山中心支公司应宝×公司的要求，为"宝迪 X1"轮 2018 年 12 月 15 日与"华 X99"轮碰撞事故设立海事赔偿责任限制基金，向本院出具担保函，担保金额为 271 124.5 特别提款权及其相应利息。葛某向本院申请债权登记，要求在"宝迪 X1"轮在本院设立的海事赔偿责任限制基金中登记债权 7 170 396.59 元。本院于 2019 年 8 月 16 日作出（2019）浙 72 民特 528 号民事裁定，准予葛某债权登记的申请。葛某已支付债权登记申请费 1 000 元。

另认定，"华 X99"轮因本次碰撞事故造成如下损失：船舶灭失 546 万元，货物 60 万元，燃料油 6 万元，船员生活用品 2 万元，沉船清障费用 80 万元，合计 694 万元。

本院认为，本案系船舶碰撞损害责任纠纷，且宝×公司已依照法律规定在本院设立海事赔偿责任限制基金。根据双方诉辩意见，本院归纳争议焦点并分别进行评析。

一、关于碰撞责任比例及损失承担的问题

葛某认为："宝迪 X1"轮采取避让措施不当，直接导致了碰撞事故的发生，宝×公司应对碰撞损失承担 70% 的责任。"华 X99"轮超航区航行，但在民事责任上，与碰撞事故不具有因果关系。宝×公司认为：碰撞损失应按海事部门认定由双方各承担 50% 的责任。

本院认为："宝迪 X1"轮于 0055 时发现"华 X99"轮位于本船右前方 5.2 海里处；1 时 4 分视觉看到"华 X99"轮红绿舷灯，两船相距仅约 3 海里时，采取了小角度左转避让，未发现"华 X99"轮所采取的右转避让措施；至碰撞发生前 2 分钟、两船相距仅 0.4 海里时，才在本船前方再次发现"华

X99"轮正在右转且快速接近本船。期间，"宝迪X1"轮未能及时进行并保持系统、持续的瞭望，未能有效掌握两船不断变化的局面。"华X99"轮1时5分在两船相距2.6海里左右才首次通过雷达发现"宝迪X1"轮；1时11分两船相距1.5海里时采取小角度右转；直至碰撞前1分钟即1时16分、两船仅相距0.2海里时采取停车、右满舵避让措施。"华X99"轮未使用适合当时环境和情况的一切有效手段保持正规瞭望，在发现来船雷达回波后，也未进行系统观察，未对两船局面作出有效判断。"宝迪X1"轮和"华X99"轮瞭望疏忽，未能对局面和碰撞危险作出充分估计，均违反了《1972年国际海上避碰规则》第五条、第七条的规定。"宝迪X1"轮与"华X99"轮构成对遇局面，"宝迪X1"轮自0时55分首次发现"华X99"轮后，1时4分采取向左转向10度，1时15分在两船相距仅0.4海里时采取左转30度的避让措施，未及早采取有效的避让行动，且在两船对遇形成紧迫危险局面的情况下错误地采取向左转向措施，违反了《1972年国际海上避碰规则》第八条、第十四条的规定。"华X99"轮通过雷达发现"宝迪X1"轮后，始终未采取避让行动，直至两船相距仅1.5海里左右时才采取小角度右转，不足以使他船察觉，违反了《1972年国际海上避碰规则》第八条的规定。"宝迪X1"轮违反《1972年国际海上避碰规则》第十四条第一款规定的对遇局面下的避让行动规则，即当两艘机动船在相反的或接近相反的航向上相遇致有构成碰撞危险时，各应向右转向，从而各从他船的左舷驶过，而是错误地两次采取向左转向的避让措施，过失明显。"宝迪X1"轮和"华X99"轮自首次发现对方船舶之后，都未采取减速措施，始终保持9节和5节的航速航行，但双方构成对遇局面，事发海域能见度良好，可航水域未受影响，保持正规瞭望以便对局面和碰撞危险作出充分估计，在构成碰撞危险时，各自向右转向，并积极地、及早地采取避让行动，充分运用良好船艺，显然更为重要。两船未采取减速措施，尤其是"宝迪X1"轮始终保持接近9节左右航速航行，未充分运用良好船艺，但在本案中相比较而言可不作为主要过失因素考虑。综上所述，比较两船过失，应由"宝迪X1"轮对船舶碰撞承担70%的责任。"华X99"轮系内河船，涉案航次超航区在浙江象山沿海航行，船员不适任且配备不足，但该行为与两船碰撞事故发生本身不具有直接的因果关系，不是《1972 年国际海上避碰规则》所规范的内容，不作为船舶碰撞过失因素衡量。

《中华人民共和国海上交通安全法》第四条规定，船舶和船上有关航行安全的重要设备必须具有船舶检验部门签发的有效技术证书。"华 X99"轮系内河航区船舶，未持有在沿海水域航行的相应技术证书。内河航区船舶在结构强度、稳性和水密性、干舷高度等诸多方面不同于沿海航区船舶，不具备从事沿海水域航行的安全性能。"华 X99"轮违反法律规定在沿海水域航行，致在与"宝迪 X1"轮碰撞后短时间内即侧翻沉没，加重了碰撞所造成的损害结果，其超航区航行与损害结果加重之间具有因果关系。综合考虑两船碰撞过失比例和"华 X99"轮违法超航区航行所造成的损害结果，确定由宝×公司和葛某对碰撞事故造成的损失各承担 50% 的责任。

涉案碰撞事故造成"华 X99"轮船舶、货物、燃料油、船员生活用品和清障费用等损失共计 694 万元，应由宝×公司按 50% 比例赔偿葛某 347 万元。因船期损失未予认定和保护，为简便计算，利息损失酌情统一自碰撞事故发生之次日即 2018 年 12 月 16 日起计算，但货物损失 60 万元葛某未提供相关运输资料或赔付的证据，清障费用 80 万元未实际支付，不应计算利息，故可以计算利息的损失本金确定为 207 万元。

二、关于宝×公司及"宝迪 X1"轮船舶一切险保险人是否享有海事赔偿责任限制权利的问题

葛某认为：宝×公司和×保险公司不享有海事赔偿责任限制权利。宝×公司和×保险公司认为：其享有海事赔偿责任限制的权利，葛某主张的债权包括清障费用，均为限制性债权。宝×公司所垫或预付的费用，并非是在基金以外的额外赔偿或补偿，应在基金数额确定以后进行扣减。

本院认为：本案中，没有证据证明涉案船舶碰撞损失是由于宝×公司的故意或者明知可能造成损失而轻率地作为或不作为造成。依据《中华人民共和国海商法》第二百零四条、第二百零六条的规定，宝×公司和×保险公司作为"宝迪 X1"轮的船舶所有人和船舶一切险保险人，对限制性海事赔偿请求可以依法限制赔偿责任。涉案碰撞事故造成的"华 X99"轮船舶、货物、

燃料油、船员生活用品损失以及清障费用损失，根据《中华人民共和国海商法》第二百零七条第一款第一项和《最高人民法院关于审理海事赔偿责任限制相关纠纷案件的若干规定》第十七条第二款的规定，均属于限制性海事赔偿请求，宝×公司和×保险公司有权主张限制赔偿责任。宝×公司已在本院设立海事赔偿责任限制基金，葛某对宝×公司的海事赔偿请求债权可从上述基金中受偿。宝×公司已先前支付给葛某的款项，与本案船舶碰撞损害赔偿属于不同的法律关系，并非与本案船舶碰撞事故相关的海事请求，不得直接与葛某主张的海事赔偿请求相抵并在涉案海事赔偿责任限制基金中处理。至于宝×公司抗辩的其已先行向康×公司支付的探摸、警戒、扫测费用，即使属实，也属于与涉案船舶碰撞事故相关的海事赔偿请求范围，且系《中华人民共和国海商法》第二百零七条第一款第一项规定的限制性海事赔偿请求，但未依法申请债权登记。根据《中华人民共和国海事诉讼特别程序法》第一百一十二条规定，应视为放弃债权，也不得直接与葛某主张的海事赔偿请求相抵并在涉案海事赔偿责任限制基金中处理。当事人之间就宝×公司先行支付款项有争议的，可另行解决。葛某支付的债权登记申请费 1 000 元以及双方在本案中应负担的诉讼费用，不属于限制性海事赔偿请求，应从宝×公司在本院设立的海事赔偿责任限制基金之外支付或由当事人另行交纳。

三、关于宝×公司及第三人×保险公司是否负有打捞沉船义务的问题

葛某认为：宝×公司和第三人×保险公司负有打捞"华 X99"轮的义务。宝×公司和×保险公司认为：象山海事处向葛某发出限期打捞清除通知书，责令其对沉船进行打捞，且依法律规定沉船打捞义务主体也是葛某。

本院认为：庭审中双方均确认，"华 X99"轮已无残值，且根据本案认定的事实，整体打捞费用已经超出了船舶实际价值，整体打捞客观上起不到减损的效果。至于清障打捞及其所需费用，前述已作认定。因此，葛某要求宝×公司和×保险公司对"华 X99"轮实施整体打捞的诉讼请求，理由不成立，不予支持。

四、关于第三人×保险公司是否负有直接向葛某支付损失赔偿义务的问题

葛某认为：根据《中华人民共和国保险法》第六十五条规定，其有权要求×保险公司直接向其支付保险赔偿。宝×公司和×保险公司认为：本案不适用《中华人民共和国保险法》第六十五条的规定，且×保险公司作为"宝迪 X1"的保险人，享有海事赔偿责任限制的权利。

本院认为：本案已经认定，"宝迪 X1"轮的船舶所有人宝×公司及船舶一切险保险人×保险公司均有权限制海事赔偿责任，且宝×公司已经以某财产保险公司舟山中心支公司提供担保函的方式在本院设立了海事赔偿责任限制基金，葛某的海事赔偿请求债权可依法从上述基金中受偿。《中华人民共和国保险法》第一百八十二条规定，"海上保险适用《中华人民共和国海商法》的有关规定；《中华人民共和国海商法》未规定的，适用本法的有关规定"。海事赔偿责任限制和海事赔偿责任限制基金及其受偿，是《中华人民共和国海商法》和《中华人民共和国海事诉讼特别程序法》规定的特别法律制度，应当优先适用，本案中有关"宝迪 X1"轮的船舶一切险保险人是否应直接向葛某支付船舶碰撞损失赔偿的争议，不适用《中华人民共和国保险法》第六十五条的规定。因此，葛某要求×保险公司向其支付船舶碰撞损失的诉讼请求，于法无据，不予支持。

本案系因"宝迪 X1"轮与"华 X99"轮未严格遵守《1972 年国际海上避碰规则》而造成船舶碰撞事故，并因"华 X99"轮违法超航区航行而加重了损害结果。"华 X99"轮多次从事由福建平潭载运黄砂至上海的运输业务，葛某作为"华 X99"轮的船舶所有人和经营人，在船舶管理公司向其发出违法参与海上运输召回函、进行约谈和内河船参与海上运输危害性宣传的情况下，其所有的"华 X99"轮冒险从事本航次超航区违法运输，以致在与"宝迪 X1"轮碰撞后短时间内即侧翻沉没，损失惨重，所幸救援及时，未造成人员伤亡，但足当引以为戒。综上所述，葛某诉讼请求有理部分，予以支持；超过部分，证据不足，理由不成立，不予保护。宝×公司和×保险公司的抗辩，有理部分，予以采纳。依照《中华人民共和国海商法》第一百六十九条第一款、第二款、第二百零四条、第二百零六条、第二百零七条第一款第一项、第二款，《最高人民法院关于船舶碰撞和触碰案件财产损失赔偿的规定》

第一条、第二条、第三条、第四条、第六条、第七条，《最高人民法院关于审理海事赔偿责任限制相关纠纷案件的若干规定》第十条第一款、第十一条、第十七条第二款，《中华人民共和国海事诉讼特别程序法》第一百一十二条和《中华人民共和国民事诉讼法》第六十四条第一款规定，判决如下：

一、被告舟山宝×船务有限公司应赔偿原告葛某船舶碰撞损失347万元及其利息（以本金207万元为基数，自2018年12月16日起至2019年8月19日止按照中国人民银行同期同档次贷款基准利率，自2019年8月20日起按同期全国银行间同业拆借中心公布的贷款市场报价利率，计算至舟山宝隆船务有限公司就"宝迪X1"轮与"华X99"轮2018年12月15日碰撞事故所设立的海事赔偿责任限制基金分配受偿之日止）；

二、本判决第一项确定的原告葛某对被告舟山宝×船务有限公司的海事赔偿请求债权，从舟山宝×船务有限公司在本院设立的海事赔偿责任限制基金中受偿；

三、被告舟山宝隆船务有限公司应在本判决生效后十日内赔偿原告葛某债权登记申请费损失1000元，在其设立的海事赔偿责任限制基金之外支付；

四、驳回原告葛某的其他诉讼请求。

【说明】这是一起当事人主张依据《保险法》要求保险公司直接向其支付保险赔偿，法院援引《保险法》第一百八十二条规定，指出海事赔偿责任限制和海事赔偿责任限制基金及其受偿，是《中华人民共和国海商法》和《中华人民共和国海事诉讼特别程序法》规定的特别法律制度，应当优先适用的案件。

"宝迪X1"轮，近海航区，总吨2747，"华X99"轮，内河A级航区，总吨4019。2018年12月15日凌晨，两船相撞，"华X99"轮沉没。事故海域位于象山南，事故经宁波象山海事处调查认定：一、"宝迪X1"轮的过失。1.瞭望疏忽，未对局面和碰撞危险作出充分估计。2.未采取安全航速行驶。该轮自两船构成对遇局面开始至碰撞发生，航速始终保持在9节左右。3.未及早采取有效的避让行动，且错误地采取向左转向。二、"华X99"轮的过失。1.超航区航行，船员不适任且配备不足。2.瞭望疏忽，未能对局面和碰撞危险作出充分估计。3. 未及早采取有效的避让行动。本起事故属当事双方互有过失引起的责任事故，"宝迪X1"轮与"华X99"轮过失相当，应承担事故的同等责任。

2019年5月8日，"宝迪X1"轮船东宝×公司申请设立海事赔偿责任限制基金。海事赔偿责任限制数额为271 124.5特别提款权及其利息。"华X99"船东葛某申请债权登记，在"宝迪X1"轮在本院设立的海事赔偿责任限制基金中登记债权7 170 396.59元。另认定，"华X99"轮因本次碰撞事故造成如下损失：船舶灭失546万元，货物60万元，燃料油6万元，船员生活用品2万元，沉船清障费用80万元，合计694万元。

法院最终判决：一、被告舟山宝×船务有限公司应赔偿原告葛某船舶碰撞损失347万元及其利息；二、本判决第一项确定的原告葛某对被告舟山宝×船务有限公司的海事赔偿请求债权，从舟山宝×船务有限公司在本院设立的海事赔偿责任限制基金中受偿。

这是一起船舶碰撞损害责任纠纷，在船舶碰撞损害责任纠纷中有一个特殊的制度即设立海事赔偿责任限制基金。《海商法》第十一章规定了海事赔偿责任限制的相关内容。海事赔偿责任限制，是《海商法》基于特殊的政策考量，赋予船舶所有人等特定主体将其对一次海损事故引起的特定海事请求所承担的赔偿责任限定在一定数额的法定权利。海损事故发生后，责任方所承担的赔偿责任是有限额的，这个限额只跟船舶的总吨有关。《海商法》规定，海事赔偿责任限制，依照下列规定计算赔偿限额：（二）关于非人身伤亡的赔偿请求。1. 总吨位300吨至500吨的船舶，赔偿限额为167 000计算单位；2. 总吨位超过500吨的船舶，500吨以下部分适用本项第1目的规定，500吨以上的部分，应当增加下列数额：501吨至30 000吨的部分，每吨增加167计算单位；本案"宝迪X1"轮总吨2 747，海事赔偿责任限制数额为271 124.5特别提款权及其利息，计算公式为：总吨位300吨至500吨部分167 000，501吨至30 000吨的部分，每吨增加167计算单位，即（2 747 - 500）×167 = 375 249，375 249 + 167 000 = 542 249。《交通部关于不满300总吨船舶及沿海运输、沿海作业船舶海事赔偿限额的决定》第四条规定：从事中华人民共和国港口之间货物运输或者沿海作业的船舶，不满 300 总吨的，其海事赔偿限额依照本规定第三条规定的赔偿限额的 50% 计算；300 总吨以上的，其海事赔偿限额依照《中华人民共和国海商法》第二百一十条第一款规定的赔偿限额的 50% 计算。案涉事故发生时"宝迪 X1"轮从东营广利驶往海口，符合赔偿限额的 50% 计算的情况，故最终设立海事赔偿责任限制基金为 542 249 × 50% =271 124.5 特别提款权。《海商法》第二百七十七条规定：本法所称计算单位，是指国际货币基金组织规定的特别提款权；其人民币数额为法院判决之日、仲裁机构裁决之日或者当事人协议之日，按照国家外汇主管机关规定的国际货币基金组织的特别提款权对人民币的换算办法计算得出的人民币数额。按目前 1 特别提款权 =8.8676 元人民币换算，271 124.5 特别提款权换算人民币约 2 404 223.6 元。

海上保险，是指保险人依照保险合同约定，对海上保险事故造成的保险标的损失及产生的责任负赔偿责任的保险。海上保险源于早期的国际贸易（海外贸易），在多数国家由《海商法》予以规范。为了适应海上运输和对外贸易发展的需要，我国于 1992 年 11 月 7 日由第七届全国人民代表大会常务委员会第二十八次会议通过了《中华人民共和国海商法》，并设专章对海上保险予以规范。主要内容包括：海上保险责任范围，海上保险合同的主要条款，保险标的及其保险价值的计算，海上保险合同的订立、解除和转让，被保险人的义务与保险人的责任，保险标的的损失和委付，保险赔偿的支付等。《海商法》的上述规范相对于《保险法》来说，属于对海上保险的特别规定，应当适用。但是《海商法》并没有也不可能解决海上保险的所有问题，海上保险依然属于商业保险范畴，因此，《保险法》作为商业保险的基本法，其有关从事商业保险活动应遵循的基本原则和规范应当适用于海上保险。此外，《海商法》未作规定的有关事项，依照本条规定，应当适用保险法的有关规定，如有关对保险业的监督管理及法律责任等。

第一百八十三条 中外合资保险公司、外资独资保险公司、外国保险公司分公司适用本法规定；法律、行政法规另有规定的，适用其规定。

【说明】本条是对中外合资保险公司、外资独资保险公司、外国保险公司分公司的法律适用问题的规定。

中外合资保险公司是指依照我国有关法律、行政法规的规定，经批准由外国保险公司同中国的公司、企业在中国境内合资设立经营的保险公司。外资独资保险公司是指依照我国有关法律、行政法规的规定，经批准由外国保险公司在中国境内投资设立经营的外资保险公司。外国保险公司分公司是指依照外国法律设立的外国保险公司经批准，依照我国有关法律、行政法规的规定在中国境内设立登记注册的从事保险经营活动的分支机构。

在我国加入世界贸易组织之前，我国保险市场对外开放十分有限，除了允许外国保险公司在我国境内设立分公司外，只允许设立外资参股的保险公司（外资股份比例低于百分之二十五），不允许设立中外合资保险公司和外资独资保险公司。这在当时对于保护我国尚处于成长期的民族保险业是非常必要的。目前，随着我国改革开放不断扩大，国力不断增强，我国已经加入世界贸易组织。根据加入世界贸易组织谈判时的承诺，我国保险市场将按照规定的时间表全面对外开放，不仅允许外国保险公司在我国境内设立分公司，也允许设立中外合资保险公司和外资独资保险公司。这将对我国引进外资、管理和技术，不断完善我国保险市场法律、法规体系产生积极和深远的影响。

中外合资保险公司和外资独资保险公司是中国法人，外国保险公司分公司虽然不是中国法人但是经批准在中国境内从事保险经营活动，因此，必须遵守中国法律。考虑到中外合资保险公司、外资独资保险公司、外国保险公司分公司有涉外因素，在设立审批、机构设置、外汇汇出等监管方面有其特殊性，需要另外制定相关法律、行政法规予以规范。因此，本条规定，中外合资保险公司、外资独资保险公司、外国保险公司分公司适用本法规定；法律、行政法规另有规定的，适用其规定。目前，国务院已根据我国有关法律规定，于 2001 年 12 月 12 日颁布了《中华人民共和国外资保险公司管理条例》，对中外合资保险公司、外资独资保险公司、外国保险公司分公司的设立与登记、业务范围、监督管理、终止与清算等作出了相应规定，中外合资保险公司、外资独资保险公司、外国保险公司分公司应当遵照执行。

第一百八十四条 国家支持发展为农业生产服务的保险事业。农业保险由法律、行政法规另行规定。

强制保险，法律、行政法规另有规定的，适用其规定。

【案例131】（2015）洪孙商初字第00058号

2013年，原告许某等20余名种植户在某省×湖农场集团有限公司承包土地进行杂交水稻制种种植，其中原告承包种植760亩。同年8月1日，某省×湖农场集团有限公司代表众多种植户向被告某保险公司投保杂交水稻制种保险，并先行垫付了保险费。该《某省政策性农业保险杂交水稻制种保险条款》约定：每亩保险金额最高不超过1 000元；对于保险条款第五条保险责任范围内的损失，每次事故的绝对免赔率为30%；减产损失赔偿金额计算方法为：减产损失赔偿金额＝不同生长期最高赔偿标准×减产损失率×受损面积×（1－绝对免赔率），其中，减产损失率＝（每亩保险产量－平均每亩实际产量）÷每亩保险产量，并明确了不同生长期的最高赔偿标准。后原告于同年9月29日将其760亩应承担的保险费交付某省×湖农场集团有限公司。2013年7月下旬至8月中上旬，该地域异常高温，致杂交水稻制种受灾，出现了保险合同约定赔偿的保险事故。因双方对于赔偿标准产生争议，原告在领取420元/亩赔偿款时明确表示保留权利，后双方协商未果因而成讼。

上述事实有某省政策性农业保险种植业保险投保单、某省政策性农业保险杂交水稻制种条款、证人卜某的证言及原、被告陈述等证据证实，本院予以认定。

经当事人确认，本院归纳本案争议焦点为：1. 本案是否应当追加案外人方×集团作为共同被告；2. 原告在已经领取420元/亩赔偿款的情况下，能否再向被告主张权利；3. 被告最终应当支付的赔偿数额如何计算。

对于争议焦点一，根据《中华人民共和国保险法》第六条、第十条的规定，保险业务由依照《保险法》设立的保险公司以及法律、行政法规规定的其他保险组织经营，其他单位和个人不得经营保险业务；保险人是指与投保人订立保险合同，并依照合同约定承担赔偿或者给付保险金责任的保险公司。

本案中，案涉保险合同仅在投保单"特别约定"一栏中载明"经省金融办批准，紫金财保与方×集团联办共保，并按 5∶5 分摊保费和赔案"，至于何谓"联办共保"，方×集团的性质是什么以及其是否具有经营保险业务资格，紫金财保均未提供证据加以证明；同时，从紫金财保提供的投保单的形式及内容上均无法看出方×集团在案涉保险合同中的主体身份；且投保单特别约定中关于紫金财保与方×集团"联办共保"的约定并未体现在保险条款中，因此，紫金财保关于方×集团应为本案共同必要诉讼参与人的主张不能成立，本院对紫金财保要求追加方×集团为本案共同被告的主张不予支持。

对于争议焦点二，原告陈述在领取 420 元/亩的赔偿款时，在收据上明确签署"保留权利"字样，该收据现存放在被告处，被告对此并未否认，且至今未出示该收据，应推定原告所述属实。双方对赔偿数额并未最终达成一致，原告并未放弃其依据保险合同继续要求赔偿的权利，故对被告提出的原告无权主张权利的抗辩，本院亦不予支持。

对于争议焦点三，依法成立的合同，对当事人具有法律约束力。在保险合同已约定了赔偿款计算方式的情况下，双方应照此执行。即：减产损失赔偿金额＝不同生长期最高赔偿标准×减产损失率×受损面积×（1－绝对免赔率），减产损失率＝（每亩保险产量－平均每亩实际产量）÷每亩保险产量。庭审中，双方对不同生长期最高赔偿标准、平均每亩实际产量、每亩保险产量、绝对免赔率产生争议，对此本院作如下认定：

1. 不同生长期最高赔偿标准

保险条款第二十五条约定，保险杂交水稻制种不同生长期的每亩赔偿标准是：移栽成活－分蘖期，每亩保险金额×40%；拔节期－抽穗期，每亩保险金额×70%；扬花灌浆期－成熟期，每亩保险金额×100%。原告主张发生保险事故时处于扬花期，被告则认为处于抽穗期，但双方都未举出充分证据证明。本院依法到泗洪农业委员会进行调查咨询，其接受调查的农艺师卜某认为，相关技术规范上对杂交水稻制种不同生长期的确有这种分类，但抽穗期、扬花和灌浆期不能截然区分，几乎是同时，特别是抽穗期和扬花期是同时的，灌浆期稍微滞后一点，2013 年×湖农场高温灾害时间就在孕穗后期和抽穗扬花期，高温期涵盖这两个阶段。本院认为，因双方对各自的主张均无充分证据证明，故应参考专业技术人员的意见。上述专家意见在紫金财保提供的我国杂交制种技术规范中亦可以得到印证，因为该技术规范中载明的上述时间安排中亦注明是"抽穗开花期"，亦未将抽穗和开花进行区分。鉴于杂交水稻制种生长期的上述特性，以及保险水稻种植面积较大，不可避免地存在作物进入相应生长期的时间先后不同的情形，针对案涉杂交水稻制种部分进入抽穗期、部分进入扬花灌浆期的现状，本院酌定每亩赔偿标准为：每亩保险金额×85%。

2. 平均每亩实际产量

双方对×湖农场区域2013年杂交水稻制种实际产量存在争议，但均未举出充分证据证明。本院经了解泗洪农业委员会农艺师卜某，其证明，2013年经过实地调查，两系杂交水稻制种平均实际亩产约30公斤。泗洪农业委员会作为杂交水稻制种信息点，其调查所得的平均实际产量真实、客观，具有权威性，本院予以采信。

3. 每亩保险产量

保险条款第二十五条规定，"每亩保险产量参照当地前三年平均产量由保险人和被保险人协商确定，并在保险单中载明"。原、被告在签订合同时未对此进行协商确定，也未在保险单中载明，庭审中也未补充协商确定。但该条款对每亩保险产量确定的原则进行了约定，可参照执行。依照该原则，结合泗洪农业委员会农艺师证明，前三年即2010年、2011年、2012年的平均亩产分别为75公斤、100公斤、175公斤，则每亩保险产量可确定为（75＋100＋175）公斤÷3＝117公斤。

4. 绝对免赔率

双方虽然对高温灾害发生时杂交水稻制种的生长期存在争议，但均认可其属于保险条款第五条保险责任范围，依据保险条款第十一条规定，对于此保险事故的绝对免赔率为30%。原告认为，被告既没有向实际投保人（原告及其他种植户）履行相关免责条款告知义务，也没有向保费代收人×湖农场履行告知义务，故不应适用绝对免赔率。本院认为，众多实际种植户系委托某省×湖农场集团有限公司代为集体投保，农场经办人王某已在保险单下方签名并加盖单位印章确认了投保声明："贵公司已向本人交付《杂交水稻制种保险条款》，并详细介绍了条款内容，特别是对保险合同中投保人、被保险人义务的内容和免除保险人责任的条款做了明确说明，本人已知悉其含义，同意投保并以此保险单作为订立保险合同的依据"，故被告已履行了相关免责条款告知与提示义务，应当依据约定适用30%绝对免赔率。

综上所述，本案减产损失赔偿金额应为$1\,000 \times 85\% \times [(117-30) \div 117] \times 760 \times (1-30\%) = 334\,628$元，扣除原告已经领取的319 200元后，被告还应当支付15 428元。此外，原告关于要求被告支付律师费和差旅费等合理开支的主张，因保险合同未作约定，亦无法律规定，故本院不予支持。据此，依照《中华人民共和国合同法》第八条，《中华人民共和国保险法》第十条、第五十五条第一款、第一百八十六条以及《农业保险条例》第二条、第十五条第一款、第十六条之规定，判决如下：

一、被告某财产保险股份有限公司应于本判决发生法律效力之日起十日内向原告许某支付赔偿款15 428元。

二、驳回原告许某其他诉讼请求。

【说明】这是一起法院依据《保险法》第一百八十四条：农业保险由法律、行政法规另行规定，依据《农业保险条例》相关规定作出判决的案件。

农业保险是以生长期和收获期的农作物、经济作物、畜禽和水产养殖动物为保险标的，在保险标的遭受自然灾害或意外事故损害时，由保险人承担赔偿责任的保险。农业保险的业务分散，承保的危险复杂，多数危险属于巨灾，经营成本和赔付率都很高，难以按照商业保险的一般规则从事经营。目前，世界上许多国家和地区解决农业保险问题主要采取政策倾斜和财政补贴的办法。

我国幅员辽阔，是农业大国，每年受各种自然灾害影响，农业损失巨大。虽然农民有参加农业保险的客观需求，但是普遍承受不起按照商业保险原则确定的高额保费，因此，《保险法》确立的商业保险活动的规范难以完全适用于农业保险，仅靠国家有限的财力也难以解决农业赈灾扶困的根本问题。如何解决我国农业保险问题，还需要结合国家扶持农业发展的方针，由法律、行政法规另行规定。但是国家支持发展为农业生产服务的保险事业的政策不会改变。本条的规定为发展我国农业保险提供了法律依据。《农业保险条例》第一条即规定：为了规范农业保险活动，保护农业保险活动当事人的合法权益，提高农业生产抗风险能力，促进农业保险事业健康发展，根据《中华人民共和国保险法》《中华人民共和国农业法》等法律，制定本条例。

第一百八十五条 本法自 2009 年 10 月 1 日起施行。

【说明】法律的施行日期即法律的生效日期。只要有法律产生，就会有关于法律施行日期的规定，这是正确适用法律的客观要求。否则，人们无从知道法律何时生效，容易造成法律适用上的混乱。我国《立法法》规定，法律应当明确规定施行日期。我国的每一部法律都有关于法律施行日期的规定或说明。有关管理者及管理相对人应当了解并掌握法律的施行日期。

本法于 1995 年 6 月 30 日由第八届全国人民代表大会常务委员会第十四次会议通过，同年 10 月 1 日起生效施行。根据 2002 年 10 月 28 日第九届全国人民代表大会常务委员会第三十次会议《关于修改〈中华人民共和国保险法〉的决定》第一次修正，2009 年 2 月 28 日第十一届全国人民代表大会常务委员会第七次会议修订，根据 2014 年 8 月 31 日第十二届全国人民代表大会常务委员会第十次会议《关于修改〈中华人民共和国保险法〉等五部法律的决定》第二次修正，根据 2015 年 4 月 24 日第十二届全国人民代表大会常务委员会第十四次会议《关于修改〈中华人民共和国计量法〉等五部法律的决定》第三次修正。

根据本条和本法修改决定的规定，本法的时间效力如下：一是自本法生效之日起，凡是与本法相抵触的法规、规章一律失去其效力；二是自本法修改决定生效之日起，凡是与本法修改决定相抵触的法规、规章一律失去其效力；三是本法修改决定不具有溯及既往的效力，即自本法修改决定生效之日起，保险活动当事人从事商业保险活动，一律适用修改后的《保险法》；凡是在此前发生的法律行为，一律适用修改前的《保险法》。